상담심리학 연구

주제론과 방법론

김 계 현 지음

학지사

머 리 말

1998년 연초에 미국의 저명한 상담심리학자인 웜폴드(Bruce E. Wampold) 박사가 한국에서 3일간 강의를 하였다. 그는 강의 시작뿐만 아니라 중간중간에 기회있을 때마다 상담에 대한 연구를 한다는 것이 얼마나 재미있고 신나는 일인지를 청중들에게 표현하곤 했다. 연구에 익숙지 않고, 따분한 자료수집과 통계처리에 거부감을 느끼는 사람에게는 쉽게 이해가 가지 않는 표현이었다. 그러나 필자는 그분 밑에서 4년을 배웠고 그 이후에도 후학으로서 혹은 동료교수로서 수년 간 함께 일할 기회를 가졌다. 따라서 필자는 그분이 정말로 상담연구를 좋아한다는 것을 직접 보아왔다.

웜폴드 박사의 연구선호 경향은 다른 많은 상담가들이 연구보다는 실무, 특히 임상과 현장에서 사례를 다루기를 더 좋아하는 일반적 현상과 많이 다른 것이다. 그리고 학위논문 작성 때문에 골머리를 앓는 석 · 박사 과정 대학원생들이 보기에는 거의 이해하기 어려운 모습일 수도 있다. "연구"라고 하면 우선 복잡한 방법론과 통계분석법들이 연상되어서 겁부터 나고 회피하고 싶어하는 분들에게는 매우 이질적인 성향으로 비쳐질지도 모르겠다.

우리 상담분야에 종사하는 많은 분들은 연구에 대해서 부담감을 많이 느낀다. 특히 과학적, 심리학적 연구에 대해서 그런 감정이 강하다. 그렇다고 해서 상담분야만의 고유의 연구법이 존재하는 것도 아니다. 양(量)적인 측정과 분석 대신에 질(質)적 연구가 상담분야에서 유행하는 것도 아니다. 여러 사례에 대한 일반성을 추구하는 연구 대신에 사례연구, 즉 case study가 많이 이루어지는 것도 아니다. 한마디로 말해서 상담분야는 연구가 부진하다는 평을 면하기 어렵다.

이 책에서는 상담연구가 왜 부진한지를 여러 각도에서 고찰해 볼 것이다. 상담에 종사하는 사람들에게서 원인을 찾아보고, 상담이라는 현상 자체에서도 원인을 찾아보고, 상담분야의 학계 분위기나 실무제도에서도 원인을 찾아볼 것이다. 하나의 학문이 발전하기 위해서 필수적인 요소인 연구분야가 부진하다는 것은 장기적으로 볼 때 그 분야의 전문적 성장에 큰 장애요소가 된다. 상담이론들은 난무하고 그 이론들에 터한 상담실무는 팽창하는데 비해서 그것을 뒷받침할 연구가 적다는 것은 그 이론들과 실무가 머지않아 사상누각(砂上樓閣)화될 염려가 있는 것이다. 따라서 필자는 이 책을 통해서 우리 상담분야에 종사하는 학생들과 전문가들이 좀더 연구를 친숙하게 느낄 수 있고 연구를 쉽게 대할 수 있도록 하는 데 그 목적을 두고 있다. 그리고 상담분야 학생들과 전문가들의 연구수행 능력과 연구보고서 이해능력을 향상시키는 것을 목적으로 하고 있다. 그렇게 하기 위해서 이 책의 집필은 연구라는 딱딱한 내용을 부드럽고 친숙하게 소개하는 상당히 어려운 작업임에 틀림없다. 하지만 이 일은 우리 상담분야의 발전을 위해서는 누군가가 반드시 해야만 하는 일이다.

필자가 이 책을 쓰면서 주목하는 또 하나의 주안점은 상담심리학의 많은 이론들은 임상적 연구에 주로 의존하는 반면에 다른 실험이나 조사연구에는 상대적으로 덜 의존한다는 것이다. 그럴 수밖에 없는가? 아니면 상담심리학자들이 뭔가 잘못하거나 소홀히 하고 있는 것인가? 연구와 이론, 연구와 실제 간의 관계가 별로 "돈독"하지 못한 이유가 무엇인가? 상담의 실제와 이론과 연구가 상호 의존하고 협조하는 관계를 가지려면, 상담이론과 상담 실제가 상담연구의 탄탄한 뒷받침을 받으려면 상담심리학은 어떤 모양새를 갖추어야 할까? 이 질문은 이 책에서 꾸준히 탐색해 볼 주제이다.

상담심리학도들이 연구를 하는 것은 많은 경우 학위취득을 위해서이다. 미국의 한 문헌에 의하면, 상담심리학자들은 박사학위논문이 그의 마지막 연구논문인 경우가 "최빈치"라고 한다. 이런 양상은 우리 나라의 경우도 크게 다르지 않을 것 같다. 그런데 더 큰 문제는 학생이든 교수든 간에 상담을 이해하는 방법으로서 연구를 그다지 중요하게 여기지 않는다는 데 있다. 연구물을 읽는 것은 연구논문을 쓰기 위한 문헌조사 이외의 기능을 거의 하지 못한다. 상담심리학을 이해하는 한 접근방법으로 연구물을 읽는 경우는 많지 않다. 상담심리학적 최신 정보를 입수하기 위한 방법으로 학술잡지를 탐독하는 경우는 그다지 많지 않다.

이 책을 쓰면서 필자가 마음 속에 꿈처럼 그리는 것은 독자들이 이 책을 읽으면 상담심리학에 대한 새로운 안목이 생기기를 바란다는 것이다. 연구 자체, 연구의 기술에 대한 이해만을 구하는 것이 아니라 상담심리학 자체에 대한 새로운 이해를 추구하는 것이다. 이 책은 상담심리학 전문연구자는 물론 모든 일반 상담심리학도와 현직 카운슬러들을 위해서 집필하는 것이다. 그렇기 때문에 이 책에서 추구하는 것은 연구방법론을 연구주제론과 통합해서 다루려는 것이다. 물론 방법론과 주제론의 완전한 통합은 어렵다. 그러나 종전의 연구관련 서적들이 연구방법론을 중심으로 집필되고 연구주제론은 부수적인 위치만을 차지하고 있었던 점을 우리는 반성해 볼 필요가 있다. 즉, 연구주제가 빠진 연구방법은 골격, 즉 뼈대만 존재하는 건물과 같다. 아직 건물이라고 볼 수 없는 상태이다. 이 상태로는 상담심리학이라는 모양의 건물을 이해할 수가 없는 것이다. 연구주제론이라는 "살"을 붙인 연구방법론이라는 "뼈대"가 통합된 상태를 이 책에서는 추구한다.

단, 이 책에서는 아직 상담심리학에 존재하는 모든 연구주제들을 다 다루지는 못한다. 그것은 한 권의 책이라는 제한된 지면, 한 사람의 필자라는 제한된 능력, 그리고 제한된 시간에 다 소화해 낼 수 없다. 집필을 계획할 때는 그것이 가능하리라는 허황된 기대를 가져보기도 했으나 집필을 본격적으로 시작한 후 그것이 가능하지 않다는 것을 깨닫게 되었다. 결국, 우선 가장 중요한 연구주제들을 몇 가지 선택하는 것으로 "타협"을 하게 되었다.

필자는 상담연구방법론에 관한 몇 차례의 워크숍을 개최하면서 우리 나라의 상담학도와 카운슬러들에게 연구를 잘 해 보고 싶고, 남의 연구물들을 충분히 소화해 내고 싶어하는 동기가 팽배해 있음을 확인한 바 있다. 많은 선후배들로부터 상담연구에 대한 "좋은 책"을 하나 써내라는 주문도 여러 차례 받은 바 있다. 사실 이 책은 이미 5년 전에 계획되었고 집필을 시작했었다. 그러나 중간에 이 책의 기본 구조와 내용에 대한 필자의 생각에 변화가 생겼고 집필작업을 처음부터 다시 시작하는 일이 생겼다. 그 때문에 집필 속도가 늦어진 것이다. 집필이 늦어지면서 한 가지 다행스런 일이 있었다면, 미국의 연구이론과 연구방법에 지나치게 의존하지 않고 우리 나라에 필요한 연구주제와 연구방법이 무엇인지에 대한 필자 나름의 주장을 펼 수 있게 된 것이다.

책을 쓰면서 절실히 느낀 것은 필자의 지식과 식견이 너무나 부족하다는 것이다. 이런 부족은 이 책의 도처에서 드러난다. 그러나 우리 나라의 상담심리학계에서도 이런 연구관련 저서가 나와야 한다는 필요성을 생각해 볼 때, 부족하더라도 책을 출판해야 한다는 당위를 느낀다. 부족한 점과 틀린 점에 대해서는 독자 여러분들의 지적을 바란다. 이 책을 집필하는 동안 필자를 도와준 후배들과 제자들에게 감사하며 특히 오랜 시간 동안 출판을 기다리며 인내한 학지사 김진환 사장님께 감사드린다.

관악산 연구실에서

저자 김 계 현

차 례

제1부 상담연구의 기초

제2부 상담은 효과가 있는가?

제1부

상담연구의 기초

'상담'을 대단히 어렵고 전문적인 영역으로 인정해 주는 사람도 있지만, 상담은 아무나 할 수 있는 것으로 쉽게 생각하는 사람도 있다. 이런 사람에게는 상담을 '연구'한다는 말이 전혀 납득이 가지 않을 것이다. 상담은 그때 그때 들어주고, 충고 몇 마디 해 주면 되는 것인데 무슨 연구를 할 필요까지 있겠는가라고 반문할 것이다.

그러나 독자들은 상담을 전문적 영역으로서 여기고 있으며, 상담을 제대로 배우고 익히는 일은 결코 쉽지 않다는 것을 알고 있다. 내담자의 문제를 인식하는 방법, 내담자의 성격이나 인지 스타일을 분류하는 기준, 내담자의 문제해결을 돕는 기술과 절차, 상담 사례와 상담기관을 운영하고 관리하는 기법 등 상담 전문가가 배우고 익혀야 할 것들은 많다. 이 가운데에서 우리는 상담에 관한 연구결과를 이해하는 방법과 상담에 관한 연구를 직접 수행하는 방법까지 배워야 한다.

이 제1부에서는 상담연구란 무엇이며, 상담연구의 학문적, 실제적 위치가 어떠한지에 관해서 논의하는 것으로 시작한다. 그리고 우리 상담가들이 실제보다 연구부문을 어려워하는 이유, 상담연구가 상담 실제에 비해서 부진한 이유 등을 고찰하면서 그 대안책들을 논의할 것이다. 그런 배경 위에서 상담을 과학으로서 연구한다는 것의 의미, 상담연구가 과학으로서 인정받기 위한 조건들, 상담에서 연구하는 주제들이 무엇인지 고찰할 것이다. 마지막으로는 상담연구의 절차, 보고서 작성 요령, 상담연구와 관련한 윤리적인 쟁점 등에 대해서도 논의하게 된다.

제1장 상담과 상담연구

상담은 상담연구의 대상(對象)이다. 상담이 무엇인지 제대로 규정을 해야 연구해야 할 대상을 제대로 규정하게 되는 것이다. 우리 상담가들은 상담을 무엇으로 규정해 왔는가? 우리가 규정해 온 상담의 개념은 상담연구가 하나의 과학으로서 성립하는 데 합당하도록 되어 있는가?

이 질문은 우리 상담분야에서 별로 제기되지 않았던 질문이다. 지금까지 상담의 개념은 상담의 실제와 이론들을 얼마나 포괄적으로 담아낼 수 있었는가에 초점이 맞춰져 있었다. 그러나 이 장에서는 연구를 주축으로 상담의 개념을 고찰해 보는 새로운 시도를 하게 된다.

그 다음으로 상담연구의 근본적인 '존재 이유'에 대한 논의가 이루어진다. 즉, '상담연구는 상담 실제에 도움을 주는가?'라는 질문에 대한 논의를 말한다. 마지막으로 우리 나라에서 상담연구가 부진한 이유와 활성화 방안에 대해서도 논의한다.

1. 상담과 상담심리학

상담은 이론적 개념이라기보다는 우리 사회에 존재하고 행해지는 실제적인 활동이다. 그리고 상담심리학은 상담이라는 실제적 활동에 대한 학술적 지식 혹은 그런 지식을 얻는 방법의 체계라고 말할 수 있을 것이다. (상담심리학이라는 명칭이 가지는 심리학적 "냄새"에 거부감을 느끼는 사람들은 '심리'를 떼내고 "상담학"이라는 이름을 쓰기도 한다.) 이른바 "상담학" 혹은 상담심리학에서는 상담이라는 활동을 어떻게 규정하고 있는가? 그리고 상담심리학이라는 학문의 구조와 내용을 어떻게 잡고 있는가? 심리학이라는 이름을 쓰지 않는 상담분야에서는(예: 상담학, 상담교육, ○○상담, 상담 및 심리치료 등) 상담을 어떻게 규정하며 그것에 대한 학문의 구조와 내용에 대해서 어떤 이야기들을 해 왔는가? 이 질문들에 대한 논의는 상담연구에 대한 기본 입장을 밝히는 한 가지 방법이 될 것이다.

1) 실제로서의 상담

(1) 상담의 현대적 개념

상담은 현실에서 행해지는 대단히 복잡한 현상이지만 여러 학자들은 그것을 극히 짤막하고 추상적인 말로 정의해 보는 시도를 해 왔다. 상담에 대한 이런 추상적 개념 정의는 상담연구자에게 어떤 도움이 될 것인가? 다음은 상담에 대한 몇 가지 정의이다.

상담의 개념 정의

상담이란 도움을 필요로 하는 사람과 도움을 줄 수 있는 사람 사이의 개별적인 관계를 통하여 새로운 학습이 이루어지는 과정이다(정원식, 박성수, 1978).

상담이란 도움을 필요로 하는 사람(내담자)이, 전문적 훈련을 받은 사람(상담자)과의 대면관계에서, 생활과제의 해결과 사고 · 행동 및 감정측면의 인간적 성장을 위해 노력하는 학습과정이다 (이장호, 1982).

상담이란 훈련과 기술, 신용으로써 상담자가 내담자의 적응문제를 해결하는 면

> 대 면의 상태이다(Williamson 재인용, 이재창, 1988).
>
> 상담이란 치료자와의 안전한 관계에서 자아의 구조가 이완되어 과거에는 부정했던 경험을 자각해서 새로운 자아로 통합하는 과정이다(Rogers, 1951).
>
> 상담은 자기와 환경에 대한 의미 있는 이해를 촉진시키고, 장래의 목표나 가치관을 확립해서 명료화하도록 하는 상호작용의 과정이다(Shertzer & Stone, 1980).

상담을 정의한다는 것은 상담이라는 현상의 핵심적 요소를 서술한다는 것이다. 위에서 본 다섯 개의 정의는 상담의 핵심적 요소들을 그런 대로 잘 표현하고 있다. 즉, 내담자가 상담을 받는 이유, 상담자의 전문성, 상담자와 내담자 간의 관계 양상, 상담을 하는 목적과 방향, 상담을 통해 발생하는 현상에 대한 이론적 개념화(학습, 자아의 변화, 적응, 가치관 명료화) 등이 위의 정의들에 배어 있음을 발견할 수 있다.

그러나 이 정의들이 현대적 의미의 상담을 포괄하지 못하고 있음을 우리는 쉽게 알 수 있다. 예를 들면, 커뮤니케이션 방법의 발달과 다양화로 인해서 "면 대 면"이 아닌 다른 커뮤니케이션 방법에 의한 상담이 활성화되고 있다. 전화, 전자메일, 온라인 PC통신, 인터넷 등이 대표적인 변화이다. 그리고 상담 프로그램 소프트웨어(예: 진로상담)의 활용도 새로운 상담의 형태로 떠오르고 있다. 앞으로는 상담의 정의에 이런 방법상의 변화를 반영시켜야 할 것이다. 오늘날 상담을 연구한다는 것은 과거의 고전적 개념뿐만 아니라 현대적 의미의 개념에 터한 상담현상을 연구하는 것임은 당연하다.

상담을 받는 이유도 도움이 필요하거나 치료가 필요해서가 아닌 다른 이유들이 존재한다. 더 나은 인간으로 성장하려는 욕구는 중요한 상담 이유이다(김계현, 1995, 1997). 위의 정의들은 다분히 개인상담을 의미하고 있다. 그러나 집단상담은 이미 오래 전부터 수행되어 오는 상담방법이며, 그 외에도 드라마, 놀이, 음악, 미술, 교육 등 다양한 방법이 사용되고 있다. 결국 상담을 정의한다는 것은 단 몇 줄의 언어로는 부족하다.

(2) 상담, 생활지도, 심리치료의 상대적 개념 정의

상담에 대한 정의는 상담과 유사한, 그러나 다른 이름을 가진 활동과 비교하는 방식으로 이루어지기도 했다. 다시 말해서 상담을 심리치료(정신치료) 혹은 생활지도와 대비해서 그 성격을 규정하는 시도들이 있었다. 그런 시도로서 우리 나라에서 초기의 것은 정원식과 박성수(1978)의 정의를 들 수 있을 것이다. 그들은 도움을 필요로 하는 문제를 (1) 단순정보를 필요로 하는 문제, (2) 기술적 정보를 필요로 하는 문제, (3) 태도상의 문제, (4) 심리적 갈등의 문제, (5) 정신질환 등 다섯 가지 유목으로 나누었으며 (1)과 (2)에 대해 도움을 주는 활동을 **조언**이라고 하고 (3)과 (4)에 대해서 도움을 주는 것을 **상담**이라고 했으며(그들은 상담이라는 말 대신에 카운슬링이라는 말을 선호하였다) (5)의 문제를 다루는 것을 **심리치료**, 즉 **정신치료**라고 규정한 바 있다(그림 1-1).

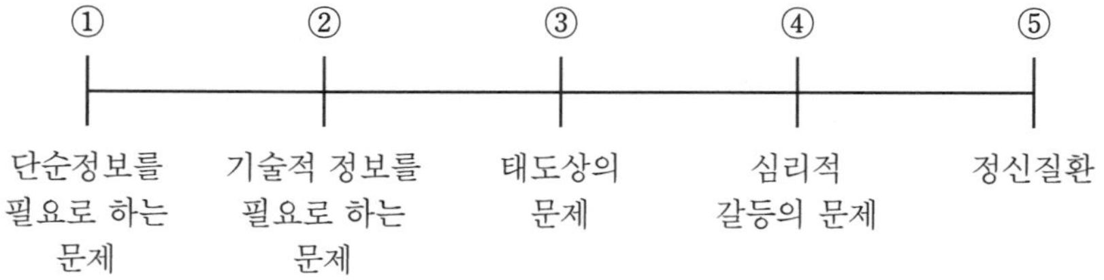

〈그림 1-1〉 상담, 생활지도, 심리치료에 대한 정원식과 박성수의 개념

그와 비슷한 시기에 나온 이장호(1980)의 정의도 유사한 줄기를 가지고 있다. 그는 인간의 문제를 정보 및 의사결정을 요하는 문제, 행동양식 및 태도의 변화를 요하는 문제, 사고 및 심리적 갈등의 문제, 성격기능 또는 정신기능의 장애로 대별하였다. 그리고 정보제공, 조언, 의사결정은 주로 **생활지도**의 활동으로 규정하고, 행동, 태도, 사고의 변화 및 심리적 갈등의 해결은 주로 **상담**의 활동대상으로 규정하였으며, 성격 및 정신장애는 주로 **심리치료**의 대상으로 규정하였다(그림 1-2).

정원식과 박성수(1978)의 정의와 이장호(1980)의 정의 간에는 큰 차이가 없지만 한 가지 차이를 지적한다면 이장호는 세 전문활동과 문제영역 간의 관계에는 중첩부분이 있음을 강조했다는 점이다. 이 점에서는 소아정신전문의인

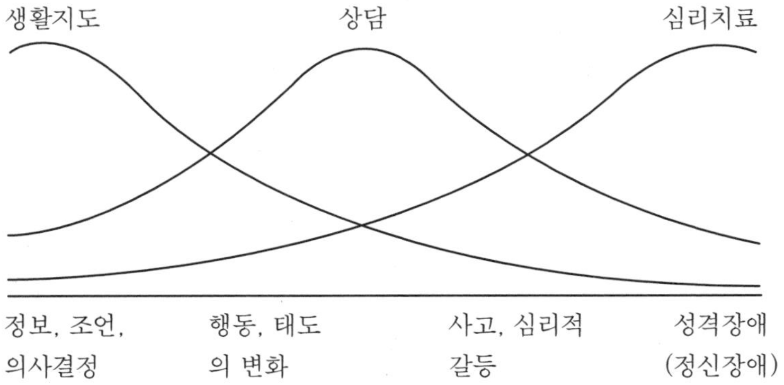

〈그림 1-2〉 상담, 생활지도, 심리치료에 대한 이장호의 개념

홍강의(1993)의 개념 정의와 유사하다. 홍강의는 청소년상담을 논의하면서 그들의 다양한 문제에 대해서 상담, 생활지도, 정신치료(심리치료) 그리고 그외에 가정교육 및 약물치료, 입원치료 등이 어떤 영역규정을 할 수 있는지를 피력한 바 있다(그림 1-3).

그런데 『현대심리치료』(The current psychotherapies)라는 책의 편집자로 유명한 Raymond Corsini는 이 우리 나라 학자들의 개념과 상당히 다른 견해를 밝힌 바 있다. 그는 상담가와 심리치료가는 경청, 질문, 해석, 조언, 정보제공, 평가, 지지, 지시 등 근본적으로 동일한 방법을 사용한다는 것이다. 이 두 전문직 사이에는 누가 해석을 더 많이 하느냐, 누가 경청을 더 많이 하느냐 등의 양적인 차이는 있을지언정 질적인 차이는 없다고 말한다. 따라서 상담과 심리치료를 구분해서 취급하는 것은 별 의미를 가지지 못하므로 그 두 용어는 상황에 따라서 섞어서 쓰든지 상담 혹은 심리치료 중 한 가지로 통일해서 쓰면 된다는 것이다. 실제로 그는 자기의 편저서에서 상담이라는 말보다는 심리치료라는 말로 통일해서 용어를 사용했다. 상담과 심리치료의 용어를 구분하지 않는 점에서는 『상담과 심리치료의 이론과 실제』(Theory and practice of counseling and psychotherapy)라는 책의 저자로 유명한 Gerald Corey도 마찬가지이다.

그렇다고 해서 상담과 심리치료에 대한 용어 구분을 하지 않는 것이 미국 학자들의 공통적인 견해는 아니다. 미국 상담심리학의 대표적 핸드북인 『Handbook of counseling psychology』 제1판과 2판(Brown & Lent, 1984,

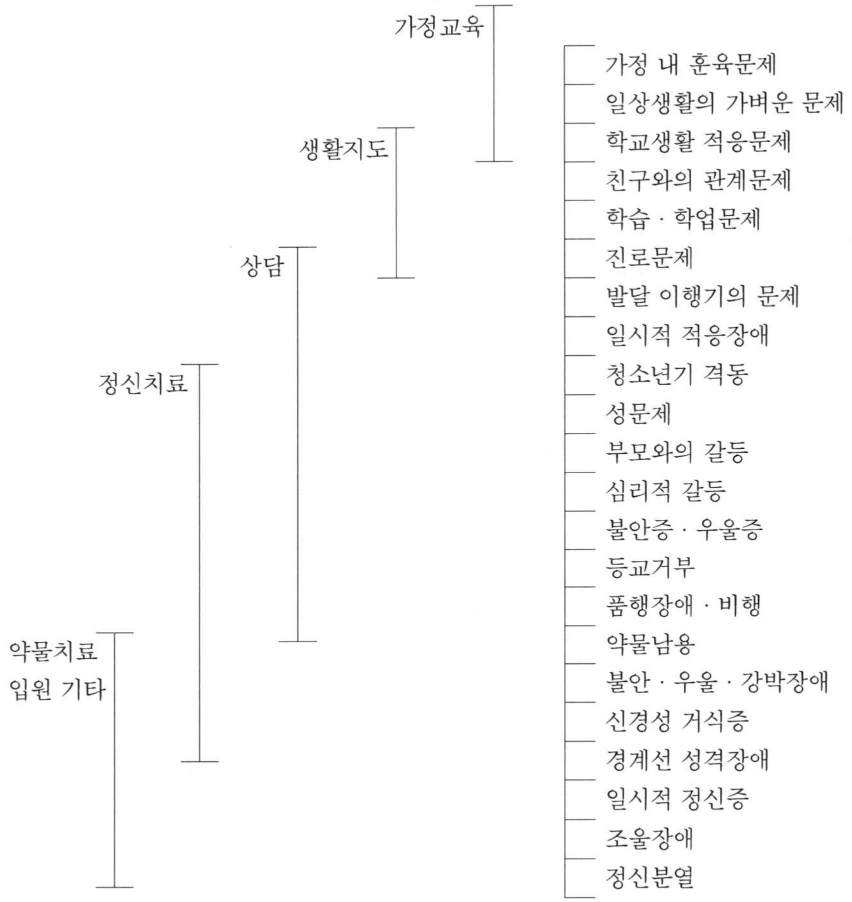

〈그림 1-3〉 상담, 생활지도, 심리치료, 기타 요법에 대한 홍강의의 개념

1992)의 경우 상담심리학은 심리치료를 포함하지만 다른 중요한 영역 예컨대, 진로선택 및 직업적응, 학업, 예방 등의 주제를 심리치료 못지 않은 비중으로 다루고 있다. 상담심리학을 몇 가지 영역으로 나누어서 접근하는 것은 우리 나라에서도 본 필자에 의해서 시도되고 있으며(김계현, 1995, 1997), 이런 경향은 우리 나라에서 점점 더 확고해진다고 보인다.

(3) 상담에 대한 정의와 상담연구

상담을 생활지도, 심리치료 등과 구분하는 것과 구분하지 않는 것이 어느 쪽이 더 옳다라는 결론을 내리려 하는 것은 무의미한 논의가 될 것이다. 단 여기에서는 그것들을 구분하는 것과 구분하지 않는 것이 상담연구에 어떤 영향을 미치는지를 고찰해 보는 것이 더 중요할 것이다.

상담을 생활지도 혹은 심리치료와 구분하는 것도, 구분하지 않는 것도 모두 큰 문제점을 내포한다. 왜 그럴까? 그 둘은 각자 상담의 개념 및 활동영역을 왜곡 혹은 축소시키는 결과를 낳기 때문이다. 상담의 개념이 축소되면 결과적으로 상담연구의 범위, 즉 연구주제와 연구대상의 범위가 축소된다. 이 말을 더 정확히 이해하기 위해서는 다음 논의를 주의 깊게 읽어봐야 한다.

첫째, 상담을 심리치료와 동일한 것으로 보는 것은 왜 상담의 개념을 축소시킬까? 그 이유는 심리치료에서 취급하지 않거나 소홀히 취급하는 여러 상담의 영역 예컨대, 진로상담, 학업문제, 성장욕구, 신앙관련 문제, 발달관련 문제에 대한 상담이 제외되기 때문이다. "상담이론"이라는 이름의 대학원 강좌에서 주로 심리치료이론들을 중심으로 강의를 하는 것이 보통이다. 이때 학생들은 말로는 "상담이론"을 배웠지만 사실은 "심리치료이론"만을 배웠을 뿐 진로상담이론, 학업상담이론, 신앙과 성장상담에 관한 이론 등을 배우지 않거나 아주 적게 다루고 지나간다. 이 경우 상담은 곧 심리상담 혹은 심리치료적 상담에 국한되게 된다. 다시 말해서 상담을 심리치료와 동일한 것으로 보면 상담의 개념이 좁아지는 결과를 낳아서 자동적으로 그 연구의 대상이 좁아지게 될 뿐이다.

둘째로, 상담을 심리치료나 생활지도와 구분하는 것도 상담의 개념을 축소시킨다. 이것은 첫째와 반대 현상이다. 그 이유는 쉽게 이해할 수 있다. 상담을 취급하는 문제의 종류에 따라서 심리치료와 구분하든지, 접근하는 관점과 목적의 차이에 의해서 심리치료와 구분하든지(예: "심리치료는 치료 및 교정의 관점과 목적을 취하고 상담은 학습과 성장의 관점과 목적을 취한다"라는 등의) 이것은 상담과 심리치료를 강제로, 인위적으로 구분하는 것밖에 안 된다. 상담과 심리치료를 개념 혹은 언어(말)에 의해서 아무리 구분해도 그 둘은 실제상에서 공통점이 너무나 많다. 마찬가지로 상담과 생활지도도 공통점이 많기 때문에 선을 그어서 구분할 수가 없다. 만약에 '생활지도는 학교 내의 활동이고 상담은 학교 안과 밖의 활동'이라고 구분을 했다고 하자. 이런 인위적 구분이 상담연구나 상담 실제에 주는 이점은 전혀 없다.

이런 뜻에서, 필자는 상담의 영역을 생활지도 및 심리치료의 영역과 크게 중첩되는 것으로 본 정원식과 박성수, 이장호, 그리고 홍강의의 관점이 더 타당하다는 견해를 가진다. 즉 생활지도, 상담, 심리치료는 같은 것은 아니지만 공통의 영역, 공통의 관점, 공통의 방법 등을 많이 가지는 활동임을 확실히 인식해야 한다. 그러나 그 셋은 또한 동일한 것으로 간주되어서는 안 되는 것임을 알아야 각각의 고유한 영역과 고유의 성격을 잃지 않게 된다(김계현, 1997). 그래야만 상담심리학은 그것의 연구영역을 인위적으로 좁히지도 않고, 동시에 자기의 연구분야를 쓸데없이 확산하지도 않으며, 동시에 상담심리학의 정체성(正體性, identity)을 획득할 수 있는 것이다.

만약에 상담과 심리치료는 완전히 다른 것이라고 한다면 Ellis나 Beck의 "인지-행동요법"은 심리치료로만 간주되어야 한다. 그러나 우리는 많은 청소년이나 대학생, 혹은 성인들의 학교, 직장, 가정에서의 대인적응 문제 등을 상담할 때 인지-행동적 기법을 자주 사용한다. 이런 처치에 대해서 그것이 심리치료냐, 상담이냐라는 논의를 심각하게 한다면 이는 분명 쓸데없는 소모적 논의에 불과할 것이다. 정보제공이나 지시주기의 방법을 상담이나 생활지도로만 간주한다면 그것도 웃음을 자아내는 결과를 낳는다. 실제로 대부분의 심리치료에서는 정보제공과 지시주기를 해 오고 있지 않는가! 그렇다고 해서 심리치료와 상담을 같은 것으로 취급한다면 이 또한 큰 실수이다. 상담에는 분명 심리치료가 아닌 부분이 존재하기 때문이다. 예컨대, 진로상담 중에는 심리치료적 요소를 포함하지 않는 경우가 아주 많다.

결론적으로 말해서 상담심리학 연구자는 상담, 심리치료, 생활지도가 어떻게 중첩되고, 어떤 점에서 공통성을 가지는지를 분명히 인식할 필요가 있다. 그것들을 억지로 구분하지도 말고, 같은 것으로 취급하지 않아야 한다. 그것들을 억지로 구분해도 자신들의 탐구영역을 상실하며, 같은 것으로 취급해도 탐구영역을 상실하기 때문이다. 우리는 중첩되는 것을 강제로 구분해서도 안되고 억지로 동일시해서도 안 된다. 우리는 혹시 상담을 심리치료와 같은 것으로 말함으로써 상담을 "격상"(格上)시키고자 하는 무의식적 동기는 없었는지, 그리고 상담과 생활지도 간에 뚜렷한 금을 그음으로써 상담이 생활지도보다 더 전문적 활동이라는 것을 내세우고 싶지는 않았었는지 자성(自省)해 볼 필요가 있다. 그렇게 구차한 동기에서 상담의 개념을 정의할 필요가 없을 만큼 이제 상담심리학은 그 자리를 확보해 가고 있다.

2) 학문으로서의 상담

(1) 상담의 실제-이론-연구

앞에서 논의한 상담은 실제로서의 상담이다. 그러나 그 실제는 학문적인 지원을 받아야 한다. 필자는 1997년도 저서 『상담심리학』에서 상담 실제와 이론과 연구 간의 관계에 대해서 논한 바 있다. 이 논의에 근거하면 상담이론과 상담연구가 바로 학문에 해당한다.

이 책의 도처에서 같은 말을 반복하겠지만, 상담이론이라는 것이 하나의 단일 이론으로 존재하고 있지는 않다는 사실을 알아야 한다. 심리치료적 상담에 관해서는 이미 많은 저서에서 대표적인 이론들을 잘 정리해 주고 있다. 이들은 대개 10 내지 15개의 이론들을 제시한다. 그 뿐만이 아니다. 성격, 발달, 비행, 적응, 진로, 가족관계 등 여러 전문분야에 대한 이론들이 존재한다. 그리고 이런 다양한 영역의 문제들을 상담하는 전략에 대한 이론들이 존재한다. 이 많은 이론들을 어느 하나의 단일이론으로 통합한다는 것은 현재로선 불가능에 가깝다. 다양하면 다양한 대로 이론을 구성하는 것이 현명한 방법이다.

상담이론은 상담 실제를 근거로 만들어졌지만 이론은 상담실무자들의 상담 실제에 지침과 방향을 제공한다. 그리고 이론은 실제를 통해서 그 타당성을 검증받는다. 즉 실제에 적용이 잘 되어야 "좋은" 이론임을 인정받는 것이다. 바로 이 임무를 연구가 수행한다. 이론의 타당성은 연구자들에 의해서 상담 실제라는 경험적 자료가 체계적이고 객관적이고 과학적인 방법과 절차에 의해 수집, 분석, 해석되는 것이다. 이것이 바로 상담에서 차지하는 연구의 위치이다.

결국 상담 실제, 상담이론, 상담연구는 별개로 존재할 수 있는 것이 아니라 유기적 관계를 맞으면서 공존하는 것이다. 그 세 요소는 세 개의 톱니바퀴가 함께 맞물려서 돌아가는 것이다. 그렇기 때문에 이 책에서는 상담연구를 중심으로 다루지만 단지 연구만을 별도로 논의하지 않는 것이다. 연구에 관한 다른 많은 책들은 연구를 따로 떼어서 논의하였다. 그러나 이것은 잘못된 접근이다. 그 연구법이 언제, 어디서, 왜 의미를 갖는지를 언급하지 않은 채 연구의 방법만을 논의한다는 것은 마치 어떤 집을 어디에 지을 것인지는 모른 채 단지 집짓는 방법에만 관심을 기울이는 것과 같다.

따라서 이 책에서는 연구의 주제와 함께 연구의 방법을 논의한다. 이것이 이 책의 가장 큰 특징일 것이다. 상담의 어떤 측면, 어떤 현상, 어떤 문제를 연구할 때 어떤 방법과 어떤 절차와 어떤 논리를 적용하는지를 종합적으로 논의해야만 우리는 비로소 상담연구에 대한 이해에 도달할 것이다. 이 책에서는 종전의 연구방법론 서적들과 같이 연구법 위주의 나열식 논의가 아닌, 연구주제와 연구방법을 가능한 한 입체적으로 논의하려는 포부를 가지고 있다. 이런 시도가 결코 쉽지는 않으리라는 것이 예상되지만 본 저자의 의도는 어느 정도 성취되리라 기대하고 있다.

(2) "상담학"의 성립조건

상담에 대한 학문적 명칭을 무엇으로 정하는가는 매우 민감한 사안이다. 그것은 상담을 가르치는 대학의 각 학과의 실리와 직결되어 있는 쟁점이기 때문이다. 우리 나라의 상황을 보자. 심리학과의 입장에서는 상담심리학이라는 명칭이 가장 잘 받아들여진다. 또한 일부의 교육대학원에서는 "상담심리"라는 명칭의 전공을 개설해 왔다. 그러나 다른 학과의 관점, 즉 교육학, 사회복지학, 가정학, 정신의학 등은 각자 자기 학과의 명칭 및 학문체계에 어울리는 명칭을 선호한다. 이 중에 가장 민감한 곳은 교육학과로서, 전공의 이름을 '교육상담' 혹은 '상담교육(상담교육학)'이라고 붙이는 등 교육학과로서의 정체성(identity)를 전공의 명칭에 반영하려는 노력이 드러난다.

상담의 학문적 특성과 그 뿌리를 고찰할 필요가 있다. 그것이 상담의 "학문이름"을 정하는 데 도움을 줄 것이기 때문이다. 상담을 주로 심리상담, 심리치료(정신치료), 적응문제상담 등으로 그 개념을 잡을 경우 그 학문적 뿌리는 자연히 심리학이 된다. 이 점에 있어서는 심리학자뿐만 아니라 정신의학자나 교육학자들도 크게 반대하지는 않는 것 같다. 정신치료에 참여해 온 정신과 의사들도 정신치료의 학문적 배경으로 "심리학"을 말한다. 그러나 상담의 분야는 심리상담이나 심리치료에 국한되지 않는다. 특히, 미국의 전통에서는 '진로 및 직업상담'의 분야가 상담의 또 하나의 뿌리를 차지하고 있다. 즉 미국의 상담분야는 크게 심리상담과 진로-직업 상담의 양대산맥이 이어져 온 것이다(김계현, 1994, 1997). 그리고 진로-직업 상담에는 심리학자도 관계되어 있지만 그보다 교육학자들이 더 많이 관여해 온 것으로 보인다.

미국의 학문 역사를 기초로 해서 우리 나라의 학문 정체성을 고찰하는 것에는 분명 문제가 있다. 그러나 우리 나라의 상담분야가 미국과 유럽의 "원조(들)"를 모델로 해서 형성되어 왔다는 점을 솔직이 인정할 때, 그들의 학문적 뿌리나 속성을 무시할 수도 없다. 외국의 역사를 우리 나라에 기준으로 적용한다면 문제가 되겠지만 '수입국'의 입장에서 그들의 것을 참고는 해야 마땅할 것이다.

진로와 직업상담 분야에 대해서 우리 나라의 심리학자들은 그 동안 심리적 문제에 비해서 적은 관심을 보여왔다. 그렇다고 해서 교육학자들이 이 분야를 집중적으로 탐구해 온 것도 아니다. 우리 나라에서는 이 진로-직업 분야와 더불어서 최근 들어 아동-청소년의 학습-학업-비행 분야가 상담의 중요한 분야로 인식되기 시작했다. 그러나 이 현상은 시장(市場), 즉 market에 있어서의 현상일 뿐 학문세계에서의 현상은 아니다. 다시 말해서, 이 두 분야의 실무에는 교육학, 특수교육, 심리학, 사회학(복지학), 가정학(가족학), 아동학, 정신의학 등 각 분야 출신들이 경쟁적으로 참여하고 있다. (대학에는 청소년지도학과 등 새로운 명칭의 학과들도 이미 등장했다.) 필자가 보기에 이 실무영역들은 어느 한 학과가 독점적으로 작용하지는 못하고 있다.

이들 분야에서 학문세계는 어떠한가? 교육학, 심리학, 특수교육, 사회학, 가정(가족)학, 정신의학 등에서 각자 부분적으로 학습-학업 문제, 비행문제, 진로-직업 문제를 탐구해 왔다. 어느 학문도 그 분야를 독점적으로 탐구해 오지는 않았다.

이 점만을 고려한다면 상담의 학문적 이름을 상담심리학으로 한다는 것에 문제가 있다. 오히려, '상담학' 이라는 이름을 사용해야 한다는 최근의 주장이 설득력을 갖는다. 하지만 상담에서 심리상담(심리치료)이 가지는 이론적, 실제적 공헌과 역사를 간과해서는 안 되기 때문에 필자는 여전히 상담의 학문 명칭을 과감하게 상담학으로 규정하기에는 시기상조(時機尙早)라는 과거의 주장(1995, 1997)을 반복한다. 따라서 이 책은 여전히 '상담심리학' 이라는 명칭을 사용한다.

상담학이라는 명칭의 학문이 자타가 공인하는 학문으로서 규정된다고 해도 그것이 심리학이나 사회학과 같은 전통적 기초학문이 될 가능성은 희박하다. 상담학은 상담이라는 실제에 관한 학문이 될 것이며, 상담학과는 그 실무자들을 양성하는 것을 주 목적으로 존재해야 할 것이다. 그러면서 심리학, 교육학, 사회학, 가족학 등 기존의 학문들과 관계를 맺어야 할 것이다.

상담학이 그 이름으로 하나의 학문이 되려면 다음의 두 가지 일을 해야 한다. 첫째는 상담학의 관련영역과 분야를 규정해야 한다. 필자의 저서 『상담심리학』은 바로 그런 노력의 일환이었다. 심리상담 이외의 다른 영역들을 학술적으로 규정해야 하는 것이다. 둘째는 각 영역들에 대한 학술적 이론과 연구결과들을 정리해야 한다. 항상 강조해 왔지만 심리치료이론을 상담의 이론으로 확대해석하는 것에는 분명히 문제가 있다. 심리치료이론들은 심리상담 분야의 이론은 될 수 있지만, 학업상담이나 진로상담 분야의 이론이 되기는 어렵다. 그 나름의 이론이 있는 것이다. 이 두 가지 작업이 만족스러운 수준으로 이루어졌을 때, 우리는 비로소 '상담학' 이라는 명칭을 사용해야 할 것이다. 이 두 가지 작업이 만족스러운 수준으로 이루어진다면, 그 때 필자의 '상담심리학' 은 '상담학' 으로 그 책 이름을 바꿀 가능성도 있다. (그 때의 '상담심리학' 은 심리학 이론과 연구결과에 근거를 두고 상담현상을 탐구하고 상담실무에 접근하는 학문으로 규정되어야 할 것이다.)

2. 상담연구는 상담 실제에 도움이 되는가?

연구와 실제 간의 관계에 대해서는 앞 절에서 언급하였다. 연구는 상담 실제의 발전과 내담자의 안전 및 더 큰 이득을 위해 존재해야 한다는 견해를 필자는 이미 피력한 바 있다. 그런데 과연 상담연구는 상담 실제에 대해서 기대만큼의 공헌을 하고 있는가?

1) 부정적 측면

상담연구가 상담 실제에 얼마나 도움이 되는가라는 질문에 대해서 부정적 견해가 오랫동안 지배적이었다. 상담실무자들은 상담연구 보고서를 거의 읽지 않는다라는 외국의 조사보고서도 나온 적이 있다(Barlow, Hayes, & Nelson, 1984). 이 점은 우리 나라도 크게 다르지 않은 것 같다. 왜 상담연구는 상담실무자들로부터 외면당했을까? 상담연구 보고서의 "소비자"는 분명히 상담실무자들인데 소비자로부터 외면당하는 상담연구 생산품에는 어떤 문제가 있었는가?

(1) 연구를 위한 연구

우리 나라에서의 상담연구는 주로 학위취득을 위한 논문 준비의 일환으로 이루어졌다. 많은 상담전문가들이 학위취득 이후에 연구보고서를 내는 일이 거의 없다는 것은 학위논문을 쓰는 일은 학위취득을 위해 의무적으로 쓴 것이지 진정으로 그 연구문제를 풀기 위해서 연구를 했다거나 연구하기를 좋아해서 연구를 했다고 보기는 어렵다. 즉 연구를 위한 연구였던 경우가 대부분이 아닌가 한다. 연구를 위한 연구로는 학위취득을 위한 수단으로서의 연구도 있지만 그 이외에 교수들의 재임용, 승진, 대학평가 등에서 점수조건을 만족시키기 위한 수단도 있다.

연구를 위한 연구의 풍조가 강할수록 한 연구자가 연구하는 주제는 그가 본래 관심 있는 주제에 집중되지 못하고 그때 그때 타인의 관심을 끌만한 주제들로 "표류"하는 경향이 있다. 연구의 필요성이 연구자 안에서 제기된 것이 아니라 외부에서 제기된 것이기 때문이다. 이런 연구주제 표류 경향은 연구의 속성상 한 가지 바람직하지 못한 점이 있다. 연구는 방법론적인 문제 때문에 한 번의 연구로서는 그 결과를 믿기가 어려우며 여러 차례의 연구에서 일관된 결과가 나와야 믿을 수 있기 때문이다.

최근에는 학술연구기금(예: 학술진흥재단, 대학의 발전기금)이 증가하여 학술적 연구를 지원하는 액수가 과거에 비해서는 많아져 상담관련 대학교수 및 연구원들에 의해서 이루어지는 연구가 증가하고 있지 않나 사료된다. 이런 추세가 우리 나라의 연구풍토를 바람직하게 변화시켜 주기를 기대한다. 그리고 상담관련 학회지나 기관학술지의 수도 증가한 것으로 관찰된다. 상담관련 연구논문의 편수에 대해서 체계적으로 조사연구하는 것은 현 시점에서 의미 있는 연구가 될 것이다.

(2) 외국 이론과 연구를 주로 바탕으로 함

우리 나라의 상담이론과 연구는 아직 걸음마의 단계라고 볼 수 있다. 우리 나라의 상담 실제를 바탕으로 우리 나라 상담가에 의해서 제창된 이론을 아직은 발견하기가 쉽지 않다. 연구는 대체로 우리 나라의 상담 사례를 자료로 사용하고는 있지만 연구주제나 가설들은 대체로 외국의 이론이나 선행연구로부터 따온 것들임을 부인할 수가 없다. 우리의 연구논문들을 보면 그 이론적 배경으로서 대개가 외국 논문과 서적들을 열거하는 것을 쉽게 볼 수가 잇다.

그렇다고 해서 연구를 위해서 외국의 이론과 연구논문을 참고하지 말자는 주장은 절대로 아니다. 우리는 선진 이론과 연구보고서들을 오히려 현재보다 더 열심히 배우고 도입해야 한다. 단, 우리가 연구자로서 명심해야 할 것은 우리가 외국의 이론과 가설을 빌려왔을 때 그것을 왜 빌려왔는지를 확실히 알고 있어야 한다는 점이다. 우리 나라의 상담관련 전문가들이나 내담자들에게 의미 있는 것을 연구해야 한다.

이 점은 부연설명이 필요할 것이다. 예를 들어보자. 미국의 상담연구계는 최근 다문화적 관점이라고 하여 상담자의 문화적 배경, 내담자의 문화적 배경, 그리고 상담자와 내담자의 문화적 배경의 차이 등에 대해서 활발한 연구를 하고 있다. 이런 연구를 다문화적 연구(multi-cultural) 혹은 문화간(cross-cultural) 연구라고 부른다. 그런데 이 다문화적, 문화간 연구의 필요성은 미국 나름의 독특한 필요성과 이유를 가지고 있다. 그들은 다문화적 접근을 하지 않을 수 없는 이유, 즉 다문화적인 사회이기 때문이다. 그들은 인종, 민족, 사회계층 등이 우리 나라보다 훨씬 복잡하다. 다시 말해서 미국 상담심리학의 다문화적 접근은 미국적 필요성에 의해서 탄생한 것이지 범세계적인 필요성을 고려해서 나온 것이 아님을 연구자는 정확히 알아야 한다. 미국의 다문화적 상담연구는 미국 내에서의 문화간 차이를 이해하려는 목적을 가지고 이루어지는 것일 뿐, 한국이나 일본과의 비교를 위해서 이루어지는 것이 아님을 알아야 한다. 그런데 우리 나라에서는 마치 다문화적 관점이 우리에게도 필요한 것인 양 미국의 다문화적 관점을 그대로 받아들여서 강조하는 학자들을 만나게 된다. 현재 우리에게 필요한 다문화적 관점이 있다면, 그것은 우리가 수입한 미국이나 유럽의 이론들을 우리 나라의 내담자나 문화에 맞게 수정하려면 어떤 점들을 고려해야 하는지에 맞추어져야 할 것이다. 미국의 학자들이 관심을 갖는 다문화간 연구주제보다는 우리 자체의 다문화간 연구주제를 찾아내야 한다는 말이다.

(3) 일반화의 제한성

연구에서 일반화란 연구의 결과를 바로 그 연구에서 사용된 피험자와 상황 이외의 피험자와 상황에까지 보편화시킬 수 있는지에 대한 개념이다. 예컨대, 연구에서는 학생 내담자들을 대상으로 했지만 그 연구결과를 비학생 혹은 근로청소년에게로 일반화시킬 수 있는지를 말한다. 혹은 사례연구, 즉 단일피험자 연구를 하였는데 그 연구가 얼마나 보편성을 지니는지의 문제가 바로 일반화의 문제이다.

연구에서 다양한 종류의 피험자를 사용할수록 일반화의 범위를 증가시킬 수 있을 것이라고 쉽게 생각할 수 있다. 그러나 그런 기대는 매우 순진한 기대이다. 피험자의 종류가 다양할수록 연구의 방법론적 문제점들이 많이 드러나기 때문이다. 우선, 다양하고 많은 피험자를 구하기가 쉽지 않다. 둘째, 피험자가 다양할수록 자기 연구의 주요 변인이 무엇인지 불분명해진다. 피험자가 다양하면 다양할수록 연구자가 알지 못하는 수많은 변수가 작용하게 되기 때문이다. 연구결과가 왜 그렇게 나왔는지를 해석하지 못하게 된다. 이 점은 연구방법론 용어로는 연구의 외적 타당도를 높이려고 하다 보면 연구의 내적 타당도가 필연적으로 떨어진다는 말로 요약된다.

따라서 연구자는 대체로 피험자의 속성을 제한하게 된다. 대개의 연구는 대학의 학생생활연구소 내담자, 즉 대학생 내담자를 피험자로 사용하고 있으며 그것도 연구자가 재학하거나 근무하는 대학으로 국한되는 경우가 많다. 결과적으로 일반화의 범위가 좁은 연구를 하고 있는 것인데, 내담자를 다양화시킨다고 해서 문제가 해결되지 않는다는 방법론적 난관이 있다. 이 난관을 극복하는 한 가지 방법은 같은 주제의 연구를 다른 학교, 다른 내담자군을 대상으로 재연구하는 방법, 즉 **반복연구**(replication)를 실시하는 것이다. 이 반복연구는 여러 가지 이유에서 장려되어야 하는데 이 책의 다른 부분에서도 다시 언급될 것이다.

(4) 측정과 관찰의 신뢰도와 타당도 문제

연구에서는 필연적으로 관찰의 절차가 있다. 과학이란 자료, 즉 데이터를 토대로 그것으로부터 보편적인 원리, 법칙, 가설, 모델, 이론 등을 만들어 내는 것이다. 양적 연구든 질적 연구든 관찰의 절차가 필수적이라는 점에서는 다 같다. 단 양적 연구에서는 수량적 측정을 사용한다는 점에서만 특성을 달리한다. 측정은 관찰방법의 한 종류이다.

양적 측정이든 광의의 관찰이든 그것에는 **신뢰도**와 **타당도**의 문제가 반드시 개입된다. 관찰 혹은 측정하고자 의도했던 내용을 얼마나 정확하게 관찰, 측정했는지의 문제가 바로 타당도와 신뢰도의 문제이다. 예컨대, 상담자와 내담자 간의 효율적인 상담관계는 오래 전부터 모든 상담이론의 공통된 관심사였다. 그리고 수많은 상담연구자들이 상담관계를 연구해 왔다. 우리 나라의 상담연구에서 상담자-내담자 상담관계를 측정하는 도구 중에는 이른바 **작업동맹질문지**(WAI: Working Alliance Inventory의 약어, 상담협조관계질문지라고도 불림)가 자주 쓰인다. 이 도구는 Bordin의 1979년도 논문을 바탕으로 하여 Horvath와 Greenberg(1989)가 제작한 것이며(3개 요인, 총 36개 문항) 우리 나라에서도 여러 차례 활용되었다. 다음과 같은 질문들이 타당도 및 신뢰도에 관한 구체적 질문이다.

이 WAI는 Bordin의 이론을 얼마나 충실하게 반영하는가? Bordin의 이론은 상담관계 혹은 치료적 관계에 대한 얼마나 믿을 만한 이론인가? 한국판 WAI는 미국판 WAI의 "충실한" 번역인가 아니면 한국적 문화를 고려한 변형된 도구인가? WAI의 요인구조는 안정적인가? 미국에서의 요인구조와 한국에서의 요인구조 간에는 어떤 차이가 있는가? WAI에 의해 측정된 요인은 이론에서 말하는 개념과 얼마나 일치하는가?

완벽한 신뢰도를 갖추거나 완벽한 타당도를 갖추는 측정도구는 있을 수 없다. 하나의 질문지로서 상담자-내담자 간 협조관계를 완벽하게 측정한다는 발상은 큰 무리이다. 그러나 실상은 완벽과 너무나 거리가 먼 신뢰도나 타당도를 갖는다는데 있다. 특히 타당도의 문제가 더 크다. 아무리 측정된 요인구조가 안정성을 갖는다고 하더라도 그것이 재야 할 것을 재지 않았다면 그 안정성은 허무한 것이다. 예컨대, 총을 쏘는 사수가 맞혀야 할 과녁을 맞히지 않고 엉뚱한 곳을 조준한다면 그의 사격이 아무리 안정성을 갖는다 하여도(쏠 때마다 같은 곳을 맞힘) 그의 사격은 타당성이 없는 사격이다(맞혀야 하는 지점을 맞히지 않음). 현재 상담연구에서 사용되는 많은 측정도구들은 신뢰도에 있어서는 그런 대로 인정을 받고 있지만, 신뢰도보다 더 근본적인 조건인 타당도에 대해서는 아직 부족한 점이 많다.

Bordin의 치료적 동맹개념과 WAI

Freud로부터 비롯된 개념인 치료적 '동맹' 즉, therapeutic alliance는 내담자는 상담자에게 솔직하게 자료를 공개하며, 치료자는 이를 왜곡이나 취사선택이 없이 경청하고 내담자에게 치료적인 해석이나 개입(지시 등)을 제공하며, 내담자는 치료자의 제공을 수용하는 관계를 지칭하는 개념이다. 이런 치료적 동맹관계가 높으면 치료효과가 있고 그렇지 못하면 치료효과가 떨어진다.

상담자와 내담자 간의 치료적 동맹관계에 대해서는 Freud 이후의 많은 학자와 심리치료가들에 의해서 수정, 보완되었다. 그런데 심리치료 및 상담에 대한 이론이 다양해짐에 따라서 Bordin은 비단 정신분석이나 정신역동이론에 기초를 두는 치료뿐만 아니라 다른 상담 및 심리치료이론들까지 포함하여 범이론적인 치료적 동맹관계의 개념을 연구하였다. 그의 1979년도 논문은 그런 연구의 한 결과로서 그 이후 상담자-내담자 간의 치료적 관계를 다룬 많은 연구의 이론적 근거로 활용되었다.

Bordin은 치료적 동맹관계를 세 차원으로 볼 것을 제안하였다. 그 세 차원이란 bond, goal agreement, task agreement라는 이름을 가지는데, bond는 상담자-내담자 간의 정서적 유대감 및 믿음의 결속감을 의미하고, goal agreement는 상담을 통해 이루고자 하는 즉, 얻고자 하는 결과가 무엇인지에 대해서 상담자와 내담자가 같은 생각을 하고 있다는 것을 의미하고, task agreement는 상담이 무엇을 하는 것이며 상담목표를 달성하기 위해서 상담자와 내담자가 해야 할 일이 무엇인지에 대해 서로가 같은 생각을 하고 있다는 뜻이다. Bordin은 이 세 가지 차원이 각각 상당히 독립적인 것이어서 서로 상관이 높지 않을 것이라고 예측하였다. 즉, bond가 강해도 다른 두 요소는 낮을 수 있고, goal agreement가 높아도 task agreement는 낮을 수 있다는 것이다. 이론적으로는 Bordin의 주장처럼 그 세 요소가 서로 독립적일 수 있지만, Bordin의 이론을 기초로 만들어진 Working Alliance Inventory(WAI)로 측정한 세 요소 간의 상관계수는 서로 상당히 높다.

(5) 연구자와 실무자 간의 괴리/상담교육에서 연구에 관한 교육의 소홀

상담연구자와 상담실무자 간의 거리는 점점 더 멀어지는가, 아니면 점점 더 가까워지는가? 이 질문에 대해서는 완전한 대답을 할 수가 없다. 단지 개인의 사적인 의견이나 느낌을 말할 수 있을 뿐일 것이다. 필자의 사견(私見)은 다음과 같다.

우리 나라에는 아직은 전문적인 상담연구자라고 자칭하거나 혹은 타칭되는 사람은 거의 없는 것 같다. 미국에는 상담실무보다는 연구를 주로 하는 연구전문가들이 꽤 있다. 반면에 우리 나라의 대부분의 상담전문가는 실무를 주로 하거나 교육을 주로 하고 있다고 보인다. 상담교육도 연구에 관한 교육보다는 상담실무에 대한 교육을 위주로 하는 대학원이 대부분일 것이다. 따라서 우리 나라의 상황은 상담연구와 실무 간의 괴리를 논할 만큼 연구가 활성화되어 있지 않다.

그렇다고 상담연구가 전혀 수행되지 않는 것은 아니므로 이 현상을 이렇게 볼 수는 있을 것 같다. 상담연구 보고서에 대한 상담실무자들의 관심은 어느 정도인가? 상담실무자들이 주로 관심을 가지는 연구의 주제나 방법은 무엇인가? 만약에 상담실무자들이 연구보고서에 관심이 있다면 그들은 그 연구보고서들을 충분히 소화하여 읽을 수 있는가?

이 질문들도 쉽게 대답을 내릴 수 있는 질문들이 아니다. 단지, 필자의 사적인 관찰에 근거하여 대답을 시도해 볼 뿐이다. 필자가 보기에 실무자들은 연구보고서의 가치를 대체로 과소평가하는 것 같은 인상이다. 그리고 연구보고서를 정확히 이해할 만한 훈련이 충분하지 않다. 한 연구의 주제 및 제한점들을 충분히 이해하지 못한다면 연구의 결과를 오해할 가능성이 많다. 연구보고서들은 갈수록 점점 더 복잡한 통계분석 방법을 사용하지만 상담교육에서는 그런 최신 분석방법들을 별로 가르치지 않는다. 질적 분석방법에 관해서도 정식으로 가르치지 않으므로 질적 연구는 별로 연구방법론적인 훈련이 없이도 가능한 것처럼 오인하는 사람들도 많다.

요약컨대, 우리 나라에서는 아직 연구자와 실무자 간의 괴리를 논할 만큼 상담연구가 활성화되지도 않았고 연구자가 양성되지도 않았다. 우리에게 필요한 것은 상담교육에서 연구를 강화해야 하여 연구자를 양성해야 하며, 실무자들의 연구보고서 이해능력을 높여야 하며. 실무자들이 연구보고서를 과소평가하거나 연구보고서를 회피하지 않도록 교육해야 할 필요성이 있다. 그것이 우리의 현실에 맞는 생각일 것이다.

2) 긍정적 측면

상담실무자들이 연구에 대해서 비교적 부정적인 태도를 가지고 있는 것은 연구 자체에도 문제가 있으나 실무자들에게도 문제가 있다는 점을 앞에서 논의하였다. 그러나 상담에 대한 연구는 꾸준히 수행되었으며 연구에 대한 긍정적인 기대 또한 싹이 트는 것으로 관측된다. 필자 자신도 몇 년 전만 해도 연구에 대한 부정적 정서가 상당히 많았으나 그런 정서가 점점 긍정적인 쪽으로 변화하고 있다. 상담분야에서 연구를 도외시한다면 상담의 전문성은 앞으로 더 발전하기를 포기해야 할 것이다. 이론과 실무는 연구의 도움을 받아야만 과학으로서의 학문적 성격이 확고해질 수 있기 때문이다.

(1) 이론 발전에 도움이 되는 연구

상담연구자들은 이론으로부터 연구할 주제와 가설을 얻는다. 그리고 이론은 연구결과에 의해 검증되거나 확인을 받는다. 이것이 이론과 연구의 상호관계이다. 다시 말해서 기존 이론을 지지해 주는 연구결과는 이론의 타당성을 그만큼 확고히 해 주는 역할을 하고, 기존 이론을 지지하지 않는 연구결과는 이론 수정의 필요성을 말해 주는 것이다. 만약에 상호 반대되는 주장을 하는 두 이론이 있다고 할 때 경험적인 연구결과는 어느 이론이 더 타당한지에 대한 정보를 제공한다. 이론과 연구의 관계를 보여 주는 하나의 대표적인 예를 들겠다.

유명한 이론가이며 연구자였던 J. Haley는 대표적인 심리치료이론들과 유명한 심리치료가들의 상담과정을 분석한 후에 심리치료가 성공하기 위한 하나의 조건은 치료자가 내담자(환자)보다 다소 지배적인, 주도적인 역할을 수행해야 한다고 주장했다. 단 여기서 말하는 지배성과 주도성은 주고받는 표면적인 언어보다는 그 언어의 이면에 흐르는 잠재적 메시지로 판별한다(Haley, 1963). 이 이론은, 당시에 별 의심 없이 받아들여지곤 했던 내담자중심이론과 정신분석이론 중에서 상담자의 수동적이며 비지시적인 역할을 강조했던 부분에 대해서 반론을 제기한 것이다.

Haley의 반론에 자극받은 연구자들은 상담자와 내담자 간의 지배성과 주도성을 연구하기 시작했으며 의사소통의 표면적인 관계와 이면의 관계를 분리해서 관찰하고 측정하는 방법들을 개발하기에 이르렀다. 결국 의사소통의 표면적 특성과는 달리 그 이면의 특징이 존재한다는 사실이 경험적으로 검증되었으며, 상담자의 주도성과 지배성은 효과적 심리치료상담의 한 요소라는 결과를 발견하였다(예: Tracey, 1985). Rogers의 성공적인 상담도 표면적으로는 상담자가 수동적인 것처럼 보이지만 그 이면에는 상담자의 강한 주도성이 보인다는 것이다.

(2) 실제의 발전에 도움이 되는 연구

연구가 상담 실제에 어떤 도움을 주는가는 여러 가지 측면에서 살펴볼 수 있겠으나 여기서는 세 가지 측면에서만 간략히 고찰해 보기로 하자.

상담효과 검증연구 특정 상담기법이나 심리치료 절차가 효과가 있는지 없는지를 검증하는 연구는 그 기법의 사용 여부에 대한 지침을 제공한다. 이는 상담과 심리치료에 대해서 금전적인 대가를 지불하는 의료보험회사 및 내담자 본인(보호자 포함)에게는 필수적인 정보가 아닐 수 없다. 효과가 검증된 기법에 대해서는 대가를 지불하고 그렇지 않은 기법에 대해서는 대가를 지불하고 싶지 않기 때문이다. 상담효과에 관한 연구는 '어떤 내담자에게 어떤 기법이 효과가 있는가?' 라는 차별적 검증을 추구하기 때문에 이런 연구는 상담실무자 입장에서는 내담자의 특성에 따른 처치기법의 차별적 선택이라는 중요한 실제적 시사를 얻을 수 있다.

상담과정연구 효과적인 상담과 심리치료의 과정과 절차는 비효과적인 것과 어떻게 다른가를 밝혀보는 연구는 상담과 심리치료의 효율성을 향상시키는 데 일조를 한다. 우리가 이른바 '상담과정연구' 라고 부르는 것은 대개가 과정과 성과(효과)를 연결지어서(process-outcome link) 연구를 하기 때문에 상담과정연구는 단순히 과정을 기술하는 수준을 넘어서서 그것이 상담성과를 예언하는 기능을 하는지 탐구하곤 한다. 상담과정연구에서 다루는 과정은 대체로 상담자-내담자 간의 상호작용에 대한 미세한 분석을 하기 때문에 상담자들은 상담자의 구체적 반응기술에 대한 시사를 얻을 수 있다.

내담자 연구 내담자 연구에는 여러 가지 주제가 있는데 그 중의 하나는 특정 문제를 가진 내담자군과 그런 문제를 가지지 않은 정상군 간에 발견되는 차이를 분석하는 것이 하나의 대표적인 주제이다. 그런 연구는 수없이 많이 존재하는데 상담실무자들은 그런 비교연구를 어떻게 활용할 수 있는가? 그런 정보는 내담자를 진단하고 이해하는 데 반드시 필요하다. 많은 상담자들은 상담이론이나 심리치료이론에서 제시해 주는 것만으로 내담자를 이해하려고 하는데 그런 이해는 너무 편협된(biased) 방식이다. 자칫하면 이론을 확인시켜 주는 정보만을 취하고 그렇지 않은 정보는 흘려버리기 십상이다. 내담자에 대한 객관적 평가와 진단을 위해서는 보다 과학적인 연구결과들을 알고 있어야 한다.

(3) 양적 연구와 질적 연구의 조화

양적 연구와 질적 연구는 상반되는 것인가? 이 책의 여러 곳에서 언급하듯이 그 두 가지 연구법은 결코 갈등관계에 있어서는 안 된다. 그 둘은 상호 보완과 협조의 관계를 유지해야만 한다. 양적 연구가 다루지 못하는(혹은 매우 비효율적으로 다루는) 연구문제를 질적 방법이 해낼 수 있고, 질적 연구가 다루지 못하는 연구문제를 양적 방법이 해낼 수 있기 때문이다.

대부분의 상담이론과 심리치료이론들은 임상가의 사례연구와 질적 연구를 통해서 구성되었는데 이때의 사례연구나 질적 연구는 방법론적으로는 결함이 많은 것들이다. 그러나 임상가의 예리한 통찰과 자료의 풍부함에 힘입어서 상당히 타당성 있는 이론이 탄생하곤 하며 그 이론을 사용하는 다른 임상가들에 의해서 그 이론의 타당성이(비체계적인 절차로) 대략적인 검증을 받는다.

연구자들은 이렇게 해서 탄생된 이론들을 근거로 구체적인 연구문제를 추출하며 체계적이고 객관적인 절차를 통해서 연구문제를 검증한다. 이때 그 방법이 질적 방법이냐 양적 방법이냐 하는 것은 연구문제의 성격이 어느 방법에 더 적합하냐에 의해서 결정된다. 선험적으로 두 방법 중 어느 것이 더 우수하다라는 결론을 미리 내려서는 안 된다.

대부분의 심리학 분야가 그러하듯이 질적 방법보다는 양적 방법이 상담심리학 연구분야를 지배해 왔다. 그래서인지, 질적 연구자들은 양적 방법의 결점을 지적하느라 시간과 지면을 지나치게 많이 허비하였고 막상 질적 연구를 직접 수행하는 데에는 소홀했던 것으로 보인다. 다행히 최근에는 질적 연구자들의 그런 무용(無用)한 비판이 줄어들었고, 양적 연구와의 보완적 역할을 깨닫기 시작했다고 관측된다. 그리고 질적 연구가 수행되는 건수 자체가 증가한다고 보인다.

예컨대, 3인 이상의 가족관계, 가족 상호작용에 대해서 양적인 방법으로 연구한다는 것은 아직은 방법론적으로 곤란한 점들이 많다. 필자에 의해서 소개된 바 있는 연계분석(sequential analysis) 방법은 2인 간의 상호작용에 대해서는 상당히 유용한 정보를 제공할 수 있으나(김계현, 1991; Kim, 1988; Wampold & Kim, 1989), 3인 이상의 상호작용에 대해서는 아직 극히 제한적인 정보를 제공할 뿐이다. 3인 이상의 상호작용에 대해서는 질적인 연구방법이 더 효과적인 연구방법이 될 수가 있다. 앞으로 3인 이상의 관계에 대한 양적인 분석방법이 새로 개발되더라도 질적 연구방법의 유용성은 계속해서 남을 것이다.

(4) 상담실무자의 과학적 사고방식

상담과 심리치료는 예술로 비유되곤 한다. 이것은 예술을 과학과 대조하는 것이다. 과학에서는 객관성, 표준성, 논리성 등을 강조하지만 예술에서는 그런 것보다는 개성, 독창성, 현상적(phenomenological) 속성 등을 강조한다. 상담과 심리치료는 사례마다 다를 수 있고 한 사례도 회기마다 달라질 수 있는 것이다. 실제 사례에서는 이론이나 표준화된 기법을 다소 임기응변적으로 수정해서 적용할 수도 있다. 이처럼 상담과 심리치료에는 예술적 속성이 많다. 그러나 그것이 예술 그 자체는 아니기 때문에 예술적 속성을 지나치게 강조해서는 안 된다. 상담자들이 반드시 습득해야 하는 상담과 심리치료의 과학성은 무엇인가?

그것은 첫째, 자료에 근거한 사고를 해야 한다는 것이다. 영어로 표현하면 data-based thinking을 말한다. 여기서 데이터, 즉 자료는 경험적(empirical) 자료를 뜻하며 타인과 공유할 수 있는 객관적 자료를 뜻한다. 예컨대, 어떤 상담치료의 기법을 사용하는 상담자가 자신의 그 방법이 효과가 있다라고 생각하고 있다고 하자. 그는 약 20명의 내담자에게 그 방법을 사용했으며 약 15명의 내담자가 효과를 보았다고 주장하였다. 그러나 실제로 그가 그 방법을 시도했던 사례는 20이 아니라 50이었다. 30이라는 차이가 어디서 발생했는가? 30은 그의 상담치료를 초기에(1~2회기 이후에) 그만둔 내담자들이었다. 상담자들은 이런 내담자들을 소위 dropout(조기종결)이라고 하여 쉽게 망각해 버리는 경향이 있다. 이 상담자도 30명에 대한 데이터를 망각한 채 나머지 20명에 대한 데이터만 가지고 결론을 내린 것이다. 이 상담자는 자료를 바탕으로 사고한 것이 아니라 자신의 느낌(왜곡된)을 바탕으로 사고하였다.

둘째는 이른바 이론적 교조주의라고 불리는 상담자의 심리로부터 탈피해야 한다는 것이다. 상담과 심리치료는 아직 이론에 의존하는 경향이 높다. 이론마다 강조하는 측면이 다르고, 문제를 보는 관점이 다르고, 인간관마저 다른 경우도 있다. 이론적 교조주의란 자기가 신봉하는 이론을 계속해서 신봉하기 위해서 혹은 타인에게도 설득하기 위해서 자료의 객관성을 왜곡하는 것을 말한다. 우리 인간에게서 발견되는 선택적 지각에는 자기가 믿는 것을 계속 유지시키려는 경향이 작용한다. 즉 그 이론과 일치하는 정보만을 지각하고, 수집하고, 저장(기억)하게 된다. 이론과 상치되는 정보는 지각하지 않고 망각해 버리는 것이다. 이것은 거의 무의식적인 작용이다. 그러나 상담자들은 때로는 의식적으로 교조주의에 빠지기도 한다. 그 이유의 한 예를 들면, 자기 이론의 타당성을 의심받는 정보가 알려지면 자기 이론의 신뢰도가 떨어지고 결과적으로 그 이론의 "시장가치"(market value)가 떨어질 것이기 때문이다. 과학적으로 사고하는 상담자는 이런 교조주의적 심리를 경계해야 한다.

(5) 연구교육에의 관심 고조

우리 나라에서도 상담실무자가 증가하고 청소년상담, 대학상담, 종교기관 상담 등이 활성화되면서 상담전공 대학원이 크게 증가하였다. 한국심리학회 산하의 상담 및 심리치료학회의 회원 수도 최근 몇 년 간에 걸쳐 급증하였으며, 가족치료학회, 아동 · 청소년상담 연구회, 상담교육연구회 등 상담관련 학회도 다양해졌다. 이런 현상과 함께 생기는 것이 상담연구에 대한 관심이 고조되고 있다는 것이다.

서울대학교 등 대학원 중심 대학들에서는 연구방법론에 대한 교육이 필수로 행해지고 있으며 상당히 수준 높은 학위논문이 생산되고 있다. 그리고 연구방법론 교육이 대학 내에서 정규과목으로 시행되지 않는 경우에는 학회단위의 연수회나 워크숍 등이 개최되며 이에 대한 참여 열기가 상당히 높아 보인다.

아직 우리 나라의 상담교육 역사가 짧고 상담실무의 시장이 작기 때문에 연구가 크게 번성하지는 못하였다. 따라서 우리 나라의 상담전문가들은 상담분야의 전문성 제고를 위해서 연구를 활성화시키는 노력을 하여야 한다. 그렇게 하기 위하여 필자는 다음과 같은 구체적 제안을 한다.

- 교수를 확보한다. 한 학과에 최소 3명 정도의 상담분야 전임교수를 확보하도록 한다.
- 상담 실무-이론-연구의 균형잡힌 교육을 실시한다.
- 연구방법론 및 통계에 관한 교육을 반드시 실시한다.
- 학위논문의 주제는 구체적이고 "작은" 문제를 잡도록 장려한다.
- 특히 석사학위논문에서는 단순한 주제를 다루도록 지도한다. (단순하고 구체적인 연구를 여러 차례 시행하는 경험이 복잡하고 어려운 연구를 한 번 실시하는 것보다 더 교육적일 것이다.)
- 연구보고서를 자주 읽도록 평소에 장려한다.
- 상담실무자(임상가)들은 현장에서의 사례연구를 체계적으로 수행한다.

3. 상담연구의 부진 원인과 극복방안

"상담하는 사람들은 전통적으로 연구에 약하다."라는 평가에 대해서 어떻게 생각하는가? 이런 평가에 대해서 부인하는 사람도 있겠으나 이 평가는 정확한 평가이다. 상담하는 사람들은 어째서 연구하기를 기피하고, 연구보고서 읽기를 어려워하는가? 그 이유를 분석해 보자. 그리고 그 극복방안을 생각해 보자.

1) 연구방법론의 까다로운 조건

우리 나라는 상담에 대한 학문적 연구가 주로 대학, 즉 대학원에서 이루어지는 것으로 알려져 있으며 이는 거의 사실에 가깝다. 미국의 경우 상담연구는 대학원, 연구소 및 병원(정신의학)에서 이루어지기 때문에 우리보다는 연구가 다변화되어 있다. 우리 나라에는 상담관련 연구소가 거의 없는데, 과거에는 한국행동과학연구소에서 행동수정에 관한 연구를 수행한 적이 있었고, 최근에 설립된 '청소년대화의 광장'(현, 한국청소년상담원)은 청소년 문제 및 상담에 관한 정책연구를 수행하고 있다.

상담연구자는 연구하는 방법을 알아야 한다. 연구방법론이란 연구하는 방법에 관한 체계적 논의를 말하며, 그것은 대학원에서 가르쳐지고 있다. 그런데 이 연구방법론이 우리로 하여금 연구를 하지 "못하게"하는 원인들 중의 하나라고 하면 지나친 역설일까? 이 점을 우리는 깊게 생각해 보아야 한다.

우리가 대학원에서 가르치고 배우는 연구방법론은 이른바 과학적 연구방법론에 터한 것들이다. 그 중에는 대부분이 양적 연구방법이며 질적 연구방법도 일부 들어 있다. 연구방법론을 가르칠 때 우리는 이른바 연구의 타당성에 관해서 반드시 가르친다. 연구방법론을 배운 사람이라면 누구나 들어본 내적 타당성, 외적 타당성, 통계적 결론 타당성 등에 대해서 배우며 그런 타당성을 위협하거나 저해하는 요소들에 대해서 배운다. 이런 타당성 저해요소들을 가급적 배제하거나 통제하면서 타당성을 높힌 연구가 잘된 연구임을 우리 연구자들은 알게 되며 그런 타당성 기준에 맞는 연구를 수행하려고 애를 쓴다.

대학에서 연구의 타당성을 가르치고 타당성 높은 연구를 하려고 애쓰는 것에는 아무런 하자가 없다. 단, 문제는 이곳에서 생긴다. 처음부터 타당성 높은 연구를 하자니 연구를 수행할 엄두가 나지 않는 것이다. 이렇게 하면 저것이 걸리고 저렇게 하면 이것이 걸리는 것이다. 내적 타당성이 높은 연구를 하려면 여러 가지 변인들을 통제해야 한다. 그런데 상담연구에서 통제라는 것이 결코 쉬운 일이 아니다. 예컨대, 상담의 효과를 검증하려면 상담을 받는 사람들과 비교할 수 있는, 즉 상담을 받지 않은 사람이 있어야 하는데 상담을 받지 않고 "얌전하게" 기다려줄 내담자를 구하기가 결코 쉽지 않다. 이른바 통제집단을 가지기가 어렵다는 것이다.

뿐만 아니라 연구의 타당성에는 연구에 사용된 각종 측정방법의 타당도와 신뢰도가 상당히 높아야 하는데 그런 도구를 가지기가 쉽지 않다. 새로운 도구를 만드는 것은 더욱 어렵다. 또한 측정결과를 분석하고, 통계처리를 하고, 그것을 해석하려면 통계학에 대한 지식이 필요한데 통계학이 그다지 쉽지는 않다. 더구나 선배나 기타 유명 학자들이 해 놓은 연구보고서들을 보면 대개가 고급통계를 사용하였기 때문에 나도 그런 수준의 통계를 써야 할 것 같은 압박감도 느낀다. 타당성이 높은 연구설계, 연구절차, 연구도구, 그리고 수준 높은 고급통계분석 등의 조건을 만족시키고 싶은 것이 연구자의 공통된 심리이다. 단, 그 조건을 만족시키는 것이 쉽지 않다는 것이 문제이다.

우리 나라의 상담심리학 분야에서 타당성이 높은 연구는 주로 학위논문 특히 몇 개 대학의 박사학위논문이나 석사학위논문에서 볼 수 있다. 이 현상을 다시 말하면 상담가들은 학위를 받은 이후에는 타당성이 높은 연구를 거의 하지 않는다는 말과 같다. 매우 불행한 현상이다. 원인이 무엇일까? 이것은 상담자들이 연구하기를 별로 즐기지 않는다는 이유도 있겠으나 그것보다는 상담연구를 수행하는 것이 여러 가지로 장애가 많다는 이유가 더 중요한 이유일 것이다. 이 문제는 다음 절에서 자세히 논의하기로 하고 이 절에서는 이 한 가지 점을 더 언급하려고 한다.

타당성 높은 연구를 요구하는 것에는 한 가지 "함정"이 있다. 어떤 함정일까? 앞에서 잠시 예로 들었던 상담의 효과를 검증하는 연구를 다시 보자. 우울한 고등학생 내담자에게 한국적으로 다소 수정한 Beck의 인지치료가 효과가 있는지 알아보기 위해서 우울을 호소하는 10명의 고등학생에게 인지치료적 방법으로 상담을 실시했다. 이 10명에 대해서 상담 이전과 이후에 Beck의 우울증 척도로 측정을 하였다. 그리고 상담 이전보다 상담 이후에 우울증의 정도가 약해졌는지 통계분석을 하였다. 이 절차를 기호로 나타내면 다음과 같다.

O1　　X　　O2

O : 측정 혹은 관찰

X : 처치(개입)

여기서 O2가 O1에 비해서 현저하게(통계적으로 의미 있게 혹은 임상적으로 의미 있게) 낮아졌다면 연구자는 고등학생 우울에 대해서 Beck의 인지치료가 효과가 있었다고 결론을 내리고 싶을 것이다. 그러나 연구방법론에서는 이런 결론에는 수많은 하자가 있다고 경고한다. 그 효과가 인지치료의 효과가 아니라 다른 것에 의한 효과, 예를 들면 같은 기간에 발생한 다른 좋은 일에 의해서(예: 시험기간이 끝났다든가, 대입관련 제도가 바뀌었다든가 등) 영향받았을 수 있다는 이른바 **대안가설**(alternative hypotheses)에 대해서 어떻게 방어하겠는가? 혹은 우울증이란 시간이 경과하면 대체로 경감되는 성격의 문제이므로 그 효과는 치료에 의한 효과가 아니라 시간 경과에 의한 효과라는 제2의 대안가설에 대해서는 어떻게 방어를 하겠는가?

이런 하자를 방지하기 위해서, 즉 대안가설에 대한 방어책으로 연구자는 다른 10명의 우울한 고등학생들을 연구에 참여시킨다. 즉, 이들에게는 Beck의 인지치료를 실시하지 않고 같은 기간을 기다리게 하거나, 별로 심리치료적이 아닌 활동에(예: 비디오 관람 등) 참여하도록 시킨다. 그렇게 하여 인지치료를 받은 내담자들과 비교하려는 전략이다. 이를 기호로 나타내면 다음과 같다.

O1	X	O2	………… 실험집단
O3		O4	………… 통제집단

여기서 O2와 O4 즉 치료를 받은 집단과 치료를 받지 않은 집단의 우울 정도를 비교하여 만약 치료받은 집단이 다른 집단, 즉 통제집단보다 우울증이 현저하게 낮다면 그것은 치료에 의해서 그런 효과가 생겼다는 결론을 내리려는 것이다. 이 연구설계는 앞의 설계에 비해서 하자가 적은 즉, 타당성이 더 높은 연구설계로 인정받으며 연구자의 결론은 앞에서 제기된 두 가지 대안가설에 대해서 상당한 방어능력을 갖춘다. 아직도 몇 가지 하자가 남아 있기는 하지만 이것은 상당히 타당성을 인정받는 연구설계가 된다.

연구방법론적인 이런 조건들을 익히 알고 있으면서 전자의 연구설계에 만족하거나 그것을 잘된 연구로 인정할 학자는 없다. 따라서 모두 후자의 연구설계를 채택해야 한다고 생각한다. 그런데 문제는 후자의 연구설계를 채택하면 두 배의 피험자가 필요하다는 사실과, 반의 피험자에게는 치료를 하지 않고 기다리게 해야 한다는 사실 등이 그 연구를 어렵게 만든다. 정말로 우울증에 시달리는 내담자를 치료하지 않고 기다리게 하는 것은 비윤리적일 뿐만 아니라 연구자가 기다리라고 했다 해서 아무 다른 시도를 하지 않고 가만히 기다릴 내담자도 별로 없다. 자기들 나름대로 우울문제를 해결해 보려고 연구자 몰래 다른 처치를 받는 경우가 발생한다. 즉, 통제집단의 내담자를 완전하게 통제한다는 것이 불가능하다는 말이다.

간단히 말해서 하자가 적고 타당성이 높은 연구는 그만큼 수행하기가 더 어렵고 복잡하다. 따라서 아직 연구경험이 적은 대학원 학생들로서는 질 높은 연구를 수행한다는 것이 너무 어렵게 느껴진다. 아예 연구를 수행할 엄두를 내지 못하게 만드는 것이다. 연구를 수행하고 싶은 주제는 있어도 그것을 연구방법론적으로 타당성 높도록 수행하기가 너무 어렵다는 것을 미리부터 알고 있기 때문이다.

필자는 우리 나라의 현재의 상담심리학 수준에서는 연구방법론적인 조건을 다소 완화시켜야 할 필요가 있다는 견해를 가지고 있다. 이는 마치 서양의 30~50년 전과 같다. 그 당시에는 서양의 상담연구계에도 연구의 타당성에 대해서 그다지 잘 알려져 있지 않았었다. 따라서 타당성이 낮은 연구를 많이 수행했다. 요즘의 기준으로 보면 하자가 많은 연구가 많이 수행되고, 인정받고, 출판되었다. 이것들은 현대의 기준으로는 모두 쓰레기 연구인가? 필자는 그렇지 않다라고 생각한다. 그것들은 타당성 낮은 연구였지만 그런 연구가 많이 있었기 때문에 서양에서 상담과 심리치료가 그만큼 더 발달할 수 있었다고 사료된다.

그런 "기초"가 없이 질 높은 연구만을 요구한다면 우리는 앞으로도 상담심리학 연구를 활성화시키지 못할 것이다. 실험집단과 통제집단을 모두 설정한 이른바 **통제된 연구**(controlled study)를 수행할 수 있기 이전에 "**통제하지 못한 연구**"를 미리 여러 차례 수행하는 것이 연구의 발전상 선결조건이라고 사료된다. 측정방법에 아직 하자가 많아도 일단은 그런 연구라도 여러 차례 실시되어야 불완전한 지식이라도 얻게 되는 것이 아닌가? 불완전한 지식이라도 아예 없는 것보다는 낫다는 주장이다. 치료에 관한 대부분의 연구분야는 일단 통제되지 않은 연구를 몇 차례 실시해서 그것의 효과가 임상적으로 어느 정도 확인되면 그 다음에 통제된 연구를 실시하는 절차를 취한다. 처음부터 통제된 연구를 실시하는 것은 경제적 낭비를 초래하기도 한다. 서양의 심리치료의 효과 연구 역사를 자세히 들여다 보면, 일단 통제되지 않은 연구에서 몇 차례 효과가 보여져야 그 다음에 과학적으로 잘 통제된 연구를 실시하는 역사적 발전 과정이 있어 왔음을 알 수 있다. 이런 역사적 조건을 생략한 채 처음부터 수준을 높일 수가 없는 것이다.

그렇다고 해서 불완전한 지식, 타당성이 낮은 지식을 마치 그것이 완전한 지식, 타당한 지식인 양 오해하거나 과대 해석한다면 안 된다. 즉, 통제집단이 없는 〈O1 X O2〉의 설계를 가지고 O2와 O1의 차이는 X, 즉 상담치료의 결과라는 해석을 내려서는 안 된다. 타당성 낮는 연구는 해서는 안 된다는 말이 아니라, 타당성 낮은 연구를 수행하더라도 그것의 한계를 분명히 알자는 말이다. 우리는 타당성이 낮은 연구는 어떤 점에 하자가 있을 수 있는지를 분명히 인식하고 솔직하게 알려야 한다. 타당성이 낮은 연구에 대해서는 매우 조심스러운 결론을 내려야 한다. 그리고 다음의 연구에서 그 하자를 보완하거나 좀 더 타당성 높은 연구로 발전할 생각을 해야 한다. 우리는 연구방법론을 철저하게 배워야 한다. 그래야만 아직 타당성 낮은 우리의 연구들이 어떤 하자를 내포하고 있는지 알 수가 있고 그 다음의 연구에서 더 나은 연구를 수행할 수가 있다. 단, 너무 처음부터(석사과정 학생에게) 방법론적으로 완벽한 연구를 요구해서 연구의 욕구를 싹트지 못하게 하는 것은 연구분야의 활성화에 역행하는 일인 것이다.

2) 연구수행의 어려움

(1) 피험자(연구대상자)를 구하기 어려움

상담 사례를 연구에 사용하려면 어떻게 해야 하는가? 내담자들은 대체로 자기가 연구 혹은 실험의 대상이 되는 것을 꺼린다. 그래서 연구의 대상자 혹은 피험자가 되어 달라는 요청을 받았을 때 이를 거절하는 내담자를 자주 보게 된다. 상담 내담자들은 왜 연구대상자가 되기를 꺼려하는가?

아마도 그 첫번째 이유는 자기의 사적, 개인적, 가정적 내용들을 다른 많은 연구자들이 알게 되는 것을 염려하거나 꺼림직하게 느끼기 때문일 것이다. 이것은 새로 개발한 약이나 처치기법의 효능을 검증하는 약학의 임상실험에 참여하는 피험자들의 심리와는 약간 다르다. 신약(新藥)의 효능실험에 참여하는 사람들은 대개 그 약의 부작용 가능성에 대해서 염려할 것이다. 그러나 상담연구에 참여하는 내담자들은 대개 사적 정보의 누출 및 공개에 대해서 염려할 것이다. 그런 염려는 내담자의 개인적 정보, 즉 이름, 직장과 직위, 가족의 이름 등이 연구에서 사용되지 않는다 해도 여전히 남아 있게 되는 경우가 많다.

상담 사례 자체의 수가 적다는 것도 피험자를 구하기 어렵게 만드는 요인이다. 우리 나라의 상담연구에서 대학의 학생생활연구소(학생상담소)는 피험자를 "공급"하는 주요 기관이다. 대학생 내담자들은 그런 대로 연구대상자가 되기를 다른 상담소의 내담자들보다는 덜 꺼린 것처럼 보인다. 그러나 대학의 학생생활연구소도 내담자의 수가 그리 많은 것은 아니다. 대학에 따라서 1년에 수백 명 혹은 천 명 이상의 내담자를 보는 곳도 있지만 이는 드문 일이다. 게다가 연구를 제대로 하려면 같은 종류의 문제를 가진 내담자들을 표집해야 하는데 그렇게 할 만큼 내담자 모집단(母集團)의 크기가 크지 못하다.

(2) 윤리적 문제

상담실무에서 윤리, 비윤리의 문제가 있듯이 상담연구에도 윤리적 쟁점들이 제기된다. 우리 나라에서는 미국과는 달리 각 대학이나 연구기관에 연구에 대한 윤리위원회가 없거나, 있어도 그다지 규정이 까다롭지 않다. 그렇다고 해서 상식에 벗어나는 연구자의 행위에 대해서 비윤리성을 따지지 않는 것은 아니다. 단지 공식적인 윤리위원회나 규정이 없다는 것일 뿐 윤리 자체가 없는 것은 아니다.

윤리문제에서 가장 문제가 되는 쟁점은 피험자가 연구로 인해서 피해를 입거나 피해에 대한 공포 혹은 불안을 경험했느냐이다. 연구에서 피험자의 사적인 정보가 유출되어 피해를 입는 것은 이미 앞에서 언급하였다. 이런 사적 정보 유출의 문제는 연구에 참여하는 연구보조자 혹은 자료분석자에게도 해당된다. 자료분석자들(예: 녹음 축어록 작성자, 코더 등)은 대체로 피험자의 사적 정보에 접할 가능성이 있는데 이런 경우 연구자는 그런 정보를 사전에 삭제해 버리거나 혹은 연구보조자들을 교육시켜서 더 이상의 사적 정보 유출이 없도록 조치해야 할 것이다.

피험자 중에는 자기가 연구대상자인 줄을 모르고 있다가 나중에 알게 되는 경우가 있다. 그래서 몹시 당황하고, 분노를 느끼고, 상담의 효과가 격감하게 된다. 이런 사태를 예방하기 위해서 연구들은 이른바 informed consent, 즉 사전에 연구에 대한 정보를 알려주고 내담자의 동의를 받는 절차를 취한다. 이런 과정에서 어떤 내담자들은 피험자되기를 거절하기도 한다.

이런 여러 가지 윤리적 쟁점들은 연구를 수행하기가 어렵게 만든다. 그러나 윤리를 무시하고 연구를 위해서 내담자를 희생시킬 수는 없다. 오히려 내담자에게 연구 참여에의 동의를 받아두는 것이 그렇게 하지 않고 나중에 문제가 생기는 것보다는 훨씬 낫다. 앞으로 우리 나라에서도 상담연구가 활성화되면 여러 가지 크고 작은 윤리적 문제들이 발생할 것이다. 그런 경우를 대비해서 우리는 연구자의 윤리에 대한 논의를 학계에서 시작해야 한다(제3장 참조).

(3) 관찰과 측정의 어려움

내담자가 연구의 대상이 되어주겠다는 동의를 했다고 해서 연구가 쉬워지는 것은 아니다. 상담연구를 어렵게 만드는 또 다른 요인이 존재한다. 그것은 바로 상담과정이나 효과(성과, 결과)를 관찰하고 측정하는 것이 쉽지 않다는 점이다. 상담연구자들이 주로 사용하는 관찰방법은 녹화, 녹음, 구조화된 인터뷰(면담), 표준화 검사, 자기보고식 질문지 등이다. 녹화 혹은 녹음된 자료는 다시 체계적으로 코딩, 즉 부호화되는 절차를 거치며, 검사나 질문지는 채점되어 수량화되는 절차를 거친다.

그런데 이미 연구법 혹은 교육평가, 심리측정을 배운 독자는 알고 있듯이 모든 관찰 및 측정에는 그것의 신뢰성(신뢰도, reliability)과 타당성(타당도, validity)의 문제가 항상 제기된다. 즉, 좋은 연구는 타당하고 신뢰로운 관찰과 측정을 전제조건으로 하기 때문이다. 만약에 같은 자료에 대해서 제1코더가 부호화한 것과 제2코더가 부호화한 것이 다르다면 그것은 신뢰도가 낮음을 의미한다. 그리고 관찰 혹은 측정하는 행동이나 속성이 아직 불명확하게 정의되었다면 그것은 타당도가 낮음을 의미한다.

이런 점에서 상담은 관찰하고 측정하기가 결코 만만치 않은 현상이다. 상담에서 상담자와 내담자 간에 오가는 대화를 타당하고 신뢰롭게 부호화하는 것이 쉽지 않다. 왜냐하면 상담 대화는 매우 사적이고, 예민하고, 민감한 것들이 많이 포함되어 있기 때문에 그 의미를 정확히 파악하는 것이 어렵기 때문이다. 그렇다고 해서 아주 분명한 것들만 부호화한다면 거의 의미가 없는 부호들로만 구성되어 연구의 결과가 쓸모없어질 것이다. 그리고 검사나 질문지에 대한 내담자의 답변도 내담자의 주관, 상태의 변화 등에 의해 영향을 받기 때문에 측정의 오류가 발생하게 된다. 연구자는 이런 여러 가지 곤란한 점들에도 불구하고 그것들을 최대한 극복할 수 있는 방법들을 고안해야만 한다. 즉, 관찰과 측정의 절차를 표준화, 객관화시켜서 신뢰도를 높여야 하며, 동시에 연구자가 관찰하고 측정하고자 하는 바로 그 변인(變因, variable) 혹은 구인(構因, construct)을 관찰하고 측정하기 위한, 즉 타당도를 높히기 위한 노력을 해야 한다. 신뢰도와 타당도를 높이기 위한 구체적 방법에 대해서는 이 책의 다른 부분에서 논의될 것이다.

(4) 상담방법과 과정의 비표준성

상담 특히 심리치료상담에는 여러 가지 이론과 기법이 있다. 근래에 유행하는 것만 들더라도 인지행동치료(Beck의 방법과 Ellis의 방법으로 나뉨), 체계적 둔감법, 대인치료(interpersonal psychotherapy), 해결중심 단기치료, 구조적 가족치료, 현실치료 등이 있으며 그것들보다 더 오래된 것으로는 정신분석, 행동치료, 내담자중심상담, 교류분석, 게슈탈트 치료 등이 있다.

한 상담연구자가 Beck 방식의 인지행동치료의 효과를 검증하는 연구를 한다고 가정하자. 그래서 그는 Beck의 인지행동치료를 실시한다고 하는 3명의 상담자와 접촉하여 그들의 상담 사례들(치료자 1인당 3개 사례씩)을 녹화하고 몇 가지 자기보고식 질문지를 실시하였다. 자료수집이 끝난 후 연구자는 분석을 하기 위하여 녹화 테이프을 보기 시작하였다. 그런 도중 연구자는 중대한 사실을 발견한다.

연구자가 발견한 사실은 Beck의 인지행동치료를 실시한다는 세 치료자의 치료과정과 기법 간에는 큰 차이가 있었으며, 같은 상담자 내에서도 사례에 따라서 치료과정과 기법에 큰 변동이 있다는 사실이다. 어떤 사례는 오히려 역동적 심리치료에 가까웠으며, 어떤 사례에서는 게슈탈트적 기법을 매우 자주 사용하였다. 그리고 어떤 사례는 도저히 Beck 방식의 인지행동치료라고 보기 어려울 뿐만 아니라 그것이 어떤 기법을 위주한 한 것인지 매우 애매모호하였다. 상담자들은 Beck의 인지행동치료를 표방하고는 있었지만 임상장면에서 실제로 이루어지는 것은 절충적이거나 혹은 다른 것들이었다.

이런 문제는 연구자에게는 당혹스러운 것이다. 왜냐하면 자기는 Beck 방식의 인지행동치료를 이른바 독립변인(independent variable)으로 설정하였는데 알고 보니 그것들은 당초에 원했던 것이 아니라 다른 것 혹은 무엇인지 분명하지 않은 치료접근법이었던 것이다. 이 경우 연구자의 입장에서는 "독립변인의 조작이 잘못되었다"라는 평가를 내릴 수밖에 없다. 잘못 조작된 독립변인을 가지고서는 그 연구의 타당성을 더 이상 따지기가 어려운 것이다.

임상가의 입장에서 보면 사례에 따라서 적용하는 기법에 변동이 발생할 수 있다. 그것이 오히려 임상적으로는 더 효과적인 결과를 낳는다고 판단되는 경우가 있는 것이다. 그러나 이런 임상적 변화무쌍함은 연구자로 하여금 어떤 특정 기법의 효과나 과정을 연구하는 것이 거의 불가능하도록 만든다. 즉 임상가의 사정과 연구자의 사정이 대립되는 상황이다.

그래서 최근 미국의 상담심리학 연구 혹은 심리치료연구 분야에서는 연구하고자 하는 심리치료의 과정이나 기법을 표준화 혹은 매뉴얼화함으로써 독립변인을 분명히 하는 전략을 사용한다. Beck의 인지행동치료를 독립변인으로 사용한다면 그 방법을 제대로 훈련받은 상담자를 사용하고, 그 방법의 표준적인 절차와 방법에 대해서 재교육하며, 그들의 상담과정을 그 방법의 권위자에게 평가하게 하여 과연 그 방법을 제대로 정확하게 적용했는지를 검토하게 한다.

물론 연구대상이 아닌 사례에서는 반드시 표준화된, 매뉴얼화된 절차를 따를 필요는 없다. 그러나 연구대상 사례에서는 그 연구에서 취급하는 기법이나 이론에 충실하여야 한다. 그래야 그것의 효과가 있는지 없는지를 분명히 알 수 있기 때문이다. 최근 이 치료과정의 표준화에 대해서 지극히 부정적인 반발을 하는 임상가들이 있는데 그것은 잘못된 것이다. 왜냐하면 상담과정을 표준화, 매뉴얼화하는 것은 아직 연구 사례에만 국한된 것이기 때문이다. 연구대상이 아닌 사례에 대해서까지 상담과정을 표준화시키자는 주장은 아직 나오지 않았다.

3) 상담종사자들의 취향

(1) 연구보다는 상담실무를 선호함

상담을 전공하는 대학원생들은 상담을 과학적으로 연구하는 것보다는 상담을 하는 그 자체, 즉 상담실무를 더 선호한다고 보인다. 대학원생들 뿐만 아니라 상담기관에서 일하는 전문가와 대학교수들도 연구보다는 상담활동 자체에 더 관심이 많다고 보여진다. 이런 경향은 미국에서도 상당히 비슷하게 나타난다. 상담기관에서 일하는 전문가들은 절대적으로 연구에 비해 실무 선호가 높으며 대학교수들도 이른바 연구대학의(대학원 중심, 연구를 장려하는 대학) 교수들을 제외하고는 연구에 그다지 관심을 기울이지 않는다. 따라서 연구대학에 다니는 대학원생들은 연구에 대한 관심이 비교적 높지만 그 외의 상담대학원 학생들은 거의 전적으로 실무에 관심이 높다.

미국심리학회(American Psychological Association : APA)에서는 임상심리학 및 상담심리학 교육의 기본 철학으로서 이른바 **과학자-실무자 모델**(scientist-practitioner model)을 내세우고 있다. 그런데 흥미로운 현상은 임상심리학은 다분히 과학자쪽, 즉 연구쪽이 강하고 상담심리학은 실무자쪽의 경향이 강하다고 보인다는 것이다. 우리 나라에는 아직 심리학자를 양성하는 교육철학의 틀이 정립되지 않았기 때문에 미국과 직접 비교하는 것은 어렵다. 그러나 우리 나라의 많은 상담교육기관들이 연구자를 양성한다는 생각보다는 상담자, 즉 실무자를 양성한다는 생각을 가지고 있다는 것은 분명한 것 같다.

대학원에서 상담을 공부하고 전문가가 되고자 계획하는 이유나 동기는 매우 다양하다. 그리고 그들이 학사과정에서 전공한 분야 또한 매우 다양하다. 행동과학적 연구와 별로 관련이 없는 문학계열 전공이나 자연과학계열 전공자들도 상당수 있다. 물론 학사과정에서 심리학이나 교육학을 전공한 이들이 많기는 하지만 이들 중에도 "연구가 싫어서" 상담을 택한 경우들을 자주 보게 된다.

(2) 통계적 분석방법에 대한 교육의 결여

양적 연구에서는 거의 모든 경우 통계적 분석을 한다. 통계분석에는 크게 기술통계(빈도 제시, 평균이나 상관계수 제시 등)와 추리통계(변량분석, 회귀분석 등)가 있는데 거의 모든 연구에서 추리통계를 사용하고 있다. 최근에는 컴퓨터의 발달로 인해 다변인분석, 즉 여러 변인들을 동시에 고려하여 분석하는 고급추리통계를 자주 활용하는 경향이 많다.

추리통계는 기술통계보다 복잡하며 다변인분석은 1~2개 변인에 대한 분석보다 훨씬 더 복잡하다. 그런 통계방법에 대한 이론과 분석과정을 배우는 자체가 어렵고 그런 방법을 활용하는 것도 복잡하다. 또한 복잡한 통계를 사용한 자료는 해석하기도 그만큼 복잡하다.

상담에 대한 대학원 교육은 심리학과나 교육학과의 다른 전공과 비교할 때, 상담실습 과목 때문에 연구에 대한 과목을 설정하기가 어렵다. 그렇다고 해서 이론과목을 줄이고 연구관련 과목을 늘일 수는 없는 실정이다. 상담이론 교육을 생략하고 실습에 들어갈 수는 없기 때문이다. 결국 많은 대학원의 상담관련 학과에서는 연구과목을 희생시키고 있다. 이런 이유로 희생되는 과목으로는 통계, 연구설계법, 연구관련 세미나 과목들이 있다.

필자의 경험에 비추어 볼 때 통계에 대한 기초적인 지식이 없이는 연구설계법을 제대로 배우기가 어려우며 연구보고서를 정확하게 이해하기가 어렵다. 상담전공 대학원생들 중에는 기술통계에 대한 극히 기초적인 지식(고등학교 수학에 나오는 정도) 이외에는 통계방법에 관한 교육을 받아본 적이 없는 이들이 상당히 많다. 이들이 연구보고서를 정확하게 이해하거나 자신의 연구를 제대로 계획하고 수행할 가능성은 거의 없다. 상담심리학계에서 과학적 연구가 수행되는 연구 건수가 적고, 그나마도 다른 상담전문가들에 의해서 즐겨 읽혀지지 않는 이유는 상담전문가들 중에는 통계를 제대로 배우지 못한 사람이 많기 때문이라고 사료된다.

통계나 연구방법에 대한 무지(無知)는 우리 나라뿐만 아니라 미국의 상담전공 대학원생들에게서도 발견되는 현상이었다. 필자가 미국에 유학하던 시절의 관찰에 의하면 상담전공 석사과정 학생들은 통계나 연구법에 대해서 거의 모르고 있었다. 그리고 석사과정 졸업을 위해서 써내는 논문도 대개는 통계분석을 포함하고 있지 않았기 때문에 통계에 대한 무지가 석사과정 학생들에게는 큰 장애가 아니었다. 그리고 박사과정 학생들 중에도 Ed.D. 혹은 D.Ed.(교육학 박사라고 번역 가능함, 그러나 우리 나라의 교육학 박사와는 의미가 다름) 프로그램 학생들도 역시 통계나 연구법에 대해서 별로 수강하지 않고 있었다. 그러나 Ph.D.(철학박사라고 번역할 수 있으나, 우리 나라의 철학박사와는 다름) 프로그램 학생들은 사정이 달랐다. 이들은 본인이 싫어하더라도 통계와 연구법을 철저히 배워야 했다.

(3) 질적 연구에 대한 오해

요즘 상담심리학 혹은 상담학계에서 질적 연구에 대한 관심이 고조되고 있다. 이 현상은 일단 표면적으로는 바람직한 현상이다. 상담심리학이 연구할 현상들 중에는 양적으로 측정하거나 수량적 방법으로 분석하기에 적합하지 않는 것들이 많기 때문이다. 그러나 그 이면에는 "함정"이 있다.

첫째 함정은 많은 사람들이 질적 연구를 잘못 이해하고 있다는 것이다. 질적 연구를 '수량적인 측정을 사용하지 않으면 모두 질적인 연구'라고 이해하는 사람들이 많다. 그런데 이런 이해는 잘못된 것이다. 수량을 사용하지 않고 언어만을 사용했다고 해서 질적 연구가 되는 것이 아니다. 질적 연구에는 그 나름대로의 철저한 연구 논리와 절차가 있다. 예컨대 문화인류학이나 민속학의 ethnography에는 여러 가지 정교한 연구절차가 마련되어 있다. 따라서 상담의 어떤 주제에 대해서 단지 글로써 기술을 하고 논의를 한다고 하여 그것으로 질적 연구의 요건을 갖추었다고 생각한다면 이는 큰 오해이다.

둘째 함정은 통계를 모르거나 양적 연구법을 모르기 때문에 질적 연구를 선호하는 사람이 많다는 것이다. 질적 연구는 양적 연구가 가지지 못하는 장점을 가지고 있다. 양적 연구와 질적 연구는 상호 보완적인 관계에 있어서 전자의 장점은 후자의 약점이 되고, 후자의 장점은 전자의 약점이 되곤 한다. 훌륭한 질적 연구자는 질적 연구의 장점을 취하기 위한 적극적인 이유에서 질적 방법을 택한다. 통계나 양적 연구법을 모르기 때문에 일종의 회피기제로서 질적 연구법을 택한 사람은 대체로 질적 연구도 제대로 수행하지 못하는 것 같다. 이들은 대체로 질적 연구가 양적 연구에 비해 쉽다고 오해하고 있는 것 같다.

셋째 함정은 질적 연구가 양적 연구보다 더 "나은" 지식을 생산한다고 믿는 오해이다. 바로 앞에서 언급했듯이 질적 연구법과 양적 연구법은 각자의 장단점을 가지고서 상호 보완하는 관계를 갖고 있다. 그런데 많은 이들은 아무 근거도 없이 질적 연구에 대해서 막연한 호감을 느끼며(아마도 "질적' 이라는 단어가 주는 영향이 아닌가 짐작됨) 질적 연구의 결과는 양적 연구의 결과보다 더 믿을 만하고 상담 실제에 주는 시사도 더 풍부할 것이라고 생각하곤 한다. 이는 마치 주관식 시험이 객관식 시험보다 교육적으로 더 바람직한 평가방법이라고 쉽게 생각해 버리는 현상과 비유된다. 교육평가에서 주관식과 객관식은 상호 보완적인 기능을 하는 방법으로서, 주관식 평가방법이 적절한 교육 내용이나 평가상황이 있는 반면에 반대로 객관식 평가방법이 적절한 교육 내용과 평가상황이 있는 것이다.

필자의 의견으로는, 상담심리학에서 질적 연구는 양적 연구에 비해서 아직 초보적인 단계를 벗어나지 못하고 있다. 즉 지금까지는 양적 연구법이 지배적인 상황이었다. 앞으로 질적 연구가 더 많이 시도되어 양적 연구가 해내지 못하는 부분을 질적 연구가 보완해 주기를 기대한다. 단, 질적 연구법에 대한 이러한 오해를 불식시켜서 올바른 질적 연구가 수행되도록 하는 노력이 요청된다.

(4) 연구에는 작업의 속성이 많다

어떤 학문영역이든지 연구를 한다는 것에는 "작업"적인 요소가 많이 개재되어 있다. 주제와 관련되는 문헌을 도서관 컴퓨터를 이용하여 검색하는 일, 도서관의 정기간행물실을 뒤져서 전문적인 논문을 찾아내고 그것들을 복사하는 일, 관련문헌들을 읽고 정리하는 일, 피험자를 구하는 일, 피험자로부터 자료를 수집하는 일(예: 상담장면의 녹음과 녹화, 질문지 실시), 자료를 정리하고 분석하는 일(예: 코딩, 분류, 통계 프로그램 돌리기), 그리고 그 자료들을 기초로 논문을 작성하기 등등 연구는 각종 "작업"의 연속이다.

화학이나 공학의 연구에 작업요소가 많다는 것은 누구나 쉽게 짐작을 한다. 그러나 상담연구에도 작업의 요소가 많다는 것을 미리부터 알고 있는 상담 대학원생은 그리 많지 않다. 작업의 요소가 많은 일을 싫어하거나, 혹은 상담을 매우 "고상한", 즉 손과 발을 움직이는 노작(勞作)적인 일이 아니라고 생각했던 상담 대학원생들은 연구의 이런 속성에 대해서 거부감을 느끼고 연구를 멀리할 가능성이 높을 것이다. 연구의 속성 중에서 이런 작업적인 요소는 양적 연구과 질적 연구 모두에 공통적으로 들어 있다. 상담 대학원에서의 연구교육은 연구에 대한 이런 기본적인 이해부터 시작해야 할지도 모른다.

제2장 상담심리학 연구의 기초

1. 과학적 사고

'과학' 이라는 말은 매우 다양한 의미를 지니고 있다. 물리학, 화학, 생물학, 의학, 공학 등을 통틀어서 지칭하는 의미로 과학이라는 말을 쓰기도 하며, 종교나 신앙과 상대되는 개념으로서 과학이라는 말을 쓰기도 한다. 따라서 과학의 개념을 한마디로 말하는다는 것은 어불성설(語不成說)이다. 여기서는 과학의 의미를 과학적 사고란 무엇인가라는 질문을 통해서 살펴보고자 한다.

1) 과학적 사고의 몇 가지 본질적 속성

• 과학적 사고는 '증거를 중요시하는 사고' 이다.

독자들은 Freud의 이론에 대해서 그것이 과학적으로 결점이 많다라는 비판을 어디선가 여러 차례 읽었을 것이다. 그러나 Freud 자신의 글을 보면 자신의 연구가 과학적인 일임을 도처에서 강조하고 있다. 어찌된 일인가? Freud는 과학이 무엇인지 몰랐던 사람인가 아니면 그의 비판자들이 무식한 것인가?

Freud가 '과학적이다' 라고 한 말의 뜻은, 자기의 이론은 실제로 존재했던 사례들로부터 도출된 것임을 말한 것이다. 단지 추상적 사유나 논리에만 의존해서 나온 것이 아니라는 말이다. 자신이 실제로 진료한 사례에서 무의식을 발견하였고, 오이디푸스적 콤플렉스를 발견하였고, 전이현상과 역전이 현상을 발견하였다는 말이다. 그가 말하는 과학성은 경험에 의해 관찰한 자료, 실증적 자료, 즉 증거가 있다라는 뜻으로 해석된다.

실증적 자료, 즉 증거는 과학의 중요한 속성이다. 그렇다면 Freud의 이론이 비과학적이라는 비판은 잘못된 것인가? 그렇지는 않다. Freud의 비판자들은 Freud와는 다른 의미로 과학이라는 말을 사용했던 것이다. (여기에 언어 사용의 복잡함이 있다.) 비판자들은 Freud가 단지 자기의 사례만을 근거로 이론을 내놓았다는 점을 비판한 것이다. Freud는 사례연구를 근거로 오이디푸스적 콤플렉스가 정신적 장애의 원인이 된다는 이론을 제시했다. 그리고 이 이론은 다른 사례에서도 "입증"되었다. 그런데 문제는 그 다음에 발생한다. 얼마나 많은 다른 사례에서 오이디푸스적 콤플렉스와 정신장애와의 인과관계가 발견되었는가? 얼마나 많은 사례에서는 그런 관계가 발견되지 못했는가? Freud와 그의 추종자들은 자신들의 이론을 지지하는 자료와 지지하지 않는 자료를 공정하게 수집하고 평가하였는가?

Freud에 대한 비판자들은 바로 이 과학적 연구의 절차에 대해서 비판을 한 것이다. 연구절차와 방법상에서 Freud의 연구에는 하자가 많다. 그러나 우리는 Freud 시대의 인간 연구에서는 현대와 같은 과학적 연구방법론이 없었다는 점을 상기해야 할 것이다. 현대의 기준으로 100년 전의 업적을 평가해서는 안 된다.

• 증거를 찾고 제시하는 방법과 절차가 체계적이어야 한다.

독자들은 여전히 Freud의 연구방법에 문제가 있음에 동의할 것이다. 왜냐하면 독자들은 그 동안의 과학교육에 의해서 과학적 사고력이 발달되었기 때문이다. 독자들은 TV나 잡지를 통해서 수맥, 즉 지하에 물이 있는지 없는지를 '용하게' 알아내는 사람들이 있다는 것을 보았을 것이다. 이들은 수맥을 찾을 때 어떤 도구를 사용하기도 하고 혹은 아무 도구 없이 몸에서 느끼는 감각을 활용하기도 한다. 도구의 다양성으로 보아 도구 자체가 중요해 보이지는 않으며 그 도구를 통해서 자신에게 전해오는 감각을 더 중요시하는 것 같다.

여기서 논제는 과연 이들의 수맥찾기 능력을 보통 사람들의 능력과 비교해서 '의미 있게 우월하다' 라고 인정해 줄 수 있는냐 하는 것이다. 이들은 모두 자신들이 '용하게' 물을 찾아낸 업적, 즉 증거를 가지고 있다. 유명한 사람이라면 그런 증거를 여러 차례 보여 주었을 것이다. 그런데 중요한 것은 이들의 물찾기 능력과 다른 사람의 능력을 체계적인 절차에 의해서 비교해 보았느냐 하는 것이다. 그리고 이들이 물을 찾아낸 실적이 우연에 의해서 물을 찾아낼 수 있는 확률보다 의미 있게 높으냐 하는 것도 대단히 중요한 기준이 된다. 그리고 마지막으로 중요한 것은 그들이 어떤 단서를 통해서 물이 있다, 없다라는 판단을 하느냐이다.

이들이 보통 사람들에 비해서 정말로 수맥을 정확하게 찾아내는지를 알아보려면 과학적인 절차의 실험을 해야 할 것이다. 예를 들면, 수맥 전문가 10명과 보통 사람 10명을 선발(표집)하여, 이들이 전에 접해 보지 못한 지역에 데려가서 30개의 지점을 지정해 주고 그 밑에 지하수가 지나가는지 아닌지를 판별해 보라고 지시한다. 그리고는 그 30지점을 파 보아서 정말로 물이 있는지 여부를 확인한다. 여기서 수맥 전문가들의 판별이 보통 사람들의 판별보다 의미 있게 더 정확한지를 따져보면 되는 것이다.

물론 이 한 번의 실험으로 수맥 전문가의 판별력 여부를 단정짓는다는 것은 지나치게 성급한 시도일 수도 있다. 왜냐하면 수맥 전문가들은 실험자가 지정해 주는 방식이 아닌 자기 나름의 방식으로 수맥을 탐색한다고 주장할 수 있기 때문이다. 따라서 실험자는 수맥 전문가들이 실제 장면에서 사용하는 방법에 근접한 절차를 사용할 수 있도록 실험절차를 수정할 필요가 생긴다. 다시 말해서 자연상태와 유사한 실험조건을 조성함으로써 연구의 타당성을 높히고자 하는 것이다. 과학적 실험결과를 실제 상황에 '일반화' (generalization)한다는 것은 과학연구에서 대단히 중요한 요소이기 때문이다.

• 사용하는 관찰방법과 자료제시 방법에 객관성이 있어야 한다.

과학자가 하는 일 중에는 현상을 관찰하고 그 관찰 내용을 자료로 제시하는 과정이 있다. 여기서 과학자는 자기가 사용한 관찰방법, 관찰도구, 관찰의 절차 등을 공개해야 한다. 그리고 그 관찰의 내용, 즉 관찰한 자료를 분석한 방법과 그 결과를 공개해야 한다. 그리고 그 관찰방법과 자료제시 방법에는 객관성이 있어야 한다.

과학에서 말하는 객관성이란 매우 복잡한 개념이지만 여기서는 쉽게 설명하고자 한다. 객관성의 첫번째 조건은 반복가능성이다. 과학자 갑이 관찰한 것을 과학자 을이 같은 방법을 사용해서 관찰할 수 있어야 한다는 것이다. 그리고 관찰대상이 같은 것이라면 동일한 관찰결과가 나와야 한다. 이는 마치 "객관식 시험"에서 같은 답안지에 대해서 채점자 갑과 채점자 을의 채점이 동일하게 나와야 한다는 것과 같다. 객관성의 두번째 조건은 "공적"(公的)이라는 것이다. 여기서 공적이라는 용어는 상당히 애매모호하지만, 공적이라는 용어가 의미하는 바를 설명한다면, 과학에서 사용하는 언어는 같은 분야의 과학자들이 서로 공유하는 것이어야 한다는 말로 설명될 수 있다. 상담기법 중에 나오는 반영(reflecting)에 대해서 심리학자 갑이 말하는 의미를 다른 상담심리학자들이 공유할 수 있어야 한다. 학자마다 고유한 의미로 다른 개념을 사용한다면 이는 공적인 작업이 아니다. 그래서 과학자들은 기호, 숫자, 정의된 개념들을 사용한다.

- 과학자는 오차나 오류를 인정하며 과학이론이나 법칙은 수정된다는 것을 가정한다.

과학은 '타당성'과 '신뢰성'을 추구한다. 따라서 가급적 정확한 관찰, 객관적인 관찰을 하여 오차와 오류를 줄이는 것이 중요하다. 하지만 과학자들이 아무리 애를 써도 오차나 오류가 발생한다는 점을 모든 과학자들은 인정한다. 관찰의 오차와 오류는 그것이 수량적 측정이든 질적인 기록이든 관계 없이 항상 발생한다. 문제는 그 오차와 오류를 얼마나 줄이느냐, 그 오류의 정체와 오차의 정도를 연구자가 알고 있느냐 모르고 있느냐가 더 중요하다. (독자들은 통계학 책에서 통계적 추론의 '신뢰범위'라는 개념을 접할 것이다. 혹은 여론조사를 발표할 때 '오차 한계'라는 것을 함께 발표하는 것을 기억할 것이다. 이것이 바로 오차의 존재를 인정하고 또한 오차의 정도를 예측하는 과학적 태도의 일종이다.)

과학자들은 과학이론이나 법칙은 언제라도 수정될 수 있다는 것을 이미 알고 있다. 어떤 이론과 법칙은 틀린 점이 많기 때문에 기각되거나 더 이상 과학자들의 주목을 받지 못한다. 반면에 어떤 이론과 법칙은 틀린 점이 별로 없지만 그것보다 더 효율적이고 더 정확한 이론과 법칙이 나왔기 때문에 수정되는 경우도 있다. 뉴턴의 물리학 이론, 다윈의 진화이론 등은 그 이후의 과학자들에 의해서 수차례에 걸쳐서 수정되어 현대의 물리학과 진화이론이 된 것이다. 마찬가지로 현대의 정신분석이론은 Freud의 이론이 수차례의 수정을 거쳐서 나온 것이며 그런 수정 과정은 앞으로도 계속되어야 하는 것이다.

더 이상의 수정을 필요로 하지 않는 완벽한 이론이나 법칙은 없는가? 과학자들은 대체로 완벽한 이론과 법칙의 가능성을 믿지 않는 편이다. 과학자들은 과학 자체의 비완벽성을 누구보다 잘 인식하고 있을 뿐만 아니라 자연현상 자체가 변화하기 때문이다. 특히 상담심리학자들의 주 관심영역인 인간의 감정, 사고, 행동, 문화, 의사소통, 생활방식, 사회제도 등은 물리적인 자연현상보다 더 자주 변화한다고 보아야 할 것이다. 따라서 상담이론이나 상담심리학적 법칙들의 수정가능성은 물리학의 경우보다 더 많을 것이라고 생각된다.

2) 과학적 앎의 과정

(1) 법칙성에의 관심

어떤 노인이 Y자로 생긴 나무막대로 수맥을 발견할 수 있다고 주장한다고 하자. 이 주장은 과학적으로 볼 때 사실인가? 독자라면 이 질문에 대해 신용있는 답변을 구하기 위해 어떤 방법과 절차를 사용하겠는가?

과학자는 사물이나 사건들 내(內) 혹은 간(間)의 법칙성에 관심을 기울인다. 여기서 법칙성이란 규칙성이라고도 부를 수 있는데 이 노인이 그 나무막대를 이용해서 수맥을 여러 차례 반복하여 발견하는지 여부가 바로 규칙성이다. 어떤 경우는 그 나무막대를 이용하였다가, 다른 경우에는 이용하지 않았다가, 또 다른 경우에는 다른 도구를 이용하였다가 한다면 이는 더 이상의 조사를 할 필요가 없을 만큼 규칙성이 결여된 주장이다. 또한 그 나무막대를 이용하여 수맥을 발견하는 경우가 어느 정도 자주 일어나야 하는데, 수백 번의 시도만에 단 한번 혹은 단 몇 번 일어난 사건이라면 이는 법칙성의 결여로서 과학자의 관심을 상실한다. 즉, 과학자는 사건 혹은 사물에서 발생하는 법칙성과 규칙성에 관심을 갖는다. 고대의 천문학자들이 하늘의 별들이 보여 주는 규칙성과 법칙성을 발견하였을 때 경험했을 희열과 탐구의욕을 상상해 보라!

그렇다고 해서 과학자가 어떤 특이한 사건이나 사물에 관심을 기울이지 않는다는 뜻은 아니다. 특이한 사건과 사물은 그 나름대로 의미를 갖는다. 그러나 특이하다는 것이 지각되려면 이미 보편성, 규칙성, 반복성, 법칙성이 전제되어야 가능하다. 즉, 과학자는 그런 전제에서 특이한 사건과 사물에 관심을 기울이기 시작한다. 무조건 모든 사건과 사물에 관심을 기울일 수는 없다.

독자들 중에는 행동주의 심리학으로 유명한 Skinner를 들어보지 않은 분이 없을 것이다. "Skinner" 하면 행동강화의 원리가 생각날 것이며 어떤 독자는 여러 가지 다양한 행동강화 스케줄을 기억할 것이다. 행동학습은 보상을 줄 때 발생하거나 촉진된다는 법칙은 이미 그 당시의 심리학자들간에 익히 알려져 있었다. Skinner는 비둘기를 피험자로 하여 여러 가지 행동학습 현상을 연구하고 있었다. 그런데 어느 날 아침 실험비둘기는 부리가 망가친 채로 쓰러져 있었다. Skinner 박스는 자동으로 행동기록을 하기 때문에 그날밤 동안 그 비둘기는 먹이단추를 부리로 쪼는 행동을 엄청난 빈도로 했던 것이다. 그러나 먹이통에는 아직도 먹이가 남아 있었다. 기계가 고장난 것이다. 이 특이한 현상을 Skinner는 그냥 지나치지 않고 "왜 이런 일이 발생했을까?"라는 질문을 심각하게 제기했으며 그 탐구의 결과로 부분(간헐)강화 및 다양한 강화 스케줄을 발견하게 된 것이다. 이것은 이미 알려진 행동강화의 법칙을 기초로 그 법칙에 벗어나는 새로운 다른 행동강화의 법칙을 발견한 전형적인 예이다(Hinzman, 1978).

(2) 인과관계에의 관심

과학적 사고는 대개 사건과 사건, 변인과 변인, 구념과 구념 간의 관계에 관심을 갖는 사고이다. 우리 옛말에 "까마귀 날자 배 떨어진다"라는 말은 배의 떨어짐이 까마귀의 날음과 연관이 있다는 것이며, 더 나아가 그 관계는 인과(因果)관계, 즉 배의 떨어짐은 까마귀의 날음에 기인했다라는 것이다. 그리고 이 말은 인간이 보편적으로 갖는 인과적 사고의 오류를 비유하는 말로서 까마귀의 날음과 배의 떨어짐은 우연한 일치였지 결코 인과적 법칙성은 없었다는 것을 가르치기 위한 것이었다.

인과관계를 파악하려는 사고는 인간에게 있어서 거의 본능에 가깝다. 심리학에서는 인간의 사고과정 중에 귀인(歸因, causal attribution), 즉 현상의 원인에 대한 사고과정을 연구하는 분야가 있다. 인간이 인과관계를 거의 본능적으로 알고자 하게 된 이유는 아마도 인과관계를 알면 예측(예언)이 가능해지고 예측이 가능해지면 현상을 조작하거나 통제하는, 즉 변화시키는 능력을 가질 수 있다고 생각했기 때문일 것이다. 현상간 인과관계의 이해는 인간을 그만큼 유능하게 만들어 주었던 것이다.

그런데 과학자들은 인과관계에 대해서 엄격한 기준을 적용한다. 만약에 C가 E의 원인이다라는 주장이 사실로서 인정을 받으려면 여러 가지 조건을 만족시켜야 한다는 것이다. 영국의 유명한 철학자인 J. S. Mill은 C가 E의 원인이라는 것이 밝혀지려면 최소한 세 가지 조건을 만족시켜야 한다고 주장한 바 있다(Mill, 1953).

① 시간조건: C의 발생은 시간적으로 E의 발생에 선행한다.
② 공변(共變)조건: C의 변화는 E의 변화를 수반한다.
③ 배타조건: C 이외의 다른 것들은 E를 발생시키지 않는다.

인과성(因果性, causality)에 대한 Mill의 조건은 오랫동안 과학계에서 통용되었다. 그러나 이런 일방향적(one-way) 인과성은 현상을 충분히 반영하지 못한다는 견해가 대두되었다. 일방향적 인과성이란 C가 E의 원인이고 E는 C의 결과라는 말로서 C→E의 관계는 있어도 E→C의 관계는 없다는 것이다. 물론 이런 일방향적 인과관계만 발견되는 현상도 있다. 그러나 이 자연세계와 인간사는 그렇게 일방향적으로만 인과관계가 구성되어 있지 않다. 가장 흔한 예로, 발달심리학자들은 유아의 행동은 어머니의 행동에 의해서 결정되어지는 측면뿐만 아니라 어머니의 행동이 유아의 행동에 의해서 결정되어지는 측면을 발견한 것이다. 오래 전의 발달심리학자들은 유아의 성격발달에 대한 어머니의 영향에 관해 주로 연구를 했으나, 최근의 심리학자들은 유아의 행동과 어머니의 행동 간에 발생하는 상호작용과 상호적 인과관계를 연구하고 있다.

이런 양방향적(two-way) 인과성에 대한 관심은 상담연구에서도 예외가 아니다. 내담자에 대한 상담자의 영향을 탐구하는 것은 일방향적 관계를 보는 것이다. 그러나 이와 동시에 상담자에 대한 내담자의 영향을 탐구하는 것은 양방향적 관계를 보는 것이다. 이 책의 제8장은 상담과정에 관한 연구를 주로 다루는데 이 상담과정연구에서는 특히 상담자와 내담자 간의 양방향적 관계에 관심이 많다.

심리학 및 상담이론에 있어서 양방향적 인과성에 대한 대표적 이론은 크게 보아 Bandura의 사회학습이론(social learning theory)과 가족치료 및 부부치료가들의 체제(체계)이론(systems theory) 등이라고 말할 수 있다. 사회학습이론에서는 상호적(교호적) 결정론, 영어로는 reciprocal determinism이라는 개념을 사용하고 있으며(Bandura, 1977), 가족 및 부부치료이론에서도 가족간의 상호(교호)성, 즉 reciprocity과 순환적 인과성(circular causality)과 반복발생하는 순환고리(loop)라는 개념을 사용한다. 예컨대, 아내의 잔소리와 남편의 폭언은 일방향적 인과관계라기보다는 반복해서 발생하는 양방향적, 순환적 인과관계로 파악하는 것이 더 타당하다는 견해이다. 이 책의 다른 곳에서 소개될 Margolin과 Wampold의 연구(1981)는 부부간의 상호적 영향관계를, Wampold와 Kim Kay-Hyon의 연구(1989)는 상담자와 내담자 간의 상호적 영향관계를 효과적으로 보여 준 대표적인 연구로 볼 수 있다.

(3) 상관관계

과학자들이 인과관계의 구명에 일차적인 관심이 있다하더라도 이 세상의 현상들은 과학자들이 인과관계를 쉽게 구명하도록 만만하고 단순하게 구성되어 있지가 않다. 일방향적 인과관계를 과학적으로 구명하려면 이른바 독립변인을 연구자가 "조작"(operate)할 수 있어야 한다. 양방향적 인과관계를 구명하려면 이 같은 일을 두 번 하는 것이 가능해야 한다.

인과관계는 주로 실험연구설계에 의해서 구명된다. 그러나 이런 실험조작이 어렵거나 불가능한 연구도 많다. 이런 경우 연구자들은 관찰자료를 양적, 질적으로 분석하여 변인간의 관계를 구명하려고 한다. 이런 연구를 기술

(descriptive)연구라고 칭한다. 실험설계와 기술연구설계의 차이에 대해서는 이 장의 다른 절에서 다시 언급할 예정이다.

변인간의 관계를 기술하는 양적인 분석방법 중 가장 대표적인 것이 회귀분석(regression analysis)이다. 회귀분석 중 가장 자주 사용되는 것은 이른바 피어슨의 적률상관 다시 말해서 단순상관이라고 부르는 계수(보통 r로 표시함)이다. 이것은 두 변인간의 상관을 계수로 나타낸 것이다.

그러나 현상의 복잡성은 이런 단순상관, 즉 두 변인간의 관계 구명만으로는 충분히 이해되지 않는다. 통계학과 계산기술의 발달에 힘입어서 여러 변인들간의 관계를 동시에 분석하는 기법들이 속속 개발되고, 따라서 복잡한 현상 내의 역동적 관계를 복합적으로 이해하는 것이 가능해졌다. 이런 통계기법을 통틀어서 중다(重多)변인분석이라고 칭하며, 그 중 가장 대표적인 것이 중다회귀분석(multiple regression)과 요인분석(factor analysis)이다. 이외에도 캐논분석 등 고차원적인 중다변인분석의 기법들이 있다. 이상의 통계에 대해서는 해당 전문서적을 참고하기 바란다.

다시 강조하거니와 중다변인분석의 통계기법은 현상 자체가 복잡하여 간단한 개념적 모델로는 이해나 설명이 곤란한 연구문제에 대해서 적용하는 것이다. 연구자에 따라서는 복잡한 통계기법을 사용해야 우수한 연구가 되는 것으로 착각하고, 간단한 통계기법을 사용한 연구는 "저급"연구로 오인하기도 한다. 그러나 이것은 명백한 잘못이다. 통계방법은 자료의 성격, 구명하고자 하는 연구문제의 성격 등에 의해서 선택되어지는 것일 뿐, 통계방법 자체가 연구의 질을 대변해 주는 것은 결코 아니다. 단, 최근에는 각종 다양한 통계기법들이 개발되어 있으므로 연구자는 자신의 연구문제와 자료의 성격에 적합한 분석기법을 옳게 선택할 수 있도록 가급적 통계전문가의 자문을 받는 것이 바람직하다.

(4) 경험적 자료

여기서 말하는 '경험적'은 영어의 empirical에 대한 번역어이다. Empirical을 경험적이라고 번역한 것은 그것이 '이론적'이라는 말과 다분히 반대되는 개념임을 나타내기 위함이다. '경험적'이라는 말에는 '이론보다는 관찰이나 실험을 바탕으로 한다'는 경향성이 내포되어 있다. 그리고 '이론적'이라는 말에는 관찰과 실험을 통한 자료수집보다는 사고(思考), 사유(思惟), 사변(思辨)을 주로 사용한다는 의미가 담겨 있다.

과학자가 사고와 사유를 하지 않는다는 뜻은 아니다. 그러나 과학자는 사고, 사유, 사변에만 의존하지 않고 궁극적으로 관찰과 실험에 의해서 얻어진 경험적 자료에 의존한다는 점에서 다른 사변적 이론가들과 다르다. 모든 이론과 가설은 결국 경험적 데이터에 의해서 경험적으로 증명되어야 한다는 것이다.

우리는 대부분의 양(量)적 연구가 경험적 연구라는 것을 쉽게 이해한다. 그러나 질(質)적 연구를 사변적 연구로 오해하는 경우가 있다. **질적 연구는 당연히 경험적 연구에 속한다.** 왜냐하면 질적 연구자들은 철저하게 관찰된 자료를 바탕으로 분석을 하기 때문이다. 질적 연구자들은 경험적 자료를 사용한다. (양적 연구와 질적 연구에 대한 논의는 이 장의 마지막 절에서 다시 나옴.)

(5) 귀납, 연역, 가설연역적 사고

철학에서는 인간의 사고과정 중에 귀납(歸納)이라는 사고와 연역(演繹)이라는 사고가 있음을 오래 전부터 밝혀왔다. 귀납은 여러 구체적 자료로부터 보편적 원리를 얻는 과정이고, 연역은 보편적 명제를 기초로 그보다 구체적 명제를 추출해 내는 과정임은 이 책의 독자들은 익히 알고 있을 것이다.

과학자들이 즐겨 사용해 온 논리에는 이른바 **가설연역적인**(hypothetico-deductive) 사고라는 것이 있다. 이 사고과정의 전형(典型)은 이렇다—이론으로부터 연역적 사고를 사용하여 구체적인 가설을 추리해 낸다. 이 가설을 도출해 낸 이론이 옳다면(그리고 그 추론과정이 타당하다면) 그 가설은 경험적 자료에 의해서 지지되어야 한다. 만약 가설이 지지받지 못한다면(그리고 자료수집 절차가 합당하다면) 이론의 타당성 혹은 이론으로부터 가설을 도출한 과정이 잘못되었음을 의심받게 된다. 결국 이론의 타당성은 경험적 증거에 의해서 근거를 갖게 된다.

이 가설연역적 사고과정은 과학의 가장 핵심적 사고이다. 연구자들은 이 사고과정에 익숙해야만 한다. 그래야 연구자는 이론으로부터 구체적 가설을 도출할 줄 알게 되는 것이다. 경험적 연구논문을 작성해야 하는 대학원생들의 가장 큰 고민은 수업시간에 수많은 이론들을 배웠음에도 불구하고 자신이 연구할 한 개의 가설을 도출해 내지 못한 채 시간만 보내고 있어야 하는 입장이다! (연구문제의 구체화와 가설설정에 대해서는 다음 장에서 다시 구체적으로 논의할 예정이다.)

(6) 과학의 기능 : 기술, 설명, 예언, 통제(조작)

과학철학자들은 과학이란 '무엇을 하는 활동인가' 라는 질문에 대답하고자 했다. 이 질문에 대한 보편적인 대답으로 과학은 크게 보아 기술(describe), 설명(explain), 예언(predict), 통제 혹은 조작(control or operate)을 하는 활동이다.

기술은 현상을 전문용어와 일반언어를 사용하여 관찰되는 대로 기록하고, 묘사하고, 요약하고, 표현하는 것이다. 이 책에서는 이 기술이라는 말을 자주 사용하게 될 것이다. 기술은 모든 과학적 활동의 출발점이고 기본이기 때문이다. 관찰한 내용을 정확하게 기술하지 못한다면 그 이후의 활동, 즉 설명이나 예언, 통제 등은 기대할 수 없다. 앞에서 언급한 '상관관계' 의 구명은 바로 이 기술적인 활동이다. 상관관계만으로는 아직 인과관계를 '설명' 한 것이 아니고 단지 두 변인(혹은 그 이상)간에 관계가 있다는 사실을 알려줄 뿐이다. 그래서 '상관연구' 라는 말 대신에 '기술연구' 라는 말을 사용하기도 한다.

과학에서의 설명은 보통 인과관계를 설명하는 것을 지칭한다. 즉, '왜' 와 '어떻게' 를 설명하는 경우를 설명이라고 부른다. 익숙한 예로, 비둘기가 먹이 단추를 쪼는 행동, 쥐가 미로를 학습하는 행동에서 왜 그런 현상이 발생하는가를 설명하기 위해 행동과학자들은 '강화' 라는 개념을 도입하였다. 그리고 그 설명의 타당성을 여러 실험을 통해서 입증하였다. 불안의 원인을 설명하기 위해 정신분석학자들은 유아기의 미해결 갈등이라는 개념을 도입하였고, 인지행동치료가들은 절대적 사고와 역기능적 사고라는 개념을 동원하였다. 이런 설명은 일단 이론이며 가설의 수준에서 출발한다. 결국은 경험적인 검증을 거쳐야 사실로 입증된다.

예언은 현상간의 인과적 관계, 혹은 상관관계를 알 때 가능해진다. 인과관계이든, 상관관계이든 그것은 현상간의 공변(公變, covariate)을 의미하기 때문이다. A와 B가 공변한다는 것을 아는 것은 A가 발생하면 B가 발생할 가능성이 높다는 것을 아는 것이기 때문이다. 그리고, 예언의 확률이 높다면 우리는 현상을 통제하거나 조작하는 능력을 갖추게 된다. 다시 말해서 A를 인간이 의도적으로, 계획적으로 통제하거나 조작할 수 있을 때 자동으로 B에 대한 통제력을 가지게 되는 것이기 때문이다. 현재 인간은 비, 즉 강우(降雨)의 원인과 상관요인들에 관해 상당히 정확한 지식을 가지고 있기 때문에 비로 인한 피해를 많이 줄일 수 있었다. 상담가들이 청소년 비행의 원인과 상관요인들에 대해서 더 정확한 지식을 가지게 되면 청소년 비행의 예방과 치료가 급격한 속도로 발전할 것이다.

(7) 자료수집과 통계적 추론

앞에서 과학자는 궁극적으로 **경험적 자료**(empirical data)에 의거해서 이론과 가설의 진위 여부, 타당한 정도를 평가한다고 하였다. 이것은 과학의 매우 중요한 조건이다. 그러나 경험적 자료를 체계적으로 정확하게 수집한다는 것이 말처럼 쉽지만은 않다. 그리고 과학자(연구자)는 현상에 대한 모든 자료들을 다 수집할 수 있는 것이 아니라 일부만을 표집하게 되므로 연구자는 얻어진 자료를 가지고 "전체"를 추정하는 방법을 쓴다. 표집이론과 추리통계학은 이 점에서 중요성을 가진다.

자료수집의 정확성 독자들은 관찰과 측정의 신뢰도와 타당도에 대해서 들어본 바가 있을 것이다. 이 책에서도 여러 곳에서 관찰과 측정의 신뢰도 및 타당도에 대해서 논의할 것이다. 관찰과 측정의 타당도란 원래는 복잡한 의미들을 지니고 있지만, 편의상 한마디로 표현하면, 연구하고자 하는 구인(구념)을 얼마나 정확하게 정의하였는지, 바로 그 구인을 관찰하고 측정하였는지 아니면 엉뚱한 다른 구인을 관찰 혹은 측정하였는지, 그리고 그 구인의 의미에 대한 정보를 얼마나 잘 알고 있는지 등을 지칭하는 측정론적인 개념이다. 그리고 관찰과 측정의 신뢰도 또한 복잡한 개념이지만, 편의상 간단히 표현하면, 측정도구, 상황, 시간, 측정자(평정자)의 변화에도 불구하고 그 측정의 결과가 얼마나 일관성 있게 나오는지에 대한 개념이다. 10분 간격으로 올라설 때마다 결과가 달라지는 체중기는 신뢰도가 낮은 측정도구이다. 그리고 우리가 흔히 측정의 객관성이라고 부르는 것은 측정자(평정자)간의 일관성으로서 신뢰도의 일종이다.

이 관찰과 측정의 신뢰도와 타당도에 대해서는 상담성과의 측정에 관한 장(章)과 상담과정의 측정에 관한 장(章)에서 다시 반복해서 언급될 것이다.

통계적 추론의 기초 개념 연구자가 현상 전체가 아닌 일부를 관찰한다는 점에 대해서는 이미 앞에서 언급하였다. 이 점은 양적 연구와 질적 연구가 똑같다. 단, 양적 연구에서는 자료를 수(數)로 변환시키는 대신 질적 연구에서는 그렇지 않는다는 점이 다를 뿐이다. 다시 말해서, 얻어진 자료를 가지고 양적 연구자는 주로 통계학에 근거하여 통계적 추론을 하며, 질적 연구자도 나름대로의 추론을 한다. 질적 연구의 추론과정은 통계적 추론보다는 덜 표준화되어 있다라는 특징이 있다.

여기서는 통계적 추론의 기초적 개념을 설명한다. 이것을 이해하기 위해서는 **표집**(標集, 표본, sample)과 **전집**(全集, population)이라는 용어에 익숙해져야 한다. 편의상 쉽게 설명하면, 표집이란 연구자가 실제로 자료를 얻는데 사용한 피험자(들)을 지칭한다. 전집은 그 표집이 표집된 모집단이라고 가정되는 피험자들을 지칭한다. 즉, 표집은 그것의 전집에서 나온 것이다.

따라서 연구자가 입수한 자료는 표집된 자료이다. 하지만 연구자는 표집된 피험자에게만 관심이 있는 것이 아니라 그 전집에 관한 관심이 더 크다. 대학생 내담자 30명에 대한 연구를 하는 연구자는 그 30명에 대한 사실만이 아니라 대학생 내담자라는 전집에 대한 지식을 얻고 싶어한다는 말이다. 그러면 이 표집자료에 근거한 전집에의 추정은 어떤 절차를 밟는 것이 효율적이면서 정확할 것인가? 추리통계학은 바로 이 질문에 대한 지식이라고 보면 된다.

추리통계의 기본은 **영가설**(null hypothesis)의 개념을 이해하는 것이다. 간단한 예를 들어보자. 40명의 대학상담소 내담자를 표집하여 20명에게는 전문상담자가 개인당 40분간 접수면접을 실시한 후에 담당상담자를 배정하고(처치집단), 20명에게는 접수면접을 실시하지 않은 채 상담자를 배정했다(무처치 집단). 그리고는 상담신청과 담당상담자와의 첫 면담 사이에 '상담에 대한 기대'를 측정하였다. 이 연구에서의 영가설은 처치집단의 기대치 평균과 무처치

집단의 기대치 평균 간에는 의미 있는 차이가 '없다' 라는 가설이다.

그런데 연구자의 당초 관심은 처치(접수면접)가 상담에 대한 내담자의 기대에 정적인 영향을 주는지 알아보고자 했음이 명백하다. 그러나 흥미롭게도 통계절차는 그 반대인 영가설을 설립한 후에 얻어진 자료분석의 **결과가 그 영가설을 부정(기각)하는지 아닌지를 검토하는 절차**를 취한다. 자료분석 결과가 영가설을 기각하면 원래의 가설이 지지를 받는다는 논리이다.

과학자들은 왜 이런 "이상한" 혹은 부자연스러운 절차를 취할까? 이 질문에 대한 유일한 정답은 없겠지만, 하나의 대답은 과학자들은 과학적 검증의 조건을 대단히 보수적(conservative)으로 만들어 놓는 경향이 있어 왔다는 것이다. 즉, 가설의 진위(眞僞)를 밝힐 때 가설이 진임을 밝혔다라는 "진보적" 방식보다는 가설이 위가 아니다라는 증거가 있다라는 "보수적" 방식을 취한다. 아마도 과학자가 얻은 자료가 표집에 불과한 자료라는 것을 과학자는 알고 있기 때문일 것이다. 통계적 검증이란 영가설을 부정할 뿐 연구가설을 입증하는 것이 아니다. 따라서 과학자들은 완전히 옳은 지식을 추구하는 것이 아니라 오류가 적은 지식을 추구한다라고 말할 수 있다. (이 연구의 추론과정은 다음 절을 비롯해서 이 책의 도처에서 여러 차례 언급될 것이다.)

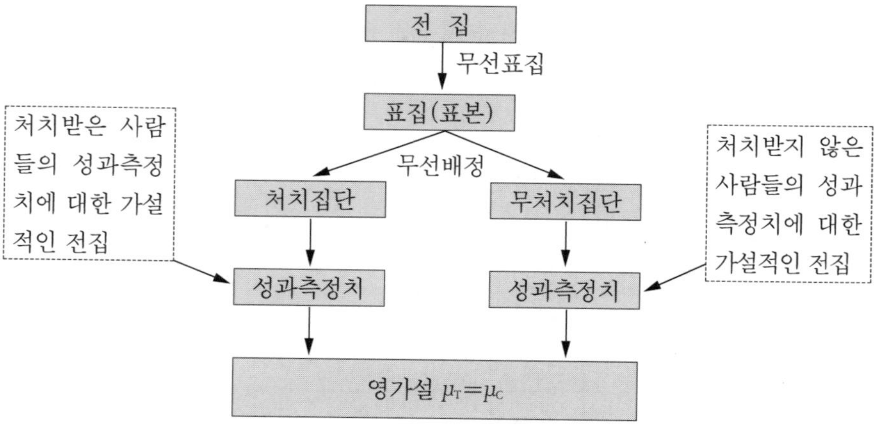

〈그림 2-1〉 표집의 개념 및 통계적 추론과정의 한 예

2. 과학적 연구의 타당도

독자들은 이미 연구의 "타당도"(타당성, validity)라는 개념에 대해서 익숙해지고 있을 것이다. 이 개념은 워낙 중요한 개념이기 때문에 이 책의 도처에서 다루어질 것이다. 연구의 타당도에는 여러 가지 종류가 있으며, 연구의 주제나 목적 혹은 방법에 따라서 타당도의 개념이 조금씩 다르게 적용되기 때문이다. 여기서는 연구방법론에서 거론되는 대표적인 타당도 개념 네 가지(내적 타당도, 외적 타당도, 통계적 결론 타당도, 구인타당도)를 검토하기로 한다. 그런데 여기서 거론하는 네 가지 타당도는 연구설계(design)의 타당도임을 미리 밝힌다. 연구에서 중요한 또 다른 타당도는 측정의 타당도이며 이는 다른 장에서 다룬다.

1) 내적 타당도

타당도의 개념이 Campbell과 Stanley(1963)에 의해서 체계적으로 분석되었을 때 그것은 주로 내적 타당도(internal validity)에 관한 것이었다. 그들은 교육심리학 연구에서 많은 "실험"연구들이 내포하는 추론적 문제점들을 심각하게 고찰해 보았다. 연구자가 실험설계를 하는 것은 대개 '무엇이 무엇의 원인이다' 즉 인과관계를 구명하려는 목적을 가지고 있다. 예를 들면, 새로운 교수법 갑은 학습 향상을 초래한다라는 것을 증명한다는 것은 새로운 교수법 갑이 성적 향상의 원인임을 밝혀내는 것이다.

연구자는 새 교수법 갑을 실시한 학급(들)의 성적과 기존 교수법을 실시한 학급(들)의 성적을 비교해 볼 것이다. 이때 전자의 성적이 후자의 성적보다 높게 나왔다면 연구자는 새 교수법의 우월성을 증명했다는 결론을 내린다.

이런 전형적인 효과검증연구는 교육심리학뿐만 아니라 경영학, 심리치료 및 상담, 의학 및 약학 등에서 다양하게 실행되고 있다. 효과검증은 이러이러한 처치(교수법, 경영기법, 투약)가 효과를 일으킨다는 것을 경험적으로 보여 준다는 것인데 이는 다른 말로 처치가 효과 발생의 원인임을 밝히려는 것이다. 그런데 문제는 무엇과 무엇 사이에 인과관계가 있다라는 결론을 내리기에는 연구방법론상 여러 가지 조건들이 만족되어야 하는데, 연구들은 인과적 결론을 타당하게 내리는 데 방해가 되는 수많은 요소들을 내포하고 있다는 것이다. 이런 방해요인들에 관해서 Campbell과 Stanley는 유명한 1963년 저서에서 매우 상세하게 논의하였다. 요약컨대, 내적 타당도란 변인들간에 원인-결과의 관계가 있다라는 결론을 내리는데 대한 타당도인데, 거기에는 수많은 장애요인들이 있다라는 것이며 타당한 연구가 되려면 그들 장해요인들을 제거할 수 있는 설계를 취해야 한다는 것이다.

다음에서는 내적 타당도를 위협하는 13가지 요인을 열거할 것이다(Cook & Campbell, 1979). 연구법을 처음 배우는 독자는 13가지를 모두 이해하기가 어려울 것이다. 그런 경우에는 이해하지 못한 채로 읽어두었다가 나중에 이 책을 더 공부한 다음에 다시 읽어보면 훨씬 더 잘 이해할 수 있을 것이다.

내적 타당도를 위협하는 장애요인

역 사 여기서 말하는 역사(history)는 다른 말로 실험이 진행되는 동안에 피험자의 학교, 직장, 가정 등에서 일어나는 어떤 사건(events)을 지칭하는 특별한 용어이다. 이들 사건들 중에는 관찰결과에 영향을 미칠 수 있는 것들이 있는데, 연구기간 중에 대학입시제도에 큰 변화가 발표되었다면 이는 피험자들의 학업행동에 크게 영향을 미쳤을 가능성이 높다. 만약에 새 교수법을 실시하는 학교와 구 교수법을 실시하는 학교 간에 대학입시제도의 변화가 다르게 작용하였다면(예: 새 입시제도에 의한 영향을 새 교수법 실시학교가 더 받는다면) 이는 더 큰 문제를 야기한다. 혹은 새 교수법을 실시한 시기와 구 교수법을 실시한 시기가 다른데 교육개혁안이 새 교수법을 실시할 때 발표되는 경우도 발생한다. 이렇게 실험집단과 비교집단 중 한 집단에만 영향을 미치는 사건을 local history라고 부른다.

성 숙 새 교수법의 효과를 알아보려면 새 교수법을 적용하기 이전과 이후의 성적을 비교하는 전략을 흔히 사용한다. 이를 흔히 사전검사(pre-test), 사후검사(post-test)라고 칭한다. 기호로 표시하면 O1 – X – O2이다. 여기서 O는 관찰, 즉 observaton의 첫글자를 딴 것이고, X는 처치(處置)에 대한 기호이다. 내적 타당도를 위협하는 요인으로서의 성숙(maturation)은 이 처치기간 동안, 즉 O1과 O2 사이의 기간 동안에 자연적으로 발생할 수 있는 정신적, 신체적 발달이나 변화를 의미한다. 이는 특히 발달 속도가 빠른 아동이나 청소년이 피험자일 때 반드시 등장하는 요소이다. 뿐만 아니라 우울증을 비롯한 많은 정신장애들은 시간의 경과에 의해서 자연적인 변화가 발생한다. 즉 사전검사와 사후검사 간의 점수 차이가 처치 때문이 아니라(혹은 처치의 효과 이외에도) 성숙의 요인이 크게 작용했을지도 모른다는 가설이 유력하다면 이는 그만큼 연구의 내적 타당도가 약화되는 것이다. 이때 후자의 가설을 대안가설(alternative hypothesis) 혹은 적대가설(rival hypothesis)이라고 칭한다. 따라서 연구의 내적 타당도란 대안가설(적대가설)의 가능성을 배제할 수 있는 정도를 의미한다.

반복검사 검사(testing)를 두 번 혹은 그 이상 여러 번 실시한다는 것이 내적 타당도를 낮추기도 한다. 피험자는 사전검사에서 자기가 대답한 내용을 기억할 수 있기 때문에 이 기억이 사후검사에 영향을 미칠 수 있다. 피험자는 사전검사와 같은 대답을 할 수도 있고, 혹은 고의로 다른 대답을 할 수도 있다. 중요한 것은 사후검사 결과가 왜곡될 가능성이 있다는 것이다. 이 문제를 해소하기 위해서 사전검사를 하지 않고 사후검사만을 하는 전략을 쓸 수가 있는데, 이때 반드시 필요한 것이 통제집단이다. 통제집단에 대해서는 이 책의 제4장에서 매우 상세히 설명된다.

측정도구의 변화 연구기간 중에 측정도구(instrumentation)에 변화가 생길 수 있다. 실제 현상의 변화가 아닌 측정도구의 변화에 기인해서 결과의 차이가 발생했다면 이는 중대한 내적 타당도의 문제이다. 예컨대, 온도, 압력, 기류 등이 극단적인 장소에서는 측정기계에 이상이 생기기 쉽다. 행동과학에서는 사람이 측정도구의 역할을 수행할 때가 자주 있다. 내담자의 행동을 관찰하고 분류하거나, 몇 가지 유목으로 코딩을 하는 경우 그 코딩의 기준이 수시로 변할 수가 있다. 그 유목분류를 할 때 평정자의 추론이 많이 개입할 수 있을수록 측정도구의 변화가능성은 높아진다. 따라서 이런 문제를 극복하기 위해 연구자는 관찰기록자와 평정자(코더)를 철저하게 훈련시켜서 일치도를 높이거나, 유목분류체계에서 평정자의 추론이 극소되도록 행동목록을 만든다. (상담연구에서 유목체계의 활용에 대해서는 제8장을 참고하기 바람)

통계적 회귀 통계적 회귀(回歸, regression)란 다음과 같은 현상을 말한다. 시험을 아주 잘 본 사람은 다음 시험에서 이번보다는 잘 못볼 확률이 더 크고, 이번에 아주 잘 못본 사람은 다음에 더 잘 볼 확률이 크다는 것이다. 검사를 두 번 이상 실시할 때 두번째 점수는 중앙(평균, 중앙치 등)쪽으로 이동할 확률이 더 크다는 것이다. 이런 현상은 피험자들이 극단적 점수를 보일 때 더 분명하게 드러난다. 연구의 예를 들면, 고불안증 환자들에게 심리치료를 실시했는데 사전검사보다 사후검사의 불안도가 낮아졌다고 하자. 그런데 이 경우 그 점수의 변화는 심리치료에 기인한 것이 아니라 통계적 회귀현상일 수도 있다라는 대안가설(적대가설)이 가능하다. 이 문제를 극복하는 전형적인 전략은 무선배정(無選配定, random assignmnet), 즉 실험집단과 통제집단에 피험자들을 무작위로 배정하는 것이다.

선 발 실험집단과 통제집단이 이미 실험처치 이전에 차이가 있는 경우를 '선발(selection)의 문제' 라고 칭한다. 결과의 차이는 처치에 기인한 것이 아니라 애초부터 내담자 선발에 기인했다라는 대안(적대)가설이다. 실험집단은 주로 우울증이 심한 내담자를, 통제집단은 우울증이 약한 내담자를 배정했다면 (우울증이 심한 내담자는 즉각적인 처치를 요하고, 증상이 약한 내담자는 기다릴 수 있는 여유가 있다는 판단에서) 처치결과의 차이는 바로 이 원래 증상의 차이에 기인했을 가능성이 높다.

이 문제도 역시 무선배정에 의해서 극복할 수 있다. 혹은 실험집단과 통제집단에 내담자들을 짝지어서(matched) 배정하는 방법을 적용할 수도 있다. 예를 들면 실험집단에 배정된 내담자와 동일한(거의 유사한) 정도의 증상을 보이는 내담자를 통제집단에 배정하는 방법이다. 이렇게 함으로써 두 집단을 거의 동일하게 구성할 수가 있다.

탈 락 연구기간 동안에 피험자가 실험에서 이탈하는 현상을 말한다. 전형적인 예를 들면, 강박증 치료의 사전, 사후검사를 비교해 보았더니 사후검사에서 현저하게 우울증세가 약화된 것으로 결과가 나왔다. 그런데 사실은 연구도중에 강박증이 심한 내담자들의 탈락률이 현저하게 높았기 때문에 사후검사의 평균점수가 달라진 것이다. 즉, 사후검사의 변화는 처치의 효과가 아니라 증상이 심한 피험자들의 탈락(attrition, mortality)에 기인한 것이다. 통제집단을 사용하는 경우 만약에 실험집단과 통제집단에 같은 정도로 탈락이 발생했다면 내적 타당도의 장애가 다소 줄어든다. 그러나 그렇지 않고 어느 한 집단에 집중적으로 탈락이 발생했다면 이것은 내적 타당도에 치명적인 문제가 된다. 이것을 차별적 탈락(differential attrition)이라고 부른다.

(이상 7개 장애요인은 연구에서 매우 흔히 나타나는 보편적인 장애요인들이다. 나머지 6개는 상대적으로 덜 흔하게 나타나지만 여전히 연구자들이 주의해야 할 장애요소들이다.)

피험자 선발과의 상호작용 이것은 앞에서 설명한 선발문제의 일종이다. 즉, 실험집단과 통제집단의 선발이 잘못되어서 두 집단이 이질집단일 때 생기는 문제이다. 특히, 앞에서 설명한 역사의 문제나, 성숙의 문제가 한 집단에는 심하게 일어나고 다른 집단에는 일어나지 않을 수 있는데 이런 경우를 바로 선발과 역사의 상호작용, 선발과 성숙의 상호작용이라고 부른다. 예를 들면, 교육심리 실험에서 실험집단은 주로 부유층 학생들이 선발되었고 통제집단은 주로 빈곤층 학생들이 선발되었다고 하자. 그런데 실험기간 동안에 개인과외가 허용되어 부유층 학생들이 과외를 받을 수 있게 되었다(역사). 개인과외는 빈곤층 학생들은 받을 수가 없었기 때문에 이 역사(사건)는 선발과 상호작용한 것이다.

인과관계 방향성의 애매함 실험연구에서 종속변인은 독립변인의 조작에 의해서 결과되어지는 것으로 추론한다. 그러나 모든 연구에서 독립변인과 종속변인 간의 인과성이 분명하게 드러나는 것은 아니다. 특히 독립변인을 실험자가 마음대로 조작할 수 있는 것이 아닐 때 그런 어려움은 가중된다. 인과의 방향이 애매해진다는 뜻이다. 예컨대, 상담자의 공감적 이해의 표현이 내담자에게 치료적 효과를 초래하는지 알아보는 연구에서 그 인과적 방향을 분명하게 하기는 쉽지 않다. 즉, 상담자의 공감이 내담자의 진보를 초래했는지, 아니면 내담자의 진보가 상담자의 공감을 이끌어 냈는지 방향성을 정하기란 쉽지 않다.

처치 내용의 누설과 처치의 모방 처치는 원칙적으로 실험집단만 받고 통제집단은 받아서는 안 된다. 그러나 통제집단 피험자들에게 처치의 내용이 누설될 수 있으며 그렇게 되면 그들은 그 처치를 모방할 가능성이 많다. 이것은 실험결과에 중대한 오염을 일으킨다. 실험결과가 처치에 기인한 것이라는 결론을 내릴 수가 없다.

처치에 대한 보상적 형평화 처치를 받지 못하는 통제집단 내담자들도 처치기간 동안 무엇인가 처치 아닌 "처치"를 받게 된다. 상담 대신에 영화감상, 토론 등을 하는 것이 보통이다. 이때 연구자는 통제집단 피험자들이 아무런 서비스도 받지 못하기 때문에 이런 불공평을 평형화시킬 수 있는 무엇인가 보상적인 "서비스"를 주게 될 가능성이 있다. 혹은 피험자들이 스스로 다른 곳에 가서 상담을 받는다든지 하여 형평화를 꾀하기도 한다. 어떤 경우이든지 연구결과에 치명적인 오염을 일으킨다.

통제집단 피험자들의 보상적인 경쟁 실험연구에서 통제집단 피험자들은 실험집단 피험자보다 덜 "바람직한" 처치를 받거나 혹은 아예 처치를 받지 않는다. 이런 인식을 하는 통제집단 피험자 중에는 자기들도 실험집단만큼 잘 할 수 있다는 것을 보여 주기 위해서 경쟁적으로 노력을 할 가능성이 있다. 만약 이런 보상적 경쟁이 현저했다면 실험결과는 왜곡되었기 때문에 결과에 대한 원인이 무엇이었는지 분명하게 해석할 수가 없다. 즉, 내적 타당도가 손상을 입은 것이다.

통제집단 피험자들의 사기저하 이것은 앞에서 말한 보상적 경쟁과 반대 현상이다. 실험집단보다 덜 "바람직한" 처치를 받는다는 것을 인식한 통제집단 피험자들은 사기가 저하되어 자연적인 무처치, 혹은 계획된 통제조건보다 더 심한 사기저하가 일어날 수 있다. 우울증 피험자, 교육심리 실험에 참가한 학생 등을 생각해 보면 이들이 통제집단에 배정되었음을 알게 되었을 때 사기가 떨어질 수 있음을 쉽게 이해할 수 있을 것이다.

이 마지막 3개의 위협요소는 피험자들이 자기가 어느 집단에 배정되었는지를 알게 되기 때문에 발생하는 문제들이다. 따라서 피험자들이 그런 눈치를 채지 못하도록 실험조건과 통제조건을 구성하는 것이 중요하지만, 상담연구에서 그런 완벽한 설계가 결코 쉽지 않음은 물론이다.

연구문제

실험설계를 (가)에서 (나) 혹은 (다)로 바꿈으로써 극복할 수 있는 내적 타당도의 위협요인들을 발견해 보자.

설계(가)	O1	X	O2
설계(나)	O1	X	O2
	O3		O4
설계(다)		X	O1
			O2

2) 외적 타당도

외적 타당도(external validity)란 연구의 결과를 다른 대상, 장면(상황), 시기 등에 일반화시킬 수 있는 정도를 의미한다. **대상에 대한 일반화**는 연구에 참여한 피험자 이외의 다른 대상(성별, 나이, 직업, 국적, 민족 등)에 대한 일반화이며, **장면(상황)에 대한 일반화**는 연구에 사용된 장면(상황)과 다른 조건(장소, 기관, 과목, 상담자, 상담방법 등), **시기에 대한 일반화**는 연구가 이루어진 바로 그 시기가 아닌 다른 시기(하루의 다른 시간대, 다른 시대 등)에 대한 일반화를 뜻한다.

외적 타당도는 전형적으로 표집(sample)과 전집(population)의 개념을 사용한다. 실제 연구에서는 표집된 대상, 표집된 상황(장면), 표집된 시기가 있기 마련인데 전통적 의미의 일반화는 표집을 통한 연구결과를 **전집으로**(to population: 대상의 전집, 상황의 전집, 시기의 전집) 일반화시킬 수 있는지의 문제를 다룬다. 그러나 이런 "to population"적인 논리는 사실상 적용하기 어렵다. 그런 이상적인 표집과정이 실제 연구에서 드물기 때문이다. 그래서 새로 도입된 개념이 **전집간에**(across population) 일반화를 시킨다라는 개념이다(Cook & Campbell, 1979). 결국 일반화는 연구결과를 다른 전집에(연구에서 사용된 표집의 전집이 아닌) 일반화시킨다는 의미라고 볼 수 있다. 이 Cook과 Campbell의 "전집간에" 개념은 "전집으로"의 개념보다 일반화의 개념을 더 현실에 가깝게, 즉 더 정확하게 표현한 것이라고 사료된다.

다음은 외적 타당도에 영향을 미칠 수 있는 요인들을 세 가지로 정리한 것이다. 여기서 '영향'이라는 것은 외적 타당도를 위협하는 부정적인 의미만을 담고 있지는 않다. 이 세 가지 요인들은 모두 '상호작용'(interaction)이라는 개념인데 이 상호작용을 발견한다는 것은 일반화의 범위를 분명하게 한다는 것을 의미하기 때문에 긍정적인 의미가 있다.

외적 타당도를 높인다는 것이 단지 일반화의 범위를 넓힌다는 것을 의미할 수가 없다. 왜냐하면 무한정 일반화 범위를 넓히는 것은 실제적으로 불가능하기 때문이다. **현실적으로는 일반화의 범위를 분명히 아는 것**(일반화의 제한에 대한 분명한 인식)**이 외적 타당도를 높히는 방법**인 것이다. 여기서 사용되는 개념이 바로 상호작용인데, 연구설계에서는 이 상호작용을 발견할 수 있도록 연구대상, 장면(상황), 시기를 변인으로 고려한다. 이 책의 다른 장에서 언급되는 요인설계(factorial design)나 ATI(Aptitude Treatment Interaction) 설계(장상호, 1976) 등은 바로 이 상호작용을 발견하기 위한 설계법이다.

선발과 처치의 상호작용 이것은 대상의 일반화와 관련이 있는 부분이다. 피험자(내담자, 상담자)들은 성, 성역할 의식, 교육수준, 전문경력의 수준, 인지스타일, 성격, 지능, 증상의 심각도, 민족, 문화배경 등 수많은 종류의 다른 특징을 가지고 있다. 이들 특성 중 어느 것이 처치와 상호작용할지 모른다.

여기서 상호작용의 의미를 좀더 잘 이해할 필요가 있으므로 부연설명을 한다. 예컨대, 내담자의 증상 심각도가 처치와 상호작용한 경우를 보자. 우울증 치료에서 증상이 비교적 약한 내담자들은 심리치료와 약물치료에 각각 비슷한 정도의 효과를 보였다. 그런데 증상이 심한 내담자들은 심리치료보다 약물치료에서 더 많은 효과를 보았다(이 예는 제5장 4절에 상세히 소개되어 있음). 상호작용의 개념은 그림으로 표현하면 더 직관적으로 이해할 수 있다.

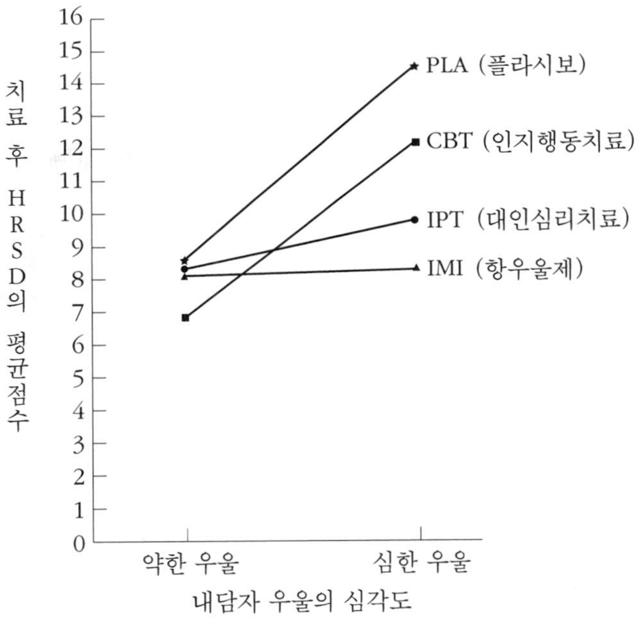

〈그림 2-2〉 내담자 증상의 정도와 처치 간의 상호작용 예

〈그림 2-2〉에 나타난 상호작용이 외적 타당도와 어떤 관련이 있는가? 심리치료만의 효과는 약물치료와는 달리 심각한 우울증 내담자 전집에 일반화하기가 어렵다. 반면에 다소 정도가 약한 우울증 내담자 전집에는 일반화할 수

있다. 이와 같이 서로 다른 피험자들을(증상 심각도) 연구에 포함시킴으로써 독립변인과(처치법) 종속변인(치료효과) 간의 관계가 피험자 특징에 따라 달리 나타난다는 것을 알게 되면 그 연구결과를 피험자 전집간에 달리 일반화시켜야 함을 알게 되는 것이므로 그만큼 더 외적 타당도가 강화되는 것이다(Heppner 등, 1992).

장면(상황)과 처치의 상호작용 우리의 상담연구는 흔히 대학의 학생상담소(생활연구소)에서의 사례를 사용한다. 이 점에서 미국도 예외가 아니다. 대학부설상담소에서 연구된 결과를 다른 상담기관에 일반화시키는 데 아무런 문제가 없는가? 대학상담소는 무료이고 사설상담기관은 유료라는 차이가 있는데 이런 차이는 대학상담소에서의 연구결과가 사설상담기관에 일반화되기 어렵게 만들 것이다. 또 정부기관, 지방자치단체, 종교기관에서 운영하는 상담소도 상호 다른 특징을 가지고 있다. 이런 장면의 차이가 처치와 상호작용할 가능성은 쉽게 수긍이 가는데, 구체적으로 어떻게 상호작용하는지를 안다는 것이 중요하다. 즉 다른 장면(상황)에서 독립변인과 종속변인 간에 다른 방식으로 관계를 보인다는 것을 발견했다면 이는 장면(상황)간의 일반화 가능성에 관한 정보를 얻은 것이므로 앞에서 말한 것처럼 그만큼 외적 타당도를 더 강화하는 것이기 때문이다.

시기와 처치의 상호작용 1970년대의 연구결과를 1990년대과 2000년대에 일반화하는 데 문제가 없겠는가? 이 두 시기는 경제적 풍족도, 정치적 불안 등 여러 측면에서 큰 차이를 가지고 있다. 1997년도 외환위기 이전과 이후 간에도 마찬가지이다. 이런 시기적 차이는 내담자와 상담자의 행동과 반응 혹은 상담이라는 전문활동의 각종 양상에서 차이를 야기시킬 수 있다. 만약에 1970년의 연구를 1990년대에 다시 반복 실시하였을 때 다른(혹은 유사한) 결과가 나왔다면 연구자들은 시기간의 일반화 가능성에 대한 분명한 정보를 얻는 셈이다. 즉 그만큼 더 외적 타당도를 강화시키는 것이다.

외적 타당도와 일반화의 개념은 정확히 이해하기에 어려운 개념이지만 이 책에서는 이 주제를 비교적 상세하게 논의하였다. 그 이유는 상담연구에서는 피험자와 상황을 표집하기가 매우 어렵기 때문이다. 상담연구에서 표집과정을 연구자가 의도대로, 연구방법론상 철저하게 관리할 수 있는 경우는 그리 흔치 않다. 그래서 상담연구는 내적 타당도뿐만 아니라 외적 타당도를 강화시키기가 매우 어렵다. 이 점에서 상담연구자들은 어떻게 하면 연구목적에 부합하는 표집과정을 밟을 수 있을지 심각하게 고심해야 할 것이다.

3) 통계적 결론 타당도

연구에서 "통계적 결론"이라는 것은 추리통계에 관한 것이다. 추리가 없는 기술통계라면 검증의 절차가 없기 때문에 추리에 의한 결론을 내릴 필요가 없으며 이 결론의 타당성을 논할 필요도 없다.

통계적 검증에는 여러 가지의 절차가 있지만 여기에는 몇 가지 필수적인 요소들이 있다. 첫째는 통계적 검증은 표집의 자료를 가지고 전집의 내용을 추정하는 것이다. 그래서 이를 추리통계라고 칭한다. 어떤 상관계수가 의미 있다고 결론짓는 것은 비록 얻어진 자료는 표집의 자료이지만 그 결론은 전집에 대한 결론이다. 즉 전집에서 상관이 있다라는 결론이다. 둘째는 영가설을 세운다는 점이다. 영가설이란 영어로 null hypothesis라고 하는 개념인데 이는 검증하고자 하는 통계치가 의미가 없다는 것이다. 일단, 통계치가 의미가 없다라는 영가설을 세워놓고 그것을 부정하는(혹은 부정하지 못하는) 방식으로 검증절차를 밟는다(그림 2-1 참조).

이 영가설 부정의 절차는 통계검증에서 매우 특이한 점이다. 가령, 부부간의 의사소통 능력(변인 갑)은 그들의 결혼만족도(변인 을)와 상관이 있을 것이라는 가설을 검증하려는 연구를 하고 있다고 하자. 연구자의 당초 가설은 갑과 을 간에 상관이 있다라는 것이었다. 그런데 통계검증 과정에서는 갑과 을 간에 상관이 없다라는 영가설을 세운 뒤, 그 영가설이 부정(기각)되는지를 보는 것이다. 영가설이 부정되면 연구자는 당초의 연구가설(통계검증에서는 이것이 이른바 대안가설, 즉 alternative hypothesis가 된다)을 수용하고자 하는 것이며,

영가설이 부정되지 않으면 당초의 연구가설을 기각하려는 전략이다.

즉, 통계적 검증의 절차를 밟으면 연구자는 영가설을 부정하거나 혹은 영가설을 부정하지 않거나 둘 중 하나의 결론을 채택하게 된다. 이것이 바로 통계적 결론이다. 그런데 이 통계적 결론은 반드시 오류의 가능성이 있다. 그 오류에는 크게 두 종류가 있으며 (1종 오류와 2종 오류), 오류를 발생시키거나 오류 가능성의 크기를 결정하는 요인들은 여러 가지가 있다. 쉽게 말해서 **1종 오류는 "전집에서는 갑과 을 간에 상관이 없는데, 연구된 표집의 자료에서는 상관이 있다고 결론내리게 되는"** 경우를 말한다. 다시 말해서, 원래는 영가설이 진(眞)인데 표집된 통계자료는 영가설을 기각한 것이다. **2종 오류**는 그 반대로서 **"갑과 을 간에 상관이 있는데, 연구된 표집의 자료에서는 상관이 없다라고 결론내리게 되는"경우**를 말한다. 즉, 영가설이 기각되어야 진인데 표집에 의한 통계검증 결과는 영가설을 기각하지 않은 것이다.

이 말은 모든 통계적 결론은 오류, 즉 틀릴 가능성이 있다는 것이다. 아무리 잘 계획된 연구도 표집의 자료이기 때문에 전집에 대한 결론으로서는 반드시 오류의 가능성이 내재되어 있다. 따라서 연구자는 자기가 내리는 결론에 대해서 100% 확신을 가진 결론을 내릴 수는 없다. 그러나 연구자는 가능한 한 높은 확신을 가지고 결론을 내리고 싶어한다. 통계적 결론 타당도란 통계검증을 근거로 한 연구자의 결론이 가지는 확신의 정도를 의미한다. 더 상세한 논의는 다음 장에서 다시 시도될 것이며, 여기서는 통계적 결론 타당도를 위협하는 몇 가지 요소들을 소개한다(Heppner 등, 1992).

낮은 통계적 검증력 통계적 검증력(statistical power)이란 대안가설이 진일 때 영가설을 기각할 수 있는 힘, 즉 확률을 말한다. 다시 말해서 (전집에서) 갑과 을 간에 상관이 있다는 것이 진이라면(표집자료에서) 영가설을 기각하고 대안가설, 즉 연구자의 당초 가설을 수용할 확률을 말한다. 이것이 바로 연구자들이 원하는 것이기 때문에 이를 검증력이라고 부르는 것이다.

통계적 검증력이 낮다는 것은 대안가설이 진임에도 불구하고 영가설을 기각하지 못하는 경우를 말한다. 흥미롭게도, 앞에서 말한 바로 2종 오류가 높다는 것이 통계적 검증력이 낮다는 것을 의미한다는 사실을 독자들은 주목하기 바란다. 통계적 검증력이 낮을수록 연구자는 가설을 검증하지 못하고(가설이 진임에도 불구하고) 그릇된 결론을 내릴 가능성이 높아지므로 통계적 결론 타당도가 위협을 받는 것이다.

통계적 검증력을 높이려면 (1) 표집의 크기를 크게 하거나(즉 사례수를 늘리거나), (2) 실험의 절차 혹은 측정의 신뢰도를 높여서 오차변량을 줄이거나, (3) 양방검증보다는 일방검증을 사용하거나(가설의 방향을 분명히 알고 있을 때), (4) 1종 오류의 한계, 즉 알파 수준을 높여서 베타 수준을 감소시키거나 등의 방법들이 있다. 통계적 검증력은 매우 중요한 개념이기 때문에 이 책의 여러 곳에서 언급될 것이다.

통계적 가정의 위반 통계적 가정(假定, assumptions)은 어떤 통계분석 절차가 유효하기 위한 선행조건들을 의미한다. 특히 우리들이 자주 사용하는 모수적(母數的, parametric) 통계는 다음과 같은 가정, 즉 조건들을 요구한다. (1) 표집분포의 정상성(정상분포성), (2) 피험자 선발과정이 무선적이고 독립적일 것, (3) 집단간 변량의 동질성 등. 물론 이런 가정을 약간 위반하는 것은 모수통계를 적용하는 데 큰 문제가 없지만 지나치게 위반하면 1종 오류를 증가시키기 때문에 얻어진 통계결과를 가지고 결론을 내리는 것이 부정확한 결론이 될 가능성이 높다. 그런데 어떤 가정의 위반이 어느 정도의 오류를 범할 가능성이 있는지에 대한 일률적인 규칙이 없다. 따라서 연구자는 얻어진 연구자료가 통계절차의 가정을 어느 정도 위반하는지, 즉 그 통계절차를 적용해도 무방한지 아니면 다른 통계방법을 사용해야 하는지에 대한 자문을 통계전문가에게 받는 것이 안전하다.

투망질식 검증 한 세트의 자료를 가지고 여러 번 통계검증을 하여서 의의 있는 결과만을 뽑아내려는 전략을 이른바 투망질식 검증, 영어로 fishing이라고 부른다. 즉 미리 연구된 가설을 가지지 않은 채 얻어진 자료에서 모든 가능한 분석과 검증을 하여 의의 있는(연구자들은 흔히 이를 "별(*)이 떴다"라고 말한다) 결과에 대해서 의미 있는 해석을 하려는 것이다. 그런데 문제는 이렇게 한 자료에 여러 개의 검증을 하면 할수록 그것을 통한 결론은 오류를 범할 확률이 증가한다는 것이다. 우연히(by chance) 의의 있는 결과가 나와서 잘못된 결론을 내릴 가능성이 높아지는 것이다. 이것이 바로 투망질식 검증이 통계적 결론 타당성을 위협하는 이유이다. 그러므로 연구자는 한 자료에 대해서 한 번의 통계검증을 실시하든지, 혹은 미리 설정된 가설에 대한 검증, 즉 계획된 검증만을 실시하는 것이 바람직하다.

신뢰도 낮은 측정 연구에 사용된 측정의 신뢰도가 낮으면 이른바 오차변량(error variance)이 커지며 이는 통계적 검증력의 약화를 초래한다(바로 앞에서 논의한 통계적 검증력 참조). 신뢰도가 지나치게 낮으면 그 측정은 어떤 변인과도 상관을 가지지 못한다. 예컨대, 칼로리 섭취량과 체중과는 정적 상관이 있다고 믿어지는데, 만약에 잴 때마다 결과가 변하는 신뢰롭지 못한 저울로 체중을 쟀다고 상상해 보라. 결과는 칼로리 섭취량과 체중 간에 상관이 없다고 나온다. 즉 측정의 신뢰도 문제는 이렇게 통계적 결론 타당성을 위협한다.

신뢰롭지 못한 처치 상담연구에서 처치는 독립변인으로 활용된다. 연구자는 독립변인인 처치를 매우 주의깊게 개발하고 실시해야 한다. 그런데 이것이 사실은 매우 어려운 일이다. 예컨대, 내담자중심상담의 효과를 검증하고자 하는 연구에서 10개의 사례에 대해 내담자중심상담을 적용했다고 하자. 이 10개 사례의 상담이 얼마나 일관성이 있는가가 바로 처치의 신뢰성인데, 상담처치는 사례마다 크게 변동될 가능성이 많다. 즉 상담연구는 한 연구에서 사례마다 처치가 사실상 달라질 가능성이 큰 것이다. 이것은 연구의 결과에 대해서 측정의 신뢰도 문제와 똑같은 문제를 야기시킨다. 사실은 의미 있는 결과가 나와야 하는데 처치의 비신뢰성 때문에 의의 있는 결과가 나오지 않을 수 있다는 것이다. 이런 문제를 극복하기 위해서 최근의 상담연구에서는 처치를 표준화시키는 경향이 생겼다. 이를 다른 말로 처치를 매뉴얼화한다고 한다. 이 쟁점은 이 책의 제 4, 5, 6장에서 다시 거론될 것이다.

반응의 무작위적 다양성 처치에 대한 반응이 중구난방(衆口難防)으로 다양성을 띨 때 오차변량이 커지고 진정한 관계를 밝히는 데 장해를 일으킨다. 불안증상에 대한 상담에서 행동연습을 처방하였는데 그 행동연습의 장소가 통제되지 않았다고 하자. 어떤 피험자는 술집에서 행동연습을 하였고, 어떤 내담자는 직장에서, 어떤 내담자는 가게에서 연습을 하였다. 이런 연습상황의 다양성과 차이는 행동의 다양성을 낳고, 이는 다시 오차변량을 증가시켜서 결국 통계적 결론 타당도를 위협한다.

피험자의 무작위적 이질성 연구에 참여하는 피험자가 모든 면에서 동질일 수는 없다. 앞에서 예로 든 행동연습에서 잘생긴 피험자는 못생긴 피험자에 비해 비교적 성공적인 경험을 더 할 가능성이 높다. 즉 용모의 차이가 많을수록 결과에서 오차변량이 커지게 되고 진정한 관계를 발견하는 데 방해가 될 것이다. 즉 피험자들의 이질성이 통계적 결론 타당도를 위협하는 것이다. 그렇다고 해서 용모가 비슷한 피험자만을 연구에 참여시키다면 그 결과를 일반화시키는데 제한을 받게 된다. 만약 용모라는 변인이 불안증상을 극복하는 연습효과에 영향을 미친다면, 공변량분석(共變量, analysis of covariance)의 기법을 사용해서 통계적으로 용모 변인의 영향을 제거할 수 있다. 이는 많은 교육심리학 연구에서 지능변인이 각종 연구결과에 영향을 미치기 때문에 공변량분석을 사용하는 것과 같다.

4) 구인타당도(구성개념 타당도, 구념타당도)

연구에서 **구인타당도**는 다른 이름으로도 불린다. **구성(構成)타당도**, 혹은 **구성개념 타당도**가 그것이다. 영어로는 construct validity of putative causes and effects 혹은 간단히 construct validity라고 부른다. 여기서 putative causes and effects는 "추정되는 원인과 결과"라고 이해할 수 있겠다. 그러나 모든 구인타당도가 인과관계 연구에만 적용되는 것은 아니다.

구인타당도의 의미는 다음과 같이 이해할 수 있을 것이다. 모든 연구에는 모종의 이름을 가진 구인(들)이 등장한다. 이 구인은 연구자들이 관심을 가지는 개념으로서 어떤 개념은 매우 구체적이고 어떤 개념은 매우 추상적이다.

그리고 이 구인이 자료(데이터)로 변환되려면 양적 측정이나 질적 기록의 과정을 거친다. 이 측정과 기록과정은 매우 체계적이어야 하는데 그러기 위해서는 애매모호하지 않은 준거가 필요하다. 이 준거의 역할을 하는 것이 바로 변인(變因, variable)이라고 생각하면 된다. 즉 변인은 구인을 구체화시키는 개념이다. 연구에서는 변인을 크게 독립변인과 종속변인으로 나누는데 **연구의 구인타당도란 '연구의 독립변인과 종속변인으로 수집된 자료(데이터)가 당초에 연구자가 측정하고자 의도했던 바로 그 구인(구성개념)을 얼마나 잘 반영하는가'를 의미한다.**

Heppner 등(1992)은 구인타당도를 쉽게 설명하기 위해서 다음과 같은 예를 사용한 바 있다. 내담자의 상담자 선호에 관한 연구에서 개인적(성격이나 대인관계 문제 등) 문제를 상담하려는 남자 내담자들은 여성 상담자에게 상담받기를 선호한다는 가설을 검증하려는 연구가 있다. 연구자는 상담자의 성(性)에 대한 내담자의 선호를 다음과 같이 측정하였다—남자 내담자들을 무선적으로 양 집단에 할당하였다. 한 집단의 피험자들은 여자 상담자의 이름, 사진과 함께 상담자의 전문경력 등에 관한 설명문을 읽는다. 다른 집단의 피험자들은 남자 상담자의 이름, 사진과 상담자의 전문경력 등에 관한 설명문(앞의 설명문과 동일함)을 읽는다. 그리고 모든 피험자는 그 상담자를 만날 것인지 의향을 답변하는 것이다. 이 절차는 언뜻 보기에 측정상에 별 문제점이 없어 보인다. 그러나 여기에는 중대한 문제점이 숨어있다. 상담자의 사진에 나타난 용모가 얼마나 매력적인가가 문제이다. 만약에 남자 상담자의 사진은 못생기거나 험악하고 여자 상담자의 사진은 예쁘고 지적이거나 다정한 용모라고 하자. 이때 연구결과, 즉 내담자의 상담자 선호(종속변인)는 상담자의 성(당초에 의도했던 독립변인)에 의해서 결정된 것이 아니라 상담자 용모의 매력도(오염된 독립변인)에 의해서 결정되지 않았겠나 하는 추측이 유력해진다. 즉 이 연구는 독립변인 조작과정에서 상담자의 성 변인과 매력도 변인이 혼합되어 버렸기 때문에 구인타당도가 하락되었다.

독자들은 측정분야에서 이미 구인타당도라는 용어를 접했을 것이다. 그러면 연구방법론에서 말하는 구인타당도와 측정에서 말하는 구인타당도는 다른 것인가? 이 질문에 대한 대답은 복잡할 수 있지만 여기서는 쉽게 설명해 보고자 한다. 우선, 연구(방법론)의 구인타당도와 측정이론에서 말하는 구인타당도는 크게 다르지 않다는 점을 이해해야 한다. 연구에서 말하는 구인타당도는 단지 측정 자체만이 아니라 연구 전체의 맥락에 의해서 파악되는 것이다. 연구(방법론)의 차원에서 구인타당도가 높다는 것은 측정의 차원에서도 구인타당도가 높다는 것을 전제하기 때문이다. 즉 연구에서의 구인타당도는 측정의 구인타당도보다 더 포괄적인 개념이다. 연구에서 말하는 구인타당도는 양적 측정이 아닌 독립변인의 조작과정까지를 포함하는 좀더 포괄적인 개념으로 이해할 수 있다. 앞에서 본 Heppner 등의 예가 이 점을 잘 보여 주고 있다.

Construct Validity의 번역어에 대한 의견

Construct validity는 구인타당도, 구성타당도, 구성개념 타당도 등의 번역어가 있다고 하였다. 여기에 구(構)라는 말이 쓰인 이유는 construct가 '만들다' '세우다' 등의 의미를 가지고 있기 때문일 것이다. 문제는 그 다음 글자이다. 구인에서 인(因)은 '因子' '요소' 등의 의미를 가지고 있어서 구인은 구성요인 혹은 구성요소의 의미가 강하게 들린다. 구성타당도에서 구성은 단순히 construct에서 '구성하다' 라는 의미만 살렸을 뿐 무엇을 구성하는지에 대한 의미를 담지 못했기 때문에 가장 부적합한 번역어로 보인다. 끝으로 구성개념이라는 말은 construct에 대한 상당히 성실하고 정확한 번역으로 들리는데, 유감스럽게도 이 번역어는 그다지 자주 사용되지 않았다.

독자들은 construct가 다분히 심리학적 용어임을 기억해야 할 것이다. 심리학 개념들 중에는 우리의 감각으로 직접 관찰할 수 없는 개념들이 많다. 주로 두뇌를 비롯한 중추신경 내에서 발생하거나 그 안에 존재한다고 가정되는 개념들이 많다. 기억, 학습, 인지작용, 정보처리, 감정의 경험 등과 관련된 개념들이 거의 그런 것들이다. 그렇기 때문에 심리학의 개념들은 외부에 존재하는 구체적인 대상(對象)이 아니라 심리학자들이 추상적으로 "구성하는" 개념인 경우가 대단히 많다. 이런 의미에서 construct의 번역어로서 구성개념이라는 말을 필자는 추천한다.

그런데 상담이론을 공부해 본 독자들은 Geoerge Kelly의 이론이 personal construct theory이며 그것을 개인구념(構念)이론이라고 번역한 적이 있다는 것을 알 것이다. 정확한 추정인지 모르겠으나, 여기서 construct를 구념이라고 최초로 번역한 이는 구성개념에서 앞 뒤 두자를 취해 준말을 만든 것이 아닌가 추정된다. 다시 말해서 construct validity의 번역어로서 '구념타당도' 라는 말을 사용하는 것이 좋겠다는 의견을 필자는 가지고 있다. Construct라는 말에는 '학자들이 만들어 낸 개념' 이라는 의미가 강하게 들어 있으므로 이 의미를 전달하려면 구인 혹은 구성보다는 구념(구성개념의 준말로서)이 더 적합해 보인다. 이 책에서는 구인타당도라는 용어 이외에 구념타당도 혹은 구성개념 타당도라는 용어도 실험적으로 사용하고자 한다.

구념타당도(구인타당도)를 위협하는 요소

이미 여러 차례 인용된 Cook과 Campbell(1979)은 구념타당도를 위협하는 10개의 요인들을 제시한 바 있다. 그들은 연구에서 부적절한 구념의 사용을 다음과 같은 비유를 들어서 설명한 바 있다. 그물을 이용해서 물고기를 잡을 때, 그물의 구멍이 너무 넓으면 어부가 잡고자 하는 고기를 대부분 놓치게 되고 반대로 그물눈이 너무 작으면 원하지 않는 너무 작은 고기까지 잡히게 된다는 비유이다. 즉 그물눈이 너무 크면 구성개념의 중요한 것들을 포함시키지 못하는 결과를 빚게 되고(construct underrepresentation), 그물눈이 너무 작으면 의도하지 않은 자질구레한 개념이나 혹은 부적절한 개념들로 넘치게 되는 결과를 빚게 된다(surplus construct irrelevancies). 다음은 그들이 제시한 구념타당도의 위협요인들이다. (구념타당도의 위협요인들 중에는 내적 타당도의 위협요인들과 유사하거나 부분중복되는 것이 있으므로 유심히 읽기 바란다.)

구성개념에 대한 세심한 조작화의 결여 구성개념은 추상적인 차원에서 구체적인 차원으로 조작화(operationalize)되어야 한다. 그러려면 구성개념을 '구성' 하는 주요 요소들에 대해서 세심한 분석을 해서 막연한 추상성과 애매모호성을 탈피해야 한다. 애매모호한 개념인 상태로 연구를 하면 그 개념이 연구자가 의도했던 개념인지 아닌지 불분명하여 정확한 해석이 어렵다. 예를 들어서, '아동학대' 라는 개념에는 신체적 학대, 정신적 학대, 언어에 의한 학대 등등 여러 가지의 학대가 있기 때문에 연구자는 자신이 의미하는 아동학대를 분명하게 정의해야 구체적 조작화가 가능하다.

변인에 대한 단일조작적 편향 단일조작(mono-operation)은 독립변인에 대한 단일조작과 종속변인에 대한 단일조작이 있다. 첫째, 독립변인의 단일조작은 처치를 할 때 한 가지 상황으로 마치 큰 개념을 대변할 것처럼 기대하는 것이다. 앞에서 본 상담자 선호에 대한 연구에서 상담자의 성 변인을 조작한 방법을 상기해 보자. 여자 혹은 남자의 이름, 그리고 여자 사진 한 장과 남자 사진 한 장으로 상황을 조작했다. 이 하나의 예(이름+사진)가 성별이라는 큰 변인을 제대로 대변할 수 있었을까? 이것은 성별이라는 구념에 대해 매우 제한된 조작화를 한 것이다. 둘째, 종속변인의 단일조작은 한 가지 도구로 단 한 번 종속변인을 측정하는 것이다. 상담성과를 종속변인으로 보는 연구에서 내담자에게 '상담목표 달성 정도'를 묻는 간단한 질문지만으로 종속변인의 측정을 마쳤다고 하자. 이것으로 종속변인을 충분히 대변할 수 있다고 생각되는가? 이것은 앞에서 언급했던 consruct underrepresentation, 즉 의도했던 구성개념을 충분히 반영하지 못하는 문제를 일으킴으로써 구념타당도를 위협한다.

한 가지 측정방법만을 사용함 독립변인 및 종속변인에 대해서 같은 측정방법을 사용하는 것은 결과를 왜곡시킬 우려가 있다. 양 변인에 대해서 모두 자기보고식 질문지 방법으로 측정을 한다고 해 보자. 이때 어떤 피험자들은 두 질문지에 대해서 모두 사회적으로 바람직한 방향으로 답변하였다고 하자. 그러면 이 연구에서 발견된 상관관계는 두 변인간의 진짜 관계 때문이라기보다는 내담자의 반응 경향성 때문이었던 것이다. 즉 측정방법 변인 때문에 상관관계가 산출된 것이다. 이런 문제점을 극복하기 위해서 연구자들은 독립변인의 측정방법과 종속변인의 측정방법을 달리할 것을 추천한다. 측정방법을 한 가지 이상 사용함으로써 앞에서 언급한 단일조작의 문제와 함께 이 단일측정방법의 문제를 동시에 해결하기를 추천하는 것이다.

피험자가 가설을 추측함 피험자들은 연구자가 연구하고자 하는 가설, 즉 어떤 연구결과가 나오기를 원하는지 짐작하기도 한다. 그리고는 연구자의 의도에 맞게 반응하든지 아니면 그 반대로 반응하기도 함으로써 결과를 왜곡시키며 이는 구념타당도 및 내적 타당도에 대한 중요한 위협요인으로 작용한다. 그런데 연구자는 언제 이 문제가 발생하는지, 얼마나 자주 발생하는지, 그것이 구체적으로 어디에 영향을 미치는지 정확하게 알지 못하고 있다(Heppner 등, 1992).

평가받는다는 것을 의식함 피험자들은 연구자나 전문가가 자기를 평가한다는 것에 대해서 의식을 하고 걱정을 하기도 한다. 그래서 자기가 실제보다 더 건강하거나 적응을 잘 하는 사람으로 보이도록 반응을 왜곡시킨다. 이것이 구념타당도에 장애를 줄 수가 있다.

실험자(연구자)의 기대 과학적 연구의 실험자(연구자)는 완전히 객관성을 유지하는 냉철한 과학자인가? 그렇지 못하다. 연구자는 자기가 어떤 결과를 원하는지 안다. 이것이 은연 중에 피험자에게 전달될 수도 있는 것이다. 특히 연구자 자신이 상담자로 참여한다면 이 문제는 더 심각할 수 있다. 연구자이기도 한 상담자는 그 상담(처치)이 효과를 보이기를 지나치게 기대한다. 얻어진 결과가 그 처치 때문인지, 연구자(상담자)의 강한 기대 때문인지가 불분명해져서 연구의 구념타당도를 위협한다.

변인의 수준을 일부만 적용함 어떤 구념은 아주 폭이 넓고 연속적인 성질을 가지고 있다. 예를 들면, 상담자의 전문적 훈련 및 경력의 정도 즉 '경험수준'은 초보자부터 수십 년의 경험에 이르는 폭넓은 변인이다. 그런데 연구자가 이 넓은 연속선의 극히 일부만을 연구에 피험자로 사용했다고 하자. 대학원 1, 2학기 학생들만을 사용했다든지 혹은 경력 15년부터 20년에 이르는 전문가만을 사용했다든지 하는 것이 바로 그런 경우이다. 이것은 그 구념을 제대로 반영하지 못했다는 점에서 구념타당도를 위협한다. (이와 똑같은 예가 다른 상황에서 일어난다. 국내의 대입수능고사와 대학성적 간의 상관을 내어본 연구들은 거의 모두가 상관이 없거나 혹은 극히 낮은 상관계수를 보고한다. 예컨대, 서울대학교의 경우 수능고사에서 최상위급 학생들만 합격을 했기 때문에 그들의 수능고사 성적분포는 수학능력이라는 구념의 극히 일부만을 반영한 것이다.)

여러 처치들 간의 상호작용(영어로는 '구념 및 구념수준의 혼합'으로 직역됨) 한 연구에서 두 가지 이상의 처치가 가해진 경우에 무엇 때문에 결과가 발생한 것인지 해석하기가 곤란하다. 만약에 교내폭력 예방을 목적으로 하는 프로그램에서 인쇄물에 의한 교육이 별 효과가 없는 것으로 결과가 나왔다가 곧바로 실시된 폭력 예방을 위한 비디오 교육은 효과가 있는 것으로 결과가 나왔다고 하자. 비디오 교육이 효과를 발생시킨 것인가, 인쇄물 교육에 연계되어 실시된 비디오 교육이 효과를 발생시킨 것인가? 이런 경우를 두 독립변인의 혼합(confounding)이라고 칭하며, 상담연구에서 자주 발생할 수 있는 문제점이다.

검사와 처치 간의 상호작용 처치를 가하기 이전에 실시하는 사전검사 내용에 영향을 받아서 처치에 대한 반응이 변화하는 수가 있다. 사전검사를 받은 피험자와 사전검사를 받지 않은 피험자 간에 처치에 대해 반응이 다르다면 이것은 사전검사와 처치 간 상호작용이 일어난 것이며, 구념타당도를 위협한다. (이 문제점을 극복하기 위해서 고안된 실험설계법이 이른바 솔로몬설계이다(Heppner 등, 1992).

중요한 구념을 연구에서 빠뜨림(영어로는 '구념간 일반화의 제한'으로 직역됨)

미국의 상담연구에는 소수민족 내담자들 특히 아시아계 내담자들이 지시적 상담자를 선호하는지를 연구한 경우가 많다. 그런데 상담성과를 연구하지 않은 상담자 선호만의 연구는 중요한 변인을 빠뜨린 연구이다. 상담연구에서는 이런 현상이 이외에도 자주 발견된다. (예: 상담자-내담자 협조관계에 관한 연구들도 종종 상담성과를 연구하지 않는다.) 어느 한 독립변인은 여러 종속변인들에 대해서 영향을 미치며, 어느 종속변인에게는 긍정적 영향을 미치고 다른 종속변인에게는 부적 영향을 미치기도 한다. 만약에 중요한 변인을 빠뜨린 채 덜 중요한 변인에만 연구를 집중시킨다면 '구념간 일반화의 제한'(restricted generalizability across constructs)이 발생함으로써 구념타당도를 위협한다고 한다(Heppner 등, 1992).

3. 연구설계의 선택

1) Gelso의 논의

유명한 상담심리연구가인 Gelso(1979)는 상담심리 연구설계를 크게 두 가지 차원으로 범주화한 바 있다. 첫째 차원은 통제(統制), 즉 control이다. 연구에서 '콘트롤이 높다'는 것은 피험자를 무선선발하고, 각 처치에 무선으로 할당(배정)하였으며, 독립변인을 연구자가 엄격히 조작하였음을 의미한다. 반대로 '콘트롤이 낮다'는 것은 각 처치에 대한 무선할당(배정)률이 낮고, 독립변인의 조작이 불완전하다는 것이다. 두번째 차원은 연구자료를 수집한 장(場), 즉 setting이다. 즉, 연구자료를 상담현장에서 수집하였다면 현장연구(field study)라고 하며, 연구자료를 실험상황에서 수집하였다면 실험실 연구(laboratory study)가 된다.

이 두 개념을 토대로 다음과 같은 네 가지 형태의 연구설계를 상정할 수 있다(그림 2-3). 그 네 가지를 살펴보자. (1)은 실험실 실험연구(experimental laboratory study)설계로서 이는 독립변인 및 피험자 배정에 대한 콘트롤이 강하고 현장이 아닌 실험실에서 자료수집을 한 연구를 지칭한다. 이것은 내적 타당도는 높지만 외적 타당도는 낮다. (2)는 현장 상관연구(corrational field

		독립변인의 통제 정도 (내적 타당도 문제)	
		실험연구 (높은 통제)	상관연구 (낮은 통제)
장 소 (외적 타당도 문제)	실험실	(1) 실험실 실험 연구설계	(4) 실험실 상관 연구설계
	현장	(3) 현장 실험 연구설계	(2) 현장 상관 연구설계

〈그림 2-3〉 네 가지 종류의 연구설계법 및 내-외 타당도 비교 (Gelso, 1979)

study)설계로서 이것은 변인통제와 피험자 배정에 대한 콘트롤이 낮은 반면에 자료수집을 현장에서 한 것이다. 따라서 내적 타당도는 낮고 외적 타당도는 높아진다. (3)은 현장 실험연구(experimental field study)설계로서 독립변인을 엄격히 통제하고 피험자 배정도 무선적으로 하였는데 그런 연구과정이 현장에서 이루어졌다는 뜻이다. 이런 현장 실험연구는 내적 타당도와 외적 타당도가 모두 높아서 가장 이상적인 연구설계이지만 연구실행이 어려워서 자주 있는 일은 아니다. (4)는 실험실 상관연구(correlational laboratory study)설계로서 자료수집을 실험실에서 했는데도 독립변인과 피험자 배정의 통제가 약한 연구이다. 이 설계는 내적 타당도와 외적 타당도 면에서 모두 불리한 설계법이어서 과연 어떤 연구자가 이런 연구설계를 취할지 의문스럽다. 그러나 자료를 현장에서는 얻을 수 없는 경우는 부득히 실험실 상황에서 자료를 얻을 수밖에 없기 때문에 부득이 이 설계법을 취해야 한다.

이상의 네 가지 연구설계법을 분석해 보면, 내적 타당도와 외적 타당도는 상호 독립적인 것이 아니라 상호 연관성을 가지고 있음을 이해할 수 있다. 통제가 강할수록 연구는 내적 타당도는 높지만 외적 타당도가 낮아지며, 또한 자료수집이 현장에서 이루어질수록 연구의 외적 타당도는 높지만 내적 타당도는 약해진다. 이를 뒤집어 말하면, 연구는 내적 타당도를 높이면 외적 타당도가 떨어지고 외적 타당도를 높이면 내적 타당도가 떨어진다는 것이다. 이 현상을 Gelso(1979)는 **기포가설**이라고 명명하였다.

기포가설

이 용어는 Gelso의 1979년 논문에서 사용된 말로서 상담심리학 연구법에서 유명한 용어가 되었다. 이 용어는 미국인들의 실생활 경험을 비유한 것으로서 자동차 유리나 범퍼에 스티커와 같은 것을 붙일 때 생기는 일에서 따온 것이다. 스티커 등을 붙이다 보면 실수로 인해 중간에 작은 기포(氣泡, bubble hypothesis)가 남는 경우가 생긴다. 이 기포를 없애보려고 기포 자리를 문지르면 그 기포는 다른 곳으로 자리를 옮긴다. 그 기포를 없애려고 문지르면 기포는 다시 자리를 옮긴다. 기포는 자리를 옮겨다닐 뿐 없어지지는 않는다.

상담심리학 연구에서 타당도와 연구설계의 관계는 마치 이 기포의 문제를 보는 듯하다. 내적 타당도를 높이려고 실험설계를 택하면 변인들을 통제하게 되어 자연상태, 즉 현장성을 상실하게 되며 결과적으로 외적 타당도에 손상을 입는다. 그래서 외적 타당도를 보존하려고 현장성을 살리면 자연히 변인들의 통제가 어려워져서 내적 타당도를 잃는다. 현장 실험연구를 가장 이상적인 형태로 선택할 수 있겠지만 이 설계를 연구 실제에서 채택하려면 여러 가지 조건이 맞아야 가능하다. 즉 실제 상황에서는 실험조작을 허용하지 않거나 혹은 허용을 받아도 조작이 연구자 마음대로 되지 않기 때문이다.

이 기포가설은 연구의 설계에는 완벽하거나 이상적인 연구설계가 존재하는 것이 아니라는 점을 강력하게 시사하고 있다. 모든 연구설계법들은 각각 장점과 단점을 가지고 있는 것이다. 그러므로 연구자들은 한 가지 연구문제에 대해서 한 가지 연구설계법을 고집하지 말고 두 가지 이상의 연구설계법을 적용하여 단일연구의 단점을 보완하는 전략을 취하는 것이 바람직하다. 예를 들면, 실험실 연구 이후에 임상 실제(현장)연구를 한다든지, 혹은 현장에서의 기술연구를 하여 가설을 도출한 다음 실험연구를 통해서 그 가설을 검증하는 등의 전략을 생각해 볼 수 있다(Heppenr 등, 1992).

연구설계를 선택하는 기준은 단순하지가 않다. 그러나 이 Gelso(1979)의 그림은 연구자가 자신의 연구에서 어느 설계법을 취할지 판단하는 데 도움을 줄 것이다. 또 한 가지 원칙을 제시한다면, 그것은 Kerlinger(1986)의 MAXMINCON 원리이다. 여기서 MAX는 연구주제에 관계된 변인들을 설명하는 변량(變量, variance)은 최대화시킨다는 뜻이다. MIN은 측정의 오차, 피험자 간의 개인차에 의해 발생한 변량(통계분석에서는 이것을 이른바 오차변량으로 취급함을 상기하시오), 기타 무작위 변인을 최소화시킨다는 뜻이다. 그리고 CON은 연구주제에 영향을 줄 수 있는 각종 무관한 변인들의 영향을 통제한다는 뜻이다. Kerlinger의 이 세 가지 원칙과 Gelso의 내-외 타당성 분석은 연구의 질을 판단하는 중요한 기준이 될 수 있다.

2) 연구설계와 타당도와의 관계

Heppner 등(1992)은 상관연구라는 용어 대신에 기술(descriptive)연구라는 용어를 택하고 있다. 상관(correlational)이란 우리가 통계학적 의미의 상관에 이미 젖어 있기 때문에 상관연구라는 용어는 그 의미의 폭이 너무 제한될 우려가 있다는 것이다. 그래서 이보다 더 보편적인 의미를 전달할 수 있다고 보여지는 '기술'(記述)이라는 용어를 선호하고 있다. 필자도 이 의견에 동참한다. Gelso가 말하는 네 가지 연구설계는 곧 (1) 실험실 기술연구, (2) 현장 기술연구, (3) 실험실 실험연구, (4) 현장 실험연구이다.

실험실 연구는 현장, 즉 자연상태의 연구에 비해서 외적 타당도가 약하다. 상담에 관한 실험연구 중에도 실제 상담현장이 아닌 상황, 즉 모의상담 상황을 만든 실험실 연구들이 있다. 이런 연구를 영어로는 analogue study라고 부르며 우리말로는 모의상담연구, 모의연구, 유사상담연구 등으로 번역되고 있다. 모의상담연구는 주로 실제 상담전문가가 아닌 대학생 등을 상담자로 활용하거나, 실제 내담자가 아닌 사람들을 내담자로 활용하는 방법을 쓰고 있다. 따라서 이런 연구의 일반화 범위는 크게 제한될 수밖에 없다.

그리고 실험연구에서는(주의: '실험실 연구'와 '실험연구'를 구분해 주기 바란다. 실험실 연구는 연구의 상황을 지칭하며, 실험연구는 연구의 설계를 지칭한다) 연구자는 연구목적과 의도에 맞게 실험절차를 표준화하거나 기타 연구자가 통제하고 싶은 변인들을 통제한다. 이것은 인과관계를 설명함에 있어서 높은 내적 타당도를 의미하는 것이다. 종속변인에 대한 독립변인의 원인론적 설명에 대해서 다른 대안가설이나 적대가설의 가능성을 배제할 수 있는 힘이 강해진다. 반면에 기술연구에서는 실험연구에서처럼 변인들을 강하게 통제하거나 자료수집의 절차를 철저하게 조작하지 않는다. 이 점에서 기술연구는 내적 타당도에 있어서 실험연구보다 불리해진다.

실험실 연구설계는 외적 타당도에 있어서는 불리하고, 현장(자연상태)연구는 외적 타당도에서 유리하다. 그리고 기술연구는 내적 타당도에서 불리하고, 실험연구는 내적 타당도에 있어서 유리하다. 명쾌한 이해를 돕기 위해 여기서 그림을 그려서 설명하고자 한다. 다음의 〈그림 2-4〉는 Heppner 등(1992)의 그림을 빌려온 것이다(p. 68). 이 그림에서 가로축은 내적 타당도의 수준을, 세로축은 외적 타당도의 수준을 가리킨다.

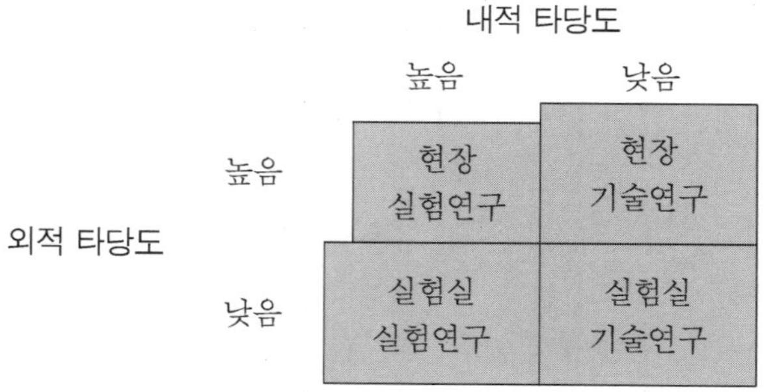

(실험실 현장연구설계는 실험실 실험연구만큼은 내적 타당도가 높을 수 없으며 현장기술연구만큼은 외적 타당도가 높을 수 없다는 뜻에서 내-외 타당도를 다소 낮게 표시하였음)

〈그림 2-4〉 내외 타당도의 수준으로 분류한 네 가지 연구설계

〈그림 2-4〉에 의하면 현장 실험연구는 내적, 외적 타당도가 가장 높다. 현장연구이기 때문에 외적 타당도가 높고 실험연구이기 때문에 내적 타당도가 높을 수 있는 것이다. 현장 실험연구는 제4, 5, 6장에서 언급할 상담효과연구들이 이 방법을 주로 택하고 있다. 상담전문가들이 실제 내담자들을 대상으로 실시하는 상담 및 심리치료의 효과를 검증한 연구들이 대체로 현장 실험연구이다. 단, 현장의 사정에 따라서 실험집단 피험자와 통제집단 피험자들을 무선적으로 할당하지 못하는 이른바 준실험(quasi-experimental) 설계를 택하는 경우는 흔하다.

여기서 한 가지 짚고 넘어가야 할 것은 그림에서 이 현장 실험연구는 외적 타당도에서 현장 기술연구보다 약간 낮게 그려졌고 내적 타당도에서 실험실 실험연구보다 약간 낮게 그려졌다는 점이다. 그 이유는 무엇일까? 현장연구는 아무리 실험연구이지만 실험실 연구에 비하면 아무래도 실험변인 이외의 변인들을 통제하는 것이 어렵다. 그래서 내적 타당도가 약간 낮게 표시되었다. 그리고 같은 현장연구이지만 현장 실험연구는 실험의 조건 때문에 기술연구보다는 외적 타당도에서 약간 불리함이 있다. 그래서 외적 타당도가 약간 낮게 표시된 것이다.

실험실 실험연구는 현장이 아닌 조작된 상황에서 실험을 하는 연구이다. 앞에서 언급한 바와 같이 실제 내담자나 상담전문가가 아닌 대학생 등을 피험자로 활용하는 모의상담연구 등은 바로 이 실험실 실험연구의 대표적인 예들이다. 이 설계법은 비록 외적 타당도는 낮지만 높은 내적 타당도를 얻을 수 있기 때문에 변인들간의 인과적 속성을 정확히 알고자 할 때 주로 사용한다. 만약, 같은 연구문제를 가지고 먼저 모의상담 상황에서 실험실 실험연구를 한 후에 다시 현장 실험연구를 하여 같은 결과를 얻는다면 이는 내외 타당도 두 측면에서 모두 강한 근거를 갖는다. 의약분야에서 우선 실험실 연구를 한 후에 임상연구를 거치는 절차는 이와 거의 같은 생각에서이다.

현장 기술연구는 비록 내적 타당도에서는 불리하지만 높은 외적 타당도를 얻을 수 있다. 현장연구이기 때문이다. 예컨대, 전문상담기관에서 수행된 수백 건의 상담 사례 기록을 분석하는 것은 전형적인 현장 기술연구이다. 혹은 그런 실제 사례들에서 계획된 측정(들)을 한 후에 그 측정치들간의 상관을 분석해 보는 것도 이 현장 기술연구에 속한다. 상담과정(process)연구, 내담자의 특성분류연구 등은 대부분 이 현장 기술연구에 속한다.

마지막으로 실험실 기술연구가 있다. 이것은 이론적으로는 가장 낮은 외적 타당도와 가장 낮은 내적 타당도를 가지게 되어 있다. 그러면 어느 연구자가 이 설계법을 채택하겠는가? 그러나 연구의 목적이나 상황적 조건에 따라서 이 연구설계를 채택한 연구가 있음이 현실이다. 예를 들면, 상담과정 중에 발생하는 치료적으로 중요한 사건(events)에 대한 연구로 유명한 Elliot의 연구(1985)가 전형적인 예이다. 그는 상담교육을 받고있는 과정 중의 학생들을 상담자로, 그리고 실제 내담자가 아닌 모의 내담자들을 활용하는 실험실적인 모의상담을 실시하였다. 그리고는 내담자들로 하여금 상담 테이프을 다시 보면서 상담자의 말들을 가장 도움된 것으로부터 가장 도움되지 않은 것까지 9등급으로 평가하게 하였다. 이 자료는 군집분석(cluster analysis)라는 통계적 기법에 의해서 도움되는 정도에 따라서 유사한 상담자 반응들을 묶는 작업을 거쳤다. 이 연구는 실제 상담을 조사한 것이 아니기 때문에 외적 타당도에서 문제가 있다. 그러나 실제 내담자에게 이런 연구절차, 즉 테이프를 다시 보면서 상담자의 반응들을 일일이 세밀하게 평가하는 것은 실제 상담에서는 내담자와 상담자의 동의를 구하기가 극히 어려울 것이다. 즉, 피험자를 구하기가 어렵다. 그리고 이 연구는 기술연구이기 때문에 내적 타당도에서 불리하지만 연구의 목적상 기술연구설계를 채택하는 것이 옳다. 실험설계가 아무리 내적 타당도의 확보에 유리하지만 연구목적이 실험에 맞지 않는 것을 억지로 실험설계를 채택할 수는 없는 것이다. 연구방법은 연구의 목적에 의해서 결정된다는 것을 잊어서는 안 된다.

4. 연구주제론과 방법론

필자는 수년 전부터 연구주제론이라는 말을 쓰기 시작하였다. 이 말은 연구방법론이라는 말의 상대적인 개념으로 쉽게 이해될 것이다. 연구방법론이 연구를 '어떻게?' 수행하는 것인지에 대한 이론이라면 연구주제론이란 '무엇을?' 연구하는지에 대한 이론이다.

연구에 대한 서적들은 지금까지 주로 방법론에 대한 논의로 지배되어 왔다는 인상을 지울 수가 없다. 그리고 연구전문가들은 그 학문의 내용 전문가보다는 연구방법론 전문가들로 구성되었다라는 인상도 지우기 어렵다. 그러나 필자의 견해로는 연구분야가 방법론 위주로 구성되는 데에는 문제점이 있다고 보인다. 즉 무엇이 의미 있는 연구인지를 아는 것은 연구방법에만 정통한 학자보다는 방법뿐만 아니라 내용까지도 정통한 학자에 의해서 더 정확하게 이루어질 것이라고 여겨지기 때문이다. 여기서 내용이란 상담의 실제, 임상, 그리고 이론 등을 지칭한다. 연구주제론은 바로 이 '내용'에 관한 것이다.

1) 연구주제론

상담심리학 연구주제론이라는 이름을 가진 책은 아직 보이지 않는다. 연구방법론 서적도 상담심리학 분야에서는 여러 종류가 보이지는 않는다. 이 점은 국내외를 막론하고 같은 것 같다. 상담심리학의 선진국인 미국에서도 심리학의 다른 분야들에 비해 과학적 연구가 상대적으로 덜 활발한 편이다. 필자의 유학시절인 1980년대만 해도, 대학원에서 상담심리학 연구방법을 가르치는 강좌에서 상담심리학 고유의 서적이 없어서 임상심리학 연구방법론과 행동수정 연구방법론 서적에 의존해야 했었다. 필자의 의견으로는 1992년도에 출판된 Heppner, Kivlighan Jr.와 Wampold 3인 저서 『Research design in counseling』은 상담심리학 분야의 본격적인 연구방법론 서적이라고 보인다.

연구방법론 그 자체는 분야가 달라도 크게 달라지지 않는다라고 주장할 수 있다. 사실 행동과학 분야의 연구방법론에는 분야간 차이보다는 공통점이 더 많을지도 모른다. 그러나 연구를 이해한다는 것, 유능한 연구자가 된다는 것은 방법론만 잘 안다고 해서 되는 것이 아니다. 그 분야의 연구주제들, 이미 연구된 결과들에 대한 내용이 함께 다루어지지 않은 채 연구방법론만 배운다는 것은 결코 바람직하지 못하다. 그래서 Heppner 등의 저서는 상담심리학도들에게 반가운 일이었다.

그렇지만 이 책도 연구방법을 중심으로 저술되었다. 이 책에서 소개되는 연구물들은 연구방법을 소개하거나, 그런 연구방법이 연구 실제에서 어떻게 적용되었는지 등을 논의하기 위해서 활용된 것이다. 그러면 주제 중심의 서적은 없는가?

상담심리학에서 연구주제론은 Brown과 Lent(1984, 1992)가 편집한 『**상담심리학 핸드북**』 즉 Handbook of counseling psychology가 가장 대표적인 것이라고 말할 수 있다. 이 핸드북은 제1, 2판이 나와 있으며 제3판은 2000년도 초반에 출판될 예정이다. 다음은 1, 2판의 목차를 필자가 정리한 것이다. 먼저 각 판의 목차 제목을 자세히 읽기 바란다.

〈표 2-1〉 상담심리학 핸드북 1판(1984)의 목차

1부: 과학적, 전문(실무)적 쟁점들
　　1장. 상담심리학이 하나의 전문직으로 발전한데 대한 역사적 고찰
　　2장. 상담심리학의 윤리적, 전문직업적, 법적 쟁점들
2부: 직업심리학, 진로측정, 진로상담
　　3장. 직업흥미의 측정
　　4장. 직업상 문제의 진단과 처치

〈표 2-2〉 상담심리학 핸드북 제2판(1992)의 목차

11장. 상담에서 인종, 민족, 문화적 변인들
12장. 성(gender)과 상담
제3부 : 진로상담과 교육상담
13장. 진로심리학 이론의 발전과 최근 연구들
14장. 진로와 측정평가
15장. 대학생들의 학업적응
16장. 진로상담 : 선택과 행동
17장. 직업적응과 상담
18장. 직업 및 조직에 대한 상담심리학
19장. 은퇴와 레저
제4부 : 개인문제 및 대인관계 문제의 상담
20장. 변화이론의 변천
21장. 우울증의 평가와 개입
22장. 불안 관리를 위한 상담
23장. 사회적 상호작용 문제의 상담 : 자기주장과 사회불안
24장. 물질남용 문제에 대한 상담심리학적 접근

이 두 표에 열거된 장의 제목과 부의 제목을 주의해서 살펴보기 바란다. 핸드북 제1판은 1984년에, 제2판은 1992년에 출판되었는데 각 판의 장제목들은 그 시대 상담심리학의 중요 쟁점과 주제들을 대변하고 있음을 알 수 있다. 한 흥미로운 예를 들면, 1권에서는 여성 상담이라는 제목의 장이 있는데 2권에서는 성(gender)과 상담이라는 제목의 장이 있다. 이는 미국의 상담심리학이 1980년대에는 여성의 문제에 주목했다가 1990년대에는 양(兩)성의 문제에 모두 주목하는 쪽으로 방향이 바뀌었음을 시사한다. 즉 미국에서 성(gender)의 쟁점은 더 이상 여성만의 쟁점이 아니라 남녀 모두의 쟁점이 된 것이다. 그리고 제1판에서는 보이지 않던 과학적 연구에 관한 장들이 제2판에서는 다수 나타난 점도 이채롭다. 즉, 과학적 연구를 바탕으로하는 상담심리학이라는 취지를 강조하고자한 편집자들의 의도를 엿볼 수 있다.

그리고 부의 제목들을 통해서는 상담심리학의 구조를 이해할 수 있다. 먼저 제1판에서는 6개의 부로, 제2판에서는 4개의 부로 구성을 했다. 각 부의 제목들을 잘 살펴보면 6개의 부가 4개의 부로 "통폐합"되었음을 이해할 수 있다. 1판의 1부와 5부가 2판의 1부로 통합되고, 1판의 4부와 6부가 2판의 2부가 되었다. 그래서 2개의 부가 줄어서 4개 부가 된 것이다. 다시 말해서 편집자들이

보는 상담심리학의 구조에는 부분적 변화만 있었을 뿐 근본적인 대변화는 없었다고 하겠다. 부 제목의 변화 중에 진로상담뿐만 아니라 교육상담을 첨가한 점, 개인문제 이외에 대인관계 문제를 강조한 점 등은 두드러지는 부분적 변화이다.

이 상담심리학 핸드북은 단순히 상담이론이나 상담방법을 해설한 책이 아니다. 이 핸드북은 상담의 이론, 실제, 연구를 통합해 보려는 시도이다. 한마디로, 연구란 이론이 실제에 적용된 결과를 과학적으로 분석한 것이다. 이 핸드북의 시도는 바로 그것이다. 수많은 상담서적들이 이론의 열거, 상담기술의 예시, 이론의 실제 적용에 대해서 설명하는 데 집중해 왔지만, 이 핸드북의 편집자와 필자들은 연구결과를 바탕으로 상담의 각 주제들을 해설하려고 했던 것이다.

이런 시도는 상담심리학 핸드북의 제1판이 나온 1984년보다 더 이전에 심리치료 및 행동치료 분야에서 이미 시도되었다. 『**심리치료와 행동변화의 핸드북**』, 영어로 Handbook of psychotherapy and behavior change는 상담 및 심리치료 분야에서 너무나 유명한 책이다. 이 핸드북은 Allen Bergin과 Sol Garfield가 편집하고 있는데 1971년에 제1판, 1978년에 제2판, 1986년에 제3판, 1994년에 제4판이 나왔다. 모든 판의 장과 부 제목들을 모두 열거하기는 너무 많으므로 여기서는 최신판인 제4판의 목차를 제시한 후에 제1, 2, 3판의 내용과 비교해서 그 변천을 분석해 보겠다. 이 핸드북의 목차는 상담, 심리치료, 행동수정 및 행동치료에서의 연구주제들을 구조적으로 분류한 것이므로 독자들은 상담심리학 연구의 주제론을 이해하는 데 크게 도움이 될 것이다.

〈표 2-3〉 심리치료 및 행동변화의 핸드북 제4판(1994)의 목차

제1부 : 역사적, 방법론적, 윤리적, 개념적 기초
　1장. 서론 및 역사적 개관
　2장. 심리치료 연구의 방법론, 설계, 평가
　3장. 심리치료 성과 및 과정의 측정
　4장. 우울증 처치에 대한 미국연방정신보건국의 합동 연구
제2부 : 치료 효과성의 구성요소에 대한 고찰
　5장. 심리치료의 효과
　6장. 심리치료 연구에서 내담자 변인

7장. 치료자 변인
8장. 심리치료의 과정과 성과
제3부 : 주요 이론들에 대한 고찰
9장. 성인에 대한 행동치료
10장. 인지치료 및 인지행동치료
11장. 정신역동 접근법
12장. 체험적(experiential) 심리요법들에 대한 연구
제4부 : 특수집단 및 특수장면에 대한 심리치료 적용 연구
13장. 아동 · 청소년 심리치료
14장. 부부 및 가족치료의 과정과 성과연구
15장. 체험적 집단상담 연구
16장. 단기심리치료 연구
17장. 행동의학과 건강심리학
18장. 투약과 심리치료
19장. 문화적 다양성과 심리치료 연구
제5부: 결(結)
20장. 개관, 경향성, 미래의 쟁점들

이 핸드북에서는 전통적으로 심리치료의 효과성에 대한 고찰을 중요시해 왔다. 제1판 이후 이 효과성 문제는 지속되어 왔으며 항상 별도의 부를 할애받았다. 심리치료와 상담성과의 측정방법, 효과검증의 절차, 효과검증연구들의 설계와 결과들, 효과를 발생시킨다고 보여지는 요인들의 분석 등이 제2부의 주제이다. 제8장 '심리치료의 과정과 성과' 는 성과와 관련이 있는 과정변인의 발견이 주 목적이다. 또한 다른 부와 장에서도 치료효과 연구가 항상 주목을 받았다. 예를 들면, 제3부의 각 장들도 각 이론의 요법들이 어떤 종류의 문제에 효과가 있는지 검토한 내용으로 구성되어 있다. 제4부의 여러 장들도 그러하다. 즉 이 핸드북은 상담과 심리치료의 효과에 대한 연구에 주목했다는 분명한 특징을 가지고 있다.

이 핸드북의 각 장들은 철저하게 과학적 연구결과들을 종합, 정리, 분석한 내용이다. 단순히 이론들을 소개하거나 열거하는 일은 배제하였다. 그리고 1994년 출판의 제4판은 1986년도의 제3판 이후에 새로 나온 연구물들을 철저하게 수집, 분석하였으며(제8장은 이 점에서 가장 뛰어난 작품이다), 미국 이외의 외국 연구(특히 유럽 여러 나라)들을 가능한한 포함시키려는 국제화된 노력을

가하였다. 이 핸드북이 당초에 시도된 계기를 보면 '국제심리치료연구자 모임'의 회원들(주로 미국과 유럽의 연구자들이 회원의 주축이었음)이 심리치료가 무엇이며 과연 효과가 증명된 것인지, 효과가 있다면 그 요인이 무엇인지 등의 근본적 주제를 다룬 책을 내야겠다는 필요성에서 나온 것이며(Orlinsky와의 개인적 대화에서, 1994) 그런 의지가 국제화 노력의 뿌리가 된 것으로 풀이된다.

여기서 소개된 두 핸드북, 즉 『상담심리학 핸드북』과 『심리치료 및 행동변화 핸드북』의 내용은 우리가 상담심리학의 연구주제론을 이해하는 데 크게 도움이 될 것이다. 후자는 특히 심리치료 분야에 집중된 연구주제들을 망라한 것이고, 전자는 심리치료를 포함하여 상담심리학의 연구주제들을 폭넓게 개관한 책이다. 이 두 핸드북 시리즈는 상담심리학의 연구주제를 이해하고자 하는 우리에게 필수적인 참고도서인 것이다. 단, 이 두 핸드북은 미국의 필자들에 의해 집필되고 미국의 편집자들에 의해 편집된 미국의 핸드북이라는 점을 잊어서는 안 된다. 즉, 그것이 한국의 상담심리학이 되지는 않는다는 것이다. 상담심리학이 문화나 민족을 떠나서 존재하는 것이 아니기 때문에 미국의 연구주제와 연구결과가 한국에서도 그대로 반복되기를 기대하는데에는 무리가 있다. 하지만, 많은 문화적 차이에도 불구하고 우리는 그 두 핸드북 시리즈를 통해서 많은 것들을 배울 수가 있음은 사실이다. 즉, 무엇이 중요한 주제인지, 우리 나라의 상담심리학자들은 어떤 주제들에 주목해야 할는지, 상담심리학의 구조를 어떻게 잡는 것이 능률적일지, 효율적 연구방법은 무엇인지 등 그 두 핸드북을 통해 우리가 배울 수 있는 점들은 아주 많다.

2) 연구방법론

연구방법론에 대해서는 이 책의 전체에서 상세히 다루도록 되어 있다. 따라서 이 절에서는 연구방법론을 이해하기 위한 가장 기초적인 개념들 중에 독자들이 가장 먼저 익혀야 할 개념 및 쟁점 몇 가지를 설명하고자 한다. 더 상세한 내용은 이 책의 다른 부분들을 참고하기 바란다.

(1) 단일사례연구와 다사례연구

상담과 심리치료 연구는 전통적으로 사례연구 혹은 사례보고의 형식을 취한 경우가 많았다. 여기서 사례보고는 상담자 자신이 담당했던 사례에 대해서 내담자의 문제, 진단, 상담과정과 내담자의 변화, 상담성과, 사례의 특징 등에 대해서 기술적으로 보고하는 형식을 말하며, 사례연구는 사례보고와 근본적인 차이는 없으나 단순한 기술에 그치지 않고 연구자 나름의 체계나 관점을 가지고 분석을 가하는 과정이 포함된다. 예를 들면 상담성과가 나오게 된 원인을 여러모로 분석해 본다면 그것은 단순한 사례보고라기보다는 사례연구라고 해야 할 것이다. 그리고 사례연구는 반드시 그 사례의 상담자 자신이 할 필요는 없고 다른 전문가가 할 수도 있다.

사례연구는 단일사례연구의 한 종류이다. 단일사례연구는 다른 말로 단일피험자 연구라는 말로도 쓰인다. 그런데 피험자라는 말은 주로 실험연구에서 사용하는 말이며 때로는 피험자라는 말이 상담연구에서는 어울리지 않을 경우도 있다. 이 책에서는 문맥에 따라서 피험자라는 말을 쓰거나, 연구대상자라는 말을 쓰거나, 연구 사례라는 말을 쓰기도 할 것이다. 단일사례연구라는 말은 그 연구에서 한 상담 사례만을 관찰하고 분석했다는 점을 강조한 것이다. 그런데 경우에 따라서는 두세 사례 혹은 서너 사례를 따로따로 관찰, 분석한 다음에 종합적인 결론을 내리는 연구가 있다. 이런 연구는 영어로 종종 small-n study(혹은 research)라고 부르는데 우리말로는 편의상 소사례연구라고 번역하여 칭하기도 한다. 소사례연구도 사례연구의 일종이다.

단일사례연구나 소사례연구와 대비되는 연구설계법은 다사례연구이다. 다사례연구에서 사례수가 얼마나 되어야 '다'(多)라는 말이 붙느냐에 대한 절대기준은 없다. 적은 경우는 약 10명의 피험자(혹은 10개 상담 사례)가 될 수도 있고 많은 경우는 수백 명의 피험자(혹은 수백 상담사례)가 될 수도 있다. 다사례연구의 중요한 특징은 거의 항상 통계적 분석을 한다는 점일 것이다. 사례수가 많기 때문에 관심있는 측정치의 분포(dispersion 혹은 distribution)를 얻을 수 있으며 이 분포를 자료로 한 통계적 분석이 가능해지기 때문이다.

다사례로부터 얻은 자료에 대한 통계분석으로는 주로 변량분석과 회귀분석이 사용된다. 변량분석(analysis of variance)이란 쉽게 말해서 평균치와 변산(분포의 정도나 특징)을 기본 자료로 사용한 분석인데 대체로 평균치간의 차이를 검증하기 위한 방법이다. 회귀분석(regression analysis)이란 쉽게 말해서 두 변인 혹은 그 이상 변인들 간의 상관계수를 기본 자료로 사용하는 분석인데 단순상관 혹은 중다상관분석, 요인분석 등이 대표적인 것들이다.

단일사례나 소사례연구에서도 통계분석 방법을 사용한다. 그런데 이런 경우에 사용하는 통계분석 방법은 일반적인 변량분석이나 회귀분석법과는 다른 특수한 방법인 경우가 많다. (그 중의 몇 가지가 이 책에서 소개될 것이다. 예: 시계열 분석, 연계분석) 그리고 단일사례나 소사례연구에서는 질적인 분석을 하는 경우가 많다. 단, 〈단일사례연구 = 질적 연구〉 그리고 〈다사례연구 = 양적 연구〉라는 등식은 성립하지 않는다. 양적인 방법의 단일사례연구가 있는 반변에 질적인 방법의 다사례연구도 있다.

단일사례연구는 그 결과를 일반화(generalization)하는 데 어려움이 많다는 주장이 많다. 그 주장은 꽤 타당한 주장이다. 그러나 다사례연구는 그 결과가 자동적으로 일반화될 수 있느냐 하면 그렇지는 않다. 연구결과의 일반화 가능성은 연구에 사용된 사례수, 즉 피험자 수에 비례하는 것이 절대로 아니다. 연구의 일반화 가능성은 다른 말로 외적 타당성(external validity)이라고도 부르는데 연구의 외적 타당도는 피험자 및 연구 사례의 선정과정과 표집과정에 의해서 결정되는 것이지 사례수나 피험자 수에 의해서 결정되는 것이 아니다. 단일사례연구라도 사례가 연구목적에 부합하는 대표성이 높으면 일반화 가능성이 높아질 수 있고, 반대로 다사례연구라도 사례선정이나 표집과정이 제대로 되지 못하면 연구결과를 일반화시킬 수 없다.

(2) 질적 연구와 양적 연구

연구를 크게 질적(qualitative) 연구와 양적(quantitative) 연구로 양분하는 학자들을 자주 보게 된다. 정확히 말한다면, '질적' 이라는 말의 개념과 '양적' 이라는 말의 개념이 뚜렷이 구분되는 개념이 아니기 때문에 모든 연구를 그 두 개념으로 양분하는 것이 어색한 경우도 있다. 그러나 이런 문제점에도 불구하고 연구를 크게 질적 연구와 양적 연구로 나누어서 논의하는 것은 여전히 유용성이 있다.

상담연구에서 최근 수십 년 동안 지배적인 연구방법은 양적인 방법이었다. 양적 연구에서는 이른바 변인(變因, variable)을 설정하는데 변인이란 한 개념 안에 양적인 다양성이 존재한다는 점에 착안한 것이다. 예컨대 사람의 '키' 라는 개념에는 크다, 작다라는 양적 다양성이 존재하며 그것을 cm, feet, inch 등의 수량단위로 표현한다. 교육학이나 심리학에서는 지능, 적성, 성격, 태도, 학습 등의 개념들을 이미 오래 전부터 양적인 변인으로 사용해 왔다.

상담에 관한 양적 연구에서는 전통적으로 통계분석을 사용해 왔다. 통계란 각종 측정치를 자료로 한 분석방법의 총칭인데 우리는 그것을 크게 기술통계와 추리통계로 나눈다. 기술통계란 나타나는 자료를 있는 그대로 혹은 요약하여 기술하는 방법, 예컨대 빈도나 백분율을 내거나 혹은 평균이나 상관 정도를 내는 것 등이다. 추리통계라는 것은 기술통계에 비해서 훨씬 복잡한 과정인데 그것은 확률이론과 표집(sampling)이론을 근거로 한다. 쉽게 말하면, 추리통계란 얻어진 자료(즉 통계치)를 가지고 어떤 결론을 내릴 때 그 결론의 신빙성 혹은 오류 가능성을 가늠해 보는 방법을 말한다.

양적 연구에서는 남녀, 출신지역, 상담자와 내담자의 사용 언어 등 본질적으로 수량적인 속성이 없는 변인에 대해서도 양적인 분석을 사용하곤 한다. 예컨대, 남녀에서 남에는 1, 여에는 2를 부여한다든지, 출신지역에서 수도권 및 경기도는 1, 충청지역은 2, … 등으로 숫자를 부여하는 것이다. 이때 부여된 숫자는 순서가 바꾸어도 상관이 없으므로 그 숫자에는 순서나 서열의 의미가 없고 단지 기호로서의 의미만 있을 뿐이다(명명척도). 그러나 이런 기호로서의 숫자는 양적 분석을 할 때 매우 편리하게 사용될 수 있기 때문에 비양적 개념에 대해서 양적 기호를 부여하는 것이 연구자들에게 애용되곤 한다.

여기서 필자가 '비양적' 개념이라는 말을 쓴 이유가 있다. 비양적 개념이 곧 질적 개념은 아니기 때문이다. 양적이 아니면 자동적으로 질적인 것이 되는가? 남녀, 출신지역, 상담자와 내담자가 사용한 언어를 양적인 개념이 아니라고 말하기는 쉬워도 그것이 질적인 개념이라고 단정짓기는 어렵다. 다시 말해서 여기서 필자가 강조하는 것은 비양적 연구가 곧 질적 연구가 되는 것은 아니라는 점이다. 양적 연구와 질적 연구로 양분해서 그 두 개가 마치 "상극"(相剋)인 것처럼 이해하지 말라는 뜻이다.

질적 연구는 무엇인가? 질적 연구의 예는 주로 문화인류학 연구에서 찾아진다. 교육학에서는 문화인류학의 참여관찰법 혹은 ethnography 방법을 응용한 연구들이 있어 왔다. 상대적으로, 상담연구에는 질적 연구가 부족했다. 필자의 느낌으로는 상담분야에서 질적 연구의 필요성을 강조하는 사람은 많았어도 질적 연구를 직접 수행하는 사람은 적었다. 질적 연구에 관한 논문이나 서적을 보면 양적 연구의 문제점들을 비판하는 내용은 많으나 질적 연구에 관해서 체계적으로 소개하는 것을 발견하기가 어려웠다. 그만큼 상담에서는 질적 연구가 많이 수행되지 못했다는 것이다.

질적 연구에서는 양적 연구와 마찬가지로 표준적, 객관적 관찰을 강조한다. 그러기 위해서 고도로 훈련된 관찰자를 필요로 한다. 대개 연구자 자신이 곧 관찰자이며 기록자이다. 양적 연구에서는 측정도구, 즉 각종 검사나 코딩 시스템 등이 이미 개발되었거나 그것의 신뢰도와 타당도가 입증된 경우가 많으며 따라서 그런 도구를 활용하는 경우 연구자가 보조원들을 훈련시켜서 검사나 관찰 및 기록을 실시한다. 양적 연구에서는 측정도구 및 측정방법을 개발하는 데 시간과 에너지를 쓰는 반면에 질적 연구에서는 연구자를 훈련시키는데 시간과 에너지를 쓴다. 질적 연구에서는 연구자 자신이 연구의 "도구"인 경우가 많기 때문이다.

질적 연구는 가설이나 이론을 새로이 도출하는 기능을 한다. 이런 기능은 양적 연구에서는 별로 하지 못한다. 어떤 현상에 대한 집중적인 관찰과 자료분석을 통해서 그 현상을 설명하는데 유용한 가설 혹은 이론을 만들어 내는 것이다. 그리고 질적인 연구는 양적인 측정이 곤란한 부분들, 예컨대 인간 심리의 현상학적 부분이나 주관적인 부분, 양적으로 표현하기에는 너무 복잡한 현상, 예컨데 가족간의 상호작용 등 양적 연구방법이 약한 부분에 대해서 강점을 지닌다.

그런데 양적 연구는 가설이나 이론을 검증하거나 보편적인 경향성을 발견하는 데 있어서 탁월한 기능을 발휘한다. 그리고 앞서 언급한 것처럼 기존의 신뢰롭고 타당도 높은 측정도구를 사용한다면 객관도 높은 연구를 매우 경제적으로 수행할 수가 있다. 측정의 객관성은 같은 연구를 같은 방법으로 반복할 수 있는 장점을 제공한다. 과학에서 반복가능성, 즉 같은 자료를 가지고 같은 분석을 하면 같은 결과가 나온다는 것은 매우 중요한 속성이기 때문이다. 질적 연구방법에서는 이런 속성을 보장받기 어렵다.

상담연구에서 양적 연구와 질적 연구는 상호 보완적인 기능을 한다. 한 예를 들면 질적 연구방법으로 발견한 가설이나 이론을 양적 방법으로 연구하여 그 가설이나 이론의 일반성, 즉 보편성을 검증하는 절차가 바로 그것이다. 가족 특히 부부간의 병리적 상호작용에 관한 여러 가지 가설과 이론들은 양적인 방법에 의해서 검증되는 연구가 다수 발견되고 있다.

이처럼 질적 연구와 양적 연구는 상호 보완적인 관계를 유지하면서 발전하는 것이 가장 바람직하다. 어떤 학자들은 질적 연구의 가치를 아예 부정하는데, 상담연구에서는 앞으로 질적 연구를 의도적으로 장려할 필요성이 있다. 혹은 양적 연구는 깊이가 없어서 질적인 연구를 해야만 된다라는 학자도 있는데 그것은 대체로 양적인 분석방법을 잘 모르기 때문에 그런 주장을 하는 것 같다. 질적 연구든, 양적 연구든 '질 높은' 연구는 정확한 자료를 풍부하게 생산하는 연구방법이어야 한다.

(3) 집단간 설계와 피험자내 설계

집단간 설계와 피험자내 설계는 각각 영어로 between-groups design과 within-subjects design이라고 부르는 용어에 대한 번역어이다. 우선, 집단간 설계란 글자 그대로 2개 이상의 집단간의 차이를 분석하는 방법이다. 집단은 대개 모종의 처치(treatment)에 의해서 구분된다. 예를 들면, 시험불안장애에 대해서 인지행동치료를 받은 학생들에게 시험불안장애가 감소하였는지, 시험성적이 향상되었는지를 검증하고자 한다. 이때 30명의 시험불안 학생에게 인지행동치료법을 적용하여 처치 전후의 시험불안척도 점수 및 시험성적을 비교하였다면 이는 집단간 연구가 아니다(O1 X O2). 그러나 15명에게는 인지행동치료법을 적용하고 나머지 15명에게는 치료적 처치를 가하지 않았으며 치료 이후의 시험불안 점수와 시험성적을 비교하였다면 이는 집단간 설계법을 사용한 것이다. 즉 ,

O1	X	O2
O3		O4

에서 O2와 O4 간의 차이를 비교하는 전략을 말한다. 만약에 O2와 O4 간에 차이가 발견되면 그것은 처치, 즉 인지행동치료로 인해서 발생한 차이라는 결론을 내리기 위한 연구설계이다. 전자의 설계, 즉 O1 X O2의 설계에서 O2와 O1 간에 차이가 발견되었을 때 그것이 처치로 인한 것이라는 결론을 내리기에는 아직 의문점들이 많다.

이 O1 X O2와 같은 설계는 일종의 피험자내 설계법이다. 단, 처치 X의 효과를 검증하기에는 문제점이 많은 설계법인 것이다. 피험자내 설계가 타당성을 확보하기 위해서 사용하는 전략은 대개 반복측정이다. 즉,

O1 O2 O3 O4 O5 X O6 O7 O8 O9

와 같이 처치 사전과 사후에 여러 차례 측정을 한다. 만약에 처치 이전의 측정치, 즉 O1부터 O5에 별 변화가 없다가 처치 이후의 O6에서 큰 변화가 일어났다면 그것은 처치의 효과로 인한 것이라는 결론을 내리는데 O1 X O2의 설계보다 훨씬 높은 타당성을 가진다. 그리고 O6부터 O9까지의 측정치들이 비슷하다면 처치의 효과가 유지된다는 결론을 내릴 수 있다.

피험자내 설계와 집단간 설계는 어느 것이 더 우수하다는 절대적 비교를 할 수가 없다. 그 둘은 서로의 장단점을 상호 보완하는 관계를 가지고 있으므로 연구자들은 자기의 연구문제에 맞는 설계법을 선택해야 한다.

(4) 횡단적 연구와 종단적 연구

독자들은 발달심리학 연구법에서 종단적 연구(longitudinal study)라는 용어를 들어보았을 것이다. 발달심리학에서의 종단적 연구란 한 피험자(연구대상자)를 수년 혹은 수십 년 동안 관찰하여 그 자료를 분석, 제시하는 방법이다. 상대적으로 횡단적 연구란 짧은 기간 동안 자료를 수집하여 분석, 제시하는 방법이다. 종단적 연구와 횡단적 연구는 각각 장단점이 있어서 서로 상대방이 밝히지 못하는 부분을 밝혀낼 수 있는 상호 보완적 관계를 가지고 있다.

상담연구에도 종단적 방법이 사용된다. 예를 들면, 한 사례를 시작부터 종료(종결)까지 혹은 그 이후의 추수(follow-up)까지 자료를 수집하여 시간 경과에 따른 변화 추이를 분석한다. 사례연구들이 주로 이런 방법을 사용한다. 특

히 행동수정연구에서는 전통적으로 각 사례별로 개입 이전부터 개입 이후의 행동변화를 종단적으로 수집, 분석하는 연구방법을 사용하여 왔다. 단, 상담이나 행동수정연구에서는 종단적 연구라는 용어 대신에 시계열(시간계열, time-series) 설계라는 용어를 사용하는 경향이 많다. 이 시계열 설계에 관해서는 이 책의 다른 장에서 더 자세히 설명할 것이다.

발달심리학에서는 종단적 연구가 요청됨에도 불구하고 연구시간과 경비, 피험자 탈락 등의 이유로 인해서 그다지 자주 시행되지 못한다. 그러나 상담연구에서는 종단적 연구가 사례의 지속기간과 같으므로 몇 주일이나 몇 달 정도의 기간이면 대개 충분하다. 장기적인 상담의 경우에도 3~5년을 넘지는 않는다. 따라서 상담에서는 횡단적 연구설계에만 의존하지 말고 종단적 연구설계도 자주 활용할 필요가 있다.

그런데 상담연구에서 횡단적 연구설계를 더 자주 발견할 수 있다. 횡단적 설계의 상담연구의 예를 들면 20개의 사례에서 제3회기를 표본추출하여 상담자와 내담자 간의 상호작용 패턴과 회기평가 간의 관계를 분석해 보는 연구와 같은 것들이 있다. 이외에도 상담연구에는 전체 사례보다는 한두 회기를 표본추출하여 연구하는 방법이 자주 사용된다. 횡단연구는 여러 사례로부터 자료를 추출하므로 '다른 사례로의 일반화'에 유리하다는 장점을 지닌다. 그러나 만약에 제3회기만을 표집하였다면 그 연구의 발견이 10회기 이후에도 일반화될는지, 즉 한 사례의 다른 회기로의 일반화에는 약점을 지닌다. 그리고 회기의 진행에 따른 변화 추이를 분석하는 면에 있어서도 종단연구보다 불리한 점을 지닌다.

(5) 실험연구와 상관연구

실험연구와 상관연구라는 분류는 연구방법을 기준으로 한 분류이다. 그러나 이것은 원래는 연구의 목적에 의해서 실험이 시도되고 상관분석이 시도되었다는 점도 간과할 수 없다. 행동과학에서 실험은 원래 인과관계를 구명하려는 목적에서 시도되어 왔다. 예컨대, 새로운 수업방법의 도입으로 성적이 향상 되었는지 아니면 다른 요인으로 성적이 향상되었는지를 구명하려는 연구, 우울증에 대한 인지치료의 효과는 인지치료의 특징적 개입 때문인지 아니면 심리치료의 보편적인 요인들(지지, 이해, 변화의 격려 등) 때문인지를 구명하려는 연구들이 인과관계를 밝히려는 연구들이다. 상대적으로 상관연구는 대체로 기술이나 분류의 목적을 가지고 있다. 상관관계의 기술이란 내담자의 A형 성격특성이 그의 직장 스트레스 정도와 어느 정도의 상관이 있는지를 구명하려는 연구가 해당된다. 분류는 예컨대 비행청소년과 "정상" 청소년을 구분하는 준거(들)에 관한 연구, 불화(不和)부부와 화애(和愛)부부 간의 차이에 관한 연구 등이 해당된다.

인과론을 구명하기 위한 실험연구는 매우 엄격한 연구설계와 절차를 필요로 한다. 그 설계법과 절차에 대해서는 이 책의 여러 곳에서 자세히 설명된다. 단, 여기서 논의할 사항은 "상관연구는 인과관계를 설명하지 못한다"라는 주장에 대한 보충 설명이다. 예를 들어보자.

담배를 많이 피는 흡연자들 중에는 비흡연자보다 폐암에 걸릴 확률이 더 크다는 것은 이미 상식화된 것이다. 이것은 분명히 흡연이 폐암의 원인(유일한 원인을 아니지만 그 확률을 높이는 원인들 중의 하나)이라는 주장이며 이 주장은 의학계에서 인정하는 주장이다. 그런데 흡연과 폐암의 인과관계를 구명하기 위해서 본래 의미의 실험, 즉 비흡연자에게 담배를 피우게 해서 폐암 확률이 올라가는지를 조사할 수는 없다. 담배를 원래부터 피우는 사람, 피웠던 사람들의 폐암발병률을 조사할 수밖에 없는 것이다. 즉, 흡연과 폐암발병 간의 상관관계를 조사하는 것이다. 다시 말해서 연구목적은 인과관계를 알고 싶은 것이지만 연구방법은 부득이한 이유로 상관연구를 한 것이다. 이런 경우에 상관연구를 가지고 인과관계를 주장할 수 없다라는 주의를 듣게 된다. 그러나 여러 상관연구들을 체계적으로 조합하거나, 연구설계법, 상관분석법 등을 잘 활용하면 인과관계를 주장할 수 있게 된다.

제3장 연구수행의 실제

연구를 잘 할 수 있으려면, 연구설계법이나 연구방법론에 대해서 배웠다고 해서 충분하지 않다. 좋은 연구는 방법론적으로 철저해야(methodologically rigorous) 할 뿐만 아니라 연구문제 자체가 참신하고 이론적, 실제적으로 시사점이 있어야 한다. 독자는 어떤 연구보고서를 읽었을 때 '도대체 이 연구의 이론적 혹은 실제적 시사점이 무엇이란 말인가?' 라는 의문을 경험한 적이 있을 것이다. 그런 연구는 연구의 주제 선정 혹은 연구문제의 구체화 과정에서 문제점이 있었을 가능성이 높다. 이 장에서는 연구의 주제 선정, 연구문제의 구체화 과정에 대해서 먼저 언급한다. 그리고 연구가 아무리 잘 수행되었다 하더라도 그것에 대한 보고서가 제대로 작성되지 못하면 그 가치를 상실한다. 연구보고서는 정확하고, 구체적으로 그러나 간결하면서 형식에 맞게 쓰여져야 한다. 이 장에서는 상담심리학 분야의 보고서 작성법에 대해서 개괄한다. 마지막으로, 상담심리학 연구는 과학적 과정이지만 이 과정 내에는 여러 가지 윤리적 쟁점들이 포함된다. 피험자에 대한 윤리적 책임뿐만 아니라 연구자간의 윤리적 문제가 있다. 따라서 연구자에 대한 교육과 훈련은 연구기술뿐만 아니라 연구윤리의 쟁점들까지 포함해야 한다.

1. 연구주제의 발견

대학원에서 연구를 시작하는 사람에게 가장 곤혹스러운 것 중의 하나는 '연구주제'가 없다는 것이다. 이 책 저 책 독서를 통해서 지식은 꽤 많이 습득한 것 같지만 막상 자기 자신의 연구를 하자니 무엇을 어떻게 해야 할지 감이 잡히질 않는 것이다. 책을 읽거나 상담을 할 때는 탐구해 보고 싶은 문제가 있었지만 그런 학술적 욕구는 그 때뿐인 경우가 많다.

연구방법이 있기 이전에 연구의 주제가 있어야 한다. 주제는 있는 데 그 주제를 연구할 방법이 없는 경우보다는, 연구할 주제 자체가 아직 잡히지 않아서 고민을 하는 경우가 훨씬 더 많은 것 같다. 연구주제가 잡힌 다음에는 그것을 경험적 연구가 가능하도록 구체적인 '연구문제'로 변환시켜야 한다. '연구문제'는 '연구주제'보다 폭이 좁은 것, 구체적이면서 검증가능하거나 관찰가능한 것이어야 한다.

연구의 주제를 잡는 데에는 두 가지 길이 있다. 하나는 다른 사람들이 미처 생각지 못한 주제를 잡는 것이다. 아직 탐구되지 않는 영역을 최초로 다루어 본다든지, 남들이 연구해 오던 기존의 연구주제라 할지라도 그것을 전혀 새로운 관점에서 혹은 새로운 방법으로 탐구한다든지 하는 것을 말한다. 이렇게 하기 위해서는 고도의 창의력을 요한다.

그런데 연구분야에서는 항상 새로운 것만을 원하지는 않는다. 남들이 연구해 온 것과 같은 주제, 혹은 유사한 주제를 반복연구하는 것을 장려하고 있다. 이것이 연구주제를 잡는 두번째 길이다. 과학적 연구는 과학의 속성상 같은 주제를 여러 각도에서 반복해서 연구되어져야 할 필요가 있다. 관점을 달리 할 수도 있고, 연구방법을 약간 수정할 수도 있고, 선행연구에 하나의 아이디어를 첨가할 수도 있고, 자료수집 상황만을 변경시킬 수도 있다. 혹은 아예 선행연구와 똑같은 연구 즉 '반복연구'(replication study)를 할 수도 있다.

연구자들은 완전히 창조적인 새로운 연구주제를 발견해야 한다는 부담에서 해방되어야 한다. 선행연구들을 토대로 해서 동일한 혹은 유사한 주제를 선택하는 것이다. 비유컨대, 연구란 선행연구들이 쌓아놓은 업적의 '돌무덤'과 같은 것이다. 완전히 새로운 창조적인 주제를 발견하여 새로운 연구를 한다는 것은 돌무덤이 없던 자리에 '첫 돌'을 놓는 것과 같다. 그러나 대부분의 연구는 이미 있는 돌무덤에 하나의 '새 돌'을 얹어놓는 것이다. 이미 존재하는 돌무덤에 돌 하나를 얹는다고 해서 그것이 그다지 쉬운 일만은 아니다. 연구자는 이 조그만 새 돌을 아무 돌이나 아무렇게나 놓는 것이 아니다. 과학적으로 잘 짜여진 규칙에 따라서 제대로 선택된 돌을 얹어야 하는 것이다.

연구경력이 없는 대학생이나 대학원생은 연구주제를 잡는 데 애를 먹는다. 도대체 무엇이 연구주제가 될 만하단 말인가? 그런데 연구를 많이 해 본 기성 학자들은 연구할 만한 주제는 수없이 많은데 시간과 인력이 부족하거나 연구비가 없어서 하고 싶은 연구를 다 수행하지 못한다. 연구경력이 있는 기성 학자와 연구를 막 시작하는 학생들 사이에는 어떤 차이가 있는가?

첫째, 이들 사이에는 이미 갖고 있는 지식의 양에서 차이가 있다. 기성 학자들은 그 연구주제 및 관련주제에 관해서 많은 지식을 가지고 있기 때문에 그 연구로부터 무엇이 중요한 발견인지를 금새 인식한다. 그리고는 기존의 연구들에서 발견한 사실들을 연결시키고 짜맞추어서 새로운 생각을 해낸다. 구아이디어로부터 신아이디어를 생성하며, 여러 아이디어를 연결시켜서 새로운 아이디어로 확장시키거나 발전시킨다. 그러나 연구초보자인 학생은 그 분야의 기존 지식이 일천하기 때문에 무엇이 중요한 것인지를 구분해 내지 못하고, 아이디어를 확장, 발전시키는 능력이 모자른다. 또한 아직 공부가 부족한 사람은 그 연구주제가 어떤 이론적 맥락에서 나왔는지를 잘 모르기 때문에 한 연구의 이론적 의미를 정확하게 이해하지 못한다.

둘째, 연구초보자와 경력자 사이에는 연구의 '독창성'에 대한 관념의 차이가 있다. 연구초보자 특히 대학원 학생들은 '독창적'인 연구를 하기 위해서 남들이 지금까지 건드리지 않았던 새로운 주제를 잡아야 한다고 생각하곤 한다. 새로운 구인(구념, construct)을 설정하고 그것을 측정하는 새로운 도구를 개발해야 한다는 부담까지 가지는 수도 있다. 석사논문 혹은 박사논문 하나로서 '획기적인' 업적을 내고 싶은 욕심을 부리기도 한다. 그러나 경력자들은 독창적 연구란 동일주제의 기존의 연구업적에 하나의 '벽돌'을 쌓는다는 정도의 현실적인 기대를 가진다. 그 분야의 '획기적인' 업적은 연구자로서의 일생

동안에 한 번 정도 할 수 있다는 현실적 기대를 한다. 그 획기적인 업적이 학위논문이 될 수도 있지만 대개의 경우 학위논문은 '연구자로서의 훈련과정' 이라고 생각한다.

연구주제를 잡는 효과적인 방법은 무엇인가? 가만히 책상머리에 앉아서 생각에 골몰한다고 해서 연구주제가 잡히는 것이 아니다. 연구주제를 잡는 첫번째의 효과적인 방법은 정보수집을 위해 적극적으로 행동하는 것이다. 어떤 주제에 관한 정보를 입수하는 효과적인 방법은 그 주제에 관한 '개관논문' (review article)을 찾아서 정독하는 것이다. 개관논문이란 한 주제, 영역, 구인, 가설에 관한 기존의 이론과 연구결과들을 체계적으로 정리한 논문을 말한다. 이 개관논문은 정기학술지에 실리기도 하며(예: psychological bulletin) 혹은 'Handbook…' 이라는 이름으로 시작하는 서적(예: Handbook of counseling psychology)에 주로 실린다. 개관논문에서는 기존의 연구들을 정리할 뿐만 아니라 앞으로 연구될 필요가 있는 아이디어까지 제시하곤 하기 때문에 연구자에게는 매우 유용한 정보원인 것이다.

개관논문을 읽는 것은 그 주제에 관한 대체적인 이해를 돕는다. 그 다음에는 자기가 가장 관심이 끌리는 것부터 실제의 연구보고서를 읽는 것이다. 연구물들은 정기학술지에 실렸거나, 학위논문, 혹은 단독 연구보고서의 형태로 나와 있다. 실제의 논문에는 개관논문에서보다 훨씬 상세하게 연구목적과 방법, 결과들이 논의되어 있다. 이것들을 읽으면서 연구자는 새로운 정보를 수집할 뿐만 아니라 그 연구의 문제점, 미처 다루지 못한 점, 새로 개선해야 할 점, 발전시켜야 할 아이디어 등을 도출해 내도록 한다. 이때 새로운 연구주제를 잡게 되는 경우가 왕왕 있다. 따라서 연구를 하고 싶은 사람은 기존 논문을 읽는 습관을 길러야 한다.

외국의 학술논문을 찾는 방법 중에는 대학도서관 등에서 컴퓨터 프로그램을 이용하여 "탐색"(search)을 해 보는 방법이 있다. 상담연구에서는 주로 ERIC과 PsychLit이라는 프로그램을 이용한다. 이용방법은 도서관에 가서 이용할 수도 있고 개인 연구실의 개인 컴퓨터를 도서관에 접속하여 실시할 수도 있다. 이 프로그램에는 실로 방대한 자료가 수집되어 있다. 자료는 논문제목만 얻을 수도 있고 간단한 요약을 함께 얻을 수도 있다.

상담과정과 유사한 주제의 서적과 논문을 읽는 것도 도움이 된다. 예를 들면 사회심리학에서 태도변화나 대인지각의 주제는 상담과 직결되는 주제이다. 또한 커뮤니케이션 이론에서 설득과정은 상담과정과 직결된다. 상담연구자들은 발달심리나 성격심리 분야에서도 오래 전부터 많은 주제를 제공받아 왔다. Strong(1968)은 사회심리학의 대인영향(social influence) 과정에 관한 이론과 연구결과들을 상담과정에 응용하여 상담자와 내담자 사이에 발생하는 상호영향 관계에 대해서 모델을 세우고(two-phase model) 이를 검증하는 일련의 연구들을 수행한 바 있다. 이 주제는 아직도 상담분야에서 자주 탐구되는 주제이다.

연구주제가 어느 정도 떠오르면 그 주제에 관해서 혼자서 생각하지 말고 그것을 지도교수, 관련교수(그 주제에 관심이 많은 교수), 동료 학생, 선후배 학생들에게 공식적으로 혹은 비공식적으로 전달해 보아야 한다. 공식적인 발표를 하는 것은 많은 부담이 되므로 우선 비공식적으로 그들에게 자기의 아이디어를 조리 있게 설명해 보는 것이 도움이 된다. 그렇게 하면 그들로부터 내 아이디어가 연구해 볼 가치가 있는지, 이미 같은 연구가 나왔는지, 연구주제를 수정하는 것이 좋을지, 비슷한 주제를 연구하려는 사람이 주변에 있는지(이런 경우, 상호 정보교환을 할 수 있어서 좋다) 등 연구자에게 도움이 되는 피드백을 받을 수 있다. 또한 연구주제를 혼자 머릿속으로만 생각하는 것보다 이를 글로 쓰거나 말로 표현하면 문제가 더욱 선명하게 이해된다는 이점도 잊어서는 안 된다.

마지막으로, 연구주제를 잡는 효과적인 방법은 항상 자기의 연구 아이디어를 노트에 기록해 두는 것이다. 예컨대, '연구노트'라는 것을 별도로 두어서 연구와 관련된 아이디어, 피드백, 새로 읽을 논문제목, 기타 필요한 정보들을 적어둔다. 이것은 연구자가 모든 정보를 두뇌에 저장시켜야 할 필요가 없게 해 주며, 망각을 방지하고, 새로운 생각을 하는 데 자극제가 된다. 필자의 경험에 의하면, 연구노트에 적혀진 아이디어 두 가지를 연결해서 새로운 연구주제를 잡은 적이 있으며 이것이 그대로 논문으로 발전되었다.

ERIC의 검색창

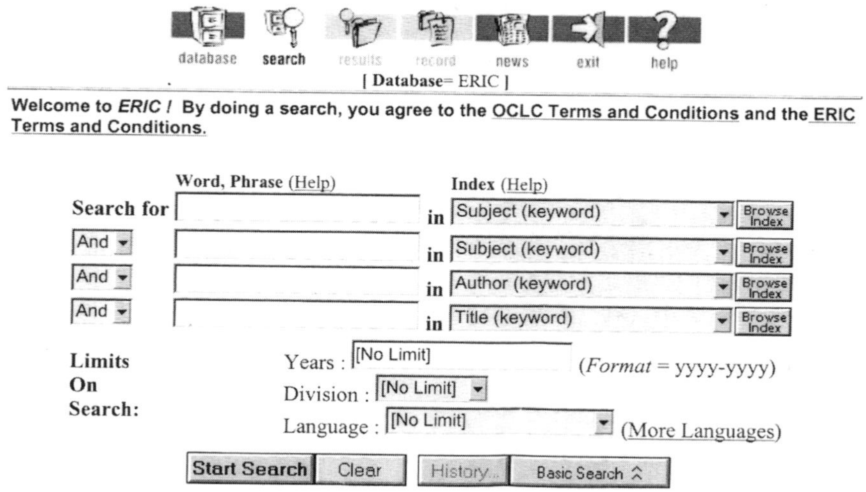

2. 연구계획서 작성

1) 연구문제의 구체화

연구문제는 연구주제보다 한 단계 더 구체화된 것이다. 연구주제라 하면 '상담자-내담자 상호작용' 이라든가 '부부불화' 라는 정도의 주제영역을 지칭한다. 그런데 연구문제라 하면 '상담자의 경력에 따라서 상-내 상보적 상호작용의 양상이 변화하는가?' 라는 정도의 구체화된 문제를 지칭한다. 연구문제는 연구주제보다 구체화되어야 할 뿐만 아니라 그것으로서 연구가 시작될 수 있어야 한다. 그러기 위해서 연구주제는 대개 '구인(구념)' 간의 관계를 표현하는 문장으로 진술된다.

연구문제에는 두 가지가 있다. 하나는 '질문' 형태를 가지는 **연구문제**(research question)이고 다른 하나는 '가설' 형태를 가지는 **연구가설**(research hypothesis)

이다. 질문 형태의 연구문제의 예는 '내담자 병리의 심각성 정도는 상담협조 관계(동맹관계)의 형성과 관련이 있는가?' 라는 식의 것이다. 반면에 연구가설은 연구결과에 대해서 연구문제보다 한 단계 확실한 예측을 하는 것이다. 즉 '병리가 심각한 내담자일수록 상담협조 관계 형성이 더 어려울 것이다.' 라는 식이다. 연구문제는 구인간의 관계에 질문을 던지는 것이고, 연구가설은 구인간의 관계에 대해 결과적 방향을 예언한 것이다.

연구를 수행하기 위해서는 연구문제를 질문의 형태로든 가설의 형태로든 구체적으로 설정해야 한다. Drew(1980, Heppenr 등, 1992, 재인용)는 연구문제(질문 및 가설)에는 세 종류가 있다고 분류했다.

첫째는 '기술형'(descriptive) 연구문제이다. 어떤 사상이나 현상이 어떻게 드러나는가를 묻는 문제이다. 이런 연구문제를 가진 연구에서는 실험법은 쓰지 않으며 주로 설문조사, 관찰, 면담, 상담 축어록 분석의 방법을 쓴다. 예를 들면 '대학의 학생생활연구소(상담소) 내담자들의 호소문제 분류연구' 라는 문제는 기술형 연구문제에 속한다. 통계방법은 기술통계나 회귀분석 혹은 요인분석이나 군집분석(cluster analysis) 등을 쓴다.

둘째는 '차이형'(difference) 연구문제이다. 이 문제는 피험자 혹은 피험집단 간에 어떤 차이가 있을 것인가에 대한 질문 혹은 가설이다.예컨대 '성공적 상담사례와 실패된 상담사례 간에는 상담자 내담자 간 상보성 형성과정에 차이가 있는지' 를 묻는 것이다(Tracey & Ray, 1984). 또 다른 예를 들면 '불화부부와 정상부부 간에는 상호작용상의 차이가 무엇인가?' 라는 질문도 차이형 연구문제에 속한다.

세째는 '관계형'(relationship) 연구문제이다. 이것은 둘 혹은 셋 이상의 구인들 사이에 모종의 관계가 있는지, (통계적 용어를 빌린다면) 공변(共變, covary)하는지를 알아보려는 연구문제이다. 통계기법으로는 주로 회귀분석법(regression analysis)를 사용한다. 예컨대 '상담에 대한 내담자 만족도와 관련된 상담과정상의 특징들' 을 찾는 연구는 전형적인 관계형 문제를 제기한 것이다.

연구문제가 '연구가능' 하려면 어떤 조건을 갖추어야 하는가? 연구가능한 연구문제는 두 개 이상의 구인(구념)이 제시되어야 하며 또한 그 구인들을 '측정' 할 수 있어야 한다. 여기서 측정이란 '빈도측정', '서열측정', '간격측정'

(interval scale) 등을 모두 포함한다. 예를 들어보자.

한 연구자가 '정신분석은 효과가 있는가?' 라는 질문을 던졌다고 하자. 여기에 최소한 두 개의 구인이 나온다(정신분석, 효과). 정신분석과 정신분석 아닌 것 사이를 쉽게 구분할 수 있다고 하자. 그런데 효과가 '어떤 효과' 를 의미하는가? 그냥 효과라고 했을때 그것은 아직 연구가능한 구인이 아니다. 효과라는 것을 구체화시키고 측정가능하게 만들어야 한다. 예를 들면, '내담자의 스트레스 정도를 경감시킴' 이라든가 '내담자의 문제인식 정도를 향상시킴' 정도는 되어야 측정이 가능해질 것이다.

구체화된 연구문제(질문, 가설)는 자료의 성질, 자료수집 방법(도구, 절차), 피험자의 성질 등을 시사해 준다. 즉, 연구문제를 구체적으로 설정해야 그러한 방법론적 결정을 하는 게 용이해진다. 연구문제가 모호할수록 연구가 진행되지 못한다. 대학에서 학생들에게 연구계획서를 발표하게끔 제도적으로 운영하는 이유는 바로 이것이다. 아직 연구문제가 분명하지 않은 채로 자료를 수집하기 시작하는 우(偶)를 범하지 않도록 하기 위함이다.

연구문제는 일단 한 번 설정되면 변할 수 없는가? 아니다. 연구문제가 설정되면 연구자는 연구설계, 피험자 선정, 도구 선정 및 제작 등에 들어간다. 이 과정에서 연구문제는 수정을 거칠 수 있다. 처음에는 '차이형' 연구문제를 설정했으나 설계과정에서 '관계형' 이나 '기술형' 으로 바뀔 수도 있다. 혹은 측정도구상의 문제로 인하여 구인에 대한 조작적 정의가 수정될 수도 있다. 초보 연구자는 연구문제를 설정하고 그것을 수정하는 과정에서 좌절을 맛보곤 하는데, 이런 과정은 기성 연구자에게도 흔히 있는 정상적인 과정임을 알아야 한다(Heppner 등, 1992). 단, 이런 연구문제의 수정은 자료수집 이전에나 가능한 일임을 명심해야 한다. 일단 자료가 수집되고 나면 연구문제를 절대로 고쳐서는 안 된다.

2) 연구 구인의 조작적 정의

연구하는 구인(構因, 구성개념)이 아직 개념적인 상태에서는 경험적 연구를 할 수 없다. (구인은 이 책에서 구념 혹은 구성개념이라는 용어로도 표현된다). 구인은 일반적이고 추상적인 상태에서 구체적이며 측정가능한 상태로 변환되어야 한다. 이것이 바로 구인의 조작적 정의이다. 예를 들어보자.

상담수련생의 '발달수준'(developmental level)이라는 구인이 있다. 이 구인에 대해서 어떤 개념적, 이론적 수준의 정의를 내릴 수 있다. 그러나 그런 이론적 정의의 상태로는 경험연구를 할 수 없다. 좀 다른 형태의 정의를 필요로 한다. 어떤 연구에서는 수련생의 '발달수준'을 그의 '훈련수준'(training level)으로 정의하여 '상담실습 기초반 대학원생, 상담실습 고급반 대학원생, 박사과정 인턴' 등의 순으로 정의하였다. 이 정의에 따르면 미국에서의 거의 모든 상담수련생을 이 정의에 의해서 명명할 수 있는 조건이 된다(예: Mallinckrodt & Nelson, 1991). 따라서 이 정의는 '발달수준'이라는 구인에 대한 하나의 조작적 정의가 될 수 있다. (단, 상담자 발달수준에 대한 이런 정의가 우리 나라에서는 다소의 문제점이 있을 것이다.)

그러나 한 구인에 대해서 여러 가지의 조작적 정의를 내릴 수 있다. 수련생의 '발달수준'을 '훈련수준'이 아닌 다른 식으로 정의하는 방법이 있다는 말이다. 다른 연구에서는 수련생의 '발달수준'을 훈련수준으로 정의하지 않고 그 대신에 지도감독자(supervisor)로 하여금 일정한 평가 질문지에 수련생을 평가하게 하여 그것으로 그의 '발달수준'을 정의할 수가 있다(예: 심흥섭, 1998).

이렇게 되면 하나의 구인에 대해서 복수의 조작적 정의가 있게 되는 셈이다. 연구초년생은 연구에서 이런 현상이 발생하는 것에 대해서 의아하게 여길지도 모르지만 이는 자연스러운 현상이다. 왜냐하면 행동과학적 구인이란 거의 모두 하나의 조작적 정의로 충분하리만큼 단순하지가 않기 때문이다. 여러 가지의 정의에 의해서 다각도로 정의를 내리고 연구를 해야만 그 구인의 속성이 제대로 밝혀지도록 되어 있는 것이 행동과학적 연구의 본질임을 알아야 한다. 한 예로 상담심리학자와 심리치료가들은 상담자와 내담자 간의 협조적인 상담관계에 대해서 작업동맹(working alliance)이라는 구념을 도입하였으며 이 작업동맹의 개념에 대한 조작적 정의는 이론이나 학자에 따라서 여러 가지가 있다.

한 구인에 대해서 여러 조작적 정의가 사용된다는 것은 그 구인에 대해서 여러 각도에서 여러 방법에 의한 연구가 축적되어 감을 의미한다. 과학적 연구가 신빙성을 얻으려면 지식의 체계적인 축적이 반드시 필요한 것이다. 연구가 축적되어 감에 따라서 어떤 구인에 대한 효과적인 조작적 정의는 살아남고 비효과적인 조작적 정의는 도태된다. 이런 과정을 통해서 과학은 현상에 대하여 세련된 지식을 생산해 내는 것이다.

3) 변인결정 및 측정도구의 선정

(1) 변 인

연구에서 흔히 쓰는 말 중에 '변인'(變因)이라는 말이 있다. '변수'(變數)라고도 한다. 이 말의 영어는 variable(s)인데 그것은 동사 vary로부터 나왔다. 예컨대, '심리치료 방법'이라는 구인에 대해서 '정신분석, 인지치료, 내담자중심치료, 행동치료'로 조작적 정의를 내릴 수 있다. 어떤 사례에 대해서는 정신분석을 적용하고, 다른 어떤 사례에 대해서는 인지치료를, 또 다른 사례에 대해서는 내담자중심치료 혹은 행동치료를 적용하므로 이 심리치료 방법이라는 구인은 '변하는', 즉 'vary' 하는 것이다. 성별(gender)이라는 구인도 어떤 사람(피험자)은 남자이고 어떤 사람(피험자)은 여자이므로 변인이 될 수 있다. 지능이라는 구인도 어떤 사람은 지능이 높고 어떤 사람은 중간이고 어떤 사람은 낮으므로 변인이 될 수 있다. 이처럼 같은 차원에서 이름을 달리할 수 있거나, 수준을 달리할 수 있는 것을 변인이라고 하는 것이다.

앞에서 연구는 구인과 구인의 관계를 탐구하는 것이라고 하였다. 연구문제가 만약 '어떤 심리치료법이 단극성 우울증 치료에 효과가 있는가?'라는 것이었다면 연구자는 단극성 우울증의 치료에 대한 조작적 정의를 내려야 한다. 이때 연구자는 단극성 우울증의 치료를 BDI(벡 우울증 척도)와 MMPI-D척도의 점수로 정의하기로 하였다고 하자(조작적 정의). 우울증이라는 것에는 정도의 차이가 있고 치료에 의한 우울증 정도가 변화하므로 이것도 'vary' 하는 것으로서 '변인'이다.

연구에서는 종종 '독립변인'이라는 말과 '종속변인'이라는 말을 쓰는데 여기에서 예로든 연구에서는 '심리치료 방법'이 독립변인이고 '우울증의 변화정도'가 종속변인이다. 독립변인, 즉 independnet variable이란 연구자가 임의로 변화시키는 혹은 조작하는 변인을 말한다(이런 점에서 '독립' 변인이라는 용어는 문제점이 있는 용어이다. 그러나 이 독립변인이라는 용어가 전부터 이의없이 사용되어져 왔으므로 이 책에서도 그대로 쓴다.) 종속변인은 독립변인의 변화에 의해서, 혹은 독립변인의 변화와 함께 변화하리라고 보는 변인을 지칭한다.

독립변인과 종속변인이라는 용어는 다분히 실험설계에 해당하는 용어이다. 실험방법에서는 독립변인을 연구자가 조작하고 변화시킨다. 그리고 독립변인의 변화에 따른 종속변인의 변화 모습을 관찰하는 것이다. 그러나 연구설계에는 실험법만 있는 것이 아니라 '기술연구'(descriptive study)도 있다. 기술연구에서는 연구자가 변인을 조작하는 것이 아니라 그런 변인의 변화가 자연적으로 존재한다. 또한 연구설계의 속성상 변인 사이의 인과관계를 볼 수가 없으므로 독립변인과 종속변인이 따로 있을 수가 없다. 단지 두 개의 변인이 공변(共變), 즉 covary하는 것을 밝힐 뿐이다. 따라서 기술연구에서는 주로 회귀분석 통계법을 사용하며 이때는 독립변인, 종속변인이라는 용어보다는 '예언변인'(predictor variable), '준거변인'(criterion variable)이라는 용어를 쓰기도 한다. 예언변인이란 '예언'하는 변인을 의미하고, 준거변인이란 '예언'되는 변인, 즉 예언의 준거로 사용되는 변인이라는 의미이다. (그러나 실제의 경우 회귀분석법을 사용한 기술연구에서도 그냥 독립변인, 종속변인이라는 말을 종종 사용하고 있는 것이 실정이므로 이 점 혼동없기 바란다.)

독립변인 → 종속변인 : 실험설계, 인과관계 발견

예언변인 → 준거변인 : 기술설계, 공변관계 발견

(2) 측정도구 선정

상담연구에서 측정이란 관찰하고자 하는 특성에 대해서 수량적 개념을 부과하는 것이다. 내담자가 상담의 결과로 인해서 진로결정도(Osipow, Carney, Winer, Yaniyo, & Koschier, 1980)가 높아졌는지 알아보고자 하는 연구의 예를 들어보면, 측정이란 진로결정의 정도가 높은지 낮은지, 그리고 얼마나 높고 얼마나 낮은지를 수량으로 표현하는 과정을 뜻한다.

측정이론에는 측정도구의 양호도에 대한 두 가지의 개념이 있다. 하나는 측정의 타당도이며, 또 하나는 측정의 신뢰도이다(여기서 말하는 측정의 타당도는 연구설계에 나오는 연구의 타당도와 약간 다르므로 독자는 그 차이점에 유의해야 한다.). 측정의 타당도 및 신뢰도에 대해서는 이 책의 여러 곳에서 다루어지며 또한 많은 다른 문헌에서도 소개되기 때문에 여기서는 측정도구의 선정과 관련해서 요점만 논의하고자 한다.

측정도구를 선정할 때 먼저 고려해야 할 것은 타당도이다. 즉, 자기가 연구하고자 하는 변인을 제대로 측정해 주는 도구를 발견하는 일이 무엇보다도 중요한 것이다. 타당도에는 내용타당도, 구인(구념)타당도, 예언타당도 등 여러 가지가 있기 때문에 연구자는 자신이 선택하려는 측정도구가 자기의 연구에서 특히 어떤 종류의 타당도가 중요한지를 판단해서 도구 선정에 적용해야 한다. 앞에서 예로 든 진로결정도는 우선 그 도구가 측정하는 내용이 진로결정도라는 구인(구념)을 제대로 반영하고 있는지를 검토해 보아야 할 것이다. 그 검토의 방법으로서는 (1) 측정도구의 문항을 일일이 읽어보아서 각 문항들이 진로결정도를 내용적으로 잘 반영하는지를 판단하며, (2) 측정도구 개발과정에 관한 문헌을 찾아서 문항과정 개발상 내용타당도와 구인(구념)타당도 향상을 위해서 밟은 절차가 있는지 확인하며, (3) 그 측정도구를 사용한 연구보고서들을 읽어보아서 그 측정도구가 측정하고자 하는 구인(구념)을 측정하고 있다는 증거를 수집하는 것이다.

어느 정도 타당성을 보장할 수 있는 측정도구를 발견한 경우 다음으로 고려해야 할 것은 그 도구의 신뢰도이다. 신뢰도에도 여러 가지 종류가 있기 때문에 연구자는 자신의 연구가 요구하는 신뢰도 정보를 찾아야 한다. 여러 가지 신뢰도 중 상담연구에서 자주 사용되는 것은 검사-재검사 신뢰도, Cronbach 알파계수, 평정자간 신뢰도 등이 있다.

검사-재검사 신뢰도란 것은 측정을 다른 시기에 두 번 혹은 그 이상 여러 번 실시해도 같은 측정치를 얻는가에 대한 정보를 제공한다. 그리고 Cronbach 알파계수는 한 측정 스케일에 여러 문항이 있을 때 그 스케일의 각 문항이 동일한 구인을 얼마나 안정되게 측정해 내는지를 대변해 주는 계수이다. 따라서 이 알파계수는 신뢰도이지만 검사-재검사 신뢰도와는 성격이 다르다. 평정자 간 신뢰도는 주로 행동관찰에 대한 코딩(부호화)의 일관성을 나타내는 지수로서 상담과정의 관찰이나 아동 · 청소년 행동관찰에서 주로 사용한다(본서 제8장 참조).

연구자는 척도의 성격이나 연구목적에 의해서 적합한 신뢰도를 선택해야 한다. 예를 들어, 불안에 관한 검사 중에 Spielberger(1972)의 특성불안검사와 상태불안검사 두 가지가 있다는 것은 대부분의 독자가 알고 있을 것이다. 여기서 특성불안이라는 것은 쉽게 변하지 않는 성격특성을 상정하기 때문에 특성불안을 재는 검사는 검사-재검사 신뢰도가 높아야 하며 따라서 이 검사-재검사 신뢰도에 대한 정보가 필수적이다. 그런데 상태불안은 상황에 따라서 변하는 부분을 재고자 하는 것이기 때문에 상태불안검사의 검사-재검사 신뢰도는 낮게 나올 가능성이 많다(검사-재검사 신뢰도란 측정당하는 특성이 변하지 않은 경우를 가정하고 있다).

이미 개발되어 있는 측정도구가 없는 경우 연구자는 연구를 포기하거나 측정도구를 새로 제작해야 하는 어려움에 봉착한다. 측정도구의 제작은 그 자체가 하나의 연구가 되기 때문에 상당히 부담스러운 일임에 틀림없다. 검사를 처음부터 개발, 제작하지는 않더라도 외국의 측정도구를 이용해서 번역본 혹은 한국판을 만드는 일은 종종 있다. 그러나 이 일도 번역의 정확성, 문화적 차이의 극복 등 간단한 일이 아니다. 따라서 석사학위논문 연구에서는 가급적 이미 국내에 개발되어 있는 측정도구를 사용하는 것이 바람직하다.

4) 자료수집과 분석

(1) 자료수집

연구의 가설과 계획이 논리적으로, 이론적으로 아무리 완벽해도 자료수집 과정에 하자가 있으면 그 연구는 무용지물(無用之物)이나 다름없다. 자료수집 과정은 연구목적에 부합해야 하고 연구방법론상 합당해야 한다. 여기서는 자료수집 과정에서 연구자가 유의해야 할 몇 가지 사항에 대해 논의한다.

피험자 선발(표집, 표본추출) 상담사례를 선발(표집)하는 과정에서 무선표집(random sampling)은 대단히 드문 일이다. 대개는 연구에 협조해 주기로 상담자가 동의해 주고, 그리고 그의 내담자도 동의해 주어야 자료수집이 가능해지는데 이 과정에서 연구에 협조하는 사례와 그렇지 않은 사례간에는 이미 모종의 차이가 존재한다고 가정할 수 있기 때문이다. 결국 상담연구는 연구 협조에 동의한 사례만을 대표한다고 볼 수밖에 없다.

그래서 연구자들은 연구대상 사례를 선정할 때 그들이 대표(represent)하게 될 전집의 특성을 정확하게 가정해야 한다. 그렇게 하기 위해서는 상담문제의 성격(진로, 인간관계, 우울 등)을 규정해야 하고, 상담소의 성격(대학상담소, 청소년상담소, 사설상담소 등)을 규정해야 하며, 내담자의 특징(연령, 학력 등)도 규정해야 한다. 그래야 연구결과를 일반화시키는 범위가 분명해져서 외적 타당도를 확보할 수 있기 때문이다.

자료수집 방법의 다양성 아마도 상담연구에서는 질문지 형태의 자기보고식 방법이 가장 자주 사용될 것이다. 그러나 한 가지 방법으로만 자료수집을 하면 연구의 결과가 왜곡될 가능성이 높아진다. 특히 독립변인과 종속변인을 둘 다 같은 방법으로 측정했을 때 그 두 변인은 사실 이상으로 상관이 높게 나올 가능성이 있다. 따라서 자료수집 방법은 다양할 필요가 있다. 예를 들면, 자기보고식 질문지 이외에 직접적인 행동관찰, 내담자나 상담자에게 직접 면접하기, 상담회기 녹화기록을 분석하기 등의 방법들을 사용하는 것이 좋다.

자료수집 과정의 통제 상담 사례에서 연구자료를 수집하는 것은 결코 쉽지 않다. 예컨대, 상담회기 직후에 상담자와 내담자가 각각 질문지에 답변을 해야 하는 경우, 상담자와 내담자는 상담을 마무리짓고 다음 회기를 예약하는 등 해야 할 일이 많기 때문에 질문지 답변을 망각하기가 쉽다. 이런 이유로 자료가 누락되는 경우는 흔하다. 상담자에게 녹음이나 녹화를 부탁한 경우에도 기계조작의 실수나 혹은 망각 등으로 인해 자료가 누락되기도 한다. 따라서 연구자는 자료 누락을 예방하기 위한 조치를 취해야 한다.

(2) 자료분석

자료분석에는 크게 양적인 자료분석과 질적인 자료분석이 있다. 양적 분석에는 빈도분석, 분포의 특성분석 등 기술적인(descriptive) 분석이 있으며 그 외에 상관관계 분석(단순상관, 중다상관 등) 등 회귀분석이 있고, 평균과 변산 간의 관계를 이용한 변량분석 등이 있다. 그 외에 경로분석(path analysis), 구조방정식 분석, 연계분석(sequential analysis) 등 새로운 분석방법들이 있다. 단일피험자 설계에는 그 나름의 자료분석 방법들이 있다. 둘째, 질적 분석방법에는 주제별 약호화(부호화, coding)와 분류, 주요 사례추출, 빈도분석, 분류체계분석, 성분분석, 원인연쇄 분석, 계획분석, 과정분석 등이 있다(이용숙, 1999).

연구자는 어떤 분석방법이 연구의 목적과 자료의 성격에 부합하는지를 판단해야 한다. 무조건 복잡한 통계모형을 사용해야 좋은 연구가 되는 것은 아니다. 양적 분석에 대해서는 통계전문가에게 자문을 받고, 질적 분석에 대해서는 질적 연구 전문가에게 자문을 받는 것이 바람직한 태도이다. 단, 연구자 자신은 자료분석에 대해서 알지 못한 채 제3자에게 자료분석을 맡겨서(예: 용역) 처리하는 일은 바람직하지 않다.

3. 연구보고서 작성

필자 자신은 종종 연구보고서를 쓸 뿐만 아니라 필자의 대학원 지도학생들의 연구보고서 작성을 지도하곤 한다. 그리고 타대학원생들의 학위청구논문들과 학술지 게재신청 논문들을 심사한다. 연구보고서와 관련된 필자의 경험과 Heppner 등(1992)의 설명을 바탕으로 연구보고서 작성 요령에 대해서 서술하고자 한다.

1) 연구보고서 작성의 개요

보고서는 모든 탐구의 마지막 결정체라고 말해도 과언이 아닐 것이다. 보고서화되지 않은, 즉 활자화되지 않은 연구는 아직 가치가 없다. 보고서를 활자화한다는 것은 연구 내용에 대한 영구적인 기록이 된다는 의미에서 매우 중요하다. 그래서 연구는 가급적 활자화된 보고서로 작성해야 한다.

그리고 보고서는 "잘" 써야 한다. 상담이론이나 실제에 주는 시사점과 정보가 많이 들어 있는 우수한 연구가 제대로 "잘" 작성되지 못하여 제기능을 발휘하지 못하는 경우를 상상해 보라. 필자의 개인적 체험을 소개하면, 필자는 박사학위 청구논문을 작성하는 중에 지도교수로부터 한 가지 충고를 들었다. 필자가 쓴 영어는 종종 영어답지 않은 표현, 어법에 틀리는 관사의 사용, 적절치 않은 단어의 선택 등 언어 자체의 문제 때문에 논문의 가치가 평가절하될 우려가 많다는 것이다. 지도교수와 심사위원들은 이미 연구의 내용을 알고 있기 때문에 그 논문을 인정해 줄 수 있으나 앞으로 이 논문을 접할 다른 사람들은 분명히 이 논문을 읽는 데 애를 먹을 것이며 중도에 읽기를 포기할 우려가 있다는 것이다. 필자는 이 충고를 받아들여서 비영어적, 비문법적 표현을 수정하는 데 많은 시간을 할애하고 영어 모국어인의 도움을 받았다. 필자의 이 연구는 미국심리학회 제16분과, 즉 상담심리학분과의 박사학위논문 수상작 후보로 지명되는 영광을 얻기도 했다. 만약 당초의 영어적 표현의 문제점과 문법상의 문제들을 고치지 않았다면 그 연구의 가치나 질을 인정받지 못했을지도 모른다.

연구보고서는 단지 글만을 잘 쓴다고 좋은 보고서가 되는 것은 아니다. 모든 보고서는 그 보고서를 요구하는 기관에서 통용되는 양식과 체제가 있으며 그 양식과 체제에 맞게 쓰여져야 한다. 우리 나라 심리학계에서는 미국의 심리학회에서 요구하는 방식을 거의 그대로 적용하고 있다. 상담심리학도 예외가 아니다. 그러나 교육학계의 경우 미국심리학회의 방식을 그대로 적용하는 영역도 있고, 그렇지 않은 영역도 있다. 특히 목차에서 큰 차이가 있다. 예컨대, '문제의 제기'라는 장을 심리학과 논문이나 심리학회 학술지에서는 발견하기 어렵지만 교육학과 논문이나 교육학회 학술지에서는 자주 발견한다. 교육학 논문에서는 '연구문제' 혹은 '연구가설'이라는 장이 사용되기도 한다. 그 다음으로는 참고문헌이나 인용문헌을 제시하는 방법에서 차이를 보이곤 한다. 어떤 논문은 본문에 인용문헌의 저자명과 연도만 표시하지만, 어떤 논문에서는 각주를 달아서 매 페이지 하단에 그 인용문헌을 일일이 밝힌다.

이런 모든 것을 "형식"이라고 치부할 수도 있다. 그러나 이런 형식을 무시할 때 발생할 무질서, 혼동, 오해, 정보의 왜곡과 누락 등 각종 문제점들이 너무 많기 때문에 학술논문에서는 엄격한 형식과 규칙을 요구하는 것이다. 글 쓰는 방식은 필자마다 다 다르기 때문에 형식을 요구하지 않는 경우 그 방식이 너무 다양해질 우려가 있기 때문에 형식과 규칙을 부여하는 것이다. 다음 절에서는 학술논문 작성법 중에서 가장 널리 활용되는 미국심리학회의 요강 중에서 주요 내용을 소개한다.

2) 미국심리학회(APA)의 요강을 기준으로 본 보고서 작성법

미국심리학회에서는 『출판요강』(Publication Manual of the American Psychological Association)을 발간하고 있다. 이 요강의 원본(제4판, 1991)은 우리 나라에서도 쉽게 구할 수 있으며, 강진령(1997)에 의해서 부분 번역된 바 있다. 이 요강에 의하면, 심리학 학술지 출판을 위해 제출하는 연구보고서는 대강 다음의 목차에 의해서 조직된다.

제 목
요 약(초록)
서 론
방 법
- 피험자(연구대상)
- 측정(혹은 변인이나 도구)
- 기타 도구(materials)
- 설계(혹은 분석)
- 절차

결 과

논 의(혹은 결론)
참고문헌
표
그림
(표와 그림은 실제 보고서에서는 본문 중에 삽입되어 나타나지만, 학술지에 제출하는 논문에서는 이렇게 맨 뒤에 위치시킨다. 그 이유는 출판을 위한 편집과정에서 표나 그림의 위치가 이동해야 할 가능성이 많기 때문이다.)

(1) 제 목

제목은 연구보고서의 얼굴이다. 모든 책의 저자들이 자기 책의 제목을 정하는 데 많은 시간을 사용하듯이 연구보고서의 제목도 쉽게 정해지지는 않는다. 연구보고서의 제목은 독자들의 관심을 끄는 기능을 하기도 하며, 다른 연구자들이 출판물을 찾는 데에도 큰 역할을 한다. 즉 주제별 검색을 하는 경우 이 제목은 결정적인 역할을 한다. 제목을 잘못 붙이면 분명히 그가 찾는 내용의 논문인데도 불구하고 논문검색자의 주목을 받지 못한 채 지나쳐 버릴 수 있는 것이다. 학술연구논문의 제목은 연구의 내용을 정확하게 요약해야 한다. 몇 개의 예들을 들어보겠다.

〈긍정적인 예〉 Mallinckrodt와 Nelson(1991)의 논문 제목은 Counselor training level and the formation of the psychotherapeutic working alliance이다. 직역한다면 '상담자의 훈련수준과 심리치료적 동맹관계의 형성'이라고 할 것이다. 이 제목에는 크게 두 구념(구인)이 등장한다. 하나는 상담자의 훈련수준으로서 대학원 교육기간, 실습 및 실무경력, 슈퍼비전 받는 경력 등을 지칭한다. 한마디로, 전문가 훈련을 받은 경력을 말한다. 이 전문경력 정도에 비례해서 치료적 동맹관계의 형성이 다를 것이라는 가설을 검증하고자 하는 연구로 "추정"된다(제목만 보고 아직 초록이나 본문을 읽지 않은 상태라면). 이 논문 제목은 제목만 보고도 그 논문이 무엇에 관한 연구인지 상당히 정확하게 추정할 수 있었기 때문에 잘 된 제목이라고 평가된다. 다음 제목도 연구의 내용을 잘 알려준다-A comparison of cognitive and interpersonal-process group therapies in the treatment of depression among college students(Hogg & Deffenbacher, 1988). 이를 직역하면 '대학생 우울증에 대한 인지치료와 대인과정치료 간의 비교'가 될 것이다. 이 연구는 처치효과 연구이기 때문에 문제영역(우울) 및 내담자 특성(대학생)을 제목에 밝혔고, 비교하려는 처치기법을 명시했다. 그런데 연구가 처치효과만을 비교한 것인지 아니면 다른 것들까지도(예: 과정, 절차 등) 비교한 것인지가 애매하게 표현되었다는 점을 지적할 수 있겠다.

〈부정적인 예〉 흔히 잘못 붙여지는 논문 제목들 중 대표적인 것은 인과관계를 구명하는 연구가 아닌 데도 불구하고 인과관계처럼 표현한 제목들이다. 과학에서는 인과관계에 대해서 특별히 엄격한 조건을 요구한다는 사실은 이미 앞장에서 잘 설명하였다. 그런데 만약에 바로 앞의 Mallinckrodt와 Nelson의 논문 제목을 '심리치료적 동맹관계에 미치는 상담자 훈련수준의 영향'이라고 붙였다면 이 제목은 인과관계를 강력하게 시사하는 것이다. 그러나 이 연구는 실험설계를 채택하지 않았을 뿐만 아니라 이론적으로도 두 구인간의 인과관계를 논하지도 않았다. 혹은 '…에 미치는 …의 효과'라는 제목들도 주의해서 붙여야 한다. 대개 '…효과'라는 표현으로 끝나는 제목은 처치연구로서 처치의 효과가 있었음을 검증하려는 설계를 채택한다. 그러나 경우에 따라서는 처치효과를 실험하는 설계가 아니라 단순히 관련변인(들)을 상관분석(회귀분석)하는 설계를 채택했음에도 불구하고 그런 제목을 붙인 연구들이 종종 발견된다.

제목에 반드시 들어가야 하는 내용은 첫째 연구에 포함된 변인 이름이다. 변인에는 크게 독립변인, 종속변인, 그리고 경우에 따라서는 독립변인과 상호작용한다고 보여지는 상호작용변인으로 나누어 볼 수 있다. 둘째, 피험자에 관한 내용도 필요한 경우가 많다. '한국 대학생의…', 'Bulimia 여대생의…', '남자 비행청소년의…' 등은 피험자의 특성을 간결하게 표현하고 있다. 셋째, 어떤 성격의 연구인지를 암시할 필요가 있다. 처치효과검증인지, 측정도구 개발이나 타당화 연구인지, 인과관계의 구명인지, 상관관계 분석인지, 시간계열적인 분석인지, 단일사례연구인지, 집단간 연구인지, 질적 분석인지 등 연구의 성격 중 핵심적인 점을 제목에서 시사해 줄 필요가 있다. 이 세 가지 요소가 다 들어갈 수도 있고 그렇지 않을 수도 있지만 대개 세 가지 중 두 가지 요소는 들어가야 논문 제목으로 적합할 것이다.

그런데 미국의 경우에는 '…에 대한 일 연구'(A study of…)라든지 '…간의 관계'(The relation between…) 등의 표현을 가급적 사용하지 말라는 지침이 있다(Heppner 등, 1992). 그러나 우리 나라의 논문들은 그런 제목을 사용하는 경우를 자주 본다. '일 연구' 나 '관계' 등의 단어를 붙일 필요가 없다고 하는 이유는 모든 논문이 '연구' 이므로 '연구' 라는 말을 굳이 붙일 필요가 없다는 뜻이고, '관계' 라는 말을 붙이지 않고 두 가지 변인명을 쓰면 독자는 그것을 두 변인간의 관계로 인식하기 때문이라는 것이다. 앞의 예에서도 '상담자의 훈련 수준과 동맹관계 형성' 이라고 표현했을 뿐 그 두 개의 관계라는 말을 붙이지 않았지만 독자들은 그 두 개의 관계분석이라는 인식을 이미 하고 있었을 것이다. 이런 취지를 우리 나라의 경우에 적용해 본다면 어떤 결론을 내릴 수 있을까? 필자의 의견으로는 '…에 대한 일 연구' 등의 제목은 붙이지 않는 것이 좋을 듯하다. 혹은 '…에 대한 탐색적 연구' 라는 제목도 어색하거나 무책임해 보인다. 탐색적이지 않은 연구가 어디에 있으며(최종보고서는 있을 수 있어도, 최종연구는 있을 수 없다), 탐색적이라는 말을 통해서 그 연구의 결론에 대한 책임회피의 동기가 엿보인다. 그런데, '…간의 관계' 라는 표현은 우리말의 어법상 필요한 표현이 아닌가 생각된다. 단지 두세 개의 변인명만을 나열했을 때의 어색함보다는 '…간의 관계' 라든가 '…간의 관계분석' 이라는 표현이 적합해 보인다.

(2) 초 록

초록(요약, abstract)은 연구보고서의 요약이다. 이 초록은 논문을 검색하는 연구자들이 제목 다음으로 관심을 가지고 접하는 대상이기도 하다. 따라서 초록은 간결하고, 정확하고, 이해하기 편리하게 작성되어야 한다. 초록에 담아야 할 내용은 연구문제나 가설, 방법, 결과, 결론 등이다. 즉, 하나의 논문 전체 중에서 '핵심 중의 핵심' 을 서술하는 것이다. 초록에서는 약자, 특수한 전문용어 등을 가급적 사용하지 않는다. 그리고 참고문헌이나 인용문헌 없이 연구자의 글로 쓰는 것이 원칙이다.

초록의 길이는 어느 정도가 적당한가? 이것은 그 연구보고서가 어디에 실리느냐에 따라서 결정된다. 미국심리학회의 학술지들은 보통 영어 120단어의 길이를 정하고 있다. 한국심리학회의 학술지 상담과 심리치료는 우리말 150단어(600자)로 정하고 있다. 교육학회의 교육학 연구는 10줄 이내로 정하고 있다. 그러나 학위논문의 초록은 이보다 긴 편이며 길이나 글자 수를 지정하지 않고 있다. 문헌검색용 소프트웨어(예: ERIC, Psychlit)나 초록집(예: Psychology Abstract, Dissertation Abstract)에 등장하는 초록은 학술지의 초록보다 더 짧다.

(3) 서 론

서론(introduction)은 독자들에게 연구문제의 방향을 제시해 주고, 연구를 위한 논리를 발전시키고, 검토 혹은 구명할 가설을 가능한한 구체적이고 명료하게 서술하는 부분이다. 서론은 크게 다음의 세 요소를 포함한다.

① 문제로의 도입(introdution to the problem): 독자에게 연구의 토픽, 즉 주제를 제시하고 이 주제가 왜 중요한지, 왜 연구되어야 하는지에 대해서 서술한다. 그리고 이 주제와 관련된 영역에서 이루어진 중요한 이론적, 경험연구적 발전을 간단히 소개하여 그 주제의 맥락을 분명히 하고, 연구자가 직접 다룰 주제를 좁혀 나간다. 그리고 나서 일반적인 용어로(그 분야만의 특수한 용어가 아닌) 연구문제를 언급한다.

② 연구를 위한 틀(framework)을 발전시킴: 이 부분은 이 연구의 연구문제를 이끌어 낸 배경이론과 선행 경험연구 결과 및 논의들을 조직하는 것이다. 단, 논문작성자들이 주의할 것은 주제와 관련된 문헌들을 단순하게 열거하지 않아야 한다는 것이다. 특히 학술지는 지면 제한으로 인해서 이 문헌고찰의 부분을 짧게 쓸 것을 권하고 있으므로 연구자들은 이 부분을 잘 조직해서 써야한다. 주제와 관련된 모든 문헌들을 열거할 필요는 없으며, 연구문제나 가설을 이끌어 낸 논리와 틀을 발전시키는 것이 중요하다. (단, 학위논문에서는 지면의 양을 연구자가 조절할 수 있으므로 이 부분을 좀더 많이 쓸 여유가 있다. 그렇지만 선행문헌들을 단순히 병렬적으로 열거하는 것은 바람직하지 않다.) 이전 연구들

의 비합리성이나 연구들간의 불일치 등을 지적하는 것, 이전 연구결과에 첨가해야 할 변인이나 새로 적용해 보아야 할 모집단을 지적하는 것 등은 바로 이 부분에서 다룰 내용이다.

③ 연구가설(연구문제)의 진술: 연구가설과 연구문제는 앞에서 다룬 연구의 틀로부터 논리적으로 추론되어야 한다. 연구논문들을 보면, 이론적 고찰이나 연구의 개념적 틀과 연구가설 간에 논리적 추론관계가 지나치게 엉성한 경우를 자주 접할 수 있는데 대학원에서는 이 부분의 교육에 힘써야 할 것으로 사료된다. 그리고 연구가설(문제)은 이론적 구념(construct)들로 쓰여져야 하며(구념의 뜻에 대해서는 앞 장에서 충분히 언급했음), 그 구념들간에 어떤 방식으로 관계를 가질 것인지를 진술해야 한다. '…와 …간에는 (상관)관계가 있을 것이다' 라든가 '…와 …간의 관계를 탐색하는 것이 본 연구의 목적이다' 라는 식의 진술보다는 가급적 선행이론과 연구결과를 토대로 관계의 방향성이나 성질을 예측하는 것이 더 바람직하다(…이 높을수록 …도 높을 것이다라든지, 혹은 인과적 관계 등). 단순하고 애매하게 '관계' 를 탐색한다는 진술은 이론의 발전에 별로 도움되지 않기 때문이다.

(4) 방 법

연구방법 부분에서는 연구문제(가설)을 검증하는 설계, 절차, 도구 등 방법에 대한 상세한 보고를 한다. 방법 부분이 상세히 언급되지 않으면 다른 학자들이 그 연구의 타당도를 알 수가 없으며, 다른 연구자가 그 연구를 반복(복제, replicate)할 수가 없다. 미국심리학회의 학회지들은 이 방법 부분이 제대로 기술되지 않은 보고서는 게제해 주지 않는 경향이 있으며 그런 경향은 우리나라의 심리학 학회지에서도 비슷하게 나타난다. 따라서 연구방법 부분을 잘 써야 한다. 방법 부분의 하위 부분들을 보도록 하자.

① 피험자(연구대상, subjects): 피험자에 대한 부분은 최소한 다음과 같은 내용들을 기술한다. (1) 전체 피험자 수, (2) 피험자 선발(표집)방법, (3) 연구결과와 관련된 피험자 특성(예: 나이, 교육수준, 성별, 종교, 지역적 배경, 기능수준에 대한 사전검사 결과) 등이다. 피험자가 '진짜' 내담자인지, 경력이 있는 전문상

담자인지에 대한 정보도 중요하다. 독립변인의 각 수준마다 할당된 피험자 수, 중도탈락된 피험자(사례) 수 등도 언급되어야 할 것이다. 통계적 검증력과 관련된 정보도 언급될 필요가 있다. 예컨대, 피험자 수는 검증력과 직결된 요인이므로 왜 그 정도의 크기의 피험자 수를 택했는지, 그 크기가 적합했는지 여부에 대한 논의도 필요하다.

② 측정(도구, 변인조작): 이 부분은 연구가설에 포함된 구인(구념)들의 조작된 정의를 구체적으로 표현하는 부분이다. 이는 독립변인과 종속변인 모두를 포함한다. 실험연구에서는 독립변인을 구성한 상황조건과 절차를 구체적으로 진술한다. 측정 부분에서는 각 변인에 대해서 선택된 도구의 이름, 왜 이 측정도구를 택했는지의 이유, 한 변인에 대해서 여러 도구를 사용했다면 복수측정의 이유를 밝혀야 한다. 도구에 대한 간단한 설명도 필요하다. 문항의 예, 전체 문항 개수, 반응방법, 채점방식, 하위요인이나 하위척도명, 신뢰도와 타당도 정보 등에 관해서도 보고해야 한다.

③ 기타 도구: 연구에 사용되는 도구는 측정도구에 국한되지 않는다. 독립변인 조작을 위해서 도구, 그림, 기재, (컴퓨터) 프로그램 등이 사용되는 경우가 있으므로 그 중 필요한 정보는 보고서에 포함시켜야 한다.

④ 설계와 분석: 연구보고서의 방법 부분을 읽으면 독자는 연구설계를 이해할 수 있어야 한다. 즉, 그것이 실험설계인지, 준실험 설계인지, 기술적 연구설계인지, 집단간 설계인지, 피험자내 설계인지, 요인설계(factorial design)인지 등을 보고한다. 그리고 통계적 검증이 양방향적으로 이루어졌는지, 일방향적으로 이루어졌는지도 언급하며, 구체적 통계분석 절차나 컴퓨터 프로그램도 언급한다. 만약 그 통계절차가 보편적으로 사용되지 않는 특수한 것이거나 그 분야에서 처음 시도되는 것이라면 통계절차에 대한 구체적 설명을 보충한다.

⑤ 절차(procedures): 절차 부분에서는 실험의 절차, 자료수집의 절차, 측정의 절차, 피험자에 대한 지시사항 등을 기술한다. 만약에 절차의 순서가 중요한 경우라면 순서에 유의해서 보고한다.

(5) 결 과

결과 부분에서는 연구자가 목표했던 연구문제에 대한 결과적 자료를 축약하되 핵심적 정보를 제공하는 부분이다. 여기서는 우선 요약통계(summary statistic)이라고 하여 독립변인의 각 수준에서의 종속변인의 평균과 표준편차를 제공한다. 그 다음으로는 실험조작 확인(manipulation check)이라고 해서 연구자가 의도했던 상황조건이 주어졌는지, 즉 독립변인의 조작을 확인하는 내용을 보고한다. 그리고 마지막으로, 가설과 관련된 결과들을 제시한다. 가설이 여러 개라면 '가설 1', '가설 2' 등으로 체계적인 보고를 하는 것이 바람직하다.

심리학 논문에서는 결과 부분과 논의 부분을 구분한다. 결과에 대한 이론적 해석은 논의 부분으로 미루고 여기서는 결과를 객관적으로 기술하기만 한다. 결과 제시를 돕기 위해서 표(table)나 그림(figure)을 동원하는 것이 보통인데 그 요령은 APA출판요강이나, 기타 각 학술지의 편집지침을 따라야 한다. 표나 그림에 대한 설명은 경제적이면서(이미 표나 그림에 포함된 내용을 다시 글로 표현할 필요는 없음) 독자들이 표와 그림을 잘 읽을 수 있도록 해야 한다. 그리고 표로 제시한 내용을 다시 그림으로 제시하는 것도 불필요한 일이다.

통계적으로 의미 있는 결과만 제시할 것인가, 의미 없는 결과도 제시할 것인가? 당초의 가설과는 다르게 결과에서 통계적 의미가 없게 나왔다고 해서 그 결과를 버려서는 안 된다. 가설과 다른 결과가 나온 이유는 여러 가지가 있을 수 있는데 대표적인 이유로는 (1) 실험조작의 미숙, (2) 측정의 신뢰도와 타당도 결여, (3) 자료수집 절차상의 실수, (4) 낮은 검증력(예: 피험자 수 부족), 그리고 (5) 가설을 도출한 이론상의 문제 등이 있다. 만약에 동일연구를 다시 한번 시행할 가치가 있는 경우에 다음 연구자가 어떤 점들을 보완해야 하는지에 대한 결정적 정보가 바로 여기에 들어 있다.

(6) 논 의

논의에서는 (1) 결과가 가설을 지지했는지 여부를 설명해 주고, (2) 결과에 근거한 결론을 진술하고, (3) 이 연구의 한계점들을 제시하고, (4) 결과가 시사하는 상담 실제적(임상적), 이론적 함의를 논의해야 한다.

학위논문을 작성하는 연구초보자들은 바로 이 논의 부분을 쓸 때 가장 어려움을 겪는다. 이는 필자 자신도 그랬으며 필자의 지도학생들에게서도 공통적으로 나타나는 현상이다. 필자가 보기에 논의가 어려운 이유는 당초의 연구자의 문제의식과 연구결과 간의 관계를 제대로 연결짓지 못하기 때문으로 보인다. 연구자는 이론적 혹은 실제적 문제를 풀기 위해서(혹은 문제해결에 조그마한 공헌을 하기 위해서) 연구를 시작했다. 논의를 쓸 때는 바로 그 문제의식을 상기하고 재음미해서 연구결과에 대한 (1) 이론적 해석을 시도해야 하며, (2) 실제적(임상적) 쟁점들을 거론해야 하는 것이다. 만약에 연구결과가 이론이나 실제에 대한 변화를 요구하는 것이라면 이도 조심스럽게 논의하는 것이 좋다.

(7) 참고문헌

본문에 인용되거나 제시된 모든 문헌은 반드시 참고문헌 부분에 수록되어야 한다. 참고문헌을 제시하는 방식은 APA요강이나 각 학술지의 편집지침을 따라야 한다. 띄어쓰기, 구두점, 활자의 모양 등 지켜야 할 규칙이 많기 때문에 연구자들은 이를 잘 지켜야한다.

(8) 영문 요약

이 부분은 미국심리학회의 논문에는 없는 부분이다. 그러나 우리 나라의 학술지나 학위논문에서는 논문의 마지막에 영문 요약을 싣는 것이 보통이다. 길이는 학술지의 경우 대개 편집지침에 나와 있고, 학위논문의 경우 융통성이 있다. 이 부분은 특히 외국 연구자들에게 이해될 수 있는 유일한 부분이기 때문에 정확한 문장을 쓰도록 해야 한다. 연구의 목적, 가설, 연구방법, 주요 결과와 결론을 진술한다.

3) 과학적 글쓰기의 일반 원리

일기나 편지는 잘 쓰면서 과학적 글은 쓰지 못하는 경우가 있다. 연구보고서는 과학적 글쓰기에 해당하는데 이는 객관성, 정확성, 비애매성, 비모호성, 논리성 등을 요구하는 글쓰기이다. Heppner 등(1992)은 다음과 같은 연구보고서 글쓰기의 보편적 원리들을 제시한 바 있다.

• 원리 1. 정보를 제공하라.

연구보고서의 본질적인 기능과 목적은 연구에 관한 정보를 독자들에게 제공하는 것이다. 연구보고서는 연구자가 얼마나 많이 공부를 했는지, 얼마나 많이 알고 있는지를 '과시'하는 것이 아니다. 따라서 연구보고서에 포함되는 핵심적 정보는 연구의 목적, 방법, 결과, 결론이며 이들에 대해서는 바로 앞의 절에서 상세히 다루었다. 연구보고서의 길이는 어느 정도 세부적인 정보를 전달할 것이냐에 의해서 결정된다. 학술지에 제출할 논문의 길이는 대개 학술지마다 길이에 대한 편집정책이 있기 때문에 편집장에게 직접 문의하거나 기존 학술지의 다른 논문들의 길이를 참고해 보면 될 것이다. 학위논문의 길이는 학술지 논문보다 더 긴 것이 보통이지만, 연구문제와 직결되지 않는 이론이나 선행연구들을 열거하는 일과 연구목적과 직결되지 않는 결과를 세세히 보고하는 일 등은 바람직하지 않다.

• 원리 2. 솔직하라.

완전한 연구는 존재하지 않는다. 어떤 연구든지 결점과 제한점이 있게 마련인데 연구자는 연구의 결점과 제한점에 대해 솔직할 필요가 있으며 이를 숨기려하기보다는 한계점을 극복하는 방법에 대해 논의해야 한다. 만약 연구에 치명적인 결함이 발견되었다면 연구자는 그 연구를 하나의 유익한 경험으로 삼고 연구결과를 발표하지 말아야 한다. 그러나 연구의 결함은 연구자 자신뿐만 아니라 논문심사위원회, 학술지 편집자 및 심사자 등에 의해서 판단되는 것이기 때문에 연구자가 전적으로 판단할 필요는 없다. 연구자는 그런 결함이 연구결과의 해석에 어떻게 영향을 주는지, 연구결과를 해석할 때 유의할 점이 무엇인지를 분명히 해야 한다.

• 원리 3. 과장된 진술을 삼가야 한다.

상담분야에서 하나의 연구에 의해 기존의 지식이 새롭게 바뀌는 경우는 극히 드문 일이다. 한두 개의 연구에 기초해서 상담이론이나 상담실무를 변화시켜야 한다는 주장을 한다는 것은 지나친 주장이다. 연구자가 가지고 있는 대부분의 지식은 지금까지 상담 및 인접분야에서 축적되어 온 것이라는 사실을 잊어서는 안 된다. 그러나 연구자는 자칫 자신의 연구결과가 기존의 이론과 실무에 큰 영향을 미쳐야 한다는 주장을 하게 되기 쉽다.

• 원리 4. 논리적이고 조직적이어야 한다.

연구보고서의 전체적 조직은 이미 정해져 있는 수가 많지만, 그 내부의 논리성과 조직성은 필자 자신의 책임이다. 학위논문 지도를 해 보면 어떤 학생은 글을 논리적으로 조직하고 전개하는 면에서 뛰어난 사람이 있는 반면에 그런 능력이 극히 부족한 사람도 있다. 후자에 속하는 사람들은 더 많은 연습을 해야만 할 것이다. 논문지도에서 자주 발견하는 문제점은 글의 흐름상 전혀 논리적 결론을 도출할 수 없는 맥락에서도 '따라서', '그러므로', '…때문이다' 등 "비논리적 논리전개"를 한다는 것이다.

• 원리 5. 적합한 문체를 사용하라.

과학적 연구보고서라고 해서 일부러 딱딱하게 써야 할 필요는 없다. 객관성, 정확성, 논리성 등은 과학적 글쓰기의 기본 요소이지만 독자가 관심과 흥미를 잃지 않도록 재미있게 써야 하는 조건도 있다. 물론 소설이나 수필의 재미와 연구논문의 재미는 다른 요소에서 나올 것이다. 그리고, 약어(略語, abbreviation)를 사용할 때 주의해야 한다. 대개 한 논문에서 약어를 처음 사용할 때는 약어가 아닌 본래의 단어를 사용하는 것이 원칙이다.

• 원리 6. 반복해서 수정하라.

대부분의 연구자들은 질 높은 연구보고서를 쓰기 위해서 자신의 글을 여러 차례 수정한다. 수정방식은 필자마다 다르다. 초고를 빨리 쓰고 수정하는 데 많은 시간을 보내는 경우가 있는가 하면, 처음부터 주의깊게 글을 써서 보완하는 데 시간을 최소화하는 경우도 있다. 그런데 연구자 자신은 연구의 내용에 익숙하고 자신의 사고에 몰입하기 때문에 자신의 진술이 충분히 명확하다고 과신하는 경향이 있다. 그러나 독자들의 입장은 그렇지 못한 경우가 많다. 따라서 연구자는 동료들에게 자신의 연구보고서 초안을 읽어주도록 부탁하여 조언을 구하는 것이 필요하다. 조언자들은 필자에게 객관적인 조언을 주도록 해야 한다.

• 원리 7. 우선 글로 써라.

글을 쓰는 일을 매우 부담스럽고 성가시게 생각하는 연구자들이 의외로 많다. 대학원 학생들이 연구주제나 연구문제를 상담해 올 때 많은 지도교수들은 일단 그것을 글로 써오라는 지시를 주곤한다. 연구문제를 단순히 구두로 표현하는 것과 이를 글로 쓰는 것이 다르다는 것은 연구계획서를 써본 사람은 잘 안다. 일단 몇 페이지라도 글로 써보게 되면 자신의 생각이 더 명료해지는 경험을 하거나 혹은 반대로 자신의 생각이 아직은 덜 구체화되었음을 깨닫게 될 것이다.

학술지의 인용과 참고문헌 표기방법의 예시(상담과 심리치료)

11. 문헌인용을 본문에서 할 때는 다음과 같이한다.

李福童(1970)는	Kohler(1940)는
李福童과 金明基, (1970)는	Kohler와 Wallach(1994)는
李福童, 金明基와 朴仁奎(1990)는	Wallach 등(1951)은
이 경과(李福童, 1970)는	그의 연구(Kohler)는
이들의 연구(李福童, 金明基, 1999)는	그들의 연구(Kohler & 1994)는
이들의 조사(李福童 등, 1990)는	이 연구(Wallach et al., 1951)는
…와 같이 논했다(李福童, 1970).	…이와 같이 논했다(Kohler, 1940).

12. 참고문헌에서 문헌나열은 먼저 동양어 표기 문헌을 가나다 순으로 나열하고 그 다음에 이어 서양어 표기 문헌을 알파벳 순으로 나열한다.

예: 강선복, 이주연, 황성호(1989). 상담자 특성분석. 相談과 相談治療, 2. 15-27.
김연식(1975), 비행청소년의 의식조사. 석사학위논문, 경성대학교.
金千蘭(1975). 韓國人의 言語生活. 서울 拂光社.
Miller, G.A.(1951). Language and communication. New York : McGraw-Hill.
Osgood, C.E.(1983). Psycholinguistics. In S. Koch(Ed.), Psychology : A study of a science(pp.244-316). New York : McGraw-Hill.
Werner, H., & Chandler, K.A.(1950). Eperiments on sensory-topic field. Journal of Experimental Psychology, 42, 436-350.

4. 상담연구의 윤리문제

우리는 종종 과학연구와 관련해서 윤리문제를 거론한다. 유전자 복제기술에 대한 연구와 실험은 이미 언론의 초점을 받고 있으며 그것이 인간존엄성의 문제까지 위협하는 것으로 우려하는 사람들도 많다. 상담연구에는 비록 그런 수준의 쟁점은 아니더라도 여러 가지 차원의 크고 작은 윤리적 쟁점들이 있다.

1) 연구수행상의 윤리적 쟁점

(1) 연구윤리의 일반 원칙

무피해의 원칙 피험자들은 연구에 참여함으로 인해서 피해를 입어서는 안 된다. 피해자가 해를 입게 되는 것은 연구자가 의도해서 발생하기도 하지만 전혀 의도하지 않은 결과일 수도 있기 때문에 연구자는 연구 프로젝트를 기획하고 실행하는 데에 있어서 매우 조심스럽고 주의깊게 행동할 책임이 있다.

이익의 원칙 상담연구는 인류의 건강과 안녕에 기여해야 한다. 상담은 개인적, 심리적, 대인(사회)적, 직업적 문제 및 집단과 조직에의 적응 등에서 문제해결을 돕는 활동이다. 따라서 상담연구는 상담의 이러한 목적을 효율적으로 수행하는 데 기여해야 한다. 즉, 상담연구는 상담의 기술, 체제, 이론의 개발과 검증과정에 기여하여 궁극적으로 그것들을 더 발전시켜야 한다.

자율성의 원칙 피험자가 연구에 참여하느냐 안 하느냐는 피험자 자신의 자발적 의사에 달려 있다는 원칙이다. 이는 피험자의 권리에 관한 원칙으로서, 다음에 설명할 '정보에 입각한 동의'(informed consent)와 깊이 관련되어 있다.

신용의 원리 연구자는 피험자에게 한 약속을 지켜야 한다. 피험자의 개인

정보, 연구자료 등을 연구목적 이외의 다른 용도로 사용하지 않는다는 약속을 했다면 이를 철저히 지켜야 한다. 연구가 피험자들을 기만하거나 속이지 말아야 한다. 경우에 따라서 심리학 연구에서는 연구목적상 불가피하게 피험자들을 속이는 경우가 있지만 연구수행 후 피험자들에게 이를 반드시 알려주어야 한다.

(2) 피험자와 관련된 윤리적 쟁점

위험 대 이익 역사적으로 과학분야에서는 피험자의 생명이나 고통을 담보로 얻은 "과학적" 연구들이 있어 왔다. 가장 극단적인 것은 제2차 세계대전 중에 일본인들에 실행된 이른바 "생체실험"이라고 불리는 것으로서 세균이나 혹독한 환경(추위, 굶주림 등)에 대한 인체의 반응 및 그 변화과정에 대한 연구들이다. 사람이 아닌 동물의 생명과 고통을 전제로 한 연구는 지금도 세계 도처에서 자행되고 있다.

상담연구는 피험자들에게 불안, 불쾌, 불편함 등을 야기시킬 가능성이 있다. 경우에 따라서는 피험자의 복지에 역행하는 처치를 받을 수도 있다. 예를 들면 효과가 검증되지 않은 처치를 연구목적을 위해서 받아야 하는 경우가 있다. 이런 '위험'의 요소들에도 불구하고 그 연구를 수행할 가치가 있는지에 대해서는 '이익'의 측면을 검토해 보아야 한다. 단, 이런 윤리적 검토는 결코 단순하지가 않다. '위험'의 측면에만 주목하면 우리는 중요한 연구들을 수행할 수가 없게 되며, '이익'의 측면에만 주목하면 우리는 피험자의 고통이나 불편을 너무 무시하는 결과를 초래한다. 과학에서 윤리적 판단은 쉽지 않다.

미국에서는 이런 쟁점과 관련해서 과학적 연구를 수행하기 이전에 연구계획서에 대한 "윤리적" 심사를 하는 절차가 있다. 예를 들면, IRB(Institutional Review Board), 즉 기관 내 연구계획 검토위원회라든가 **인간 피험자 검토위원회**(human subject review committee) 등이 연구기관이나 대학 등에 설치되어 있으며 이 위원회의 심사를 통과해야 연구를 수행할 수 있도록하는 규제장치를 시행하고 있다. 이 위원회에서는 주로 피험자에 대한 위험의 측면과 인류에 대한 이익(그 연구를 통해서 밝혀진 지식으로 인한)의 측면을 평가하며, 경우에 따라서는 위험의 요소를 줄이는 조언이나 대안을 제시하기도 한다.

정보에 입각한 피험자의 동의 연구에 피험자로 참여하겠다는 피험자의 동의는 강제나 속임수에 의한 것이 아니라 연구에 대한 기본적 정보를 알려준 다음에 피험자의 자발적 동의에 기초해야 한다. 그러나 이 절차가 그다지 간단하지 않다. 피험자의 동의가 효력을 얻으려면 다음의 세 요소를 필요로 한다(Turnbull, 1977, 재인용 Heppner 등, 1992). 첫째는 피험자가 그런 동의를 할만한 능력(capacity)이 있는가의 문제이다. 법적으로 미성년(우리 나라의 경우 19세 이하)인 자로부터 얻은 동의는 부모의 동의가 없는 경우 유효한가? 특히 나이가 더 어린 아동 피험자의 경우 부모의 동의가 없는 경우 중대한 문제가 야기될 수 있다. 그리고 심리적 상태나 지적 능력으로 보아 성숙된 판단을 하기 어려운 사람의 경우(정신질환, 인지 및 지능의 장애)에도 같은 문제가 발생한다. 둘째 요소는 피험자 및 그 보호자에게 제공되는 정보의 형태에 관한 것이다. 이 정보에는 연구가 무엇에 관한 것이고, 피험자가 어떤 일을 하도록 요청되는가에 대한 정확한 설명이 있어야 한다("정보의 완전성 요구"). 그리고 녹음, 녹화 등의 기록에 대한 언급, 연구에 참여함으로써 발생할 수 있는 잠재적 해로움이나 잠재적 이익 등에 대해서도 설명되어져야 한다. 셋째는 자유의지(voluntariness)에 관한 것이다. 피험자는 강압, 위협, 혹은 필요 이상의 유혹(상식에 벗어나는 보수나 대가)에 의하지 않고 자발적으로 연구에 참여해야 한다. 그리고 이 자유의지의 원칙은 연구 참여의 결정뿐만 아니라 연구 중간에 피험자가 탈퇴하는 경우에도 해당된다. 피험자는 언제라도 실험에서 탈퇴할 권리가 있다.

피험자의 동의서에 포함되어야 할 내용(Heppner 등, 1992)

1. 연구자의 이름, 전화번호, 주소, 소속기관(연구자가 학생인 경우 지도교수의 이름, 소속기관, 전화번호 등)
2. 연구가 무엇에 대한 것이라는 일반적인 설명
3. 실험이나 자료수집에 걸리는 시간, 추후의 접촉이 있는지에 대한 설명

4. 합리적으로 예견할 수 있는 피험자에 대한 잠재적 위험이나 불편, 잠재적 이익
5. 비밀이 유지되는 정도
6. 연구가 출판되거나 연구비 출자기관에 보고서로 제출된다는 언급
7. 실험에 참가하는 것은 자유의지에 의한 것이며 피험자는 언제나 아무런 제약 없이 실험에서 탈퇴할 수 있음을 나타내는 진술
8. 연구가 안고 있는 위험으로 인해 피해가 발생한 경우 배상이나 치료가 가능하다는 설명
9. 연구에서 수행되는 치료법보다 더 나은 대안적 치료가 존재하는 경우 그 사실에 대한 언급

피험자를 속이는 경우 연구에서 피험자를 속이는 것을 영어로는 deception이라고 칭한다. 이 속임은 상담연구에서는 거의 허용되지 않는다. 특히 실제의 상담에서는 속임을 사용한 연구는 허용될 수 없다. 단, 모의상담 실험에서는 속임을 고려해 볼 수 있다. 다른 심리학 영역에서는 피험자를 속이는 경우가 가끔 있다(사회심리학 서적에는 피험자를 속이는 유명한 실험들이 여러 개 소개된다). 연구에서 피험자를 속이는 것에는 피험자에게 완전히 거짓정보를 주는 것(기만, 欺瞞)과 혹은 단지 필요한 정보를 감추고 주지 않는(은폐) 두 가지 종류의 속임이 있다. 논란의 여지가 발생하는 피험자 속임은 전자와 같은 적극적 기만에 대한 것이다. 연구자나 윤리위원회에서는 이 속임의 사용으로 인한 위험과 이익의 두 측면을 면밀히 검토해서 기만 여부와 그 정도를 결정을 해야 한다. 만약에 기만의 사용이 정당화되면, 연구자는 기만의 불가피성, 기만으로 인한 오해나 불쾌감 등을 최대한 제거하기 위한 노력을 해야 하는데, 실험과 자료수집을 마친 이후에 행하는 이 절차를 '디브리핑'(debriefing)이라고 부른다.

비밀 유지과 프라이버시 피험자의 개인적 정보가 연구를 통해서 누설된다는 것은 중대한 윤리적 문제를 야기시킬 수 있다. 그래서 자료를 수집할 때 피험자의 이름보다는 고유번호를 사용하는 것이 보통이다. 피험자들은 대체로 익명성이 보장될 때 더 안심하는 것 같다. 그런데 자료수집의 과정에서 아무

리 익명을 적용하더라도 자료수집자가 피험자의 신상을 기억할 수도 있다. 예를 들면, 인터뷰를 통한 자료수집에서는 특히 그럴 수 있다. 이런 경우에는 특히 연구자나 보조자의 철저한 비밀 유지가 필요하다.

처치의 유보나 위약(플라시보) 처치의 효과를 검증하는 연구에서는 집단을 두 개 이상 설정하여 처치를 유보하고 기다리게 하거나(wait-list group) 혹은 가짜 처치를 제공하기도 한다. 독자들은 이런 류의 연구방법이 필연적으로 지니는 윤리적 문제를 쉽게 이해할 수 있을 것이다. 즉각적인 처치를 필요로 하는 내담자가 연구목적으로 대기집단에 배정되어 다른 종류의 처치를 받지 말고 기다리라는 지시를 받았다고 가정해 보라. 혹은 가장 효과가 있다고 예상되는 "진짜" 처치를 받아야 할 내담자가 연구목적 때문에 플라시보 집단에 배정되어 "가짜" 처치를 받았다고 가정해 보자. 의약분야 처치연구에서 피험자들은 자신이 처치집단 혹은 플사시보 집단 중 어느 집단에 속할지 모르지만 둘 중의 한 집단에 속하게 된다라는 정보를 미리 통보받기도 한다. 그러나 이런 통보가 연구의 내적 타당도를 손상시킬 가능성이 높기 때문에(내적 타당도의 위협요인들 참조) 연구자는 내적 타당도와 윤리문제와의 사이에서 심각한 고민을 하게 된다.

(3) 연구과정 및 자료수집과 관련된 윤리적 쟁점

연구자가 정확하고 신뢰로운 자료를 수집하지 못하는 것은 연구의 타당도만의 문제가 아니라 윤리적인 문제이기도 하다. 이미 앞에서도 여러 차례 언급했듯이 연구의 타당도를 떨어뜨리는 요인은 많다. 그 중에는 연구자들의 불성실과 부주의, 고의적 혹은 무의도적 실수, 그리고 편견 등은 연구자의 문제이다. 예컨대, 연구수행 중에는 지루한 자료수집, 정리, 분석 등의 절차가 있게 마련인데 이런 단순반복적인 작업을 성실하게 수행해야 하는 것이 연구이다.

연구는 혼자하는 경우보다는 대개 조교나 보조원들과 함께 수행하는 경우가 많다. 예컨대, 질문지 수집과정에서 교통이 불편한 장소는 고의로 누락시키거나, 자료를 컴퓨터에 입력시키는 과정에서도 비슷한 일이 발생할 수도 있다. 연구자들은 모두 인간이기 때문이다. 그러므로 연구책임자는 이런 일을 방지하기 위해 연구조교와 보조원들에 대한 지도와 감독을 철저히 해야 한다.

때로는 자료를 날조하거나 조작하는 경우가 있는데 이는 치명적인 윤리문제를 야기한다. 연구가설에 부합하는 자료를 선별적으로 수집하고 그렇지 않은 자료를 선별적으로 버리는 행위는 전형적인 비과학적 행위이다. 실제로는 수집하지도 않은 자료를 마치 정당한 절차로 수집된 것처럼 꾸미거나 자료의 숫자를 고치는 행위도 비과학적이다.

끝으로, 연구자는 후속연구 및 재분석를 위해서 자기의 자료를 보존할 필요가 있다. 후속연구는 연구자 본인이 하는 수도 있지만 다른 연구자가 자료를 대여해서 재분석을 하려고 할 때도 있다. 예를 들면, 필자의 연구(Kim, 1988; Wampold & Kim, 1989)는 Hill 등(1983)의 자료를 재분석한 것이다. 그 자료를 대여하는 과정에서 Hill 등은 자료의 대출을 거절할 수도 있었으나 기꺼이 대출을 해 준 것은 그들의 관용, 용기, 과학자적 태도를 높이 칭찬해 주어야 할 것이다. 이 재분석 연구는 같은 자료라도 개선된 분석절차에 의해서 처음 연구에 비해서 아주 새롭고 유익한 지식을 발견할 수 있었음을 전형적으로 보여준 경우였다.

2) 출판과 관련된 윤리적 쟁점

(1) 출판 공헌도

연구보고서의 저자에 누구누구의 이름을 올릴 것인가와 그 순서를 어떻게 할 것인가는 상당히 미묘한 문제이다. 특히 최근에는 우리 나라의 대학이나 연구소 등에서 고용이나 승진심사에서 연구업적을 점차 더 엄격하게 평가하고 있기 때문에 이런 저자명 표기의 문제는 연구자의 개인적 손익을 발생시키는 쟁점이 되었다.

어느 정도의 공헌이 있어야 연구보고서의 저자로 이름을 올릴 수 있는가? 이 질문에 대한 절대적인 대답은 없다. 그러나 연구 공헌도를 (1) 연구문제나 가설을 설정한 사람, (2) 연구설계를 한 사람, (3) 연구보고서 원고 작성에 참여한 사람, (4) 자료수집을 직접 실시한 사람, (5) 자료를 분석한 사람 등으로 분류해 보면 그 기준이 다소 명확해질 수 있다. 일반적으로 말해서 공헌도는 일에 투여된 시간의 양과 학문적 중요성 두 가지 요인으로 평가해 볼 수 있다. 현재 학계에서 통용되는 기준은 시간의 양보다는 학문적 중요성에 더 큰 비중을 두고 있다. 따라서 연구가설의 발견이나 연구설계를 한 사람이 자료수집자나 자료분석자보다 시간은 덜 투자했어도 그 학술적 중요성 면에서 더 큰 비중으로 평가받게 되는 것이 보통이다. 경우에 따라서는 순전히 자료수집이나 분석에만 참여한 사람은 연구보고서에 저자로 올라가지 못하기도 한다.

우리 나라의 경우 저자의 순서를 정할 때 연장자(선후배) 순서를 채택하는 경우가 많다. 그래서 가장 큰 공헌을 한 사람이 두번째 혹은 그 이후의 순서로 기명될 가능성이 많다. 그래서 우리 나라에서는 연구보고서의 업적을 계산할 때 첫번째 저자(first author, principal author) 여부를 그다지 중요하게 고려하지 않는 경향이 있다. 그 대신에 저자가 몇 명이었느냐에 주목해서 단독 저자라면 100%의 업적, 2인 저자라면 50~70%, 3인 저자라면 33~50% 등의 기준을 적용하는 기관이 많다. 미국의 경우에는 첫번째 저자는 그 이후의 저자보다 큰 비중으로 평가받기 때문에 이 순서가 매우 중요하다. 우리 나라도 점차 미국의 경향을 따라가는 경향을 보인다.

대학원 학생의 논문 혹은 학위논문을 학술지에 출판하는 경우 저자명을 어떤 기준으로 올릴 것인가? 지도교수의 이름을 첫저자로 올릴 것인가 학생의 이름을 첫 저자로 올릴 것인가? 지도교수의 공헌이나 도움이 어느 정도일 때 이름을 올릴 것인가? 만약에 연구문제의 선정, 가설의 발견, 연구설계와 절차 그리고 도구 선정 등 중요한 의사결정을 하는데 지도교수의 조언 없이 거의 전적으로 학생만의 공헌이라면 지도교수의 이름이 출판물에 올라가는 것은 부적합하다. 특히 우리 나라에서처럼 2인 공저 논문은 단독논문보다 적은 업적으로 계산되는 상황에서는 더욱 그러하다. 그러나 지도교수가 연구문제의 설정, 가설발견, 설계, 도구 선정 등의 중요한 조언과 공헌을 하였다면 지도교수의 이름을 당연히 올려야 할 것이다. 최근에는 그 순서에 있어서 학생의 이름이 먼저 올려지는 경우가 많다.

(2) 인용출처의 표시와 표절의 문제

다른 학자의 논문이나 저서를 인용하지 않는 연구보고서는 거의 없다. 연구의 주제나 가설은 무에서 나온 것이 아니라 그것의 배경이나 맥락이 되는 선행 이론과 연구결과들이 있게 마련이다. 연구보고서 작성법에는 본문에 인용문헌을 표기하는 방법, 그리고 '참고문헌'의 목록을 표기하는 방법을 상세히 규정하고 있으며 그 표준화된 표기방법은 매우 철저하게 지켜지고 있다.

표절(剽竊)이란 다른 학자의 아이디어, 가설, 연구문제, 개념, 연구결과 등을 원저자의 허락이나 인용표시 없이 '도용'(盜用)하는 것을 뜻한다. 표절에는 아주 약한 정도의 표절로부터 매우 심한 정도의 표절에 이르기까지 다양한 수준이 있다. 보고서를 쓰다보면 그것이(원출처가 있지만) 필자 자신의 아이디어라고 잘못 오인하는 경우가 있다. 혹은 자기의 고유 아이디어는 아니지만 구체적으로 누구의 것인지 모르거나 알면서도 귀찮아서 인용표기를 하지 않는 경우도 있다. 즉, 실수나 부주의에 의한 표절을 말한다. 만약에 이 표절이 작은 부분에 지나지 않으면 실제로 문제삼는 경우는 드물다. 그러나 고의나 악의로 표절을 하는 경우가 있으며 그 표절의 양이나 질이 크게 문제되는 경우가 있다.

학위논문 중에는 이미 외국 혹은 국내에서 수행된 것을 그대로 베낀 것이 있으며, 그것이 발각되어 문제가 되는 적도 있다. 이것은 진정한 의미에서의 '반복연구' 즉 replication study와는 다르다. 진정한 반복연구에서는 자기가 누구의 몇 년도 연구를 다시 수행하며 그 목적은 무엇이다라는 것을 밝힌다. 그러나 고의적 표절연구는 그런 사실을 숨기고 마치 그것이 본인의 고유한 연구문제인 것처럼 위장한 것이다. 표절혐의에 대해 방어하기 위해서 "우연한 일치"라고 변명하는 경우도 있겠으나 우연한 일치인지, 고의적 표절인지는 심의위원회나 법정(법적 문제가 되었을 경우)에서 평가, 판단할 일이다.

인용출처와 관련해서 이런 경우도 자주 발생한다. 자기가 아주 폭넓은 문헌을 참고했다는 것을 과시하기 위해서 실제로는 참고하지 않은 문헌들을 마치 그랬던 것처럼 인용표기를 하거나 '참고문헌' 목록에 열거하는 경우를 자주 발견할 수 있다. 이런 경우 대개는 '재인용'인 경우가 많은데 재인용 표시를 일일이 하는 것이 불편하기 때문이기도 하다. 이런 사태를 예방하기 위해서 우선은 본래의 문헌을 직접 구해서 참고하는 것이 원칙이다. 그러나 원문헌을 구하지 못했으면 재인용 표시를 하거나, 자기가 직접 참고한 문헌들만을 표기해야 할 것이다.

제2부

상담은 효과가 있는가?

독자 당신이 상담심리학을 전공하여 석사학위를 받고 모 청소년상담실에 전임상담원으로 일하고 있다고 하자. 당신의 친척 중에 자녀의 문제로 고민하는 분이 있다. 그 분의 자녀는 학교 가기를 싫어하고 가출경력이 있으며 흡연도 한다고 한다. 학교에서는 여러 가지 비행으로 교사들로부터 좋지 않은 소리를 듣는다. 부모에 대한 반항이 심하지만 동시에 부모에 대한 의존도 강하다. 때로는 우울해 보이고 때로는 과격하며 화를 심하게 낸다. 학교 성적은 중간 정도지만 하락하는 추세라고 한다. 이런 자녀의 문제로 고민하는 친척에게 당신은 자녀와 함께 그분이 거주하는 도시의 청소년상담실을 방문하라고 충고하였다. 그러나 이 충고에 대해서 친척은 이렇게 물었다. 다소 의심스러운 표정으로,

"상담을 받으면 효과가 있나요?"

이 친척의 질문을 받았을 때 당신의 마음 속에서는 어떤 생각과 감정들이 지나가는가? 혹시 '움찔'하면서 뭔가 자신감 없는 느낌이 들지는 않는가? 아니면 오히려 '기다리던 질문이다'라는 생각과 함께 친척의 의문을 해결해 주기 위한 자신감 넘치는 태도가 발동하는가? 무엇이 이런 두 가지 다른 태도를 낳는가? 우리는 상담의 효과에 대한 탄탄한 증거들을 확보하고 있는가, 아닌가? 이 질문은 상담이 하나의 전문적 활동으로서 인정받기 위해서 반드시 거쳐야 할 필수 조건인 것이다.

이 제2부는 세 개의 장으로 구성되며 그들은 서로 유기적 관계를 가지고 있다. 상담이 도대체 효과가 있는 것인지, 어떤 상담이 어떤 내담자에게 얼마만큼이나 효과가 있는지에 관한 과학적 연구는 상담이라는 전문적 활동의 생존 여부를 가늠하는 중요한 정보를 제공한다. 만약 상담이라는 것이 별로 효과가 없다는 것이 과학적으로 밝혀진다면 우리는 기존의 상담을 더 이상 신봉할 필요도 없고 미련을 가질 필요도 없어진다. 그렇다고 해서, 상담의 효과를 억지로 입증하기 위해 자료를 조작하거나 가짜 연구를 한다면 이 또한 과학자적이지 못한 짓이다. 우리는 이 제2부를 통해서 어떤 상담이 효과가 있는지를 구명한다는 것이 철학적으로, 연구방법론적으로 어떤 의미를 갖는지 논의하면서 동시에 연구를 수행하는 구체적인 방법과 절차에 관해서도 논의할 것이다. 단, 필자는 그런 논의를 가능한 한 쉽게 이끌어 가고자 노력할 것이다.

제4장 상담효과연구의 기초

청소년 자녀의 일탈행동이나 정서적 문제에 대해서 상담을 받아보려는 부모들 중에는 다른 가정에서 비슷한 일이 있었는데 상담을 받았더니 문제가 많이 줄어들었다는 이야기를 들은 적이 있다는 분들이 많다. 이는 마치 병원의 복도에서 누구누구는 이런 병으로 어느 병원의 어느 의사에게 진료를 받아서 낳았다더라라는 류의 대화가 오고가는 것과 매우 유사하다. 상담을 받고 효과를 보았다는 소문에 의해서 상담의 고객, 즉 내담자들은 상담의 효과에 대한 기대감을 자극받는다. 그러나 상담전문가들은 이런 류의 소문에 의한 효과 인식에 의존해서는 안 된다. 전문가라면 상담의 효과에 대한 좀더 체계적이고 과학적인 근거를 확보해야 할 것이다.

1. 상담의 효과란 무엇이며, 왜 연구하는가?

1) 상담효과의 인식과 설득

(1) 상 식

상담의 효과를 믿지 못하는 친척에게 상담이 효과 있는 것이라는 믿음을 가지게 하기 위해서 당신은 어떤 말을 하겠는가? 우리 인간은 현상에 대해서 이해를 하거나 믿게 되는 인지적인 경로를 몇 가지 가지고 있다. 여기서 미국의 철학자인 Charles Peirce의 분류는 큰 도움이 된다. 그는 인간이 현상을 이해하고 믿는 경로로서 고집(tenacity), 권위(authority), 직관(intuition), 그리고 과학(science) 네 가지를 들은 바 있다(장상호, 1976). 상담의 효과를 인식하고 믿게 만드는 경로로서 '고집'과 '권위'는 전형적인 방식일 것이다.

독자 당신은 애시당초 어떻게 해서 상담에 관심을 갖게 되었는가? 왜 상담이라는 것에 주목하게 되었는가? 많은 상담종사자들은 자신이 직접 상담을 받아본 경험 혹은 친지가 상담을 받아본 경험이 계기가 되었다고 말한다. 이들은 대개 상담으로부터 긍정적인 경험, 즉 효과를 경험한 것이다. 이런 한두 번의 긍정적인 경험은 개인에게 상당히 강하게 보존되어서 그가 상담을 공부하고 전문가가 되게 하는 강한 동인(動因)으로 작용하기도 한다. 이런 인상적인 경험(그것이 1회에 불과할지라도)은 '고집스럽게' 당신으로 하여금 상담의 효과를 믿게 만드는 힘을 가지고 있다. 이는 마치 내가 처음 만난 "서울 사람"에 대해서 "깍쟁이"라는 인상을 받았을 때 그 이후 "서울 사람은 깍쟁이다"라는 편견 혹은 선입견을 갖게 되는 것과 비슷한 것이다. 요약컨대, 상담과의 첫 만남에서 긍적적인 경험을 한 사람은 상담의 효과에 대해서 오랫동안 긍정적인 생각을 갖게 되고, 부정적인 경험을 한 사람은 상담의 효과에 대해서 오랫동안 부정적인 생각을 갖게 될 것이다(이런 류의 믿음을 여기서는 '고집'이라고 부른다).

다음으로 '권위'를 생각해 보자. 상담의 효과를 주장하는 이 방법은 상담이 원래 믿을 만한 것이라든가 믿을 만한 사람에 의해서 수행된다는 점을 호소하는 것이다. 예컨대, "상담은 대학원에서 정식으로 상담을 교육받은 석사학위 이상을 소지한 전문가들이 하는 것이므로 믿어도 된다"라는 식으로 말할 수 있으며 당신의 친척은 그 말을 믿고 자녀와 함께 청소년상담실을 찾아갈 수 있을 것이다. 혹은 "상담은 Freud를 비롯해서 유명한 심리학자와 정신과 의사들이 고안한 방법을 그대로 사용하므로 믿을 만하다"라는 식으로 말할 수 있다. 그 외에도 당신은 상담가들이 사용하는 상담방법이 "미국의 하바드 대학에서 새로 개발된 방법"이라는 식의 설득법을 동원할지도 모른다.

그러나 모든 분들이 권위에의 호소에 의해서 영향받지는 않는다. 여전히 상담의 효과에 대해 미심쩍어 하는 분들이 많을 것이다. 그래서 생각해 볼 수 있는 방법이 바로 상담으로 효과를 본 사례들을 말해 주는 것이다. 효과를 본 사례가 단지 한 경우 뿐만 아니라 그 외에도 많다라는 점을 시사한다. 이렇게 효과를 본 사례들이 많으니 당신의 경우도 효과를 볼 것이다라는 점을 전달하려는 것이다. 당신의 친척은 그제서야 상담의 효과에 대해서 기대감이 생길 것이다. 그런데 만약에 당신의 친척이 이런 방식으로 물어왔다면 당신의 설득전략은 달라져야 할 것이다.

"상담을 받은 사람들이 얼마나 효과를 보나요?"

당신은 이 질문을 하는 당신의 친척은 단지 효과를 본 사례가 있었는지를 알고 싶어하는 것이 아니라 자기의 자녀가 효과를 볼 가능성의 확률이 어느 정도인지를 알고 싶어한다는 것을 눈치챌 것이다. (그 정도 눈치도 없다면 상담자로서 적합하지 못하다) 당신의 친척은 확률적 사고를 하는 것이다.

이 경우에 당신은 친척의 요구, 즉 확률적 정보를 만족시켜 주고 싶을 것이다. 그래서 머리 속으로 우리 나라 청소년상담실들의 각종 통계에 대해서 기억해 내려고 할 것이며 혹시 상담효과를 '몇 퍼센트'라고 간단히 표현해 준 정보가 없었는지 더듬어 볼 것이다. 혹은 당신 자신의 경험이나 당신이 근무하는 기관에서 상담의 효과를 '몇 퍼센트'로 보면 좋을지 어림셈을 해 보려고 할 것이다. 그리고 당신은 결국 "상담을 받으면 약 **퍼센트 정도는 효과를 봅니다"라는 대답을 할지도 모른다. 바로 그 **의 숫자가 크면 우리는 '직관'적으로 그것의 신빙성을 인정할 것이기 때문이다.

그러나 이런 방식의 정보, 즉 상담을 받으면 **퍼센트는 효과를 봅니다는 식의 정보는 상식적인 수준에서는 설득력을 가지기도 하지만 과학적 수준에서는 그렇지 못하다. 이미 과학적 사고의 훈련을 받았거나 연구방법론에 기초가 있는 독자들은 그 이유를 짐작할 것이다. 한 가지 극단적인 예를 들어보겠다.

만약에 A방법을 사용한 100개의 상담 사례 중에서 20개의 사례에서만 효과가 발견되고 40개 사례에서는 아무런 변화가 없으며 나머지 40개 사례에서는 문제가 악화되었다고 한다면, 당신은 상담방법 A의 효과에 대해서 어떤 생각을 하겠는가? 아마도 당신은 이런 경우에 "상담방법 A는 효과가 없는 방법이다"라는 결론을 내릴 것이다.

그러나 이 결론은 위험한 결론이다. 즉 단순한 '효과율'만 가지고 그 효과성을 판단한다는 것은 매우 성급한 것이다. 만약에 A가 아닌 기존의 상담방법으로는 20퍼센트도 못되는 효과율을 보여왔다면 이 상담방법 A의 효과성은 신중하게 평가받아야 함을 우리는 쉽게 납득할 수 있다.

반대의 예를 들어보자. 이번에는 100개의 사례 중에서 70사례가 효과를 보였고 나머지 30사례는 별다른 변화가 없었다고 하자. 70퍼센트의 효과는 매우 인상적이기 때문에 그 상담방법의 효과는 일반인들에게 매우 설득력 있게 다가설 수 있다. 그러나 만약에 기존의 상담방법들도 그와 동일한 혹은 그 이상의 효과를 보여왔음이 드러난다면 이 70퍼센트의 업적은 "그저그런" 정도의 효과에 지나지 않는다.

그런데 상담에 대한 과학적 접근은 이런 수준의 논의로는 그 정체가 밝혀지지 않는다. 과학적 사고의 절차는 우리의 상식에 맞아야 하지만 상식의 수준보다는 훨신 더 복잡한 기준과 절차를 가진다. 그러면 무엇이 과학적 사고인가? 이 질문은 과학자로서의 상담연구자에게는 매우 심각하고 중대한 질문이다. 함부로 대답하기가 조심스러워지는 질문이다. 그러나 이 책에서는 이 질문에 대해서 꾸준히 답변을 시도하게 된다. 아마도 이 장에서만도 그 질문에 대한 대답은 어느 정도 내려질 것이며 다른 장에서도 같은 노력이 주어질 것이다. 이 책의 궁극적 목적은 독자들의 과학적 사고력과 연구자로서의 자질을 향상시키는 것이기 때문이다.

(2) 과 학

우리는 제2장에서 과학적 사고라는 것에는 한 가지 의미만이 아니라 여러 가지 의미가 있다는 것을 언급하였다. 과학적 사고의 첫째 조건은 상담을 받고 효과를 본 사례가 실제로 존재해야 한다는 것이다. 즉, 과학의 증거주의이다. 실증적 증거가 있어야 한다. 그런데 이것은 필요조건이지 충분조건이 되지는 못한다. 상담으로 효과를 본 사례가 존재하는 것은 사실이지만 "상담은 청소년의 일탈행동과 정서문제 해결에 효과적인 방법이다"라는 보편적 명제를 주장할 수 있는 충분한 근거가 되지는 못한다. 그래서 사람들은 "＊＊퍼센트가 효과를 보았다"라는 확률적 정보를 제공하곤 하는 것이다.

물론 앞에서 암시하였듯이 '몇 퍼센트'라는 정보가 있더라도 그것이 상담의 효과에 대한 보편적 명제로서 충분하지 못하다. 왜 그럴까? 과학의 조건에는 공증(公證) 혹은 공인(共認)이라는 것이 있기 때문이다. 이 공증에는 두 가지 의미가 있는데 첫째는 다른 과학자도 인정할 수 있는 방식의 증거라는 의미이고, 또 하나는 공정한(편파적이지 않은) 방식으로 수집된 증거라는 뜻이다. 여기서 과학은 객관적인 관찰방법(여러 과학자가 공인할 수 있도록 고안된)과 체계적인 자료수집 절차(편파성을 가능한 배제한)를 중요시하는 것이다. 이 객관성과 공정성(비편파성)에 대해서는 이 책에서 수차에 걸쳐서 논의될 것이다.

여기서는 가장 쉬운 질문부터 해 보자. 도대체 몇 퍼센트의 효과가 있어야 효과가 있다라는 말을 할 수 있는가? 기준을 필요로 하는 것이다. 과학자라면 어떤 기준을 가져야 하는가? 우리는 왠지 모르지만 50퍼센트 이상이면 효과가 있다라는 느낌이 든다라는 것을 경험한다. 그것은 아마도 "과반수"라는 의식 때문일 것이다. 각종 회의나 선거에서 과반수를 기준으로 한 경우가 많기 때문이다. 다시 말해서 '효과가 있다'라는 후보와 '효과가 없다'라는 후보가 있는데 효과가 있는 사례가 50퍼센트가 넘으면 효과가 있다라는 후보가 "당선"된다는 사고를 하는 것이다.

그런데 이런 방식의 사고에는 함정이 있다. 과학은 회의, 투표, 선거와 어떻게 다른가? 과학에서는 어떤 처치법의 효과를 주장할 때 **기본율**(base rate)이라고 부르는 일종의 기준을 고려해야 한다. 예컨대 어떤 질병이 발생했는데 특별한 처치법이 없어서 많은 사람이 그 병으로 죽었다. 통계에 의하면 어느 해에 그 병에 걸린 사람의 90퍼센트가 사망했다. 그런데 어느 의사가 새로운 처치법을 제안하여 그 다음해에는 그 병에 걸린 모든 환자에게 그 방법을 시도했으며 이번에는 80퍼센트의 환자가 사망했다. 여전히 많은 환자가 죽어갔지만 사망률이 감소한 것이다. 80퍼센트의 사망률에만 주목을 한다면 이 새로운 처치법의 효과성은 별로 인상적이지 못하다. 그러나 새로운 처치를 받지 못했던 시절의 사망률 90퍼센트를 고려한다면 이 80퍼센트는 의학계가 주목해야 할 연구결과일 수 있다. 즉, 무(無)처치 혹은 종전 처치법의 효과를 기본율로 고려했기 때문이다.

기본율을 고려해야 하는 이유는 다음과 같은 예를 통해서 잘 이해할 수 있다. 한동안 우리 나라는 청소년 범죄가 증가해 왔다. 가상적 수치를 든다면, 1970년에는 1만건이었고, 1980년에는 1만 2천건이었다고 하자. 청소년 범죄의 숫자가 늘어난 것이다. 그런데 절대인구를 고려했을 때, 1970년의 청소년 인구는 500만명이였는데 비해 1980년에는 600만명이였다고 하자. 이른바 베이비붐의 결과이다. 그렇다면 이 경우에는 청소년 인구의 증가 그리고 인구구성비의 변화를 고려해서 정말로 청소년 범죄가 증가했는지를 따져보아야 하는 것이다(1만/500만=0.2%, 1만2천/600만=0.2%). 단순하게 청소년 범죄의 숫자만 가지고는 증가나 감소를 주장하기는 어렵고, 청소년 인구 대비 청소년 범죄 인구를 고려해 보아야 하는 것이다.

치료효과연구에서 사용하는 기본율에는 여러 가지가 있다. 그 중에서 우리가 가장 쉽게 이해할 수 있는 기본율은 자연치유율이다. 육체적 질병이나 심리적 문제들은 특별한 처치가 없이도 시간이 어느 정도 지나면 저절로 낫는 경우가 많은데 이런 것을 **자연적 회복**(spontaneous remission)라고 부른다. 질병이 자연적으로 치유되는 비율은 질병이나 문제마다 다르다.

우울증이나 불안신경증의 자연회복(치유)률이 50퍼센트라고 가정해 보자. 그런데 만약에 우울증이나 불안신경증에 대해 모종의 정신치료를 받은 환자의 약 50퍼센트가 효과를 보았다면 이는 자연회복률이나 다름없는 수치에 불과하다. 상담이나 심리치료의 대상이 되는 문제들 중에는 시간이 경과하거나 상황이 바뀌면 저절로 문제가 해결 혹은 경감되는 수가 종종 있다.

치료효과나 상담의 효과를 주장하는 데 있어서 고려해야 하는 두번째 기본율 개념은 기존의 상담방법에 의한 효과이다. 만약에 A라는 상담방법이 기존에 있었는데 B라는 상담방법이 새로 개발되어 시도되었다고 하자. 이 새로운 방법은 70퍼센트의 상담효과를 자랑하는 것이어서 수많은 상담전문가와 내담자들의 주목을 받게 되었다. 그런데 한 연구자가 기존의 A방법은 어떤지 연구를 해 보았더니 그것도 약 70퍼센트의 효과를 보여 주었다. 기존 상담방법의 성공률을 고려해 보니 새로운 상담방법의 효과라는 것이 대단한 것이 아니라는 것을 비로소 알게 된 것이다. 새로운 상담법의 효과를 주장하기 위해서는 기존 상담법의 효과를 기본율로 고려해야 한다. 약학이나 의학에서는 기존의 치료법을 소위 **기준요법**(standard treatment)이라고하며 새로운 치료법과 비교하는 기준으로 삼는 연구가 많다. 다양한 상담기법이 활용되고 있는 지금 자기 방법의 효과만 주장하는 연구보다는 다른 방법과의 비교를 시도하는 연구가 왜 요청되는지 독자들은 이해할 것이다. 이런 연구주제를 미국의 상담심리학계에서는 **비교연구**(comparison study)라고 부른다.

Eysenck(1952)의 충격적 보고서

1950년대 미국과 유럽의 심리치료계에서 이 연구보고서는 큰 반향을 불러일으켰다. 왜냐하면 이 보고서에 의하면 정신분석(역동)적 치료의 효과는 자연치유율과 같거나 혹은 그보다도 못하다는 것이었기 때문이다. 그 당시 미국과 유럽의 심리치료자들의 자부심은 상당했었는데 이 보고서가 그런 자부심에 찬물을 끼얹은 격이 되었던 것이다. 그런데 그 당시의 심리치료 효과연구들은 통제집단 설정, 치료효과의 측정방법 등에 있어서 결점이 많았었기 때문에 Eysenck가 분석에 사용한 자료들의 신빙성에 문제가 많을 수밖에 없었다. 또한 여러 연구들을 하나로 묶는 절차상에 있어서도 요즘과 같은 '메타분석'의 방법이 당시에는 알려져 있지 않았었기 때문에 자료분석 및 자료제시 방법에도 문제가 많았다. 그럼에도 불구하고, 심리치료의 효과를 부정한 Eysenck의 보고서는 많은 심리치료가 및 연구자들에게 자극을 주어서 심리치료의 효과를 과학적으로 구명하려는 연구가 그 이후에 급증하는 긍적적 역할을 하게 되었다. 그의 1952년도 보고서 내용 및 메타분석에 대해서는 이 책의 제6장에서 자세히 다루게 된다.

(3) 효과와 효과성

처치의 효과를 연구하는 전문연구자들은 efficacy라는 용어와 effectiveness라는 용어를 구분한다. 그 개념상 차이를 설명하기 위해서 일단 여기서만 efficacy를 '효과성'이라고 번역하고 effectiveness를 '효과'라고 번역하자.

효과성 처치연구에서 효과성이란 충실히 통제된 처치절차의 효과를 의미한다. 처치연구에서 방법론적으로 통제해야 할 대표적인 두 요소는 (1) 처치의 절차와 (2) 피험자의 무선할당이다. 다시 말해서 처치연구에서 처치는 그 처치의 전문가에 의해 표준화되고 매뉴얼화되어야 한다. 연구에 참여한 상담(치료)자들은 이 표준화된 매뉴얼에 의거해서 상담을 해야 한다. 그리고 연구에 참여하는 내담자들은 미리 준비된 무선(무작위) 순서에 따라서 처치집단과 통제집단으로 배정되어야 한다.

Wampold(출판중)는 이 효과성 연구는 현실세계, 즉 실험연구가 아닌 "진짜 임상상황"을 그대로 반영하는 것이 아님을 분명히 하고 있다. 다시 말해서 상담의 효과성이란 상담의 "임상실험"(clinical trials)에 대한 것이다. 앞으로 제6장에서 다룰 주제, 처치연구들을 종합하는 메타분석은 임상실험에 대한 효과성, 즉 이 두 가지 방법론적 조건을 만족하는 연구들만을 분석의 대상으로 선발한다. 즉, 대부분의 처치효과 메타분석연구는 주로 처치의 효과성(efficacy)에 대한 자료이다.

효 과 효과는 상담의 실제 상황 즉 "진짜 임상상황"에 관한 것이다. 상담가와 심리치료가들은 실험연구에 참여하는 경우를 제외하고는 자신의 임상적 판단을 가미해서 처치에 임한다. 처치의 종류, 절차를 정할 때 내담자의 특수성을 고려해서 다소의 변화를 준다. 따라서 하나의 처치기법을 사용하는 전문가라 하더라도 사례마다 약간씩의 변화가 있게 마련이다. 그리고 진짜 임상상황에서는 내담자 중에서 응급을 요하는 내담자는 대기자 집단에 넣지 않고 다른 내담자보다 먼저 상담을 해 준다든지, 다른 전문가에게 조속히 의뢰하는 등 상황에 따라서 적합한 임상적 조치를 취하게 된다.

그렇다면 통제된 연구절차에 의거한 임상실험의 효과성 연구결과는 진짜 임상상황에 일반화될 수 있는가? 이 질문에 대해서는 '임상실험'이 아닌 '진짜 임상'에서의 연구결과들을 필요로 한다. Wampold(출판중)는 효과성이 아닌 효과에 대한 연구들을 종합한 자료들을 폭넓게 분석한 결과 '효과연구'에서 나타나는 effect size는 '효과성 연구'에서 나타나는 것과 비슷한 크기였다고 결론을 내리고 있다.

'효과성 연구'는 어떤 특정 처치의 고유한 요소, 특정의 처치절차가 효과를 발생시키는지에 관심이 있다. 그래서 그 처치의 절차를 표준화시키고 매뉴얼화해서 실험을 하는 것이다. 반면에 '효과연구'는 실제의 임상현장, 즉 매뉴얼을 그대로 따르지 않을 수 있는 상황에서도 효과가 나타나는지에 관심이 있다. 만약에 임상실험연구의 결과 '효과성'이 있다고 나온 처치가 진짜 임상연구를 해 보니 '효과'가 없다라는 결과가 나온다면 그것은 실험상황에서는 가능한 처치가 진짜 임상상황에서는 무엇인가 예상치 못한 요인이 있어서 효과를 발생시키지 못한다는 생각을 해 보아야 한다.

그런데 이 책에서는 효과성(efficacy)라는 용어를 특별히 쓰지는 않을 것이다. 만약 이 책에서 효과성이라는 용어를 쓴다면 그것은 '효과'(effectiveness)와 대비시키기 위한 경우에 한한다. 이 책의 다른 곳에서는 효과성의 의미이든 효과의 의미이든 일단은 효과라는 말로 혼용해서 쓸 것이다. 그러나 독자들은 그것이 엄격하게는 '효과성'을 의미하기도 하고 '효과'를 의미하기도 한다는 것을 기억하기 바란다.

2) 상담효과의 평가기준

상담의 효과가 있다, 없다라는 주장을 할 때 과연 무엇을 기준으로 하는가? 그런 주장이 신뢰로운 것인지 어떻게 알 수 있는가? 여기서는 상담효과를 평가하는 기준에 대한 네 가지 의미, 즉 주관적 기준과 객관적 기준, 그리고 임상적 기준과 통계적 기준에 대해서 서로 상대되는 두 가지씩을 묶어서 논의하고자 한다.

(1) 주관적 기준과 객관적 기준

주관적 기준 당신 자신이 내담자라고 가정하자. 배우자와의 계속된 불화로 인해 혹시 해결책이 없을까, 부부관계를 개선할 가망성이 전혀 없는 것은 아닐까 번민하던 중에 부부상담가를 찾아갔다. 부부상담가는 당신과 약 1시간 반 정도의 시간을 면담 한 후 동료전문가 두 명과 상의를 하더니 당신에게 몇 가지 위로, 칭찬, 충고, 지시를 해 주었다. 상담을 받은 직후 당신은 부부관계의 악화가 나만의 책임은 아니라는 생각이 들어서 마음이 가벼워졌으며 부부관계를 개선시키기 위해서 너무 강박적으로 노력할 필요가 없다는 것을 깨달았다. 그리고 현재의 상태가 완전히 깜깜한 상황은 아니며, 앞으로 어떤 새로운 노력을 할 수 있을지 여유를 가지고 생각해도 되겠다라는 느낌이 들었다. 상담가는 나에게 상담이 다시 필요하다고 느끼면 즉시 연락을 해달라고 했으며 그런 제의가 합리적이라고 생각했다.

이 내담자처럼 상담을 받은 모든 내담자는 그 결과에 대해서 평가를 할 수 있다. 상담회기의 과정이나 절차, 상담의 결과, 상담자의 전문성 등에 대해서 내담자 자신의 주관적인 느낌이나 생각이 있게 마련이다. 여러 회기를 상담하는 경우 한 사례 안에서도 이런 평가는 회기마다 달라지기도 한다. 어떤 회기에는 상담자로부터 큰 도움을 받았다고 느껴지는 반면에 어떤 회기에서는 상담자가 자기를 전혀 이해해 주지 못했다고 느껴지기도 한다.

상담에 대한 내담자의 주관적 평가를 안다는 것은 상담자에게 매우 중요하다. 자신이 상담을 제대로 했는지, 이 상담이 제대로 되어가고 있는지 알아야 앞으로 그 사례를 어떤 식으로 진행해야 할는지에 대한 계획을 세울 수 있기 때문이다. 그래서 상담자는 상담 도중에 내담자와 상담에 대한 평가를 수시로 시도한다. 그 방법 중의 하나는 내담자가 원하던 도움을 받고 있는지 내담자에게 직접 물어보는 것이며 이때 내담자의 대답이 바로 내담자의 주관적 평가이다.

연구자에게는 내담자의 평가만 중요한 것이 아니다. 상담자의 평가도 중요하다. 그리고 상담의 효과에 대한 평가는 내담자와 상담자뿐만 아니라 다른 사람들도 내릴 수 있기 때문이다. 상담결과에 대해서는 내담자 본인뿐만 아니라 내담자 가족이나 주변의 주요 인물(예: 교사, 친구) 그리고 내담자를 직접 상담한 상담자 이외의 제3의 다른 전문가의 평가 등이 중요하다. 상담자, 가족, 주변인물, 제3의 전문가 등이 내리는 평가는 내담자 자신의 평가와 마찬가지로 그들의 주관적 견해, 입장, 관점, 의견, 느낌 등을 대변하는 것이다. 내담자, 상담자, 주변인, 제3자 전문인 등에게 묻는 주관적 평가의 내용은 주로 회기나 상담 전 과정에 대한 만족도, 목표를 달성한 정도 등이다.

이런 방식의 평가는 주로 질문지, 즉 상담의 효과를 묻거나 만족도 등을 묻는 질문지를 통해서 이루어진다. 때로는 구두로 질문을 해서 측정하기도 한다. 그런데 상담에 대한 이런 주관적 평가는 평가자의 입장과 관점이 필연적으로 개입되므로 과학적 연구에서는 최소한 두 가지 이상의 관점에서 평가를 실시하기를 추천하고 있다. 예를 들면 내담자 본인의 평가와 상담자의 평가를 사용한다든가, 내담자의 주변의 중요 인물의 평가를 더 첨가한다든가 하는 것이다. 상담의 효과를 평가하는 각종 측정도구 및 측정방법에 대해서는 이 책의 다른 곳에서 여러 차례 더 언급할 것이다.

객관적 기준 앞에서 언급한 주관적 평가란 주로 상담에 참여한 내담자나 상담자의 상담에 대한 의견, 만족도, 평가 등을 측정하는 방법이다. 그러나 측정의 내용이 이런 주관적인 것만 있는 것은 아니다. 주관적 평가 내용은 상담에 대한 내담자와 상담자 자신의 반응, 즉 현상학적 자료를 제공한다는 장점이 있다. 그러나 주관적 평가는 종종 객관성을 상실한다는 중요한 결점이 있다.

상담효과를 특정하는 데에는 객관적 기준도 동원된다. 여기서 객관적 기준이란 피험자의 주관적 느낌보다는 객관적으로 관찰되는 것을 측정의 기준으로 삼는다는 뜻이다. 예컨대, 신체-생리적 반응이나, 심리적 반응, 행동관찰 등이 바로 객관적 내용들이다. 우울이나 불안 등의 증상은 종종 신체-생리적 측정이 가능하다. 따라서 우울이나 불안에 대한 심리치료의 성과는 내담자 자신에게 주관적인 평가를 시키는 이외에 그의 신체-생리적 변화 자체를 측정할 수 있다. 뇌파, 심장박동, 땀, 표피체온, 근전도, 혈압, 혈당 등은 대표적인 신체-생리적 지표들이다. 이런 신체-생리적 측정치들이 심리치료의 성과를 나타내는 지표로 사용되곤 한다.

내담자의 행동을 가정, 직장, 학교 등에서 관찰, 기록하는 것도 자주 쓰이는 객관적 측정방법이다. 예를 들면, 주의가 산만한 아동이 교실에서 자기 자리를 이탈하는 빈도를 측정하는 것은 행동측정(behavioral assessment)이라고 하는 객관적 기준에 의한 측정이다. 다시 말해서 피관찰자의 산만한 행동은 그의 주관적 느낌을 잰 것이 아니라 객관적으로 드러나는 행동의 빈도를 측정한 것이다. 환자의 병동생활이나 부부간 상호관계에 대한 행동요목(behavior checklist)도 다분히 객관적 기준을 사용한다. 예컨대, 김계현(1997)의 저서에 소개된 Marital Interaction Coding System은 부부간의 상호작용 행동을 관찰 기록하고 측정하는 도구이다.

(2) 임상적 기준과 통계적 기준

임상적 기준 도대체 얼마만큼 효과가 있어야 효과가 있다라고 여길 것인가? 이것이 바로 효과의 '기준'에 대한 핵심 질문인데, 그 '얼마만큼'이라는 것에 부동의 유일한 기준이 있으리라고 기대하는 사람은 없다. 그러나 우리는 여전히 그 '얼마만큼'에 대한 기준을 원한다.

예를 들어보자. 읽기장애를 가지고 있는 아동에게 6개월 동안 개별교육을 시킨 후 현재의 읽기능력을 6개월 전과 비교하였더니 어떤 읽기 측정도구에서의 점수가 35점에서 40점으로 올라갔다. 이 아동의 교사와 부모는 크게 고무되었으며 앞으로도 계속해서 개별교육을 받기로 결정했다. 그런데 이 아동은 읽기 평가(총 20 문항)에서 단 한 문제만을 더 맞춘 것이었다. 즉 6개월 전에는 20개 문항 중 7개 문항을 맞추었는데 지금은 8개 문항을 맞춘 것 뿐이다. 이 1개 문항의 향상은 의미 있는 것인가?

이것을 연구에서는 임상적 의미, 임상적 의의(clinical significance) 혹은 실제적 의의(practical significance)라고 부른다. 어떤 처치 후에 처치 전과 비교하여 차이, 즉 변화가 있을 때 그 변화의 양이 임상적으로 볼 때 충분한 것인지 여부에 대한 전문적 견해를 임상적 의미(의의)라고 부르는 것이다. 예컨대, 우울증 환자가 심리치료를 받기 전의 MMPI-D척도 점수가 73이었는데 3개월간의 심리치료 후 같은 척도의 점수가 68이 나왔다면 그 5점의 차이는 임상적으로 의미 있는 것인가?

이 임상적 의의는 다음에 설명할 통계적 의의와 대비되는 개념이다. 통계적 의의는 경우에 따라서는 아주 적은 차이나 변화에 대해서도 '유의하다'라는 결과가 나올 수 있다. 연구한 사례수(N)가 많거나 측정된 자료 내에 변산(variance)이 아주 작으면 그런 결과가 나오곤 한다. 그러나 임상적 의의는 주로 개별내담자, 즉 한 사례를 두고 따지는 일이기 때문에 사례수나 변산과는 관련이 없다. 임상적 의의는 예컨대 MMPI-D척도에서 73→68(73-68=5)의 변화는 임상적으로 볼 때 의미 있게 덜 우울하게 된 것인가에 대한 의의도를 말한다.

갑돌이와 갑순이의 지능검사 결과 IQ가 각각 105, 107로 나왔다면 이 IQ 2의 차이에 대해서 의미 있는 차이라고 주장하는 사람은 별로 없을 것이다. 그러나 만약 그 점수가 각각 105, 125로 나왔다면 대부분 갑순이의 지능이 갑돌이보다 더 높다라고 말하는 데 주저하지 않을 것이다. 그것은 단지 그 차이가 20이기 때문만은 아니다. 우리는 살아오면서 지능지수와 관련한 많은 경험을 한다. 특히 교사, 카운슬러, 교육심리학자들은 지능지수와 관련한 더 많은 경험을 한다. 지능지수 105 정도 아이의 지적 능력을 대충 알고 있으며, 지능지수 125인 아이의 지적 능력도 알고 있다. 그래서 지능지수 20의 차이가 무엇을 의미하는지 알고 있으며, IQ 125는 105보다 더 높은 지능이다라는 주장을 하는 데 주저함이 별로 없다.

그러면 임상적 의의에 대해서 어떤 기준이 있는가? 획일적인 기준은 없다. 그런데 여기서 임상적 기준과 유사한 개념으로 '사회적 타당화'(social validation)이라는 개념을 알아둘 필요가 있다. Kazdin(1977)은 행동치료를 통해 얻어진 행동의 변화는 내담자가 살고 있는 사회에서 용납되는 범위, 그 사회의 건강한 동료집단과 비교해서 크게 벗어나지 않는 범위에 들어야 한다는 기준을 제시한 바 있다. 이 개념은 우리가 임상적 기준을 정하는 한 준거로 여길 수 있을 것이다.

독자들은 수많은 상담성과연구들이 실험집단과 통제집단 간의 차이가 있다는 것을 보여 줌으로써 상담의 효과성을 검증하는 것을 보아왔을 것이다. 그러나 이것은 다음에 설명할 통계적 의의와 관련이 있다. 임상적 의의는 '이 정도의 변화라면 임상적으로 의미 있는 변화이다' 라는 개념을 사용한다는 점에서 통계적 의의와 다르다.

통계적 기준 연구보고서를 한 번이라도 접해본 독자라면 제시된 통계표에 *, ** 등의 기호가 붙어 있고 통계표 아래에 *:$p<.05$, **:$p<.01$ 등의 각주가 붙어 있는 것을 보았을 것이다. 이것이 바로 어떤 데이터의 통계적 의의

도에 대한 약속된 기호이다. 이런 약속은 도대체 그 내용이 무엇이며 그런 약속을 한 근거는 무엇인가?

한 연구자가 비행청소년(예: 소년원 수감생) 20명에게 비행성향 척도(자기보고식 질문지)를 실시해서 평균 35, 표준편차 7.35를 얻었다. 그리고 비행으로 인해 체포되어 본 적이 없는 "정상" 청소년 20명에게 같은 척도를 실시해서 평균 31, 표준편차 6.77을 얻었다. 연구자는 "비행청소년의 비행성향 점수가 더 높다. 따라서 이 비행성향 척도는 타당한 검사이다"라는 결론을 내리고 싶었다. 그러나 그는 최소한 한 가지 절차를 더 거쳐야 한다. 즉 비행청소년의 평균 35와 정상청소년의 평균 31이 통계적으로 볼 때 의의가 있는지 여부를 검증해 보는 절차가 바로 그것이다.

이 통계적 검증의 논리와 절차를 정확하게 설명하기 위해서는 확률이론과 표집이론에서 사용하는 용어와 개념들을 사용해야 한다. 그러나 여기서는 가급적 그런 용어와 개념을 최소로 사용하면서 쉬운 설명을 시도할 것이다.

비행성향 척도 평균점수의 차이 즉 35-31=4의 차이는 절대적 숫자가 아니다. 물론 비행청소년 20명의 평균이 정상청소년 20명의 평균보다 높게 나온 것은 사실이다. 그러나 연구에 참여한 각 집단 20명이 우리 나라 현재의 비행청소년과 정상청소년의 전부가 아니다. 극히 일부분일 뿐이다. 따라서 그 비행청소년의 평균 35가 전체 비행청소년 평균일지, 아닐지 모른다. 만약 아니라면 얼마만큼의 차이가 있을지도 모른다. 정상청소년에 대해서도 마찬가지이다. 그리고 그들이 비행청소년 전체와 정상청소년 전체를 얼마나 대표하고 있는지에 대한 근거도 별로 없다. 샘플, 즉 표본을 추출한 절차를 가지고 추정을 해 볼 뿐인 것이다.

이런 이유로 인해서 우리 연구자들은 이른바 추리통계라는 기술을 사용한다. 표집된 20명의 비행청소년 자료와 20명의 정상청소년 자료를 가지고서 그 표집의 모집단, 즉 전집(全集)에 대한 추리를 하는 것이다. 다시 말해서 비행청소년 표집의 평균점수 35와 정상청소년 표집의 평균점수 31간에는 4의 차이가 있는데 그것은 그들의 전집에서도 그런 차이가 있다는 뜻으로 해석할 수 있는가 아니면 그런 해석을 할 수 없는 것인가라는 질문에 대해서 답변을 하려는 것이 바로 추리통계이다. 추리통계란 표집에서 나타난 수치를 그대로 보고(기술)하는 것이 아니라 그 수치가 나오게 된 궁극적인 모집단에 관한 추정을 하려는 것이다.

다시 우리의 예로 돌아가자. 비행청소년의 비행성향과 정상청소년의 비행성향을 비교하는 데 필요한 자료는 각각의 평균, 표준편차 그리고 사례수이다. 이 세 가지 자료만 있으면 두 집단의 평균은 다른 전집(모집단)에서 나온 것인지 아닌지를 판별할 수가 있다. 그리고 $p<.05$나 $p<.01$ 등은 그런 판별을 했을 때 범할 수 있는 오류의 범위를 의미한다. 다시 말해서 $p<.05$는 비행청소년 20명(표집) 평균점수와 정상청소년 20명(표집) 평균점수간의 차이 4와 각각의 표준편차로 미루어 보아 그 두 표집은 다른 전집(모집단)에서 나왔다라는 결론을 내렸을 때 그 결론이 (사실은) 틀린 결론일 가능성은 5퍼센트 미만이라는 뜻이다. 그리고 $p<.01$은 오류의 범위가 1퍼센트 미만이라는 뜻이다.

통계적 기준이라는 것은 바로 이 통계적 추리의 유의도(significance)를 지칭하는 것이다. 임상적 기준과 다른 점은 임상적 기준은 그 차이가 내담자 본인, 상담자(치료자), 제3의 전문가 등이 판단했을 때 의미 있는 차이라고 볼 수 있느냐를 가늠하는 것이고, 통계적 기준은 통계학에서 표준화한 절차에 의해서 추리해 보았을 때 표집에서의 통계치가 전집을 반영한다라는 결론을 내릴 수 있는가에 관한 것이다. 이 통계적 추리에 대해서는 이 책의 다른 곳에서 다시 더 설명하게 된다.

3) 상담효과의 원인

지금까지 설명한 것은 상담이 효과가 있다, 없다, 즉 효과의 유무 자체를 검증하는 논리에 관한 것이었다. 그런데 엄격하게 말하면 그 효과라는 것이 바로 그 상담의 효과이냐, 아니면 상담 이외의 다른 원인 때문이었느냐를 분명히 하는 것이 과학자의 도리이다. 그리고 나아가서는 상담 중의 어떤 요소 때문에 효과가 생겼는지까지도 밝히려는 것이 과학자다운 태도이다.

(1) 효과의 원인이 바로 그 상담이었는가?

독자 당신은 등교를 거부하는 한 중학생을 상담했다. 다섯 회기의 면담 후부터 그 내담자는 다시 등교를 시작했으며 큰 불편 없이 현재 두 달 이상 학교를 다니고 있다. 이런 내담자를 일컬어서 진보를 보였다, 성과를 보였다, 문제를 해결했다는 등의 표현을 한다. 이 내담자에게 일어난 진보, 성과, 문제해결은 상담에 의해서 발생한 것인가?

보통 사람들은 이런 성과에 대해서 "상담을 받은 덕분에"라고 쉽게 말해 버릴 수도 있다. 그러나 "까마귀 날자 배 떨어진다"라는 속담에서 시사하듯이 우리는 인과관계(因果關係)에 대해서 여러 가지 오해를 하는 것이 사실이다. 혹시 이 내담자에게서 일어난 성과와 변화는 상담 이외의 다른 원인 때문은 아니었을까?

가상컨대, 이 내담자를 괴롭히던 한 학생이 어떤 이유에서인지 전학을 갔다고 하자. 그리고 이 내담자는 그 다음 주부터 등교를 시작했다고 하자. 그렇다면 이 학생의 등교 재개는 상담보다는 한 학생의 전학과 더 관련이 깊을 것이라는 가설이 강력해진다. 이 새로운 정보에 접한 사람들은 대개 '아, 상담보다는 괴롭히던 학생이 전학해서 다시 등교를 하는구나' 라고 생각할 것이다.

인과관계가 없는데 인과관계가 있다라고 오인하는 대표적인 경우는 두 가지 사건이 연이어서 발생했을 때이다. 까마귀가 날아서 배가 떨어졌다라는 인과론적 생각도 그렇고, 상담을 받아서 등교를 재개했다는 생각도 그렇다. 경우에 따라서는 괴롭히던 학생의 전학과 내담자의 등교 재개도 인과관계가 아니라 우연한 일치일 수 있다. 혹은 다른 더 결정적인 원인이 있었을지도 모른다.

이처럼 과학적인 의미의 인과관계는 상식에서처럼 간단하지가 않다. 상식에서는 웬만한 논리가 성립하면 이것이 이것의 원인으로 작용했을 것이다라는 결론을 인정해 준다. 그러나 과학에서는 상식에서보다 훨씬 더 엄격한 기준을 요구한다. 상담연구에서 상담의 성과가 바로 그 상담에 의해서 발생했다라는 인과론적 주장을 하기 위해서 필요한 조건들은 무엇인가?

우리는 이 책의 여러 곳에서 내적 타당도(internal validity)라는 개념에 대해서 상세히 다룬다. 이 용어가 지칭하는 의미는 그다지 간단하지가 않지만 여기서 다시 간략히 설명하면 연구의 내적 타당도란 '인과관계에 대한 설명력이 높다' 라는 뜻이다. 상담의 효과를 검증하려는 연구에서는 상담의 성과가 결과이고 상담 자체가 원인이 되는 것이다. 상담을 받은 결과, 성과가 있었는데 그 성과가 상담으로 인해서 발생한 것인지 아니면 다른 요인 때문에 발생한 것인지를 분명히 구분한 연구는 내적 타당도가 높은 연구이고, 그렇지 못한 연구는 내적 타당도가 낮은 연구가 된다.

우울증을 호소하는 내담자를 4개월 동안 인지-행동적인 방법으로 상담을 하였는데 4개월 전의 우울증 척도 점수와 현재의 점수를 비교해 보았더니 현저한 변화를 보였다. 그리고 상담자가 임상적으로 보아도 내담자의 우울증 정도는 크게 약해졌다. 독자에게는 이런 방식으로 제시되는 사례가 이미 진부하게 느껴질 것이다. 독자들은 (1) 우울증은 시간의 경과에 의해 자연히 경감되는 경우가 많다, (2) 이 내담자에게 그 동안 좋은 일이 생겼다(예: 애인이 생김, 집안에 경사가 있었음), (3) 다른 처치를 받았을지도 모른다 등 다른 원인이 작용했을 수 있다라는 이른바 대안가설(alternative hypothesis)을 생각해 낼 수 있을 것이다. 그 정도의 연구설계로는 대안가설의 공격을 막아낼 수 없기 때문에 바로 그 상담이 성과의 원인이라고 주장하기가 어렵다라는 과학자다운 생각을 할 것이기 때문이다. 그러면 어떻게 하면 상담이 성과의 원인이었다라는 주장을 할 수 있게 될까?

가장 먼저 생각나는 것은 우울증에 대한 인지-행동적 상담을 더 여러 사례에 실시해 보고 같은 결과가 나오는지를 검토해 보는 것이다. 물론 좋은 생각이다. 인지-행동 상담을 실시한 여러 사례에서 같은 결과가 생긴다는 것은 우울증에 대해서 인지-행동 상담이 효과가 있다라는 주장을 강력하게 지지해 준다. 그러나 아직 부족하다.

엄격한 과학자들은 최소한 몇 가지 절차를 더 요구한다. 그 중 가장 대표적인 요구는 인지-행동 상담을 받지 않은 우울증 내담자들에게는 어떤 결과가 생기는가를 검토해 달라는 것이다. 독자들은 무처치 통제집단(no-treatment control group)이라는 용어를 들어보았을 것이다. 만약에 처치를 받지 않은 통제된 내담자들에게는 우울증이 지속되었는데 인지-행동적 상담처치를 받은 내담자들은 우울증이 감소했다면 그 성과가 상담 때문에 일어났다라는 주장을 "더 믿을 수 있다"라는 것이다. (과학에서는 완전히 믿을 수 있다라는 말을 쓰지 않는다. 과학은 과학의 불완전성을 전제하며, 이 불완전성의 전제가 과학을 계속해서 발전하게 한다.)

인과관계의 설명은 과학에서 매우 중요한 기능이다. 그러나 그것이 말처럼 쉽지가 않다. 특히 상담연구에서는 더욱 어렵다. 그래서 상담을 연구하는 과학자들은 상담처치가 성과의 원인임을 주장하기 위한 여러 가지 연구절차들을 고안하였다. 이런 절차를 한마디로 연구설계(research design)라고 부른다. 상담효과를 연구하는 연구설계에 대해서는 다음 제2절에서 더 자세하게 논의할 것이다.

(2) 구체적으로 어떤 요소가 상담성과의 원인이었나?

상담 사례 발표회나 슈퍼비전 시간에서 보면 '상담성과의 원인이 무엇인가?' 라는 질문을 가지고 열띤 토의를 하곤 한다. 이때 나오는 의견들을 보면 내담자의 자원, 상담자의 기술이나 태도, 내담자 주변인의 도움, 환경과 상황의 변화 등에서 상담성과의 원인을 찾는다. 사례 발표회나 슈퍼비전에서는 구체적인 한 사례에서 상담성과 혹은 효과의 원인을 찾으려는 것이고, 과학적 연구에서는 여러 사례에서 반복해서 작용하는 보편적인 원인을 찾으려는 것이 다를 뿐이다.

다음은 상담성과의 원인으로 흔히 연구되는 요소들에 대한 간단한 소개이다. 각 요소별 자세한 논의는 제3부에서 본격적으로 다룬다.

내담자 변인 내담자의 호소문제, 진단된 문제, 문제의 심한 정도, 내담자의 사회경제적 지위와 교육 정도, 내담자의 성, 내담자의 연령, 상담에 대한 내담자의 지식, 상담의 길이에 대한 내담자의 기대, 상담성과에 대한 내담자의 기대, 내담자의 자아 강도(ego strength), 내담자의 성격, 내담자의 신체적 매력도, 내담자의 자발성 수준, 내담자의 각종 자원과 장점 등.

상담자 변인 상담자의 성, 연령, 민족적 배경, 상담자의 전문교육 배경(전공학과, 수련 내용, 학위, 수련기간 등), 상담자의 개입기술 수준, 개입의 표준화 정도, 상담자의 지시적인 정도(directiveness), 상담자의 자기개방 정도, 상담자의 성격과 대인관계 유형, 상담자의 인지분화 수준(conceptual level), 상담자의 심리적 안정성, 상담자 자신의 치료경험, 상담자의 신앙이나 가치관, 상담자의 이론적 성향, 상담성과에 대한 상담자의 기대, 상담자의 신체적 매력도 등.

상담자-내담자 관계변인 상담자에 대한 내담자의 평가, 내담자에 대한 상담자의 평가, 상담자-내담자 간 협조적 관계(작업동맹, 치료동맹)에 대한 지각, 내담자와 상담자의 유사성 및 매칭관계(성, 연령, 민족, 성격 유형, 인지양식, 인지적 분화 정도, 종교, 가치관 등), 공감적 관계 등 촉진적 관계에 대한 지각, 사회적 영향(social influence) 등.

상담과정 변인 상담에서 사용된 내담자의 언어와 상담자의 언어, 상담자의 개입 의도, 상담자의 개입에 대한 내담자의 반응, 내담자와 상담자 간의 언어 상호작용 패턴, 내담자와 상담자 간의 상호 보완성, 내담자와 상담자의 행동 및 신체 언어, 내담자가 상담에 몰입하는 정도, 내담자와 상담자 간의 지배-순종 관계, 내담자와 상담자 간 우호-적대 관계 등.

상담변인 상담의 길이(예: 회기의 길이, 회기의 수), 사용된 기법과 이론, 상담기관의 성격(사설, 학교, 사회복지시설, 교정기관, 청소년상담소 등), 상담실의 환경, 상담의 형태(개인, 집단, 가족, 부부 등), 상담의 방법(면접, 전화, 전자통신, 서신 등) 상담의 의뢰과정(자신, 부모, 교사, 교육청, 교정기관 및 법정, 회사 등) 등.

성과연구에서 내담자 특성의 통제

상담성과연구는 그 연구의 본질상 상담처치 기법의 효과 여부에 초점이 주어진다. 그런데 어떤 처치기법도 모든 내담자, 모든 문제에 대해서 효과를 기대할 수는 없다. 처치기법을 고안하고 보급하는 개척자들은 자기의 처치기법이 여러 종류의 내담자와 문제에 대해서 효과가 있기를 당연히 기대할 것이다. 자기의 처치기법이 보편적인 효능이 있기를 바라는 것은 당연하다. 그러나 어느 처치기법도 모든 내담자, 모든 문제에 대해서 효과를 보여 주지는 못했다.

정신분석가를 포함해서 대부분의 심리치료가들은 자신의 치료법에 잘 적응할 수 있는 내담자를 선택하고 적합하지 않은 내담자는 다른 종류의 처치를 받도록 권장한다. 예를 들면, 자기의 심리 내적 과정을 언어로 잘 표현하지 못하는 내담자는 정신분석, 내담자중심상담, 인지치료 등에 그다지 적합하지 않다고 보고 있다. 내담자의 학력이나 경제력 등도 어떤 치료를 받을 수 있는지, 그렇지 못한지를 암시해 주기도 한다.

내담자가 제시하는 문제 혹은 진단된 장애의 성격에 따라서 처치법의 효과 여부가 달라지기도 한다. 예를 들면, 체계적 감감기법(systematic desensitization)은 주로 공포증을 비롯한 불안장애에 대해서 시도되었으며 그 효과는 다른 어떤 처치기법보다도 우수한 것으로 드러나고 있다. 그렇다고 해서 체계적 감감기법이 다른 정신장애나 성격장애의 치료에 탁월한 효과가 검증된 것은 아니다.

상담효과를 검증하는 연구에서는 피험자, 즉 내담자의 문제나 장애, 내담자의 연령이나 성별 등도 연구자가 통제해야 한다. 여기서 통제를 한다는 것은 연구자가 계획에 의해서 그 변인을 체계적으로 포함시키든지 아니면 제외시키는 것을 의미한다. 예를 들면, 시험불안에 대한 인지-행동요법의 효과를 연구할 때 대학생 남녀 내담자를 피험자로 하였다면, 연령이라는 면에서는 고등학생 이하를 제외한 것이고, 성별이라는 면에서는 남녀를 계획적으로 배분하겠다는 것을 뜻한다. 시험불안을 호소하지 않은 다른 내담자는 피험자가 될 수 없음은 당연하다.

요약컨대, 이처럼 상담처치 기법의 효과연구를 할 때는 내담자의 호소문제, 진단된 장애, 연령, 성별, 민족, 학력, 경제적 지위 등에 대한 고려를 반드시 해야 한다. 하나의 단일연구에 이 다양한 변인들을 모두 포함시킨다는 것은 불가능하므로 제외시킬 변인은 확실하게 제외시키고, 포함시킬 변인은 계획적으로 포함시켜야 타당한 연구가 될 수 있다.

2. 상담효과 검증의 연구방법론적 조건

"과학적"이라는 조건은 한없이 까다로울 수도 있고 상당히 관대할 수도 있다. 과학이 얼마만큼 까다로워야 하고, 얼마만큼 관대해야 하는지에 대한 절대적 기준선은 없다. 그러나 우리는 어떤 내용에 대해서 까다로움을 요구하고 관대함을 베풀어야 하는지에 대해서 미리 알고 있어야 한다. 그것이 바로 연구의 타당도(타당성)라는 것이다. 연구의 타당도에는 지금까지 내적 타당도, 외적 타당도, 통계적 결론의 타당도, 그리고 구인타당도 등이 논의되어 왔다. 이들 연구의 타당도에 대해서는 이미 제2장에서 개관한 적이 있다. 여기서는 상담효과연구라는 차원에서 타당도를 논의할 것이다.

1) 특수성으로부터 보편성으로

철수라는 이름을 가진 내담자가 소극적 성격과 대인관계 문제 등으로 상담을 받았으며 4개월의 인지-행동적 상담 후에 만족스러운 결과를 얻었다. 상담자와 내담자는 상담을 일단 종결하기로 합의하였으며 매월 한 번씩 만나서 상담의 효과가 지속되는지 추수 확인을 3개월간 하였다. 이런 결과에 대해서 상담자인 당신은 어떤 결론을 내리겠는가? 다음에 제시된 세 개의 결론 중에서 당신이 내릴 수 있는 결론을 선택해 보라.

(결론 1) 내가 실시한 인지-행동적 상담은 내담자 철수의 소극적 성격과 대인 문제를 개선하는 데 효과를 보였다.
(결론 2) 내가 실시하는 인지-행동적 상담은 소극적 성격과 대인문제의 개선에 효과가 있다.
(결론 3) 인지-행동적 상담은 소극적 성격과 대인관계 문제를 개선하는 데 효과가 있다.

당신은 이들 중 어느 결론에 동의하는가? 동의한다면 왜 동의하는가? 동의하지 않는다면 왜 그런가?

결론 1은 한 개인 내담자에 대한 개별상담자의 처치에 관한 것이다 그러나 결론 2와 결론 3은 '보편적인 명제' 이다. 결론 2는 내담자에 대한 일반화를 시도한 것이고, 결론 3은 내담자뿐만 아니라 상담자에 대한 일반화까지 포함한다. 결론 3은 철수 한 내담자에 대한, 당신 한 상담자에 대한 서술이 아니라 인지-행동적 상담이라는 방법의 효과가 보편적으로, 즉 다른 내담자에게도 발생한다는 뜻이다. 그런데 당신이 가지고 있는 자료, 즉 데이터는 철수 개인이 당신의 인지-행동적 상담을 받고서 효과를 보았다는 데 지나지 않는다. 결코 보편적인 의미로서의 인지-행동적 상담, 보편적인 의미로서의 내담자에 관한 자료가 아니었다. 앞의 자료에서 내릴 수 있는 결론은 다음에 지나지 않는다 ㅡ 철수는 나의 인지-행동적 상담을 4개월간 받고 소극적 성격 및 대인관계 문제의 개선에 효과를 보았으며 그 효과는 3개월째 지속되고 있다. 따라서 위의 자료로는 결론 1만이 성립한다. 즉, 당신이 가진 자료는 한 사례에 대한 자료이며 그것은 전형적인 '단일사례연구'(case study)이다. 단일사례연구에는 그 나름대로의 장점이 있지만 단일사례연구의 결과만으로 보편적인 결론을 내리는 데에는 극히 조심스러워야 한다는 경고를 잊지 말아야 한다. 과학자들은 보편적 지식을 추구한다. 그러나 보편적 지식을 얻은 방법은 그다지 쉽지만은 않다.

이번에는 이 보편성, 즉 일반성의 문제를 해결하기 위해서 당신은 철수 이외에도 여러 사례의 자료를 수집했다. 예컨대 소극적 성격과 대인문제를 호소하는 10명의 내담자에게 역시 인지-행동적 상담을 실시한 결과를 수집했다. 자료를 분석해 본 결과 10명 중 9명이 현저한 진보를 보였고 1명만이 변화가 없었다. 이제 당신은 어떤 결론을 내릴 것인가?

당신은 분명히 결론 2, 즉 내담자에 대한 보편적 결론을 내리는 데 별로 주저함이 없을 것이다. 10명 중 9명이 효과를 보지 않았는가! 그런데 과학자들은 다음과 같은 질문을 제기한다 ㅡ 혹시 상담을 전혀 받지 않은 내담자들은 효과가 없을 것인가? 혹은, 인지-행동적 상담이 아닌 다른 이론의 상담이라면 어떻게 되었겠는가? 심리학적 배경을 가지지 않은 다른 연습들, 예컨대 시중의 "성격 교정 학원"에서 실시하는 연습을 경험한다면 어떻게 되겠는가? 그리고 혹시 이 내담자들의 대인관계 능력을 향상시킬 만한 상담 이외의 다른 사건이 그 동안에 일어난 것은 아니가? 등. 이것이 바로 연구의 내적 타당도(internal validity)의 문제이다.

2) 내적 타당도

이제 당신은 다시 결론 2가 흔들린다는 것을 알게 되었을 것이다. 이 수많은 질문들을 잠재울 수 있는 방법이 무엇인가? 앞에서 언급한 것처럼 학술적 연구의 결론을 의심하는 적대적인 가설을 대안가설 혹은 적대가설이라고 부르는데, 연구자는 이 대안가설, 즉 적대가설에 대한 방어능력을 갖출 필요가 있다. 어차피 연구자는 철수 개인에 대한 당신의 인지-행동적 상담의 효과에 대해서만 알아보려고 한 것은 아니지 않는가? 연구자로서의 당신의 관심은 1차적으로는 당신의 인지-행동적 상담이 소극적 성격과 대인문제의 개선에 (철수뿐만 아니라 보편적으로) 효과가 있는지를 알고 싶은 것이고, 2차적인 관심은 당신의 상담 때문에 그런 효과가 발생했다는 것을 검증하고 싶은 것이고, 3차 관심은 당신의 상담뿐만 아니라 다른 상담자의 인지-행동적 상담까지도 효과가 있는지를 알고 싶은 것이다.

당신은 이미 10개의 사례로부터 자료를 수집함으로써 당신의 1차적 관심에 대한 보편적 데이터를 상당 수준 확보했다. 그러나 당신은 아직 2차, 3차 관심에 대해서는 아직 믿을 만한 데이터가 없다. 다시 말해서 적대가설에 대한 방어력이 약하다.

여기서 2차 관심은 상담의 성과가 다른 것이 아닌 바로 당신의 인지-행동적 상담에 의해서 발생했다라는 것을 주장하고 싶은 것이다. 2차 관심에 대해서 연구자들은 흔히 어떤 방법을 제안해 왔는가? 2차 관심 때문에 나온 아이디어가 바로 통제집단이라는 발상이다. 당신은 다른 10명의 내담자가 상담을 받는 4개월 동안 또 다른 10명의 내담자에게는 상담처치를 제공하지 않고 기다리게 한다. (상담소에 따라서 4개월 정도 기다려야 자기 차례가 돌아오는 경우가 있다) 이렇게 해서 상담처치를 받은 10명과 받지 못한 10명 간의 차이를 비교해 보는 것이다.

그런데 연구전문가들은 치료를 받는 피험자와 치료를 받지 않는 대기자들을 임의로 결정하지 않고 무작위적으로(randomly) 배정되도록 조언한다. 아래에서 R의 표시가 두 집단에 대한 내담자의 무선배정(random assignment)을 의미한다. 이 무선배정은 내적 타당도뿐만 아니라 추리통계의 중요한 가정을 만족시키는 데에도 필요하다.

R	O1	X	O2
R	O3	WLC	O4

(R: 무선배정, O: 측정 혹은 관찰, X: 처치, WLC: 대기 통제집단)

이 방법을 통해서 당신은 최소한 두 가지의 중요한 적대가설에 대한 방어력을 구축할 수 있다. 하나는 "역사"(history)라는 것이고 다른 하나는 "성숙"(maturation)이라는 것이다. 연구의 내적 타당도를 위협하는 요소로는 보통 13가지가 거론되고 있는데 이 13개 위협요소에 대해서는 제2장에서 자세히 설명했기 때문에 여기서는 가장 대표적인 위협요소인 역사와 성숙의 문제만 먼저 설명한다.

역사라는 내적 타당도 위협요소는 처치기간 중에 처치의 결과에 영향을 미칠 만한 사건이나 상황이 있었는가라는 것이다. 만약에 당신의 연구대상자들이 주로 대학생들이며 당신의 실험기간 중간에 대학 축제가 있었다고 하자. 성격이 소극적이며 대인문제가 많은 당신의 내담자들은 이 축제기간 동안에 사회성이 높은 다른 학생들과는 달리 더 심한 외로움과 스트레스를 경험했을 가능성이 있다. 다른 예를 들면, 실험기간 동안 그 처치와 유사한 내용을 다루는 프로그램을 피험자들이 접했다면 이것도 내적 타당도를 위협한다. 진로상담의 효과실험 기간 동안 유명한 TV프로그램에서 진로의식 개발을 다루었다면 이것이 상담처치의 효과에 영향을 미칠 수가 있다.

성숙이라는 위협요소는 실험기간 동안에 자연적으로 성숙에 의해서 혹은 자연적으로 변화될 수 있는 가능성을 지칭한다. 앞에서 우울증이나 조울증은 시간의 경과에 따라 심해졌다가 약해졌다가를 반복하는 경향이 있음을 예로 들면서 이 점이 연구설계에 반영되어야 함을 주장한 바 있다. 당신의 연구, 즉 소극적 성격과 대인문제는 우울증과 같이 오르락내리락 사이클을 보이지는 않지만 성숙효과가 전혀 없지만은 않다. 예를 들면, 당신의 내담자들이 모두 대학 1학년 학생이며 상담시기가 모두 첫학기였다면 이 성숙효과를 심각하게 검토해야만 할 것이다.

당신에게 상담처치를 받지 않는 10명의 통제집단 피험자가 있다면 그들도 처치를 받는 10명의 실험집단 피험자와 마찬가지로 역사와 성숙의 영향을 받을 것이다. 즉 실험집단과 통제집단이 모두 역사와 성숙이라는 요소에 노출되기 때문에 처치기간 후에 관찰되는 두 집단간의 차이는 역사나 성숙이 아닌 바로 상담처치에 기인한다는 주장을 좀더 강력하게 해 준다. 단, 이때 주의해야 할 것은 실험집단과 통제집단의 피험자들이 효과측정을 받는 시기가 같아야 한다는 점이다(O1과 O3의 시기가 같고, O2와 O4의 시기가 같아야 함). 역사나 성숙은 모두 시기가 중요하기 때문에 측정시기가 집단마다 다르면 그 위협요소를 제대로 배제할 수가 없다.

3차 관심은 당신이 실시하는 인지-행동적 상담뿐만 아니라 다른 전문가들이 실시하는 인지-행동적 상담도 효과가 있을 것이라는 것이다. 다시 말해서 어느 한 치료자의 인지-행동적 상담만이 아닌 인지-행동적 상담 일반의 효과에 관심이 확대된 것이다. 이 3차 관심에 대해서 연구자들이 가장 흔히 제안해온 방법은 여러 상담자들을 동원하는 것이다. 이때 연구자 자신은 상담자로서의 역할을 하지 않는 것이 보통이다.

이때 연구자인 당신은 인지-행동적 상담을 제대로 훈련받은 2명 이상의 전문가를 필요로 한다. 그리고 그들에게 소극적 성격 및 대인문제를 호소하는 10명의 내담자들을 무선적으로(무작위적으로) 할당해서 인지-행동적 상담을 하게 한다. 그리고 비슷한 문제를 호소하는 다른 10명의 내담자들은 처치를 받지 않는 채 기다리게 한다. 그리고는 4개월 경과 후에 처치집단과 비처치집단 간의 차이를 비교한다.

앞에서 본 연구와 다른 점은 단 한 가지 뿐이다. 그것은 바로 1명의 상담자가 아니라 2명 이상의 상담자가 동원되었다는 점이다. 상담자가 단 한 명이었을 때에는 내담자들을 상담자들에게 할당할 필요가 없었으나, 상담자가 복수가 되었기 때문에 '할당'(assignment)이 필요하게 되었다. 이 경우에도 그 할당(배정)방법으로서 무선(無選, 무작위)할당 영어로는 random assignement라고 부르는 방법을 쓴다. 무선할당이란 내담자를 상담자에게 할당하는 과정에 아무런 평가, 판단, 편견이 작용하지 않는 것이다. 이를 통계학적으로 표현하면 "각 내담자는 각 상담자에게 할당될 확률이 모두 같도록" 하는 것이다. (연구를 실제로 진행해 보면 이 무선할당이(집단에의 무선할당과 상담자에의 무선할당 모두를 의미함) 결코 쉬운 일이 아님을 금방 안다. 이 무선할당을 하지 못하는 경우의 설계를 "유사실험설계(quasi-experimental design)"라고 부르며 이는 다음 절에서 더 자세히 설명한다.)

상담자가 1명이 아니라 2~3명이 참여했다는 사실은 연구결과를 일반화하는 범위를 넓혀준다. 다시 말해서 상담자에 대한 일반화를 확장시키는 근거를 마련하는 것이다. 물론 그 정도의 연구로 "모든" 상담자에게 일반화시킬 수는 없지만 1인의 상담자가 참여한 연구보다는 일반화 범위가 넓다. 이처럼 연구결과의 일반화란 것은 절대적인 일반화란 있을 수가 없는 것으로서 표집, 즉 표본 추출을 어떻게 했는가에 따라서 일반화 가능성의 정도가 가늠되는 것이다. 이 일반화에 대해서는 '외적 타당도'(external validity)를 다룰 때 더 자세히 설명될 것이다.

3) 외적 타당도

연구의 외적 타당도가 무엇인지는 이미 앞에서 암시되었다. 외적 타당도란 연구의 결과가 단지 연구에 참여한 피험자나 상황에만 국한되는 것이 아니라 다른 사람들이나 상황까지 일반화될 수 있다는 것을 의미한다. 상담효과연구의 맥락에서 외적 타당도에 대해 좀더 자세하게 논의해 보자.

상담효과연구에서의 외적 타당도는 크게 두 가지로 구분한다. 사람(피험자)과 상황이 그것이다. 첫째, 사람에 대한 외적 타당도란 바로 연구에 참여한 피험자 이외의 다른 사람들에게까지 연구결과가 적용될 수 있다라는 근거가 있다는 것을 의미한다. 여기서 피험자는 내담자와 상담자 모두를 지칭한다. 둘째, 상황에 대한 외적 타당도란 연구에서 조성(조작)된 실험상황 이외의 다른 상황에까지 연구결과를 적용할 수 있다는 근거가 있다는 것을 의미한다. 여기서 상황은 공간적 상황과 시간적 상황 둘 다를 포함한다.

연구의 외적 타당도는 왜 필요한가? 외적 타당도가 없다라는 것은 연구결과를 오로지 연구에 참여한 피험자, 바로 그 상황, 그리고 바로 그 시대에만 적용할 수 있을 뿐 다른 사람, 다른 상황, 다른 시대에는 적용할 수 있다는 근거가 전혀 없다는 것을 의미한다. 다시 말해서 외적 타당도가 없는(혹은 극히 낮은) 연구는 경제성이 없음을 시사한다. 그러면 연구자들은 연구의 외적 타당도를 어떻게 확보하는가? 이 질문에 대한 정확한 답변을 한다는 것은 극히 복잡하다. 그러나 여기서는 매우 간단하고 직관적으로 외적 타당도 확보전략에 대해서 설명해 보겠다.

첫째, 사람에 대한 외적 타당도를 확보하는 방법부터 생각해 보자. 앞 절에서는 한 명이 아닌 다수의 내담자, 한 명이 아닌 다수의 상담자를 연구에 참여시키는 것이 외적 타당도와 관련이 있음을 시사하였다. 즉 피험자의 수를 증가시키는 것은 일단 연구결과의 일반화에 도움될 때가 많다.

그런데 단지 피험자의 숫자만 늘린다는 것이 자동적으로 외적 타당도를 높혀주지는 않는다. 연구자는 자신의 연구결과를 일반화시키고 싶은 '전집(全集)의 특성들' 을 미리 상정해 둘 필요가 있다. 앞의 예에서는 '소극적 성격과 대인관계 문제를 호소하는 내담자' 라는 조건이 있었다. 이것이 전집의 한 가지 특성을 나타내는 것이다. 다른 모든 문제가 아닌 특정 종류의 문제로 전집을 규정한 것이다. 전집의 특성을 더 구체적으로 기술하려면 피험자의 호소문제뿐만 아니라 연령, 학력, 성별 등을 포함하는 것이 필요하다. 이런 정의에 입각한 피험자 선정은 그만큼 일반화의 범위를 명확하게 해 준다는 점에서 외적 타당도의 근거를 확보한다.

그 다음으로 중요한 것은 표집, 즉 표본 추출의 절차이다. 표집된 피험자(들)은 그 연구결과를 일반화시키고자 하는 전집을 잘 대표해야 한다. 전집을 잘 대표하는 표집이란 무엇인가? 만약에 표집된 피험자들이 '소극적 성격과 대인관계 문제' 중에서 아주 지엽적인, 특이한, 편파된 특성만을 보여 주고 있다면 이는 그 표집이 전집을 제대로 대표하고 있지 못하는 것이다. 일단 전집을 정의했다면 표집은 그 전집을 골고루 반영하도록 반영해야 한다. 만약에 전집을 위의 문제를 호소하는 '대학생 내담자' 라고 규정했다면 표집은 학년, 성별 등을 골고루 반영해 주어야 한다.

둘째, 상황에 대한 외적 타당도를 확보하는 방법에 대해서 생각해 보자. 먼저 공간적 상황에 대해서 고찰해 보자. 실험연구에서 실험실 조건은 일종의 공간적 상황변인이다. 상담연구에는 같은 대학생 연령층의 내담자로 피험자 연령을 국한시키더라도 그들에 대한 상담을 대학의 학생생활연구소의 상담실에서 하는 것, 사설 유료 상담기관에서 하는 것, 사회복지기관의 상담실에서 하는 것 간에는 상황적 차이가 크다. 만약에 연구상황이 대학상담소에 국한되어 있다면 그 연구결과를 다른 상담실 상황으로 일반화할 수 있을지에 대해서는 아직 근거가 희박하다. 다음으로 시간적 상황에 대해서 고찰해 보자. 시간은 많은 것을 변화시킨다. 단순한 시간의 경과만으로도 유기체를 발달시키거나 노화시키며, 기억량, 감정 등에 변화를 일으킨다. 그리고 시간의 차이는 한 사회의 문화, 사고방식, 가치관 등에 변화를 초래한다. 1970년대의 상담연구결과를 1990년대 후반인 지금 적용하는 데 있어서 문제점이 없을까?

3. 상담성과의 측정

모든 처치의 효과는 결국 그 성과(outcome)을 측정함으로써 파악된다. 아스피린의 해열효과는 투약 이전과 이후의 체온을 측정하여 비교함으로써 알 수 있게 된다. 마찬가지로 우울증에 대한 상담의 효과는 상담 이전과 이후의 우울증 정도를 측정, 비교함으로써 파악된다. 상담성과에 대한 정확한 측정이 없이는 상담의 효과를 제대로 연구할 수가 없다. 상담연구에서의 측정은 목적에 따라서 크게 성과의 측정과 과정의 측정이 있는데 여기서는 성과의 측정에 집중해서 논의한다. 과정의 측정에 대해서는 다른 장에서 다룬다.

1) 측정의 양호도 : 신뢰도와 타당도

상담성과 측정의 정확성은 무엇으로 가늠할까? 측정론자들은 크게 두 가지의 개념을 발전시켜 왔다. 하나는 신뢰도라는 개념이며 다른 하나는 타당도라는 개념이다.

(1) 신뢰도

측정의 신뢰도는 한마디로 말하면 안정성과 일관성을 의미한다. 여기서 안정성과 일관성은 의미가 약간 다르다. 먼저 측정의 안정성부터 설명한다. 인간의 지능은 극히 예외적인 경우를 제외하곤 몇 일 혹은 몇 달만에 크게 달라지지 않는다. 따라서 신뢰로운 지능검사는 다른 시기에 여러 차례 실시해도 그 결과가 안정적이기를 기대해야 한다. 이것은 시간에 대한 안정성으로서 측정이론에서는 검사-재검사 신뢰도(test-retest reliability)라고 칭한다. 예컨대 지능검사 중의 하나인 KEDI-WISC라든가 성격유형검사(MBTI), 성격5요인검사(NEO-PI-R) 등의 경우 검사-재검사 신뢰도가 매우 중요하다. 성격의 유형을 측정한 결과가 단기간 내에 변화한다는 것은 성격유형이론에 위배되기 때문이다. 그러나 인간의 기분이나 감정(우울, 들뜸, 분노, 기쁨, 불안 등)과 같이 상황의 변화나 시간의 경과에 의해 자주 변화하는 속성에 대한 측정은 시간에 대한 안정성을 기대하기가 어렵다. 이런 경우에는 다른 종류의 신뢰도를 구하는데 그것을 일관성(consistency)의 개념으로 살펴볼 수 있을 것이다.

측정의 일관성에는 크게 두 가지가 있다. 하나는 채점자간의 일관성으로서 영어로는 inter-rater reliability 혹은 scorer reliability라고 부른다. 행동수정 연구에서 아동 내담자의 행동을 측정할 때 보통 2명 이상의 측정자가 한 아동의 행동을 측정하는데 이때 측정자간의 측정치가 크게 다르다면 그 측정은 믿을 수 없는 것이다. 여러 명의 측정자간의 일관성 있는 측정, 즉 일치도는 측정의 신뢰도를 나타내는 하나의 지표가 된다. 측정의 두번째 일관성은 측정 문항간의 일관성이다. 하나의 문항으로 측정을 마치는 경우는 극히 드물다. 대개가 하나의 속성을 잰다고 보여지는 여러 개의 문항을 사용한다. 그렇다면 이들 여러 문항들간에는 일관성이 나타나야 한다. 독자들은 연구보고서에서 이른바 Cronbach의 알파계수를 측정의 신뢰도로 제시하는 경우를 자주 보았을 것이다. 이 알파계수는 바로 문항간의 일관성 정도를 나타내 주는 가장 대표적인 지수이다. 알파계수가 높으면(예: .90) 그 문항들로 구성된 척도는 동일한 속성을 잰다고 간주하는 것이다. 문항간의 일관성을 나타내는 또 하나의 지수는 이른바 Kuder-Richardson 신뢰도인데, 이것은 주로 학력검사의 신뢰도를 제시할 때 사용된다.

신뢰도 중에는 이른바 반분신뢰도라는 것이 자주 등장한다. 이것은 영어로 split-half reliability라고 부르는데, 한 검사를 반으로 나누는 방법으로 크게 두 가지가 있다. 하나는 검사를 전반과 후반으로 나누는 방법이고 다른 하나는 검사를 홀수 문항과 짝수 문항으로 양분하는 방법이다. 검사의 성격이나 문항 배열방식에 따라서 전후양분법을 사용할지, 기우양분법을 사용할지를 정한다. 이 반분신뢰도도 검사 문항의 일관성을 나타내는 지수라고 보면 된다.

(2) 타당도

타당도는 쉽게 말하면 '재고자 하는 속성을 재고 있느냐'에 대한 개념이다. 타당도는 지수와 같은 수치로 나타낼 수도 있고 그렇지 못할 수도 있다. Beck의 우울증 척도 BDI는 우울의 정도를 나타내 주어야 타당한 검사가 된다. BDI가 우울 정도보다는 사회성을 주로 더 나타낸다면 타당성이 떨어지는 것이다. 지능검사의 단기기억력에 관한 척도는 단기기억 능력을 재야지 단기기억력보다 장기기억력을 측정한다면 그만큼 타당성이 떨어지는 것이다.

행동과학적 측정의 타당도에는 크게 세 가지 종류가 있다. **내용타당도, 준거타당도, 구인**(構因)**타당도**가 그것이다. 먼저 내용타당도는 안면(顔面)타당도라고도 부르는데, '재고자 하는 속성을 재고 있느냐'라는 타당도 본래의 개념에 가장 가까운 개념이다. 예를 들어, 상담의 결과에 대한 내담자의 만족도를 재는 척도가 있다고 한다면(성과측정의 한 방법) 그 척도의 문항들은 상담의 결과에 대한 내담자의 만족감-불만족감을 이루는 여러 가지 다양한 요인, 단서, 체험, 사실들을 골고루 망라하고 있어야 한다. 즉 이들 다양한 요인, 단서, 체험, 사실들이 전집이 되는 것이고 척도의 문항은 표집이 되는 것으로서, 표집이 전집을 어느 정도나 잘 대표하고 있느냐가 바로 내용타당도가 되는 것이다. 대체로 내용타당도는 그 분야의 전문가들에게 척도의 문항들을 면밀히 검토하고 평가하도록 하여 양호도를 평가하곤 한다.

준거타당도란 영어로 criterion-referenced-validity라고 부를 수 있다. 가장 대표적인 준거타당도는 예언타당도(predictive validity)와 공인타당도

(concurrent validity)이다. 공인타당도는 동시타당도라고도 부른다. 예언타당도는 적성검사를 생각해 보면 가장 쉽게 이해가 된다. 직업적성검사는 피검자의 직업수행 능력을 예언하고자 만들어진 것이므로, 적성검사의 타당도 중에는 예언타당도가 가장 핵심이 된다. 적성검사 점수와 직무수행 정도 간의 상관을 내어봄으로써 적성검사의 예언타당도를 구할 수 있다. 그 밖에 입학시험, 진단검사 등도 예언타당도를 중요시하는 검사들이다. 공인타당도는 같은 속성을 잰다고 가정되는 두 검사간의 상관 정도로서 표시된다. 예컨대, 상담회기에 대한 내담자의 평가척도 A와 척도 B가 있다고 하자. 척도 A는 이미 몇 년 전부터 사용되어 오던 것이고 척도 B는 A보다 짧은 간편형으로써 최근에 만들어졌다. 이때 척도 A와 척도 B는 같은 속성을 재는 것으로 가정되며 그 두 개는 상관이 높기를 기대한다. 만약에 척도 A가 이미 그 내용타당도나 구인타당도에 있어서 상당히 인정받는 것이라면 이 척도 A는 척도 B의 표집검사로서 역할을 하는 셈이다.

구인타당도는 영어로 construct validity인데 이를 구성개념 타당도(혹은 짧게 구념타당도)라고 부르기도 한다. 구인의 개념에 대해서는 이 책의 제1부에서 논의한 바 있다. 심리학, 정신치료, 상담이론에서 쓰이는 많은 개념들이 바로 구인이다. 예를 들면, 동기나 지능도 구인이며, 외향성도 구인이며, Freud의 id나 ego도 구인이며, Rogers의 '유기체적 동기'도 구인이다. 그러면 측정에서의 구인타당도란 무엇인가?

측정에서 구인타당도란 '검사가 측정하는 속성, 즉 특성의 무엇인가에 대한 정보'를 의미한다. 구인타당도에 대한 정보는 여러 가지 방법에 의해서 주어진다. 예언타당도나 공인타당도처럼 간단한 상관계수로서 주어질 수도 있지만 구인타당도는 그런 경우보다는 훨씬 더 복잡한 통계과정이나 혹은 실험적 연구설계를 요하는 수가 많다. 상담연구에서 사용되는 척도들에 대해서는 요인분석(factor analysis), 변량원분석, 수렴적-식별적 타당화(convergent-discriminant validation) 등의 방법이 사용되곤 한다. 각 방법의 구체적 의미나 절차에 대해서는 이 책의 다른 부분이나 해당 전문서적을 참고하기 바란다. 요약컨대, 구인타당도는 측정된 속성(특성)이 이론에서 말하는 개념에 일관되게 나타나는지, 그리고 그 속성이 무엇인지에 대한 정보를 말한다.

수렴적-식별적 타당도 이 타당도 개념을 이해하려면 먼저 각각 수렴적 타당도(convergent validity)와 식별적 타당도(discriminant validity)의 의미를 알아야 한다. 먼저 수렴적 타당도의 뜻은 같은 구인(구념)을 측정하는 도구간에는 높은 상관이 발견되어야 한다는 것이다. 특히 측정의 방법이 다르더라도 그 두 가지 도구가 같은 구인을 측정하는 것이라면 서로 상관이 높아야 한다. 다음, 식별적 타당도는 수렴적 타당도와 반대 개념이다. 다른 구인을 측정하는 두 도구간에는 상관이 낮게 나와야 한다는 것이다.

이 당연해 보이는 두 개념을 하나로 묶은 것이 수렴적-식별적 타당도이다. 즉, 두 가지 이상의 구인(혹은 특성)을 측정하는 데 두 가지 이상의 방법을 사용하게 하면, 이 수렴타당도와 식별타당도를 동시에 살펴볼 수가 있다. 예를 들어보자.

세 가지의 다른 특성(trait)을 두 가지 다른 방법으로 측정한다고 하자. 그러면 측정하는 특성에 A, B, C 세 가지가 있다고 하고, 측정하는 방법에 1, 2 두 가지가 사용되었다고 하자. 그러면 모두 6가지의 측정치가 얻어진다. 연구자는 이 6가지 측정치간의 상호상관계수표를 만든다(표 4-1).

〈표 4-1〉 특성-방법 행렬표를 이용한 수렴-식별타당도에서 기대되는 상관

	Method 1			Method 2		
	Trait A	Trait B	Trait C	Trait A	Trait B	Trait C
Method 1						
Trait A		low	low	high	low	low
Trait B			low	low	high	low
Trait C				low	low	high
Method 2						
Trait A					low	low
Trait B						low
Trait C						

〈표 4-1〉에서 보듯이 행렬표에서 기대하는 대로 표시가 된 세 개의 상관이 나머지에 비해서 높게 나온다면 A, B, C에 대한 측정 1과 2는 상당히 타당성 있는 측정이라는 증거가 된다. 왜냐하면 측정방법이 다르더라도 그것이 같은

특성을 재는 경우라면 그렇지 않은 경우보다 상관이 높게 나온 것이기 때문이다(수렴타당도). 또한 측정방법이 같더라도 다른 특성을 재는 것이라면 상관이 낮게 나온 것이기 때문이다(식별타당도). 이 두가지 수렴-식별의 정보를 동시에 얻을 수 있는 방법이 바로 이 다특성-다방법 행렬표(multitrait-multimethod matrix) 분석이다.

2) 측정시기에 따른 상담성과의 종류

(1) 즉시적 성과(회기 내 성과)

카운슬러인 당신은 내담자에게 공감적인 감정반영과 함께 내담자의 문제를 직면시켰다. 그런 직후에 내담자는 자신에 대한 새로운 통찰을 경험하였다. 이 경험은 내담자의 문제를 해결하는 데 매우 결정적인 역할을 하리라는 기대를 할 수 있었다. 이때 당신은 당신의 공감적 감정반영과 직면이 모종의 성과를 초래했다고 생각할 것이다. 바로 이런 것이 즉시적 상담성과로서 회기 중에 발생하는 것을 말한다.

최근의 연구자들은 상담자와 내담자의 상호작용을 미세하게 분석하는 경향이 있는데 이런 미세한 상담과정 분석과 상담성과 간의 관계를 찾아내는 노력을 하고 있다. 상담성과 중에 가장 최소 단위는 바로 이 즉시적 성과로서 상담자가 바로 앞에서 개입이나 처치를 한 직후 혹은 조금 후에 내담자에게 어떤 반응을 일으켰는지를 면밀히 살펴봄으로써 즉시적 성과를 찾는다(금명자, 이장호 1994). 회기 내의 즉시적 성과로서는 체험수준, 통찰, 감정 표현 등 모든 내담자의 행동적, 인지적, 정서적 반응이 해당된다.

(2) 회기성과

회기를 마친 직후에 측정하는 경우 이를 회기성과라고 부른다. 회기성과를 측정하는 유명한 도구로서 독자들은 이미 회기평가질문지(Session Evaluation Questionaire : SEQ)를 접해보았을 수 있다. 이 질문지는 회기의 깊이, 순조로움, 회기 직후의 각성 정도와 긍정적 정서 등 네 가지 요소를 평가하는 도구이다. 당초에는 Stiles(1980)에 의해서 개발되었으며 우리 나라에서는 최초에 오경희(1986)에 의해서 도입된 후에 최윤미(1987), 이상희와 김계현(1993)에 의해서 수정 혹은 타당도 연구가 시도되었다. SEQ는 아마도 우리 나라의 상담연구에서 가장 빈번하게 사용되는 상담성과 측정치들 중의 하나가 아닌가 보여진다(표 4-2).

회기성과를 아주 간단하게 평가하는 다른 방법은 1개 혹은 몇 개의 질문으로 회기에 대한 내담자의 만족도, 상담자의 만족도 등을 묻는 것이다. 예컨대, 문항 진술방식은 "이번 회기는 (1) 매우 만족, (2) 꽤 만족, (3) …, (4) …, (7) 매우 불만"이라고 할 수도 있고 "이번 회기에 상담자는 …" 혹은 "이번 회기에 나는 …"이라고도 할 수 있다.

〈표 4-2〉 상담회기평가질문지(SEQ)의 문항(이상희, 김계현, 1993)

상담시간 평가질문지

이 질문지는 방금 마친 상담시간에 대하여 어떻게 느끼고 있는지를 알아보려는 것입니다. 각 문항마다 대조되는 단어가 쌍으로 제시되어 있습니다. 각 단어 쌍을 사용해서 이번 상담시간이 어떻게 느껴지는지, 그 정도를 가장 잘 나타내는 숫자에 동그라미치 십시오.

날짜 : 1991년 월 일 ID :______

이번 상담시간은______

나빴다	1	2	3	4	5	6	7	좋았다
안전했다	1	2	3	4	5	6	7	위험했다 (-)
힘들었다	1	2	3	4	5	6	7	쉬웠다 S
가치있었다	1	2	3	4	5	6	7	가치없었다 D(-)
피상적이었다	1	2	3	4	5	6	7	깊이있었다 D
마음편했다	1	2	3	4	5	6	7	긴장되었다 S(-)
언짢았다	1	2	3	4	5	6	7	즐거웠다 S
가득찼다	1	2	3	4	5	6	7	비었다 D(-)
약했다	1	2	3	4	5	6	7	강했다 D
특별했다	1	2	3	4	5	6	7	보통이었다 D(-)
거칠었다	1	2	3	4	5	6	7	매끄러웠다 S

편안했다	1	2	3	4	5	6	7	불편했다 S(-)

상담이 끝난 바로 지금 나는 (마음이)______

기쁘다	1	2	3	4	5	6	7	슬프다 P(-)
속상하다	1	2	3	4	5	6	7	만족스럽다 P
생동감을 느낀다	1	2	3	4	5	6	7	덤덤하다 (-)
모호하다	1	2	3	4	5	6	7	분명하다 p
잔잔하다	1	2	3	4	5	6	7	흥분된다 A
자신있다	1	2	3	4	5	6	7	두렵다 (-)
깬다	1	2	3	4	5	6	7	졸린다 (-)
사람이 정답게 느껴진다	1	2	3	4	5	6	7	사람이 싫게 느껴진다 P(-)
느리다	1	2	3	4	5	6	7	빠르다 A
뛴다	1	2	3	4	5	6	7	고요하다 A(-)
몰입되어 있다	1	2	3	4	5	6	7	떠나있다 (-)
조용하다	1	2	3	4	5	6	7	들뜬다 A(-)

S는 순조로움 문항, D는 깊이 문항, P는 긍정적 정서 문항, A는 각성도 문항 (-) 문항은 긍정적인 쪽이 높은 점수가 되도록 바꿔준다.

(3) 사례 종결 후 성과

상담 사례를 종결하는 이유는 다양하다. 그 중의 하나는 문제가 해결되어 당초에 상담을 필요로 했던 이유가 소멸된 것이다. 그러나 사례들 중에는 문제가 전혀 해결되지 못한 채 종결될 수도 있으며 부분적으로만 진전을 보인 채 종결될 수도 있다.

종결 후 상담의 성과를 재는 방법은 다양하다. 가장 흔히 사용되는 방법 중의 하나는 상담목적(혹은 target complaint)을 달성한 정도를 내담자나 상담자에게 대답하도록 하는 것이다. 자주 사용되는 또 하나의 방법은 문제나 증상의 정도를 재는 척도를 사용하는 것이다. 예를 들면 우울증으로 상담을 한 사례에서는 Beck의 BDI나 MMPI의 우울척도 혹은 우울 정도를 나타내는 행동지표 등을 사용하는 것이다. 그래서 우울의 정도가 얼마나 감소했는지를 보는 것이다. 불안증에 대한 상담에서는 불안이나 공포척도를(Spielberger, 1972;

Wolpe, 1973), 부부불화 문제에 대해서는 결혼만족도(김계현, 1997) 등의 척도를 사용할 수 있다.

상담의 이유나 목적이 복합적이고 애매했던 경우에는 특정 증상에 대한 척도를 사용하는 것이 적합하지 못할 수 있다. 이런 경우에는 상담목적의 달성 정도를 묻는 질문지가 더 적절할 수 있다. 그러나 문제나 증상이 분명하게 정의되고 그것에 해당되는 구체적인 척도가 있는 경우에는 그런 증상척도를 활용하는 것이 바람직할 것이다.

(4) 지속적 성과

상담의 효과는 장시간 지속되기를 기대하는 것이 당연하다. 예컨대, 3달 동안의 금주(禁酒) 상담 사례 종결 후 몇 일 혹은 몇 주일 이내에 종전의 음주문제가 재발한 경우 상담자나 내담자는 '실패' 한 상담이라는 평가를 내릴 것이다. 이처럼 상담의 효과는 지속적이기를 기대한다. 그런데 얼마동안 오래 상담효과가 지속되어야 '성공' 이라고 평가할 수 있는가? 이에 대한 객관적으로 공인된 기준은 아직 없다.

어떤 상담연구들에서는 보통 종결 후 1개월, 3개월, 혹은 6개월이나 12개월 이후에 성과측정을 하는 것을 볼 수 있다. 이를 follow-up이라고 부른다. 그 측정 시기는 임의적이다. 그러나 이런 효과 지속에 대한 측정 자료수집은 상담효과가 소멸되는 정도나 시기를 알 수 있고 혹은 효과가 소멸되는 내담자들 중에 공통적인 특성이 있는지, 그리고 효과를 지속시키는 내담자들과 특별한 차이가 있는지 등을 분석해 볼 수 있는 귀중한 정보를 제공한다.

증상의 변화와 "핵심문제"의 변화

상담과 심리치료에서는 전통적으로 상담 및 치료의 목표를 세우는 데 있어서 '증상 대 핵심문제' 라는 쟁점이 존재해 왔다. 이 쟁점에 대한 논쟁은 때로는 무의미하기도 했지만 때로는 상담과 심리치료이론의 발전에 크게 공헌하기도 했다고 평가해야 할 것이다. 그런데 여기서 짚고 넘어가야 할 것은 상담성과를 측정하는 데 있어서 증상의 변화를 위주로 측정하느냐 아니면 핵심문제의 변화를 중심으로 측정하느냐라는 쟁점이 또 한번 일어난다는 것이다. 상담성과의 측정은 상담의 목표와 무관할 수가 없기 때문이다.

증상의 변화를 중요시하는 연구자라면 이른바 "핵심문제"의 변화라는 것은 결국 증상의 변화를 위한 수단 혹은 과정에 지나지 않는다. 증상의 변화가 없는 핵심문제의 변화는 믿을 수 없다라는 관점이다. 반대로 핵심문제의 변화를 중요시하는 연구자에게 있어서 증상의 변화는 일시적이고 표피적인 변화에 지나지 않는다. 핵심문제의 변화가 없는 증상의 변화는 믿을 수 없다라는 관점이다.

지금까지 상담심리학 연구에서 상담성과의 측정은 증상의 변화를 측정하는 쪽이 우세해 왔다고 보인다. 그것은 아마도 증상을 측정하는 것이 핵심문제를 측정하는 것보다 용이하기 때문이었을 것이다. 핵심문제는 종종 이론적인 관점에 의해 영향을 많이 받기 때문에 사례에서 실제적으로 드러나는 현상이 그 개념을 반영하는 것인지 아닌지를 판단하는 데 있어서 일관성을 잃기가 쉽다. 다시 말해서 측정의 신뢰도에 있어서 가장 중요한 조건인 일관성에서 불리한 입장에 있다. 이것이 핵심문제의 변화를 중요시하는 역동적 심리치료의 연구가 부진했던 주 이유가 아닐까?

3) 상담성과 측정의 방법

상담성과를 측정하는 방법들은 일반적인 심리 혹은 교육측정 방법들과 크게 다르지 않다. 그 중에서 많이 사용되는 방법으로는 자기보고법, 타인에 의한 평정, 행동측정, 생화학적 지표, 심리검사의 활용 그리고 실물측정(unobtrusive) 방법 등이 있다.

(1) 자기보고법

자기보고법은 아마도 상담연구에서 가장 빈번히 사용되는 측정방법이라고 여겨진다. 이것은 피험자가 자기의 상담체험을 글로 작성하는 경우도 있고, 주어진 질문지, 즉 문항에 대답을 하는 경우도 있는데 주로 후자의 방법이 자주 쓰인다. 질문지 문항에 대해서는 '그렇다'와 '아니다' 2단계 방식도 있지만 5점이나 7점의 Likert식도 자주 활용된다. 앞에서 예로든 SEQ, 즉 회기평가 질문지는 서로 상대되는 형용사를 양쪽에 제시하고 그 가운데에서 1~5점 혹은 1~7점의 대답을 하도록 되어있다. 상담목적 달성 정도를 묻거나 상담에 대한 만족도를 묻는 측정방법도 자기보고식이다.

자기보고법은 사용이 쉽고 피험자의 내면적 생각이나 기분 등을 측정할 수 있다는 장점이 있다. 다시 말해서 현상학적(現象學的) 자료를 얻는 것이다. 그러나 피험자가 연구의 목적이나 가설을 짐작하여 고의적으로 혹은 무의식적으로 대답을 왜곡시킬 가능성을 배제하기가 어렵다. 그리고 외현적인 행동의 측면을 직접 측정하기가 곤란하다는 제한점도 가지고 있다. 그럼에도 불구하고 이 자기보고법은 사용의 편이성을 비롯한 몇 가지 장점으로 인해 상담성과 측정에서 가장 빈번히 사용된다.

(2) 타인에 의한 평정

자기보고법은 질문지에 대해서 피험자 본인이 대답하는 것인데 비해서 이것은 타인이 대답을 하는 것이다. 따라서 기본적인 측정방법과 절차는 자기보고법과 같다. 평정자로는 주로 상담전문가, 교사, 가족 등이다. 즉, 타인이 내담자의 진전 정도를 평정하는 것이다. 이 방법은 상담성과에 대한 피험자 본인 이외의 새로운 관점이 제공된다는 점이 가장 큰 장점이다. 그러나 평정자의 편견이 쉽게 작용할 수 있다는 가능성은 단점으로 보인다.

(3) 행동측정

관찰 혹은 측정하고자 하는 목표행동(target behavior) 혹은 행동들을 사전에 명확히 정의한 후에 훈련된 관찰자가 관찰, 기록을 하는 방법이다. 행동수정에서는 목표행동의 빈도 혹은 지속시간에 주로 관심이 있다. 예를 들면 교실에서 수업참여 행동에 대해서 강화를 주고 수업방해 행동에 대해서는 소멸을 하고자 하는 계획이 있다고 할 때, 수업참여 행동과 수업방해 행동이 관찰해야할 목표행동들이며, 관찰자는 이 행동들의 빈도와 지속시간 둘 다를 기록할 것이다. 예컨대, 김수미(1999)와 필자는 중학교 과학시간에 주의가 산만한 학생의 수업집중 행동을 관찰기록하였는데, 그 연구에서 사용한 방법은 10초를 단위로 해서 5초 동안 지속해서 집중행동을 하는 경우에 한해서 1회의 집중행동으로 기록하는 것이다. 즉 5초 동안 관찰을 하고 5초 동안은 기록을 하는 방식이다. 그렇게 하여 수업 한 시간 동안 중에서 그 학생이 수업에 집중한 정도가 측정된다. 최근에는 현장에서 직접 관찰기록을 하지 않고 비디오 테이핑을 해 놓았다가 나중에 기록을 하는 방법을 사용하기도 한다. 관찰자가 교실이나 상담실, 혹은 가정에 함께 있는 것이 피험자들의 자연스러운 행동을 방해할 수도 있기 때문이다.

행동측정법의 장점은 외현적인 행동을 관찰하기 때문에 관찰자의 해석을 최소화하여 객관성을 높일 수 있다는 것이다. 그리고 자기보고법으로는 측정하기 어려운 외현적 행동을 직접 관찰한다는 것도 중요한 장점이다. 부부간의 상호작용에 대한 측정에는 이런 행동관찰법이 효과가 있는데 예를 들면 Weiss 등의 Marital Interaction Coding System(김계현, 1997 재인용)를 사용하여 부부가 대화를 하거나 언쟁을 할 때 실제로 드러나는 행동을 측정하는 것이 행동측정이다. 그러나 이런 장점의 이면은 그대로 단점이 되기도 한다. 즉, 개인의 내면적인 감정이나 생각에 대해서는 행동측정법이 약점을 가진다. 예컨대 결혼만족도나 상담만족도 등은 행동측정보다는 자기보고법이 더 적합한 측정 방법이다.

(4) 생물학적 지표

상담연구에서 흔하지는 않지만 생물학적 지표를 성과측정으로 활용하기도 한다. 최근에 EEG, GSR, EMG, 혈압, 맥박, 혈중 젖산도 등 불안, 스트레스, 두뇌의 활동 등을 측정하는 생화학적 지표들을 사용하는 경향이 많다. 이런 생물학적 지표들은 피험자의 심리적 경험에 대한 자기보고법 그리고 외현적 행동의 관찰기록법 등이 포착하지 못하는 것들을 나타내 주기도 한다는 점에서 앞으로 상담연구에서 더 자주 사용할 필요가 있는 방법이다. 특히 자기보고법이 가지는 왜곡 답변의 문제점을 이 방법이 크게 보완해 줄 수 있다.

예를 들어서 Thermal이라는 바이오피드백 기계는 손가락 등 신체말단 부분의 표피체온을 아주 신속하게 재어서 숫자, 소리, 혹은 불빛으로 나타내 준다. 피험자는 자기의 표피체온의 미세한 변화를 즉석에서, 지속적으로, 세밀하게 피드백받을 수 있는 것이다. 말단 부분의 표피체온은 그 사람의 불안 정도나 스트레스 정도를 나타내는 매우 편리한 척도가 되기 때문에 이 피드백은 불안 감소나 스트레스 관리를 위한 이완훈련의 효과를 측정하는 데 사용된다.

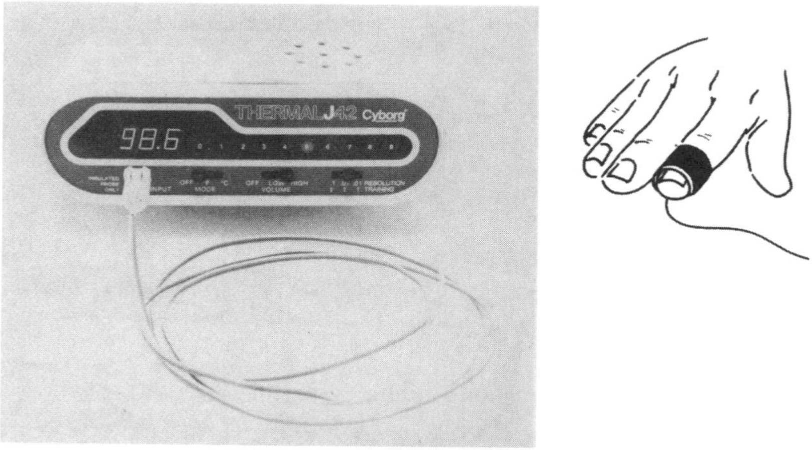

〈그림 4-1〉 바이오피드백 "Thermal"과 센서 부착 모습

(5) 심리진단검사

MMPI나 SCL-90와 같은 심리진단검사는 상담의 성과측정으로 매우 자주 활용되어 왔다. 이것들은 물론 자기보고법의 일종이다. TAT나 Rorschach와 같은 투사법들도 상담성과 측정으로 쓰이기도 하지만 자주 있는 일은 아니다. 투사법은 투자된 시간에 비해서 얻어지는 정보의 양이 적다는 점이 가장 큰 문제점인 것 같다. 그리고 TAT는 채점의 객관성이 많이 떨어진다. 이에 비해서 House-Tree-Person과 같은 그림그리기 검사 및 SCT와 같은 문장완성검사

〈치료 초기〉

〈치료 후기〉

〈그림 4-2〉 한 자폐아동의 인물화의 변화(출처 : 인간발달 · 복지연구소, 1994)

는 시간이 덜 들기 때문에 아동이나 입원환자 등의 장기적인 변화과정을 측정하는 데 종종 사용된다.

(6) 실물측정

예컨대, 비행이나 불법약물 사용에 대한 자기보고나 타인 평정은 크게 왜곡될 가능성이 높다. 특히 그 기록이 처벌의 기준자료로 활용될 가능성이 있을 때 거짓으로 대답할 확률이 높을 것이다. 음주나 흡연량에 대해서는 피험자에게 묻는 것보다는 그 사람의 쓰레기통에서 나온 담배꽁초의 개수나 술병의 개수를 세는 것이 더 정확한 측정이 될 때가 많다. 가정폭력의 경우도 비슷하다. "당신은 지난 한 달 동안 아내(자녀)를 때린 적이 있습니까?" 라고 물었을 때 대답을 시키는 방법보다는 그의 아내(자녀)의 신체를 조사한 의학적 기록이 더 정확한 측정이 될 수 있다. 마찬가지로, 비행상담에 대한 성과는 상담 종결 후 경찰이나 검찰에 체포, 구금, 고발, 기소, 구속되는 서류기록을 면밀히 확인하는 것이 어떤 다른 방법보다 정확한 측정이 될 것이다. 상담자 훈련의 정도를 측정하는 경우에도 상담자에게 묻는 것보다 상담자의 대학원 성적표, 연수기록이나 수료증 등을 조사하는 것이 더 정확한 측정이 될 수 있다. 이런 방법은 영어로 unobtrusive measure의 일종인데 아직 우리말의 합의된 번역어는 없지만 여기서는 '실물측정' 이라고 번역하였다.

4) 상담성과 측정의 쟁점

상담성과의 측정은 말처럼 쉽지 않다. 이미 특히 타당도가 높은 측정을 하기 위해서는 연구자의 창의성과 집요한 노력을 요한다. 상담성과 측정과 관련된 몇 가지 쟁점들을 소개한다.

(1) 성공 사례의 기준

성과연구에서는 상담의 성공을 무엇으로 규정하느냐에 의해서 이른바 성공률이 크게 달라진다. 예컨대, 부부상담에서 성공의 기준으로서 '싸움이 현격히 줄어들었다'를 기준으로 한 경우와 '싸움의 현격한 감소 + 성생활의 회복'을 기준으로 하는 경우에는 성공률에서 차이를 보일 것이다. 혹은 시기적인 기준을 상담 종결 직후로 잡지 않고 종결 후 적어도 6개월 동안으로 잡는다면 성공률은 낮아질 것이다. 특히, 비행, 약물남용이나 의존, 도박 등은 상담 종결 직후에 측정된 것보다는 일정기간이 지난 후의 측정이 더욱 중요할 것이다. 마지막으로, 질문지에서 '크게 향상되었다', '향상되었다', '약간 향상되었다' '그대로거나 악화되었다'로 4단계 답변을 요구했을 때 '약간 향상되었다'를 성공적인 사례로 간주하느냐 아니냐는 성공률 계산에 결정적 영향을 준다. 예컨대, 유명한 Eysenck(1952) 연구에서는 '약간 향상되었다'를 실패 사례로 간주하여 정신분석의 성공률이 낮다는 점을 강조해 보이고자 했다.

(2) 측정도구의 다양화

과거의 성과연구들은 성과측정을 주로 상담자(혹은 내담자)에게 맡겼다. 어느 한 관점에 성과측정을 의존했던 것이다. 그러나 성과측정이 관점에 따라서 크게 차이가 있다는 것이 밝혀지면서(특히 상담성과에 대한 상담자의 평가와 내담자의 평가 간에는 차이가 크다) 어느 한 관점에 의존하지 말고 복수 관점을 사용하는 쪽으로 경향이 기울어졌다. 즉, 내담자, 상담자, 주변의 주요 인물, 제3의 전문가 등에서 2개 이상의 관점을 사용하는 것이다. 그리고 과거에는 상담이론에 입각한 변화의 개념(예: 주요 대상관계에 대한 분명한 인식)을 상담성과로써 측정하는 경향이 있었던 반면에 현대의 연구들은 이론적 개념을 탈피하고 구체적 증상의 변화를 상담성과로서 측정하는 경향으로 변했다.

그러나 측정이 구체적이고 다변화되는 것은 측정의 신뢰도와 타당도를 향상시키는 장점이 있는 반면에, 측정도구가 너무 다양해서 여러 연구를 상호 비교하기가 어려워졌다라는 단점도 있다. 즉 같은 측정도구를 사용해야 여러 연구를 종합하거나 비교하기가 용이한데, 연구마다 다른 측정도구를 사용하기 때문에 그것이 어려워졌다라는 것이다. 예컨대, 1983~1988년도 사이에 출판된 20종의 학술지에서 추출한 348개의 상담성과연구에서 무려 1430종의 성과측정이 사용되었다. 그리고 그 중에서 840종은 단 한차례만 사용되고 다른 연구에서는 전혀 사용되지 않았다는 것이다(Lambert & Hill, 1994).

상담성과 측정의 다변화

상담성과의 측정에서 다변화는 크게 보아 네 가지 측면에서 이루어진다. 첫째는 측정 내용의 다변화로서, (1) 심리 내적 현상의 측정, (2) 대인관계의 측정, (3) 사회적 역할이나 업무수행의 측정이다. 둘째는 측정 횟수의 다변화인데 (1) 단회측정, (2) 반복측정, (3) 패턴측정 등이 있다. 셋째는 누구의 측정, 즉 측정원의 다변화인데 (1) 내담자의 자기보고, (2) 훈련된 관찰자, (3) 중요한 타인, (4) 상담자, (5) 상담기관 등이 그것이다. 그리고 넷째는 측정기술의 다변화로서 (1) 전반적 평정, (2) 구체적 증상 지표, (3) 관찰자 평정, (4) 생물학적 지표, (5) 서류 등이 있다.

측정 내용	측정 횟수	측정원	측정기술
심리 내적 현상	단회	내담자 자기보고	전반적 평정
대인관계	반복	훈련된 관찰자	구체적 증상 지표
사회적 역할수행	패턴	중요한 타인	관찰자 평정
업무수행		상담자	생물학적 지표
		상담기관	서류

(3) 측정의 민감성 : 변화의 감지능력

키를 재는 자는 대개 mm 정도의 차이를 쉽게 식별할 수 있다. 그러나 그 자로 0.1mm 혹은 그보다 적은 차이를 식별하기는 어렵다. 시계의 경우 우리의 가정용 시계는 1초의 차이는 식별할 수 있지만 그 이하는 어렵다. 그러나 단거리 육상경기에서 사용하는 시계는 1/100초의 차이까지도 식별할 수 있다. 이는 바로 측정도구가 조그만 차이를 얼마나 민감하게 식별할 수 있는냐에 관한 것이다. 상담성과의 측정도구라면 상담에 의해서 초래되는 변화를 식별할 수 있어야 한다.

이 민감성의 문제는 심리측정에서 신뢰도나 타당도만큼 중요한 쟁점이다. 특히 상담효과연구에서는 더욱 중요한 쟁점일 수 있다. 예를 들어서, 우울증 척도인 BDI나 MMPI의 우울척도는 매일매일의 미세한 증상 변화를 민감하게 반영할 수 있는가? 미세한 증상의 차이에 대해서는 이런 거시적(巨視的) 척도보다는 Pleasant Events Schedule(Lewinsohn 등, 1970)과 같은 매일매일의 활동을 기록하는 척도가 더 민감하게 반영할 수 있다. 마찬가지로 수업에 의한 미세한 학습량의 차이에 대해서는 전반적 교육과정에 대한 표준화 학력검사보다는 구체적 학습 내용에 국한된 특별히 고안된 시험이 더 적합할 수 있다.

미세한 증상이나 행동의 변화, 학습의 증거를 측정하는 도구를 미시적(微視的) 척도라고 부른다. 거시적 척도에 대해 상대적으로 부른 용어이다. 미시적 척도는 민감성이 우수한 반면에 구인타당도에 있어서는 불리하다. 즉 부분의 측정에 치우쳐서 측정하려는 구인을 폭넓게 종합적으로 측정하지 못하는 결점이 있기 때문이다. 구인타당도가 낮은 척도를 사용한 연구는 임상적 의미가 약화된다. 그러나 거시적 척도는 구인타당도가 높아서 임상적 의미를 찾을 수 있지만 증상의 작은 변화를 잡아내지 못하는 결점이 있다. 따라서 연구에서는 거시적 척도와 미시적 척도를 둘다 사용해서 서로의 결점을 보완하는 방법을 취한다. 이 점에 대해서는 다음 장의 단일사례연구의 측정의 문제에서 더 언급한다.

(4) 반복측정

연구의 설계를 보면 "사전-사후"검사를 실시하는 집단간 설계나, 한 집단의 피험자에게 여러 차례 같은 측정을 반복하는 피험자내 설계, 시간계열 설계 등에서는 반복측정의 문제가 발생할 소지가 많다. 만약에 매 상담회기가 끝날 때마다 같은 도구로 회기에 대한 평가를 내리는 측정을 했다고 하자. 이때 발생하는 대표적인 문제점은 피험자가 바로 전회에 반응한 대답을 기억하기 때문에 그 기억이 현재의 반응에 영향을 미친다는 것이다. 즉, 매 회기의 측정이 상호 독립적이지 못하다.

물론 이런 반복측정의 자료에 대해서는 그에 맞는 통계분석의 방법을 사용해야 한다. 가장 기초적인 것은 사전-사후검사의 두 평균을 비교하는 것인데 이것은 모든 통계책에 제시되어 있다. 이 경우 두 독립적인 평균을 비교하지 말고, 상호 관계가 있는(혹은 짝지어 있는, paired) 두 평균을 비교하는 통계처리를 해야 한다. 그 외에도, 사전-사후 통제집단설계에 대한 통계방법, 3회 이상 반복측정하는 설계에 대한 통계방법 등도 개발되어 있다.

그러나 여러 통계적 방법이 개발되어 있음에도 불구하고 연구자들은 너무 통계에만 의존하여 측정방법이 야기하는 여러 가지 문제점들을 무시하면 안

된다. 연구자들은 자기의 연구에서 반복측정이 야기할 수 있는 구체적인 문제점들을 일일이 생각하여 가급적 미리 그런 문제점을 방지하거나 줄일 수 있는 방안을 강구해야 한다. 예를 들면 같은 질문지를 매 회기마다 반복하면 피험자는 지루하게 느끼거나, 약간의 화가 날 수도 있어서 성의 없이 대답하거나 혹은 답변을 왜곡시킬 수도 있다. 이런 것에 대해서는 반복측정 자료에 대한 통계기법만으로 해결하기가 어려운 것이다.

제5장 상담효과 검증을 위한 연구설계

모든 연구방법론 서적에서는 연구설계에 대한 설명을 하고 있다. 연구설계는 건축설계와 마찬가지로 연구에 대한 청사진, 즉 연구의 절차, 도구, 참여자, 자료기록 방법, 자료분석 방법, 결과제시 방법에 이르기까지 연구에 필요한 중요한 것들이 정해져 있는 계획서이다. 수많은 종류의 연구설계들 중에 상담성과, 즉 효과검증을 목적으로 하는 연구에서 자주 사용하는 설계법 몇 가지를 여기서 논의하고자 한다. 먼저 집단설계를 설명한 후에 단일피험자 설계를 설명할 것이다.

1. 집단간 실험설계(Between-Groups Experimental Design)

여기서 실험설계라는 말이 사용된 이유가 있다. 연구에서 실험이란 이른바 '조건' 을 연구자가 조작(operate), 즉 만든다는 뜻인데, 상담효과연구에서는 상담이라는 개입이나 처치를 연구자가 자기의 의도대로 설정하는 것이 바로 실험조작의 일부가 된다. 예컨대, 학교에 가지 않는 등교거부 아동에게 체계적 탈감법을 적용하여 그것의 효과를 검증하고자 할 때 체계적 탈감법이라는 처치법의 적용 여부가 바로 실험조작이 되는 것이다. 실험의 목적은 만약 등교거부 문제가 해소되는 경우 그것이 체계적 탈감법의 효과인지 아니면 다른 요인 때문인지를 구명하려는 것이다.

다시 말해서, 실험연구의 가장 중요한 기능은 독립변인과 종속변인 간의 인과관계를 구명하는 것이다. 즉 독립변인에 의해서 종속변인이 발생하거나, 변화하거나, 움직인다는 것이 바로 인과관계로서 체계적 탈감법의 적용이 등교거부를 소멸시키고 등교행동을 재개시키는지 여부를 구명하려는 연구가 바로 실험연구이다. 그런데 인과관계의 구명에서 가장 핵심적인 조건은 등교거부의 소멸과 등교행동의 재개가 다른 조건이 아닌 바로 체계적 탈감법 때문에 발생했다는 것을 밝혀야 한다는 데 있다.

집단간 설계에 대해서는 이미 앞에서 여러 차례 언급되었기 때문에 독자들은 이 연구설계에 대해 익숙해져 있을 것이다. 가장 전형적이면서 간단한 집단간 설계는 집단을 두 개 설정해서 한 집단은 처치를 받고 나머지 다른 집단과 비교를 하는 것이다. 좀더 복잡한 연구설계에서는 세 개 이상의 집단을 설정한다. 그런데 연구에서는 피험자들을 각 집단에 할당(배정)하는 절차가 무선적이냐 아니냐에 따라서 진(眞)실험 설계와 준(準)실험 설계로 구분된다.

1) 집단간 준실험 설계와 진실험 설계

여기서 준실험 설계는 영어로 quasi-experimental design이라고 부르며 진실험 설계는 영어로 "true" experimental design이라고 부른다. "true"에 따옴표를 붙이는 이유는 진정으로 완벽한 진실험은 있을 수 없지만 준실험 설계라는 개념과 비교해서 진실험에 가깝기 때문이 아닌가 한다.

진실험 설계와 준실험 설계의 가장 중요한 차이점은 피험자들을 각 집단에 무선할당했는가 아닌가에 있다. 만약에 3월과 4월에 상담을 신청한 내담자들은 실험집단(처치집단)에 배정하고 5월과 6월에 상담신청을 한 내담자들은 통제집단(무처치 집단)에 배정했다면 이는 무선할당이 아니므로 준실험 설계에 해당한다. 3월부터 6월 사이에 상담신청을 한 내담자들을 두 집단에 무선할당하려면, 무선으로 할당되는 순서를 사전에 준비해서 그 정해진 순서대로 배정해야 한다. 그 무선에 의한 순서는 통계책 부록에 실려 있는 난수표를 사용하거나 혹은 바둑알에 번호를 적어서 자루에서 뽑아내는 방식을 사용하기도 한다.

진실험 설계에서는 각 집단에 내담자를 무선할당했다는 것은 두 집단이 "동일하다"라는 가정을 한다. 물론 두 집단이 동일할 수는 없지만 두 집단이 처치를 받기 이전의 상태를 기준으로 평균과 분포가 동일하다라는 가정을 한다. 그러나 준실험 설계에서는 이런 가정을 액면 그대로 받아들일 수가 없다. 예를 들면 대학상담기관에서 3, 4월, 즉 학기 전반부에 상담신청을 하는 내담자들과 5, 6월 즉 학기 후반부에 상담신청을 하는 내담자들 사이에는 모종의 중요한 차이가 존재할지 모른다. 특히 방학 중에 상담신청을 하는 내담자들은 더 많은 차이를 가지고 있을 수 있다.

R	O1	X	O2
R	O3		O4

진실험 설계의 예1(사전-사후검사 집단간 설계)

R	X	O1
R		O2

진실험 설계의 예2(사후검사만 실시한 집단간 설계)

Non R	O1	X	O2
Non R	O3		O4

준실험 설계의 예

그래서 준실험 설계에서는 실험집단과 통제집단이 서로 비교가 가능한 집단인지, 즉 해석가능한(interpretable) 집단인지를 따져보는 것이 중요하다. 만약에 중학교 2학년 학생들에게 성교육 프로그램을 실시하여 그 교육효과를 검증하는 연구에서 갑학교의 2학년 1반(집단 A)과 을학교의 2학년 1반(집단 B), 두 학급 중 A집단은 성교육 프로그램을 실시하고 B집단은 그것을 실시하지 않았다. 그런데 만약 갑과 을 두 학교는 교장의 교육정책 차이 때문에 이미 성교육의 정도에 차이가 있었다고 한다면 A학급과 B학급은 해석가능한 집단이 아니다. 만약 갑학교는 남자학교이고 을학교는 남녀공학이라면 이 경우도 해석이 곤란한 집단설정이 된다.

그러나 이런 경우라면 해석가능한 집단이 된다. 같은 교장과 교사들 아래에서 학교를 다닌 1997년도 갑중학교 2년 A반과 같은 학교 1998년도 2년 A반은 대체로 비교가 가능하다. 이런 경우를 영어로는 cohort라고 부르는데 같은 성격을 가진 집단을 일컫는 단어이다. 진실험 설계에서는 실험집단이 처치를 받는 기간과 통제집단이 기다리는 기간이 똑같아야 한다. 그런데 앞의 준실험설계 예에서는 두 집단 간에 1년이라는 시간상의 차이가 있다. 그러나 그 1년 동안에 교육정책, 교육과정, 성에 대한 사회적 사건 등에 특별한 변화가 없었다면 그 1년의 차이는 교장, 교사의 차이보다 더 작다고 볼 수 있다. 만약에 1997년도에는 성교육 프로그램이 없이 단지 성에 대한 태도와 지식에 관한 평가만 했고, 1998년도에는 성교육 프로그램을 실시한 후에 성에 대한 태도와 지식을 평가했다면 다음과 같이 설계를 그릴 수 있다.

O1		

	X	O2

O1은 1997년에 실시된 것이고 O2는 1998년도에 성교육 처치 이후에 실시된 것임을 나타내기 위해서 두 집단 사이를 점선으로 구분하였다. 연구결과 분석은 O1과 O2 간의 차이를 검증하는 것이다.

일반 성인상담소라면 월별 상담신청자를 cohort로 간주하여 월간 상호 비교가 가능하리라고 보인다. 즉 3월, 4월, 5월 간에는 특별한 차이가 없다고 간주하고 상호 비교가 가능하다고 보이는 것이다. Cohort 개념의 이해를 돕기 위해서 다음의 예를 들어보겠다. 독자들은 신문의 경제면에서 1998년 제1분기(1월~3월)의 수출량을 전년도 동일기간의 수출량과 비교하는 것을 자주 보았을 것이다. 이것은 수출이라는 것이 각 월에 따라서 특징을 가지기 때문에 같은 달이나 같은 분기간에 비교하는 것이 의미가 있기 때문이다. 이 경우 1998년도의 1분기와 1997년의 1분기가 "cohort"로 간주되었다고 이해하면 될 것이다.

상담연구에서 내담자들을 처치집단과 통제집단으로 무선할당하는 것이 결코 쉽지 않다. 특히 즉각적인 처치를 요하는 내담자가 연구목적 때문에 통제집단에 할당되어 즉각적인 처치를 받지 못한다면 이는 윤리적인 문제를 야기시킬 수도 있다. 또한 집단상담은 상담자가 내담자들을 사전에 평가하여 자기 집단에 적합한지를 스크린하는 절차를 밟는 경우가 많다. 이런 경우 만약에 무선할당을 한다면 집단상담의 절차 자체를 무시하는 경우에 해당되므로 연구결과의 신빙성 자체가 떨어지게 된다.

이런 여러 가지 이유로 인해서 상담에 관한 실험연구에서는 진실험 설계 이외에 준실험 설계가 종종 사용된다. 따라서 독자들은 연구자가 당면한 실험조건에 따라서 진실험 설계를 택할 것인지, 준실험 설계를 택할 것인지를 결정해야 한다. 비교되는 집단들이 해석이 가능한 집단임을 합리적으로 주장할 수가 있다면 준실험 설계도 얼마든지 훌륭한 연구가 될 수 있기 때문이다. 특히, 우리 나라 상담분야에서는 집단상담 프로그램의 효과검증연구에서 준실험 설계방법을 자주 사용한다.

2) 두 집단간 설계와 세 집단 이상의 설계

지금까지의 집단간 설계의 예는 주로 두 집단간의 차이를 검토하는 연구설계를 사용하였다. 즉 하나의 실험집단과 하나의 통제(비교)집단을 설정한 연구설계이다. 그러나 연구문제에 따라서 세 집단 혹은 그 이상의 집단이 필요한 경우가 생긴다. 예를 들어보자.

불안장애에 대한 인지-행동 치료법에 관심이 있는 연구자들은 인지 재구조화만으로 불안장애(예컨대, 사회불안이나 대인불안)의 극복에 충분한지 아니면 인지 재구조화와 행동치료(예컨대, 이완훈련)를 겸해야 하는지를 알고 싶어한다. 이런 연구문제를 해결하기 위해서는 최소한 두 개의 실험집단을 필요로 한다. 즉 하나의 실험집단은 이완훈련 치료 없이 인지 재구조화만을 시도하는 불안장애 내담자들이고, 다른 실험집단은 이완훈련과 인지 재구조화를 모두 실시하는 내담자들이다. 그리고 이 연구에서는 심리치료를 받지 않는 통제집단을 필요로 하여 모두 세 개의 집단이 있어야 한다. 연구설계의 예는 다음과 같다.

R	O1	X1	O2
R	O3	X2	O4
R	O5	WLC	O6

혹은

R		X1	O1
R		X2	O2
R		WLC	O3

X1: 인지 재구조화
X2: 이완훈련 + 인지 재구조화
WLC: 무처치 대기 내담자(통제집단)

여기서 통계분석에 관한 언급이 필요하다. 독자들은 t-검증, 변량분석 등의 통계학 용어를 들어보았을 것이다. 변량(variance)이란 변산, 즉 분산의 정도를 나타내는 지수인데 변량분석(analysis of variance, 이른바 ANOVA)이란 이 변량을 이용해서 두 개 이상의 평균간에 차이가 있는지를 검증하는 방법이다. t-검증이란 변량분석의 한 특수한 절차이다. (기초통계에서는 t-검증은 두 집단의 평균의 차이를 검증하는 방법으로, 변량분석은 세 집단 이상의 평균의 차이를 검증하는 방법으로 가르치기도 한다. 그런데 t-검증도 변량분석의 일종이다.)

그래서 두 집단간 설계에 의한 연구에서는 t-검증이라는 특수한 절차의 변량분석을 하게 되고, 세 집단(혹은 그 이상)간 설계에 의한 연구에서는 보편적인 변량분석의 절차를 밟게 된다. 사전-사후검사를 실시하는 집단간 비교 변량분석에서는 한 검사가 반복 사용되었기 때문에 이 점을 고려한 통계모델이 별도로 사용되기도 한다. 그런데 세 집단(혹은 그 이상)에 대한 변량분석에서는 단지 집단간 차이가 있는지 여부를 알 수 있을 뿐 구체적으로 어느 집단과 어느 집단 간에 차이가 있는지를 알려주지 못한다. 그래서 세 집단(혹은 그 이상)간의 변량분석을 한 다음에는 이른바 각 집단의 평균에 대한 **개별비교**를 하는 것이 통례이다. 연구보고서에서 변량분석표 다음에 제시하는 Tukey나 Scheffé 분석 등이 바로 평균의 개별비교 절차들이다.

X_1	WLC

두 집단간 설계

X_1	X_2	WLC

세 집단간 설계

집단간 설계에는 **요인설계**(factorial design)라는 것이 있다. 요인설계는 두 가지(종류) 이상의 변인(변수)을 동시에 고려한 연구설계이다. 지금까지의 예에서는 처치기법이라는 한 가지 변인만 고려된 연구들만 제시되었었다. 세 집단간 설계라 하더라도 X_1과 X_2는 둘 다 처치기법이라는 한 차원의 변인에 속한다. 그러나 만약 처치기법의 차이가 내담자의 성별에 따라 다른 효과를 야기시킬는지에 대한 연구문제가 첨가된다면 이 연구에는 내담자의 성이라는 변인을 새로이 포함시켜야 한다. 이때 연구자들은 다음과 같은 설계법을 쓴다(그림 5-1).

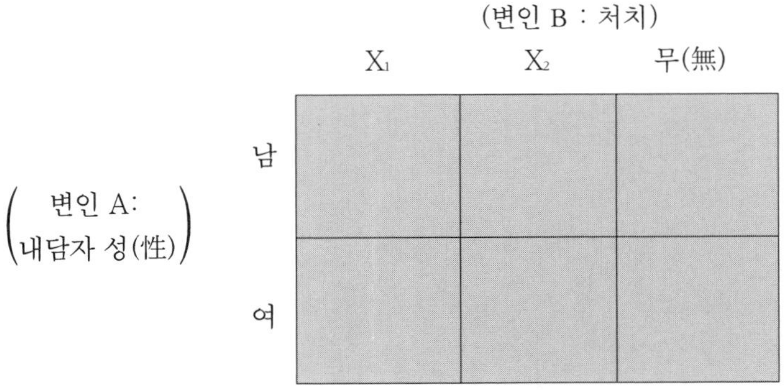

〈그림 5-1〉 2×3 요인 설계

이 예에서 보는 요인설계는 처치기법이라는 변인과 내담자의 성이라는 변인을 동시에 고려하여 두 변인이 상담효과에 어떻게 작용하는지를 알아보려는 전략을 가지고 있다. 만약에 처치기법 X_1은 여자보다 남자 내담자에게 더 효과가 있고 처치기법 X_2는 남자보다 여자 내담자에게 더 효과가 있다고 결과가 나왔다고 가정해 보자. 그리고 이 두 처치기법은 모두 무처치 대기 내담자보다 의미 있는 증상 호전을 보였다고 가정하자(그림 5-2). 그렇다면 이 연구는 매우 획기적인 발견이 아니겠는가? 남자 내담자에게는 우선 X_1을 적용하고 여자 내담자에게는 우선 X_2를 적용할 수 있는 과학적 근거를 제공한 것이기 때문이다.

요인설계에 대한 대표적인 통계분석 방법은 다원(多元)변량분석이다. 앞의 예는 2차원이기 때문에 2원 변량분석이 활용된다. 3원 변량분석 이상은 상담연구에서 거의 사용되지 않는다. 2원 변량분석에 대해서는 일반적인 통계책에 그 논리와 절차가 소개된다.

그런데 요인설계에서 새로 등장하는 개념은 상호작용(interaction)이라는 것이다. 요인설계는 변인간의 상호작용을 분석해 볼 수 있다는 장점을 지닌다. 앞에서 예로 들은 연구에서는 처치기법과 내담자 성이 상호작용한다는 것을 보여주었다. 즉 처치 X_1은 남자 내담자, 처치 X_2는 여자 내담자에게 더 효과가 있다라는 것이 처치기법과 내담자 성이 상호작용했다라는 뜻이다. 〈그림 5-2〉은 처치기법(X_1, X_2)과 내담자 성이 상호작용한 결과를 그림으로 나타낸 것이다.

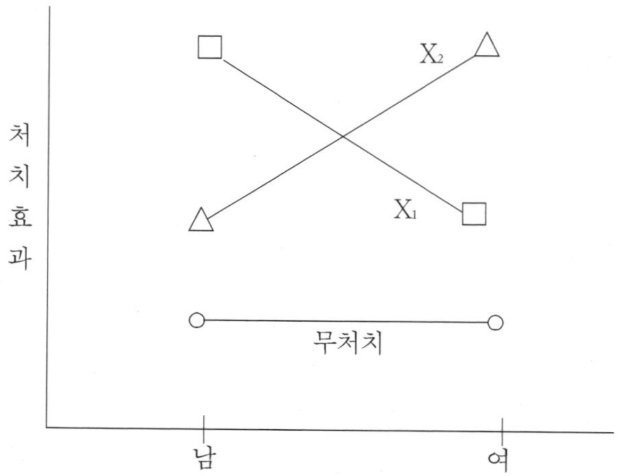

〈그림 5-2〉 요인설계 결과의 예시(상호작용)

3) 통제집단 설정상의 두 가지 쟁점

(1) 성과연구에서 통제집단의 종류

성과연구에서 통제집단을 사용하는 이유는 앞에서 설명하였다. 다시 간략히 말하면, 상담의 효과가 바로 그 상담 때문에 발생했는지 아니면 자연적으로 혹은 다른 요인에 의해서 발생했는지 알아보기 위해서이다. 그런데 연구에서는 몇 가지의 다른 통제집단이 사용되므로 그 목적과 용도를 잘 알고 있어야한다.

① 무처치 통제집단

상담연구에서 통제집단이 사용되기 시작했을 때 생각한 것이 바로 이 무처치 통제집단(no-treatment control group)이다. 즉, 실험집단은 소정의 상담처치를 받고, 통제집단은 그 처치를 받지 않는 것이다. 실험연구에서는 피험자의 반은 무선(무작위)표집하여 처치집단에 배정하고 나머지 반은 무처치 집단에 배정한다. 그런데 실제의 연구에서 보면 무처치 집단에 할당된 피험자들이 자기들 나름대로 다른 곳에서 모종의 '처치'를 받는다는 것이다. 또한 윤리적인 측면에서 볼 때 일부의 내담자에게 연구라는 목적으로 처치를 해 주지 않았다는 문제점도 있다. 무처치 통제집단 실험설계(사전-사후검사의 경우)는 다음과 같이 표시한다.

R	O1	X	O2
R	O3		O4

② 대기자 통제집단

무처치 집단의 설정이 가지는 윤리적 문제점을 보완하기 위한 방법이다. 피험자의 일부를 역시 무선표집하여 대기자 명단에 넣는다. 이들은 실험이 끝날 때까지 측정만 받을 뿐 처치를 받지는 않는다. 단, 실험이 끝나면 곧 처치를 받는다. 단, 이런 설계법은 처치 후 장기적으로 추수평가(follow-up)를 해야 하는 경우에는 적합하지 않다. 대기자 통제집단(waiting-list control group)의 피험자들이 처치를 받아야하기 때문이다.

R	O1	X	O2
R	O3	WLC	O4

③ **플라시보 통제집단** (placebo control group)

플라시보란 의학이나 약학 연구에서 사용되는 것으로서 위약(僞藥)이라고도 한다. 즉, 어떤 약의 효과가 그 약의 약리적 작용 때문인지, 그런 약을 먹었다는 심리적 효과 때문인지를 가려내기 위해서 사용된 것이 위약이다. 상담 및 심리치료연구에서도 어떤 처치가 처치에 내재된 치료적 요소 때문에 효과가 생겼는지 아니면 처치를 받았다는 사실만으로 효과가 생겼는지를 가려내고 싶은 것이다. 따라서 처치의 특정 요소를 뺀 '처치 아닌 처치'를 주는 것이 상담연구에서의 '위약', 즉 플라시보이다. 연구자들은 무처치 통제집단이나 대기자 통제집단에게 이 플라시보를 적용하곤 한다.

개인심리치료 연구에서 흔히 주는 플라시보 중의 하나는 SRP라고 하는 것이 있는데(Heppner 등, 1992) 이것은 Subliminal Reconditioning Placebo의 머리글자이다. SRP를 받는 피험자는 잠재의식적 메시지를 녹음 테이프을 통해 듣는데 그것이 전의식 혹은 무의식에 영향을 준다고 알려준다. 그러나 그 테이프에 녹음된 잠재의식적 메시지는 사실은 무의미 철자들이다. 단지 피험자는 그것을 의식수준에서 알아들을 수 없을 뿐이다. 이 플라시보 연구에 대해서는 후술될 것이다.

R	O1	X	O2
R	O3	PLC	O4

PLC: 플라시보 통제

④ **짝지은 통제집단**

연구 실제에서는 연구자가 의도하지 않았던 변수가 작용할 때가 많다. 한 예를 들면 처치의 길이, 즉 처치에 소요된 회기수가 미리 정해져 있지 않았는데 막상 처치를 해 보니 어떤 사례는 5회기에 종결되었고 또 어떤 사례는 11회기만에 종결되는 등 그 차이가 크다고 하자. 성과연구에서 이 처치의 길이는 대단히 중요한, 영향력 있는 변인이기 때문에 연구에서 사례마다 처치 길이에 차이가 있다면 이는 연구의 타당성을 떨어뜨린다. 따라서 연구자는 실험집단 사례와 통제집단 사례들의 처치 길이가(모두 같지는 않더라도) 최소한 짝은 맞기를 기대한다. 따라서 실험집단의 A1사례가 5회기에 종결되었다면 통제집단의 B1사례도 5회기에 종결되어야 한다. A2사례가 8회기 종결이라면 B2사례도 8회기 종결이어야 한다. 이렇게 회기수를 짝지음으로써 실험집단과 통제집단을 짝을 맞춘다.

(2) 상담 및 심리치료의 플라시보 연구

상담 및 심리치료에서 '플라시보' 가 존재하는가? 플라시보의 본래 뜻은 전술한 바와 같이 피험자는 바로 그 처치를 받는다고 알고 있어야 한다. 즉, 위약을 복용하는 피험자가 '진짜 약' 을 먹었다고 믿어야 하는 것이다. 이런 조건을 상담 및 심리치료연구에서 조작하는 것이 가능한가? 아니면, 상담 및 심리치료연구의 독특한 플라시보가 있는가? 먼저 상담 및 심리치료에서의 플라시보에 대한 정의부터 살펴보자.

어떤 학자는 상담 및 심리치료에서의 플라시보(이하 플라시보라 함은 특별한 언급이 없는 한 상담 및 심리치료, 혹은 그 연구에서의 플라시보를 의미함)를 '이론적으로 불활성(不活性)' 이라고 정의한다(Rosenthal & Frank, 1956; Lambert & Bergin, 1994 재인용). '치료제' 로서 작용하는, 즉 활동하는 '성분' 이 들어 있지 않다는 뜻이다. 그런데 이렇게 본다면 정신분석의 입장에서는 행동주의적 처치 성분을 '불활성' 으로 보며, 반대로 행동치료의 입장에서는 정신분석적 처치 성분을 불활성으로 본다. 즉, 연구되는 어프로치가 무엇이냐에 따라 불활성과 활성이 정의된다. 그래서 '이론적으로' 불활성이라는 정의를 한 것이다.

플라시보는 또한 '불특정 요소' 즉 nonspecific factors를 의미하기도 한다. 즉 치료가나 이론가들이 아직 발견하지 못한, identify하지 못한, 명명하지 못한 요소를 플라시보로 규정하는 것이다. 그런데 플라시보를 이렇게 정의하는 경우 어제까지는 불특정 요소였던 것이 오늘부터는 발견된, 이름붙여진 처치 요소가 되는 수가 발생하게 된다. 그것이 하나의 치료요소로 인정을 받으면 말이다.

플라시보를 규정하는 또 하나의 방법은 모든 상담이나 심리치료에 '공통적인 요소' 즉 common factors를 플라시보로 정의하는 것이다. 어떤 치료법에나 공통적으로 나타나는 요소가 있다고 가정한다. 예를 들면 치료자와 내담자 간의 협력관계(working alliance)가 그렇다고 보는 요소이다. 그리고 어떤 치료법의 독특한 요소만을 치료요소로 보는 것이다. 이 정의는 상담 및 심리치료 연구의 특성 때문에 플라시보의 의미를 다소 변형시킨 정의이다. 플라시보의 원래 의미는 소정의 처치를 받지 않는 내담자가 처치를 받았다고 믿는 것이다. 그런데 이 정의에 의하면, 통제집단 피험자도 여러 처치들 중의 공통적인 부분은 "처치"를 받는다는 것이다. 즉, 처치의 일부분을 받는다는 것이다. 이 점에서 플라시보의 원래 정의로부터 벗어나기는 했지만, 연구의 목적이 '어떤 처치의 특수한 요소가 치료적 작용을 하는가' 라는 질문에 답변하려는 것이라면 그런 종류의 정의가 필요하기도 하다.

플라시보가 이렇게 여러 가지 의미로 정의되는 이유는 상담 및 심리치료에서는 '진짜 처치' 와 '가짜 처치', 즉 플라시보가 다 같이 심리적인 요소라는 것 때문이다. 약에 대한 플라시보 연구에서는 진짜 약은 약리적 요소가 있고, 플라시보는 약리적 요소가 없는, 즉 순전히 심리적인 효과만 보는 것이다. 그러나 상담 및 심리치료연구에서는 플라시보와 '진짜 처치' 가 다 같이 심리적인 것이다. 여기에 플라시보 연구의 어려움이 있다. 이런 정의상의 혼란을 지적하면서 Lambert와 Bergin(1994)은 이런 플라시보 통제집단 연구는 더 이상 하지 않아야 한다고 주장하였다. 플라시보 대신에 새로운, 의미가 정확한 비교집단 설계를 창안해야 한다는 것이다.

이런 정의상의 복잡성, 연구 의미의 혼란에도 불구하고 플라시보 통제집단을 설정한 성과연구들이 다수 발표된 바 있다. 비록 Lambert와 Bergin이 앞으로는 플라시보 연구를 하지 말자고 주장했지만 그들은 플라시보 통제집단 설계를 사용한 연구들 15개를 종합개관(리뷰)한 바 있다. 단, 여기에 개관된 연구들 중에는 첫번째 정의의 플라시보, 두번째 정의의 플라시보, 세번째 정의의 플라시보가 명확하게 구분되지 않은 채로 섞여 있다는 점이 문제이다. 세 정의 중 어느 것에 해당하는지가 분명하게 밝혀지지 않은 것이다. 이런 난점에도 불구하고 이들 15개의 연구를 통합해 본 결과는 다음과 같다(그림 5-3).

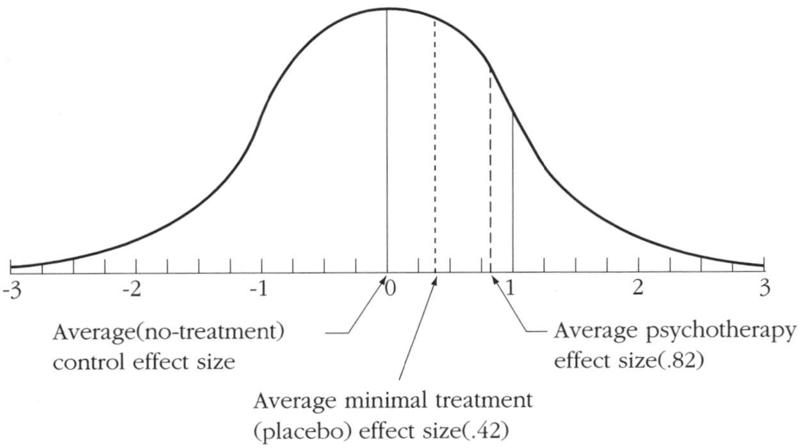

〈그림 5-3〉 무처치 통제, 플라시보, 심리치료(처치) 간의 효과 비교
(Lambert & Bergin, 1994)

'진짜 처치' 를 받은 처치집단의 효과 크기의 평균은 0.82이고, 플라시보 집단의 효과 크기 평균은 0.42이다. 무처치 집단의 효과 크기는 정의상 0이다(이 '효과의 크기' [effect size]라는 개념은 제6장에서 상세히 설명한다). 이것을 '나아진 피험자의 비율' 로 나타내면 이렇다. 플라시보 피험자의 평균은 무처치 집단에 비해서 66퍼센트 더 낫다(better off). 처치를 받은 피험자의 평균은 무처치 집단에 비해서 79퍼센트 더 낫다. 다시 말해서, 심리치료라는 처치는 분명히 효과가 있지만 플라시보 역시 무시할 수 없을 만큼의 효과를 보이고 있다. 플라시보와 처치 간의 차이보다는 무처치와 플라시보 간의 차이가 더 크다.

2. 단일피험자(사례) 실험설계

단일피험자 설계는 방법론에서 single-subject design이라고 부르는 설계법이다. 그리고 그 중에서 실험의 성격을 가미한 단일피험자 실험설계에 관해서 설명한다. 상담연구에서는 내담자와 상담자를 묶어서 연구하는 경우가 많으므로 이런 경우 단일사례설계라고 부르기도 한다.

단일사례 실험설계법은 상담에서 흔히 말하는 '사례연구'와는 차이가 있다. 사례연구는 보통 사전에 계획적으로 연구설계를 하여 체계적인 관찰이나 자료수집을 하지는 않는다. 대개의 경우 평소에 기록해 둔 사례기록지나 녹음을 토대로 회상에 의존하여 자료를 분석한다. 따라서 이런 비계획적, 통제되지 않은 사례연구는 자료분석의 결과를 해석할 때 많은 제약을 받는다.

여기서 말하는 단일사례설계는 이런 비계획적, 무통제(uncontrolled) 사례연구가 아니라 그것보다 훨씬 더 체계적이고, 계획적이고, 집중적인 관찰에 의존하는 사례연구를 뜻한다. 그래서 이를 전자의 사례연구와 구분하기 위해 '집중적(intensive) 단일사례연구'라고 칭하고자 한다. 집중적 단일사례연구에서는 체계적이고, 계획적인 관찰과 자료수집을 하는데, 그 방법은 한 사례에서 시차를 두고 수차례 혹은 그 이상 여러 번 반복하여 측정을 한다. 뿐만 아니라 측정의 신뢰도 및 객관도를 높히기 위한 장치를 마련한다 .

단일피험자 설계의 연구에서는 사례간 비교를 하는 것이 아니라 사례 내에서 비교를 해야 하기 때문에 여러 차례 반복측정을 한다. 단일사례 상담연구에서는 매 회기를 단위로 하여 반복측정을 하며, 단일사례 행동수정연구에서는 관찰주기를 임의로 정하여(예: 매 시간, 매일, 매 5일, 매 주일 등) 반복측정을 한다. 그래서 단일피험자 연구는 거의 항상 **시계열 설계**를 채택하게 된다. 이런 시계열적(time-series) 반복측정에서 어떤 변화가 일어났을 때 그것이 상담개입에 의해서 초래된 변화인지 아닌지를 구분할 수 있으면 설득력 있는 성과연구가 되는 것이다. 이런 인과적(因果的) 설명을 하기 위해서 실험의 절차를 도입하는 것인데 단일피험자 연구의 실험절차는 집단간 설계의 실험절차와 다르다.

학교 교실에서 있었던 다음의 사례를 읽어본 후에 상담성과를 검증하기 위한 단일사례 실험설계법에 대해서 상세하게 고찰해 보자. 이 사례는 전문연구자에 의해 미리 계획된 연구는 아니지만 단일사례연구를 이해하는 첫단계인 "AB 설계"에 의한 단일사례연구이다.

수업시간에 수업에 집중하지 않고, 떠들거나 장난을 치고, 다른 아동들의 수업집중을 방해하고, 자주 자리를 이탈하는 초등학교 3학년 아동이 있다. 교사경력 2년째인 담임교사는 이 아동의 행동을 바로잡아 보려고 여러 가지 노력을 시도해 왔다. 예를 들면 주의주기, 칠판에 이름적기, 교실 뒷편에 꿇어 앉히기, 회초리로 체벌 가하기 등이 그것이다. 그런데 이 교사는 도대체 이 아동이 얼마만큼이나 산만한 행동을 하는지 '객관적인' 자료를 얻어 보기 위해서 보조교사(교생실습)에게 부탁해서 그 아동의 행동을 기록하게 부탁하였다. 행동관찰은 매일 4교시 1시간 동안 하기로 했다. 그리고 담임교사는 평소에 하는 대로 아동의 산만한 행동에 대해서 주의를 주거나 벌을 주었다.

5일 동안 아동들이 모르게 관찰과 기록을 해 본 결과 이 아동이 산만한 행동을 하는 정도가 어느 정도인지 자료가 모아졌다. 그런데 이때 담임교사는 수업관리에 대한 서적을 접하게 되었는데 이른바 '소멸'(extinction)의 기법이 이 아동의 수업행동을 교정하는 데 더 효과적일 것이라는 생각을 하게 되었다. 그래서 그 다음날부터는 아동의 산만행동에 대해서 주의를 주거나 벌을 주지 않으면서 무시하고 아무 지적이나 관심을 주지 않기로 했다. 그리고 보조교사에게는 같은 요령으로 아동의 행동을 관찰하고 기록하게 했다. 새로운 방법을 도입한지 3일째부터 아동의 산만행동은 눈에 띄게 줄어들기 시작했으며 교사는 그 방법을 지속하기로 했다.

이 교사는 분명히 존경받을 만한 교사다. 아동의 문제행동을 객관적으로 관찰, 측정해 본 시도가 상당히 '과학적' 태도라고 평가할 수 있으며, 효과가 별로 없었던 벌이나 지적이 아닌 새로운 교정방식을 도입하는 개방적 태도가 훌륭해 보인다. 이 교사는 당초에는 연구를 하려는 목적에서 아동의 행동을 기록한 것은 아니었다. 아동 행동의 교정 자체가 목적이었다. 또한 새로운 소멸기법의 효과를 검증할 목적으로 그것을 도입한 것은 아니었다. 즉 처음부터 계획된 연구는 아닌 것이다. 그런데 연구방법론이라는 조건에서 이 사례를 다시 반성해 보자.

첫째, 아동의 산만한 행동이 감소한 것은 소멸기법 때문이라고 결론지을 수 있는가? 이 결론에 대한 적대적 가설은 무엇인가?

둘째, 소멸기법의 효과를 검증하는 다른 방법은 없는가?

셋째, 아동의 산만한 행동이 감소한 그 자리에 아동의 어떤 행동이 대체되었는가?

넷째, 아동의 산만한 행동에 대한 관찰과 기록은 어떤 방법과 절차에 의해서 이루어졌는가? 이 관찰의 신뢰도와 타당도는 믿을 만한 수준인가?

이 네 가지 질문은 이제부터 논의할 주제들을 그대로 반영하는 질문들이다.

1) ABAB 시계열 설계

아동의 산만한 행동은 교사가 평소대로 주의주기, 지적하기, 벌주기 등의 방법을 사용하는 동안 감소하지 않다가 소멸기법을 사용하기 시작한 후 3일째부터 감소가 일어났고 그 이후 그 감소 경향은 지속되었다. 상식적으로 볼 때 이 자료는 소멸기법이 산만한 행동의 감소를 일으켰다고 결론지을 수 있지 않을까?

그런데 연구방법론적으로 볼 때 이 결론에는 중대한 결함이 있다. 이와 같은 설계를 AB 설계라고 부르는데, 이 AB 설계는 처치를 받지 않는 통제집단이 없이 수행된 처치효과 검증연구와 유사하다.

O1 X O2

이 경우 O1과 O2의 차이가 처치 X때문인지 아닌지를 해석하기가 어렵다는 것은 이미 앞에서 자세히 논의했다. 마찬가지로 A단계와 B단계에서의 행동의 변화가 처치 때문인지 아닌지를 확신하기가 어렵다는 것이다. 여기서 생각해낸 방법이 바로 반전(reversal) 혹은 철회(withdrawal)의 방법이다. 즉 다시 처치, 즉 개입을 철회시켜서 본래 A단계로 돌아가서 피험자의 행동이 다시 원래의 상태로 돌아가는지를 확인해 보는 것이다. 만약 이때 피험자의 행동이 원래의 상태로 돌아가면 행동의 변화는 바로 처치 X 때문이라고 해석할 근거가 생기는 것이다. 이것을 ABA 설계라고 부른다.

그런데 ABA 설계는 처치의 효과만 확인한 채 다시 처치 전의 상태로 돌아간 상태에서 실험을 마치기 때문에 중대한 윤리문제가 있다. 따라서 두번째 처치를 다시 실시하는 ABAB 설계가 바람직하다. 이때 두번째 B단계에서 첫번째 B단계와 같은 행동변화가 다시 발생하면 처치 X의 효과에 대한 근거가 더 확실해지는 것이다(그림 5-4).

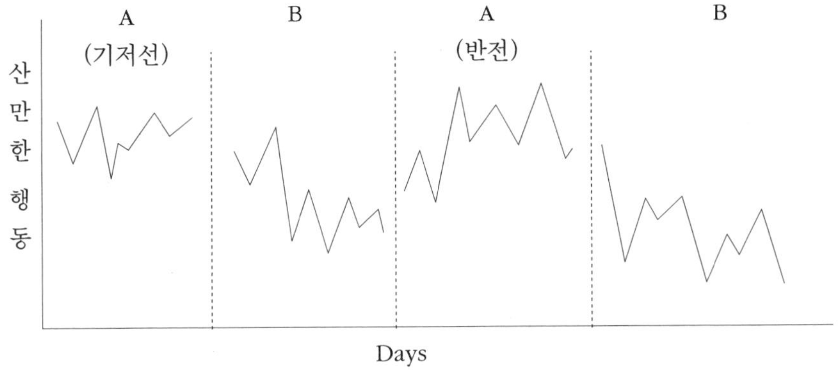

〈그림 5-4〉 ABAB 설계(수업에서 산만한 행동에 대한 소멸기법의 효과)

그런데 연구주제에 따라서 첫번째 기저단계, 즉 A단계를 시작부터 설정하기 어려운 경우가 있다. Rogers의 내담자중심상담 기법에 대한 연구로 유명한 Truax와 Carkhuff(1965)의 연구는 바로 이런 예이다. 그들은 상담자의 공감과 온정적 태도가 내담자의 자기탐색을 증가시키는지를 연구하였는데 BAB 설계를 사용했다. 즉 처음에 A단계 없이 공감과 온정이 높은 B단계로 시작한 후에 이를 철회한 A단계(기저단계)를 실시하고 다시 B단계로 돌아가는 방식이다. 만약에 상담회기를 A단계, 즉 온정과 공감도가 낮게 시작했다면 어떤 결과가 나올지는 궁금하지만 이것이 통상적인 상담 실제와 크게 다르므로 최초의 A단계 없이 BAB 설계를 적용한 것이다(그림 5-5).

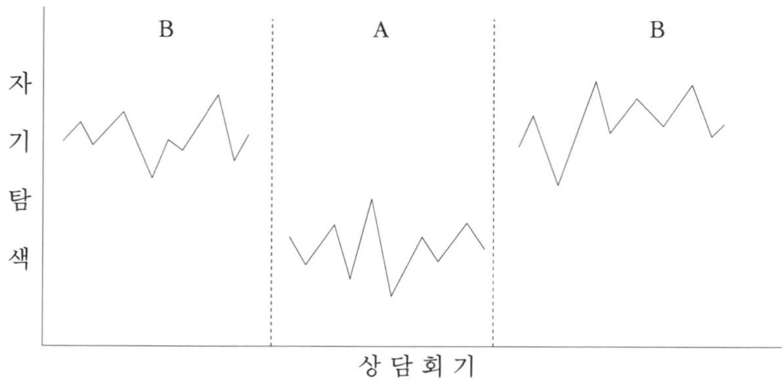

〈그림 5-5〉 BAB 설계의 예(상담자의 공감과 온정도가 내담자의 자기탐색에 미치는 영향)

이 ABAB 설계법은 BAB 설계를 비롯해서 여러 가지 변형이 있을 수 있다. 더 다양한 변형된 설계법에 대해서는 단일사례연구법을 전문으로 다룬 문헌들을 참고하기 바란다. (예: Barlow & Hersen, 1984)

2) 복수 기저선 설계

AB 설계는 행동의 변화가 처치개입의 영향인지 여부를 설득하는데 내적 타당도가 약하고, ABAB 설계는 그런 약점이 보완되는 대신에 효과가 있다고 보여지는 처치개입을 연구목적에서 철회한다는 것이 비윤리적이라는 비판을 받는다. 이런 두 설계의 약점을 해소하기 위해서 제안된 것이 복수 기저선(multiple baseline) 설계이다. 이를 중다 기저선 설계라고도 부른다.

복수 기저선 설계를 사용한 실험연구의 예를 들어보자. 앞에서 교실에서의 산만한 행동에 대한 소멸기법의 효과에 대한 실험을 보았다. 그런데 이 경우 목표행동을 여러 개로 분리하여 그 각각에 대한 소멸기법 적용의 시기를 달리하여 보는 방안을 생각해 보자. 산만한 행동을 (1) 교사나 다른 학생의 발언 도중에 끼어들어서 말하기, (2) 수업 도중에 자리를 이탈하거나 돌아 앉기, (3) 물건이나 종이 접은 것을 타학생에게 던지기 등 세 가지로 분류한다. 그리고

(1), (2), (3)에 대한 기저선 기간을 달리한다(그림 5-6). 즉 소멸개입을 시작하는 시기를 달리하는 것이다. 그렇게 해서 만약에 세 가지 행동이 모두 기저선 기간과 처치개입 기간 간에 현저한 차이가 난다면 그런 변화는 바로 처치개입의 영향에 기인한 것이라는 해석이 설득력을 가진다. 즉 내적 타당도가 높아지는 것이다.

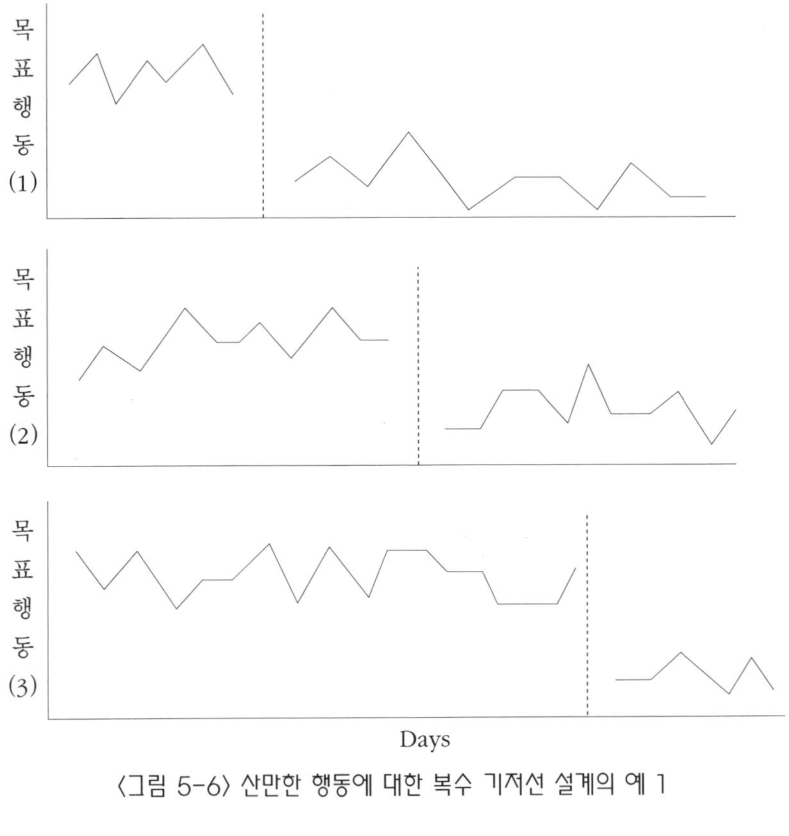

〈그림 5-6〉 산만한 행동에 대한 복수 기저선 설계의 예 1

그런데 복수 기저선 설계는 앞의 예처럼 여러 다른 행동에 대해 기저선 기간을 달리하는 방법 이외에 다른 방법이 있다. 그것은 한 목표행동에 대해 여러 다른 피험자를 사용하면서 기저선 기간을 달리하는 방법이다. 즉 교실에서의 산만한 행동에 대해서 피험자 갑에 대해서는 7일의 기저선 기간을, 피험자

을에게는 14일의 기저선 기간을 피험자 병에게는 21일의 기저선 기간을 적용는 것이다(그림 5-7).

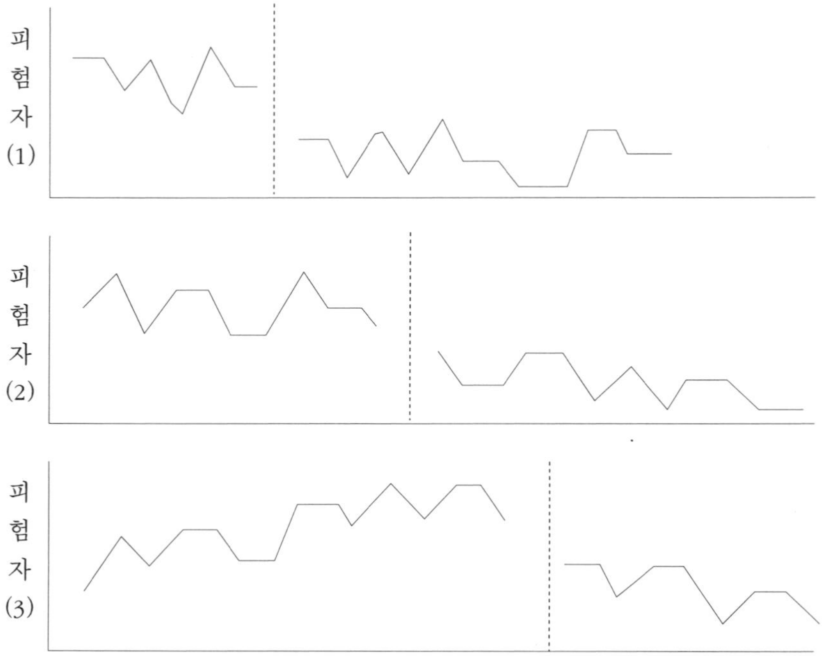

〈그림 5-7〉 산만한 행동에 대한 복수 기저선 설계의 예 2

단일피험자 실험설계법의 적용범위는 넓다

단일피험자 시계열 설계법은 행동수정연구에만 적용이 제한되는 것이 아니다. 상담에서 자주 사용되는 심리교육적 훈련의 효과를 검증할 경우에도 이 설계법은 유용하게 사용될 수 있다. 예를 들어보면, 대인관계 기술이 부족한 내담자에게 언어적 의사소통훈련, 즉 대화의 기술을 가르쳐 주는 것(communication skills training : CT)은 상담에서 흔히 있는 일이다. 이 CT에는 상대방에 대한 경청을 하면서 상대방의 표현을 장려하는 짤막한 반응하기, 자기의 생각과 감정 개방(자기노출)하기, 적절한 질문 사용 등의 세부 기법들이 있다. 대인관계 기술이 부족한 내담자에게 이런 대화의 기술을 가르치면 과연 그런 기술의 사용 빈도가 증가하는지를 검증하는 단일사례 시계열 설계를 해 볼 수 있다.

이런 설계에 의한 연구는 상담교육 특히 슈퍼비전 연구에서 어떤 슈퍼비전 처치 이전과 이후에 수련상담자의 상담 중 행동에 변화가 발생하는지를 연구할 때도 적용될 수 있다. 예를 들면 슈퍼비전에서 비디오피드백을 활용하는 것이(처치변인) 상담수련생의 불필요한 손동작 감소에 영향을 미치는지, 특정 언어적 개입의 빈도 변화에 영향을 미치는지 등에 대한 연구를 할 수 있다.

3) 단일사례 시계열 연구의 주요 절차

(1) 목표행동의 정의

단일사례연구에서 변화시키고자 하는 행동, 즉 관찰, 측정하고자 하는 행동을 분명하게 정의하는 것은 일차적으로 중요하다. 앞에서 든 예들을 회고해 보면, 교실에서의 산만한 행동, 내담자의 자기탐색 행동, 내담자의 언어적 의사소통 기술, 상담수련생의 동작이나 개입 기술 등이 바로 목표행동들이었다. 이런 목표행동에 대한 측정이 가능하려면 상당한 정도로 구체적인 정의가 필요하다. 예컨대, '산만한 행동' 정도로는 관찰자의 주관이 지배할 정도로 모호한 상태이므로 '물건을 던지기', '다른 아동에게 말 걸기', '자리를 이탈하기' 등의 수준, 즉 관찰자의 주관을 최소화하는 방향으로 행동정의를 객관화, 구체화, 명세화시켜야 한다. 그래야 다음에서 논의할 측정의 양호도를 높힐 수 있다.

(2) 측정방법의 선택

지금까지 예로 제시된 것들은 주로 행동관찰법이었다. 그러나 외현적 행동만 단일사례연구의 목표행동이 되는 것은 아니다. 단일사례연구에서도 자기보고법, 자기감찰법(self-monitoring), 생리측정법 등이 활용될 수 있다(권정혜, 1991). 자기보고법으로는 상담회기 만족도나 회기평가, 불안이나 우울의 정도에 대한 매일매일의 평가 등이 있다. 자기감찰법은 빈도가 비교적 낮거나 다른 사람이 관찰하기 어려운 행동에 대해서 적용하는 방법인데, 예를 들면 자기의 흡연량, 배우자와의 성교 빈도, 자기가 공부한 시간, 스트레스에 대해서 부적응적인 방식의 사고를 사용한 빈도 등을 매일매일 기록하는 것 등이 바로 그것이다. 생리측정법은 앞에서 집단간 비교설계에서 소개된 바로 그런 방법 같은 것으로서 대개 자율신경계의 흥분이 수반되는 행동들, 즉 근육의 긴장(근전도), 혈압이나 맥박, 뇌파(뇌전도), 피부체온이나 습기 등이 바로 그것이다.

단일피험자 설계라고 해서 집단간 설계연구와 다른 측정방법이 새로이 개발되어야 하는 것은 아니다. 그러나 단일피험자 설계의 측정에서 가장 중요한 점은 반복측정이 용이해야 한다는 점이다. 만약에 MMPI와 같은 척도를 피험자에게 매일 반복해서 실시한다고 해 보자. 이에 대해서 성실한 답변을 기대하기는 어렵다. 문항 수가 36개인 WAI(Working Alliance Inventory) 정도라면 매 회기마다 답변을 성실히 할 수는 있을 것이다. 그러나 피험자는 이전 시간에 답변한 것을 기억하기 때문에 그 기억이 이번 답변에 영향을 많이 줄 수 있다. 다시 말해서 단일피험자 설계에서는 반복측정이 용이해야 할 뿐만 아니라 반복측정이 연구의 타당도(testing 위협요인)에 손상을 입히지 않아야 한다는 조건도 있다.

(3) 측정절차의 결정

행동관찰법에는 크게 빈도기록법과 지속시간 기록법 두 가지가 있다. **빈도기록법**은 다른 말로 사건(event)기록법이라고도 부른다. 정해진 기간 동안 목표행동이 발생한 횟수를 기록하는 것이다. 예컨대 한 시간에 몇 번이나 좌석을 이탈하는지를 기록한다. 그리고 **지속시간 기록법**이란 예컨대 아동이 울기 시작해서 몇 분 동안 울음을 지속하는지를 기록하는 것이다. 행동에 따라서 빈도를 기록하는 것이 적절한 경우가 있고 지속시간을 기록하는 것이 적절한 경우가 있다.

특히, 빈도측정법에서는 정해진 시간 동안 쉬지 않고 계속해서 관찰과 기록을 하는 수도 있지만 그것보다는 일정한 시간의 간격을 두고 관찰을 하는 방법을 사용한다. 이것을 **등간(等間) 빈도기록법**이라고 부른다. 예컨대, 교실의 산만한 행동을 기록할 때, 관찰자는 대상학생을 매 30초 간격으로 1시간의 수업시간을 관찰, 기록한다(표 5-1). 이는 마치 시간을 표집하는 것과 같기 때문에 시간표집법이라고도 부른다. 등간기록법을 사용할 것인지의 여부, 등간의 시간을 어느 정도로 잡을 것인지는 목표행동 및 상황에 따라서 적합하게 정해야 한다.

〈표 5-1〉 등간기록법을 적용한 행동빈도기록의 예

시간(분)	0.5	1.0	1.5	2.0	2.5	3.0	3.5	……
행동	V	V	○	V	○	V	V	……
시간(분)	10.5	11.0	11.5	12.0	12.5	13.0	13.5	……
행동	○	V	V	V	○	○	V	……

* 시간(분)은 매 30초마다(等間) 관찰을 한다는 표시이고, '행동' 란에는 산만한 행동이 관찰되면 V표시를, 관찰되지 않으면 ○표시를 하여 기록한다.

행동측정이 아닌 자기보고나 생리측정에서도 측정을 하는 시간이나 간격이 정해져 있어야 한다. 예를 들면 부모에 대한 아이의 반항행동 같은 것은 하루를 단위로 해서 기록하는 방법이 좋을 것이다. 그러나 부부싸움과 같은 사건은 3~4일 간격 혹은 1주일을 단위로 기록하는 것이 좋을 것이다. 상담 중의 행동에 대해서는 매 회기를 단위로 기록하는 것이 적절할 것이다.

(4) 측정의 신뢰도

측정에서 신뢰도의 의미는 이미 앞 장에서 상세히 설명되었다. 신뢰도에는 검사-재검사 신뢰도, 반분신뢰도, Cronbach's 알파, 즉 문항간 일관성 등의 신뢰도가 있으나 이것들은 행동측정법에는 그다지 적합하지 않다. 행동측정법에는 오히려 '관찰자(평정자)간 일치도'가 신뢰도로 사용된다. 관찰자 갑의 평정과 관찰자 을의 평정 간에 일치도가 낮으면 그 측정법은 신뢰하기 어려운 측정방법이라고 평가해야 한다.

관찰자간 평정의 일치도는 단지 산술적인 일치율, 즉 몇 퍼센트의 일치율을 보였는지 계산하는 방식이 전통적으로 사용되어 왔다. 그러나 이 일치율은 관찰행동의 빈도에 의해 영향을 많이 받기 때문에, 관찰자간의 우연한 일치 확률을 고려한 새로운 일치도 계산방법이 있다. 이것을 **카파(kappa)지수**라고 부른다. 카파지수는 전통적인 일치율보다 관찰자간 일치도를 더 정확하게 반영한다(권정혜, 1991).

(5) 기저단계의 설정 : 안정성

기저단계(base-line)의 길이는 무엇을 기준으로 설정하는 것인가? 기저단계는 최소한 세 단위는 있어야 한다. 왜냐하면 목표행동이 증가하는 경향인지, 감소하는 경향인지, 아니면 안정되어 있는지를 알 수 있으려면 최소한 세 지점은 있어야 하기 때문이다. 그러나 세 단위가 충분한 조건은 아니다. 만약에 기저단계 동안 목표행동이 증가 혹은 감소 추세인데 기저단계를 중지하고 처치단계로 돌입하면 처치단계에서의 변화가 기저단계 경향성의 연속인지 아니면 처치의 효과인지를 구분할 방법이 없다. 따라서 기저단계는 안정성을 얻을 때까지 자료를 수집하며 기다려야 한다.

기저단계에서 측정치의 변동폭이 너무 큰 것도 문제가 된다. 변동폭이 큰 것도 안정성이 부족한 것이기 때문이다. 이 경우에도 변동의 폭이 작아질 때까지 기저자료를 모으거나, 변동의 큰 폭이 어디서 기인하는지를 발견해야 한다(그림 5-8).

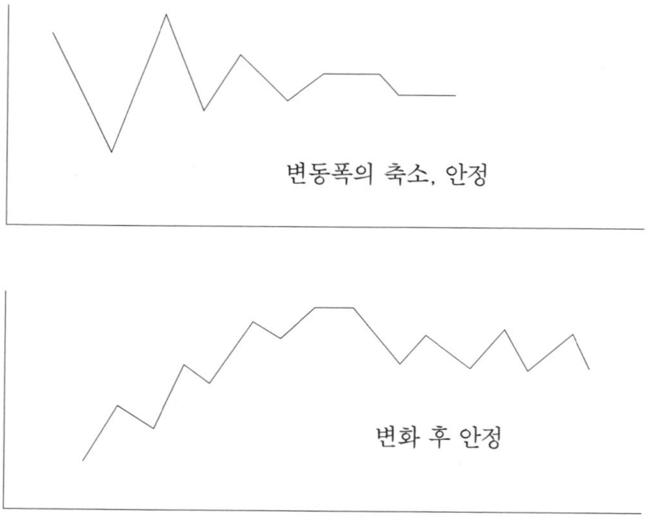

〈그림 5-8〉 기저단계의 안정성

그러나 안정성을 얻지 못한다고 해서 무한정 기저단계를 오래 끌 수는 없다. 특히 윤리적인 문제가 발생하기 때문이다. 그리고 그런 것을 내담자가 허용하지도 않는다. 따라서 안정적인 기저단계를 얻지 못하는 것은 그 실험연구의 결정적인 문제점을 발생시킨다.

4) 단일사례설계의 연구방법론적 쟁점

(1) 단일사례 성과연구의 장점

여러 연구방법론 문헌에서 단일사례설계법의 장점과 단점들이 논의되었다(이장호 등, 1997; Heppner 등, 1992). 그런데 그런 논의는 다양한 연구주제를 망라해서 장단점을 분석했기 때문에 상담성과연구에 국한된 논의는 아니었다. 여기서는 성과연구에 국한해서 단일사례연구의 장단점을 논의하고자 한다.

집단간 혹은 집단 내 연구설계에서 가장 흔히 사용하는 통계치는 평균(mean)이다. 즉 모든 피험자의 측정치를 합한 다음에 이를 피험자 수로 나눈 값을 말한다. 평균은 매우 편리한 통계치임에는 틀림없으나 그것이 만능 통계치는 아니다. 어느 고등학교 전체 학생의 평균 키가 170Cm라고 할 때 이들의 교복을 모두 신장 170Cm에 맞추어서 만든다면 어떤 일이 벌어질까? 그 옷이 아주 잘 맞는 사람에 비해서 잘 맞지 않는 학생이 더 많을 것이다. 이것이 바로 '평균의 허구성'이다(장상호, 1977). 단일사례설계는 여러 피험자들의 평균값보다는 다른 것에 관심을 둔다.

단일사례연구는 피험자간의 변산(분산)보다는 한 피험자내에서 시간이나 상황에 따른 변산을 주요 자료로 사용한다. 특히 시간의 흐름에 따른 상담성과의 변화 추이를 분석하는 데 적합한 방법이다. 그리고 많은 피험자(사례)로부터 자료를 수집하는 집단설계에서는 측정이 까다롭거나 돈과 시간이 많이 드는 측정방법을 적용하기가 어렵다. 그러나 단일사례설계에서는 집단설계에서는 적용하기 힘든 측정, 즉 시간과 돈이 많이 드는 측정방법을 사용하여 집단연구에서는 얻기 어려운 자료도 얻을 수 있다. 이런 점들은 단일사례연구에서 얻은 자료는 연구자에게 집단설계가 갖기 어려운 풍부한 정보를 제공해 줄 수 있다는 점을 시사한다. 이런 자료의 풍부성은 연구자들에게 상담에 관한 새로운 가설을 탐색하거나 설정하는 기회를 제공한다. (이 점은 성과연구뿐만 아니라 상담과정연구에서도 마찬가지의 장점이므로 추후에 다시 언급될 것이다.)

단일사례연구에서 얻을 수 있는 정보의 풍요는 자칫하면 단순히 사례에 대한 많은 정보를 체계 없이 열거하는 것으로 그칠 수 있다. 이것은 단일사례설계의 이점을 제대로 살리지 못한 것이다. 단일사례연구를 설계하는 연구자는 미리 사례 선정(피험자 표집), 측정방법 선택, 자료수집 절차, 평정자 훈련, 자료분석 방법 등에 관해서 미리 계획을 세워두어야 한다. 그렇게 하지 않는다면 주먹구구식의 비체계적 사례연구에 그칠 공산이 크다.

단일사례설계의 특이한 점 중의 하나는 연구절차를 중간에 수정할 수도 있다는 것이다. 집단설계에서는 연구절차를 연구 중 특히 자료수집 중에 변경하는 적이 거의 없다. 그러나 단일사례 연구설계는 그 점에서 융통성이 많다. 첫째, 기저선의 안정성을 예상보다 빨리 얻을 수도 있고 늦게 얻을 수도 있기 때문에 상황에 따라 기저선의 길이를 변동시킬 수 있다. 둘째, 처치의 효과가 충분치 못한 경우 처치기간을 다소 늘일 수도 있으며, ABAB 설계에서 반전의 효과에 따라 그 기간을 당초 예정보다 단축할 수도 있다.

단일사례연구는 특히 자주 발생하지 않는 특이한 사례를 연구하는 데 효과적인 방법이다. 예컨대, 중다성격(multiple personality)장애나 남성 거식증은 자주 발견되는 장애가 아니다. 이런 경우 집단설계를 계획한다는 것은 거의 불가능에 가깝다. 상담심리학자들에게는 초기의 탈북귀순자, 북한에 억류되었다가 귀환한 사람, 인질로 잡혔다가 풀려난 사람 등의 적응과정을 연구한다면 이는 집단설계보다는 단일사례설계가 더 적합할 것이다. 집단설계는 평균, 보편적인 현상, 전반적인 경향성 등을 파악하는 데 효과적인 반면에 단일사례설계는 특이한 현상을 상세히 설명하는 데 효과적이다.

(2) 단일사례 성과연구의 단점

단일사례연구에 대해서는 일반화의 제한점에 대해서 누구나 비판을 하고 있다. 이것은 단일사례설계의 필연적인 단점이다. 그러나 그 극복방법이나 반론이 없는 것은 아니다. “잘 고안된” 단일사례연구는 상당한 수준의 일반화

즉 외적 타당도를 확보할 수도 있다. 여기서 "잘 고안된"의 첫째 조건은 피험자(사례)나 처치상황의 선정과정을 지칭한다. 대인공포에 대한 인지-행동적 처치에 대한 연구라면 다른 다양한 증상이 복합되지 않은 "순수한" 그리고 "전형적인" 대인공포 내담자를 선정해야 할 것이다. 둘째, 단일피험자 설계는 체계적인 반복연구를 통해서 외적 타당도를 확보해 나갈 수가 있다. 반복연구에서는 첫번째 연구와 거의 같은 피험자를 선정할 수도 있고, 혹은 첫번째와는 다른(예: 첫번째 사례는 남자 내담자, 두번째 사례는 여자 내담자; 첫번째는 성인, 두번째는 청소년 등) 피험자를 체계적으로 선정해 나갈 수가 있다. 단일피험자 설계의 반복연구에 대해서 더 알고자 하는 독자는 Barlow와 Hersen(1984), Barlow, Hayes와 Nelson(1984)의 저서를 참고하기 바란다.

피험자의 수가 많다고 해서 자동적으로, 저절로 외적 타당도가 높아지고 일반화의 범위가 넓어지는 것은 아니다. 집단설계에서도 표집과정이 제대로 되지 못하면 아무리 피험자 수를 늘려도 외적 타당도를 확보하지 못한다. 반면에 단일피험자 설계에 의한 연구결과도 일반화 범위가 아주 넓은 경우가 자주 발생한다는 사실은 단순히 피험자의 수가 외적 타당도를 결정하는 절대적인 기준은 아니라는 점을 시사하고 있다.

단일피험자 설계의 연구에서 연구자의 편견이 작용한다면 그 연구결과는 극도로 편협되거나 왜곡될 가능성이 있다. 예를 들면, 연구자는 자기가 보고자 했던 현상에만 주목한 나머지 기타의 중요한 현상을 지나칠 수 있으며, 자기가 기대했던 결과가 나왔다고 자료를 잘못 해석할 수도 있다. 앞에서 언급한 Hill 등(1983)의 연구에서는 상담자가 내담자의 '이야기 늘어놓기' 행동을 '가벼운 격려' (으흥, 그래서, 계속하게 등)를 통해서 강화했다는 현상을 연구자들은 거의 간과하고 있었음이 김계현의 연구(Kim, 1988; Wampold & Kim, 1989)에 의해서 밝혀진 바 있다. 따라서 단일피험자 설계를 적용하는 연구자는 자료수집 및 분석과정을 잘 통제(control)하여 연구자의 편견을 제거하려는 노력을 해야 한다.

(3) 단일사례연구의 자료분석 방법

앞 절에서 논의한 집단간 설계의 연구에서는 주로 추리통계, 예를 들면 변량분석이나 회귀분석을 사용한다. 단일사례연구에서도 t-검증이나 F-검증 등 변량분석을 사용할 수는 있으나 한 가지 중요한 조건이 있다. 그것은 이른바 '자동상관', 영어로 auto-correlation이라고 부르는 것인데 자동상관이란 시계열적으로 반복측정된 자료는 각 시점의 측정치들간에 상관이 높아서 얻어진 자료가 상호 독립적이지 않다는 것을 뜻한다. 만약에 얻어진 자료의 자동상관이 높지 않다는 것이 밝혀지면 t-혹은 F-검증을 할 수 있다.

시계열 설계에 의한 단일사례연구에서는 종종 '시각적 검토법'이 활용된다(권정혜, 1991). 이것은 글자 그대로 연구자가 자료를 그래프로 그려보고 그래프의 변화가 임상적으로 의미가 있다고 볼 수 있을 만큼 현저한지 여부를 판별하는 방법이다. 이 방법은 소위 1종 오류를 범할 가능성은 매우 적은 반면에 2종 오류를 범할 가능성은 비교적 높다. 다시 말하면 시각적으로 보아서 현저한 차이는 '치료의 효과가 없음이 진인데도 불구하고 치료효과가 있다라고 해석할 가능성(1종 오류)'은 극히 적을 것이라는 것이다. 그러나 상대적으로 '치료의 효과가 있음이 진인데도 불구하고 치료의 효과가 없다라고 해석할 가능성(2종 오류)'은 높아진다는 것이다. 시각적 검토는 주로 기저선 단계, 처치단계, 반전단계 간의 자료의 수준(level)이나 경향성(trend)을 비교하며, 혹은 각 단계가 바뀔 때 생기는 변화의 급속성을 보기도 한다.

단일사례연구에서는 흔히 시계열분석법(time-series analysis)이라고 부르는 특수한 통계분석 방법을 사용하기도 한다. 이것은 각 단계에서 얻어진 자료의 수준이나 경향성, 즉 기울기의 변화가 통계적으로 의미 있는지 여부를 판단하는 방법이다. 특히 얻어진 자료가 시각적 검토법으로는 판단이 어려울 때 이 방법이 유용하다. 그런데 자료를 수집한 횟수가 적으면 통계적 검증력이 극히 낮아진다. 이 시계열분석 방법을 사용하려면 해당 전문서적과 통계 프로그램을 참고하기 바란다.

단일피험자(사례) '무선화' 실험설계와 통계분석

'무선화'(無選化)는 무작위화, 즉 randomized의 번역어로서 보통 집단비교설계에서는 피험자들을 각 집단에 무선적으로 배정(할당)하는 것을 뜻한다. 그런데 단일피험자(사례) 설계에서의 무선화란 무엇을 뜻하는가?

예를 들어, 두 처치법 A, B 간의 성과 차이를 검토하기 위해 단일피험자 설계를 취했다고 하자. 앞에서 살펴본 바와 같이, 단일피험자 설계에서는 어떤 회기에는 처치 A를 적용하고 어떤 회기에는 처치 B를 적용하여, 두 종류의 처치간에 성과의 차이가 있는지를 검토하는 전략을 취한다. 그런데 이 두 처치의 성과간에 생긴 차이를 통계적으로 검증할 수 있는 방법은 없는가?

만약 각 회기에 처치 A와 B를 무선적으로 배정한다면 이 자료는 통계적으로 무선화된 자료가 되기 때문에 인과관계의 추정과 통계적 검증이 가능해진다(Edgington, 1987; Wampold & Furlong, 1981). 반대로 처치 A와 B를 각 회기에 연구자 임의로 배정한다면 이는 비무선화, 즉 nonrandomized 자료가 되기 때문에 처치와 성과 간의 인과관계 추정이 어렵다. 그런 의미에서 이 무선화 설계를 '실험설계' 라고 부르는 것이다.

행동치료 단일사례연구에서 두 가지 처치법을 무선적으로 할당하는 방법을 예로 들어보자(Edgington, 1987). 6회기의 처치를 6일간 실시한다고 하자. 연구자는 각 처치법을 3차례씩 실시할 것이다. 그런데 그 순서를 무선화시킨다. 그리고 성과는 매일 측정한다. 이때 영가설(null hypothesis)은 두 처치법의 성과간에 차이가 없다는 것이다.

만약에, 자료수집의 결과 처치 A의 성과는 17, 20, 22가 나왔고 처치 B의 성과는 14, 16, 19가 나왔다고 한다면 그 이후의 통계분석은 어떻게 되는가? 이 경우 '통계치' 는 $|M_A - M_B|$ 혹은 $(M_A - M_B)$이다. 연구가설의 차이가 방향성을 설정했다면 통계검증은 일방향적 검증이 되고 통계치는 당연히 $(M_A - M_B)$이다. 그리고 이 얻어진 자료에서 $(M_A - M_B)$은 $3^1/_3$이다. 그러면, 이 얻어진 결과값$(M_A - M_B)$이 $3\,^1/_3$보다 더 클 확률은 얼마인가?

이 질문에 대한 대답을 구하는 것이 이 통계추리에서의 가장 중요한 절차이다. 그러면, 얻어진 6개의 성과치가 각각 3개씩 처치 A와 처치 B에 배정될 수 있는 모든 가능한 경우를 체계적으로 계산하여 결과를 보면된다. 〈표 5-2〉는 두 처치법 A, B의 성과에 대한 가능한 모든 결과 및 그 차이를 열거한 것이다. 여기서 얻어진 결과값 즉 $3^1/_3$보다 큰 값을 얻을 확률은 얼마인가? 그 대답은 $^2/_{20}$ 이므로 이른바 p 값은 .10 이다.

언뜻 보기에 두 처치법간의 차이 $3\,{}^{1}/_{3}$은 상당히 커 보인다. 그러나 그 차이의 통계적 의미는 충분하지 못했다. 그런데 여기서 한 가지 알아두어야 할 것은 이 예시된 자료는 표 제시의 편의를 위해 각 처치법에 3회기씩 총 6회기의 자료만으로 분석을 한 것이다. 집단간 차이의 검증이라면 전체 사례수 즉 n의 크기가 6밖에 안 되는(한 집단의 크기가 3밖에 안 되는) 경우에 해당한다. 이런 경우 웬만한 차이는 통계적 의미가 검증되기 어렵다.

다시 말해서, 집단간 실험설계에서 적정한 사례수가 필요하듯이, 단일피험자 실험설계에서도 적정한 관찰 횟수(예: 회기수)를 필요로 한다. 그래야 통계적 검증력이 확보되어 제2종의 오류를 범하지 않게 된다. 관심이 있는 독자는 위와 같은 실험에서 관찰회기 수를 8회(4+4)로 확대하여 검증을 다시 해 보기 바란다.

〈표 5-2〉 처치법 A와 B간의 성과를 비교하는 단일피험자 실험설계의 통계자료 예시 (Edgington, 1987)

Method		Test Statistic
A	B	M_A-M_B
14, 16, 17	19, 20, 22	$-4\,{}^{2}/_{3}$
14, 16, 19	17, 20, 22	$-3\,{}^{1}/_{3}$
14, 16, 20	17. 19, 22	$-2\,{}^{2}/_{3}$
14, 16, 22	17, 19, 20	$-1\,{}^{1}/_{3}$
14, 17, 19	16, 20, 22	$-2\,{}^{2}/_{3}$
14, 17, 20	16, 19, 22	-2
14, 17, 22	16, 19, 20	$-{}^{2}/_{3}$
14, 17, 22	16, 19, 20	$-{}^{2}/_{3}$
14, 20, 22	16, 17, 19	$1\,{}^{1}/_{3}$
16, 17, 19	14, 20, 22	$-1\,{}^{1}/_{3}$
16, 17, 20	14, 19, 22	$-{}^{2}/_{3}$
16, 17, 22	14, 19, 20	${}^{2}/_{3}$
16, 19, 20	14, 17, 22	${}^{2}/_{3}$
16, 19, 22	14, 17, 20	2
16, 20, 22	14, 17, 19	$2\,{}^{2}/_{3}$
17, 19, 20	14, 16, 22	$1\,{}^{1}/_{3}$
17, 19, 22	14, 16, 20	$2\,{}^{2}/_{3}$
17, 20, 22	14, 16, 19	$3\,{}^{1}/_{3}$
19, 20, 22	14, 16, 17	$4\,{}^{1}/_{3}$

3. 모의상담연구(Analogue Research)

상담 실제는 매우 복잡한 상호작용과 의사소통 그리고 복잡하고 불규칙한 정서적 변화를 수반하기 때문에 상담과정이나 그 효과를 간략하게 기술하는 것은 어렵다. 그러나 연구자들은 복잡한 현상을 좀더 간략한 가설, 이론, 법칙 등으로 단순화시키려는 목적을 가지고 있다. 그래서 어떤 연구자들은 관찰하려는 상담현상 자체를 좀더 단순화시키는 연구전략을 고안하기도 한다. 이것이 바로 모의(模擬)상담연구 방법이다.

1) 모의상담연구의 장점

모의상담연구 방법은 다음과 같은 몇 가지 장점을 가진다. 첫째 장점은 실험조건의 통제가 용이하다는 것이다. 모의상담 상황에서는 연구자가 관심을 가지는 독립변인(들)을 연구자가 계획한 대로 "조작"할 수가 있다. 예컨대 연구하려는 독립변인이 상담자의 자기공개(self-disclosure)인 경우 연구자는 이 자기공개의 빈도를 조절하여 (1) 자기공개를 전혀 하지 않는 것, (2) 회기당 1~2번 정도의 자기공개를 하는 것, (3) 회기당 5번 정도의 자기공개를 하는 것 등으로 빈도의 정도를 조작할 수가 있다. 만약 실제 상담상황이라면 이렇게 자기공개의 빈도를 조작할 수가 없다.

모의상담연구 방법의 둘째 장점은 연구문제와 관련이 없는 다른 변인들을 무작위화(randomize)시키거나 혹은 다른 방법으로 통제하기 용이하다는 것이다. 예컨대, 내담자 역할을 하는 피험자들을 실험집단과 통제집단에 무선적으로 배정할 수가 있으며, 혹은 이들에게 필요한 심리측정을 하여(예: 성격특성, 지능 등) 통계적으로 그 변인의 영향을 제외시킬 수도 있다. 셋째, 모의상담 과정을 실제보다 단순화시킴으로써 결과를 해석하기가 용이하다. 실제 상담은 상담 도중에 예기치 않은 사건이 생기기도 하고 관련된 변인이 다양하기 때문에 연구자가 기대하는 대로 단순하게 해석하기 곤란한 경우도 자주 생긴다.

다음, 넷째 장점은 상담연구에서 자주 발생할 수 있는 윤리적인 "장애"를 줄일 수 있다는 것이다. 실제 상담에서는 연구자의 의도대로 상담과정을 조작하는 것이 때로는 윤리적 문제를 일으키곤 하는데, 모의상담연구에서는 사전에 이런 문제를 제거할 수가 있기 때문이다.

2) 모의상담연구의 단점

그러나 위와 같은 장점에도 불구하고 모의상담연구 방법은 여러 가지 단점을 지닌다. 대체로 말해서 모의상담연구의 장점이 곧 단점으로도 작용한다.

첫째 단점은 실험조건을 통제하면 할수록 연구의 외적 타당도가 낮아진다는 것이다. 실험조건의 통제, 독립변인의 확실한 조작 등은 연구의 내적 타당도를 높이는 데 공헌한다. 그러나 이런 장점은 동시에 외적 타당도의 축소라를 결과를 낳는다. 둘째, 모의상담 상황은 실제 상황보다 지나치게 단순화되어 있다(oversimplification). 다시 말하면, 모의상담 방법에 의한 연구결과는 실제 상황에 일반화시키는 데 문제점이 많다는 것이다. 그래서 모의상담연구의 일반화 가능성을 평가하는 방법으로서 연구자가 고안한 모의상황이 얼마나 실제 상황과 유사한가를 평가하는 전략을 사용한다.

3) 모의상황과 실제 상황의 유사성 평가

(1) 상담의 장면과 상담과정에서의 유사성 정도

변 인	높은 유사성	중간 정도의 유사성	낮은 유사성
평가(Assessment)	내담자는 주의깊게 진단되고, 치료의 목적이 설정된다.	내담자는 치료의 목적과 일치하는지의 여부를 판단하기 위해 평가된다.	내담자는 평가되지 않는다. 또한 구체적인 개인에 대한 목적도 설정되지 않는다.

중재(Interventions)	구체적으로 내담자의 현재의 문제를 목표로 삼는다.	중재가 내담자의 문제와 관련이 있다.	내담자의 관심이나 문제와 관련이 없다.
지속(Duration)	여러 번의 정상적인 길이의 치료회기 동안 지속된다.	두세 번의 정상적인 길이의 회기 동안 지속된다.	1회 그리고 간략하게(10분 정도)
대인간 상호작용 (Interpersonal interchange)	상담자와 내담자는 서로 상호작용을 하며, 그 과정에 정보도 교환한다.	상담자와 내담자는 제한된 주제에 관하여, 또는 제한된 방법으로 상호작용한다.	연구대상은 상담 시나리오를 보지만, 상담가와 상호작용을 하지는 않는다.
내담자 반응 (Client reactions)	내담자는 상담경험을 겪게 되고, 어떠한 방법으로 관련된 정보에 반응한다.	내담자는 제한된 주제에 대하여 반응한다.	연구대상은 상담 시나리오를 보고 가설적으로 반응한다.
내담자의 변화 또는 성과 (Client change or outcome)	내담자는 상담회기 동안의 상호 교류로 인해 변화하게 된다.	내담자는 다소 변화할 수 있으며, 이 때 상담이 성공적이라고 할 수 있다.	상담 시나리오가 개인적으로 적절하지 않기 때문에, 연구대상은 행동이 변화하지 않는다.
환경(Environment)	전문치료센터	정식의 치료 서비스를 제공하지 않는 기관	실험실 상황 또는 교실

(2) 내담자 변인의 유사성 정도

변 인	높은 유사성	중간 정도의 유사성	낮은 유사성
변화 기대 (Expectations of change)	내담자는 치료와 변화를 기대한다.	내담자는 실험적인 치료를 기대한다.	내담자는 과정이수 학점(course credit) 또는 심리학에 대한 배움을 기대한다.
동기와 고민의 수준 (Motivation and distress level)	내담자는 치료센터에서 도움을 구할 정도로 고민이 있다.	사람들은 적절한 학문적 경험과 심리적인 실험을 구할 정도의 고민이 있다.	피험자는 고민이 없고, 도움을 구하지 않는다; 피험자는 심리적인 도움이나 변화를 구하기보다는 과정이수 학점과 같은 이면적 동기(ulterior motivation)를 지니고 있다.
치료의 선택 (Selection of treatment)	내담자는 종종 치료자 또는 치료의 유형을 선택한다.	피험자는 치료에서 제공하는 적절한 심리적 실험을 선택한다.	피험자는 치료자/면접관에게 배치된다.
호소문제 (Presenting problem)	상담에 있어서 전형적으로 나타나는 현실 문제(real-life problem)	가설적인 문제	문제가 없거나 실험적인 과업(experimental task)
문제에 대한 지식 (Knowledge of problem)	적절하고, 현재 존재하고 있는 관심사(current concern); 높은 수준의 처리(processing)와 지식	적절하지만 절박하지 않음; 보통 수준의 정보처리	부적절하거나 새로운 문제; 낮은 수준의 정보처리와 지식

(3) 상담자 변인의 유사성 정도

변 인	높은 유사성	중간 정도의 유사성	낮은 유사성
상담자 기대 (Counselor expectations)	내담자의 변화	내담자의 변화에 대한 보통 수준의 믿음	성공적인 역할연습(role play) 또는 면접
역할 신뢰 (Role credibility)	높은 지위, 외모는 역할과 일치한다.	보통 수준의 지위	지위에 대한 단서의 부재, 역할 불일치
지식 기반 (Knowledge bases)	평가, 성격, 상담이론, 상담과정 등에 대한 광범위한 지식	평가, 성격, 상담이론, 상담과정 등에 대한 보통 수준의 지식	평가, 성격, 상담이론, 상담과정 등에 대한 낮은 수준의 지식
상담기술 (Counseling skill)	상담과정에 있어서 높은 수준의 진행 기술(procedural skill)	상담과정에 있어서 보통 수준의 진행 기술	상담과정에 있어서 낮은 수준의 진행 기술
동기수준 (Motivation level)	치료적 관계(therapeutic relationship)를 제공하고 변화를 촉진시키기에 충분할 정도로 동기화되어 있다.	치료를 제공하기에 보통 수준; 실험적인 변화를 위해 동기와 결합될 수 있다.	치료를 제공하기에 동기화되어 있지 않다; 기본적인 목적은 면접을 수행하는 것이다.
경험수준 (Experience level)	10년 이상	박사과정 3년차	석사과정 1년차

4. 상담성과연구의 실제

여기서 소개하는 연구는 미국에서 수행된 Treatment of Depression Collaborative Research Program(TDCRP)이라는 프로젝트의 일부이다. 이 연구는 우울증의 치료에 효과가 있다고 알려진 인지요법(cognitive therapy)과 대인요법(interpersonal therapy)의 효과를 검증하면서 그 두 가지 요법간의 효과 차이를 비교분석하려는 목적을 가지고 있다. 이 연구는 여러 가지 특징을 가지고 있는데 그 중의 중요한 특징은 약물요법(이미프라민 투약)을 "표준요법"으로 사용하고, 이미프라민 플라시보를 통제집단으로 했다는 점이다. 여기서 소개하는 내용은 이 프로젝트의 책임자였던 I. Elkin이 『Handbook of psychotherapy and behavior change』 제4판(1994)에서 집필한 것을 주로 참고했다. 그리고 연구를 소개하는 중간중간에 연구방법론적인 해설이나 분석을 가한 부분은 필자가 첨부한 것이다.

1) 연구의 개요

TDCRP는 미국정부의 정신보건국(NIMH : National Institute for Mental Health)의 지원과 감독을 받으며 수행된 방대한 연구 프로젝트이다. 연구의 시작은 1977년이며 1989년에 최초의 보고서가 나왔다(Elkin 등). 그 이후 이 프로젝트에서 얻어진 자료를 재분석한 수많은 관련 보고서들이 출판되었으며, 현재도 추수연구(follow-up)가 수행 중이므로 앞으로도 후속 보고서가 나오리라 예상된다.

미국의 심리치료학계에서는 1960년대 후반부터 '어떤 환자(내담자)에게 어떤 종류의 치료(상담)가 유효한가?' 라는 질문이 제기되었다. 이것을 **특수성 질문**(specificity question)이라고 부른다. 이런 질문이 요즘의 상담가나 심리치료가에게 새롭게 들리지는 않겠지만 당시에는 상당히 의미 있는 질문이었다. 다시 말해서, 1960년대까지의 상담, 심리치료연구들 중에는 내담자의 문제영역이나 진단명을 구분하지 않은 경우도 많고, 치료자의 이론적 접근을 명확히 하지 않은 연구도 많았다. 즉, 과거의 연구들은 상담이나 심리치료가 "보편적으로", 즉 각종 문제의 내담자들에게 효과가 있는지를 알아보는 방식을 주로 취했었다. 이를 연구방법론자들은 **동일성의 신화**(uniformity myth)라고 부른다.

이 연구 프로젝트는 당시 미국 정신의학계나 심리치료계의 큰 관심사였던 '심리치료가 우울증의 경감이나 극복에 효과가 있는가?' 라는 질문에 대한 대답을 찾는 것이었다. 즉 연구의 관심을 우울증으로 국한했던 것이다.

그 다음은 '어떤 치료방법' 의 효과를 연구할 것이냐가 남는다. Beck을 중심으로 발전된 인지요법(혹은 인지행동요법)과 Klerman과 Weissman을 중심으로 발전된 대인요법(interpersonal psychotherapy) 두 가지가 선택되었다. 치료방법의 선택기준은 다음과 같다. (1) 원래 우울증 치료를 위해서 고안된 요법이다. (2) 이미 그 방법에 의한 치료 효과의 경험적 증거가 어느 정도 확보되었다. (3) 치료와 상담절차 및 기법을 표준화시킬 수 있어서 서로 다른 치료자들이 같은 절차와 방법으로 처치를 할 수 있다.

이 연구는 프로젝트의 이름에서 보듯이 이른바 "협력연구"(collaborative study)이다. 협력연구란 예컨대 약학이나 의학에서 어떤 처치법의 효과를 연구할 때 여러 병원에서 체계적으로 자료를 수집하는 방식을 의미한다. 대개 최초의 연구는 그 처치법을 처음으로 사용한 한 병원에서만 자료가 수집되는 것이 보통인데, 그런 연구는 일반화의 제한, 즉 외적 타당도가 그만큼 낮아진다. 이때 외적 타당도를 높이기 위한 하나의 전략이 여러 기관으로부터 체계적으로 자료를 수집하는 것이다.

이런 협력연구가 실제로는 말처럼 쉽지 않다. 병원마다 절차나 구조상의 차이가 있고, 치료자나 환자들의 특징이 있어서 서로 다른 병원에서 수집된 자료간에는 연구자가 알지 못하는 모종의 차이가 있을 수 있다. 이런 알지 못하는 차이가 연구결과에 영향을 미친다면 그 연구는 해석하기가 그만큼 곤란해진다.

정신약리학 분야에서는 처치를 표준화하기가 비교적 쉽기 때문에 여러 병원의 자료를 통합하는 협력연구가 일찍부터 가능했다고 한다. 그러나 심리치료 분야에서는 1970년대 전반까지도 신뢰할 만한 협력연구가 가능하지 않았다는 것이다. 그러던 중 1977년에 NIMH의 Parloff와 Waskow가 우울증에 대한 심리요법의 효과를 검증하는 협력연구를 해 보자는 제안을 하였다. 그 당시라면 협력연구를 할 수 있을 만큼 치료자의 전문적 수준과 자료수집 및 관리를 수행할 병원의 수준이 성숙했다고 본 것이다. 이 연구는 바로 그들의 제안에 의해서 시작되었다.

이런 협력연구의 취지가 홍보된 후 여러 병원이나 심리치료기관으로부터 연구신청을 받았는데, 심사에 의해서 연구 참여가 결정된 기관은 세 곳이었다. 그 세 곳은 S. Imber가 이끄는 피츠버그 대학교 병원, S. Sotsky가 이끄는 조지워싱톤 대학교 병원, J. Watkins가 이끄는 오클라호마 대학교 병원이었다. 이 세 곳에서는 우울환자에 대한 임상적인 치료를 하고 각종 자료를 수집하는 일을 담당한다.

2) 연구설계 및 방법

(1) 독립변인 설정

이 연구에서 첫번째 중요한 것은 연구에 참여할 심리치료가들을 '진정한' 인지행동치료 전문가와 대인치료 전문가로 훈련시키는 문제였다. 그래서 연구에 참여할 치료가들은 미리 각 요법의 권위자들로부터 훈련을 받았다. 대인심리치료를 수행할 치료자 교육은 M. Weissman(예일 대학)이 맡고, 인지행동요법을 수행할 치료자 교육은 B. Shaw(클라크 대학)가 맡았다. 이들에 대한 훈련은 매우 철저하였으며 각 요법의 권위자들로부터 그들의 치료절차와 기법이 각각의 접근법을 제대로 수행하는지에 대한 평가를 받았다.

치료자 교육은 두 가지 점에서 중요한 의미를 가진다. (1) 치료효과에 대한 연구는 제대로 훈련된 전문가의 치료를 독립변인으로 해야 바람직하다는 것이다. 우리는 종종 아직 훈련이 충분하지 않은 초보자들을 치료자로 참여시킨 성과연구들을 보게 된다. 초보자의 상담이나 심리치료는 아직 제대로 수행되지 못하는 경우가 자주 발생하기 때문에 독립변인으로서 신뢰도와 타당도가 뒤떨어진다. 이 내담자에게 사용했던 치료절차와 저 내담자에게 활용했던 치료절차가 달라지기 일쑤이기 때문이다. (2) 독립변인으로 설정된 요법이 정말로 그 요법인지를 분명히 해야 한다는 것이다. 우리는 명목상으로는 인지행동요법을 적용한다고 하면서도 사례에 따라서 다른 요법을 혼용하는 경우를 자주 본다. 이런 일은 임상 실제에서 아주 자주 발생하며 때로는 그렇게 하는 것이 바람직할 때도 있다. 그러나 연구에서는 독립변인을 "순수하게(신뢰롭게)" 유지해야 할 필요가 있기 때문에 요법이 사례에 따라서 변화하면 곤란하다. 연구결과를 해석할 수 없기 때문이다. 따라서 연구에서는 적용되는 치료법의 절차와 기술을 표준화하고 매뉴얼화하는 것을 바람직하게 여긴다.

(2) 통제집단

독자들은 이미 성과연구에서 통제집단이 사용된다는 것을 알고 있을 것이다. 이 책의 앞부분에서 이미 여러 차례 강조했기 때문이다. 이 TDCRP 프로젝트에서는 두 개의 심리치료 집단과 비교하는 통제집단을 두 개 설정했다. 통제집단 중 하나는 소위 표준처치(standard treatment)를 받는 집단인데, 표준처치란 당시에 우울증에 대해서 치료효과를 인정받은 보편적으로 활용되는 처치법을 말한다. 이 연구에서의 표준처치는 항우울제인 이미프라민(imipramine-hydrochloride)을 투여하면서 정기적으로 정신과 의사를 만나며 '임상적 관리'(clinical management)를 받는 것을 지칭한다. 또 하나의 통제집단은 '위약'(僞藥, placebo)집단으로서 이미프라민, 즉 항우울제 가짜약을 투약받으면서 정기적으로 정신과의사를 만나 임상적 관리를 받는 피험자들이다. 이 두 약물요법에 대한 교육과 감독은 R. Presbyterian(성 류크 병원)이 담당하였다.

따라서 이 연구에서는 크게 네 개의 집단이 설정되었다. 그 집단 이름을 회상하면 (1) 인지행동적 치료를 받는 집단(약어로 CBT), (2) 대인심리치료를 받는 집단(IPT), (3) 항우울제 투여와 임상관리를 받는 집단(IMI+CM), (4) 항우울제 위약 투여와 임상관리를 받는 집단(PLA+CM) 등이다. 이 연구에서의 플라시보는 항우울제에 대한 플라시보이다.

약물요법 및 플라시보 집단에 임상관리를 포함시킨 이유는 크게 두 가지이다.

첫째 이유는 윤리적인 것이다. 환자들 중에는 심하게 우울에 빠진 사람들이 다수 있었는데 이들에 대해서 연구목적만을 위해서 단순히 처치를 지연시키는 것은 비윤리적인 것으로 간주된다. 그래서 단순한 무처치 집단 혹은 대기자 집단을 설정하지 않고 위약+임상관리 집단을 설정한 것이다. 둘째, 우울증 치료가 단순히 시간의 흐름, 치료자의 관심과 배려, 치료에 대한 희망의 유지 등에 의해서도 치료적 효과를 발생시키는지를 확인하기 위해서이다. 즉, 인지행동요법, 대인심리치료, 항우울제라는 '치료요인'이 작용하는지 아니면 단지 환자에 대한 최소한의 지지(minimum support)만으로도 충분한 치료효과가 발생하는지를 검토하기 위함이다. 항우울제 투약과 관련해서 어느 환자가 진짜 이미프라민을 투여받고 어느 환자가 가짜 이미프라민을 투여받는지를 의사들도 알 수 없도록 한 것을 double-blind라고 부르는데 이 연구에서도 이 방법을 적용한 것은 물론이다.

(3) 기타 연구방법

측 정 우울증 치료의 일반적 성과에 대한 측정은 네 가지 도구를 사용했다. 이들은 Hamilton Rating Scale for Depression(HRSD), Beck Depression Inventory(BDI), Hopkins Symptom Checklist-90(HSCL-90), Global Assessment Scale(GAS) of the Schedule for Affective Disorders and Schizophrenia이다. 그 중 BDI와 HSCL-90은 환자가 질문지에 대해서 대답하는 자기보고식 척도이며, HRSD와 GAS는 제3자가 임상적으로 평정하는 평정척도이다. 이 네 가지 평가도구 이외에 특수한 증상의 변화를 측정하기 위한 몇 가지의 척도가 더 사용되었다.

내담자(환자, 피험자) 모두 3개의 치료소에서 4가지 치료조건을 연구하는 3×4 요인설계이다. 총 250명의 우울환자를 무작위적으로 네 가지의 처치조건에 배정하여 처치를 받도록 계획하였는데, 처치에 1회라도 참여한 환자는 239명이었다. 그 중 처치에 4회(3.5주일) 이상 참여한 환자는 204명이었으며, 적어도 12회기(15주일) 이상 치료에 참여하여 처치를 마친 환자는 155명이었다. 자료분석은 처치에 참여한 기간에 따라서 세 집단으로 나누어서 하였다.

3) 주요 발견

(1) 처치의 일반효과와 특수효과

결과의 대체적인 방향을 보면 모든 측정치들이 같은 방향으로 변화했다는 점이 발견된다(표 5-3). 그 중 IMI-CM 집단의 증상 호전이 가장 좋고, PLA-CM 집단의 증상 호전이 가장 적다. 두 종류의 심리치료 집단은(CBT, IPT) 그 중간에 들어 있다. 그러나 집단간의 차이는 통계적으로 별 의의가 없었다(12 경우 중 4 경우에 불과).

치료 전 우울 정도와 치료 후 우울 정도를 비교하면 모든 집단이 증상 호전의 방향으로 나타났다($p<.001$). PLA-CM 집단에서도 명백하게 증상 호전이 나타났다. 이 PLA-CM 조건은 단순히 무처치 집단이 아니라 플라시보 항우울제 위약과 함께 최소한의 지지적 처치를 정기적으로 받는 집단이다. 즉 이런 정도의 플라시보는 우울증 호전에 공헌한다는 것을 보여 준다. 그리고 사후검사에서 집단간의 차이가 별로 발견되지 않은 주요 이유는 바로 이 PLA-CM 집단이 증상 호전되었기 때문으로 풀이된다. 즉 다른 처치집단들의 증상 호전이 적어서라기보다는 플라시보 통제집단의 증상 호전이 컸던 것이다.

연구자들은 통계적 의의도뿐만 아니라 '임상적 의의'를 검토하였다. 임상적 의의를 살피기 위해서는 HRSD에서 6점 이하이고 BDI에서 9점 이하를 받아야 '회복의 준거'로 삼았다. 〈표 5-4〉는 각 집단에서 '회복준거'를 통과한 환자의 수와 비율을 나타내고 있는데, 집단간의 차이가 발견되었다. 즉, IMI-CM 집단과 IPT 집단은 PLA-CM 집단보다 더 많은 환자가 회복준거를 통과한 것이다.

연구자들은(Imber 등, 1990) 각 처치법이 주로 겨냥하는 증상 호전이 변별적으로 일어났는지를 검토하였다. 즉, 대인심리치료를 받은 환자는 Social Adjustment Scale(SAS)에서 다른 처치를 받은 환자들보다 변별적으로 증상호전이 있는지, 인지행동치료를 받은 환자들은 Dysfunctional Attitude Scale(DAS)에서 다른 처치를 받은 환자들보다 변별적으로 증상 호전이 있는지, 그리고 항우울제 이미프라민 처치를 받은 환자들은 우울의 Endogenous Scale에서 다른 처치를 받은 환자들보다 변별적으로 증상 호전이 있는지를 검토하였다. 그런데 결과는 예상대로 나오지 않았다. CBT 집단이 DAS의 한 하위척도(need for social approval)에서 다른 집단과의 차이를 보였을 뿐 나머지에서는 집단간 차이가 발견되지 않았다. 즉, '특수성 가설'(각기 다른 종류의 처치는 다른 종류의 효과를 발생시킬 것이다)은 극히 부분적으로만 지지되었을 뿐이다. 대인심리치료, 인지행동치료, 그리고 이미프라민 치료는 그 각 처치법이 겨냥한는 특수한 증상 호전을 일으킨다기보다는 모두 비슷한 효과를 보인다는 결론이 더 유력시된다.

〈표 5-3〉 4개의 성과측정치에 대한 처치 전후 값

	CBT		IPT		IMI-CM		PLA-CM		유의도
	N	Mean±SD	N	Mean±SD	N	Mean±SD	N	Mean±SD	수준
치료를 마친 환자									
HRSD									
치료 전 상태	37	19.2 ±3.6	47	18.9 ±3.9	37	19.2 ±5.0	34	19.1±3.7	.984
치료 후 상태	37	7.5 ±5.8	47	6.9 ±5.8	37	7.0 ±5.7	34	8.8±5.7	.458
GAS									
치료 전 상태	37	52.8 ±7.2	47	52.6 ±6.6	37	51.6 ±7.1	34	53.1±7.3	.813
치료 후 상태	37	69.4±11.0	47	70.7±11.0	37	72.5±10.8	34	67.6±10.7	.271
BDI									
치료 전 상태	37	26.8 ±8.4	47	25.5 ±7.7	36	27.1 ±8.8	35	28.1±6.7	.538
치료 후 상태	37	10.2 ±8.7	47	7.7 ±8.7	36	6.5 ±8.6	35	11.0±8.5	.081
HSCL-90T									
치료 전 상태	37	1.38±0.43	47	1.35±0.45	36	1.43±.046	35	1.58±0.49	1.59
치료 후 상태	37	0.47±0.43	47	0.48±0.43	36	0.38±0.42	35	0.67±0.43	.046
치료에 4회 이상 참여한 환자(204명)									
HRSD									
치료 전 상태	50	19.6 ±3.7	55	19.2 ±4.4	49	19.1 ±4.7	50	19.0±4.2	.914
치료 후 상태	50	9.0 ±7.0	55	9.1 ±7.0	49	8.3 ±6.9	50	11.3±6.9	.161
GAS									
치료 전 상태	50	52.1 ±7.9	55	52.1 ±7.3	49	52.1 ±6.7	50	52.2±7.2	1.000
치료 후 상태	50	66.5±12.6	55	67.2±12.6	49	69.7±12.4	50	63.9±12.4	.137
BDI									
치료 전 상태	50	27.5 ±8.1	55	25.5 ±7.6	49	25.8 ±8.6	50	27.4±6.8	.427
치료 후 상태	50	11.5 ±9.7	55	10.6 ±9.7	49	8.6 ±9.6	50	12.5±9.6	.214

HSCL-90T									
치료 전 상태	50	1.44±0.55	55	1.33±0.44	48	1.40 ±.048	50	1.53±0.47	.200
치료 후 상태	50	0.60±0.49	55	0.60±0.50	48	0.51±0.49	50	0.70±0.49	.289
치료에 1회 이상 참여한 환자(239명)									
HRSD									
치료 전 상태	59	19.6 ±3.9	61	19.6 ±4.6	57	19.5 ±4.6	62	19.5±4.6	.999
치료 후 상태	59	10.7 ±7.9	61	9.8 ±7.9	57	9.8 ±7.8	62	13.2±7.8	.053
GAS									
치료 전 상태	59	52.4 ±7.9	61	52.0 ±7.1	57	52.2 ±6.7	62	52.5±7.1	.985
치료 후 상태	59	64.4±12.4	61	66.3±12.4	57	67.4±12.3	62	61.6±12.3	.053
BDI									
치료 전 상태	59	27.0 ±7.9	61	26.0 ±7.8	57	26.8 ±8.7	62	27.1±6.9	.871
치료 후 상태	59	13.4±10.6	61	12.0±10.6	57	11.6±10.5	62	15.0±10.5	.290
HSCL-90T									
치료 전 상태	59	1.42±0.54	61	1.41±0.51	56	1.43±0.48	62	1.49±0.49	.819
치료 후 상태	59	0.73±0.57	61	0.71±0.57	56	0.66±0.57	62	0.83±0.57	.413

〈표 5-4〉 처치 종료시 회복된 환자의 빈도와 비율

	No.(%)				유의도 수준
	CBT	IPT	IMI-CM	PLA-CM	
치료를 마친 환자					
N	37	47	37	34	
HRSD≤6	19(51)	26(55)≠	21(57)≠	10(29)	.074
BDI≤9	24(65)	33(70)	25(69)	18(51)	.299
			(N=36)	(N=35)	
치료를 4회 이상 참여한 환자(204명)					
N	50	55	49	50	
HRSD≤6	20(40)	26(47)	24(47)	13(26)	0.76
BDI≤9	29(58)	33(60)	30(61)	25(50)	.668
치료를 1회 이상 참여한 환자(239명)					
N	59	61	57	62	
HRSD≤6	21(36)	26(43)	24(42)	13(21)	.042
BDI≤9	29(49)	34(56)	30(53)	25(40)	.353

(2) 내담자의 우울 정도와 치료효과와의 관계

환자의 치료 전 상태, 즉 우울의 정도는 치료효과와 관련이 있는가? 연구자들은 '심한 우울'을 HRSD 20점 이상이면서 동시에 DAS 50점 이하로 정의하여 우울 정도를 양분하였다. 분석결과는 분명했다. 약한 우울의 환자들에게는 IPT, CBT, IMI-CM, PLA-CM, 네 집단간의 차이가 발견되지 않았으나, 심한 우울의 환자들에게는 집단간의 차이가 분명하게 드러난 것이다. 〈그림 5-9〉은 우울 정도와 처치간의 상호작용을 보여 준다. 특기할 사항은, 플라시보 집단 내의 심한 증상 환자들의 증상 호전 정도가 다른 처치집단에 비해서 현저하게 낮았다는 것이다. 이것은 플라시보 위약을 복용하면서 임상관리적 차원에서 최소한 지지를 받는 약한 처치는 약한 우울에 대해서는 증상 호전을 보일 수 있지만 심한 우울에 대해서는 그렇지 못하다는 것을 시사한다. 반면에 이미프라민을 투여받은 환자는 특히 심한 우울에 대해서 타처치에 비해 효과가 높게 나타났다. 즉, 심한 우울환자에 대해서는 항우울제의 투여가 효과적임을 보여 준다.

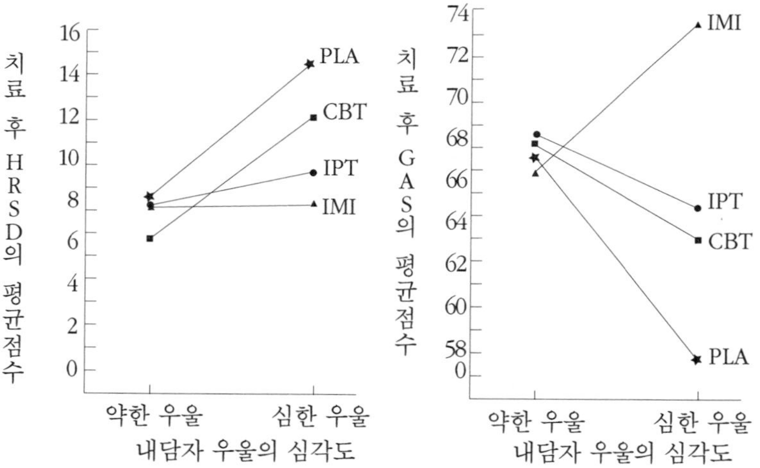

〈그림 5-9〉 처치×우울 정도 상호작용

'회복준거'를 활용하여 임상적 의의를 살펴보아도 비슷한 양상이 분명하게 드러난다. 〈그림 5-10〉은 처치를 12회기 이상 마친 환자들로서 '회복준거'를 통과한 환자의 비율을 나타낸다. 이 분석에서도 앞의 분석과 마찬가지로, 약한 우울에 대해서는 처치간의 차이가 매우 적으나 심한 우울에 대해서는 처치간의 차이가 크다. 특히 PLA-CM 집단의 통과율이 가장 낮고 IMI-CM 처치집단의 통과율이 가장 높았다.

연구자들은 우울증의 정도뿐만 아니라 다른 여러 종류의 내담자 변인들이 치료효과와 상호작용하는지 검토하였다. 예컨대, 내담자의 성격장애 여부, 불안의 정도, 결혼 여부, 가족의 우울 병력 등이 그것이다. 여러 가지 흥미로운 발견들이 보고되었다. 관심 있는 독자는 Elkin(1994)이나 Sotsky 등(1991)의 논문을 참고하기 바란다.

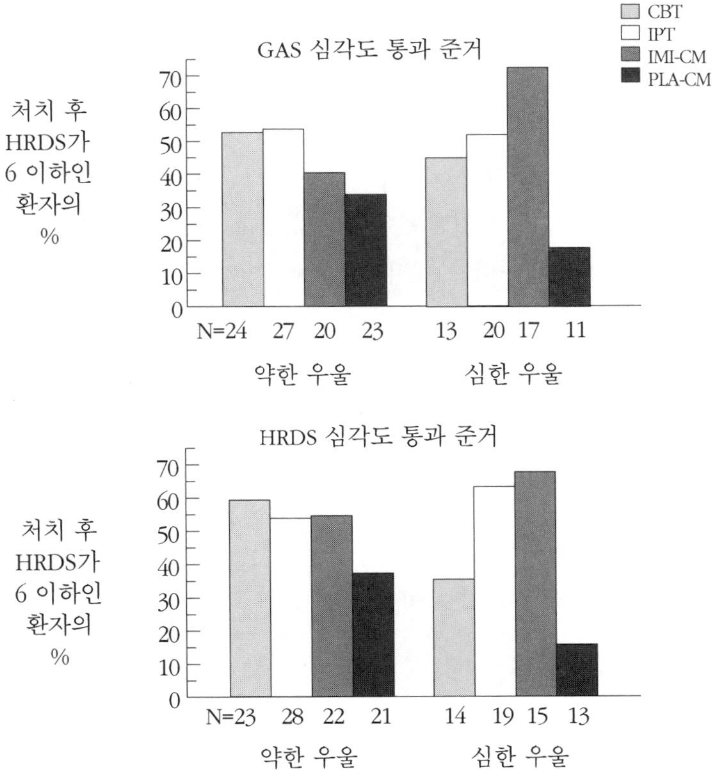

〈그림 5-10〉 증상수준별, 처치방법별 회복환자의 비교

(3) 추수연구

우울에 대한 처치법들(15주 정도의 단기처치)은 장기적인 효과를 보일 것인가? 그리고 대인심리치료, 인지행동치료를 받은 환자들은 치료 후에도 우울을 효과적으로 관리하고 재발을 예방하는 능력을 보유할 것인가? 이런 질문들이 추수연구의 중요한 탐구문제였다.

자료는 처치 종료 후 6, 12, 18개월이 지난 이후에 얻어졌다. 회복준거에 대한 기준은 엄격하게 적용하였다. 여기서 '회복'이란 처치 종료 이후 최소 8주 연속 우울증상이 '거의' 혹은 '전혀' 없다고 보고해야 한다고 정의한다. 그리고 2주일 이상 MDD, 즉 Major Depression Disorder의 증상을 보이는 경우에는 '재발'로 본다. 분석결과는 〈표 5-5〉와 같다. 괄호가 없는 수치는 인원 수이고 괄호 안의 수치는 비율이다. 6, 12, 18개월 이후의 추수평가에서 '회복되고 재발 없음'으로 평가된 비율이 전체의 24%인데 그 중에서 CBT 집단은 30%, IPT 집단은 26%, IMI-CM 집단은 19%, PLA-CM 집단은 20%로서 인지행동치료를 받은 집단의 장기적 효과가 가장 좋게 나타났다. 그런데 연구자들은 이 자료에 대해서 통계적 검증을 하지는 않았다. 그 이유는 이 자료는 이미 통계적 검증을 하기에는 무작위성(randomness)을 잃었기 때문이다. 단, 이 자료를 통해서 우리는 심리치료(특히, 인지행동요법)가 항우울제 처치에 비해서 우울관리와 회복 유지에 있어서 장기적 효과가 더 좋다는 경향성을 관찰할 수 있었다.

그러나 세 가지 처치 모두 장기적인 효과는 전반적으로 낮다는 사실을 간과해서는 안 된다. 이런 결과는 15주 정도의 단기처치가 우울증을 '완전히', '장기적으로' 제거해 주기에는 충분치 못하다고 표현해야 더 적합한 표현이 될 것 같다. 처치효과의 장기적인 관리와 유지에 대해서는 최근 미국심리치료학계에서 관심을 가지고 연구하는 "첨단" 주제이다.

〈표 5-5〉 처치집단별 추수평가 결과

	CBT	IPT	Imipramine-Hydrochloride +CM	Placebo +CM	총계
처치					
시작	59	61	57	62	239
종결					
N	40	47	38	37	162
회복					
N	23	21	18	16	78
(%)[1]	(39)	(34)	(32)	(26)	(33)
(%)[2]	(49)	(40)	(38)	(31)	(39)
회복되고 재발 없음					
MDD					
N	14	14	9	10	47
(%)[1]	(24)	(23)	(16)	(16)	(20)
(%)[3]	(30)	(26)	(19)	(20)	(24)
MDD 또는 처치					
N	13	9	7	9	38
(%)[1]	(23)	(15)	(12)	(15)	(16)
(%)[2]	(23)	(17)	(15)	(18)	(19)

주 1: 처치 시작 N 대비 비율

주 2: 처치 시작 N대비, 6개월 follow-up 비율

주 3: 처치 시작 N대비, follow-up 완료 인원(6, 12, 18개월) 비율

제6장 상담성과연구의 다양한 전략과 메타분석

지금까지는 상담성과를 검증하는 연구의 설계, 절차, 측정방법 등에 대해서 논의하였다. 그러나 연구자의 관심과 연구의 구체적 목적에 따라서 연구의 방법은 훨씬 더 복잡해질 수 있다. 즉, 어떤 단일 개입방법이 효과가 있는지 없는지만 알아보려는 단순한 연구문제도 있지만, 두 개 이상의 개입방법이 혼용되어 있는 처치 중에서 도대체 어떤 개입방법 때문에 효과가 발생하는 것인지를 알아보고 싶은 연구문제도 있다. 그리고 상담성과에 대한 수많은 연구들이 수행되어 왔지만 그 많은 연구결과들을 요약, 정리하는 방법에 대해서도 논의하고자 한다. 다시 말해서 '도대체 심리상담은 효과가 있는 방법인가?' 라는 질문에 대한 대답을 하려면 여러 종류의 심리상담 성과연구들을 종합해야 한다. 이 장에서는 상담성과연구의 다양한 전략들과 상담성과연구에 대한 종합방법으로서 이른바 메타분석의 절차와 상담연구에서의 메타분석 결과들에 대해서 알아본다.

1. 상담성과연구의 다양한 전략

상담성과연구의 질문은 다양하다. 다음은 여러 종류의 연구문제를 예시해 본 것이다.

- 상담이란 효과가 있는가?
- 심리역동치료는 효과가 있는가?
- 비행청소년에게 대인관계 기술을 가르치면 그들의 분노조절 능력이 향상되는가?
- 부부간 의사소통훈련은 부부만족도를 향상시키는가?
- 학업문제가 있는 아동에게 학업과외 프로그램과 함께 부모교육을 병행하는 것이 도움이 되는가?
- 집단상담에서 집단원들에게 회기 요약을 써오도록 하는 것이 집단 참여도와 상담성과를 높이는가?

이 다양한 연구문제들에 대해서 동일한 하나의 전략과 설계로 접근할 수는 없다. 다양한 전략과 설계가 필요하다. 우리는 이미 연구의 방법은 연구문제에 의해서 선택되어지거나 고안되는 것임을 이미 알고 있다. 이 절에서는 앞에서 다루지 않았던 연구전략들 몇 가지에 대해서 논의해 볼 것이다. 그리고 그 전략들은 연구문제와 깊이 관련되어 있다.

1) 1950년대의 상담성과연구(미국)

미국심리학회에서 상담심리학 학술지, 즉 『Journal of Counseling Psychology』가 처음 나온 것은 1954년이다. 이 학술지 제1권의 첫 논문은 Forgy와 Black의 것으로서 이 연구는 100명의 대학생을 상대로 내담자중심의 허용적 상담과 상담자중심의 구조적 상담 간의 성과를 3년 기간 동안 평가한 연구이다. 상담 직후 얻은 자료에서는 내담자중심의 상담이 상담자중심의 상담보다 내담자 만족도가 더 높게 나타났으나, 3년 뒤의 추수평가에서는 두 상담방법간에 내담자 평가의 차이가 없었다. 그러나 상담자와 상담방법 간의 상호작용이 발견되었다. 이 연구에 3명의 상담자가 두 상담방법을 모두 사용했는데, 그 중 한 명의 상담자는 상담자중심의 상담을 했을 때 내담자 만족도가 높았고 나머지 두 상담자는 내담자중심의 상담을 했을 때 내담자 만족도가 더 높았다.

Rogers(1954)는 검사해석 상담에서 "검사중심 방법"과 "자기평가 방법" 간의 차이를 비교하는 연구를 수행한 바 있다. 두 방법간의 다른 점은 면담과정에 내담자가 참여하는 시간량과 검사 외의 자료에 집중하는 정도에 있다. Rogers 자신이 모든 상담을 실시했는데, 검사중심 방법과 자기평가 방법을 번갈아서 실시했다. 이 연구의 성과측정은 내담자 자신의 자기평가와 상담자의 내담자 평가 간의 일치도 정도로 삼았다. 두 검사해석 상담방법 모두 자기이해를 증진시켰으나, 두 방법간의 성과 차이는 없었다. 그러나 내담자의 지능이 상호작용 변인으로 발견되었는데 지능이 높은 내담자들은 두 방법간의 차이가 없지만 지능이 상대적으로 낮은 내담자들은 "자기평가 방법"에 의해 더 많이 자기이해를 증진시켰다. 이 연구에서 Rogers는 각 상담방법이 제대로 수행되었는지를 다른 상담전문가에게 평가하도록 하는 감사과정(integrity check)을 밟았는데 이것은 처치효과실험에서 방법론적으로 매우 중요한 요소이다.

오늘날의 기준으로 본다면 이 두 연구는 성과측정 및 통계처리에 있어서 원시적인 수준이라고 볼 수도 있다(Heppner 등, 1999). 그러나 이 연구들의 역사적 가치는 크다. 특히 여러 상담방법 혹은 기법간의 효과차이를 알아보려는 연구주제는 오늘날에도 그대로 살아 있는 주제인 것이다. 1950년대의 이 연구자들은 이미 "상담은 효과가 있는가?"라는 식의 지나치게 보편적인 질문을 하지 않고 좀더 구체적인 질문을 하였다는 점에 주목하자. 다음은 Paul(1967)의 유명한 연구질문이다. "어떤 처치가 어떤 유형의 내담자에게 어떤 장면에서 효과가 있는가(Which treatments are effctive with which types of clients in which settings)?" 그리고 이 연구자들은 단순히 처치 이전과 이후만을 비교한 것이 아니라 상담과정 중에 발생한 사건들이 성과에 영향을 미쳤는지를 분석해보는, 즉 상담과정-성과의 연결에 관심을 두었다. 이 주제는 바로 현대 상담심리학의 주제인 것이다.

2) 상담성과연구의 다양한 전략

Heppner 등(1999)은 Kazdin(1995)이 제시한 여섯 가지 성과연구 질문에 대해서 여섯 종류의 성과연구 전략을 요약 제시한 바 있다. 이 여섯 가지의 성과연구질문과 연구전략은 상담연구에서 실제로 많이 시도된 것들이다. 그것들은 (1) 처치 패키지 전략, (2) 처치요소 분할(dismantling)전략, (3) 건설(constructive)전략, (4) 처치구조 변경(parametric)전략, (5) 성과비교 전략, (6) 내담자와 상담자 변경(variation)전략 등이다. 여기서는 그 여섯 가지 성과연구 전략들을 Heppner 등이 제시한 연구사례와 함께 고찰해 보겠다.

(1) 처치 패키지 전략

성과연구에서 가장 기본적인 질문은 어떤 처치나 개입이 효과가 있는지 여부에 관한 것이다(이 질문에 대해서는 이미 앞에서 여러 번 논의했다). 이런 질문에 대한 대답을 구하려는 연구전략을 우리는 처치 패키지 전략이라고 부르기로 하자. 이 연구전략에서는 전형적으로 처치조건과 통제조건을 설정하여 두 조건을 비교한다. 실험방법이 주로 사용되며, 실험은 진(眞)실험 설계 혹은 준(準)실험 설계를 채택한다.

Heppner 등이 처치 패키지 전략을 설명하기 위해서 예시로 사용한 연구는 Horan(1996)의 연구였다. 이 연구는 자기존중감이 낮은 고등학생들에게 '컴퓨터보조 인지 재구조화 프로그램'을 실시하면 그들의 합리적 사고와 자기존중감이 향상되는지를 검토하는 것이었다. 비교, 즉 통제조건은 무처치보다는 플라시보 조건이 더 바람직하다고 판단되었기 때문에 처치에 대한 기대와 같은 플라시보 조건이 제시되었다. 즉, 컴퓨터 보조 인지 재구조화라는 처치요소의 순수한 효과를 알아보고 싶은 연구자의 의도를 반영한 것이다.

Horan이 사용한 컴퓨터 보조 상담 프로그램은 이른바 컴퓨터 매개 의사소통에 의한 상담, 즉 사이버상담이 각광을 받고 있는 우리 나라의 상담계를 고려할 때 실제면에서 시사하는 바가 많은 연구보고서이다. 이 프로그램은 내담자의 비합리적 사고방식을 발견하고 그것을 수정, 즉 재구조화시키는 일종의 상호작용 프로그램이다. 피험자는 비합리적 사고가 드러나는 삽화적인 초록을 읽은 다음 자기도 그런 문제가 '있다/없다'라는 반응을 하게 되고 그 반응에 따라서 후속 프로그램이 달라진다. 통제조건, 즉 플라시보 조건에 있는 피험자들은 Arnold Lazarus의 자기이완 녹음 테이프를 이용하여 이완훈련을 받는다. 즉, 통제조건의 피험자들도 기대할 만한 처치를 받음으로써 연구자는 연구의 결과가 바로 인지 재구조화 컴퓨터 프로그램이라는 처치요소에 기인한 것이라는 인과적 설명을 하고자 하였다.

(2) 처치요소 분할전략

어떤 처치 프로그램은 여러 개의 요소로 구성된다. 예를 들면, 대인불안에 대한 인지행동처치 프로그램으로서 〔이완훈련+인지 재구조화+역할연습〕 세 가지 처치요소를 모두 실시하는 경우를 말한다. 만일 이 복합적인 처치가 대인불안의 경감에 효과가 있었다고 하자. 이때 연구자는 이런 의문이 생길 것이다—그 처치요소들 중 무엇이 결정적으로 효과를 내는 요소일까? 그들 세 요소가 결합해야만 효과가 나는 것일까? 그들 중 어느 두 요소가 결합하면 효과가 나는 것일까? 약학에서는 이렇게 직접 효과를 야기시키는 요소를 active ingredient(s)라고 부르는데 심리치료상담 처치에서도 그와 같은 연구 질문이 있다는 것이다.

이런 연구질문에 대한 전형적인 탐구방법은 그 처치요소들을 체계적으로 쪼개고 조합하여 과연 무엇이 효과의 원인인지를 분석하는 것이다. Kazdin은 이런 연구전략을 dismantling strategy라고 불렀다. 다음은 Heppner 등이 제시한 연구의 사례이다.

Worthington, McCullough, Shortz, Mindes, Sandage와 Chartrand(1995)는 이 처치요소 분리전략을 사용한 흥미로운 연구를 실시한 바 있다. 부부관계 향상 프로그램은 일반적으로 부부만족도를 다소간 향상시킨다. 그런데 연구자들은 이 만족도 향상이 단지 부부관계 평가경험 자체에 기인한 것인지 아니면 부부관계 평가의 결과를 피험자들에게 피드백 제공한 것에 기인한 것인지를 알아내고자 했다. 다시 말해서 부부관계 평가만 받은 피험자와 평가 후 피드백을 제공받은 피험자간에 효과(만족도)의 차이가 있는지를 확인한다는 것이다.

48쌍의 부부가 참여한 이 연구는 우선 부부들을 무선적으로 두 집단에 배정한 후 한 집단에는 평가만을 경험하게 하고 다른 집단에는 평가경험 후에 결과에 대한 피드백을 제공하고 결과에 대한 토의를 하는 피드백 경험을 하게 하였다. (평가도구 및 절차, 피드백 제공 절차의 자세한 것은 원논문을 보기 바란다). 그리고 종속변인은 부부관계에 대한 2종류 이상의 복수 측정을 했으며 종속변인 측정은 사전-사후-추후 세 차례 시기에 실시했다.

이 연구에서 독립변인으로 조작된 조건은 부부관계의 (1) 평가-only, (2) 평가+피드백 두 가지이다. 결과분석은 평가-only 조건과 평가+피드백 조건 간의 차이 및 각 조건의 사전-사후 간의 차이들을 비교해 본다. 즉 차이의 크기를 비교해 보는 것이다. 결과는 평가-only 조건만으로도 부부만족도에서 다소의 향상을 보여 주지만, 그 크기보다는 평가+피드백 조건에 의한 향상의 크기가 더 크게 나타났다.

이렇게 처치의 요소를 분리해서 처치를 가한 후 효과의 크기(effect size)를 비교하는 전략을 dismantling strategy라고 부르는 것이다. 위의 연구에서는 부부만족도 향상을 위해서 부부관계에 대한 평가절차만을 밟는 것보다는 평가에 대한 피드백 절차를 밟는 것이 의미 있는 효과 상승을 볼 수 있는가를 탐구한 연구이다. 즉 피드백이 효과 상승을 일으키는 요소인가를 검토해 보는 것이 연구의 핵심적 목표였다.

(3) 건설전략

이 연구전략은 앞에서 살펴본 '처치요소 분리전략'과 유사하다. 그러나 근본적으로는 다르다. 이 건설전략은 이미 효과가 검증된 처치에다가 다른 처치를 첨가했을 때 효과가 더 커지는가를 보려는 것이 주목적이다. 반면에 앞에서 살펴본 처치요소 분리전략은 한 세트의 처치 내의 어떤 요소가 주로 효과를 일으키는 요소인지를 분석하는 것이 주요 목적이다.

Heppner 등(1999)이 예로 든 연구는 Kivlighan, Jauquet, Hardie와 Hershberger(1993)의 연구로서 이것은 유명한 집단치료가인 Yalom의 집단치료에다가 "목표설정 연습"이라는 한 가지 처치를 첨가하면 치료효과가 증가하는지를 검토한 연구이다. Yalom식 집단치료는 이미 그 효과가 검증된 바 있는데, 여기에 첨가된 처치가 새로운 효과를 일으키는지 여부를 알아보는 것이 연구목적인 것이다. 여기서 이미 효과가 검증된 처치를 '표준처치'(standard treatment)라고 부른다.

표준처치인 Yalom식 집단상담에 더해서 집단원 각자에게 이른바 '목표설정 연습'이라는 처치를 첨가하면 단지 표준처치만 준 것에 비해 더 큰 효과 혹은 다른 효과가 발생할 것인가? Kivlighan 등은 이 문제를 탐구하기 위해서 집단을 세 종류로 나누었다. 첫째는 Yalom식 집단 그 자체로서 표준처치 집단이고, 둘째는 표준처치+"안정화 면담"집단이고, 셋째는 표준처치+"목표설정" 집단이다. 여기서 "목표설정" 집단의 각 내담자는 집단상담기간 중간(4~5회기, 14~15회기 즈음)에 개별적으로 구조화된 프로토콜에 의거해서 상담목표가 얼마나 현실성이 있고, 대인관계를 반영하며, 지금-여기에서를 반영하고 있는지를 평가하고 새로운 목표를 설정하는 방법에 대해 도움을 받는다. 반면에 "안정화 면담"집단의 내담자들은 같은 시기에 개별적 면담을 받기는 하지만 그들에게는 목표설정에 관한 논의를 하지않고 대신 집단원으로서의 체험을 묻고 반영적인 대답만 해 주는 정도의 면담을 한다. 즉,

표준처치 + 목표설정 연습
표준처치 + 안정화 면담
표준처치 only

라는 식으로 표준처치에 더해서 다른 처치를 첨가했을 때 어떤 효과가 생기는지를 보기 때문에 "건설전략"이라는 칭호를 붙인 것이다. 두번째 집단은 그 첨가된 처치의 플라시보 효과 여부를 검증하기 위한 장치이다.

이 연구는 방법론적으로 정교한 노력을 한 흔적이 많다. 첫째, 종속변인(대인관계에 대한 친밀성) 측정을 위해 2개 이상의 도구를 사용했기 때문에 인과관계에 대한 타당성이 좋아졌고, 둘째 첨가된 처치가 제대로 수행되었는지를 보기위한 검토, 즉 manipulation check을 실시했으며, 셋째 목표설정 연습이라는 첨가처치가 단지 내담자와 단독으로 접촉만 해도 효과가 발생하는지 여부, 즉 플라시보 효과 여부를 검토하기 위해 두번째 집단을 설정한 것 등이 바로 그것이다.

(4) 처치구조 변경전략

여기서 parameter가 지칭하는 바는 처치의 내용적인 측면이 아니라 구조적

인 속성이다. 대표적인 예를 들면 이 연구전략은 처치의 양(量)을 달리했을 때 효과가 달라지는지를 검토하는 전략이다. 자기주장훈련의 회기수를 증가시켰을 때 효과가 증가하는지, 회기의 시간을 감소시켰을 때 효과가 감소하는지 아니면 그대로 있는지 등의 연구문제를 다룰 때 바로 이 연구전략을 사용한다. 실제의 연구 예를 들어보자.

상담자들은 한 회기를 통상적으로 45~50분을 기준으로 운영한다. 이런 시간설정이 근거가 있는가? 그리고 주 1회기 상담을 하는 방식이 지배적인 방식이기도 하다. 이 또한 근거가 있는가? 만약에 회기의 시간 길이를 변경한다면 어떻게 되겠는가, 그리고 회기의 간격을 달리한다면 어떻게 되겠는가? 이런 질문은 매우 좋은 연구문제이며, 반드시 여러 차례 경험적으로 검증받아야 할 문제이다.

예컨대, Turner, Valtierra, Talken, Miller와 DeAnda(1996)는 회기의 시간을 달리했을 때 효과가 달라지는지를 검토하는 연구를 수행했다. 그들은 통상적인 50분 회기와 새로운 30분 회기를 비교해 보았다. 바로 이런 연구문제를 검토할 때 적용한 것이 처치구조 변경전략(parametric strategy)이다. 50분 회기라는 기존 구조와 30분 회기라는 변경된 구조를 비교하는 것이기 때문이다. 성과, 즉 종속변인 측정은 대학생적응검사, 내담자 만족도, MMPI-2 등 복수의 측정을 하여 단일측정에 의한 편견을 배제함으로써 연구의 타당성을 높이고자 노력하였다. 이 연구의 결과는 회기시간 길이의 차이에도 불구하고 두 처치에 의한 성과차이를 발견하지 못했다는 것이다.

처치구조는 사실상 매우 중요한 연구변인이다. 시간의 차원만 보아도, 앞에서 예로든 회기의 시간 길이 이외에도 회기의 간격(주 1회, 주 2회, 격주 등), 시간 제한(time-limited) 상담 대 시간 무제한 상담, 단회기에 의한 상담 대 2회기 이상의 상담, 10회기 제한 대 15회기 제한 등 상담시간과 관련한 수많은 종류의 상담구조가 존재하기 때문이다. 이런 변인들이 상담자의 취향이나 사정, 그때 그때의 상황적 조건에 의해서 정해지는 경우가 많지만, 우리가 만약 체계적으로 상담시간 변인을 연구해 나간다면 상담의 시간적 구조에 대해서 좀 더 근거를 가지고 결정할 수 있게 될 것이다.

상담의 구조는 단지 시간만이 아니다. 회기마다 개인 내담자만 보는가 대

가족이나 중요한 친지를 함께 보는가도 중요한 구조적 쟁점을 제기한다. 특히 아동 · 청소년 사례에서는 그 것이 중요한 연구주제가 될 것이다. 그리고 처치나 평가의 장소도 중요한 변인으로 탐구해 볼 만하다. 예컨대, 평가와 처치를 반드시 상담실이나 클리닉 내부로 국한하는 것과 평가나 처치를 내담자의 집이나 학교 교실 운동장이나 놀이터 등으로 확산하는 것 간의 차이에 대해서 연구해 볼 가치가 있다고 보여진다.

(5) 처치간 성과비교 전략

"불안신경증" 및 공포증을 치료하는 데 있어서 전통적인 정신역동치료법과 행동치료법 간에 어느것이 더 효과가 있을까? 이 질문은 행동치료가들이 불안 및 공포증에 대한 치료성과 연구보고서를 한창 제시하던 시기에 심리치료상담의 전문가라면 누구나 가져보았던 질문이었을 것이다. 우울증 치료에 있어서 인지-행동치료법과 대인치료법(interpersonal therapy) 간에는 효과의 차이가 있는가? (독자들은 바로 이 질문에 대한 연구에 대해서 제5장에서 읽었음을 기억할 것이다.) 차이가 있다면 어느 것이 얼마만큼 효과가 더 큰가? 바로 이렇게 처치법간의 효과, 즉 성과를 비교하는 연구문제 및 그에 따른 연구전략을 '처치간 성과비교 전략'이라고 칭하기로 한다.

Heppner 등이 제시한 연구사례는 정서적 문제의 상담치료 분야에 권위가 있는 Deffenbacher 등(1996)의 보고서에서 인용되었다. 이 연구는 분노문제가 있다고 간주되는(특성 분노척도, 즉 trait anger scale에서 상위 25% 이내의 중학생) 남녀청소년 120명을 대상으로 두가지 처치와 통제조건을 비교하는 것이었다. 그 두가지 처치는 분노조절을 위한 인지-이완훈련과 대인기술훈련이다. 여기서 인지-이완훈련을 구성하는 내용은 ① 분노유발 상황 인식하기, ② 세 가지 이완기술 배우기, ③ 분노와 관련된 편견에 대한 인지 재구조화, ④ 역할행동 연습에서 이완기술과 인지기법을 적용하기 등이다. 그리고 대인기술훈련을 구성하는 요소는 ① 분노유발 상황 인식하기, ② 분노유발 상황을 다루는 효과적/비효과적 방식 인식하기, ③ 구체적인 의사소통 방법 배우기, ④ 역할행동 연습에서 의사소통 기술을 활용하기 등이다. 이 두 가지 처치는 집단상담의 형태로 주어졌다.

이런 디자인의 연구에서는 치료자 변인이 잡음변인으로 섞이기(confound) 쉽다. 연구자가 가장 관심이 있는 독립변인은 처치변인이지만 각 집단의 리더, 즉 치료자 변인이 개입하지 않을 수가 없기 때문이다. 따라서 통계처치를 할 때 치료자를 한 변인으로 설정하여 공변량분석(analysis of covariance : ANCOVA)을 하는 것이 바람직하다.

(6) 내담자와 치료자 변인을 변화시키는 전략

앞에서 본 다섯 가지 연구전략은 모두 처치 자체를 변화시키는 전략들이다. 그런데 이 여섯번째 전략은 처치는 그대로 두고 내담자나 치료자를 변화시키는 전략이다. 내담자의 인지능력이나 인지 스타일, 성격, 성별이나 나이, 교육 정도 등이 치료효과와 관련이 있는가를 보는 것은 내담자 변인을 변화시킨 상담성과연구이다. 그리고 치료자의 학위, 경력수준, 인지 스타일 등이 치료효과와 관련이 있는가를 보는 것은 치료자 변인을 변화시킨 상담성과연구이다. (이런 종류의 연구에 관해서는 제7장에서 본격적으로 다룬다.)

Heppner 등(1999)이 이 전략의 예로 든 연구는 Mahalik과 Kivlighan(1988)의 연구이다. 이 연구는 Holland의 여섯 가지 직업성격이 우울증에 대한 자기처치(self-help treatment)의 효과와 관계가 있는지를 검토하는 것이다. 이들의 가설은 현실적(realistic), 인습적(conventional), 탐구적(investigative) 직업흥미가 강한 내담자들은 예술적(artistic), 사교적(social), 사업가적(enterprising) 직업흥미가 강한 내담자에 비해서 우울증 자기처치에서 더 많은 효과를 본다는 것이다. 연구자들은 이 주 가설 외에도 자기효능감이 높을수록, 내적 통제감이 높을수록 우울증 자기처치에서 더 많은 효과를 볼 것이라고 예언했다.

이 연구에서 유일한 처치는 우울에 대한 자기처치법으로서 그것은 피험자들에게 매뉴얼로 주어졌다. 그 매뉴얼의 내용은 (1) 즐거운 사건 증가시키기와 (2) 부정적 사고와 인지 오류 발견하기 등 행동적 부분과 인지적 부분 두 가지로 구성되었다. 그리고 이 처치가 목표하는 일차적인 변화를 확인하기 위해 그 날의 기분을 측정하는 Daily adjective checklist와 그 날의 기분좋은 사건을 기록하는 Pleasant events schedule을 실시했다. 이것은 실험연구에서 말하는 이른바 Manipulation check의 과정이다. 종속변인은 우울의 변화량뿐만 아니라 처치에 대한 내담자 만족도와 자동화 사고에 대한 질문지 등으로 측정하였다. 즉 복수의 종속변인 측정을 통해 연구의 구인타당도를 높였다.

이상에서 설명한 여섯 가지 성과연구 전략과 연구주제와의 관계는 무엇인가? 한마디로 말하면 연구전략은 연구주제로부터 나온다. 먼저 주제가 세워진 다음에 전략이 고안되는 것이다. 물론 독자가 다양한 연구전략에 대해서 미리 안다는 것은 연구주제를 잡는 과정을 손쉽게 해 줄 것이다. 즉 이미 어떤 연구전략이 존재한다는 것을 알고 있으면 그 연구전략으로 해결할 수 있는 종류의 연구문제가 어떤 것인지를 매우 손쉽게 이해할 수가 있기 때문이다.

2. 프로그램 평가

1) 프로그램의 의미

이 "프로그램 평가"라는 용어는 익숙한 듯하면서도 생소하다. 무엇을 프로그램 평가라고 하는가? 프로그램이라는 말은 워낙 다양한 경우에 쓰이기 때문에 상담연구에서 프로그램 평가라는 것이 과연 무엇을 의미하는지 쉽게 이해가 가지 않을 수 있다. 우선 상담분야에서 어떤 경우에 프로그램이라는 용어를 쓰는지 살펴보고, 프로그램 평가가 무엇을 의미하는 것인지를 알아보자.

상담분야에서 프로그램이라고 하면 집단상담 "프로그램"을 의미할 때가 많다. 집단상담 중에서도 주로 구조적 집단상담을 의미할 것이다. 대부분의 구조적 집단상담은 심리교육의 형태를 띠는 경우가 많은데 그래서 이런 집단상담을 교육 프로그램이라고 부르기도 한다. 예를 들면 대인관계 기술 향상 프로그램과 같은 것이 대표적인 것이다. 그러나 모든 구조적 집단상담이 다 예방목적의 교육 프로그램은 아니다. 치료적인 프로그램도 있다. 예를 들면 우울증 극복을 위한 집단처치나 부부관계 향상 프로그램 등은 치료적 성격이 강하다. 물론 우울증이나 부부갈등 예방을 위한 교육 프로그램도 있기 때문에 예방목적과 치료목적을 완전히 구분한다는 것은 불가능하다.

프로그램은 종종 워크숍을 지칭하곤 한다. 상담에서 워크숍은 주로 상담전문가를 위한 연수교육의 한 방법이라는 의미로 사용된다. 전문가 교육을 위한 워크숍은 이미 상담전문인으로서 활동 중인 사람들에게 새로 나온 최신의 특정 기법이나 처치절차에 대한 학습을 위해 그 분야의 베테랑 전문가의 인도로 이론 및 실기교육을 받는 것이다. 이런 워크숍은 전문훈련의 수준을 구분하는 경우가 많다. 예를 들어서 최근 상담분야에서 활발히 도입되고 있는 해결중심적인 단기치료 기법에 관한 워크숍을 생각해 보자. 이 워크숍은 두세 단계로 나눠져 있어서(초급, 중급, 상급) 즉 초급은 해결중심이론이나 기법의 교육을 처음 받는 상담전문가를 위한 것이고 중급은 초급교육을 받은 전문가를 위한 것이고, 상급은 중급교육을 받은 전문가를 위한 것이다. 그러나 워크숍은 항상 전문가 교육 프로그램만을 지칭하지는 않는다. 특정 기술이나 기법을 일반인들에게 가르치는 경우에도 워크숍이라는 말을 종종 사용하기 때문이다.

프로그램이라는 말은 학교나 기업 등 조직체에서 한 세트 혹은 패키지로 주어지는 개입 혹은 처치를 지칭하기도 한다. 상담분야나 기업교육의 학회나 기타의 모임에 오는 참가자들 중에는 자기가 근무하는 기관에서 적용할 만한 "프로그램"을 구하기 위해서 노력하는 것을 자주 볼 수 있다. 만약 한 대학에서 또래상담을 통한 인간관계 향상 프로그램이라는 것을 실시해서 큰 성공을 거두고 있는 사례(하나의 상담 사례가 아니라 프로그램 실시 사례)를 학회에서 발표한다고 하자. 대학의 학생생활연구소 관계자들은 이 프로그램을 입수하기 위해 학회에 많이 참석할 것이다. 또 학술회에서 학교폭력 중 집단따돌림(왕따) 현상의 조기발견과 지도방법에 대한 프로그램 발표회를 가진다고 했을 때 많은 학교 상담교사들이 참석하여 그 프로그램을 입수하고자 할 것이다.

즉, 상담에서 프로그램이란 어떤 특정 상황이나 한 가지 상황이 아닌 여러 가지 상황을 지칭하는 용어이다. 그러나 그 여러 가지 의미에서 공통적인 요소를 살펴보면 프로그램은 미리 계획된, 상당히 구조화된 교육, 개입, 처치절차와 내용을 말한다고 정리할 수 있겠다. 프로그램은 한 상담자에 의해서 실시될 수도 있고, 상담기관, 즉 상담소의 차원에서 실시될 수도 있고, 그보다 더 큰 교육기관(예: 학교 전체)이나 치료기관(예: 병원 전체)에서 실시될 수도 있으며,

혹은 그보다 더 큰 체제 다시 말해서 교육청 산하의 모든 학교들 혹은 한국청소년상담원과 연계된 전국의 모든 청소년상담실 등에서 실시될 수도 있다.

2) 프로그램 평가란 무엇인가?

프로그램 평가란 프로그램의 효과를 "검증"해 보거나 프로그램의 수정을 위한 자료를 수집하는 등의 활동을 의미한다. 여기서 "검증"이라는 단어에 따옴표를 한 이유는 그것이 지금까지 말한 철저한 경험과학적 방법에 의한 효과검증과는 다소 다르기 때문이다. 경험과학적 연구에서는 대체로 피험자의 무선할당(random assignment)과 비교를 위한 통제설계(control study)를 가장 중요하게 여긴다. 즉 무선할당을 적용한 연구가 그렇지 않은 연구보다 방법론적으로 우수하고, 통제를 한 연구가 그렇지 않은 연구보다 방법론적으로(인과관계의 설명에서) 우수한 것이다. 그리고 처치를 비롯한 연구변인들을 가급적 명확하게 규정하고 정의할수록 방법론적으로 우수하다는 평을 받는다. 반면에 프로그램 연구에서의 검증은 피험자를 각 집단에 무선할당하지도 않으며, 비교를 위한 통제집단을 설정하지도 않는 것이 보통이다. 혹시 비교집단이 있더라도 그것은 '준실험 설계'(quasi-experimental)에서와 같이 무선할당이 아닌 비교집단인 정도이다. 대개는 통제집단을 설정하지 않는다.

그리고 프로그램 평가에서는 처치, 즉 프로그램이 길고 복잡한 경우가 많다. 예를 들어서 저소득층 아동들에게 지능개발 프로그램을 실시하고 그 효과를 평가하는 연구를 한다고 할 때, 이 프로그램은 한두 달에 마쳐질 수 있는 것이 아니라 일이 년 이상, 즉 몇 년이 필요한 프로그램이다. 이 몇 년의 기간 동안 프로그램 수혜자들(연구대상자)에게 각종 복잡한 사건들이 발생할 것은 자명하다. 실험연구법에서 말하는 이른바 '역사'(history)라는 방법론적 장애물이 수없이 많이 발생한다. 그렇다고 해서 연구의 내적 타당도를 높이겠다는 목적으로 프로그램을 소단위로 분할해서 연구한다는 것도 있을 수 없는 일이다. 지능개발이라는 것이 어떤 소단위 처치에 의해서 이루어지는 것이 아닐 것이기 때문이다.

따라서 대부분의 프로그램 평가는 통제집단 없이 프로그램의 사전, 중간, 그리고 사후에 필요한 측정을 해서 효과를 검토하거나 프로그램 수정을 위한 자료를 수집하고 분석하는 활동이라고 정의할 수 있다. 예를 들어서, 한 대학 학생생활연구소에서 그 대학의 이공계 실험실 연구원들에 대한 팀빌딩 프로그램을 실시하고 그 효과를 연구하기로 했다고 하자. 그 대학에는 모두 250개 정도의 실험실이 있고 한 실험실에는 평균 15명의 연구원이 근무한다. 팀빌딩 프로그램은 3~4개의 실험실을 묶어서 일주일에 두 번씩 실시한다. 그렇게 하면 약 36주에 걸쳐서 모든 실험실이 프로그램에 참여하게 된다. 이 프로그램 운영자와 이공계 대학의 학장은 이 프로그램이 과연 효과가 있는지 여부를 언제쯤 알고 싶어할까? 36주 후에? 그렇지 않을 것이다. 그들은 약 10주 이내에 이 프로그램을 과연 계속할 만한 가치가 있는 것인지, 만약에 계속한다면 수정해야 할 점은 무엇인지 알고 싶어할 것이다. 만약에 36주가 지난 다음에 프로그램 평가를 하여 '이 프로그램은 효과가 별로 없었다' 라는 결론이 나온다면 큰 낭패이기 때문이다. 프로그램 평가는 전체 프로그램의 중간에 실시되는 경우가 많다.

이 프로그램 평가에서 평가하고자 하는 것은 무엇이겠는가? 팀빌딩 프로그램으로 연구원들의 대인관계 기술이 향상되었는가? 연구원간 업무상 의사소통이 더 원활해졌는가? 연구원들간 사적인 대화가 증가했는가? 연구원들의 집단 워크가 더 증가했는가? 프로젝트 수행의 생산성이 높아졌는가? 실험실의 집단응집력이 높아졌는가? 등일 것이다. 이때는 아직 프로그램을 실시하지 않은 다른 실험실과의 비교도 시도해 볼 수 있다. 그리고 프로그램 진행자라면 이런 평가를 통해서 향후의 프로그램에서 수정해야 할 점이 무엇인지에 대해서 관심을 기울일 것이다. 그리고 36주 후에 이공계 대학의 전체 실험실에 대한 프로그램 실시를 마친 후 전체적인 평가를 다시 할 수도 있다.

이와 같이 프로그램 평가는 실험설계에 의한 연구와는 다르다. 실험연구는 보편적이고 전문적인 지식의 생산이 목적인 반면에 프로그램 평가는 그 프로그램이 효과가 있는지 여부와 더 효과가 있으려면 어떤 수정을 가해야 하는지 등 매우 구체적인 목적을 가지고 있다. 보편적인 지식의 생산이 프로그램 평가의 목적은 아니다. 그 점 때문에 과학자를 육성하기 위한 Ph.D. 박사과정에서는(미국의 대부분의 연구중심대학의 경우) 프로그램 평가를 한 연구는 박사학위논문으로 인정해 주지 않는 경향이 생긴 것이다. 프로그램 평가는 과학의 한 조건인 보편적 지식의 생산을 주 목적으로 하지 않기 때문이다. 그렇다고 해서 프로그램 평가가 과학적 연구에 비해 가치가 적다는 말은 결코 아니다. 프로그램 평가는 그것대로 가치가 있다. 특히 상담실무자들에게는 방법론적으로 철저한 과학적 연구보다 프로그램 평가연구가 더 큰 가치가 있다. 아마도 실무에 필요한 정보는 이런 프로그램 평가연구에서 더 많이 얻을 수 있을 것이기 때문이다. 따라서 우리 나라의 경우 석사학위논문은 이런 프로그램 평가연구를 장려하거나 인정해 줄 필요가 있다고 본다.

3) 프로그램 평가의 절차와 방법

(1) 1단계: 프로그램 평가의 바운더리 정하기

프로그램 평가의 바운더리를 정한다는 것은 무엇인가? 그것은 (1) 평가의 목적을 분명히 하고, (2) 프로그램의 배경 정보들을 수집하고, (3) 프로그램의 성격에 대한 평가자(연구자)의 인식과 프로그램 진행자 혹은 기획자(평가 의뢰인)의 인식이 같은지 확인하고, (4) 프로그램 평가에서 포함해야 할 요소들에 대해서 평가자와 평가 의뢰인 간에 합의하는지 검토하고, (5) 프로그램 평가자의 역할, 최종보고서의 내용, 기타 의뢰인이 원하는 내용 등을 정한다는 것이다.

프로그램 평가자, 즉 연구자는 프로그램의 내용, 프로그램의 목적, 프로그램 실시의 배경과 이유, 프로그램의 규모 등에 대해서 정확하게 알아야 한다. 이것들을 정확하게 알면 알수록 연구 중간에 예산, 시간, 평가방법상의 예상하지 못했던 문제점들이 발생할 확률을 줄여준다. 프로그램 평가자는 프로그램에 대한 개요를 이해하기 위해서 우선 문서화된 자료를 구해서 읽는 것이 가장 효과적이다. 그리고 나서 프로그램과 관련한 인사들을 만나보아야 한다. 평가자가 만나보아야 할 인사들로는 우선 프로그램 진행자가 있고, 그 외에 프로그램의 경비를 지원하는 당사자나 부서(부서장, 담당자), 프로그램을 당초에 제안한 사람, 그 프로그램에 찬동하는 사람들과 반대하는 사람들을 만나보는 것도 필요한 일이다. 그래야 프로그램의 목적과 사명에 대한 폭넓은 안목을 가질 수 있다.

(2) 2단계: 최적의 평가전략 선택

프로그램의 효과를 어떤 방법으로 측정할 것인가가 가장 중요한 관건이다. 효과를 제대로 측정하고 평가에 필요한 정보를 수집할 때 항상 주의해야 할 사항은 중요한 것, 즉 반드시 평가해야 할 요소에 초점을 지속해서 맞추어야 한다는 것이다. 프로그램을 계획한 사람과 그 프로그램에 예산을 지원한 사람은 그 프로그램을 통해서 달성하고자 하는 목적이 있기 때문에 프로그램을 평가하는 구체적이고 분명한 목적도 가지고 있다. 그러나 프로그램 평가자는 자기도 모르는 사이에 별로 중요하지 않은 것에 주목하게 되기 쉽다. 프로그램 계획자, 실시자, 예산지원자에게는 별로 중요하지 않지만 평가자(연구자)의 주의를 끄는, 즉 평가자에게만 흥미로운 주제가 항상 등장하기 마련이다. 이 점을 주의해야 한다.

평가자가 효과측정에 반드시 필요하지 않은 부수적인 정보에만 주목을 했을 때 그 평가의 결과는 평가 의뢰인의 기대를 충족시키지 못하게 됨은 자명한 결과이다. 결국 시간의 낭비, 예산의 낭비, 의뢰인과 평가자 간의 불필요한 긴장과 갈등, 평가자의 전문성에 대한 부정적 평가(평가자가 심리학자인 경우 심리학자 전체에 대한 부정적 평판이 발생한다), 예산 삭감 등 부작용도 발생한다. 이런 사태를 예방하기 위해서 다음의 일곱 가지 사항을 미리 확인해 보는 것이 좋다.

① 프로그램 진행자와 예산지원자의 의도를 정확히 파악하기(그들이 이 평가를 통해 얻고 싶어하는 대답이 무엇인가?)
② 프로그램이 실제로 수행된 절차 및 내용에 대한 실질적인 정보수집하기
③ 프로그램의 진보상태, 즉 프로그램이 의도대로 수행된다는 것을 어떻게 알아낼 것인지에 대한 평가계획 수립하기
④ 자료수집 계획을 확고하게 세우기
⑤ 자료분석에 대한 계획
⑥ 평가에 드는 비용과 시간 계산

⑦ 평가작업을 계약할 것인지 결정하고 예산 및 각각의 책임 분명히 하기

(3) 3단계: 자료수집과 분석

자료수집 계획이 잘 짜여질수록 시행착오가 적다. 수집해야 할 정보가 무엇인지 분명히 알아야 하고, 그것을 누가 언제 어떻게 수집할 것인지 사전에 정해야 한다. 평가연구자 자신이 자료수집을 하는 경우도 있고, 현지 직원을 통해서 자료수집을 하는 경우도 있다. 수집된 자료의 질과 양이 충분한지 여부를 항시 평가해야 하며, 연구자는 자료를 더 수집할 것인지 자료수집을 중단할 것인지를 정해야 한다.

자료수집은 처음부터 모든 사례를 다 실시하지 말고 일부분만 예비(pilot)로 수집, 분석해 보는 것이 경제적인 경우가 많다. 그렇게 해야 이 측정방법이 맞는지, 예를 들면 인터뷰 질문이 목적했던 정보를 이끌어 내는지 등을 예비조사를 통해서 일단 평가해 볼 수가 있는 것이다. 이는 다른 측정도구를 제작할 때 예비조사 및 문항분석을 하는 것과 같은 원리이다.

자료분석은 일차분석과 이차분석으로 나뉜다. 여기서 일차분석이라는 것은 원래의 평가목적에 대한 분석을 의미하고, 이차분석은 그 이외의 것에 대한 분석을 뜻한다. 일차분석의 예를 들면, 학교에서 처벌과 징계보다 포상 위주의 학생관리 프로그램을 실시한 경우에 지각, 결석이 감소하고 학생들의 학교생활 만족도가 향상했는지 여부를 알고 싶은 것이었다면 학생들의 지각, 결석의 빈도와 학교생활 만족도에 대한 분석을 하는 것이다. 그리고 이차분석의 예를 들면, 학생들이 과연 포상을 받는 빈도가 증가했는지, 포상을 전혀 받지 못하는 학생들이 여전히 있는지, 있다면 그 구성비율은 어느 정도인지, 새 프로그램에 대한 교사들의 반응은 어떠한지 등 원래의 평가목적 이외의 그러나 원래의 평가결과를 해석하는 데 도움이 되는 중요한 정보들을 분석하는 것이다.

(4) 평가결과의 보고

자료분석을 했다고 해서 프로그램 평가작업이 끝난 것이 아니다. 그 평가결과를 필요로 하는 개인들이나 부서, 부서장에게 그 결과를 보고해야 하는 절차가 남아 있기 때문이다. 평가결과의 보고는 일단 보고서로 작성되겠지만,

보고서와 함께 구두보고("브리핑")를 해야 하는 경우가 생길 것이다. 다음은 보고서에 포함되어야 할 내용이다.

① 전체 요약
② 평가의 목적, 평가를 필요로 하는 입장, 평가의 한계
③ 평가를 하는 주요 초점과 프로그램 내용
④ 평가절차의 개요
⑤ 평가결과 제시(일차분석, 이차분석)
⑥ 결론, 대안 제시
⑦ 결론 혹은 대안에 대한 다른 의견
⑧ 부록(평가분석 자료들, 평가도구, 구체적 평가절차 등)

평가보고에서 가장 중요한 것은 결론 및 대안 제시의 부분이다. 평가결과를 듣는 (혹은 읽는) 정책결정자가 그 프로그램의 내용, 목적, 기대효과 등에 대해서 익히 잘 알고 있는 경우라면, 그 부분을 생략하거나 아주 간단하게 브리핑한 후에 평가결과 및 결론 부분으로 들어가야 할 것이다. 그런데 평가보고서는 연구보고서와는 달리 현재 실시중인 프로그램에 대한 수정을 목적으로 수행된 경우가 많기 때문에 결론 제시나 대안 제시로 그치지 않고, 그 평가보고서를 놓고 관계자들 간에 더 나은 결론과 대안을 구상하기 위해서 격론을 벌이는 상황을 예견해야 한다. 따라서 평가보고서를 작성하는 연구원은 이런 상황에 대해서 민감하게 대처해야 한다.

다시 말해서 프로그램 평가자는 보고회를 통해서 더 나은 결론과 더 나은 대안 제시를 할 수 있게 된다. 정책결정자를 비롯해서 관계부서원들의 실무경험과 안목이 합쳐져서 더 나은 아이디어가 산출될 수 있기 때문이다. 이런 협의과정을 통해서 최종 결론을 내는 것이 단순하게 보고서를 제출하는 것보다 훨씬 더 생산적일 가능성이 있다.

평가결과에 터한 결론은 긍정적인 면과 부정적인 면을 모두 포괄해야 한다. 먼저 프로그램의 긍정적인 면과 강점들을 앞에 강조한 다음에 프로그램의 단점, 문제점, 제한점 등을 논의하는 것이 효과적이다. 프로그램의 문제점들을

너무 강조하는 등 비판적인 톤이 강한 경우에 프로그램 실시자측으로부터 불필요한 방어자세를 불러일으킬 수도 있다. 프로그램 평가의 목적이 프로그램의 사활, 즉 그 프로그램을 중단할 것이냐 계속할 것이냐의 여부를 결정하는 것이 아니라 프로그램의 내용이나 절차를 수정하는 데 있다면, 프로그램의 문제점만 들추는 것보다는 강점과 약점을 균형 있게 분석하여 최선의 결론과 대안을 도출하는 데 힘써야 할 것으로 생각된다.

3. 메타분석

메타분석은 meta-analysis에 대한 번역어이다. 상담심리학 연구에서 말하는 메타분석은 다음과 같은 특별한 의미로서의 자료분석 절차를 의미한다. 메타분석은 동종(同種)의 여러 연구로부터 얻어진 양적 자료를 통합하여 분석하는 방법을 말한다. 여기서 동종의 여러 연구란 동일한 혹은 유사한 연구문제를 유사한 연구설계로 다룬 연구들을 말한다. 상담분야에서 메타분석에 의해 고찰된 연구주제는 성과연구, 즉 처치의 효과 여부를 검증하는 연구들이다. 성과연구들에 대한 메타분석은 처치의 효과성 여부를 밝히고, 이 효과성에 영향을 미치는 요인들이 무엇인지 알아낼 수 있고, 기타 이론적 가설 및 예측들에 대한 검토를 할 수 있다. 메타분석에서 하는 일은 기본적으로, (1) 분석자료가 되는 모든 연구들, 즉 각 처치의 '효과의 크기'(effect size)를 계산해 내고, (2) 효과의 크기의 평균을 산출해 내며, (3) 효과의 크기와 다른 변인들(예컨대, 치료자의 경력, 치료의 접근이론, 치료가 수행된 장면, 연구의 유형, 처치집단의 유형 등)과의 상관 여부를 분석하는 것이다.

여기서는 우선 제대로 된 메타분석 방법이 개발되기 이전에는 상담성과연구들을 어떤 방식으로 종합했었는지, 그리고 그들의 결론은 무엇이었는지 살펴본다. 이 역사적 고찰은 상담성과연구 역사의 중요한 전기이기 때문에 중요성을 갖는다. 그 다음에는 심리치료 및 상담분야에서 최초의 본격적 메타분석이라고 할 수 있는 논문(Smith & Glass, 1977)을 소개한다. 이 논문을 통해서 메타분석의 기초적인 개념과 방법을 알 수 있게 된다. 마지막으로 최근 미국상담심리학 및 심리치료 분야에서 보여 주는 메타분석연구의 동향을 봄으로써 앞으로 우리 나라의 상담성과연구 방향을 예측해 보는 기회를 가지고자 한다.

1) 메타분석 이전의 성과연구 종합논문

(1) 기저선 발견을 위한 노력

이 책의 독자들은 성과연구에서 이른바 통제집단의 개념과 그 목적을 알고 있을 것이다. 성과연구에서 통제집단은 주로 무처치 대기집단, 플라시보 집단, 표준처치 집단 등이 있다. 그런데 1950년대의 미국과 유럽의 심리치료상담 성과연구들은 이런 통제집단을 설정하지 않은 채 수행되었다. 연구들은 대체로 처치받은 피험자들 중 몇 퍼센트는 처치의 효과를 "크게" 보았고, 몇 퍼센트는 효과를 "조금" 보았고, 몇 퍼센트는 효과를 거의 보지 못했고, 몇 퍼센트는 처치를 중도에 포기했다라는 방식으로 데이터를 제공했다. 결과를 비교할 수 있는 계획된 통제집단은 없었다.

그렇다고 해서 1950년의 학자들도 비교집단의 필요성을 몰랐던 것은 아니다. 통제집단이 결여된 채로 수행된 여러 개의 성과연구들을 종합해서 얻은 평균적인 데이터(예: 처치받은 피험자 중 평균 60퍼센트는 심리치료의 효과를 "크게" 혹은 "그런 대로" 보았다)를 어떻게 해석해야 할지 고민이 되기 때문이다. 만약에 처치를 받지 않은 내담자(환자)들 중에서 몇 퍼센트나 처치 없이 저절로 나았거나 증상 호전을 보였는지에 대한 믿을 만한 자료를 갖고 있다면 두 자료는 비교가 가능하다. 이 후자의 자료를 이른바 "기저선"(base-line) 혹은 "기본율"(base rate)이라고 불렀다. 자연적인 치유율(spontaneous recovery)을 기저선으로 사용한다는 생각이다. 처치, 즉 심리치료를 받은 내담자의 호전율과 처치를 받지 않은 내담자의 자연적인 호전율을 비교해 보면 심리치료가 과연 효과가 있는 치료법인지 그렇지 못한지가 판가름난다는 논리이다.

이것은 요즘 사용하는 실험설계 중 무처치 대기집단을 통제집단으로 사용하는 것과 근본적으로 같은 발상이다. 그러나 무엇이 다른가? 실험설계에서는 미리 계획적으로 처치집단과 무처치 집단을 설정하기로 설계를 한 다음 무선적인 방법으로 내담자들을 처치집단과 무처치 집단에 배정하는(random assignment) 절차를 밟는다. 이 점이 다른 점이다. 과거의 성과연구들에는 통제집단이 설정되지 않았으며, 추후에 비교자료를 얻기 위해서 별도로 자연적인 호전율(치유율)을 조사하는 방식을 취한 것이다. 다음의 세 연구는 자연적 호전율(치유율)을 연구한 고전적인 예이다(Eysenck, 1957 재인용).

① Shephard와 Greenberg(1957)의 연구

이들은 1948~1951년 사이의 기간 중 뉴욕 주의 건강보험 프로그램 자료를 기초로 신경증으로 처치를 받은 환자들의 "유병률"과(prevalence, 60,000명 이상의 보험환자로부터 2,714명의 정신건강 환자) 건강보험 프로그램에는 들어왔으나 신경증 치료를 받지 못한 환자들을("발생률": incidence) 비교했다. 〈그림 6-1〉에서 incidence curve는 이른바 자연치유율, 즉 처치를 받지 않은 환자들에 관한 정보를 암시하며, prevalence curve는 처치를 받은 환자들에 관한 정보를 제공한다.

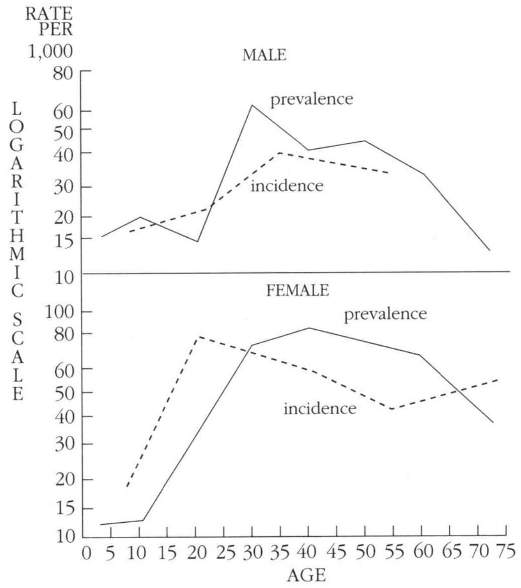

〈그림 6-1〉 정신신경증 처치 여부와 "유병률"(Shephard & Greenberg, 1957)

〈그림 6-1〉에 의하면 남녀 공히 유병률과 발생률은 거의 비슷한 방향으로 움직인다. 처치를 받은 환자들의 유병률 커브가 처치를 받지 않은 환자들의 것과 거의 같다는 것은 처치의 효과가 거의 없는 것이 아니냐라는 의심을 자아내는 근거가 된다. 연구자들에 의하면, 처치를 받았든 받지 않았든 간에 관계없이 신경증의 평균 지속기간(duration)은 1~2년으로 비슷하고, 신경증이 20대에 급격히 증가하고 40대 이후에 급격히 감소하는 추세도 처치 여부에 관계없이 비슷하게 나왔기 때문이다. 이 자료는 처치집단과 무처치 집단 간의 유병률을 어느 한 시점에서 동시에 비교한 직접적인 자료는 아니지만, 방대한 환자군으로부터 얻은 자료라는 점에서 의미가 있는 자로 여겨지고 있다.

② Denker(1946)의 연구, Eysenck(1965)에서 재인용

이 자료도 기본율에 대한 정보를 제공한다. 불안, 강박, 히스테리 등 신경증으로 인해서 직장근무와 사회생활을 정상적으로 수행하지 못하는 "심한 정도"의 신경증 환자 약 500명에 대한 자료를 기초로 5년간 연구가 수행되었다. 그런데 이 환자들은 심리치료 전문가로부터 심리치료를 받은 것이 아니라, 일반 의사들로부터 진료를 받았으며 처치방법은 투약, 간단한 지지나 조언 등이었다. 즉 본격적인 심리치료가 아닌 처치를 받은 것이다. 연구자는 5년간 이 환자들의 "회복률"을 조사했다. 회복(recovery)의 기준으로는 (1) 직장에의 복귀와 적응, (2) 심한 불편이나 호소가 없어짐, (3) 성공적 대인관계 유지 등이 사용되었다. 자료분석 결과, 이들은 1년 후에 45퍼센트가 신경증으로부터 회복되었으며, 2년 후에는 72퍼센트(27퍼센트 증가)의 회복, 3년 후에는 82퍼센트(+5%), 4년 후에는 86퍼센트(+4%), 5년 후에는 90퍼센트(+4%)의 회복을 보였다(그림 6-2). 다시 말해서 이 자료는 순수한 자연치유율은 아니다. 전문적 심리치료가 아닌 일반의(一般醫)에 의한 일반적 처치에 의한 신경증의 회복률을 지칭한다.

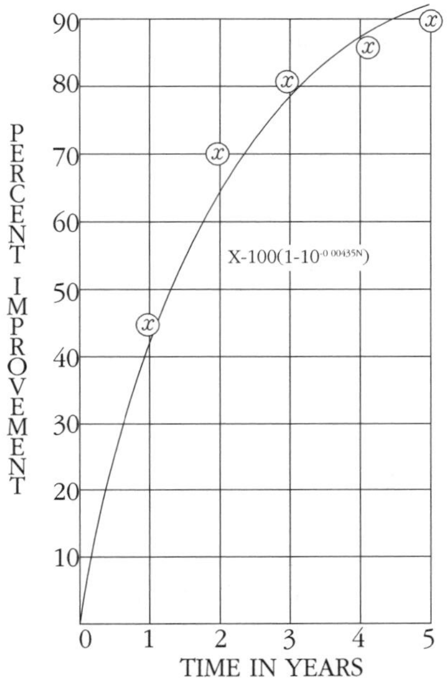

〈그림 6-2〉 정신신경증 환자의 5년간 회복 추이(Denker, 1946)

③ Landis(1938)의 연구

더 오래 전의 연구자료를 보자. 그는 주립정신병원에 입원했다가 상당한 정도의 회복 평가를 받고 퇴원한 신경증 환자의 비율을 이른바 자연치유율의 추정치로 삼았다(1920~1930년대 미국의 주립정신병원에서는 개인심리치료를 별로 실시하지 않은 것으로 사료됨). 그는 이 자료에 문제점이 많다는 것을 알고 있었지만, 순수하게 심리치료 처치를 받지 않은 환자집단의 회복을 조사한 자료가 없는 당시의 상황에선 "최선"의 추정치라고 주장했다. 이 연구의 자료에 의하면 65퍼센트 내지 72퍼센트의 환자들이 1년 이내에 주립정신병원에서 "상당한 정도의 회복"으로 평가를 받고 퇴원했다.

Eysenck(1965)는 이 세 연구를 토대로 신경증의 기저선 추정의 시점을 2년으로 잡았다. 그 근거는 2년 이상 수행되는 심리치료는 별로 많지 않았기 때문이었다. 그리고 그는 심한 신경증 환자들은 전문적인 심리치료를 받지 않고도

2년 후 약 3분의 2 이상이 '회복' 혹은 '상당한 정도의 회복' 을 보인다고 결론을 내렸다. Shephard와 Greeberg는 2년 후 거의 100퍼센트가 회복된다고 했지만 이것은 Landis나 Denker의 연구처럼 심한 신경증 환자가 별로 포함되지 않았기 때문으로 해석되었다. (자연치유율이란 논리적으로는 가능하지만 그것의 순수한 경험적 자료는 얻기가 어렵다. 이른바 '자연치유' 라는 것의 정의가 복잡할 수밖에 없기 때문이다. 그래서 자연치유율이라는 용어보다는 '기저선' (기본율)이라는 용어를 사용하며, 그것은 정식 심리치료나 정신분석이 아닌 일반의사나 정신병원로부터 받는 최소한의 보호나 약물치료에 의한 회복을 지칭한다.)

(2) Eysenck(1952)의 연구

Eysenck의 이 연구보고서는 심리치료 및 상담을 공부하는 사람은 반드시 알아야 할 유명한 보고서이다. 이 논문은 신경증에 대한 심리치료의 효과가 '기저선' 에도 못미치거나 혹은 겨우 기저선 정도밖에 되지 못한다는 결과를 제시하였다는 점에서 당시의 심리치료계에 큰 충격과 파장을 일으켰다. Eysenck의 이 논문에 자극을 받아서 심리치료 및 상담분야의 많은 학자들이 심리치료와 상담의 효과에 대해서 체계적인 연구, 다시 말해서 통제된 연구(통제집단과 처치집단을 비교하는 연구)를 실시하기 시작했고 결과적으로 이런 성과검증연구는 질적으로 향상되고 양적으로 증가하게 되었다. 그리고 오늘날에는 심리치료와 상담이 효과가 없는 것이 아니라 분명히 효과가 있다라는 경험적 근거를 가진 결론에 도달하게 되었다. 즉, 아이로니컬하게도 심리치료의 효과를 부정했던 연구보고서의 출현이 계기가 되어 그 분야의 연구와 실제적 기법들이 더욱 발전하는 결과를 낳게 된 것이다.

Eysenck(1952)의 보고서에는 24개의 성과연구가 정리되어 제시되었다. 그러나 그는 당시에 입수가능했던 더 많은 연구들을 검토한 후에 자신의 기준에 미흡한 연구는 제외시키는 그 나름대로의 방법론적 "철저함"을 보였다. 예컨대, 그는 정신분열병, 조울병, 편집증적 정신병에 대한 심리치료 결과는 제외시켰다. 왜냐하면 이들은 신경증과는 구분되는 증상으로 간주되었기 때문이다. 그러나 인격장애(성격장애), Organ neuroses, Psychopath에 대한 심리치료결과는 분석에 포함시켰다. 다시 말해서 Eysenck의 연구는 신경증에 대한 심리치료 효과연구의 결과를 종합하는 것을 주 목적으로 한 연구였다.

이 종합연구는 방법론적으로 문제되는 점이 몇 가지 있다. 첫째는 분석대상이 된 각 연구마다 성과측정하는 방식에 차이가 있다는 것이다. 어떤 연구는 4단계나 5단계로 성과를 측정했지만(완쾌/많이 호전—호전됨—약간 호전—무호전) 또 다른 연구에서는 2단계로만 성과를 측정하기도 했다(호전—무호전). 그리고 무호전에는 중간에 치료를 중단한 환자가 포함되어 그 의미가 혼합되기도 했다. 둘째는 성과측정이 거의 전부 치료자의 평가에 의존했다라는 점이다. 우리는 성과측정에 대한 다양한 관점의 필요성을 여러 차례 강조한 바 있다. 그러나 1950년 전후의 심리치료 성과연구에서는 그런 시도를 별로 하지 못했던 것으로 보인다. 셋째는 이때만 해도 여러 성과연구를 종합하는 기술, 예컨대, 메타분석의 방법이 알려져 있지 않았었기 때문에 각 연구의 성과자료를 단순히 열거하고 그 평균을 제시하는 정도에 그치고 있다.

이런 방법론적 문제점에도 불구하고 이 보고서는 당시로서는 획기적인 것이었으며 더구나 정신분석적 심리치료의 효과가 기저선에도 미치지 못한다는 결론은 심리치료자들의 주목을 끌고 위기의식을 느끼게 했다. Eysenck가 제시한 자료에 의하면, 정신분석적 심리치료의 성과를 종합한 결과 44퍼센트의 호전율(완쾌/많이 호전—호전됨)을 보였고 나머지는 약간 호전 혹은 호전되지 않음으로 평가되었다(5개의 연구, 총사례수는 760). 그리고 절충적 심리치료의 성과를 종합한 결과 64퍼센트의 호전율을 보였다(19개의 연구, 총사례수는 7293).

이 결과는 우리가 앞에서 살펴본 기저선에 대한 자료와 견주었을 때 충격적이다. 기저선 자료의 결론은 2년 이내에 특별한 체계적 심리치료 없이도 2년 이내에 신경증 환자의 3분이 2 정도가 호전을 보인다는 것이다. 이 자료는 앞서 말한 바와 같이 순수한 의미의 '자연치유율'은 아니다. 환자들은 대개가 일반의사들의 진료, 약물 혹은 간단한 조언과 격려를 받았기 때문이다. 따라서 Eysenck의 자료는 장기간의 정신분석이나 다른 심리치료의 효과는 일반의사에 의한 진료, 투약, 조언 등 최소한의 처치보다 더 낫지 못하다라는 결론을 내리게 하였던 것이다.

물론 이런 결론을 내리기에는 한 가지 중요한 방법론적 조건이 있다. Eysenck 연구의 환자들과 기저선 연구의 환자들이 동질의 환자집단인지 아닌지를 우리는 확실히 알지 못한다는 것이 바로 그것이다. 현대의 통제된 연구에서는 피험자들을 무선적인 방법으로 처치집단(실험집단)과 통제집단(비교집단)에 할당하는 방법을 써서 두 집단의 동질성을 확보한다. 그러나 그 당시에 사용된 비교집단은 처치집단과는 전혀 다른 치료소(예: 심리치료를 거의 실시하지 않았던 주립병원)의 자료를 사용했다든가 일반의사의 치료를 받은 신경증 환자들에 관한 것이었다. 물론 당시 연구자들의 주장과 같이 당시로서는 통제된 연구를 거의 하지 못했기 때문에 비교할 수 있는 자료로서는 Denker나 Landis 등의 연구가 최선의 것임을 인정할 수밖에 없을 것이다. 하지만 Eysenck의 연구가 현대적 기준에서는 방법론적으로 중요한 문제점이 있는 것은 사실이다.

(3) Levitt(1957)의 연구

영국의 Eysenck(1952)가 당시의 심리치료 연구들을 종합하여 심리치료의 효과가 무처치 집단과 다를 바 없다는 충격적인 보고서를 낸 것은 상담심리학도라면 모르는 사람이 없을 것이다. 그런데 이보다 다소 늦게 Levitt라는 학자에 의해서 아동심리치료의 효과가 검토를 받았는데 결과는 Eysenck의 결론과 진배 없는 충격적인 것이었다.

Levitt는 두 차례(1957, 1963) 비슷한 연구를 하였다. 1957년도의 연구에서 그는 18개의 심리치료연구들을 검토하였다. 그의 결론은 심리치료를 받은 아동은 67~78페센트가 치료효과를 보았던 반면에, 처치를 받지 않은 아동도 거의 같은 비율, 즉 73퍼센트가 증상 호전을 보였다는 것이다. 1963년도 연구에서는 22개의 연구를 검토하였는데 그 결론은 마찬가지였다. 처치를 받은 아동의 호전율은 65퍼센트인 반면에 처치를 받지 않은 아동은 오히려 그보다 더 많은 73퍼센트였다.

물론 Levitt의 연구는 1980년대 이후에 성행한 메타분석과 같이 방법론적으로 철저한 것은 아니었다. 즉 방법론적인 문제점을 많이 안고 있는 연구였다는 것이 그 연구에 대한 평이다. 몇 가지 두드러진 문제점들을 열거하면 다음과 같다. 첫째, 분석에 사용된 연구는 18개밖에 안 되는데 그 18개의 연구로써 유아기부터 21세에 이르는 광범위한 연령범위를 카버했다는 점이 문제로 지적된다. 둘째 무처치 집단, 즉 비교집단이 제대로 설정되지 못한 연구들을 그대로 분석에 사용했다는 점이다. 치료를 시작했다가 조기에 치료를 그만둔 집단을 무처치 집단으로 간주하고 있다.("조기종결" 사례 중에는 사실상 상담치료가 조기에 효과가 있어서 치료를 그만둔 경우가 많음을 상기할 것) 셋째, 성과측정에 있어서는 주로 치료자의 평가에 의존하였는데, 성과에 대한 치료자의 평가, 내담자의 평가, 그리고 제3자의 평가는 상당히 다르다.

2) 메타분석의 기초

메타분석은 동일한(거의 유사한) 연구문제와 연구설계를 가진 여러 개의 연구를 요약하는 기법이다. 상담성과연구들에 대한 메타분석은 상담 및 심리치료 분야에서 여러 차례 다양하게 시도되었으며, 미국에서는 이 메타분석의 결과에 의해서 상담과 심리치료의 효과성을 인정받기에 이르렀다. 우리 나라에는 아직 상담과 심리치료의 성과에 대한 메타분석이 이루어지지 못해서 이 분야에서 매우 뒤쳐져 있음을 부인할 수 없으며 앞으로 조속한 시일 내에 잘 통제된 성과연구들이 다수 나오고 그것들에 터한 메타분석이 시도되어야 할 필요가 있음은 자명하다. 어느 한두 연구에서 심리치료상담이 효과가 있다라는 결과가 나왔다고 해서 그것의 효과성이 공적으로 인정받지는 못한다. 그보다 훨씬 많은 수의 다양한 연구들로부터 일관된 결과가 나와야 한다. 그런데 많은 연구를 요약하는 방법이 없으면 수많은 연구들을 단순히 열거하는 방법밖에 없기 때문에 나온 것이 메타분석인 것이다.

(1) 통제된 연구의 출현

통제된 연구(controlled study)는 메타분석의 가장 중요한 조건이다. 우리는 앞에서 Eysenck의 1952년도 보고서를 보았는데, 그 당시에는 잘 통제된 성과연구가 거의 없었다. 그러나 그 이후 심리치료와 상담분야에서는 실험설계법을 사용한 통제된 연구가 나오기 시작했다. 잘 통제된 성과연구는 다음의 조건들을 갖춘 것들이다.

① 처치(상담, 심리치료)의 절차가 구체적이고 표준적으로 규정되어 있다.
② 그 처치방법을 제대로 습득한 전문가에 의한 처치만을 사용한다.
③ 피험자는 가상의 내담자가 아니라 정말로 증상을 호소한 진정한 내담자이다.
④ 호소한 증상의 정도가 정말로 처치를 요하는 수준이다.
⑤ 내담자들을 처치집단과 통제집단에 무선적(무작위적)으로 할당한다.
⑥ 처치집단은 훈련된 전문가에 의해서 규정된 처치를 받는다.
⑦ 통제집단은 '대기자 무처치' 혹은 '플라시보 처치' 등 미리 계획된 절차를 밟는다.
⑧ 신뢰도와 타당도가 높은 방법으로 성과를 측정한다.
⑨ 성과에 대한 측정방법으로 한 가지가 아닌 여러 가지를 사용한다.
⑩ 단일연구에서는 내담자 집단의 변산을 가능한 줄인다(예: 유사한 증상군, 유사한 학력이나 SES).

메타분석의 결과가 신빙성을 가지려면 메타분석에 사용된 각 연구들의 질이 높아야 한다. 그러려면 위에서 열거한 여러 방법론적 조건들을 만족시키는 잘 통제된, 질 높은 연구들만을 분석에 사용해야 한다. 그러기 위해서 메타분석가들은 우선 분석에 사용될 각 연구보고서들의 질을 평가하기 위한 기준을 설정하고 엄격한 평가를 거친다. 무조건 연구 건수만 많다고 해서 좋은 메타분석이 되는 것이 아니기 때문이다.

(2) 효과의 크기

바로 이 개념 '효과의 크기'가 메타분석의 발전에 결정적인 역할을 했다. 따라서 메타분석을 이해하기 위해서는 이 효과의 크기 개념을 잘 이해해야만 한다. 효과의 크기란 무엇인가?

처치집단과 통제집단이 있는 통제된 연구에서는 처치 후 처치집단에 대한 평가와 통제집단에 대한 평가의 차이를 가지고 처치의 효과를 가늠한다. 즉, 어떤 성과측정치에 대해서 처치집단의 평균과 통제집단의 평균 간의 차이를 비교한다. 이때 두 평균의 차이가 통계적으로 의미 있는 것인지 여부를 따지는 것이 변량분석적 추리통계 방법이다. 가장 보편적이고 기본적인 방법은 두 평균의 차이를 두 평균의 표준오차로 나누는 방법으로서 이는 모든 통계서적에 나와 있다.

효과의 크기는 이 두 평균의 차이를 검증하는 방식과 매우 유사하다. (그래서, 이해를 돕기도 하고 혼동을 시키기도 한다.) 독자의 이해를 돕기 위해서는 효과의 크기는 일종의 "표준점수"로 생각하면 쉬워질 것이다. 일단 가장 원시적인 효과의 크기는 처치집단의 평균과 통제집단의 평균 간의 차이이다. 그러나 이 값은 성과측정의 방법에 따라서 달라지게 마련이다. 이런 문제점을 없애기 위해서 그 차이값($\overline{X}_T - \overline{X}_C$)을 표준화시키는 것인데, 가장 전형적인 표준화 방법은 그 값을 표준편차로 나누는 것이다.(독자들은 심리측정에서 많이 쓰는 T점수를 상기해 보기 바란다. T점수는 어느 개인의 원점수와 그 개인이 속한 집단의 평균점수 간의 차이를 표준편차로 나눈 것이다: $T = \frac{X - \overline{X}}{SD}$). 효과의 크기는 공식으로 다음과 같이 표현한다.

$$\text{Effect Size(ES)} = \frac{\overline{X}_T - \overline{X}_C}{S_C}$$

여기서 분모가 되는 표준편차로 무엇을 쓸 것인가를 결정해야 한다. 요즘은 처치집단과 통제집단의 편차를 다 고려한 "Pooled" 표준편차를 분모로 사용한다(Wampold & Poulin, 1992). 그러나 통제집단의 표준편차 S_C를 분모로 사용하는 연구도 있다(예: 다음에 설명할 Smith와 Glass의 1977년도 연구).

이 효과의 크기를 왜 표준점수로 변환시켰는가? 그것은 심리측정이나 교육평가에서 표준점수를 사용하는 이유와 거의 같다. 표준화된 비교를 위해서 그렇게 하는 것이다. 만약에 연구 A에서 발생한 값이 5로 나오고 연구 B에서 발생한 값이 10이 나왔다고 하자. 그러면 연구 B의 효과가 연구 A의 효과보다 큰 것인가? 반드시 그렇다고 결론지을 수 없다. 이유는 간단하다. B에서는 성과측정을 할 때 각 문항에 대해서 1~10의 10단계 척도로 대답을 하게 하고, A에서는 1~5의 5단계 척도로 대답을 하게 했다면 A에서보다 B에서 값의 차이가 더 크게 나오게 되어 있다. 즉, 연구 A와 연구 B 간의 직접적인 비교(어느 연구에서 효과의 차이가 더 큰지 비교하기)가 불가능한 것이다. 이런 문제점을 극복하고 여러 연구들간의 비교를 가능하게 해 주는 방법이 표준편차로 나누어 주어서 표준점수로 만드는 것이다.

이 효과의 크기는 매 연구마다, 매 연구의 매 종속변인(성과변인)마다 얻게 되어 있다. 만약 한 연구에서 2가지의 성과측정을 했다면 그 연구에서는 2개의 ES(효과의 크기)가 얻어지고 한 가지 성과측정만을 했다면 1개의 ES만 얻어진다. 이 ES는 일종의 표준점수이기 때문에 그 ES들을 합칠 수도 있고 그것에 대한 평균을 구할 수도 있다. 그리고 이 ES와 다른 변인들(내담자 특성, 상담자 특성 등) 간의 관계를 구할 수도 있다.

여기서 독자들이 혼동하지 말아야 할 것은 단일연구의 ES와 여러 연구를 합쳐서 요약한(메타분석한) 결과로서의 ES이다. 후자의 ES는 여러 단일연구들의 모든 ES들을 모아서 하나의 ES로 만든 것이다. 이것이 바로 메타분석의 핵심이므로 독자들은 이 개념을 분명히 이해해야 한다(여러 단일연구의 ES들을 모아서 하나의 요약을 얻은 것이 메타분석된 ES이다). 그러면 개념적 설명은 이 정도로 그치고 메타분석의 실제 예를 보도록 하자. 여기서는 심리치료상담의 성과에 대한 메타분석으로서 "금자탑"(金子塔)이라고 할 수 있는 Smith와 Glass의 연구보고서(1977)를 예로 들겠다.

(3) Smith와 Glass(1977)의 메타분석

Eysenck의 보고서가 나온 1952년과 Smith와 Glass의 메타분석이 나온 1977년 사이에는 25년의 간격이 있다. 그 중간(1965년)에 Eysenck의 중요한 논문이 있는데 이것은 메타분석이라기보다는 6개의 통제된 성과연구들을 각각 분석한 보고서였다. 즉, 심리치료상담의 성과연구 분야에서는 Smith와 Glass의 1977년도 논문이 최초의 본격적인 메타분석이라고 볼 수 있겠다.

Smith와 Glass는 메타분석을 하기 위해 나름대로 정한 절차를 밟았다. 가장 기본적인 조건은 연구논문들을 "선발"한 기준에 대한 것이다. 당시에는 오늘날과 같이 문헌검색 컴퓨터 서치가 별로 발달하지 못한 시기였기 때문에 그들은 『Psychological Abstracts』라든가 『Dissertation Abstracts』 등에서 관련문헌을 선발하였다. 우선 약 500개의 논문이 선발되었으며 소정의 "심사"절차를 거쳐서 남은 375개의 논문이 최종적으로 철저한 분석에 들어갔다. 이때 선발

기준으로 가장 중요한 것은 "최소한 한 개 이상의 심리치료 처치를 받은 집단과 무처치 혹은 다른 처치를 받은 집단과 비교를 한"(pp. 752-753) 연구만을 분석대상으로 삼는다는 것이었다. 다시 말해서 통제된 연구만을 분석한다는 것이다. 그리고 다음으로 중요한 조건은 심리치료상담이라는 조건으로서 이들의 범주는 '심리학적 원리들을 사용하여 개인의 감정, 태도, 가치, 행동 등을 이해하고 변화를 꾀하는 기법을 사용한 것'으로 규정되었다. 따라서 상담(counseling)이라는 이름으로 수행된 연구들 중 많은 연구가 이들의 분석에 포함되었다. 반면에 약물치료, 최면치료, 직업치료, 또래에 의한 상담(peer counseling), 감성훈련(sensitivity training), 만남의 집단(encounter group), 사이코드라마 등의 집단훈련은 이들의 분석대상에서 제외되었다. 그러나 당시로서는 회기수가 너무 적어서 심리치료가 못된다고 간주되기도 했던 단기치료에 대한 연구는 분석에 포함되었으며 비교적 훈련기간이 짧은 초보치료자에 의한 상담연구도 분석에 포함되었다. 그 이유는 치료의 길이, 치료자의 훈련기간 등을 독립변인으로 해서 상담성과와의 관련성 여부를 분석해 보기 위함이었다.

논문선정 작업 다음에는 각 연구로부터 치료성과의 크기, 즉 효과의 크기(effect size)를 계산하는 일을 수행한다. 결과부터 말하면, 375개의 연구논문으로부터 833개의 ES가 추출되었다.(여기에 동원된 피험자 수는 처치, 통제집단을 합해서 약 5만 명이다.) 어떤 논문에는 두 가지 이상의 종속변인 측정이 이루어졌기 때문에 ES의 개수가 논문의 개수보다 많은 것이다. (효과의 크기는 각 종속변인별로 계산하도록 되어 있다.) ES를 계산하기 위한 공식은 처치집단의 평균과 통제집단의 평균 간의 차이를 통제집단의 표준편차로 나누는 방식을 취했다 ($ES=\frac{\overline{X}_T-\overline{X}_C}{S_C}$).

833개의 ES를 처치집단과 통제집단을 비교하기 위해서는 두 개의 분포를 제시하는 것이 손쉬운 방식이다(그림 6-3). 하나의 분포는 통제집단의 분포이고 다른 하나는 처치집단의 분포이다. Smith와 Glass의 계산결과에 의하면 833개 ES의 평균은 0.68이다. 독자들은 이 ES평균 0.68이 의미하는 바가 무엇인지 그림을 통해서 이해해야 한다. 먼저 통제집단의 중앙치(50%-ile)를 보자. 그리고 처치집단의 중앙치가 어디인지 발견하자. 처치집단의 중앙치는 통제집단의 몇 %-ile인가? 약 75%-ile이다. 이것은 무엇을 뜻하는가? 처치집단의 중앙치는 통제집단의 약 75%-ile에 해당한다는 뜻이다. 이를 다시 말하면 심리치료상담을 받으면 그 평균 혹은 중앙치가 50에서 75로 상승한다는 것이다. 이를 이렇게 표현할 수도 있다. 심리치료상담을 받은 피험자 75%는 심리치료상담을 받지 않은 통제피험자의 중앙치(혹은 평균)보다 더 "낫다"라고 표현할 수도 있는 것이다.

이 결과를 Eysenck의 주장과 비교해 보자. Eysenck에 의하면 심리치료상담을 받은 것은 그것을 받지 않은 것에 비해 평균적으로 효과가 거의 없었다. 심리치료상담을 받으나 받지 않으나 1~2년의 시간이 지나면 약 3분의 2는 호전된다는 것이었다. 그러나 Smith와 Glass의 메타분석에 의하면 심리치료를 받은 집단과 받지 않은 집단 간에는 표준편차로 0.68의 차이가 있는데 이는 '처치집단의 평균은 비처치 집단의 75%-ile에 해당한다'는 것으로서 심리치료상담의 효과가 있음을 증명해 주는 것이다. (Cohen(1988)에 의하면 ES가 .2 정도이면 적은 크기의 효과, .5 정도이면 중간 크기의 효과, .8 정도이면 큰 크기의 효과라고 본다.)

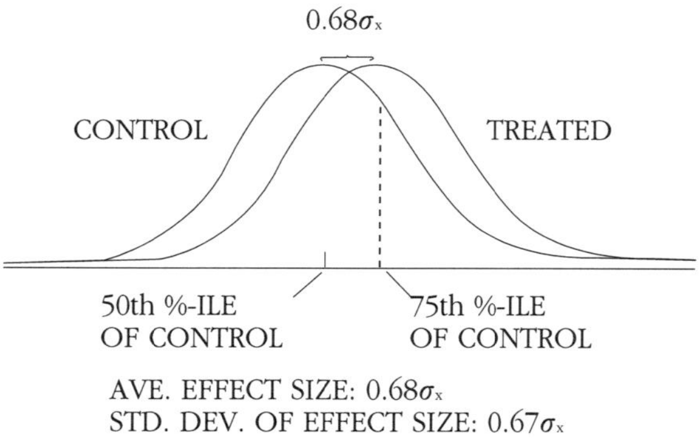

〈그림 6-3〉 심리치료 처치-통제집단 간 효과비교(Smith & Glass, 1977)

Smith와 Glass는 성과측정을 네 가지로 분류해서 측정의 성격에 따라서 결과가 다르게 나오는지를 연구해 보았다. 성과측정은 크게 (1) 불안-공포의 감소, (2) 자존감, (3) 적응, (4) 학교 혹은 직장에서 성취 등 네 가지로 분류되었는데 그 각각에 대한 ES의 개수 및 평균 ES는 다음과 같다(표 6-1).

〈표 6-1〉 네 가지 성과측정에 따른 효과 크기의 비교(smith & Glass, 1977)

Type of outcome	Average effect size	No. of effect sizes	Standard error of mean effect size	Mdn treated person's percentile status in control group
Fear-anxiety reduction	.97	261	.15	83
Self-exteem	.90	53	.13	82
Adjustment	.56	229	.05	71
School/work achievement	.31	145	.03	62

Smith와 Glass는 실제로 더 많은 분석을 하였다. 이들은 각 성과연구에서 다음과 같은 변인들을 추출해서 ES와 관계를 분석해 보았다. 그 변인들이란 예컨대, 심리치료상담의 접근법(정신역동, 내담자중심, RET, 행동수정 등), 치료

〈표 6-2〉 심리치료 접근법과 효과의 크기(Smith & Glass, 1977)

Type of outcome	Average effect size	No. of effect sizes	Standard error of mean effect size	Mdn treated person's percentile status in control group
Psychodynamic	.59	96	.05	72
Adlerian	.71	16	.19	76
Eclectic	.48	70	.07	68
Transactional analysis	.58	25	.19	72
Rational-emotive	.77	35	.13	78
Gestalt	.26	8	.09	60
Client-centered	.63	94	.08	74
Systematic desensitization	.91	223	.05	82
Implosion	.64	45	.09	74
Behavior modification	.76	132	.06	78

기간(회기수), 집단처치인지 개인처치인지 여부, 치료자의 경력 연수, 내담자의 연령과 지능, 내담자가 정신병인지 신경증인지 여부 등의 변인들과 ES간에 관계가 있는지를 분석해 본 것이다.

먼저 심리치료 접근법이 ES와 관계가 있는지 살펴보자. 즉, 치료접근법에 따라서 ES가 달라지는지 여부를 보자는 것이다. 이는 〈표 6-2〉에 잘 요약이 되어 있다. 이 표에 의하면 ES 평균은 최소 .26(게슈탈트 요법)로부터 최대 .91(체계적 둔감법) 사이에 분포되어 있다. 그런데 ES가 가장 작은 게슈탈트 요법은 단지 8개의 ES에서 얻어진 자료라서 통계치로서의 안정성이 부족하기 때문에 그것이 타치료법들에 비해서 특별히 효과가 적은 요법이라는 결론을 내리기는 어려웠다. (이 연구 이후에도 치료법들간의 효과의 크기가 다른지 여부에 대해서 많은 연구가 있었는데 지금까지의 결론은 치료법간에 일반적인 효과 차이는 없다는 것이다. 단, 내담자의 특성, 즉 내담자의 문제 유형에 따라서 각 치료법이 다른 크기의 효과를 보인다는 연구결과들이 있다.)

〈표 6-3〉 효과의 크기와 각종 변인들 간의 상관(Smith & Glass, 1977)

Variable	Correlation with effect size
Organization(1=individual; 2=group)	-.07
Duration of therapy(in hours)	-.02
Years' experience of therapists	-.01
Diagnosis of clients(1=psychotic; 2=neurotic)	.02
IQ of clients(1=low; 2=medium; 3=high)	.15**
Age of clients	.02
Similarity of therapists and clients (1=very similar; …; 4=very dissimilar)	-.19**
Internal validity of study(1=high; 2=medium; 3=low)	.09*
Date of publication	
"Reactivity" of outcome measure(1=low; …; 5=high)	.30**
No. of months posttherapy for follow-up	-.10*

* $p < .05$.

** $p < .01$.

Smith와 Glass의 메타분석 보고서에서 또 한 가지 소개할 것은 내담자 특성들을 비롯한 여러 가지 변인들과 ES 간의 관계를 분석한 결과이다. 다음 〈표 6-3〉을 보면 여러 다양한 변인들이 ES와 상관이 있다 혹은 없다라는 결과를 볼 수 있다.

Smith와 Glass는 1977년도 보고서에서 더 많은 분석자료를 제시했지만 여기서는 이 정도만을 소개한다. 더 자세한 정보를 원하는 독자는 그들의 논문을 직접 참고하기 바란다. 논문 제목은 Meta-analysis of psychotherapy outcome studies이며 출처는 『American Psychologist』, 32권 pp. 752-761이다.

3) 메타분석의 발전된 모습

(1) 내담자군별 · 처치방법별 메타분석

심리상담은 우울증의 치료에 효과가 있는가? 불안증세를 호소한 내담자들에게 심리상담이 도움이 되었는가?와 같은 질문은 심리상담의 효과를 어떤 특정 내담자군에 적용한 질문이다. 심리상담연구에서 내담자군을 정하는 방법으로는 내담자에게 내려진 진단(우울, 불안, 적응장애 등), 연령(아동, 청소년, 대학생 등), 성별(남녀) 등이다. 다음의 〈표 6-4〉와 〈표 6-5〉는 각각 우울증 내담자에 대한 심리치료 효과 메타분석연구와 불안증 내담자에 대한 심리치료 효과의 메타분석연구들에 대한 리스트이다. 각 메타분석마다 몇 개의 연구들을 분석했는지와 전체의 효과 크기를 제시하였다.

〈표 6-4〉 우울증에 대한 심리치료 효과 메타분석연구

Researchers	Patient Diagnosis/Treatment	Number of Studies	Effect Size
Dobson(1989)	Depression/Cognitive therapy	10	2.15
Nietzel, Russell, Hemmings, & Gretter(1987)	Unipolar depression	28	.71
Quality Assurance Project(1983)	Depression	10	.65
Robinson, Berman, & Neimeyer(1990)	Depression	29	.84
Steinbrueck, Maxwell, & Howard(1983)	Depression	56	1.22

출처: Lambert & Bergin, 1994

〈표 6-5〉 불안증에 대한 심리치료 효과 메타분석연구

Researchers	Patient Diagnosis/Treatment	Number of Studies	Effect Size
Allen, Hunter, & Donohue(1989)	Public speaking anxiety	97	.51
Christensen, Hadzi-Pavlovic, Andrews, & Mattick(1987)	Obsessive compulsive disorder/ Exposure treatment	5	1.37
Clum(1989)	Panic, agoraphobia/Behavior therapy	283	70%[a]
	No therapy	46	30%[a]
Hyman, Feldman, Harris, Levin, & Malloy(1989)	Relaxation training	48	.58
Jorm(1989)	Trait anxiety and neuroticism	63	.53
Mattick, Andrews, Hadzi-Pavlovic, & Christensen	Agoraphobia	51	1.62[bc]
	Wait-list controls		.02[ac]
Quality Assurance Project(1982)	Agoraphobia	25	1.2[c]
Quality Assurance Project(1985a)	Anxiety	81	.98
Quality Assurance Project(1985b)	Obsessive compulsive/Exposure therapy	38	1.34
Trull, Neitzel, & Main(1988)	Agoraphobia	19	2.10[c]

[a]Percent improved.

[b]Weighted average.

[c]Prestest/posttest measurement.

출처 : Lambert & Bergin(1994)

메타분석의 연구질문은 내담자군에만 제한되지 않는다. 다음과 같은 질문을 할 수도 있다-행동치료는 효과가 있는가? 역설적 처방에 의한 처치는 효과가 있는가? 즉 처치방법별로 효과성을 검토하려는 연구질문이다. 메타분석의 질문은 이런 방법으로도 주어질 수 있다-공황(panic)장애를 겪는 내담자에게 인지행동적 처치는 효과가 있는가? 즉 특정 내담자군에게 특정 처치법이 효과가 있는지를 검토하려는 질문이다. 〈표 6-6〉은 이처럼 처치법에 대한 메타분석 혹은 처치법-내담자군을 동시에 고려한 메타분석에 대한 리스트이다.

미국심리상담 및 심리치료 분야는 이제 치료의 효과에 대해서 메타분석을 할 때, 단순히 '심리치료는 효과가 있는가?' 라는 총체적인 질문뿐만 아니라 '어떤 내담자에게 어떤 치료법이 효과가 있는가?' 로 구분된 질문으로 발전하

〈표 6-6〉 다양한 장애별, 치료방법별 효과 메타분석연구

Researchers	Diagnosis/Treatment	Number of Studies	Effect Size
Andrews & Harvey(1981)	Neurotic	81	.72
Andrews, Guitar, & Howie(1980)	Stuttering	29	1.30
Asay, Lambert, Christensen, & Beutler(1984)	Mixed mental health centers	9[a]	.82[b]
Balestrieri, Williams, & Wilkinson(1988)	Mixed	11	.22
Barker, Funk, & Houston(1988)	Mixed	17	1.05
Benton & Schroeder(1990)	Schizophrenia	23	.76[b]
Blanchard, Andrasik, Ahles, Teders, & O'Keefe(1980)	Headache	35	40-80%[c]
Bowers & Clum(1988)	Behavior therapy	69	.76
Christensen, Hadzi-Pavlovic, Andrews, & Mattick(1987)	Behavior treatment	10	1.16
	Control	4	.04
Crits-Christoph(1992)	Short-term dynamic therapy	11	86%[c]
			50%[c]
Dush, Hirt, & Schroeder(1983)	Self-statement modification	69	.74
Giblin, Sprenkle, & Sheehan(1985)	Family therapy	85	.44
Hahlweg & Markman(1988)	Behavioral marital therapy	17	.95
	Premarital intervention	7	.79
Hazelrigg, Cooper, & Borduin(1987)	Family therapy/Family interaction	7	.45
	Self-rating	6	.50
Hill(1987)	Paradoxical treatment	15	.99
Holroyd(1990)	Migraine headache/Biofeedback	22	47.3%[c]
	No treatment	15	.2%[c]
Laessle, Zoettle, & Pirke(1987)	Bulemia	9	1.14[b]
Landman & Dawes(1982)	Mixed	42	.90
Lyons & Woods(1991)	Rational emotive therapy	70	.98
Markus, Lange, & Pettigrew(1990)	Family therapy	10	.70[d]
Miller & Berman(1983)	Cognitive-behavioral therapy	38	.83
Nicholson & Berman(1983)	Neurotic	47[e]	.70
Prout & De Martino(1986)	School-based therapy	33	.58
Quality Assurance Project(1984)	Schizophrenia	5	.00
Shapiro & Shapiro(1982a)	Mixed	143	1.03
Shoham-Salomon & Rosenthal(1987)	Paradoxical treatment	10	.42
Smith, Glass, & Miller(1980)	Mixed	475	.85
Svartberg & Stiles(1991)	Short-term dynamic therapy	7	55%[c]
	No treatment	7	45%[c]
Wampler(1982)	Marital communication	20	.43
Weisz, Weiss, Alicke, & Klotz(1987)	Mixed adolescent	108	.79

[a]Number of mental health centers.
[b]Pretest/posttest measurement.
[c]Percent improved.
[d]Control included alternative treatment and nontreatement.
[e]Number of comparison groups.
출처 : Lambert & Bergin(1994)

였다. 이런 변화된 질문은 다음 절의 내용과 관련이 있다.

(2) 절대적 효과성 분석과 상대적 효과성 분석

Wampold(출판중)는 메타분석을 이용해서 상담과 심리치료의 효과성을 분석한 연구들을 크게 두 가지로 나누었다. 이런 구분은 주로 연구의 설계에 의해서 이루어진다. 첫번째 것은 이른바 '절대적 효과성' (absolute efficacy)으로서 가장 고전적인 절대적 효과성 질문은 '심리치료와 상담은 효과가 있는가? 그 효과의 크기는 얼마인가?' 라는 것이다. 물론 이보다 더 구체화된 질문(내담자군별, 처치방법별)도 있다. 예를 들면 '우울증에 대해서 인지행동치료는 효과가 있는가?' 와 같은 질문이다.

절대적 효과성을 검토하는 메타분석은 다음과 같은 설계를 적용한 연구들을 자료로 채택한다. 즉, (1) 집단간 실험설계를 채택한 연구들로서, (2) 처치집단과 무처치 집단 간의 차이를 검토하는 연구들이다. 따라서 절대적 효과성이란 처치를 받지 않은 내담자와 비교했을 때 처치를 받은 내담자들은 효과를 보았는지, 얼마나 효과가 있었는지에 대한 개념이다. 이런 연구에서는 어느 한가지 처치방법의 효과를 검토하려는 것이다. 연구에 참여하는 내담자들은 모의상담 내담자가 아니라 정말로 상담과 치료를 받을 만한 사유가 되는 내담자이어야 하며, 그 내담자의 호소문제나 진단명이 분명하게 제시되는 것이 바람직하다.

절대적 효과성, 즉 '상담과 심리치료는 효과가 있는가?' 라는 질문에 대한 대답을 최근까지 수행된 많은 메타분석 결과에 기초해서 내리면, 상담과 심리치료는 분명히 상당한 정도의 효과가 있다. 이 절대적 효과성에 대한 결론을 내리는 데에는 연구자들이 별로 어려워하지 않는다. 그러나 다음에 논의하는 두번째 질문은 간단하지가 않다.

둘째는 '상대적 효과성' (relative efficacy)에 대한 질문이다. 상대적 효과성에 관한 고전적 연구질문은 처치효과의 요인을 크게 두 가지로 나눈(특수요소와 공통요인) 것과 관계가 있다. 이 치료의 특수요소(specific ingredients)와 공통요인(common factors)에 대한 질문이란 무엇인가?

그 동안 상담과 심리치료 분야에는 여러 가지 다른 이론을 바탕으로 한 다양한 처치법들이 출현하여 적용되어 왔으며 이론가나 처치법의 창시자들은 그 각각의 처치법이 서로 다른 독특한 치료적 요소들을 가지고 있다고 주장해 왔다. 그러나 다른 일단의 학자들에 의하면, 치료효과의 크기는 치료법간에 큰 차이가 없을 뿐만 아니라, 치료효과는 특수요소보다는 주로 공통요인에 의해서 발생한다는 주장이 제기되어 왔다. 즉 상담치료의 효과에 대한 특수요소설과 공통요인설 간의 논쟁이 바로 이 '상대적 효과성'에 대한 가장 고전적인 질문이다.

상대적 효과성을 검토하는 연구들이 채택하는 전형적인 연구설계에는 크게 두 가지가 있다. 첫째는 치료법간의 효과 크기를 비교하려는 목적으로 설계된 연구이다. 이를 연구법 용어로는 '비교설계'(comparative design)이라고 부른다. 이 비교설계에서 연구자는 내담자들을 두 가지 이상의 다른 처치법에 무선적으로 배정(할당)한다. 예컨대, 처치법 A와 처치법 B 간에 어떤 처치법이 더 효과가 있는지를 검토하려는 것이 연구목적이라고 하자. 자료분석 결과 만약 처치법 A가 처치법 B보다 월등히 높은 치료효과를 보였다면 두 처치법간에는 다른 치료적 요소가 있다라는 가설이 유력해진다(특수요소설 지지). 그러나 두 처치법간의 치료효과 크기에 차이가 없었다면(그러면서 둘 다 무처치보다는 효과가 높았다면) 이 결과는 특수요소설을 약화시킨다. 그러나 그렇다고 해서 이 결과가 공통요인설을 입증해 주는 것은 아니다. (비교설계에 의한 성과연구의 결과해석은 여기에 기술한 것처럼 간단하지는 않다. 더 구체적인 논의를 참고하고자 하면 Wampold의 논문〈2000년 출판예정인 Handbook of counseling psychology 제3판〉을 보기 바란다.)

두번째는 메타분석의 방법으로 상대적 효과성을 검토하는 방법이다. 비교설계를 적용한 어느 한 성과연구에서 처치법 A가 처치법 B보다 효과면에서 우월하다는 결과가 나왔다고 할 때 그 결론이 우연히(by chance) 나올 확률을 이른바 1종 오류(Type I Error)라고 부른다. 즉, 사실은 두 처치법간의 효과 차이가 없는데 그 연구에서 차이가 나타날 확률이다. 그렇기 때문에 수많은 연구들을 종합해서 분석하는 메타분석이 의의를 갖는 것이다. 메타분석에서는 우연에 의한 결과보다는 더 일반적인 결과가 드러나게 되어 있기 때문이다.

메타분석에서 심리치료상담의 상대적 효과성을 검토할 때는 (1) 비교하려는 처치법(2가지 혹은 그 이상: 예, 인지행동요법 대 대인치료)을 독립변인으로 연구한 결과들을 수집하며, (2) 각 처치법의 효과 크기를 통제집단과 비교해서 계산하며, (3) 각 처치법에서 수집된 효과 크기들의 평균을 계산하고, (4) 그 평균의 차이를 통계적으로 비교하는 것이다. 그러나 이 정도의 메타분석에도 문제점이 없는 것은 아니다. 특히, 각 처치법간에 치료기간, 치료자의 전문성이나 치료법에 대한 신뢰감, 치료효과, 즉 종속변인의 측정 등이 치료법간에 일정하지 않기 때문에 메타분석의 결과를 해석함에 있어서 오류를 범할 가능성이 생기는 것이다. 그래서 비교설계에서는 두 가지의 처치방법을 직접 비교하는(각각 통제집단과 비교하지 않고) 전략을 더 추천하고 있다.

요약컨대, 초기의 메타분석은 그 목적이 단순하게 상담과 심리치료의 효과 여부 및 효과의 크기를 알고자 하는 수준이었다. 그러나 여기서 논의한 것처럼 메타분석이 여러 다양한 내담자 진단별로, 처치방법별로 이루어지고 있으며, 뿐만 아니라 처치방법간의 효과 우열을 구명하려는 목적으로 이루어지는 메타분석도 있다. 이처럼 메타분석의 발전은 상담 및 심리치료 분야에서 오랜 동안 미해결된 질문들을 구명하는 데 공헌하리라 기대된다.

상담과 심리치료 효과의 특수요소설과 공통요인설

상담과 심리치료의 방법과 절차는 대표적인 것만 고려해도 수십 가지가 된다. 이렇게 다양한 치료방법들이 치료효과를 내는 원인은 그 각각의 치료방법들이 각각 다른 치료적 요소를 가지고 있기 때문인가? 이 질문에 '그렇다' 라는 대답을 하는 것이 특수요소설이며, '아니다' 라는 대답을 하는 쪽이 공통요인설이다.

만약 특수요소설이 맞는다면, 성과연구의 결과들은 치료방법에 따라서 차이가 나올 것이라고 기대하는 것이 정상이다. (물론 모든 치료법들의 특수요소들이 각각 작용해서 똑같은 정도의 효과를 낼 수도 있으나 이는 논리적으로는 가능해도 실제적으로 그렇게 나올 가능성은 높지 않을 것이다.) 만약 공통요인설이 옳다면, 여러 성과연구의 결과들은 치료방법에 관계 없이 거의 비슷한 수준의 효과 크기를 보일 것이다. 종류가 다른 치료방법이라 하더라도 각각의 치료방법에 공통적으로 들어 있는 치료적 요인이 작용했다고 가정하기 때문이다.

이 공통요인설과 관련해서 심리치료 연구분야에는 재미있는 용어가 있다. 그것은 이른바 'Dodo bird effect' 라는 것인데 이 도도버드는 유명한 디즈니동화

Alice' s adventures in wonderland, 즉 이상한 나라의 앨리스라는 동화에 나오는 새의 이름이다. 그 동화에 "마침내 도도가 말했다, '각자가 모두 이겼어요, 모두가 상을 받아야 해요'"라는 구절이 나오기 때문에 이런 비유적인 용어가 생긴 것이다. 즉, 모든 심리치료 방법이 일정한 수준의 효과를 내고 있기 때문에 모든 심리치료 방법에는 '상받을 만한' 공통적인 요소가 있다라는 가설을 표현한 것이다.

특수요소설과 공통요인설에 대한 현재까지의 잠정적인 결론: Wampold(출판중)는 이 상반되는 두 학설에 대한 검토를 위해 여러 개의 메타분석 결과를 리뷰하였다. 이 메타분석 논문들은 Smith와 Glass(1977), Shapiro와 Shapiro(1982), Berman, Miller와 Massman(1985), Robinson, Berman과 Neimeyer(1990), 그리고 Wampold, Mondin, Moody, Stich, Benson과 Ahn(1977)의 것들이다. 이들을 검토한 후 Wampold는 여러 치료적 심리상담 처치법들은 그 이론적 가정이나 처치절차의 차이에도 불구하고 효과면에서는 비슷한 정도의 크기로 효과가 있다고 결론을 내렸다. 즉, Dodo bird effect를 지지하는 방향으로 결론을 내렸다.

(3) 효과성 연구로부터 효과 연구로의 전환

이미 앞에서 효과성(efficacy)과 효과(effectiveness)의 개념적 차이에 대해서 설명한 바 있다. 그 개념을 다시 한번 복습해 보자. (1) 효과성은 일종의 임상실험연구의 결과를 지칭하며 연구자는 완전히 독립변인을 통제해야 한다. 따라서 상담과 심리치료는 완전히 매뉴얼화된 절차를 따라야 하고 상담자 나름의 판단에 의해 치료절차를 변경해서는 안 된다. 그리고 연구대상 내담자들을 무선적으로 각 집단에 배정해야 한다. 이 두가지 점이 임상 실제와 크게 다른 점이다. 임상 실제에서는 상담자가 치료절차나 방법을 다소 변경할 수도 있고, 내담자를 무선적으로 치료에 배정하는 것이 아니라 임상적 판단에 의거해서 배정을 한다. 그러나 효과성 연구에서 그런 연구절차를 취하는 이유는 연구결과의 내적 타당도를 확보하기 위해서이다. (2) 효과의 개념은 임상 실제에 관한 것이다. 어떤 상담치료법이 임상실험에서 효과성이 있다고 해서 그것이 임상 실제에서도 효과가 있다는 것을 보장하지는 못한다. 그런데 임상 실제에서는 상담절차가 임상가마다 차이가 있기 때문에 독립변인이 일정하지가 않고, 내담자에게 맞는 치료법을 선택할 때 무작위가 아니라 임상적 판단이 개입된다. 즉, 임상 실제에서의 심리치료 상담효과는 별도로 연구되어야 하며, 궁극적으로는 바로 이 임상 실제에서 그 효과가 검증되어야 한다.

Seligman(1995)은 유명한 Consumer Report에서 수행한 조사를 기초로 보고서를 작성한 바 있다. 이 조사에서 약 18만 명 정도의 Consumer Report 독자들에게 질문을 던지고 (스트레스나 정서적 문제를 경험했는지, 그런 문제를 친구, 친척, 성직자, 심리학자나 정신과 의사 등 정신건강 전문가, 가정의(家庭醫), 혹은 지지집단(support group)에게 도움을 청했는지, 그 결과는 어떤지) 대답을 요청하였다. 약 7,000명 정도가 답변을 하였는데 그 중 약 2,900명은 정신건강 전문가에게 도움을 청한 사람들이었다. 대체적으로, 이 조사의 결론은 상담과 심리치료가 효과가 있다는 것이었다(예: 심리치료를 시작했을 때의 상태를 very poor라고 평가했던 426명 중에서 87%는 이 조사 당시의 상태가 very good, good, 혹은 so-so라고 답변했다. 심리치료 시작 당시의 상태를 fairly poor라고 평가했던 786명 중 92%는 조사연구 당시의 상태를 very good, good, 혹은 so-so라고 답변했다.) 이런 결과는 효과성에 관한 메타분석 결과와 일맥상통하는 결과이다.

물론 이런 조사연구는 내적 타당도 면에서 문제가 많다. 그러나 임상 실제에 관한 연구에서는 어쩔 수 없이 감수해야 하는 문제이다. 단, Gelso(1979)가 지적했듯이(bubble hypothesis) 현장연구는 내적 타당도를 희생하더라도 그 대신에 외적 타당도를 확보해야 하는 것이다.

지금까지의 연구결과들을 볼 때 실험상황에서의 상담과 심리치료는 분명히 효과가 있다. 그러나 상담과 심리치료가 실제의 임상상황에서도 효과가 있다는 증거는 아직 충분하지 못하다. 실제 임상에서 이루어진 사례들을 자료로 구성된 연구결과들이 아직은 미국에서도 충분히 누적되지 않았다. 연구의 방향은 상담과 심리치료가 임상 실제 상황에서도 효과가 있는지, 그 효과의 크기는 어느 정도인지를 구명하는 쪽으로 나아가고 있다. 그런 연구의 예로서 Shadish 등(1997)의 연구인데 이것은 약 1000개의 실험연구 중에서 임상 실제와 유사성이 아주 높은 15개의 연구를 선발해서 다시 메타분석을 해 본 연구이다. 이 연구의 결과 임상 실제에서의 치료효과가 실험상황에서의 치료효과보다 결코 못하지 않다라는 것이다. 그러나 임상 실제에서의 효과분석은 아직 초보단계이므로 앞으로 더 많은 연구가 수행되어야 한다.

그런데 지금까지 논의한 연구문제와 연구결과들은 거의 모두가 미국 혹은 부분적으로는 유럽에서 수행된 연구를 바탕으로 한 것이다. 독자들은 그것이 우리 나라의 연구라고 오해하지 말기를 바란다. 상담과 심리치료에 관한 미국의 임상실험 결과와 우리 나라의 임상실험 결과가 일치할지 여부는 아직 모른다. 임상 실제에 관한 연구결과는 더욱더 장담할 수 없다. 필자는 우리 나라에서는 아직 상담 및 심리치료의 효과성을 분석한 메타연구가 한 편도 출판되지 않은 것으로 알고 있다. 그 이유는 메타분석을 할 수 있을 만큼 심리치료상담의 성과연구가 수행되지 않았기 때문이다. 그런데 상담과 심리치료의 효과(성)에 대한 연구는 우선적으로 필요하다. 따라서 우리는 상담분야의 다른 어떤 주제보다도 상담성과연구를 수행해야 한다.

제3부

상담성과에 영향을 미치는 요인

제2부에서는 주로 '상담과 심리치료가 효과가 있는지'에 관한 연구에 대해서 논했다. 상담분야에 종사하는 사람들은 상담이 효과가 있는 좋은 방법이라는 것을 거의 당연하게 생각할 수도 있으나 상담을 이용하려는 '고객'들과 상담관련 정책수립가들은 '과연 상담의 효과는 과학적으로 입증되었는가?'라는 질문을 하곤한다.

그들이 그런 질문을 하는 것은 당연하다. 우리 상담종사자들은 그들의 그 질문에 대해서 성실하게 답변할 의무가 있다. 그런데 다행히도 미국의 학자들에 의해서 상담과 심리치료가 상당한 크기의 효과가 있다는 것이 과학적으로 입증된 단계에 와 있다. 그러나 앞 장에서 언급했듯이 그것은 미국에서 수행된 연구의 결과들일 뿐 우리 나라에서도 똑같은 결과가 나오리라는 보장은 없다. 우리 나라에서는 우리 나라의 사례들을 가지고 우리 나라의 연구결과를 내놓아야 한다.

이런 숙제를 남긴 채 제3부에서는 상담성과는 왜 발생하는가, 즉 상담성과에 영향을 미치는 요인들에 대해서 고찰하게 된다. 우선 내담자 변인과 상담성과의 관계에 대한 연구들을 개관한 후, 상담자 변인과 상담성과와의 관계로 넘어갈 것이다. 그 다음에는 상담과정과 상담성과 간의 관계, 즉 과정-성과 연구에 대해서 고찰한다. 그리고 끝으로 아동·청소년상담 분야에서는 상담성과 연구결과가 어떻게 나오고 있는지, 상담의 시간(길이)과 성과와의 관계, 단회상담의 성과연구 등에 대해서 고찰한다.

상담성과에 영향을 미치는 요인들을 발견한다는 것은 우리 상담전문가들이 상담성과를 더 증가시킬 수 있는 가능성을 더 높여주며, 상담성과를 해치는 요인들을 사전에 예방할 수 있는 지식을 제공하는 것이다. 상담성과는 우연에 의해 발생하는 것이 아니라 분명히 체계적인 원인들이 있을 것이기 때문이다.

제7장 내담자 및 상담자 변인에 관한 연구

심리치료가들은 오래 전부터 어떤 내담자가 심리치료의 적합한 후보자인지, 즉 심리치료로 효과를 볼 가능성이 많은 내담자의 특성이 무엇인지에 관해서 논의를 해 왔다. 뿐만 아니라 유능한 심리치료가로서 혹은 상담가로서 필요한 속성과 자질은 무엇인지에 관한 논의도 역시 심리치료나 상담서적에는 빠지지 않고 등장하는 주제이다. 상담과 심리치료에 입문하는 사람들은 자기가 그 일에 재능과 적성이 있는 사람인지 아닌지를 알고 싶어한다. 이 장에서 다루는 내용은 바로 이런 논의와 관심에서 출발한다.

1. 누가 심리치료를 받는가?

1) 내담자 선택

이 주제와 관련해서는 주로 내담자의 교육수준, 직업, 연령, 인종, 진단명 등의 변인이 다루어졌다. 서구 사회의 정신의학계에서 심리치료가 하나의 치료방법으로 정착되면서 어떤 환자에게 심리치료를 처방하는 것이 효과적인지에 대한 관심이 발생하는 것은 당연한 일이었다. 특히 20세기 초반이나 중반의 경우 심리치료는 주로 정신역동적 이론에 근거한 치료방법들이 주류를 이루었고 이 이외의 심리치료 방법은 아직 제대로 개발되지 않은 상태였기 때문에 정신역동적 치료방법에 잘 맞지 않는 환자에게 심리치료를 시도한다는 것은 어리석은 일임이 분명하게 보였기 때문이다.

교육수준이 고졸 이하거나 저소득 직업을 가진 사람들은 개인심리치료보다는 입원치료가 더 자주 처방되었다. 반대로 학력이 높거나 직업수준이 높은 사람들은 개인심리치료를 받는 경향이 있었다. 장기적인 정신분석을 받는 사람들은 주로 교육수준이 높고 소득이 많은 백인 또는 그들의 배우자였다. 분석가나 심리치료자들이 선호하는 내담자는 지적이며, 교육수준이 높고, 언어표현력이 좋고, 치료동기가 높은 사람이었다(Weiss & Sampson, 1986). 그러나 최근 미국의 경향을 보면, 심리치료소에 대한 정부의 지원이 감소하고 보험회사의 정책이 바뀌어(장기심리치료에 대한 보험료 지불을 꺼리고 있음) 과거처럼 치료자의 방법에 맞는 내담자를 선택하는 경향이 감소하고 그 대신 다양한 치료방법들 중에서 내담자에게 맞는 방법을 취사선택하여 제공하고자 하는 경향으로 바뀌어 가고 있다.

2) 내담자 특성 연구

환자의 특성을 연구하는 것은 전통적으로 모든 의학분야에서 깊이 탐구해 오던 바이다. 예컨대 어떤 신체적 조건이나 유전적 소인을 가진 사람이 그 문제를 일으킬 가능성이 높다는 것을 알아낸다는 것은 그 문제의 원인론(etiology)뿐만 아니라 예방과 치료에 공헌을 할 수 있기 때문이다. 의학의 전통과 깊이 관련이 있는 심리치료 역시 내담자의 특성을 연구해 왔다. 예방이나 교육의 기능을 주로 하고 있는 상담에서도 역시 내담자나 잠재내담자(potential clients)의 특성에 대한 연구에 주목하고 있다.

(1) "문제아"와 "정상자" 간의 차이

모든 사람은 일생을 통해서 우울할 만한 상황, 불안할 만한 상황, 부부불화를 겪을 만한 상황에 부딪힌다. 그러나 어떤 사람은 이에 대해서 민감하게 반응하여 크게 우울하고, 크게 불안하며, 크게 부부불화를 겪지만 어떤 사람은 그런 문제를 심하게 겪지 않는다. 무엇이 그런 차이를 만드는가?

심리학자나 정신장애이론가들은 지금까지 그런 차이의 근원으로서 몇 가지 가설들을 내놓았다. 개인의 성격, 기질, 사고와 인지의 특징 등 개인 내적인 요소에서 원인을 찾기도 했고, 그 개인이 부딪힌 상황이나 환경 등 외적인 요소에서 원인을 찾기도 했다. 그리고 개인의 행동과 환경 간의 상호작용에서 원인을 찾기도 했다.

어떤 이론에 근거하여 어떤 가설을 연구하든 간에 문제를 가진 자와 문제를 가지지 않은 자("정상자") 간에 어떤 차이가 있는지를 탐색하는 것은 이 분야의 가장 흔한 연구전략이다. 만약에 우울환자와 정상자 간에 인지치료가들이 주장해 온 바와 같이 절대적 사고방식이나 사고의 오류에 있어 큰 차이가 발견된다면 우울에 대한 인지론적 가설은 실증적 지지를 받게 되는 것이다. 마찬가지로 불화부부와 화목한 부부 간에 사회학습이론가들이 주장해 온 바와 같이 부부간의 대화나 상호 행동에서 상대방과 고통을 야기하는(coersive) 피드백을 교환하는 패턴상에 큰 차이가 발견된다면 이는 부부불화에 대한 사회학습이론을 지지하는 것이 된다.

두뇌에 관한 신경학과 생리학 그리고 유전학 등의 발전은 인간의 심리나 행동문제의 원인으로서 신경생리적인 유전 정보적인 요소들을 발견하기 시작했다. 이것은 인간 행동문제에 대한 순수하게 심리학적인 원인론의 한계를 뛰어넘게 할 수 있는 중대한 변화이다. 학자들은 앞으로 그런 신체적인 요인과 심리사회적인 요인들 간에 상호작용하는 여러 법칙들을 발견해 낼 것이며 그런 발견은 심리행동 문제에 대한 원인론을 크게 발전시킬 것이다.

불화부부와 "정상"부부 간의 차이에 대한 한 연구

불화를 심하게 겪는 부부와 이른바 "정상적"인 관계를 유지하는 부부간에는 어떤 차이가 있을까? 그들간에는 대화하는 방식에 차이가 있는가, 서로에 대한 마음자세에 차이가 있는가, 상호작용하는 방식과 패턴에 차이가 있는가, 혹은 서로의 관계 구조상의 차이가 있는가?

Margolin과 Wampold(1981)는 불화부부와 정상부부 간의 차이를 탐구하되 주로 부부간의 대화방식과 상호작용 패턴에서 그 차이를 구명해 보는 연구를 수행한 바 있다. 각 부부들은 실험상황에서 주어진 주제(부부간에 갈등의 소지가 쉽게 드러나는 주제들임)를 가지고 부부간 토론을 하게 되고, 그 장면을 비디오로 촬영해서, 이를 축어록으로 옮긴 후 분석을 가했다. 분석방법은 대화 내용에 대한 코딩(부호화), 빈도분석 그리고 연계분석(sequential analysis) 등이다. 이 연구의 가장 중요한 발견은 다음과 같다.

불화부부이든 정상부부이든 아직 갈등이 드러나지 않은 상태에서는 서로 긍정적인 상호작용을 지속한다. 즉, 무갈등 상태에서는 불화부부와 정상부부 간의 상호작용 패턴에 별 차이가 없다. 그러나 그들간의 차이는 갈등이 드러났을 때 확실하게 발견된다. 갈등상황에서 불화부부는 반복해서 부정적 상호작용을 지속하며, 그 부정적인 정도는 상승한다. 반면에 정상부부는(불화부부와 마찬가지로 갈등의 소지가 있는 주제에서는 갈등을 드러내지만) 부정적 상호작용을 다시 중립적 혹은 긍정적 상호작용으로 반전시키는 경향을 드러낸다.

이 발견은 부부상담에 중요한 시사점을 제공한다. 첫째, 부부상담가가 불화부부를 면접할 때 진단해 보아야 할 부분을 시사한다. 부부간 갈등이 드러났을 때 부정적 패턴이 상승하는지, 부정적 패턴을 중립적/긍정적 패턴으로 복귀시키는 능력이 있는지를 진단해 볼 필요가 있는 것이다. 둘째, 불화부부에게 불화의 스트레스 원인을 정확하게 교육시킬 수 있으며, 셋째, 불화를 경감시키기 위해서 교정해야 하는 부분이 무엇인지 분명하게 제시해 줄 수 있다. 이와 같이 내담자의 문제를 연구하는 것은 곧바로 상담전략연구에 시사점을 제공하는 경우가 많다.

(2) 잠재내담자의 특성 기술

상담심리학자와 카운슬러들은 내담자, 즉 지금 문제를 호소하거나 문제가 이미 발견된 사람에게만 관심을 국한시키지 않는다. 예방, 성장과 발달 등은 상담심리학의 중요한 연구주제인 동시에 카운슬러들의 중요한 활동영역이기 때문이다. 따라서 상담심리학자들은 문제가 발견되지 않은 이른바 정상인에 관한 연구를 실시한다.

진로의식의 발달(성숙)은 진로상담 분야에서 비교적 활발하게 탐구되어 온 주제이다. 예를 들면 Crites의 『Career Maturity Inventory』(CMI)의 한국어판을 사용하여 중학생, 고등학생, 대학생의 진로성숙도 변화 추이를 검토하는 연구가 있다(예: 이기학, 한종철, 1997). 이런 연구는 전형적인 기술적(descriptive) 조사연구인데, 진로의식의 발달연구뿐만 아니라 한국어판 CMI의 타당도 연구도 겸하고 있다.

최근 우리 나라의 진로상담 분야에서는 '진로 준비' 혹은 '진로 탐색 및 직업 준비'라는 개념이 탐구되고 있다(김봉환, 1997; 김봉환, 김계현, 1997; 서진숙, 1998; 이제경, 1997; Kim & Kim, 1996)). 이런 연구는 특히 우리 나라 대학생들이 자신의 전공학과와는 별도로 자격증 취득, 외국어 능력, 컴퓨터 능력, 공무원 시험, 사법시험 등 취직에 직접적으로 도움이 되는 준비를 별도로 해야 한다는 사회제도적 특성에 기인한 것이다. 우리 나라 대학생들은 진로에 대한 의사결정을 하더라도 별도의 취업시험을 거쳐야 하는 경우가 많기 때문에 이 취업 준비(행동적 영역)는 의사결정(인지적 영역) 이상으로 중요한 요소이다. 미국 진로상담학에서는 의사결정을 가장 중요한 절차로 보고 있지만 우리 나라에서는 이 직업 준비 행동을 더 중요한 절차로 보아야 한다는 주장이 설득력을 얻고 있다.

이 직업 준비는 진로 의사결정과 관련해서 네 가지 타입으로 나뉠 수 있다. 즉, (1) 진로 의사결정은 했지만 직업 준비를 행동화하는 데는 부진한 대학생, (2) 진로 의사결정은 하지 못했지만 영어 및 컴퓨터 등 직업 준비를 행동적으로는 하고 있는 대학생, (3) 의사결정도 하지 못했고 준비도 하지 않는 대학생, (4) 의사결정을 했고 준비도 활발히 하고 있는 대학생이 바로 그 네 가지 타입이다. 이 네 가지 타입이 대학생의 학년별, 남녀별, 전공별로 어떻게 다르고 같은지 조사하는 연구는 우리 나라 대학생들의 전형적인 진로의식과 행동의 현황을 이해하기 위한 기술적 연구인 것이다(김봉환, 김계현, 1997).

최근 학교에서 문제가 되고 있는 집단따돌림("왕따")에 관한 연구도 이런 류의 연구에 속한다. 즉, 어떤 학생이 왕따의 대상이 되는지, 왕따에 적극적인 학생은 어떤 학생이며 소극적으로 참여하는 학생은 왜 그렇게 되는지 등에 대한 이해를 도모하는 연구들이 바로 그것이다. 다시 말해서 그들이 현재 상담의 대상은 아니지만 왕따를 당하는 학생과 왕따를 하는 학생 모두 개인적으로

나 집단적으로나 사회적으로 중대한 장애를 겪을 가능성이 많기 때문에 그런 연구는 예방이라는 차원에서 의미를 가지는 연구이다.

(3) 내담자 분류

우리는 상담소마다 내담자의 문제를 분류하여 통계를 발표하는 것을 수 없이 본다. 그런데 상담분야에서는 이 문제 분류가 상담소마다 조금씩 달라서 여러 통계표를 통합하는 데 있어서 큰 곤란을 겪을 수밖에 없다. 예를 들면, 대학의 학생생활연구소 통계들간에 내담자 분류목이 다르면 전국 대학생의 상담문제 통계를 낼 수가 없다. 청소년상담소간의 차이, 아동상담소간의 차이도 같은 문제를 야기한다.

〈표 7-1〉 두 상담소에서 사용하는 문제 분류의 차이(예시)

	상담문제의 분류		
A대학	1. 진로문제	2. 학업문제	3. 교우관계
	4. 이성문제	5. 성격문제	6. 정신건강 문제
	7. 행동 · 습관 문제	8. 기타	
B대학	1. 적응문제	2. 학업 및 진로문제	3. 대인관계 문제
	4. 가정문제	5. 성격 및 정서문제	6. 경제적 문제

내담자 문제를 분류하고 통계를 내는 일은 매우 중요한 연구주제이다. 분류체계가 있으므로 해서 전국적인 통계가 가능하고 그러면 어떤 문제가 얼마나 발생하고 있으며, 매년 발생 추이는 어떠하며, 남녀간의 차이나 지역간의 차이 등이 있는지를 알 수 있고, 나아가서는 그 문제의 원인에 대한 좀더 정확가 한 연구가 가능해진다. 효과적인 분류체계를 개발하기 위해서는 우선 정확한 분류목의 개발, 분류기준의 설정(분류목 갑을 특징짓는 결정적 특성의 발견), 다른 분류목들 간의 차별기준(분류목 갑과 분류목 을 간을 구별하는 결정적 특성의 발견) 등을 발견하는 일이 중요하다. 상담실무가들은 이 분류체계에 의거해서 진단을 내리거나 통계를 내게 되는데 그러다 보면 이 분류체계의 좋은 점과 불편한 점 등이 드러나게 되고 분류체계는 수정된다. 이런 수정과정을 거치다 보면 매우 안정적인 분류체계가 탄생하고 실무자나 연구자 모두에게 유용한

체계가 나오게 되는 것이다.

독자들 중에는 우리 나라의 청소년상담기관에서 '청소년 문제분류체계'를 연구, 발표하고 있다는 것을 알고 있을 것이다(청소년대화의 광장, 1994, 1995, 1996, 1997). 연구자들의 열성에도 불구하고 그 분류체계가 일선 상담실무자들에게 외면을 받는 결정적인 이유는 초보적인 분류체계로서는 너무 세분화된 분류목들을 설정했다는 것으로 사료된다. 그래서 예컨대 분류목 갑과 분류목 을을 구분하는 차별기준이 불분명하고 애매하다는 문제가 발생하고 실무자들은 이 분류목을 활용할 동기를 상실한다. 원칙적으로는 이런 사용상의 문제를 실무자들이 연구자들에게 알려주어서 다음 분류체계에서 그 문제가 해소되는 것이 정도(正道)이지만 그런 문제가 한 분류체계 내에서 너무 많이 있기 때문에 실무자들은 그 분류체계 자체를 외면해 버리는 것이 아닌가 생각된다. 이 문제점을 해소하기 위해서는 초보적인 수준에 맞도록 분류목을 단순화시키고, 분류목에 대한 정확한 정의, 분류목간의 차별기준 설정 등 필수적인 연구과정을 밟아나가야 할 것이다. 미국 정신의학계의 정신장애 진단분류통계 요람(일명 DSM)과 같은 분류체계가 상담계에서 나오려면 수십 년의 노력이 필요하다는 것을 우리는 받아들여야 한다. 그것은 결코 몇 년만에 나올 수 있는 단순한 작업이 아니다.

2. 상담성과를 예언하는 내담자 변인

바로 앞에서 논의한 바와 같이, 조기종결 혹은 내담자에 의한 일방적 종결이 곧 상담의 실패를 의미하지는 않는다. 따라서 상담연구에서는 상담의 소산(所産), 즉 성과를 종속변인으로 활용하는 것이 바람직하다. 물론 여기에는 '무엇을 상담의 성과(outcome)로 규정할 것인가? 그것을 언제, 어떻게 측정할 것인가? 측정의 타당도와 신뢰도는 어떠한가?' 라는 방법론적 쟁점들이 도사리고 있지만 이런 난관에도 불구하고 미국의 상담심리학자들은 각종 내담자 변인을 상담성과에 연관지은 연구들을 수행해 왔다. 역시 Garfield(1994)가 개관한 논문을 중심으로 상담성과를 예언하는 데 활용된 내담자 변인들로는 무엇이 있는지, 그리고 그 대체적인 연구결과들은 어떠한지 살펴보고자 한다.(앞으로 우리 나라의 연구들을 토대로 한 개관논문이 나올 수 있기를 고대한다.)

1) 내담자의 인구학적 변인과 상담성과 간의 관계

(1) 사회경제적 지위변인과 상담성과

내담자의 사회적 지위, 직업적 지위, 수입 정도, 교육수준 등은 상담성과와는 별 관계가 없는 것으로 보인다. 내담자의 사회, 경제, 교육적 지위변인들이 내담자 선발, 상담 출석 정도 등과 연관이 있다는 연구결과는 앞에서 언급한 바 있다. 그러나 그런 지위변인들이 상담성과와는 무관하다는 것이 일반적인 연구결과이다. 즉, 사회경제적 지위가 낮은 사람도 상담을 '열심히' 받으면 소정의 성과를 볼 수 있다는 것이다. 내담자의 직업이나 교육, 소득수준을 가지고 미리부터 그의 상담/심리치료의 효과가 적을 것이라고 예언하는 것은 타당치 못하다.

(2) 내담자 연령과 상담성과

우리는 일반적으로 나이가 든 사람, 즉 노인은 고지식하고 성격이 '굳어져서' 변화시키기가 어렵다고 믿는다. 노인은 젊은이보다 방어적이며 변화를 싫어한다고도 믿는다. 또한 그들은 새로운 것을 시도하거나 배우려들지 않는다고도 믿는다. 만약 이 믿음이 맞는다면 노인들에 대한 상담과 심리치료는 효과가 적을 것이다. 그러나 이건 상식적인 수준의 믿음에 지나지 않는다. 노인에 대한 상담과 심리치료의 효과는 거의 연구된 바가 없다. 과학적 연구에 근거한 자료가 아직 충분치 못하다.

오히려, 연령과 상담성과의 관계를 분석한 자료들은 노인에 대한 상담/심리치료가 효과가 없다는 주장에 근거 없음을 시사하고 있다. Smith, Glass와 Miller(1980)의 유명한 메타분석 보고서에 의하면 내담자의 연령과 상담성과는 상관계수가 .00이었다. 그리고 노인인구의 급증으로 인해 노인에 대한 상담과 심리치료가 자주 시도되는 최근에는 60세 이상의 노인들을 위한 우울증 치료가 상당히 효과가 있다라는 보고들이 나오고 있다.

(3) 내담자의 성과 상담성과

내담자의 성(性)도 상담성과와 연관지어 본 변인이다. 그런데 내담자의 성 그 자체가 상담성과를 변화시키지는 않는 것 같다는 것이 일반적인 결론이다. 단, 내담자의 성과 상담자의 성이 어떤 식으로 매칭되는가에 따른 상담성과의 차이가 주목을 받을 만한 주제로 떠오른다. 특히, 예컨대, 남성으로부터 성적 학대나 공격을 받은 여자 내담자나 남편으로부터 구타당한 내담자에 대한 상담에서 여자 상담자가 남자 상담자보다 더 유리하지 않겠는가라는 가설이 유력하다. 그러나 이런 가설을 실제로 실험설계에 의해 연구하기란 보통 어려운 일이 아니다. 따라서 이런 가설은 아직 가설에 머무를 뿐 과학적으로 검증되지는 못했다.

2) 내담자의 각종 특성과 상담성과 간의 관계

(1) 문제의 심각도와 상담성과

문제의 심각도, 즉 degree of disturbance는 쉽게 정의하기 어려운 개념이다. 문제의 심각도를 가늠하는 준거를 무엇으로 볼 것이냐가 우선 문제가 된다. 특히 문제의 종류가 다르면 그 심각도를 비교하기가 더욱 복잡해진다. 예컨대, 강박신경증 내담자와 우울증 내담자가 있는데 이 두 사람의 문제 심각도를 어떻게 비교할 것인가? 따라서 문제의 심각도를 변인으로 연구할 때에는 문제의 종류를 통일시킬 필요가 있다. 예컨대, 같은 우울증 내담자 중에서 그 심각도를 비교해야 하는 것이다.

우울증 치료에 대한 문헌들에 의하면, 심한 우울증을 겪는 내담자는 상담 및 심리치료에 의해서 효과를 별로 보지 못하는 반면에 경미하거나 중간 정도의 우울증을 겪는 내담자는 상담 및 심리치료에 의해서 충분한 효과를 보는 것같다(이 점에 대해서는 제2부 제5장에서 소개한 '우울증에 대한 협력연구'(Elkin, 1994)에서도 잘 나타나 있다.). 또한 우울증 환자가 성격장애를 겸하고 있을 때에는 상담 및 심리치료의 효과가 격감된다는 것이 일반적인 결과이다.

그런데 이 주제는 면담(interview)에 의한 상담이나 심리치료의 효과연구에서 주로 등장한다. 행동치료나 행동수정연구에서는 별로 나타나지 않는 주제이다. 따라서 '…에 대해서 상담 및 심리치료가 효과가 있는가?' 라는 주제를 논의할 때는 반드시 그 치료법의 종류를 밝힐 필요가 있다.

(2) 자아 강도와 상담성과

자아 강도(ego strength)는 정신분석적인 오리엔테이션이 강한 개념이다. Longman 심리학 용어사전(Goldenson & Glanze, 1986)에 의하면, 자아 강도는 "심리 내적 충동과 외부의 현실 간 균형을 효율적으로 유지시키는 의식능력"이라고 정의되는데, Freud의 용어를 빌리자면 이드(id)와 슈퍼에고(superego) 간의 중재를 하고 외부의 요구에 적절히 대처하는 에고(ego)의 능력이라고 말할 수 있다. 자아 강도가 강한 사람은 스트레스와 좌절에 견디는 힘이 강하고, 만족을 연기할 줄 알며, 개인의 이기적 욕구를 자제할 줄 알고, 내적 갈등과 정서문제가 노이로제로 발전하는 것을 예방할 수 있다.

자아 강도는 치료자에 의해서 임상적으로 평가되기도 하며, MMPI나 로샤 투사법 검사에 의해서 측정하기도 한다. 심리치료의 효과는 내담자의 자아 강도가 강할수록 좋다라는 가설이 있는데 연구결과는 이 가설을 지지하는 것들도 있고, 부정하는 것들도 있다. 이 자아 강도라는 개념은 최근에는 자주 연구되지 않았으나, 신희천(1995)은 상담 상호작용 패턴과 상-내 동맹관계간의 관계를 분석할 때 내담자의 자아 강도를 매개변인으로 분석한 바 있다. 자아 강도 개념의 복잡성, 모호성, 그리고 측정의 어려움 때문으로 풀이된다.

(3) 내담자의 매력도와 상담성과

상담자에게 비친 내담자의 매력도가 상담성과에 영향을 미칠 것이라는 가설을 세울 수 있다.(영어로는 이를 client attractiveness 혹은 client likability라고 부른다.) 임상적으로 볼 때 성공적인 상담 사례에 대해서는 상담자가 내담자를 좋아하는 것 같으며 실패 사례에 대해서는 그렇지 않은 것 같기 때문이다. 연구의 결과도 상담자가 내담자에게 호감을 느끼는 경우 그렇지 못한 경우보다 상담효과가 좋다는 쪽으로 나오고 있다. 그런데 이 경우에도 심각한 방법론적인 문제가 있다. 그 문제는 역시 측정방법상의 문제이다. 내담자의 '매력'을 측정한 방법은 주로 상담자에게 질문을 던지는 자기보고식 방법인데, 상담성과를 측정하는 방법도 역시 상담자에게 질문을 던지는 방법을 쓰는 경우에 방법론적인 결함이 생기는 것이다.

(4) 내담자의 내외통제성과 상담성과

내담자에게도 여러 유형이 있듯이 상담에도 여러 유형과 접근법이 있다. 예컨대, 내담자중심치료법과 정신역동적 치료법 등은 '비지시적'(nondirective) 치료법이라고 부를 수 있는 반면, 인지치료법이나 행동치료법 등은 '지시적'(directive) 치료법이라고 부를 수 있다. 내담자의 '내외(內外)통제성' 즉 Locus of control이 '내적'인 경우와 '외적'인 경우에 이런 치료법의 지시적인(비지시적인) 정도의 차이에 따라서 상담의 효과가 달리 나타날지를 연구하는 것은 흥미로운 주제이다. 연구된 가설은 외부통제가 강한 사람(내담자)은 지시적 치료법이 더 효과적이고, 내부통제가 강한 사람은 비지시적 치료법이 더 효과적일 것이라는 것이며 연구결과들도 가설을 어느 정도 지지해 주고 있다.

이완법에도 좀더 내적 과정이 강한 '인지적 이완법'이 있는가 하면 주로 근육이완을 시도하는 '근육이완법'이 있다. 내부통제적인 내담자는 인지적 이완법에 의해서 효과를 더 얻으며(예: 심장박동 수의 감소, 스트레스 느낌의 감소), 외부통제적인 내담자는 근육이완법에 의해 효과를 더 얻는다고도 한다. 우울증 환자들 중 상담에서 타인이나 외적 상황에 대해서 불평을 많이 하거나 외부에 귀인을 많이 하는 내담자, 즉 Externalizer들은 그렇지 않은 내담자들보다 인지치료법에 의해서 효과를 더 본다고 한다. 또한 저항이 심한 내담자에게는 자기(내담자) 주도적인 치료법이 효과가 있으며, 저항이 별로 없는 내담자는 내담자 주도적인 치료법보다는 인지치료법(치료자 주도적인)이 더 효과가 있다고 한다. 최근의 우리 나라 연구 중에도 상담자 개입의 특성(지시적 정도, 깊이, 부정성 등)이 내담자 저항을 설명한다는 연구결과가 발견되기도 했다(조성호, 이장호, 1997).

여러 종류의 치료법들 중에서 어느 치료법이 다른 치료법보다 일반적으로 더 효과적이다라는 결과는 나와 있지 않다. 그러나 이와 같이 내담자의 성격 유형, 인지 유형 등에 따라서 그에게 더 '잘 맞는' 치료법이 있을 수 있는 것이다. 우리는 이런 상호작용을 더욱 상세히 연구하여 내담자들에게 최선의 치료법을 제공하도록 노력하여야 한다.

3) 상담과정에서 나타나는 내담자의 행동이나 특성

(1) 내담자가 상담과정에 몰입하는 정도

내담자가 상담과정에 몰입하는 것이 효과적인 상담에 필수요소라는 것은 직관적으로 받아들여지는 가설이다. 영어로는 이를 client involvement라고 칭한다. 예를 들면 상담자가 감정 탐색적인 질문을 할 때 내담자가 이에 따라서 깊이 있는 감정 탐색을 시도하는 것이 협조적이면서 몰입적인 상담행위이다. 즉, 내담자가 상담과정에 진지하게 임하고 문제해결을 위한 모든 과정에 자기 자신을 헌신, 즉 몰두하는 것을 뜻한다. 그 반대는 내담자가 상담자의 시도에 비협조적이고(예: 회피), 상담을 피상적으로 흐르게 하는 것이다.

연구에서는 내담자가 상담과정에 '몰두적'일수록 효과적인 상담이 된다고 예언한다. 우리 나라에서 나온 몇 개의 연구들을 보면, 내담자가 상담에 몰두적으로 임하는 정도는 Penman의 '언어반응 유목체계'라든가(김동민, 1993; 조성진, 1993), Benjamin의 '사회행동구조분석' 즉 SASB(Structural Analysis of Social Behavior) 등이 쓰인 바 있다(김지은, 1994; 정문경, 1993). 이 중 조성진의 연구와 정문경의 연구에서는 성공적인 상담 사례들와 실패 사례들을 대비시키는 연구설계('post hoc 분석')를 적용했으며, 김동민은 상담협조 관계(Working Alliance : WAI)가 높은 사례들과 낮은 사례들을 대비시키는 연구설계(역시 'post hoc 분석')를 적용했다. 김지은은 상담자와 내담자가 상호 우호적으로 몰입하는 정도를 상담협조 관계(WAI) 및 상담회기평가(Session Evaluation Questionaire : SEQ)와 상관계수를 내보았다. 이들의 연구결과는 일관성 있게 이론적 예언을 지지한다. 즉 내담자가 상담에 몰입적일수록 상담은 협조가 잘 되거나 결과적으로 효과가 있다는 것이다(김계현, 1995).

(2) 내담자의 기대와 상담성과

상담의 결과에 대해서 내담자가 긍정적인 기대(expectations)를 가질수록 상담의 성과가 좋다라는 가설은 유력한 가설이다. Garfield(1994)의 개관논문에 의하면 공포증 치료에 대해 가지는 내담자의 기대는 증상 호전에 도움이 되었다고 한다.

그런데 이런 류의 연구들 중에는 방법론적으로 중요한 문제를 내포하고 있는 것들이 많다. 내담자의 기대를 측정할 때 질문지에 의한 '자기보고법'(self-report)을 사용하곤 하는데, 상담의 성과를 측정하는 데에도 역시 자기보고법을 사용하는 경우가 바로 그런 문제 있는 경우이다. 이런 경우 상담에 대한 기대와 상담에 대한 성과가 사실은 구분되지 않는 구인(構因)일 가능성이 많다는 것이다. 비록 변인의 명칭은 다르지만 측정방법상의 동일성으로 말미암아 거의 비슷한 구인을 재고 있는 것이나 다름없다는 비판이다. 상담에 대해서 긍정적으로 답변하는 경향이 있는 사람은 그것이 기대에 대한 질문지이든 성과에 대한 질문지이든 관계 없이 모두 긍정적으로 답변하고, 부정적으로 답변하는 사람은 두 질문지에 대해서 모두 부정적으로 답변할 가능성이 높다는 것이다. 그래서 상담성과를 측정할 때 측정방법을 달리하였더니, 예컨대 행동측정법을 사용하였더니 내담자의 기대와 상담성과 간에 유의한 상관이 나오지 않았다는 결과가 있다.

상담에 대한 내담자의 기대를 실험적으로 조작하는 연구방법도 있다. 내담자의 기대를 질문지에 의해 측정하는 것을 '기대의 성격적 측면'(expectancy trait)이라고 한다면, 내담자의 기대를 실험적으로 조작한 것은 '기대의 상황적 상태'(expectancy state)라고 부를 수 있을 것이다. 연구가설은 상담에 대한 내담자의 기대가 긍정적일수록 상담의 효과가 좋을 것이다라는 것인데, 연구결과들은 이 가설을 지지하는 경우도 있고 지지하지 않는 경우도 있다고 한다.

상담에 대한 내담자의 '기대'라는 개념도 그다지 잘 정의된 개념은 아니다. 그것이 '언제' 측정한 기대인가라는 문제가 중요하게 대두된다. 상담을 개시하기 전에 가지고 있던 기대인가, 상담이 시작된 이후에 가지게 된 기대인가? 상담 개시 이전에 측정한 기대, 접수면접 직후에 측정한 기대, 상담 개시 이후에 측정한 기대 등은 모두 다른 속성을 측정한 것이다. 상담 개시 전에 가지고 있던 기대보다는 2~3회기 이후에 측정한 기대가 상담성과와 더 관련이 많을 것이라는 가설이 유력하게 대두되고 있다. 앞으로 과학적 연구가 요망된다.

(3) 내담자와 상담자의 유사성

상담자와 내담자가 가치관, 성격, 인지양식 등에서 유사할 때와 그렇지 않을 때 간에 상담성과의 차이가 날 것인가? 이 주제 내에서 상당히 많이 연구된 변인은 conceptual level(CL)이라는 것이다. CL이란 복잡한 상황이나 복잡한 자극에 대한 인내력과 적응력이 얼마나 강한가 하는 정도를 나타내 주는 개념이다. CL이 높은 사람은 상담에서 여러 복잡한 주제들을 동시에 다룰 수 있으며, 각 주제가 그때 그때 결론에 이르지 못해도 이를 인내하는 경향이 있다. CL이 낮은 사람은 여러 주제가 복잡하게 얽히는 것을 싫어하며 구조화된 상담절차를 선호한다고 한다. 내담자가 낮은 CL일 때 상담자의 CL이 낮은 것이 좋겠는가, 높은 것이 좋겠는가? 반대로 내담자가 높은 CL일 때는 어떻겠는가? 이것이 바로 **상담자-내담자 '매칭' 가설**이다. 이 가설, 즉 상담자와 내담자가 CL에서 서로 매칭되는 것이(유사한 유형으로 묶이는 것) 상담성과에 효과적이다라는 가설이 경험연구에 의해서 대체로 지지되고 있다(Holloway & Wampold, 1986).

현재 우리 나라에서 아주 빈번히 사용되는 MBTI에도 중요한 변인이 있다. 그것은 MBTI 네 개의 성격지표 중 특히 'S-N' 으로 표시되는 지표와 'T-F' 로 표시되는 지표이다. 상담자와 내담자가 S와 N, 즉 서로 반대되는 인지양식을 가질 때 한 사람은 매우 구체적인 주제를 다루고 싶어하며 나머지 사람은 같은 주제라도 이를 좀더 추상적인 방향으로 다루려 할 것이다. 상담자와 내담자가 각각 ST 유형과 NF 유형으로 달리 만났을 때 그들이 사용하는 언어에는 많은 차이가 날 가능성이 있다. ST인 사람은 사실적이며, 논리적, 분석적인 반면에 NF인 사람은 이와는 다른 방식으로 사태를 다루려 할 것이다. 그러나 만약에 내담자와 상담자가 같이 ST이거나 NF라면 상담의 양상은 또 다를 것이다. 이와 같이 가설적인 수준에서 상담자와 내담자의 매칭이 논의되고 있으나 아직 체계적으로 이 주제를 연구한 결과는 별로 나와 있지 않다. 기왕에 우리나라에서 MBTI가 많이 사용되는 만큼 이를 이용한 연구물들이 많이 나왔으면 하는 바람이다.

상담자와 내담자가 '유사' 한 것이 언제나 바람직한가? 그렇지 않은 경우가 있다. 모든 상담이론이 다 동의하는 것은 아니지만, 상담이란 상담자가 내담자를 인도하고 이끌어 가는 것이 바람직한 과정이라는 견해가 지배적이다. 만약에 내담자가 평소에 사용하는 대인관계 패턴을 그대로 사용하도록 상담자가 놔둔다면 이 상담은 효과적인 성과를 내지 못한다는 예언이 유력하다. 따라서 상담자가 내담자보다 지배적인 경향을 가지고 내담자는 상담자보다 수동적인 경향을 띠도록 '보완적'(complementary)으로 만나는 것이 좋은 매칭이라는 것이다. 이 가설은 J. Haley(1963)에 의해서 명쾌하게 논의된 바 있으며, 경험적, 통계적 연구방법으로는 '화제주도', 즉 topic determination(Tracey & Ray, 1984 등)이라든가 '지배성 지수', 즉 dominance index(Gottman, 1979; Tracey, 1985; Wampold, 1984)등이 있다. 이 방법은 상담과정에 대한 장에서 다시 더 상세히 논의될 것이다.

3. 상담자(치료자) 변인과 상담성과

상담자 변인 혹은 치료자 변인(주: 이 장에서 상담자라는 말과 치료자라는 말은 차이가 없음. 이후에는 상담자 변인이라는 말과 치료자 변인이라는 말이 혼용될 것임.)은 상담연구의 한 큰 부분을 차지한다. 상담과정이나 상담성과에 영향을 주는(혹은, 관련이 있는) 상담자 변인은 매우 다양하다고 알려져 왔고 많은 연구자들이 의미 있는 상담자 변인들을 찾아내고 그것들을 과학적으로 입증하기 위해서 노력해 왔다. 그래서 매우 다양한 주제의 연구들이 매우 다양한 방법에 의해서 시도되어 왔다.

1994년도에 한국을 방문한 바도 있는 Larry Beutler는 『Handbook of psychotherapy and behavior change』에서 상담 및 심리치료 분야에서 다루어진 치료자 변인에 관한 연구들을 폭넓게 리뷰한 바 있다(Beutler, Crago, & Arizmendi, 1986; Beutler, Machado, & Neufeldt, 1994). 이들은 상담과정이나 상담성과와 관련지워진 상담자 변인들을 크게 네 개의 카테고리로 묶었다. 이 네 카테고리는 쉽게 말해 두 '차원'을 크로스시켜서 나온 것이다.

그 두 차원이란, 첫째는 '객관성-주관성'(objective-subjective) 차원으로서 그 변인이 겉으로 드러나서 객관적으로 관찰할 수 있는 것이냐 아니면 그 요인이 속에 감추어져 있어서 측정도구에 의해서 척도화하거나 유추해석해야 하는 것이냐로 가름한다. '객관적 변인'이란 예를 들면 상담자의 연령이나 성(性), 전문가 훈련 배경 등 외현적으로 드러난 변인을 지칭한다. '주관적 변인'이란 예를 들면 상담자의 성격, 가치관, 기대, 치료이론의 취향 등 겉으로

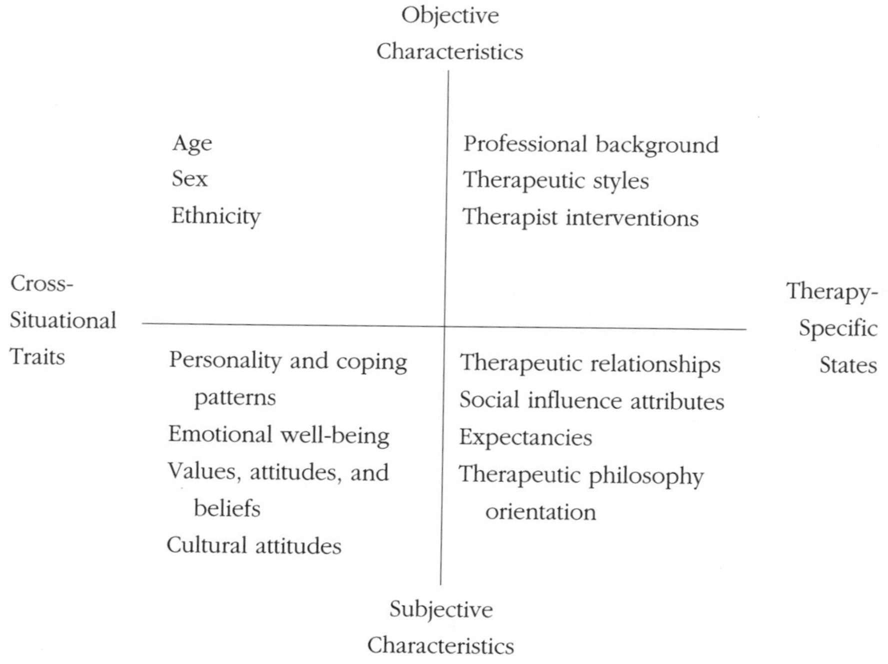

〈그림 7-1〉 상담자(치료자) 특성의 분류(Beutler 등, 1994)

드러나지 않아서 연구자가 측정, 유추해야 하는 변인들을 지칭한다. 두 차원의 둘째는 '범상황적-상황적' 차원으로서, 그 변인이 시간의 흐름이나 상담사례의 변화에도 불구하고 무변(無變)하는 것이냐, 아니면 시간의 흐름, 상담자 훈련, 혹은 사례에 따라 변하는 것이냐로써 가름한다. '범상황적 변인'이란 예를 들면 상담자 연령, 성, 출신지역, 성격, 가치관 등과 같이 상황(사례)이 바뀌어도 그대로 있는 변인을 말한다. 그리고 '상황적 변인'은 예를 들면 상담자의 상담 스타일, 개입기술, 전문가적 배경, 치료적 관계 형성, 치료에 대한 기대 등 시간이나 사례의 변화에 따라 변화할 수 있는 변인을 말한다. 다음 그림은 이상에서 논의한 방식으로 상담자 변인을 네 개의 카테고리로 분류한 것이다. 이 네 개의 카테고리에 터해서 상담과정 및 상담성과와 관련지워 연구되어 온 상담자 변인들을 개관해 보겠다.(이후 소개되는 연구결과들 중에는 원문헌으로부터의 인용이 아니라 Beutler 등의 1994년 개관논문에서 재인용된 것들이 일부 있음을 미리 밝힌다.)

1) 객관적, 범상황적 변인

(1) 상담자의 성

상담자의 성(性)과 관련해서는 단순히 상담자의 성만을 변인으로 설정했다기 보다는 내담자의 성과 매치시켜서 변인을 설정했다. 즉, 남자 상담자-남자 내담자, 남자 상담자-여자 내담자, 여자 상담자-남자 내담자, 여자 상담자-여자 내담자의 네 가지 매칭이 가능한데, 이 매칭이 상담과정이나 성과와 어떤 관련이 있는지, 그런 관련성이 왜 일어나는지를 고찰하는 것이다.

그 동안 주로 제기되었던 가설들로는 '남자 상담자-여자 내담자 매칭에서는 다른 매칭에 비해서 상담이 덜 효과적일 것이다'라든가 '여자 내담자에 대해서는 남자 상담자에 비해서 여자 상담자가 더 잘 도와줄 것이다' 등이었다. 가장 전형적인 연구를 예로 들면 다음과 같다. Jones, Krupnick과 Kerig의 연구(1987)는 60명의 여자 내담자를 11명의 남자 상담자와 14명의 여자 상담자에게 무선할당하였다. 상담자로서의 훈련수준이나 경력에 있어서 두 집단은 동등했으며, 두 집단에 할당된 내담자들의 문제의 심각도도 동등했다. 상담은 어느 정도 표준화된(manualized) 단기심리치료를 적용했다. 성과측정은 상당히 세심하게 이루어져서 치료 종결 직후의 효과뿐만 아니라 종결 수 개월 후의 효과 지속에 대한 측정도 하였다. 대체적인 연구결과는 여자 상담자에게서 치료받은 내담자들이 남자 상담자에게 치료받은 내담자들보다 증상 호전 정도가 더 좋았다는 것이다. 이 연구에서 한 가지 유감스러운 것은 여자 내담자만 연구하고 남자 내담자를 연구하지 않았다는 점이다. 즉, 남자 상담자에 비교한 여자 상담자의 우월성이 여자 내담자에게만 국한되는 것인지, 남자 내담자에게까지 적용되는 것인지를 이 한 연구만으로는 밝혀낼 수가 없었다.

동일주제의 다른 연구에서 같은 연구결과가 나왔는가? 그렇지는 않은 것같다. 예컨대, D. F. Beck(1988)의 연구(인지치료가 A. Beck과는 다른 Beck)에서는 244명의 치료자와 1,500명의 내담자(남녀 모두 포함)를 관찰하였는데, 남녀 치료자간 치료의 성과에 차이가 발견되지 않았다고 한다. 그런데 이 연구는 치료자의 훈련수준과 경력수준을 제대로 통제하지 않았다는 문제점이 있다. 즉, 여자에 비해서 남자 상담자들의 학력이 더 높을지도 모른다는 가능성, 연구에 참여한 남자 상담자들의 임상경력이 여자에 비해 더 많을지도 모른다는 가능성을 배제하기 어려운 것이다.

(2) 상담자의 연령

상담자의 나이를 주(主) 변인으로 설정한 연구는 거의 없었다. 대개 상담자의 경력, 훈련수준, 학위 등이 연구변인으로 사용될 때 상담자의 나이도 함께 취급되는 정도였다. 상담자의 나이를 고려한 메타분석들은 상담자 나이가 상담효과와 관련이 없다고 결론을 내리고 있다.

그러나 상담자의 나이와 내담자의 나이가 비슷한가, 나이 차이가 큰가에 따라 상담효과가 달라지는지를 검토한 연구들이 있다. 즉, '연령 유사성'(age similarity)이라는 명칭의 변인이 다루어진 것이다. 연구결과들은 대체로 상담자의 연령과 내담자의 연령이 비슷한 경우, 나이 차이가 큰 경우보다 상담효과에 긍정적인 영향을 미치는 것으로 나타난다. 연구에서 나이 차이가 크다는 것은 대개 10년 이상의 차이를 의미한다.

(3) 상담자의 민족적 배경

미국은 다민족 국가이기 때문에 상담자의 민족적 배경, 내담자의 민족적 배경 등이 매우 중요한 연구변인으로 설정될 때가 많다. 그리고 연구의 대체적인 결과는 상담자와 내담자가 서로 민족 배경이 다른 경우보다는 민족 배경이 유사한 경우가 상담이 효과적이라는 것이다.

그러나 이 연구주제는 우리 나라의 경우에는 그다지 시사해 주는 바가 없다. 왜냐하면 우리는 민족 배경이 거의 '단일민족'이라고 볼 수 있기 때문이다. 만약, 시사점을 얻을 수 있다면 우리 나라의 경우 영호남간의 문화 차이, 서울사람과 지방사람 간의 사고방식과 문화 차이, (만약, 남북통일이 되는 경우) 남측 출신과 북측 출신자 간의 언어, 사고방식, 문화 배경의 차이 등이 상담과 관련이 있을지 모른다는 생각을 해 볼 수가 있다. 그러나 이런 요인을 연구에 삽입시킨 연구는 아직 없는 것 같다. 단, 남북통일이 되는 경우, 북측 출신의 내담자를 남측 출신 상담자들이 상담을 하는 사례가 빈발할 텐데, 그 때 이 주제가 중요하게 연구되어야 할 것으로 미리 예상할 수 있겠다.

2) 객관적, 상황적 변인

'객관적'이며 '상황적' 변인이란 사례에 따라서 그 변인의 속성이 달라질 수 있는 외현적인 변인이다(상담자의 연령은 사례가 바뀌어도 변하지 않으므로 범상황적 변인이다.). 예컨대, 상담자의 치료 스타일, 개입방법은 사례마다 달라질수 있으므로 '상황적'이다. 상담자의 전문적 배경은 상담자 훈련에 따라서 달라지므로 '상황적' 변인이다. 개입방법도 상담자 훈련에 따라 달라질 수 있으므로 '상황적' 변인이다. 그리고 이들은 외현적으로 관찰가능하므로 '객관적' 변인이다.

(1) 치료자의 전문적 배경과 상담성과

대학원 교육, 연수 프로그램 참가, 실습수련 경력, 실무경력 등이 이 '전문적 배경' 변인에 해당된다. 그러면 이들 전문적 배경변인이 상담과정이나 성과와 관련성이 있는가?

① 전문가 수련 여부

연구결과는 그다지 일관적이지 않다. 개관논문들에 의하면, 전문적 훈련을 많이 받은 상담자들이 그렇지 못한 상담자들보다 성과가 높다는 문헌(예: Baekeland & Lundwall, 1975)과 두 부류간의 차이가 없다라는 문헌(예: Stein & Lambert, 1984)이 혼재하고 있다. 심지어 준전문가나 경험이 일천한 상담자들의 상담이 더 성과가 높다라는 주장을 하는 문헌(예: Hattie, Sharpley, & Rogers, 1984)도 있다.

32개의 연구결과를 분석한 Berman과 Norton(1985)의 메타분석에 의하면 전문적 훈련을 받은 상담자의 상담성과가 전문훈련을 받지 않은 상담자의 성과보다 의미 있게 높지 못했다. 그러나 상담이 12회기 미만인 단기치료인 경우와 내담자의 나이가 성인인 경우에는 비전문가보다 전문가의 상담이 성과가 높았다고 한다.

② 전문가 수련 및 실무기간

치료자로서의 실무기간은 객관화시키기 좋은 변인이다. 이 실무기간이 상담성과를 예언하는 일반적 지표가 되지는 못한다는 주장이 있다(Stein & Lambert, 1984). 그러나 엄격히 통제된 연구들만을 메타분석했을 때는 경력이 많은 치료자들이 짧은 경력의 치료자들보다 높은 성과를 보인다고 한다(Crits-Christoph 등, 1991). 그리고 긴 경력의 치료자들이 짧은 경력의 치료자들에 비해서 높은 상담협력 관계(working alliance)를 나타냈었다(강혜영, 1995; 윤경자, 1993; Mallinckrodt & Nelson, 1991). 또한 내담자 문제의 심각도를 고려했을 때에도 경력자들과 비경력자들 간의 차이가 나타난다고 한다. 문제의 심각도가 심한 내담자를 상담했을 때에는 비경력자보다 경력자의 상담효과가 더 높다는 것이다.

내담자 문제의 심각도와 관련해서는 다음과 같은 점을 주의해야 한다. 상담 실제에서 보면 경력이 많은 치료자들은 '어려운' 내담자를 맡거나 문제가 심각한 내담자를 맡는 경향이 있다. 반면에 경력이 짧은 치료자는 문제가 덜 심각하거나 협조적인 내담자를 맡는 경향이 있다. 즉 내담자를 상담자에게 할당하는 과정이 무선적이지 않다는 것이다.

③ 치료자 수련의 종류

전문적 배경과 관련해서 수련의 종류가 어떤 것이었나를 고려해 볼 수 있다. 대표적인 주제는 심리학자와 정신과 의사 간의 차이를 분석해 본 것이다. 초기의 메타분석인 Smith와 Glass(1980)에 의하면 심리학자들이 정신과 의사에 비해서 약간 높은 성과 크기(effect size)를 보였다고 한다. 그런데 이들간의 차이는 문제영역에 따라서 달리 나타난다. 부부문제, 청소년기 약물남용 문제, 부부간 학대문제, 사회적 고립과 외로움의 문제 등에서는 정신과 의사보다 심리학자가 더 유능한 것으로 내담자에게 지각되며, 알코올 중독, 성학대 문제, 그리고 기타 심한 정신질환을 다루는 데 있어서는 심리학자보다 정신과 의사가 더 유능한 것으로 내담자에게 지각된다고 한다.

(2) 개입기술과 상담성과

상담자가 사용한 개입기술들과 상담성과 간의 관계는 어떠한가? 앞에서 논의한 '전문적 배경'은 상담자가 수련받은 기간, 실무에 참여한 기간 등을 의미하지만 구체적으로 어떤 치료방법을 사용하는지는 지칭하지 않는다. 연구변인을 구체적으로 설정할수록 그 연구의 구인타당도를 확실히 해 주며 또한 외적 타당도를 분명히 해 주는 이점이 있다. 이런 취지에서 치료자가 사용하는 개입기술을 변인으로 취하는 것이 바람직하다.

① 매뉴얼화된 개입절차의 사용 여부

같은 이름을 가진 치료법을 두 명의 치료자가 각각 시도했을 때 그 두 개의 치료과정은 종종 큰 차이를 보인다. 예컨대 치료자 갑과 을이 우울증 환자에게 인지치료법을 시도했다고 하자. 그런데 그들이 실제로 한 것을 자세히 보면 갑은 다분히 통찰 위주의 정신역동적인 치료를 한 반면에, 을은 다분히 지시적이고 행동적인 치료를 하기도 한다. 그러나 갑과 을은 자기들이 인지치료를 했다고 말한다.

연구자의 입장에서 볼 때 이런 현상은 바람직하지 못하다. 왜냐하면 갑과 을의 상담이 다 같이 '인지치료법' 으로 간주되지만 사실은 그 둘이 다른 상담이었기 때문이다. 즉, 다른 구인을 같은 이름으로 부른데 지나지 않는다. 이는 연구의 구인타당도를 크게 위협한다.

이런 의미에서 매뉴얼화된 개입절차를 사용한다는 것은 연구의 구인타당도를 향상시킨다. 상담자 갑과 을이 같은 이름의 개입방법을 사용한 경우 그것이 서로 같은 것, 즉 표준화된 것임을 '보장' 할 수 있기 때문이다. 앞에서 상세히 논의한 '우울증에 대한 협력 연구' (TDCRP)는 치료법을 매뉴얼화한 대표적인 연구이다. 이 연구에서는 심리치료 방법으로 인지치료와 대인치료를 선택했는데 각각 그 분야의 권위자가 치료자들을 매뉴얼에 의해 훈련시키고 그들이 그 매뉴얼에 터해서 치료를 하는지를 지도, 감독하는 절차를 취하였다. 따라서 이 연구에서 사용된 인지치료와 대인치료에는 여러 명의 치료자가 참여하였지만 그들이 시도한 인지치료와 대인치료는 거의 표준화된 절차였다.

치료과정을 매뉴얼화하면 연구의 구인타당도가 향상된다는 것 이외에 또 어떤 이점이 있는가? 치료절차를 매뉴얼화하면 치료효과의 변산을 축소시켜 준다고 한다(Crits-Christoph 등, 1991). 그렇다면 치료절차의 매뉴얼화가 혹시 치료성과를 높여주는 데 공헌하지는 않는가? 매뉴얼이 치료절차를 구체화시키고 구조화시켜 주기 때문에 그것이 치료에 도움이 될 것이라는 예측을 하는 것이다. 그러나 이 질문에 대해서는 '그렇다' 라는 결과와 '그렇지 않다' 라는 결과가 공존하는 것 같다.

② 치료기술의 수준

치료기술의 수준이 어느 정도인가가 치료의 성과와 관련이 있을 것이라는 예측은 누구나 할 수 있다. 그런데 흥미로운 사실은 치료자 변인으로서 치료자의 치료기술 수준을 설정한 경우가 거의 없다는 것이다. 기술수준을 설정하는 방법은 두 가지가 있는데 하나는 여러 종류의 치료법에 공통적인 기술(예: 경청, 요약, 반영, 질문, 치료목표 설정 등)이며 다른 하나는 그 치료법에만 특수한 기술(예: 긴장이완)을 말한다.

드물지만 연구결과에 의하면, 치료기술의 수준이 높으면 그만큼 상담효과를 높여준다는 결과가 있다(Shaw & Dobson, 1988). 그러나 치료자의 치료기술 수준이 그들의 실무경력기간과 비례하지는 않는다는 것이다. 이런 연구결과는 심리치료가의 교육훈련과 실무연수가 과연 효과적인가라는 의문을 제기하게 한다. 효과적인 교육, 훈련, 연수를 시키려면 어떻게 해야 하는가? 현재 좋은 대안이 되고 있는 방안은 앞에서 논의한 바와 같이 치료절차를 매뉴얼화하여 구체적이고 표준적으로 기술훈련을 시키는 것이다. 이렇게 치료과정을 표준화하여 기술훈련을 시키는 것이 교육효과와 치료효과에 어느 정도 공헌하는지를 밝히는 연구는 앞으로 시도되어야 할 중요한 연구주제임이 분명하다.

③ 치료자가 지시적인 정도

행동치료법이나 인지치료법 등을 사용하는 상담자들은 정신역동요법이나 내담자중심요법을 사용하는 상담자보다 '지시적'이다. 전자의 상담자들은 후자의 상담자들보다 덜 '통찰위주적'인 반면에 '행동'을 중요시한다. 이와 같이 치료자에 따라서 지시적인 정도의 차이가 있는데 바로 이 정도 차이가 상담성과와 관련이 있지는 않을까?

이 주제를 다룬 초기의 연구들에 의하면 치료자의 지시성향이 상담효과에 역행한다는 결과를 내놓고 있다. 즉, 치료자가 지시적일수록 상담성과가 많이 나거나 치료자에 대한 평가가 부정적이라는 것이다. 그러나 그 후의 다른 연구들은 치료자의 지시성향이 오히려 치료성과에 긍정적으로 작용한다는 결과를 내놓고 있다. 이런 양극적인 결과가 나오는 이유가 무엇일까?

첫째 이유는 치료자가 지시적이라는 것에 대한 정의가 분명히 정의되지 않아서 연구마다 다소 다른 정의를 채택하고 있다는 것이다. 또한 지시성향을 측정하는 도구나 절차가 표준화되어 있지 못하다는 것도 문제로 지적된다. 둘째 이유는 내담자의 성격을 고려하지 않았다 것이다. 내담자 중에는 상담자의 지시성향에 대해서 저항적인 사람도 있고, 순응적인 사람도 있기 때문이다.

Beutler, Engle 등(1991)의 연구에서는 우울한 내담자의 저항성향에 따라 치료자의 지시에 대해서 달리 반응하는지를 조사해 보았다. 연구결과는 저항성향이 강한 우울 내담자들은 비지시적인 상담보다 지시적인 상담에 의해서 더 효과적인 증상 감소를 보였고, 저항성향이 낮은 우울 내담자들은 지시적 상담보다는 비지시적 상담에 의해 효과적인 증상 감소를 보였다. 이런 연구결과는 그 후에 다른 연구들에 의해서 반복해서 검증되어 그 타당성이 검토된 바 있다(국내 관련연구: 조성호, 이장호, 1997).

④ 치료자의 자기개방

치료자의 자기개방은 내담자의 자기개방을 촉진시킨다라는 Jourad(1971)의 가설은 유명하다. 그런데 이 가설을 검토하는 연구들은 상담장면보다는 실험실 장면의 사회심리학적 연구가 주로 시도되었다. 이 분야의 권위자인 Watkin(1990)의 최근 조사에 의하면 자기개방에 대한 200여 개의 연구 중 실제 상담이나 심리치료 장면을 연구한 것은 35개에 불과하다고 한다.

치료자의 자기개방에는 여러 수준, 여러 종류가 있다. 즉시적이며 치료시간 안에서 발생한 내적인 내용을 자기개방하는 경우가 있는가 하면 치료시간 외적인 먼 내용의 자기개방이 있다. 사적(私的)이고 개인적인 내용의 자기개방이 있는가하면 별로 사적이지 않은 내용의 자기개방이 있다. 치료자 개인의 감정이나 체험에 대한 개방이 있는가 하면 가족이나 친구에 대한 개방이 있다. 이런 개방의 수준이나 내용에 따라 그 미치는 영향도 다를 것이라는 가설이 유력하다.

대체적인 연구결과는 (1) 치료자의 자아가 개입된 즉시적인 자기개방이 그렇지 않은 개방보다 상담에 도움이 된다, (2) 치료자의 사적이며 깊은 수준의 자기개방이 그렇지 않은 개방에 비해서 내담자의 자기개방을 촉진시킨다, (3) 내담자의 민족 배경에 따라 치료자의 자기개방에 반응하는 양상이 달라진다는 것 등이다. 우리 나라 연구의 예를 들면, 김원중과 김계현(1993)의 연구에 의하면 상담자의 성에 따라 내담자가 상담자 자기개방을 달리 기대한다는 가설이 검증된 바 있다. 그러나 이 연구도 상담 실제 상황보다는 모의상황에서 이루어졌다라는 문제점을 앞으로 보완하지 않으면 안 된다.

(3) 치료자의 대인 유형

상담과정에는 치료자의 성격이나 대인관계 스타일이 작용한다. 상담자에 따라 더 친절한 사람과 덜 친절한 사람이 있게 마련이다. 상담자에 따라 좀더 주도적이며 지배적인 사람과 덜 주도적이며 덜 지배적인 사람이 있다. 이런 특성은 개입기술과 관계 없이 상담자의 성격 유형에 의해서 나오는 것으로 본다.

대인 상호작용에 대한 연구들은 지금까지 주로 두 가지의 대인 유형에 대해서 탐구해 왔다. 하나는 '우호성' 차원으로서 '우호적(친절)-비우호적(불친절)'의 연속선이다. 다른 하나는 '지배성' 차원으로서 '지배적(주도적)-추종적(비주도적)'의 연속선이다.

지금까지 다루어진 가설은 상담자의 우호적인 태도나 행동은 내담자의 우호적인 반응을 불러일으킨다는 것과, 상담자의 주도적(지배적)인 의사소통 방식은 내담자의 추종적인 의사소통 방식을 불러일으킨다는 것이다. 그리고 이와같이 상담자의 우호적인 태도와 내담자의 우호적인 태도가 상응하고(우호-우호) 상담자의 주도적인 의사소통 방식에 내담자가 순응하여 따라갈 때(주도적-추종적) 상담이 효과적이다라는 가설도 다루어졌다. 이런 대인 유형을 한마디로는 '상보(相補)적'(complementary) 상호작용이라고 부르는데, 이 상보성 가설들은 국내외의 연구들에 의해서 검증되었다(국내 연구의 예: 김동민, 1993; 김지은, 이장호, 1994; 조성진, 1993; 정문경, 1993). 비상보적 상호작용의 대표적인 유형은 상담자의 주도적인 행동에 대해 내담자도 주도적인 행동으로 응하는 것이다. 이것을 '대칭적'(symmetry) 상호작용이라고 부르는데, 이런 대칭적 유형의 상담자-내담자 관계에서는 효과적인 상담이 이루어지지 않는다는 것이 일반적인 결과이다. 물론 상담자와 내담자가 비우호적으로 상호작용하는 관계에서도 상담의 효과가 낮다.

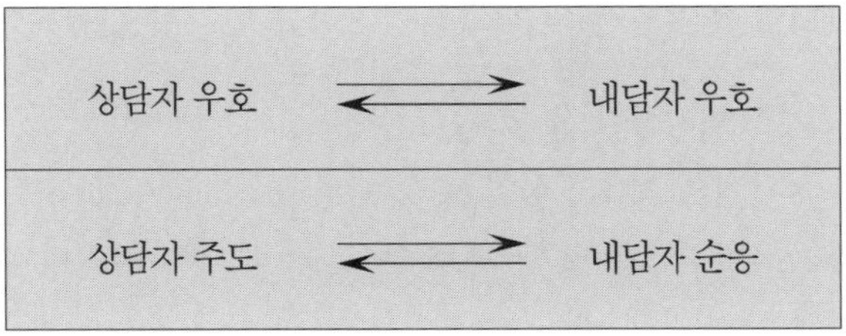

〈그림 7-2〉 상담자-내담자 간

3) 주관적, 범상황적 변인

상담자의 성격, 정서적 안정감, 가치관, 태도 등은 상황이나 사례에 따라서 쉽게 변화하지 않는 속성이다. 그런 의미에서 이들은 '범상황적' 변인이다. 그러면서도 이들은 직접적인 관찰이 불가능하고 모종의 측정방법에 의해서 유추될 수밖에 없는 변인이다. 그런 의미에서 '주관적'인 변인이다. 이런 속성들이 상담의 과정이나 성과에 어떻게 작용할까? 이 질문은 지금까지 비교적 많이 다루어진 연구문제이다.

(1) 상담자의 인지적, 성격적 특성과 상담성과

① 인지분화 수준

인지분화 수준(Conceptual Level : CL)의 개념에 대해서는 앞에서 설명한 바 있다. Holloway와 Wampold(1986)는 1967년 이후의 상담이나 심리치료 분야에서 연구된 24개의 CL관련 연구들을 메타분석하였다. 이들의 분석결과에 따르면, 복잡하고 추상적인 인지구조를 가진 상담자들(high CL)은 구체적이고 미분화된 인지구조를 가진 상담자(low CL)와 비교해 볼 때 치료적인 일(therapy-like task)을 배우고 수행하는 데 있어서 더 우수하다고 한다.

상담성과와 관련해서는 역시 상담자의 CL 수준과 내담자의 CL 수준 간의 매칭문제가 연구되었다. 즉, 상담자와 내담자의 CL 수준이 비슷한 경우와 서로 다른 경우를 비교하는 것이다. 대체적인 결론은 상담자와 내담자의 CL이 비슷할때 효과적인 상담이 이루어진다는 것이다. 상담자와 내담자가 비슷한 수준의 CL로 매칭될 때 그렇지 못한 경우에 비해 증상 감소에 효과적일 뿐만 아니라 조기종결 사례도 적어진다는 결과가 나왔다(Hunt 등, 1985).

② MBTI 성격 유형

상담자의 MBTI 성격 유형(특히 sensing-intuition과 thinking-feeling)이 내담자의 성격 유형과 다를 때 혹은 같을 때 상담과정이나 상담성과가 어떻게 달라지겠는가?

최근의 한 연구에서는(Berry & Sipps, 1991), 상담자와 내담자의 MBTI 성격

유형 매칭에 따라 상담지속 회기수, 상담종결 방식이 어떻게 달라지는지를 분석하였다. 이들의 가설은 상담자와 내담자의 성격 유형 매칭이 상담회기수나 상담종결 방식에 영향을 줄 것이라는 것이었는데, 연구결과는 가설을 지지해 주지 않았다. 이 연구는 대학의 학생상담센터에서 종사하는 9명의 상담자가 55명의 내담자에게 실시한 상담 사례를 분석한 비교적 큰 표집의 연구였다.

상담자와 내담자 간 성격 유형 매칭에 대한 연구는 종속변인을 약간 바꿀 필요가 있어 보인다. 예컨대, 내담자와 상담자의 회기에 대한 평가(예: session effectiveness questionaire의 '순조로움'이나 '깊이'에 대한 지각), 회기에 대한 만족도, 상담자 선정에 대한 만족도 등을 종속변인으로 설정해 봄직하다.

③ 상담자의 심리적 안정성

상담자가 심리적으로 안정되지 못하고, 갈등이나 문제를 심히 겪고 있다면 치료에 어떤 영향을 줄까? 개관논문들에 의하면 상담자의 적응능력은 상담성과를 긍정적으로 예언하는 변인이라는 것이다(Beutler 등, 1986). 반면에 정신건강에 문제가 있거나 정서적으로 불안정한 상담자는 내담자의 발전을 저해한다는 것이다(Lambert & Bergin, 1983). 상담자가 자기에게 느끼는 자신감도 중요한 변인이다. 자존감이 낮고 부정적인 자아개념을 가진 상담자에게 상담을 받는 내담자들은 자존감이 저하되는 경험을 한다. 이런 연구결과는 그 이후에 수행된 다른 연구들에 의해서도 재확인되었다고 한다.

물론 심리적, 상황적 어려움과 갈등을 겪어본 상담자는 그런 경험이 없는 상담자에 비해서 내담자를 이해하고 공감하는 폭이 더 넓을 수 있다. 그러나 상담자는 이런 갈등과 문제를 극복한 경험을 필요로 한다. 아직도 많은 문제와 갈등을 가지고 '헤매는' 치료자는 내담자의 발전을 더디게 할 뿐만 아니라 더 나아가서 내담자에게 해롭기까지 하다. 이런 이유에서 다음에 논의할 상담자 자신의 치료경험이 의의를 가진다.

④ 상담자 자신의 치료경험

상담자 자신이 심리치료를 받는 경우 상담성과를 향상시키는가? 이 질문은 상당히 많은 상담자들이 교육을 받는 동안 혹은 실무를 하는 동안 심리치료를 받기 때문에 제기되었다. 더구나 정신분석의 접근법을 사용하는 상담자들은 당연히 심리치료를 받는 것으로 되어 있다.

상담자 자신이 심리치료를 받는 것이 좋다라는 주장은 주로 자신의 체험을 바탕으로 한 주장으로 보인다. 그러나 이에 대한 체계적, 과학적 연구결과들은 상담자 자신의 치료가 상담성과를 높여주기까지는 못한다는 것이 일반적인 결론이다.

상담자 자신의 치료가 상담성과에까지는 영향을 미치지 못한다 하더라도 그런 심리치료를 받은 경험이 상담과정에는 긍정적인 영향을 미치는 것으로 보인다. 상담자가 치료받은 경험이 특히 내담자와의 관계 형성에 도움이 된다고 한다. 그리고 실무 중에 상담자가 심리치료를 받는 것은 상담자가 업무의 과중함으로 인하여 혹은 어려운 내담자로 인하여 기운이 '소진' 되는 (burnout) 것을 예방하는 효과가 있다고 한다(Beutler 등, 1994).

(2) 기타 상담자 변인과 상담성과

① 상담자의 신앙

많은 내담자들은 상담자의 종교, 즉 신앙에 관심이 가진다. 특히, 기독교 신앙이 독실한 내담자는 상담자도 기독교 신자이기를 바라는 경우가 많다. 상담자의 신앙이 상담성과에 영향을 미칠 것인가?

한 연구에 의하면(Propst, 1980), 종교를 가진 우울증 내담자들을 두 종류의 인지치료에 무선할당하였다. 한 집단에게는 종교적 신앙을 개입시킨 인지치료를 주고, 다른 집단에게는 종교적 색채를 띠지 않은 인지치료를 주었다(두 집단 모두 치료자는 종교인이다.). 결과분석 결과, 종교적 믿음을 가진 내담자들은 종교적 신앙을 개입시킨 인지치료에 의해서 더 많은 증상 감소를 보였다는 것이다.

② 상담자의 가치관

심리치료 과정을 보면 내담자가 상담자의 가치관, 태도, 신념, 지식을 받아들일 때 치료적 진전을 보이는 수가 많다. 특히, 정신역동적 치료에서는 '동일시' 라고 하여 내담자가 치료자의 인지적, 행동적, 정의적 요소들을 모방하고 동일시하는 과정을 아주 중요시한다. 인지치료에서도 마찬가지이다. 치료자가 가지고 있는 건강한 인지구조와 신념 내용을 내담자도 갖게 하는 것이 인지치료의 중요한 목표인 것이다.

이 주제에는 크게 두 가지 개념이 있다. 하나는 '가치 수렴성'(value convergence)이라고 부르는 것으로서 내담자가 상담자와 접촉하는 동안 그의 가치관과 신념, 지식을 흡수하는 현상을 지칭한다. 가치 수렴 현상이 효과적인 상담으로 이어질 것인가? 적어도 상담이론들은 그렇게 되리라는 예측을 하고 있다. 경험연구들(주로 질적인 연구)에 의하면 이 가치 수렴성이 높으면 즉 내담자가 상담자의 가치, 신념, 지식을 잘 흡수하면 상담이 효과적이라고 한다. 다른 하나의 개념은 '가치 유사성'(value similarity)이라고 부르는 것으로서 원래부터 상담자와 내담자의 가치관이 유사한 정도를 지칭한다. 이 가치 유사성이 상담성과와 관련이 있는가? 이 문제에 대한 연구들을 개관한 논문에 의하면(Beutler, 1981), 가치 유사성이 상담성과를 긍정적으로 예언해 주는 연구와 그렇지 못하는 연구가 혼재하고 있다고 한다. 즉, 21개의 연구 중 12개만이 가치 유사성 가설을 지지하고 있을 뿐이라고 한다.

그런데 이 주제의 연구에는 큰 문제점이 있다. 첫째, 가치관이라는 개념이 너무 포괄적이어서 가치 수렴성, 가치 유사성의 개념을 구체적으로 규정짓기가 어렵다는 것이다. 무엇에 대한 어떤 가치관인지가 구체화되지 않은 상태에서 단지 가치 유사성이나 가치 수렴성을 말할 때 그것은 공허한 개념이 될 수가 있다. 둘째, 상담성과를 측정할 때 치료자의 관점을 위주로 측정했다는 문제점이 있다. 치료자는 내담자가 자기의 가치관, 신념, 지식을 흡수하고 받아들일 때 내담자가 진전을 보였다고 평가할 것이다. 즉, 가치 수렴을 측정한 것과 내담자 진전을 측정한 것이 같은 구인을 다른 이름으로 측정한 것에 지나지 않을 수 있다는 것이다. 앞으로는 이런 두 가지 문제점을 극복한 연구가 나와야 한다.

③ 상담자의 태도

태도도 역시 '무엇에 대한' 태도인지가 구체화되지 않고는 공허한 연구가 되기 쉽다. 상담자와 내담자 간 태도의 유사성에 대한 서양에서의 최근 연구는 주로 여성의 성역할에 대한 태도, 동성애자에 대한 태도 등을 다루었다. 여성의 성역할에 대한 태도와 동성애자에 대한 태도는 최근 서양 사회에서 급격하고도 크게 변화하였다. 우리 나라에서도 여성의 성역할에 대한 태도는 크게 변화하고 있는 중으로 보인다(관련연구: 박애선, 이영희, 1994).

여자 내담자들은 상담자가 여성의 역할에 대해서 개방적이며 남녀평등적인 태도를 가진 경우 전통적인 성역할 태도를 가진 상담자에 비해서 상담에 대한 만족도가 더 높다고 한다. 이런 현상은 상담자의 성, 즉 남녀에 관계 없이 그의 성역할 태도가 중요한 변수로 작용한다고 한다(Banikiotes & Merluzzi, 1981). 그리고 동성애를 하는 여성 내담자들은 이성애적(heterosexual) 남자 상담자에게서 상담을 받을 때 상담효과가 낮다고 한다. 반면에 여성주의 성향이 높은 상담자(feminist)에게서 상담을 받을 때 그 상담자와 더 잘 관계를 형성한다고 한다(Cantor, 1991).

4) 주관적, 상황적 변인

(1) 치료적 관계

Rogers는 '공감적 이해', '무조건적인 긍정적 온정', '순수성과 일관성'을 효과적 심리치료의 필요충분조건으로 보았다. 이 세 요소는 치료자가 내담자를 대하는 태도, 행동, 언어 등을 통해서 전달될 수 있는 '치료자 변인'이다. 이 세 요소가 상담성과에 미치는 영향에 대해서는 1950년대 많은 연구를 통해서 검토된 바 있다.

상담자가 내담자와 맺는 치료적 관계에 대해서는 Rogers의 3대 조건에 대한 연구에서 점점 '동맹', 즉 alliance라는 개념으로 바뀌기 시작했다. 즉, working alliance, helping alliance, therapeutic alliance 등의 용어가 쓰이고 있다. 이 세 용어는 각각 다른 단어를 쓰고 있지만 그 의미는 큰 차이가 없다. 따라서 이를 우리말로는 다 같이 '상담협력 관계' 혹은 '상담동맹 관계'라고 번역할 수 있을 듯 싶다(전용오, 1999).

Alliance는 더 이상 치료자의 일방적 개념이 아니다. 협력관계의 형성에는 내담자도 한몫을 한다. 치료적 관계, 즉 상담협력 관계의 형성은 치료자와 내담자가 함께 하는 것이다. 물론 측정에서는 치료자의 관점과 내담자의 관점으로 구분된다. 즉, 치료자가 지각한 상담협력 관계와 내담자가 지각한 상담협력 관계가 따로 측정된다. 그리고 전자와 후자는 상관관계가 매우 낮다(Horvath & Greenberg, 1986). 즉 치료자가 본 치료적 관계의 질과 내담자가 본 치료적 관계의 질은 다르다는 것이다.

연구들에 의하면 상담 초기에(1~5회기) 형성된 치료적 관계의 질은 상담성과를 예측하는 좋은 지표가 된다. 상담협력 관계를 측정한 24개의 연구들을 메타분석한 바에 의하면(Horvath & Symonds, 1991), 상담협력 관계의 질을 독립변인으로 할때 상담성과에 대한 '효과의 크기'(effect size)가 .26(r)으로서 상담협력 관계가 상담성과에 상당한 영향을 주는 것으로 파악된다. 그리고 협력관계는 상담자가 지각한 것과 내담자가 지각한 것이 다르다고 했는데, 상담자가 지각한 협력관계보다는 내담자가 지각한 협력관계가 상담성과를 더 잘 예언해 주는 것으로 나타난다.

치료적 관계, 즉 상담협력 관계가 상담성과에 미치는 영향은 심리치료의 여러 접근법들에 걸쳐서 공통적으로 나타나는 것 같다. 즉, 치료법이 정신분석적이든, 내담자중심적이든, 인지치료적이든, 행동치료적이든 상담자-내담자 간의 협력관계는 치료성과에 중요한 변수라는 것이다. 이는 working alliance가 정신분석적 접근법에서 유래된 개념이지만 그것이 범이론적으로 적용될 수 있는 개념이라고 주장한 Bordin(1979)의 고전적인 논문을 상기시키며 그의 개념을 수량화한 측정도구들의 타당성을 뒷받침 해 준다.

(2) 사회적 영향

'사회적 영향'은 상담에서 치료자가 내담자에게 미치는 '설득적 힘'을 의미한다. 구체적으로 말하면 내담자가 지각하는 치료자의 '매력'(arrtactiveness), '신뢰감'(trustworthyness), '전문성'(expertness)이 내담자의 변화를 촉진시키는 조건이라는 것이다. 치료자를 매력 있게 느낄수록, 신뢰감 있게 느낄수록, 전문적으로 느낄수록 내담자에게 치료자가 적용하는 설득과정이나 치료기법이 더 효과적이게 된다는 이론이다. 내담자가 치료자에게서 매력, 신뢰감, 전문성을 지각하는 과정을 제1차 단계의 사회적 영향이라고 하며, 그런 지각이 상담기술의 적용과정과 내담자의 변화에 영향을 미치는 단계를 제2차 단계의 사회적 영향이라고 부른다. 그래서 이 사회적 영향이론을 '2단계 영향 모델'(two-phase model)이라고도 칭한다.

연구는 주로 어떤 조건들이 치료자의 매력, 신뢰감, 전문성에 대한 내담자의 지각에 영향을 미치는지에 대해 시도되었다. 그런 조건들로는 치료자의 수련 기간, 학위, 치료실적, 자기개방성, 언어, 표정이나 제스처, 억양 등이 관련이 있다고 한다.

이 '사회적 영향'에 대한 연구에는 크게 두 가지 문제점이 있다. 첫째는 대부분의 연구가 실제 상담상황을 분석했다기 보다는 모의상황을 사용했다는 것이다. 많은 연구들은 임상상황에 처해 있지 않은 보통 대학생들을 피험자로 사용하였다. 둘째 문제점은 연구주제의 편협성에 있다. 전술한 바와 같이 사회적 영향 이론은 상담자의 매력, 신뢰감, 전문성에 대한 내담자의 지각이 치료과정에 영향을 미쳐서 내담자의 변화과정을 촉진시킨다는 것이다. 그런데 불행히도 상담성과를 연구에 포함시킨 연구가 거의 없다는 것이다. Heppner와 Claiborn(1989)의 보고에 의하면 사회적 영향에 관한 전체 연구 수의 20퍼센트만이 연구에 상담성과를 변인으로 포함시켰다고 한다.

연구의 수는 부족하지만 연구결과들은 일관성 있게 사회적 영향 가설을 지지해 준다. 내담자가 지각한 치료자의 매력, 신뢰감, 전문성은 내담자의 만족도와 관련이 있으며, 내담자의 자아개념 변화와도 관련이 있다고 한다. 그리고 조기종결을 하여 일찍 치료를 떠난 내담자들은 성공적으로 치료를 마친 내담자에 비해서 치료자에 대해 덜 매력 있게, 덜 신뢰롭게, 덜 전문적으로 지각했다는 결과도 있다.

(3) 상담에 대한 치료자의 기대와 의도

상담에 대한 치료자의 '기대'는 처치기간, 처치의 유형, 내담자 행동 등에 대한 치료자의 예상, 즉 기대를 지칭한다. 그런데 이런 치료자 기대가 상담성과와 관련이 있는지에 대한 연구결과들은 일관성이 없다고 한다. 따라서 치료자 기대를 주요 변인으로 다루는 연구가 미국 내에서 최근 10년간 출간되지 않았다고 한다(Beutler 등, 1994).

그런데 상담자의 기대가 내담자의 기대와 일치하는 정도는 상담성과 예측에 효과적인 변인이 된다고 한다. 상담이 진행됨에 따라 상담자의 기대와 내담자의 기대차이가 점점 벌어지는 경우가 있는가하면 점점 수렴되는 경우도 있다. 상담자의 기대와 내담자의 기대가 수렴되는 사례에서는 그렇지 못한 사례에 비해서 더 나은 상담성과를 예언할 수 있다는 가설이다. 연구결과들은 이 가설을 지지한다.

치료자의 기대 대신에 최근에는 치료자의 '의도'(intention)가 자주 연구된다. '기대'와 '의도'는 다 같이 치료자의 '인지'라는 점에서 공통적이지만 기대가 지칭하는 것과 의도가 지칭하는 것은 다소 다르다. 치료자 기대란 단순히 치료의 길이나 처치 유형에 대한 치료자의 기대, 즉 예측을 지칭한다고 이미 말했다. 그러나 의도란 치료자가 어떤 말을 하거나 처치기법을 사용함에 있어서 내담자의 어떤 반응을 기대하고서 치료자가 그런 말이나 기법을 사용했는냐 하는 것이다. 즉, 내담자에게서 어떤 무엇(심리변화, 행동변화)이 일어나기를 기대하고 그런 말이나 기법을 활용하느냐라는 것이 상담자의 '의도'인 것이다.

상담자 기대가 다소 막연하게 정의된 개념이라고 한다면, 상담자 의도는 좀 더 구체적이어서 그것이 지칭하는 의미의 범위가 좁다. 상담자 의도를 연구하기 위해서는 의도를 분류하는 목록이 먼저 마련되어야 하는데, Hill은 상담자 의도에 관한 목록을 제작 연구하는 데 많은 공헌을 하였다(참고: Hill & O'Grady, 1985). 다음은 Hill과 O'Grady가 제시한 상담자 의도목록(intentions list)은 Set limits, Get information, Give information, Support, Focus, Clarify, Hope, Cathart, Cognitions, Behaviors, Self-control, Feelings, Insight, Change, Reinforce change, Resistance, Challenge, Relationship, Therapist needs 등 19개가 있다. 각 의도목록의 정의는 원논문을 참고하기 바란다.

(4) 치료자의 상담이론

상담이나 심리치료를 배우는 사람들은 자기가 어떤 이론체계를 주로 배우고 사용할 것인지에 대해서 생각을 많이 한다. 정신역동적 접근을 할 것인지, 행동치료적 접근을 할 것인지, 인지치료적 접근을 할 것인지, 내담자중심 접근을 할 것인지 선택을 하려는 경향이 많다. 그리고 자기가 주로 사용하고 추구하는 치료접근법이 가장 효과적인 치료법이라고 믿고 있는 경향이 있다.

그러나 연구자 입장에서 볼 때 이런 여러 가지 치료접근법 중에서 어느 것이 더 효과가 있고 어느 것이 효과가 적을지 의문을 가져보는 것은 당연하다. 각 치료법을 실시하는 전문가들은 자기들이 실시하는 치료법의 효과에 대해서 경험적인 연구를 해 왔다. 물론 어떤 연구자들은 자기가 신봉하는 치료법의 효과를 입증하고 싶은 욕심이 앞서서 별로 객관적이지 못한 방법, 타당성이 낮은 방법으로 연구를 했다. 그러나 연구가 타당성을 인정받으려면 최소한도 통제집단, 즉 비교집단을 설정하여 실험집단과 객관적인 비교가 가능해야 한다. 그 외에도 치료자의 능력, 환자(내담자)의 문제의 종류나 심각도, 환자(내담자) 배정방법 등을 통제해서 무선화하거나 균등하게 해야 한다는 조건도 중요하다.

미국에서는 각 치료법들의 치료효과를 연구한 다양한 연구물들을 비교분석한 메타연구들이 여러 개 나온 바 있다. 〈표 7-2〉는 Beutler 등(1994)이 정리한 것인데, 각 치료법들의 효과를 비교한 메타분석연구 세 개를 한 개의 표로 요약한 것이다.

치료법의 효과는 각 치료법간에 의미 있는 차이가 없다는 것이 메타분석자들의 일반적 결론이다. 그렇다면 아무 내담자에게 아무 치료법이나 적용해도 같은 치료효과가 나온다는 결론인가? 이 결론은 너무나 성급한 결론이다.

우리는 같은 치료법이 어떤 내담자에게는 아주 잘 들어맞지만 다른 내담자에게는 들어맞지 않는다는 것을 경험으로 알고 있다. 내담자의 성격이나 사고방식, 문제해결 유형 등에 따라서 치료법이 들어맞는 수도 있고 그렇지 못할 수도 있다. 따라서 연구주제는 어떤 치료법이 어떤 내담자에게 잘 들어맞을 것인가라는 수준까지는 구체화되어야 한다. 한 연구에 의하면(Beutler & Mitchell, 1981), 정신분석적 치료를 수련중인 치료자들은 internalizing coping style을 가진 내담자들에게 효과를 많이 보이는 반면에 상대적으로 acting-out 하는 내담자들에게는 효과를 많이 보이지 못한다고 한다. 그리고 또 다른 연구에 의하면(Calvert, Beutler, & Crago, 1988) 행동치료를 수련중인 치료자들은 internalizing을 주로 하는 내담자보다는 externalizing하는 내담자들에게 더 많은 효과를 보인다는 것이다.

어떤 내담자에게 어떤 치료법이 더 효과가 있을 것인가라는 주제가 구체적

〈표 7-2〉 상담자(치료자)의 이론적 오리엔테이션과 상담효과 크기에 대한 세 메타분석 요약

Reference(No. of Studies)	Therapist Orientation	Effect Size	
		d	r
Smith & Glass, 1977(375)	Psychodynamic	.59	.29
	Adlerian	.71	.34
	Transactional analysis	.58	.29
	Rational-emotive	.77	.37
	Gestalt	.26	.13
	Client-centered	.63	.31
	Systematic desensitization	.91	.42
	Implosive therapy	.64	.31
	Behavior modification	.76	.36
Smith, Glass, & Miller, 1980(475)	Psychodynamic	.69	.33
	Dynamic eclectic	.89	.41
	Adlerian	.62	.30
	Hypnotherapy	1.82	.68
	Client-centered	.62	.30
	Gestalt	.64	.31
	Rational-emotive	.68	.33
	Transactional analysis	.67	.33
	Reality therapy	.14	.07
	Systematic desensitization	1.05	.47
	Implosive	.68	.33
	Behavior modification	.73	.35
	Cognitive-behavioral	1.13	.50
	Eclectic behavioral	.89	.42
	Vocational-personal	.65	.32
Shapiro & Shapiro, 1982 (214)	Behavioral	1.06	.48
	Self-control	1.01	.46
	Biofeedback	.91	.42
	Covert behavioral	1.52	.61
	Flooding	1.12	.50
	Relaxation	.90	.42
	Systematic desensitization	.97	.45
	Reinforcement	.97	.45
	Modeling	1.43	.59
	Cognitive	1.00	.46
	Dynamic/Humanistic	.40	.20

출처: Beutler 등, 1994

으로 연구된다면 상담분야는 상담의 효과를 다른 사람들에게 홍보하는 데 많은 도움을 얻을 것이 확실하다. 그러나 이 주제의 연구는 아직 일천하다. 특히 이 주제가 제대로 연구되기 위해서는 '치료법' (치료자의 접근이론)이라는 변인을 '안정' 시켜야 할 필요가 있다. 치료법을 안정시킨다는 말은 같은 이름을 가진 치료법은 실제로도 같은 절차와 내용의 처치여야 한다는 말이다. 예컨대 우리는 인지치료를 한다는 두 치료자간에 상당히 다른 처치방법을 사용한다는 것을 발견할 수 있다. 정신역동치료나 행동치료나 내담자중심치료나 모두 마찬가지이다. 이처럼 같은 이름으로 다른 처치를 할 때 연구자에게는 큰 걸림돌이 된다.

최근에는 처치절차를 매뉴얼화하는 경향이 있는데 이런 경향은 문제를 상당히 해소시켜 줄 수 있다. 처치절차를 매뉴얼화하면 같은 이름을 가진 처치법은 상당히 표준화된 처치를 한다는 것이 어느 정도는 보증된다. 예컨대 인지치료자 갑과 인지치료자 을이 같은 내용과 절차로 처치를 한다. 한 치료자가 두 명의 다른 내담자를 처치할 때도 그것이 기본적으로는 같은 것임을 보증해준다. 물론 어느 두 사례도 완전히 같아질 수는 없지만 우리는 연구자가 원하는 수준의 치료절차 매뉴얼이 필요한 것이다.

제8장 상담 및 심리치료의 과정과 성과 간의 관계

앞 장에서는 상담과 심리치료의 성과를 예언하는 변인으로서 내담자 변인과 상담자(치료자) 변인들을 검토하였다. 그런데 심리치료와 상담의 성과는 내담자와 상담자가 치료시간 중에 무엇을 했는가, 즉 상담자가 어떤 개입을 했고, 내담자가 그 개입에 대해서 어떤 반응을 했는지, 상담자와 내담자 간의 관계는 어떠했는지 등 이른바 상담과정(process)이라고 통칭되는 변인에 의해서도 결정된다. 많은 연구자들은 바로 이 과정과 성과 간의 상관관계와 인과관계를 구명하는 데 오래 전부터 많은 노력을 기울여 왔으며 그런 노력은 최근에 많은 결실을 맺고 있다. 다시 말해서 과학적으로 믿을 만한 연구결과들이 발견되기 시작한 것이다.

이 장에서는 상담과 심리치료의 과정이란 무엇인지, 성과란 무엇인지, 그리고 과정-성과를 연결한 연구들로부터 얻어진 중요한 발견은 무엇인지를 논의하게 될 것이다. 그런데 다행스럽게도 우리는 이 주제에 대해서 아주 좋은 종합논문들을 접할 수 있다.

미국 시카고 대학의 David Orlinsky는 바로 이 과정-성과 연구들을 종합적으로 분류, 분석한 논문을 여러 차례 발표하였다. 그 중에서도 그는 『Handbook of psychotherapy and behavior change』의 제2판(1978), 제3판(1986)과 제4판(1994)에서 매우 종합적인 논문을 실었다. 그리고 위스콘신 대학의 Bruce Wampold는 『Handbook of counseling psychology』 제2판(1992)과 『Research design in counseling』 제1판(1992)과 제2판(1999)에서 상담과정

연구 및 과정-성과 연구에 대한 이론적 모델, 설계, 측정 및 방법론적 쟁점들을 종합, 논의하는 논문을 실었다. 이 장은 이들 외국의 대표적인 논문들을 중심으로 해서 심리치료와 상담의 과정-성과 연구에 대해서 논의를 할 것이다.

1. 상담과정-성과연구란?

상담과정연구, 상담성과연구, 과정-성과 연구는 서로 다른 것인가? 상담연구의 핵심을 이루어 온 이것들의 역사적 맥락, 연구논리, 연구방법 등에 대해서 살펴보도록 하자.

1) 과정-성과 연구의 의미

(1) 과정연구와 성과연구의 개념

우리는 제2부에서 상담성과연구에 대하여 폭넓게 논의한 바 있다. 상담성과연구란 기본적으로 '상담은 효과가 있는가?' 라는 질문에 대한 연구이다. 물론 실제 연구에서는 구체적인 기법이나 개입절차의 효과를 다루며, 구체적으로 정의된 내담자들, 즉 어떤 종류의 내담자들에게 효과가 있는지를 탐구한다. 막연하게 모든 종류의 상담이 모든 종류의 내담자에게 효과가 있는지를 알아보는 연구는 존재하지 않는다.

그러면 상담과정연구란 무엇인가? 이 질문에 대한 대답은 상담과정(counseling process)의 개념을 고찰함으로써 얻어진다. 상담과정이란 상담의 회기 내에서 상담자와 내담자의 행동과 언어를 포함한 그들간의 모든 상호작용 및 그들의 모든 내적 경험 등을 지칭하는 것이다(Highlen & Hill, 1984; Kim, 1988). 따라서 상담과정연구는 상담에서 무엇이 발생하는지를 기술하는 연구이다. 상담과정 연구자는 상담에서 상담자와 내담자가 무엇을 하는지를 기술한다. 상담자가 어떤 개입을 어떤 절차로 수행하는지 그리고 내담자는 상담자의 개입에 대하여 어떤 반응을 하는지, 또다시 이 내담자의 반응에 대하여 상담자는 또 어떻게 반응하는지 등 상담자와 내담자가 상호작용하는 양상을 기술하는 것이다.

상담과정연구의 근본적인 기능은 '상담이 무엇인지'(What counseling is)를 알아내고자 하는 것인 반면에, 상담성과연구는 '상담이 무엇을 하는지'(What counseling does)를 알아내고자 하는 것이라고 말할 수 있다. 그러면 상담과정과 성과를 연결한 과정-성과 연구는 무엇인가? 이것은 상담의 성과를 발생시키는 상담의 과정 부분이 무엇인지를 발견하려는 것이 근본적인 목적이다. 다시 말해서 'What couseling does'를 발생시키는 'What counseling is'의 부분이 무엇인지를 밝혀내려는 것이 바로 상담의 과정-성과 연구(process-outcome study)이다.

Orlinsky 등은 과정-과정 연구와 과정-성과 연구를 구분했다. 과정-과정 연구란 예를 들면 이런 것이다. "상담자가 내담자의 감정에 대한 반영을 많이 하면 내담자의 감정 표현이 증가하는가?" 그리고 종속변인으로서 조기종결, 회기영향(session impacts)을 사용한 것도 과정변인으로 간주하였다. 특히 회기 영향 중에 Stiles의 Session Evaluation Questionaire를 사용한 연구가 많은데 그 중에서 회기의 순조로움(smoothness)과 깊이(depth)는 과정변인으로 간주하고 회기 직후의 감정상태(mood)는 즉각적 성과로 간주하였다. 상담의 과정은 "상담처치 시간에 무엇이 발생하는지"를 지칭하며 상담의 성과는 "그 결과"를 지칭하기 때문에 그런 정의와 구분이 생기는 것이다. 성과는 상담자-내담자 간의 관계 밖에서 관찰된 것으로 한정했기 때문이다. Orlinsky 등은 과정-과정 연구는 리뷰대상에서 제외하고 그들이 정하는 과정-성과 연구만을 리뷰의 대상으로 삼았다.(독자들은 상담회기 내에서 발생한 내담자의 통찰이나 기타 의미 깊은 체험들을 성과로 간주하는 논문들을 보았을 것이다. 그러나 Orlinsky 등은 그런 것들을 과정으로 간주한다. 이것은 용어 사용상의 견해 차이로서 독자들의 주의를 요한다.)

또한 그들이 리뷰한 논문은 실제 상담 사례들을 대상으로 한 연구로 한정되었다. 즉, Analogue study로 불리우는 모의상담을 연구한 보고서는 분석에서 제외되었다. 여기서 실제 상담이란 내담자가 상당한 정도의 심리적 혹은 적응상의 장애(문제)를 가지고 있어야 하고 상담자는 전문가로서의 훈련을 조금이라도 받았어야 한다. 가상의 내담자나 훈련받지 않은 대학생 상담자를 사용한 연구는 분석대상에서 제외되었다. 그러나 연구대상으로 자원한 내담자로서 문제나 장애가 상당한 수준으로 보이는 내담자라면 분석대상으로 포함되었다. 요약하면, 이 리뷰 보고서는 상담 및 심리치료의 실제적인(가상 혹은 모의 상황이 아닌) 현상 내의 과정-성과 간 각종 관계들을 구명해 보려는 목적이 투철하다.

상담과정으로서 처치나 개입의 성격을 알리는 정보가 없는 연구는 리뷰에서 제외되었다. 처치나 개입의 성격을 알리는 정보가 있으려면 개입의 요소(components)가 연구보고서에 기술되어야 한다. 예를 들면, 치료의 특정 개입기법(예: 역설적 개입)이라든지, 치료자의 적극성 정도라든지 하는 것이 그것이다. 만약에 그냥 "정신역동치료"를 했다라든지 "내담자중심치료"를 했다라든지 하는 식으로 상담자들이 사용한 접근법만을 알 수 있었다면 그 보고서는 분석대상에서 제외하였다. 그런 보고서에서는 과정에 대한 정보를 알 수 없기 때문이다.(아마도 이 점이 성과연구와 과정-성과 연구의 중요한 차이가 아닌가 생각된다. 성과연구에서는 상담자의 치료접근법이 정확하게만 통제된다면 그 자체로서 독립변인이 될 수가 있다. 그러나 과정-성과 연구에서는 과정이 좀더 구체적으로 정의되어야 하기 때문에 단순히 치료접근법만을 언급해서는 과정에 대한 정보가 표현되지 않는다. 다음 제2절에서는 상담과정에 대한 각종 변인들이 소개되기 때문에 그 동안 연구자들이 주목해 왔던 과정변인들을 구체적으로 볼 수 있는 좋은 기회가 될 것이다.)

(2) 상담과정연구에서 과정-성과 연구로의 변천

초기의 상담과정연구

미국 상담심리학계에서 상담과정연구는 1950년대에 시작되었다고 보는 견해가 지배적이다. 미국심리학회의 상담심리학회지, 즉 『Journal of Counseling Psychology』는 1954년에 첫 판이 출판되었는데 여기에 등장하는 세 편의 논문이 상담과정연구들로서 그 이후 상담과정연구의 "뿌리"와 같은 역할을 하였다. 물론 현대의 상담과정연구들은 방법론적으로나 주제면에서 그 시대의 것과 많이 달라졌지만 1954년 JCP 초판의 과정연구를 살펴보는 것은 뿌리를 확인한다는 점에서 의미가 있을 것 같다.

Dipboye(1954)는 상담자가 내담자와 대화하는 내용(content)이 달라지면 대화하는 양식(방식, style)이 달라지는지 여부를 알아보고자 하였다. 상담대화의 내용은 test discussion(검사결과에 대한 논의), interpersonal relations(대인관계), family relations(가족관계), educational and vocational problmes and planning(교육 및 진로문제에 대한 논의 및 계획수립), self-reference(자신에 대한 언급), study skills(학업방법에 대한 논의) 등 6개 유목이 있다. 그리고 상담대화의 양식에는 다음과 같은 9개 유목이 있다.

Questions about content(내용에 대한 질문)
Questions about feelings(감정에 대한 질문)
Responses to contents(내용에 대한 반응)
Responses to feelings(감정에 대한 반응)
Interpretations of content(내용에 대한 해석)
Interpretations of feelings(감정에 대한 해석)
Suggestions about content(내용에 대한 암시적 조언)
Suggestions about feelings(감정에 대한 암시적 조언)
Giving information(정보제공)

이들 9개의 상담대화 양식에 대한 유목명을 보면 1980년대 이후의 과정연구에서 사용되는 상담자 반응양식 유목명들과 매우 유사하다는 것을 알 수 있다(예: questions, advice, information, reflection, interpretation, self-discolsure). Dipboye는 6명의 상담자 중 4명은 상담대화의 내용의 변화에 따라 상담대화 양식을 변화시켰음을 발견하였다. 그러나 그는 대화 내용과 대화방식 간에 어떤 관계가 있는지를 분석하지는 않았다.

JCP 첫 판에 실린 두번째 상담과정연구는 상담자의 지시적인 정도(directiveenss, 지시주기 자체보다는 주도적 정도로 보는 것이 더 타당할 듯함)를 조사한 것이었다. Daskin과 Robinson(1954)은 상담에서 다루는 문제의 종류에 따라서 상담자의 지시적 정도가 변화하는지를 알아보았다. 상담에서 다루는 문제의 종류는 "적응문제"와 "기술(skills)문제" 두 가지였다. 상담자의 지시적 정도는 (1) 상담자의 언급이 내담자가 앞에서 마지막 언급한 내용보다 앞서가는 정도와 (2) 상담자가 표현한 아이디어를 내담자가 받아들이도록 하기 위해서 사용된 상담자의 언어에 나타난 압력 혹은 명확함의 정도로 정의하였다. 연구의 결과는 상담에서 다루는 문제의 종류에 따라서 상담자의 지시적 정도가 달라지는 것으로 나왔다. 상담자는 적응의 문제를 가진 내담자보다 "기술"의 문제를 가진 내담자에게 지시적 정도가 높은 언어, 즉 주도성이 높은 언어를 더 사용하는 것으로 나타났다. 이 연구는 Tracey 등의 연구들에서 볼 수 있는 상담자-내담자 화제 주도성에 대한 개념의 뿌리를 보는 듯하다(Heppner 등, 1999). 상담자-내담자 간의 통제력 정도, 주도성 정도, 지배성 정도 등은 1980년대 이후 상담심리학의 중요한 연구주제가 되고 있다.

JCP 초판의 세번째 과정연구는 Berg의 것인데 이 연구에서는 내담자가 제시하는 문제가 성적으로(sexually) 관련이 있는 경우와 그렇지 않은 경우에 내담자가 나타내는 행동언어, 즉 제스처나 얼굴 표정상의 차이가 있을 것이라는 가설(정신분석학적 이론에 근거함)을 검증하는 것이었다. 즉, 몸을 비꼰다든지 입술의 움직임이 성적인 표현을 한다든지 등 성적 상징성을 나타내는 행동언어를 관찰기록하는 방법을 사용하였다. 결과는 가설과는 달리 내담자가 제시하는 문제의 성적 관련성 여부와 성적 상징을 나타내는 행동언어의 빈도와 상관이 발견되지 않았다. 행동언어를 관찰, 기록, 분석하는 방법은 그 이후에 많이 달라지고 발전하였지만 이 연구는 말의 언어가 아닌 행동언어를 연구한 뿌리로서 큰 의미를 부여할 수 있을 것 같다.

연구 동향의 변화

① 상담 내용에 대한 관심의 변화(퇴조)

앞에서 소개된 세 연구는 상담에서 다루는 내용, 상담자와 내담자가 대화하는 내용에 따라서 상담과정이 달라지는가를 분석하는 것이 연구주제이다. 이들 연구에서는 상담 내용이 "독립변인"으로 상담과정이 "종속변인"으로 간주되었다. 그런데 그 이후 상담 내용에 대한 관심이 줄어들어서 상담 내용을 주요변인으로 설정한 연구가 별로 나오지 않았다. Heppner 등(1999)은 이 현상을 들어서 상담심리학계에서 초기의 과정연구 이후 내용에 관한 관심이 거의 사라졌다는 언급을 하고 있지만 그 원인에 대해서는 추론하지 않고 있다.

② 상담과정과 성과 간의 연결

상담성과를 변인으로 고려한 상담과정연구를 과정-성과 연구라고 칭한다. 과정-성과 연구는 대개가 상담성과의 차이를 일으키는 과정변인이 무엇인지를 알아내고자 하는 것이 목적이다. 이것이 바로 과정-성과의 연결인 것이다. 만약에, 앞에서 예로 든 Daskin과 Robinson이 내담자의 호소문제(적응문제 대 기술문제)의 종류와 상담자의 지시성 정도 간의 관계분석이 아니라, 내담자의 호소문제 종류에 따라서 상담자의 지시성 정도의 차이가 다른 성과를 야기하는지를 검토했다면 이는 바로 과정-성과 연구가 되는 것이다. 예컨대, 더 지시적일수록 적응문제보다 기술문제에 더 효과가 있다든가 등의 가설을 검증하는 것이라면 이것이 과정-성과 연구의 전형이다.

초기 상담과정연구에는 Rogers의 영향을 간과할 수 없다. 그는 상담과정을 정확하게 측정하기 위해서 녹음과 녹화를 사용하였고 다른 연구자들에게도 이 방법을 장려했다. 요즘은 상담자나 연구자가 녹음과 녹화를 하는 것이 보편적이지만 1950년대에는 매우 드문 일이었다. 더구나 녹음과 녹화를 반대하는 정신분석가들의 영향이 강했던 당시에 Rogers의 시도는 매우 용기 있는 일이었으며 상담과 심리치료 연구분야에 큰 공헌이었다. Rogers의 영향은 연구방법뿐만 아니라 연구주제면에서도 큰 획을 그었다. 그의 이론 중 내담자에 대한 치료자의 공감적 이해, 무조건적 긍정적 존중과 수용, 상담자의 순수성과 일치성 등의 기본 조건이 내담자 변화(상담성과)의 필요충분조건이라는 가설은 이후 많은 연구의 주제가 되었다. 다음에 소개될 Orlinsky 등의 과정-성과 연구 요약자료에서도 Rogers의 이 이론과 연관된 자료들이 여러 가지 나올 것이다.

③ 심리치료 이외의 분야로 확산(예: 진로상담)

상담과정연구 혹은 과정-성과 연구는 주로 심리치료상담에 국한되어 있었다. 진로상담, 교육장면에서의 자문적인 상담(consultation), 위기개입 장면의 상담 등에서는 과정이나 과정-성과 연결 연구가 별로 시도되지 않았었다. 그러나 심리치료상담 분야에서 상담과정의 기술 혹은 과정-성과 간의 관계 분석이 하나의 큰 연구조류를 이루자 상담의 다른 분야에서도 과정 및 과정-성과 연결에 관심을 가지기 시작하였다. 그러나 이는 아직 초보적인 단계로서 심리치료상담에서 사용된 개념, 측정방법, 가설 등을 반복해서 시도해 보는 수준에 그치고 있다. 앞으로는 진로상담, 교육자문, 위기개입 등 각기 상담의 특성에 걸맞는 독특한 개념과 측정방법을 고안해 내리라 기대한다.

④ 문화, 인종 간 연구에 대한 관심

미국은 다민족, 다문화 국가이기 때문에 최근 문화간 연구, 혹은 다문화 관점 등이 크게 유행하고 있다. 백인의 관점에서 백인에 관한 연구에 국한하지 않고 흑인, 히스패닉, 아시아인 등에 관한 연구, 여성과 남성의 차이에 대한 관심, 주류문화에 흡수된 정도에 대한 연구 등 인종과 문화의 개념을 도입한 연구는 이들에 있어서 중요한 연구조류가 되고 있다.

이런 민족간, 인종간, 문화간 관점과 연구는 우리 나라 상담심리학자들에게 많은 시사점을 제공한다. 그런데 우리 나라 연구자들은 이 점에서 한 가지 주의해야 할 것이 있다. 그것은 다문화, 문화간 관점이라는 것이 그 자체가 다분히 "미국적" 개념이라는 것이다. 앞에서 언급했듯이 다문화 관점, 인종간 및 민족간 연구는 미국 사회와 미국 학계의 필요성에서 출발했던 것임을 우리는 정확히 알아야 한다. 이들의 다문화적 연구가 "세계화된 지식"을 생산하는 데 도움이 될 것은 분명하다. 그러나 그 지식은 한국의 상담심리학 발전을 염두에 둔 지식이 아님을 분명히 알아야 한다. 최근 미국에서 이러한 다문화 관점이 크게 유행하면서 우리 나라 유학생들 중에도 이 관점을 도입한 연구를 수행하는 것을 흔히 볼 수 있다. 단, 이때 주의해야 할 것은 그 관점 자체가 "미국 중심의" 관점이라는 사실과, 그 관점을 한국 상담심리학자로서 소화하려면 한 단계 더 노력해야 한다는 사실을 직시해야 한다.

⑤ 단순빈도분석에서 상호작용 패턴분석으로

상담과정에 대한 초기 연구자들은 연구기법상의 제한점을 가지고 있었다. 상담연구에서 비디오 녹화를 처음으로 시도한 사람은 Rogers로서 그는 내담자중심상담이론을 제창한 공로 이외에 상담과정에 대한 정확한 기록을 도입했다는 중요한 공헌을 하였다. 그 이전까지는 대개가 상담자의 임상기록지에 의존하는 불완전한 기록방법을 사용했었다.

상담회기의 녹화자료는 연구자들이 개발한 코딩시스템에 의해 코딩이 된다. 이 코딩의 결과 연구자들은 상담자와 내담자의 말(언어), 행동, 표정 등에 대한 대단히 생생한 자료를 보유하게 된다. 그런데 이 자료들을 연구자들은 어떻게 분석하는가?

초기 연구자들은 주로 빈도분석법에 의존했다. 즉, 한 회기에서 상담자가 감정반영(reflecting)을 몇 번이나 하는지, 개방질문이나 폐쇄질문을 각각 몇번이나 하는지 등의 빈도를 가지고 분석을 하였다. 예를 들면, 상담자의 배경 이론의 차이에 따라 회기에서 상담자가 사용하는 감정반영이나 개방질문의 빈도에 차이가 발생하는지 등이 전형적인 연구문제였다.

그런데 상담이론가들은 이미 상담자와 내담자 간의 상호작용 특히 교호적인(reciprocal) 상호관계에 대해서 언급하고 있었다. 이런 고차원적인 상호작용 패턴을 연구자들도 분석을 해낼 필요를 느끼고 있었고 그런 희망은 서서히 달성되어 가기 시작했다. 처음에는 상담자와 내담자의 행동(특히, 언어)을 사슬처럼 이어서 기록, 분석, 기술하는 비교적 원시적인 방법을 사용했다. 예를 들면 내담자의 감정 표현 다음에 상담자의 감정반영이 이어서 발생하는 확률은 ○○%이고, 그 다음에 상담자의 해석이 이어서 발생할 확률은 ○○%이고, 다시 그 다음에 내담자의 통찰이 발생할 확률은 ○○%라는 등의 사슬을 말한다.

그러나 이 방식은 상담자와 내담자 간에(반복적으로 발생함으로써) 형성되는 상호작용 패턴을 기술하는 데에는 부족함이 많았고, 그 패턴이 얼마나 강력하게 형성된 것인지 등에 대한 정보를 거의 주지 못했다. 이런 갈증을 풀어준 것이 이른바 **연계분석법**(sequential analysis)이다. 연계분석법은 상담자-내담자, 부모-자녀, 교사-학생, 고객-상인 간의 상호작용에 나타나는 여러 가지 특징들을 분석해 주는 기법이다. 예를 들면, 내담자는 상담자의 특정 행동 다음에 평소와는 다른 방식으로 반응하는지 여부를 분석한다든지, 교사와 학생 간의 상호작용에서 누가 더 지배적으로 작용하여 상대방의 행동을 통제하였는지 등 연구자들이 관심을 가지는 상호작용 특성들을 다양하게 분석하는 기법들이 개발된 것이다.

이 연계분석은 필자 자신에 의해 우리 나라에 소개된 이후(김계현, 1991; Kim, 1988; Wampold & Kim, 1989) 많은 국내 연구에서 시도되었다. 예를 들면, 김동민(1993), 김선경(1992), 김지은, 이장호(1994), 금명자, 이장호(1994), 문형춘(1993), 신희천(1998), 이미형(1993) 등이 연계분석법을 사용해서 연구하였다.

연계분석을 통해 얻어진 자료는 그 자체로서 상담의 과정을 잘 기술해 주기도 하지만, 상담자-내담자 상호작용 특성이 상담성과와 어떤 관계가 있는지를 연구하는 과정-성과 연구의 중요한 자료로 활용된다(Wampold & Poulin, 1992). 연계분석에서 앞으로의 과제는 (1) 좀더 다양한 상호작용 특성들을 분석하는 기법의 개발과 (2) 3인 이상의 상호작용을 좀더 의미 있게 분석하는 기법을 개발해야 한다는 것이다. 그래야 집단상담, 부부상담, 가족치료에 대한 연계분석이 가능해지기 때문이다.

(3) 상담과정-성과연구의 이론모형

상담과정연구는 기본적으로 두 가지 큰 질문을 다룬다. (1) 상담회기 내에서 무엇이 발생하는가와 (2) 회기 내에서 발생하는 모든 이벤트와 상호작용은 시간 흐름에 따라서 어떻게 변화하는가, 그리고 그것은 다른 요인들과 어떤 관련이 있는가이다. 또한 과정-성과 연구는 회기 내에서 발생하는 것이 내담자 변화와 어떻게 관계하는가를 밝히려는 연구이다.

과정-성과 연구의 가장 단순한 모델은 **"과정-산출(process-product)" 모델**이라고 부르는 것으로서 이것을 그림으로 표현하면 다음과 같다. 즉, 회기 내에서 발생한 상담자 행동, 내담자 행동, 혹은 상담자가 내담자에게 미친 영향이 산출(성과)을 발생시킨다는 일방향적 인과론에 입각한 이론모형이다.

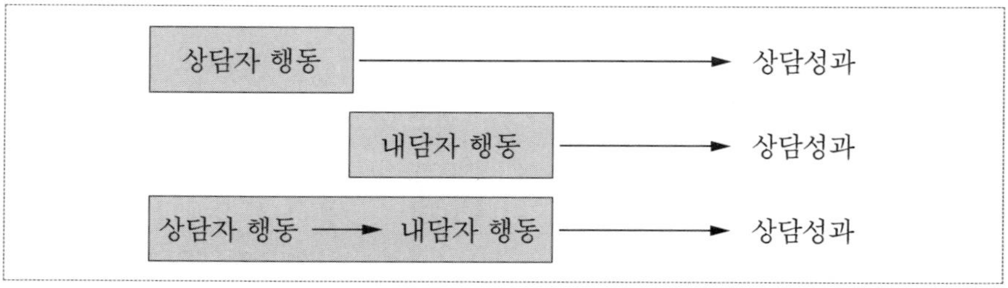

〈그림 8-1〉 상담과정-산출(성과)모델

그러나 이 과정-산출모델은 두 가지 면에서 결점을 지닌다. Martin(1984)에 의하면 이 모델은 (1) 상담자 내담자 간 상호 교호적(reciprocal)인 인과관계를 보지 못하며(상담자가 내담자에게 영향을 줄 뿐만 아니라, 내담자가 상담자가 영향을 준다), (2) 상담자와 내담자의 내부에서 발생한 인지적 활동을 포착하지 못한다는 문제점을 가지고 있다는 것이다. Martin은 이 두 가지 문제를 보완한 이론모형을 제시한 바 있는데 그것을 "인지매개모델(cognitive mediational model)"이라고 부른다(그림 8-2). 이 인지매개모델은 양방향적(상호 교호적) 인과론과 인지현상을 강조하는 심리학의 시대적 조류에 부응하는 관점이라고 평가할 수 있다(Wampold & Poulin, 1992).

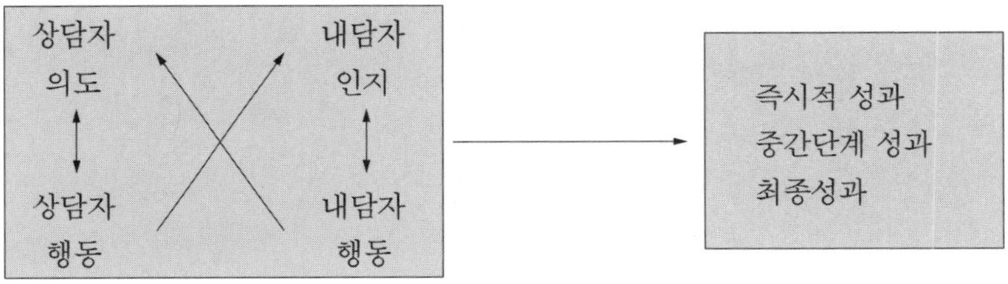

〈그림 8-2〉 Martin의 "인지매개모델"

상담자와 내담자의 내적 현상, 예컨대 상담자의 개입의도라든가 상담자의 개입에 대한 내담자 반응 등은 상담과정에 대한 연구를 한 단계 발전시켰다(측정방법에 대해서는 다음 절에서 다룸). 상담자와 내담자의 외현적 행동은 표정과 제스처 등 행동언어나 음성으로 나온 언어(말) 등이다. 연구자들은 이런 행동언어와 음성언어를 유목으로 분류, 즉 코딩을 하여 그것을 자료로 분석을 한다. 그런데 이 코딩유목들은 객관성과 신뢰도를 유지하기 위하여 평정자(코더)의 주관을 최소화시키는 방법을 채택하고 있다. 즉 코더의 해석이 개입될 필요가 없이 코딩요강에서 정의한 대로 코딩을 하는 방식을 쓰는 것이다. 이런 방법의 장점은 높은 객관도와 신뢰도이지만, 동시에 발생하는 결점은 상담자와 내담자의 내면적인 현상을 제대로 포착하지 못한다는 것이다. 그런데 상담자 의도라든지 개입에 대한 내담자 반응 등의 측정은 그런 대로 상담과정 중의 인지적 정서적 측면을 포착하고 있으므로 외현적 행동에 대한 측정에서는 다루지 못했던 부문에 대한 연구가 가능해졌다.

상담과정을 일방향적 현상이 아니라 양방향적 상호작용으로 보는 것은 단지 이론적 관점만이 아니라 실제로 그런 상호 교호적인 현상을(예: reciprocity) 통계학적으로 분석하여 보여 주는 지수(index) 산출방법이 등장하면서 연구에 박차를 가하였다. 상담연구에서는 상담자와 내담자 간 상호 통제의 힘, 즉 누가 상대방에게 더 영향을 미쳤는가, 누가 상호작용의 흐름을 주도하였는가 등의 현상에 관심이 있어 왔다. 그런데 이런 상호 교호적인 현상은 개념적으로는 설명하기가 쉽지만 그것을 통계학적으로 분석해 내거나, 혹은 어떤 표준화된 지수로 표현하는 것은 결코 쉽지 않았다. 그런데 연계분석(sequential analysis)의 발전에 힘입어서 이런 상호 교호적인 현상을 분석하는 방법이 개발되기 시작하였다. 예를 들면, 상담자와 내담자 간의 지배성(dominance)에 대한 양방향적 분석을 하면 상담자와 내담자 간에 누가 실질적인 주도권을 행사했는지를 알아낼 수가 있다(Gottman, 1984; Wampold, 1988; Wampold & Kim, 1989).

2) 상담과정연구와 성과연구의 방법론적 쟁점

(1) 측정관점의 다양성

제2부에서 우리는 상담성과의 측정에 대해서 논의한 바 있다. 상담성과를 측정, 평가하는 사람으로서 우선 내담자와 상담자(치료자)가 있고 그 외에 제3자로서 내담자 주변의 가족이나 친지, 혹은 다른 전문가 등이 있다. 상담성과를 보는 관점에 따라서 그 측정결과가 다르게 나올 가능성이 있기 때문에 어느 한 사람의 관점에만 의존한 연구는 사실을 제대로 반영하지 못하는 결과를 야기할 수 있다. 예컨대, 내담자에 비해서 상담성과를 과소평가하는 상담자를 생각해 보자. 어떤 상담자들은 내담자의 증상 호전뿐만 아니라 문제의 핵심이라고 볼 수 있는 성격적 구조, 가족의 역동 등까지 변화되어야 한다는 목표를 가지고 있다. 이 경우 내담자는 상담의 성과를 상당히 긍정적으로 평가하는데 비해서 상담자는 아직 목표를 달성하려면 멀었다라고 평가할 가능성이 높다. 물론 그 반대도 존재할 수 있다. 매사를 긍정적으로 보는 경향이 높은 상

담자, 혹은 내담자나 슈퍼바이저로부터 인정을 받고자 하는 동기가 높은 상담자들이 그러하다. 내담자나 제3자가 보기에는 대단한 성과도 아닌데 그런 상담자는 이를 대단한 성과로 평가할 것이다. 따라서 좋은 연구에서는 상담성과를 평가, 측정할 때 최소한 두 가지 이상의 관점을 사용한다.

그런데 상담과정을 측정, 평가할 때도 여러 관점을 적용하는가? 그렇다. 상담관계에 대한 평가, 회기에 대한 평가, 회기 중 발생한 사건에 대한 보고나 평가 등에 대해서 내담자의 의견과 상담자의 의견 그리고 제3자의 의견은 상당히 다를 수 있다. 내담자는 회기가 매우 의미 있고 깊이 있게 이루어졌다고 보았는데 비해서 상담자는 이를 알아차리지 못했을 수 있으며, 그 반대의 경우도 있을 수 있다.

상담과정을 측정할 때에는 자기보고식 방법뿐만 아니라 제3자에 의한 행동관찰법을 자주 사용한다. 즉, 상담시간 중에 내담자와 상담자가 한 모든 말, 동작, 표정에 대한 녹음과 녹화를 기초자료로 사용하여 그것을 정해진 부호(code)로 유목분류를 하고 이에 대한 빈도를 얻거나 혹은 다른 지수를 산출하는 것이다(이 방법에 대해서는 다른 장에서 더 상세히 언급됨). 이런 행동관찰법에 의한 상담과정의 측정은 한 명의 평정자한테만 전적으로 맡기면 그 신뢰성이 위험하기 때문에 두 명 이상의 평정자로 하여금 같은 자료를 평정하게 한 후에 그 일치 정도(평정자간 신뢰도)를 산출하는 등의 작업을 통해 측정의 양호성을 확보해야 한다.

상담연구에서 측정의 대상이 성과이든 과정이든 관점의 누구의 것이냐는 매우 중요하다. 그 이유는 관점이 다르면 그 측정치가 크게 달라지는 경우가 흔하기 때문이다. 같은 변인명을 가진 측정치, 예컨대 상담협조 관계(동맹관계)에 대한 내담자의 평가와 상담자의 평가는 상관이 그다지 높지 않다. 다시 말해서 내담자가 보는 상담협조 관계와 상담자가 보는 상담협조 관계는 이름은 같아도 사실은 다른 구인(구념)이라고 말해야 할 것이다. 측정자의 관점이 다르면 변인명이 같아도 다른 구념으로 보는 것이 일단 타당하고 안전하다.

(2) 과정-성과 측정의 다양한 수준

Orlinsky 등(1994)은 상담과정과 성과의 측정도구들을 종합적으로 검토한 후 그것들을 몇 가지 수준으로 나누어 보았다. 이 분류는 상담의 과정-성과 연구들을 분석하는 데 유용한 분류로 보인다. 우선 그들의 분류틀을 살펴보자. 이들의 분류는 측정과 관련된 시간을 기준으로 하였다.

〈표 8-1〉 Oliusky 등 (1994)의 상담치료의 과정과 성과에 대한 시간차원의 구분

수 준	시 간	과 정	성 과
수준1: 초	몇 초 정도	시선변화, 표정변화	
수준2: 분	수분 이내	의미 있는 대화 내용	도움되는 체험(통찰, 감정강화)
수준3: 시간	수시간 이내	회기 내 과정 (변화전략, 동맹관계, 회기 전체의 역동)	회기성과(회기 직후의 기분과 동기의 변화, 인지변화)
수준4: 3일	수일 이내	회기간 체험, 과제	현재 생활기능의 향상(대화기술, 문제상황 대처능력 등)
수준5: 월	수주-몇 달	수회기 계속되는 치료동맹, 단기치료 처리일화	수주 이상의 심리적 변화, 증상 감소, 비합리적 사고의 감소
수준6: 계절	몇 달-몇 년 (6월~2년)	인지, 대인행동, 심리갈등에 대한 반복적 치료작업	적응기제의 변화, 현실자아와 이상적 자아와의 일치, 역기능 인지와 태도의 해결
수준7: 수년	몇 년 이상	2년 이상의 장기적 치료상담	성격변화, 방어기제 수정, 성장장애 신경증적 요소 제거
수준8: 발달단계	7~8년 이상	장기치료의 반복	인격변화, 성격장애의 제거
수준9: 일생	수십 년	평생치료 전체 역사	치료적 경험에 대한 일생의 회고

Orlinsky 등은 과정과 성과의 각 수준에 대해서 이름을 붙였다. 예를 들면 제2수준의 과정은 “moment-by-moment process”, 즉 “순간순간의 과정”이라

고 번역할 수 있을 것이며, 제2수준의 성과는 "in-session impact", 즉 "회기 내 영향"으로 번역될 수 있을 것이다. 그리고 제3수준의 과정은 "session process", 즉 "회기과정"이고 성과는 "post-session outcome", 즉 "회기 후 성과"로 명명되었다. 다른 이름들은 대체로 너무 인위적으로 명명되었기 때문에 그들의 분류틀을 이해하는 데 큰 도움을 주지는 않는다고 사료되므로 더 이상의 이름 소개는 생략한다.

그런데 우리가 이 분류틀로부터 얻을 수 있는 중요한 시사점이 있다. 그것은 우리가 상담과정과 성과를 연결시키는 연구를 할 때 그 "수준"을 이 틀에 의거해서 조절할 수 있다는 것이다. 우리는 종종 회기 직후에 성과를 측정하는 경우가 있는데(제3수준), 이는 바로 "회기 후 성과"로서 회기 중에 상담자의 어떤 처치, 상담자-내담자 간 어떤 상호작용, 내담자의 어떤 체험이 발생했기에 그런 성과가 야기되었는지, 즉 "회기과정"과 연결을 지어보는 것이 효과적인 연구이다. 예를 들면 회기 내 상담자-내담자 상호작용 특성과 회기에 대한 만족도 등 회기평가를 연결짓는 연구가 그것이다. 그러나 이런 회기 내 과정을 좀더 큰 성과(상위수준 성과)와 연결짓는 연구는 자칫 비효율적 연구가 되기 쉽다. 예컨대, 회기 중에 나타나는 내담자-상담자 상호작용 특성을 최종성과(증상 감소, 성격변화 등)와 연결을 짓는 것은 미시적 현상(과정)과 거시적 현상(성과) 간의 관계를 보는 것인데 이런 가설은 설사 그 자체가 진이라 하더라도 연구를 통해 검증되기가 어렵다. 즉, 〈표 8-1〉에서 각 수준별 상담과정과 성과에 대한 분류는 상담성과의 원인을 상담과정에서 찾는 연구자들이 연구변인을 선택할 때 하나의 지침으로 활용될 수 있을 것이다.

2. 상담과정의 분류와 측정

1) Hill의 상담과정 분류

상담과정의 종류를 분류한 시도는 여러 학자들이 했지만 여기서는 Clara Hill(1991)의 분류를 첨가하고자 한다. 이것은 앞에서 본 Orlinsky 등의 분류와 공통점도 있고 차이점도 있다. 공통점이라면 덜 복잡한 수준에서 출발하여 더 복잡한 수준으로 바뀐다는 점이다. 즉, 관찰이 가능하고 더 분명한 외현적 행동으로부터 시작해서 더 추상적이고 발생시간의 길이가 더 긴 수준으로 바뀐다. 다음은 Hill의 상담과정 분류이다.

① 상담 중 발생하는 부수적인 행동들. 예컨대, 말의 유창성 정도, 발음의 부정확성, 표정, 행동(윗몸을 앞으로 기대기 등).

② 상담자와 내담자의 언어. 언어로 표현된 상담자와 내담자의 반응. 예컨대, 상담자의 자기개방, 해석, 직면 등.

③ 내면적 "행동" 즉 인지. 예컨대, 상담자의 의도(intentions: 내담자를 위로하기 위함, 내담자에게 변화에의 도전감을 일으키기 위함 등)

④ 내용(contnet). 즉, 상담에서 논의하고 다루는 주제 내에 포함되는 각종 내용들. 주로 내담자의 내면이나 행동에 초점이 맞추어짐.

⑤ 전략(strategies). 주로 상담자의 기술과 기법에 관한 것으로서 예를 들면 내담자의 부적응적 인지를 구체화시켜서 내담자가 인식하도록 하는 것 등.

⑥ 상담자와 내담자의 대인행동 혹은 대인관계 양식(manner). 예를 들면, 상담자의 관여 정도(involvement), 공감적인 정도나 공감의 방식, 순수성과 일치성 등.

⑦ 상담자 내담자 간 치료적 관계. 예컨대, 작업동맹과 협조관계, 상담의 주제를 선택하고 결정하는데 나타나는 상담자 내담자 간 통제(control)의 관계 등.

2) Heppner, Kivlighan과 Wampold의 상담과정 측정분류

Heppenr 등(1999)은 Hill의 7가지 종류의 상담과정에 질(quality)를 더해서 8가지 과정측정을 제시했다. 그리고 이들은 측정의 단위 크기, 즉 size를 기준으로 미시적(微視的, micro) 수준과 거시적(巨視的, 영어로는 global이라고 되었으나, 미시적과 대칭되는 의미로 거시적이라 번역) 수준으로 나누었다. 우선 이들이 제시한 측정분류표를 인용한 후 각각에 대한 설명을 하겠다.

〈표 8-2〉 Heppner, Kivlighan & Wampold(1999)의 상담과정 분류와 대표적인 측정도구(편의상 원어를 그대로 인용)

	Level of measurement	
Counseling process	Micro	Global
Ancillary behaviors	Client vocal Quality (Rice & Kerr, 1986)	Arousal Scale (Burgoon, Kelly, Newton, & Keeley-Dyreson, 1989)
Verbal behaviors	Hill Counselor Verbal Response Modes Category System (Hill, 1985)	Supervision Questionaire (Worthington & Roehlke, 1979)
Covert behaviors	Thought-Listing Form (Heppner et al., 1992)	Brief Structured Recall (Elliott & Shapiro, 1988); Session Evaluation Questionnaire (Stiles & Snow, 1984) Comprehensive Scale of Psychotherapy Session Constructs (Eugster & Wampold, 1996)
Content	Hill Interaction Matrix (Hill, 1965)	Discussion Units (Dipboye, 1954)
Strategies	Counselor Intentions List (Hill & O'Grady, 1985) Client Reactions System (Hill et al., 1988)	Therapist Session Intentions (Stiles et al., 1996)

Interpersonal manner	Interpersonal Communication Rating Scale (Strong et al., 1988)	Check List of Interpersonal Transactions (Kiesler, 1984)
Therapeutic relationship	Categories of semantic cohesion Analysis (Friedlander et al., 1985)	Workig Alliane Inventory (Horvath & Greenberg, 1989)
Quality	Client Experiencing Scale (Klein, Mathieu-Coughlan, & Kiesler, 1986)	Penn Adherence and Competence Scale for Supportive-Expressive Therapy (Barber & Crits-Christoph, 1996)

Heppner 등의 분류는 그것이 구체적 측정방법과 측정도구에 대한 분류라는 점에서 Hill의 분류와 차이가 있다. Hill의 분류는 과정측정에 대한 분류가 아니라 상담과정 그 자체에 대한 분류이다. 그래서 두 분류를 자세히 들여다 보면 약간의 차이가 있다. 예를 들면, 상담자의 의도는 Hill의 분류에서는 내면적 행동에 들어 있는데 비해서 Heppner 등의 분류에서는 전략에 들어 있다. 이 정도의 작은 차이를 제외하곤 두 분류는 근본적으로 유사하다.

그런데 Heppner 등은 그들의 공저 『Research design in counseling』의 제1판(1992)에서는 다소 다른 분류를 한 바 있었다. 제1판의 내용에 익숙한 독자를 위해서, 그리고 제1판을 접하기 어려운 새로운 독자들의 참고자료로 1판의 분류를 표로 제시한다.

〈표 8-3〉 Hepper, Kivighan, & Wampold(1992)의 상담과정 분류와 측정도구 (원어를 그대로 인용)

	Level of measurement	
Aspect	Microscopic	Global
Content	Hill Interaction Matrix (Hill, 1965)	Discussion Units (Dioboye, 1954)
Action	Hill Counselor Verbal Response Modes (Hill, 1985)	Supervision Questionnaire (Worthington & Roehlke, 1979)
Style	Interpersonal Communication	Checklist of Interpersonal

	Rating Scale (Strong et al., 1988)	Transactions (Kiesler, 1984)
Intention	Intentions List (Hill & O'Grady, 1985)	Brief Structured Recall (Elliott & Shapiro, 1988)
Quality	Client Experiencing Scales (Klein, Mathieu-Coughlan, & Kiesler, 1986)	Therapist Strategy Rating Form (O'Malley, Foley, Rounsaville, Watkins, Sotsky, Imber, & Elkin, 1988)
Reaction	Client Reactions System (Hill, Helms, Spiegel, & Tichenor, 1988)	Session Evaluation Questionnaire (Stiles & Snow, 1984)

3) 상담과정의 측정

여기서는 Heppner 등(1999)이 분류한 8가지 상담과정을 2가지 수준(미시, 거시)으로 측정방법을 나누어서 각각의 의의를 논의하고 구체적 측정도구에 대해서 소개한다. 측정도구는 아직 국내에 도입되지 않은 것들이 많으므로 측정도구 명칭 및 유목 명칭의 원어를 그대로 사용한다.

(1) 행동언어

① 행동언어에 대한 미시적 측정

행동언어는 상담대화의 음성언어에 대해서 부수적인(ancillary) 성격이 있다. 그러나 행동언어가 가지는 의사소통 기능을 고려하면 그것은 말, 즉 음성언어와 동일한 혹은 그보다 더 강한 가치를 지니고 있다. 한 연구에 의하면 한 소집단에서 발생하는 행동언어는 전체 의사소통량의 60퍼센트를 담당한다고 한다(Kleinke, 1986).

이 표정과 제스처 등의 행동언어는 인지보다 감정 부분의 의사소통을 주로 한다는 점에서 상담연구에서 중요한 의미를 지닌다. 또한 행동언어는 음성언어에 비해서 상담자나 내담자가 의식적으로 조절 및 통제하기 어려운 점이 있어서 이들의 무의식적 내면을 이해하는 데 음성언어의 내용보다 더 좋은 자료가 될 수 있다.

다음은 상담연구에서 사용되는 미시적 수준의 행동언어 측정의 예이다. 행동언어는 크게 두 가지로서 목소리 부문(vocalics)과 신체(kinesics) 움직임 부문이다.

목소리 부문: Client Vocal Quality(CVQ: Rice & Kerr, 1986)
CVQ를 사용한 다른 연구 – Greenberg & Foerster(1996)
신체 움직임(표정 부문): Emotional Facial Action Coding System(EMFACS: Friesen & Elkman, 1984)
EMFACS를 사용한 다른 연구—Merten, Anstadt, Ullrich, Krause, & Buchheim(1996)

② 행동언어에 대한 거시적 측정

거시적 수준에서의 행동언어 측정은 미시적 측정과는 달리 목소리 부문과 신체 움직임 부문으로 나뉘지 않고 그냥 한 부분으로 측정된다. 대표적인 측정 도구는 Arousal Measure(Burgoon, Kelly, Newton, & Keeley-dyreson, 1989)로서 이것은 신체 움직임과 목소리의 변화, 감정에 대해 21가지 유목으로 그 정도나 빈도를 측정한다. 이 Arousal Measure를 사용한 다른 연구로는 Burgoon 등의 1993년 연구가 있다.

(2) 언어행동

① 음성적 언어행동에 대한 미시적 측정

여기서 말하는 음성적 언어행동이란 상담자와 내담자 간 대화한 내용을 제외한 부문에 관한 것이다. 언어행동의 단위로서 주로 문법구조의 단위를 활용하거나(예: 질문/ 개방형 질문, 폐쇄형 질문) 상담자의 기법(예: 해석, 감정반영)을 사용하여 미시적 측정단위로 삼는다. Elliot 등(1987)에 의하면 이미 당시에 20가지 이상의 상담자 언어반응 유목체계가 개발되어 있었다고 한다. 즉, 상담과정연구에서 가장 활발하게 측정이 개발된 영역이 바로 이 음성언어에 대한 미시적 측정이 아닌가 한다. 연구자는 연구의 목적과 성격이 가장 잘 맞는 유목체계를 선택해야 할 것이다. 현재 우리 나라에서 가장 자주 사용되는 상담 언어행동 유목체계는 Hill과 동료들이 개발한 Hill Counselor Verbal Response Mode Category System과 Hill Client Verbal Response Mode Category System일 것이다. 그러나 앞에서 지적한 것처럼 어느 한 가지 측정 방법에만 의존하는 것은 측정방법이나 관점면에서 편협되어 왜곡된 결과를 얻을 우려가 있으므로 측정방법의 다양화가 요망된다.

② 음성적 언어행동에 대한 거시적 측정

상담슈퍼비전 연구에서는 거시적 차원에서 슈퍼바이저와 수련생 간의 대화를 측정하는 도구가 사용되었다. 예를 들면 슈퍼바이저가 "슈퍼비전 회기 중 유머를 사용한다"라든가 "적절한 직면을 한다" 혹은 "내담자를 이해하는 새로운 방법을 제시해 준다" 등 미시적이지 않은 차원의 행동에 대해서 수련생이 그 정도를 5점 척도에 답변하도록 하는 것이다. 여기서 예로 든 방법은 Worthington와 Roehlke(1979)의 Supervision Questionaire에 나오는 것인데, 이 도구는 Holloway와 동료들(1989), Krause와 Allen(1988) 등 여러 연구에서 사용되었고 우리 나라에서도 사용된 바 있다(심흥섭, 1998).

(3) 내면적 행동

① 내면적 행동에 대한 미시적 측정

상담행동에서 내면적 행동이 지칭하는 것은 상담자와 내담자의 생각, 감정, 지각 등이다. 전형적인 측정방법은 상담자의 self-talk, 즉 독백을 thought listing 작성기법을 사용하여 수집하는 것이다. 상담중 상담자의 내면행동은 주로 내담자에 대한 평가, 정보, 내담자에 대한 통합된 이해, 개입계획 등이다(Morran, Kurpius, & Brack, 1989). thought listing 작성기법은 원래 사회심리학 연구에서 개발된 것인데, 상담연구에서는 Heppner, Rosenberg와 Hedgespeth(1992)의 논문과 Hines, Stockton과 Morran(1995)의 논문을 참고하기 바란다. Heppner 등의 방법은 한 회기를 마친 직후 회기 전체에 대해서 떠오르는 생각을 자유로이 기입하도록 한 것이고, Hines 등의 방법은 몇 분 간격으로 단위를 나누어서 각각에 대한 생각을 자유롭게 기입하도록 하고 있다.

② 내면적 행동에 대한 거시적 측정

이 영역도 상담언어 행동에 대한 미시적 측정처럼 다양한 측정도구가 개발되고 연구에서 자주 사용되었다. 아마도 상담자나 내담자의 내면적 경험은 미시적 방법보다는 거시적 방법의 측정이 더 용이하거나 혹은 더 적절한 모양이다.

거시적 차원의 내면행동 측정의 전형적인 방법은 한 회기 전체에 대한 상담자나 내담자의 반응을 측정하는 것이다. 우리 나라에서 상담연구에 많이 사용되는 상담회기평가, 즉 Session Evaluation Questionaire(SEQ)는 회기에 대한 내담자의 반응을 재는 도구이다(Stiles & Snow, 1984). SEQ의 내용에 대해서는 앞에서 이미 자세히 설명했지만 여기서 다시 간단히 언급하면 SEQ에는 네 가지 척도가 있는데 그들은 (1) 회기의 깊이(depth), (2) 회기의 순조로움(smoothness), (3) 회기 직후의 긍정적-부정적 정서(positivity), (4) 회기 직후의 정서상태(arousal)이다. 이 SEQ는 원래는 내담자용으로 시작되었지만, 연구자들은 상담자의 회기반응을 측정하는 데에도 같은 도구를 사용하기도 한다.

회기에 대한 평가도구로서 한 예를 더 들면 Eugster와 Wampold(1996)의 Comprehensive Scale of Psychotherapy Session Constructs(CSPSC)라는 것이 있다. 이 도구는 아직 우리 나라에서는 사용된 적이 없는 것 같은데, 그것이 재는 내용은 patient involvement, patient comfort, patient learning, patient real relationship, therapist involvement, therapist comfort, therapist expertness, therapist interpersonal style, thearpist real relationship이다. 측정은 내담자(환자)와 상담자(치료자) 둘 다에게 실시한다.

거시적 차원의 내면행동 측정의 또 다른 예는 한 회기에 대한 상담자의 계획(의도: 미시적 의도와 다름), 혹은 여러 회기에 대한 상담자의 계획 이른바 treatment plan과 같은 것이다. 그러나 이런 거시적 차원의 상담자 계획에 대한 측정도구는 아직 개발되지 않은 것 같다. 그러나 내담자의 의도에 대한 도구는 Elliot과 Shapiro(1988)가 고안한 Brief Structured Recall이라는 방법이 있다. 이것은 회기 중 발생한 중요한 사건(significant events)에 대해 자유로이 기억을 하게 해서 내담자의 의도를 측정하는 방법을 쓴다. 그 내용은 자기 자신 및 문제에 대한 이해 증진, 회피하기, 행동변화시키기, 상담자로부터 사적인(personal) 반응을 얻어내기 위함, 안심이나 더 나은 느낌 경험, 치료적 지시사항이나 치료절차 따르기 등이다. 이 도구를 사용한 다른 연구로는 Elliot와 James(1989)의 것이 있다(국내 관련연구: 윤경희, 1998).

(4) 상담 내용

① 내용에 대한 미시적 측정

상담연구에서 내용이란 상담대화의 주제나 화제를 의미한다. 대표적인 도구로는 HIM이라고 불리는 Hill Interaction Matrix(Hill, 1965)로서 이것은 주로 집단과정을 연구할 때 사용된다. 이 도구는 20개의 유목으로 되어있는데, 그것은 4개 유목의 내용차원과 5개 유목의 반응양식 차원이 조합되어(4×5) 생긴 것이다. 4개 내용차원이란 내담자(집단 성원)와 상담자(집단 리더)가 말한 대화 내용이 무엇에 관한 것이냐인데, 그것들은 topic, group, personal, relationship이다. 그리고 5개 반응양식이란 그 말을 하는 방식에 관한 것인데 그것들은 responsive, conventional, assertive, speculative, confrontive이다. 측정은 축어록의 매 문장마다 유목코딩을 하는 방식으로 하기 때문에 미시적 측정이다.

② 내용에 대한 거시적 측정

앞에서 언급한 Dipboye(1954) 초기 상담과정연구가 바로 내용에 대한 측정이다. 그 유목들을 다시 상기하면 test discussion and interpretation, interpersonal relations, family relations, educational and vocational problems and planning, self-reference, study habits and skills이다. 그 외에 Cummings(1989)는 상담 내용을 간단하게 intrapersonal과 interpersonal 두 개의 유목으로 분류했다. 이 분류가 너무 단순하여 impersonal이라는 제3의 유목을 첨가하자는 의견도 있고, 각 유목을 세분하자는 제안도 있다. 예를 들면 interpersonal problems를 hard to assertive, hard to be sociable, hard to be submissive, hard to be intimate, too responsible, too controlling 등으로 나눌 수 있다는 것이다(Horowitz 등, 1988).

(5) 개입전략

① 전략에 대한 미시적 측정

상담과정 측정에서 전략(strategy) 영역에서 가장 자주 시도된 것은 상담자 의도(intentions)와 내담자 반응(reactions)이다. 여기서는 이 두가지 측정에 대해서 집중적으로 논의한다.

상담자 의도의 측정

상담자 의도에 대한 측정은 Hill과 O' Grady(1985)의 논문에서 비롯된다. 이들은 여러 이론 접근의 상담자들이 사용하는 개입의도들을 19개의 유목으로 측정하고자 하였다. 그것들의 명칭은 다음과 같다(영어 원어를 그대로 소개하겠음)—set limits, get information, give information, support, focus, clarify, hope, cathart, cognitions, behaviors, self-control, feelings, insight, change, reinforce change, resistance, challenge, relationship, thrapist needs. 이 유목 리스트의 이름은 Counsleor' s Intention List라고 불리며, 이 리스트는 우리나라의 상담연구에서도 사용되었다.

그런데 상담자 의도를 측정하는 절차에는 두 가지가 있다. 첫째 절차는 상담자 자신에게 자신의 상담 테이프(비디오 혹은 오디오)를 시청하면서(상담 직후 24시간 이내에) 자신의 발언에 대해서 19개의 의도목록 중 하나를 부여하는 방법이다. 그러나 연구 피험자인 상담자들에게 이 의도목록에 대해서 사전에 충분한 교육훈련을 시키기 어렵기 때문에 측정의 신뢰도가 의심스럽다는 비판을 받았다. 상담자마다 자신의 이론적 배경에 따라서 각 의도목록을 달리 해석하기도 한다는 문제점도 있다. 따라서 최근에는 이 방법보다는 두번째 방법을 선호한다. 의도측정의 두번째 절차는 상담자가 자신의 상담 테이프를 시청하면서 자신의 발언 부분에 대해서 자신의 개입의도나 이유를 자유로이 말로 기술하게 한 후 이 자료를 훈련받은 숙달된 평정자들에게 코딩을 하도록 하는 방법이다(Martin 등의 방법). 이렇게 하면 2명 이상의 평정자들에게 한가지 자료를 코딩하게 하여 평정자간 일치도, 즉 신뢰도를 산출할 수 있다는 이점이 생긴다(윤경희, 1998).

상담과정연구에서 겉으로 드러나는 언어(말)나 행동만을 자료로 하는 것보다는 그것들을 상담자 의도(내면적 현상)와 함께 연구했을 때 상담자의 행동을 더 잘 기술하게 된다고 한다. 다시 말해서 상담자의 내면적 인지를 연구에 포함시켰을 때 더 효율적인 연구를 할 수 있다는 주장인데, 이 점에 대해서는 다음 장, 즉 상담연구 전략 부문에서 다시 한번 언급할 것이다.

내담자 반응의 측정

상담자의 의도 못지 않게 중요한 것이 그런 개입의도에 대한 내담자의 반응이다. 과연 상담자의 개입의도대로 내담자가 반응했을까? 예컨대 상담자가 내담자에게 지지(support)를 주려는 의도를 가졌었는데 이 개입 직후에 내담자는 지지받았다는 느낌을 경험했을까? 이런 질문에 답하기 위해 개입전략에 대한 미시적 측정의 한 방법으로 내담자의 반응을 측정하는 방법이 등장했다. 이것은 내담자의 외현적 행동이나 음성으로 발언된 언어 이외에 내면적인 현상을 측정한다는 점에서 의미를 가진다.

여기서 소개하는 내담자 반응측정은 Client Reaction System으로서 Hill, Helms, Spiegel과 Tichenor(1988)가 개발했다. 이 시스템은 21개의 내담자 반응 유목으로 구성되어 있는데 그 중에는 14개의 긍정적 반응(felt understood, felt supported, felt hopeful, felt relief, became aware of negative thoughts or behaviors, gained better self-understanding, became more clear, became aware of feelings, took responsibility, got unstuck, gained new perspective, got educated, learned new ways to behave, felt challenged)과 7개의 부정적 반응(felt scared, worse, stuck, lack of direction, confused, misunderstood, no reaction)이 있다.

측정하는 절차는 상담자 의도측정 절차와 유사하며 이것도 두 가지 절차가 있다. 첫째는 내담자 본인에게 자신의 상담 테이프를 시청하면서 상담자의 발언 직후에 그것에 대한 자신의 반응을 회상하여 21개 유목 중 하나를 부여하게 하는 것이다. 이 방법은 역시 내담자에게 미리 코딩시스템에 대한 철저한 훈련을 시키기가 어렵다는 점 때문에 내담자마다 독특하게 반응유목에 대한 해석을 달리했을 때 측정의 신뢰도와 타당도를 크게 손상시킨다는 문제점이 있다. 둘째는 내담자에게 테이프를 시청하면서 상담자의 개입에 대한 자신의 반응을 회상하여 말을 하거나 글로 적게 한 후에 이것을 자료로 훈련된 평정자들에게 코딩을 시키는 방법이다. 이 방법은 평정자를 미리 철저하게 훈련시킬 수 있고 평정자간 신뢰도를 산출할 수 있다는 장점이 있다.

② 전략에 대한 거시적 측정

상담자의 개입의도를 좀더 큰 단위로 측정할 수도 있다. 앞에서 본 Hill과 동료들의 Counselor Intention List와 Client Reaction System은 상담자의 매 발언(speaking turn)에 대해서 개입의도나 내담자 반응을 평정하는 것이다. 그러나 개입의도, 즉 전략이라는 것은 좀더 긴 시간과 복잡한 과정 속에서 나타나는 것이기도 하다. 그런 취지에서 Stiles 등(1996)은 한 회기 전체에서의 상담자 개입의도(개입전략)을 측정하는 방법을 고안했는데 그것을 Therapist Session Intentions(TSI)라고 칭한다.

이 TSI는 상담자 의도목록과 같은 19개의 의도목록으로 구성되어 있는데, 반응하는 방식이 CIL과 다르다. 각 목록에 대해서 "이번 회기에서 당신이 추구했던 목표나 일(수행)하려고 했던 활동의 정도"를 평가해서 1~5점 척도에 대답하게 하는 것이다. 즉, 의도의 내용은 TSI와 CIL이 서로 같은데 반응하는 방식이 다른 것이다. 회기에 대한 의도측정은 상담자의 이론적 배경의 차이에 따라서 의도가 어떻게 달리 나타나는지, 혹은 회기의 진행에 따라서 의도가 어떻게 변화하는지 등 중요한 연구문제를 다룰 수 있다(Stiles 등, 1996).

(6) 대인관계 양식

① 대인관계 양식에 대한 미시적 측정

상담과정에서 대인관계 양식이란 상담자와 내담자의 태도, 관심, 상담에의 몰입, 의사소통 패턴 등을 의미한다. 이 분야의 고전적 연구는 Rogers의 내담자에 대한 상담자의 공감(empathy)을 측정하는 것이었다. 상담축어록을 자료로 상담자의 말(speech act)에 나타난 내담자 공감수준을 평정하는 것이다. 국내에서는 주로 Carkuff의 공감수준 척도를 기준으로 한 연구들이 있다.

공감에 대한 연구 이후에는 Leary(1957)의 대인관계 2차원 모델을 활용한 바 있다. 이것은 대인관계 행동을 통제(control)차원과 친애(affiliation)차원으로 대별한다. 통계차원이란 내가 상대방에 대해서 영향력을 행사하는 정도를 뜻하는데, 예컨대 '지배적-복종적'이라는 연속선으로 그 지배성의 정도를 평정할 수 있을 것이다. 그리고 친애차원이란 내가 상대방과 좋은 관계를 유지하려고 노력하는 정도를 뜻하는데, 예컨대 '협조적-비판적'이나 '칭찬-비난' 등의 연속선상에서 평정을 하는 것이다. 이 2차원 모델을 토대로 한 평정척도로는

Penman(1980)의 Penmam Classification Scheme,

Benjamin(1974)의 Structural Analysis of Social Behavior,

Strong 등(1988)의 Interpersonal Communication Rating Scale

등이 있다. 이 척도유목들은 국내에서도 쉽게 구할 수 있다.

② 대인관계 양식에 대한 거시적 측정

이 분야의 거시적 측정은 이미 우리 나라에 알려진 방법들이 여러 가지 있을 정도로 다양하게 시도되었다. 그 중에 대표적인 것이

Barrett-Lennard(1962)의 Barrett-Lennard Relationship Inventory와

Barak & LaCrosse(1975)의 Counselor Rating Form

이다. Barrett-Lennard Relationship Inventory는 Rogers의 이론을 바탕으로 한 것으로서 상담자의 촉진적 의사소통 방법에 대해 내담자가 응답을 하는 방식을 취한다. 대체로 수 회기의 상담을 한 다음에 내담자의 반응을 측정하기 때문에 거시적 측정이라고 볼 수 있다. 상담자의 촉진적 의사소통 방식 중에 특히 공감은 상담성과와 관련성이 높은 것으로 연구결과들이 나타나고 있다. 그런데 미시적 방법으로 측정한 공감은 상담성과를 효과적으로 예언해 주지 못하고 있다. 아마도 공감이라는 현상은 내담자가 지각한 것을 자기보고식으로(현상학적으로) 측정한 것이 상담성과의 예언에 더 유용한 것으로 보인다.

Counselor Rating Form은 원래는 Strong(1968)의 Social Influence Model(사회적 영향 모델)을 기초로 만들어진 것이다. 여기서 사회적 영향이란 원래 사회심리학에서 태도나 가치관 변화 분야에서 나온 이론이며 특히 Festinger의 인지부조화(congitive dissonance)에 대한 이론과 가설들과 관련이 깊다. 상담에서 사회적 영향 모델을 간단히 말하면 내담자에게 의견, 태도 등 인지적 변화

를 발생시키는 상담자의 영향력은 상담자의 몇 가지 특성들에 기인하는데 그것들은 상담자의 전문성, 매력도, 신뢰성이라는 것이다. Barak과 LaCrosse(1975)는 상담자의 전문성, 매력도, 신뢰성에 대한 내담자의 평정을 묻는 척도를 제작하였으며 이 척도는 미국에서만도 수백 개 이상의 연구에서 활용되었고 우리 나라에서도 여러 연구에서 활용되었다. 연구는 대개 (1) 이들 상담자 특성이 상담성과와 어떤 관계가 있는가를 검토하는 일과 (2) 이들 상담자 특성에 대한 내담자의 지각에 영향을 주는 다른 세부변인들(예: 상담자의 복장과 전문성 인식과의 관계)에 관한 검토이다.

지금 소개한 두 가지 척도는 상담자의 대인관계 양식을 내담자가 평가한 것이므로, 여기서는 내담자의 대인관계 양식에 대한 측정도 소개할 필요가 있다. 이 분야의 대표적인 척도로는

Kiesler(1984)의 Impact Message Inventory(IMI),
Check List of Psychotherapy Transactions(CLOPT),
Check List of Interpersonal Transactions(CLOIT)

등이 있다. 이것들은 앞에서 언급한 Leary(1957)의 control, affilation 차원의 모델과 이를 다소 수정한 Elliott과 James(1989)의 affiliation(positive-negative), control-independence, interpersonal-task 세 차원 모델을 활용한 측정방법이다. 이 중에서 CLOIT는 Heppner 등(1999)의 책에 모든 문항이 게재되어 있으므로 독자들의 연구에 활용할 수 있다. 그리고 내담자의 대인관계 양식과 상담성과와의 관계는 이 장의 후반에서 자세히 다룰 Orlinsky 등의 분석결과를 면밀히 검토해 보기를 바란다.

(7) 치료적 관계

① 치료적 관계에 대한 미시적 측정

치료적 관계는 상담 및 심리치료에서 가장 관심 있게 탐구되어 온 주제이다. 그러나 이것에 대한 미시적 측정을 시도한 방법은 그다지 많지 않다. Heppner 등(1999)은 치료적 관계에 대한 미시적 측정의 예로서

Friedlander, Thibodeau, Nichols, Tucker와 Snyder(1985)의 Categories of

Semantic Cohesion Analysis
를 소개한 바 있는데 이것은 집단상담의 응집성(cohesion)을 측정하는 도구이다. 그들은 응집지향적인 tie를 다섯 가지 유목으로 나누었는데 이 다섯 유목 명칭은 reference, conjunction, substitution, ellipsis, lexical이다. 이들의 생각은 집단성원들의 발언에 나타나는 의미론적인 응집성 정도가 바로 상담에의 몰입을 나타내 준다는 것이다. 그리고 집단 내에서 응집적 tie가 많이 발생한 집단이 성과가 더 좋다는 것이다. 이 척도는 Heppner 등의 책에 나와 있다. 집단상담이 많은 우리 나라의 연구자들이 주목해 볼 만한 도구이다.

② 치료적 관계에 대한 거시적 측정

상담자와 내담자의 치료적 관계의 질(quality)이 치료결과의 가장 큰 결정요인일 것이라는 Frank(1974)의 가설을 유명하다. 이 치료적 관계라는 개념은 이미 Freud가 치료적 동맹(alliance)이라는 말을 썼을 정도로 역사가 있는 개념이며(제1장 참조), 많은 연구자들이 바로 이 동맹적 관계를 정의하고 측정하려는 노력을 기울여왔다. 우리 나라에서 이미 소개되어 여러 차례 사용되었거나 혹은 소개만 된 것들을 보면

Horvath와 Greenberg(1989)의 Working Alliance Inventory(WAI),

Marmar, Marziali, Horowitz와 Weiss(1986)의 Califonia Psychotherapy Alliance Scales(CALPAS),

Penn, Morgan, Luborsky, Crits-Christoph, Curtis와 Solomon(1982)의 Penn Helping Alliance Rating Scale,

Hartley와 Strupp(1983)의 Vanderbilt Therapeutic Alliance Scale (VTAS)

등이 대표적인 것들이다. 이들 중에서 WAI가 우리 나라에서 가장 많이 사용되었다.

Tichenor와 Hill(1989)은 치료적 동맹관계를 재는 여러 도구들 간의 관계를 분석하는 연구를 한 바 있는데, 이 도구들은 척도의 내적 일관성, 즉 coefficient alpha가 높고 척도들간의 상관이 높아서(예: Penn과 WAI-관찰자 척도 간의 상관) 상담자와 내담자 간 동맹관계라고 부를 수 있는 동일 구념(구인)의 존재 및 측정의 정확성을 시사해 준다. 그러나 동맹관계에 대한 측정에서 상담자, 내담

자, 관찰자 간 상관은 매우 낮다. 이런 관점간 차이는 여전히 그 동맹관계라는 것이 무엇인지에 대한 설명을 어렵게 만든다. 또한 그런 차이가 왜 생겼는지, 동맹관계에 대한 상담자, 내담자, 관찰자간 상이한 평가가 서로에게 어떤 작용을 하는지를 상담심리학자 및 심리치료가들은 아직 충분히 설명하지 못하고 있다.

(8) 질

① 질에 대한 미시적 측정

여기서 질(quality)이란 두가지 의미가 있다. 첫째 의미는 상담자가 어떤 개입을 얼마나 잘 수행했는가이고, 둘째 의미는 내담자가 자기의 역할이나 과제를 얼마나 잘 수행했는가이다. 상담자 개입의 질은 상담과정연구에서 비교적 최신의 관심사항이다. 과거에는 주로 개입의 양이 연구되었다. 예컨대, 상담자의 해석에 관한 과정연구를 보면 과거에는 '한 회기에 발생한 해석의 빈도'를 보았지만 질에 대한 관심이 생기면서부터 해석의 시기의 적절성(timing) 혹은 해석의 정확성 등이 측정되기 시작한 것이다.

Elliott(1985)의 Helpfulness Scale

이라는 척도가 있는데 이것은 상담자 개입의 질을 재는 척도로서 가장 빈번히 사용되는 것이다. 이것은 내담자에게 가장 최근의 회기를 다시 시청하게 하면서 상담자의 구체적 개입에 대해서 9점 척도로 얼마나 도움이 되었는지를 평가하는 방법이다. 그러나 아직 상담자 개입의 도움 정도에 대한 내담자의 평가가 상담성과와 관련이 있는지가 알려지지 않은 상태이므로 연구를 요한다.

② 질에 대한 거시적 측정

상담자(치료자)의 개입의 질과 적절성을 비전문가에게 평가시키려면 그들을 훈련시켜야 하는데 그렇게 하려면 시간이 많이 걸린다. 아마도 비전문가를 전문가 수준으로 끌어올려야 그런 평가가 가능해질 것이다. 그래서 상담자의 질에 대한 거시적 측정은 상담전문가에게 시키는 방법이 합당하다. 상담자 개입의 질에 대한 거시적 측정의 예는

Barber와 Christoph(1996)의 Penn Adherence and Competence Scale for

Supportive-Expressive Therapy(PACSE)

가 있다. 이 척도는 Luborsky의 supportive-expressive treatment manual을 배우고 그 처치법을 사용하는 상담자가 얼마나 그 처치법을 따랐는지(adherence)와 얼마나 능숙하게 처치법을 구사했는지(competence)를 전문가가 평정하는 도구이다. Adherence 부문은 빈도로 대답을 하고, competence 부문은 7점 척도에 대해서 질의 수준을 대답하게 되어있다. 이 척도의 모든 문항은 Heppner 등(1999)의 책에 전재되어 있다.

내담자 반응의 질은 주로 '개방 대 방어'의 정도로 개념화하고 있다. 다음 절에서 자세히 다룰 Orlinsky 등의 연구에 의하면 내담자의 개방성은 상담성과의 중요한 예언지표이다. 내담자 개방성과 상담성과 간의 관계를 분석한 45개의 연구 중에서 80%가 개방성과 성과 간에 긍정적 관련이 있음을 보여 주었다. 더구나 이런 결과는 상담과정과 성과를 측정한 여러 관점들의 다양성에도 불구하고 일관성 있게 나타나는 것이었다. 그런데 문제는 내담자 개방성을 측정하는 방법들간에 일치도가 너무 낮다는 것이다(Heppner 등, 1999). 각 연구마다 다른 방법으로 내담자 개방성을 측정한다는 것은 동종의 다른 연구와 직접적인 비교가 어려워진다는 문제점을 낳는다.

3. 상담성과를 예언하는 과정변인에 대한 분석연구

Orlinsky는 동료들과 심리치료상담의 과정-성과 연구의 결과들을 종합하는 시도를 해 왔다. 특히 『Handbook of psychotherapy and behavior change』(1978, 1986, 1994)에 실은 논문들은 과정-성과 연구의 흐름을 역사적으로 확인할 수 있는 중요한 자료이다. 특히 1994년의 제4판의 것은 1950년부터 1992년까지의 2,300개 이상의 연구결과를 종합한 논문이다.

1) 과정변인의 분류 및 자료제시 방법

Orlinsky와 그의 동료들은 연구자들에 의해 상담성과와 관련지어서 연구되어졌던 60종류 이상의 과정변인을 분류하였다. 이 분류는 3단계의 유목을 가지는데(대분류목, 중분류목, 소분류목), 대분류 유목은 6개이다. 그들을 열거하면 다음과 같다.

① 치료계약(therapeutic contract)
② 치료운영(therapeutic operations)
③ 치료관계(therapeutic bond)
④ 치료자, 내담자 자아(self-relatedness)
⑤ 회기 내 영향(in-session impact)
⑥ 연계적 흐름(sequential flow)

여기서 먼저 첫번째 대분류인 치료계약은 크게 두 개의 중분류목으로 나뉘고, 각 중분류목은 각각 몇 개의 소분류목으로 구성된다. 그 분류는 다음과 같다(단, 유목의 영어 명칭 및 그에 대한 번역이 다소 어색한 점은 양해바란다.) 그리고 다른 대분류목의 중 · 소 분류목은 각각의 결과를 다룰 때 별도로 제시한다.

1. 치료계약

A. 계약조항 관련사항
1. 모임형태: 개인상담 대 집단/가족
2. 스케줄: 주간(週間) 대 기타
3. 기간: 회기수 제한(time-limited) 대 회기수 무제한
4. 상담료: 정상적 대 할인
5. 공동치료자(co-therapist)의 사용 여부 등

B. 계약수행 관련사항

6. 치료목표의 합의/명료성
7. 목표설정의 시의적절성 대 지연
8. 내담자 역할의 준비교육
9. 치료자의 언어적 적극성
10. 내담자의 언어적 적극성
11. 치료자의 기술수준(skills)
12. 개입에 대한 내담자의 적합성(suitability)
13. 종료에 대한 준비
14. 슈퍼비전의 활용 여부
15. 치료자가 치료모델을 준수하는 정도 등

각 소분류목에 대해서는 해당되는 연구보고서를 분석하여 성과변인의 측정 관점(치료자, 내담자, 제3평정자, 검사, 복합형)을 분류하고, 과정변인과 성과변인의 관계분석의 결과를 주효과(main effect) 분석과 상호작용 효과분석으로 제시하고, 메타분석의 자료가 있는 경우 이를 제시했다. 다음 〈표 8-4〉는 여섯번째 소분류목인 '치료목표의 합의/명료성'에 대한 자료 제시이다.

〈표 8-4〉 치료목표의 합의/명료성에 대한 자료 제시의 예

Reference	Process	Outcome	Finding[a]	ES
Dormarr et al. (1989)[b]	P	P	0	na
Dormarr et al. (1989)[b]	P	T	+	.03
Dormarr et al. (1989)[b]	P	S	+	a/c
Dormarr et al. (1989)[b]	T	P	0	na
Dormarr et al. (1989)[b]	T	T	0	na
Dormarr et al. (1989)[b]	T	S	0	na
Dormarr et al. (1989)[b]	I	P	0	na
Dormarr et al. (1989)[c]	I	T	+	a/c
Dormarr et al. (1989)[d]	I	S	+	.06
Gaston et al. (1991)[e]	P	S	0	.00
Goldstein et al. (1988)[f]	P	P	+	.15
Goldstein et al. (1988)[f]	T	T	0	.02
Hoge et al. (1988)[g]	P	P	+	na

Horowitz et al. (1984)[h]	T	S	0	na
Horowitz et al. (1984)[h]	R	R	0	na
Horowitz et al. (1984)[h]	R	S	0	na
Lansford (1986)[i]	R	R	0	na
Marmar, Gaston, et al. (1989)[j]	P	S	0	.01
Safran & Wallner (1991)[j]	p	S	+	.36
Tracey (1988)[k]	I	CI	+	a/c
Tracey (1988)[l]	I	CI	0	a/c
Tracey (1988)[k,m]	I	P	0	a/c
Tracey (1988)[k,m]	I	T	+	a/c
Tracey (1988)[k,m]	I	S	0	a/c
INTERACTION EFFECTS				
Horowitz et al.(1984)[n]	T	R	+	.10
Jones et al.(1988)[o]	R	S	+	.10
[Postsession outcome]				
Eisenthal et al. (1983)[p]	R	P	+	.09
Eisenthal et al. (1983)[p]	R	T	+	.12
Hoyt (1980)[q]	R	R	0	.01
Hoyt et al.(1983)[q]	T	T	—	.06
Hoyt et al.(1983)[q]	R	R	+	.09
Kirk et al. (1988)[r]	I	T	+	a/c
Kirk et al. (1988)[r]	I	S	+	a/c
Tracey (1988)[k]	I	P	+	a/c
Tracey (1988)[k]	I	T	+	a/c

SUMMARY: TOTAL TO DATE	OUTCOME																	
	Patient			Therapist			Rater			Score			Combined			Total		
Process	-	0	+	-	0	+	-	0	+	-	0	+	-	0	+	-	0	+
Patient	0	1	2	0	0	1	0	0	0	0	2	2	0	0	0	0	3	5
Therapist	0	1	0	1	2	0	0	0	1	0	2	0	0	0	0	1	5	1
Rater	0	0	1	0	0	1	0	3	1	0	1	1	0	0	0	0	4	4
Index	0	2	1	0	0	4	0	0	0	0	1	2	0	1	1	0	4	8
Total	0	4	4	1	2	6	0	3	2	0	6	5	0	1	1	1	16	18

각주(생략)

이 표에서 한 연구보고서가 여러 차례 제시되는 이유는 그 연구가 여러 종류의 과정변인과 성과변인을 측정하였음을 의미한다. 다양한 관점에서 과정변인이나 성과변인을 측정하는 것이 바람직하다는 사실을 앞에서 여러 차례 언급한 바 있다. 그리고 표 하단에 표시된 요약, 즉 "SUMMARY: TOTAL TO DATE"는 주효과의 결과를 과정변인과 성과변인으로 나누어서 결과가 가설을 지지했는지, 지지하지 못했는지를 보여 준 것이다.

그런데 Orlinsky와 동료들은 같은 Handbook의 이전 판인 1986년도판에서도 같은 분석을 한 바가 있다. 그래서 그들은 1986년도판의 자료와 1994판의 자료를 비교할 수 있도록 표를 구성했다. 위의 표는 1986년도에 제시되지 않아서 비교자료가 없지만 아래의 〈표 8-5〉는 1986년도판과 비교하는 자료가 제시된 예이다. 또한 아래의 자료에서는 과정변인의 측정에는 관점의 다양성이 없고 성과변인의 측정에서만 여러 관점으로 연구되었음을 보여 주고 있다.

〈표 8-5〉 내담자 역할의 준비교육에 대한 자료 제시의 예

Reference	Outcome	Finding[a]	ES
Coleman & Kaplan (1990)	P	0	a/c
Coleman & Kaplan (1990)	R	+	a/c
Deane et al. (1992)	P	0	a/c
Deane et al. (1992)	T	+	a/c
Deane et al. (1992)	S	0	a/c
Zwick & Attkisson (1985)	P	0	a/c
Zwick & Attkisson (1985)	T	0	a/c
Zwick & Attkisson (1985)	S	+	a/c

SUMMARY A: TO1985	OUTCOME																	
	Patient			Therapist			Rater			Score			Combined			Total		
	-	0	+	-	0	+	-	0	+	-	0	+	-	0	+	-	0	+
Prep> No Prep	0	6	5	0	2	4	0	1	3	0	4	9	0	0	0	0	13	21

SUMMARY B: TOTAL TO DATE	OUTCOME																	
	Patient			Therapist			Rater			Score			Combined			Total		
	-	0	+	-	0	+	-	0	+	-	0	+	-	0	+	-	0	+
Prep> No Prep	0	9	5	0	3	5	0	1	4	0	5	10	0	0	0	0	18	24

[a] + =role preparation positively related to outcome; 0=no significant difference; - =role preparation negatively related to outcome.

2) 상담성과-과정연구 결과의 분류와 요약의 의의

상담성과와 과정 간의 관계를 분석한 이 방대한 연구를 구체적으로 살펴보기 이전에 이 연구의 의의를 살펴보도록 하자. 이 연구는 단지 상담과정변인의 분류 그 자체만을 위한 것인가, 아니면 그 이상의 의미가 있는가?

상담과 심리치료 분야에서는 과학적 연구결과에 대한 회의론이 오랫동안 지배적이었다. 과학적 연구결과가 상담과 심리치료 실제에 주는 시사점이 적었기 때문이다. 그 이유는 다양한데, 대표적인 이유는 (1) 연구의 주제나 방법이 상담 현실과 거리가 멀어서(예: 모의상담연구) 연구결과를 실제에 적용하는 문제, 즉 일반화의 제한성과 (2) 한 가지 주제가 여러 차례 반복연구된 것보다는 한두 차례밖에 연구되지 않았으며 그 결과 또한 일관성이 적어서 어떤 결론이 맞는지 의심스러운 문제, 즉 결과에 대한 신뢰성이 낮았다는 점이다.

그런데 Orlinsky 등에 의하면, 어떤 주제나 변인에 대해서는 수십 차례의 반복연구가 이미 이루어졌음을 알 수 있고 또한 매우 일관성이 있는 연구결과를 발견할 수가 있음을 우리는 확인할 수가 있다. 이와 같이 일관성이 있는 반복연구의 결과는 상담과 심리치료에 대해서 어떤 의의를 주는가?

이 연구자들이 분석에 사용한 연구결과는 1950년 이후 40여 년간 미국과 유럽(주로 미국)에서 수행된 수백 편의 연구보고서에서 추출된 무려 2,354개의 연구발견(findings)에 기초한 것이다.(한 보고서에 여러 개의 연구발견이 있음은 쉽게 납득될 것이다.) 1985년 이후의 것만 보더라도 192개의 연구보고서(46개의 연구저널에서 수집됨)와 13개의 권위 있는 단행본에서 추출된 것이다. 유감스럽게도 학위논문 요약집(예: Dissertation Abstract)이라든가 학회발표용 논문집까지는 자료수집을 하지 못하였기 때문에 이들이 제시한 자료가 미처 포착하지 못한 점들이 있을 수는 있다. 그러나 이 정도의 자료수집과 분석은 대단한 공로라고 인정해 주어야 한다.

(1) 연구결과를 기초로 한 상담 실제에 대한 지식

심리치료와 상담은 오랜 기간 동안 임상연구에 기초해서 발달해 왔다.(이 점은 이미 제1부에서 여러 차례 언급되었다.) 그런데 과거의 임상연구는 다분히 임상보고, 즉 임상 사례보고 수준의 연구로서 방법론적으로 중대한 결함을 내포하고 있다. 지금까지 임상연구의 주요 업적은 상담과 심리치료의 이론과 기법의 개발, 그리고 병리, 즉 문제 발생의 원인에 대한 가설을 창출한 데 있었다. 반면에, 가장 큰 문제점은 연구자료의 수집이나 분석절차가 편협되기 쉬우므로 내적 타당도와 외적 타당도 모두에 있어서 취약성을 항상 가지고 있다는 것이다.

임상연구의 결과와 결론은 아직 가설적인 수준이라고 보는 것이 타당함에도 불구하고 마치 그것들이 검증된 사실처럼 오해하는 문제점이 상담과 심리치료 분야에 오랫동안 팽배해 있었다. 임상가, 즉 현장상담가들은 대개 자기가 주로 훈련받은 이론과 접근법을 "신봉하는" 경향을 가지고 있다.(이런 경향은 효과적인 업무수행을 위해서 필요할 경우가 많다.) 그런데 객관성을 좀더 철저하게 지켜야 할 연구자들이 이런 태도를 가지는 것은 그다지 바람직하지 않다. 연구자는 자기가 "신봉하는" 이론을 입증시키기 위해서 일하는 것이 아니라 이론의 타당성을 객관적 입장에서 검증해 보기 위해서 일한다는 태도를 가져야 한다.

현장의 상담가, 즉 임상가들이 연구를 바탕으로 한 지식을 활용한다는 것은 매우 바람직한 일이다. 물론 그 연구에는 임상연구나 사례보고 수준의 연구도 있지만, 과학적으로 좀더 체계적인 방법에 의해 밝혀진 연구가 주류를 이루어야 한다. Orlinsky 등이 분석에 활용한 2,500여개의 연구결과들은 대개가 방법론적으로 상당한 타당성이 인정되는 것들이라는 점에서(물론 방법론적으로 완벽한 타당성을 가지는 연구는 없다. 타당성은 정도의 문제이다.) 이들의 연구분석은 큰 의미를 가진다. 예를 들어서, 〈표 8-4〉에 제시된 '치료목표의 합의/명료성' 변인을 중심으로 한 분석은 42개 연구를 기초로 하고 있다. 이는 같은 변인에 대해서 42차례의 반복연구가 수행된 것인데, 이런 분석의 결과 만약 일관성 있는 결과가 나온다면 그 결과는 상당히 신빙성이 있는 것이다. 연구에 기초한(research-based) 상담과 심리치료 지식은 바로 이런 것이다. 임상가들의 예리한 관찰과 통찰에 의존한 이론과 가설 그리고 연구자들의 과학적 절차에 의한 연구결과 모두를 바탕으로 했을 때, 상담 실제와 심리치료 임상은 비로소 과학(science)과 예술(art)이 결합된 이상적인 형태를 가지게 된다.

과학적 절차에 의해 얻어진 연구결과들은 언뜻 보기에는 임상보고에 비해 지식이 풍부하지도 못하고 현실, 즉 상담 실제에 주는 사사점도 적어 보인다. 그러나 그것이 여러 개가 모이면 임상보고서 여러 개가 모인 것보다 강한 일면을 보인다. 그 이유는 다음에 논의할 '일관성' 있는 반복연구에서 찾아볼 수 있다.

(2) 일관성 있는 결과의 발견

연구에 기초한 상담과 심리치료 지식은 한두 개의 연구결과에 기초한 지식보다는 앞에서 본 바와 같이 여러 개의 연구결과에 기초한 것일 때 신빙성이 높아진다. 그 이유를 설명하기 위해서는 연구방법론의 기초적이면서도 핵심적인 쟁점들을 살펴보아야 한다.

연구자들은 거의 언제나 모집단(全集)을 가정하고 이 모집단에서 추출한 표집(sample)을 가지고 자료를 수집한다. 이것이 현대 연구의 핵심 논리이다. 그런데, 이것은 논리일 뿐 실제로 그 표집이 모집단을 대표하는지 그렇지 못한지는 아무도 모른다. 표집이 모집단을 대표하는지 여부, 대표한다면 어느 정도나 정확하게 대표하는지 등에 대해서는 그것 나름대로 매우 복잡한 문제이다.

하나의 연구에서 어떤 결과가 나왔다고 해서 그 하나의 결과를 가지고 모집단에 대한 결론을 내린다는 것은 매우 성급하고 위험한 일이다. 그 하나의 연구결과는 일단 표집에 대한 연구결과일 뿐 모집단에 대한 결론을 내릴 만한 준비는 아직 부족하기 때문이다. 우리 상담과 심리치료연구에서 실제로 모집단이 존재하고(연구자들이 바로 그 모집단을 구체적으로 알고 있고) 그 모집단에서 체계적인 표집절차를 밟아서 샘플링을 하는 경우가 얼마나 있는가? 대개의 경우 상담심리학자들이 말하는 모집단은 "가정된" 모집단일 뿐 실제로 그 존재를 구체적으로 보여 줄 수 있는 경우는 별로 없다. 따라서 한두 개의 연구결과로써 모집단에 대한 일반적 결론을 내리는 것은 위험한 발상이다.

그렇기 때문에 상담심리학자들은 반복연구를 장려해야 한다. 이미 다른 연구자가 했던 연구를 똑같이 혹은 약간 변형시켜서(변인의 추가나 삭제, 측정방법의 변화, 표집의 변화 등) 수행하는 것을 반복연구라고 하는데 불행하게도 이런 반복연구를 우습게 보거나 혹은 해서는 안 되는 것으로 잘못 인식하는 경향을 우리는 주변에서 자주 보게 된다. 특히 학위논문을 계획하는 대학원생이 연구문제를 가져왔을 때 "그것은 이미 연구된 바가 있다"라는 지적을 지도교수가 종종 하게 되는데 지도교수는 그런 지적을 이렇게 바꾸어야 할 것이다—"그 문제가 이미 연구된 바가 있는가? 그렇다면 그것을 다시 연구할 필요성은 어디에서 나오는가?"

여러 반복연구에서 일관성 있는 결과가 발견되다면 이것은 연구자들에게 가장 바람직한 현상이다. 바로 그 일관성이 있는 결과는 믿을 만한 것이 되기 때문이다. 만약에 20개의 반복연구의 결과가 일관성이 없이 여러 가지 결론이 나오게 되었다고 해 보자. 예컨대, 이론적으로 도출한 가설을 지지하는 결과가 약 40%, 그렇지 않은 결과가 약 40%, 그리고 이것도 저것도 아닌 것이 약 20%라고 해 보자. 이런 결과는 그 가설의 신빙성을 의심하게 만들지 않는가? 그러나 반면에 20개의 반복연구들 중 80%가 가설을 지지했다고 해 보자. 이 경우 우리는 그 가설의 신빙성에 대해서 자심감을 가질 수 있지 않는가?

상담심리학에서 반복연구를 장려해야 하는 또 하나의 중요한 이유는 측정의 특성 때문이기도 하다. 독자들은 이미 앞에서 상담성과나 과정에 대한 측정이 여러 가지의 관점과 방법에 의해서 이루어진다는 것을 배웠다. 관점만 하더라도 내담자의 관점, 치료자(상담자)의 관점, 제3자의 관점 등이 있고 측정방법에도 자기보고식, 행동관찰, 생리신체적 지표, 자기 모니터링 등 다양한 방법이 있다. 측정하는 변인이 같은 이름을 가진 것이라 하더라도(즉, 하나의 구인을 측정한다고 가정해도) 그 관점이나 방법의 차이로 인해서 그것이 과연 같은 것을 측정했는지 아닌지는 항상 의심을 받게 되어 있다.

만약에 내담자의 자기보고식 측정을 사용한 연구에서는 가설을 지지하는 쪽으로 결론이 나오고, 상담자의 자기보고식 측정을 사용한 연구에서는 그 반대로 결론이 나오고, 제3자의 행동관찰이나 생리신체적 지표에서는 그 중간의 결론이 나왔다고 한다면 독자는 이 자료를 어떻게 해석하겠는가? 반복연구를 하는 이유는 바로 여기서 발생한다. 반복연구를 통해서 이런 여러 가지 측정방법의 차이에도 불구하고 일관성이 있는 결과가 나온다거나, 혹은 측정방법의 차이에 따라서 일정하게 법칙적인 다른 결과가 나온다면(이것도 일종의 일관성이다) 이는 무질서한 결과보다 훨씬 신빙성이 있는 결론을 도출할 수 있게 해 준다.

4. 상담과정과 성과 간의 관계분석 결과

여기에 소개할 Orlinsky(1994)등의 자료들에는 여러 다양한 관점의 측정을 고려한 분석이 제시된다. 독자들은 상담과정과 성과를 측정한 다양한 관점의 차이가 결과에 미치는 영향이 어떠한지 면밀하게 관찰해 보기 바란다. 일관성이 부족한 결과는 왜 그런 결과가 나왔을지에 대해서도 생각해 보고 혹시 그 무질서 안에서도 어떤 법칙성이 존재하는지도 찾아보기 바란다. 〈표 8-6〉과 〈표 8-17〉에서는 긍정적 결과(가설을 지지하는 결과)가 50퍼센트 이상 일관성이 있는 경우에만 숫자를 제시했다.

1) 치료계약 관련영역

Orlinsky 등은 치료계약 관련의 연구를 크게 두 개의 중간 유목으로 나누었다-계약조항 관련사항과 계약수행 관련사항(표 8-6). 첫째, 계약조항 관련사항(contractual provisions)은 연구결과들의 일관성이 별로 발견되지 않는다. 개인상담 대 집단/가족 간의 비교연구들에서는 30개의 연구를 분석한 결과 단지 20%에서만 성과의 차이가 발견되었을 뿐이다.(30개의 연구가 모두 지수, 즉 index를 과정변인으로 사용하고 다른 관점의 측정은 없었음을 알 수 있다.) 다른 변인들도 마찬가지이다. 상담 스케줄, 즉 주간 대 기타 간의 비교에서도 있는 차이를 보인 것이 25개 연구 중 16%, 시간 제한 대 무제한 간의 차이는 33%, 상담비에 있어서는 25%만이 차이를 보였을 뿐이다. 이와 같이 상담비, 상담기간, 상담 스케줄, 개인 대 집단 등의 변인들이 상담성과의 차이에 영향을 미치지 않는다는 연구결과는 상담의 비용과 효과, 즉 비용 효과성에 대해서 다시 생각해 보아야 한다라는 시사를 강력하게 제공한다. 이미 상담과 심리치료 분야에서는 오래 전부터 장기심리치료, 개인상담 등 고비용 형태의 상담에 대해서 그 경제성을 의심해 왔음을 독자들은 잘 알고 있을 것이다.

둘째, 치료계약 수행 관련사항(contractual implementation)에 있어서는 상당히 일관성이 높은 결과를 발견할 수 있다. 먼저 상담목표의 합의와 명료성에

〈표 8-6〉 치료계약에 관한 과정-성과 연구 결과 요약 1 (과정측정 관점별 비교)

	PROCESS PERSPECTIVE									
	TOTAL†		Patient		Therapist		Rater		Index	
Process Variable	%	n	%	n	%	n	%	n	%	n
Ⅰ. THERAPEUTIC CONTRACT										
A. Contractual Provisions										
Collectivity: Dyad vs. group/family	20%	30	—	—	—	—	—	—	—	30
Schedule: Weekly vs. other	16%	25	—	—	—	—	—	—	—	25
Term: Time-limited vs. unlimited	33%	12	—	—	—	—	—	—	—	12
Fee: Normal vs. reduced	25%	12	—	—	—	—	—	—	—	12
*Use of co-therapist	0%	2	—	—	—	—	—	—	—	2
*Use of patient self-monitoring	67%	3	—	—	—	—	—	—	—	3
B. Contractual Implementation										
Goal consensus/clarity	51%	35	63%	8	—	7	—	8	67%	12
*Timeliness vs. delay	43%	14	—	—	—	—	—	—	—	14
Patient role preparation	57%	42	—	—	—	—	—	—	57%	42
Therapist verbal activity	37%	35	—	5	—	3	—	12	—	15
*patient verbal activity	64%	14	—	—	—	—	—	2	67%	12
Therapist skill	67%	36	59%	17	—	2	71%	17	—	—
Patient suitability	68%	40	75%	4	67%	27	67%	9	—	—
Procedure for termination	32%	19	—	—	—	8	—	6	—	5
*Use of supervision	40%	5	—	—	—	1	—	—	—	4
*Stability of arrangements	83%	6	—	1	—	—	100%	3	—	2
*Adherence to therapeutic norms	100%	3	—	1	—	—	—	2	—	—

〈표 8-7〉 치료계약에 관한 과정-성과 연구 결과 요약 2 (성과측정 관점별 비교)

			OUTOCOME PERSPECTIVE									
	TOTAL†		Patient		Therapist		Rater		Score		Combined	
Process Variable	%	n	%	n	%	n	%	n	%	n	%	n
Ⅰ. THERAPEUTIC CONTRACT												
A. Contractual Provisions												
Collectivity: Dyad vs. group/family	20%	30	—	4	—	5	—	6	—	15	—	0
Schedule: Weekly vs. other	16%	25	—	7	—	3	—	2	—	13	—	0
Term: Time-limited vs. unlimited	33%	12	—	3	—	1	—	0	—	8	—	0
Fee: Normal vs. reduced	25%	12	—	4	—	4	—	0	—	3	—	1
*Use of co-therapist	0%	2	—	1	—	—	—	—	—	1	—	—
*Use of patient self-monitoring	67%	3	—	1	—	—	—	—	—	2	—	—
B. Contractual Implementation												
Goal consensus/ clarity	51%	35	—	8	67%	9	—	5	—	11	—	2
*Timeliness vs. delay	43%	14	—	2	—	3	—	4	—	4	—	1
Patient role preparation	57%	42	—	14	63%	8	80%	5	67%	15	—	—
Therapist verbal activity	37%	35	—	7	—	8	—	5	—	10	80%	5
*patient verbal activity	64%	14	—	3	—	2	—	2	100%	5	—	2
Therapist skillfulness	67%	36	57%	14	100%	6	63%	8	—	4	75%	4
Patient suitability	68%	40	—	7	82%	11	80%	10	64%	11	—	1
Procedure for termination	32%	19	—	2	—	4	—	7	—	6	—	—
*Use of supervision	40%	5	—	—	—	2	—	3	—	—	—	—
*Stability of arrangements	83%	6	—	1	—	1	—	2	—	2	—	—
*Adherence to therapeutic norms	100%	3	—	1	—	—	—	—	—	1	—	1

대한 연구결과를 보면 35개의 연구결과 중에서 51%가 가설을 지지했다는 자료를 볼 수 있으며, 그 중 환자 관점의 측정에서는(8개 연구) 63%가, 지수측정에서는(12개 연구) 67%의 가설 지지율을 보였다. 내담자의 역할 준비, 내담자의 언어적 적극성, 치료자의 기술, 내담자의 적합성 등에서 50% 이상의 일관성을 보였다.(슈퍼비전 사용 여부, 약속의 안정성, 치료이론의 준수 정도는 연구결과의 수가 적어서 자신있는 결론을 내리기는 어렵지만 앞으로 탐구해 볼 만하다는 정도의 일관성을 보여 주고 있다.) 특히, 내담자 적합성과 치료자 기술 부문에서는 측정의 여러 관점에 걸쳐서 일관성 있는 연구결과를 보여 주었다는 점을 주의해서 살펴보기 바란다. 이런 분석결과는 이들 두 변인은 다른 변인들에 비해 상담성과를 예언하는 더 "효과적인" 변인으로 간주될 수 있음을 시사하는 것이다. 심리치료에 적합한 내담자를 선발하는 것은 오래 전부터 심리치료자의 중요한 임무였음을 상기하기 바라며, 치료자의 기술수준에 대한 평가를 내담자가 한 것이든 제3의 평정자가 한 것이든 모두에서 높은 비율의 일관성을 보인 것은 치료자의 기술교육의 중요성을 재삼 확인시켜 준다.

이런 경향은 성과측정에 대한 관점별 비교를 보아도 나타난다(앞의 〈표 8-6〉에는 과정측정에 대한 관점별 비교가 있고, 다음의 〈표 8-7〉에는 성과측정에 대한 관점별 비교가 나온다). 그런데 여기서는 치료자의 기술수준과 내담자의 적합성뿐만 아니라 내담자의 역할 준비에 있어서도 여러 관점에 걸친 일관성 있는 결과를 보여 주었다. 다시 말해서 치료성과에 대한 측정을 내담자, 치료자, 제3의 평정자, 기타 지수 등으로 달리 했을 때, 치료자의 기술수준, 내담자의 적합성, 내담자의 역할준비 등의 과정변인들은 성과측정의 다양성에도 불구하고 일관성 있게 가설 지지적인 결과를 보여 준다.

2) 치료적 작용

치료적 작용이라고 부를 수 있는 대유목에는 4개의 중유목들이 있다. 그들의 이름은 각각 문제의 제시, 전문가적 이해, 치료자의 개입, 환자의 협조이다. 각 중유목에 대한 소유목은 〈표 8-8〉, 〈표 8-9〉를 참조하기 바란다.

첫째, 내담자가 문제를 내어놓은 과정, 즉 문제 제시에서는 놀랍게도 '지금-여기에 초점맞추기'가 성과와의 관련성이 강하게 나오지 않았다(19개 연구결과 중 26%에 불과). 반면에 생활문제에 초점맞추기, 핵심적 인간관계에 초점맞추기, 인지 및 행동적 과정을 제시함 등의 과정변인들은 성과와 높은 비율의 일관적 관계를 보여 주었다(각각 64%, 75%, 87%). 그리고 인지 및 행동적 과정에서는 여러 관점에 걸쳐서 성과와 연관성을 보였다. 이런 결과는 종전의 상담 및 심리치료이론들이 내용(contents)보다는 과정(process)에 초점을 맞추어야 한다라는 주장을 해 온 것과는 상반되는 결과이기 때문에 주목된다. 아마도 내담자들은 상담자와 생활문제나 핵심 인간관계, 인지행동 등 내용적인 면에 초점을 맞추어 대화할 수 있을 때 상담을 더 잘 받을 수 있을지도 모른다.

둘째, 상담자의 전문가적 이해의 부문에서는 그다지 인상적인 결과가 발견되지 않았다. 그 중에서 내담자의 문제에 초점맞추기와 내담자의 감정에 초점맞추기는 그런 대로 상담성과와 관련이 어느 정도는 있었다. 그러나 지금-여기에 초점맞추기(11개 연구결과 중 11%, 즉 1개 결과에 불과), 내담자의 핵심 대인관계에 초점맞추기, 내담자의 자기이해에 초점맞추기 등은 성과와의 관련성에서 높은 일관성을 보여 주지 못했다.

셋째, 치료자 개입 부문에서는 성과와 강한 연관성을 보여 주는 변인들이 발견되었다. 체험적 직면(experiential confrontation)과 해석(interpretation)은 다양한 관점의 과정측정 및 성과측정에 걸쳐서 성과변인과 일관성 있는 관계를 보여 주었다. 특기할 만한 것은 역설의도(paradoxical intention) 개입은 13개 연구 모두에서 성과를 긍정적으로 예언하는 결과를 보여 주었다. 단, 역설의도 연구에서는 성과측정과 과정측정이 다양하지 못했다라는 결점이 있다.

넷째는 내담자 협조의 부문이다. 여기서 가장 인상적인 점은 협조 대 저항의 변인이 성과와 가지는 일관적 관련성이다. 협조 대 저항과 성과와의 관련성은 다양한 관점의 과정측정과 성과측정에도 불구하고 일관성 있는 결과를 보여 주었다.(더구나 이 결과는 49개의 연구결과를 바탕으로한 해석이므로 근거가 탄탄하다). 그리고 내담자의 긍정적 감정반응(positive affective response)도 두 가지의 관점에 걸쳐서 성과와 일관성 있는 관계를 보여 주었다. 내담자의 협조는 상담성과를 예언하는 주요 변인임에 틀림없는 것 같다.

〈표 8-8〉 치료적 작용에 대한 과정-성과 연구 결과 요약 1 (과정측정 관점별 비교)

	PROCESS PERSPECTIVE									
	TOTAL†		Patient		Therapist		Rater		Index	
Process Variable	%	n	%	n	%	n	%	n	%	n
Ⅱ. THERAPEUTIC OPERATIONS										
A. Problem Presentation										
Focusing on life problems	64%	11	—	3	—	2	67%	6	—	—
Focusing on here-now involvement	26%	19	—	2	—	8	—	9	—	—
*Focusing on core personal relations	75%	8	—	2	—	2	100%	4	—	—
Cognitive and behavioral Processes	87%	15	100%	4	—	2	75%	4	80%	5
B. Expert Understanding										
Focusing on patient problems	53%	19	—	2	—	8	67%	9	—	—
Focusing on patient affect	50%	18	—	—	—	1	—	17	—	—
Focusing on here-now	9%	11	—	—	—	—	—	11	—	—
Focusing on core personal relations and transference	37%	27	—	—	—	5	—	22	—	—
*Focusing on patient self understanding	27%	11	—	—	—	5	—	6	—	—
C. Therapist Intervention										
Change strategies (heuristics)	50%	22	—	—	—	10	—	11	—	1
Paradoxical intention	100%	13	—	—	—	—	—	—	100%	13
Experiential confrontation	68%	22	60%	5	—	2	78%	9	—	6
Interpretation	63%	38	83%	6	—	10	65%	20	—	2
Exploration	39%	41	—	4	—	6	—	31	—	—
Support	34%	38	—	8	—	12	—	18	—	—
Reflection/clarification	7%	14	—	—	—	2	—	9	—	3
self-disclosure	14%	14	—	3	—	1	—	9	—	1
*Advice	20%	5	—	—	—	1	—	4	—	—
D. Patient Cooperation										
Cooperation vs. resistance	69%	49	58%	12	73%	22	71%	14	—	1
Patient total affective	50%	10	—	5	100%	3	—	2	—	—

response										
Positive affective response	100%	9	100%	3	100%	6	—	—	—	—
Negative affective response	26%	46	—	9	—	13	—	23	—	1
Self-exploration	30%	79	—	7	—	7	—	65	—	—
*Internalization of therapist function	100%	3	—	2	—	1	—	—	—	—

〈표 8-9〉 치료적 작용에 대한 과정-성과 연구 결과 요약 2 (성과측정 관점별 비교)

			OUTOCOME PERSPECTIVE									
	TOTAL†		Patient		Therapist		Rater		Score		Combined	
Process Variable	%	n	%	n	%	n	%	n	%	n	%	n
Ⅱ. THERAPEUTIC OPERATIONS												
A. Problem Presentation												
Focusing on life problems	64%	11	—	4	—	1	—	3	—	2	—	1
Focusing on here-now	26%	19	—	5	—	5	—	5	—	4	—	—
*Focusing on core personal relations	75%	8	—	2	—	2	—	1	100%	3	—	—
Cognitive and behavioral Processing	87%	15	—	2	—	2	100%	3	100%	4	—	—
B. Expert Understanding												
Focusing on patient problems	53%	19	—	2	—	2	—	7	71%	7	—	1
Focusing on patient affect	50%	18	—	1	—	4	80%	5	—	6	—	2
Focusing on here-now	9%	11	—	2	—	2	—	1	—	4	—	1
Focusing on core personal relations and transference	37%	27	—	2	—	3	—	10	—	8	—	4
*Focusing on patient self-understanding	27%	11	—	—	—	1	—	6	—	4	—	—

C. Therapist Intervention												
Change strategies (heuristics)	50%	22	—	3	100%	3	—	4	—	5	57%	7
Paradoxical intention	100%	13	100%	4	—	—	—	1	100%	7	—	1
Experiential confrontation	68%	22	86%	7	—	2	—	3	60%	10	—	—
Interpretation	63%	38	88%	8	—	8	75%	8	—	11	—	3
Exploration	39%	41	—	10	—	9	—	11	—	10	—	1
Support	34%	38	—	8	—	11	—	8	—	9	—	2
Reflection/ clarification	7%	14	—	2	—	2	—	3	—	5	—	2
self-disclosure	14%	14	—	—	—	1	—	3	—	4	—	6
*Advice	20%	5	—	—	—	—	—	1	—	3	—	1
D. Patient Cooperation												
Cooperation vs. resistance	69%	49	77%	13	64%	11	60%	10	75%	12	—	3
Patient total affective response	50%	10	75%	4	—	4	—	—	—	—	—	2
Positive affective response	100%	9	100%	5	100%	4	—	—	—	—	—	—
Negative affective response	26%	46	—	10	—	15	—	6	—	13	—	2
Self-exploration	30%	79	—	17	59%	17	—	14	—	30	—	1
*Internalization of therapist function	100%	3	—	2	—	1	—	—	—	—	—	—

3) 치료적 연합

치료적 연합(bond) 혹은 동맹(alliance)라고 불리는 이 개념은 아마도 심리치료상담의 성과와 가장 빈번히 연결지어져서 탐구되었을 것이다. Orlinsky 등의 분석에서만도 1,000개 이상의 연구결과가 반영되었을 정도이다. 치료적 연합(동맹)의 영역은 다음 다섯 개의 중유목으로 나뉜다(각 소유목의 명칭은 〈표 8-10〉에 있음).

전반적 관계의 질(global relational quality)
내담자와 치료자의 역할 투자(personal role-investment)
상호작용적인 협조(interactive coordination)
의사소통적인 접촉(communicative contact)
상호간 감정(mutual affect)

〈표 8-10〉 치료적 연합에 대한 과정-성과 연구 결과 요약 1 (과정측정 관점별 비교)

	PROCESS PERSPECTIVE									
	TOTAL†		Patient		Therapist		Rater		Index	
Process Variable	%	n	%	n	%	n	%	n	%	n
Ⅲ. THERAPEUTIC BOND										
A. Global Relational Quality										
Therapeutic bond/cohesion	66%	132	77%	52	63%	32	67%	36	—	11
Therapist contribution to bond	53%	106	67%	43	58%	12	—	51	—	—
Patient contribution to bond	67%	55	100%	6	69%	16	61%	33	—	—
B. Personal Role-Investment										
Patient engagement	65%	54	68%	19	92%	13	—	22	—	—
Patient motivation	50%	28	80%	5	56%	16	—	7	—	—
Therapist engaged vs. detached	57%	37	78%	18	—	9	—	10	—	—
Therapist credible vs. unsure	59%	27	53%	15	60%	5	67%	6	—	1
*Reciprocal investment	75%	4	—	2	—	—	—	2	—	—
C. Interactive Coordination										
Therapist collaborative vs. directive/permissive	43%	46	64%	11	—	22	—	13	—	—
Patient collaborative vs. dependent/controlling	64%	42	75%	12	63%	16	57%	14	—	—
D. Communicative Contact										
Patient expressiveness	63%	51	55%	11	67%	9	61%	28	100%	3

Therapist empathy	54%	115	72%	47	—	19	—	43	83%	6
Therapist expressiveness	44%	16	—	3	—	—	—	10	—	3
Patient empathy	42%	12	100%	3	—	—	—	—	—	9
Reciprocal attunement	62%	42	83%	6	—	6	56%	9	67%	21
E. Mutual Affect										
Therapist afifrmation of patient	56%	154	65%	63	—	39	52%	52	—	—
Patient affirmation of therapist	69%	59	64%	25	68%	22	78%	9	100%	3
Reciprocal affirmation	78%	32	73%	15	—	3	91%	11	100%	3

〈표 8-11〉 치료적 연합에 대한 과정-성과 연구 결과 요약 2 (성과측정 관점별 비교)

			OUTCOME PERSPECTIVE									
	TOTAL†		Patient		Therapist		Rater		Score		Combined	
Process Variable	%	n	%	n	%	n	%	n	%	n	%	n
Ⅲ. THERAPEUTIC BOND												
A. Global Relational Quality												
Therapeutic bond/ cohesion	66%	132	83%	30	71%	24	57%	23	55%	42	69%	13
Therapist contribution to bond	53%	106	67%	24	65%	23	—	11	—	47	—	1
Patient contribution to bond	67%	55	64%	11	80%	15	60%	10	61%	18	—	1
B. Personal Role-Investment												
Patient engagement	65%	54	71%	21	93%	15	—	7	—	10	—	1
Patient motivation	50%	28	—	8	67%	9	—	2	—	7	—	2
Therapist engaged vs. detached	57%	37	67%	12	82%	11	—	1	—	11	—	2
Therapist credible vs. unsure	59%	27	56%	9	—	4	100%	5	—	8	—	1
*Reciprocal investment	75%	4	—	1	—	—	—	1	—	2	—	—
C. Interactive Coordination												
Therapist collaborative vs. directive/ permissive	43%	46	67%	9	54%	13	—	4	—	15	—	5

Patient collaborative vs. dependent/controlling	64%	42	58%	12	80%	10	57%	7	–	8	100%	5
D. Communicative Contact												
Patient expressiveness	63%	51	67%	12	67%	15	–	6	62%	13	80%	5
Therapist empathy	54%	115	–	31	57%	23	–	13	58%	45	100%	3
Therapist expressiveness	44%	16	–	2	–	3	–	1	57%	7	–	3
Patient empathy	42%	12	–	3	–	4	–	1	–	2	–	2
Reciprocal attunement	62%	42	69%	13	71%	14	–	6	–	9	–	0
E. Mutual Affect												
Therapist affirmation of patient	56%	154	54%	37	72%	39	52%	25	–	50	–	3
Patient affirmation of therapist	69%	59	73%	15	80%	20	60%	5	–	15	100%	4
Reciprocal affirmation	78%	32	92%	12	60%	5	71%	7	71%	7	–	1

〈표 8-10〉과 〈표 8-11〉을 보면 치료적 연합, 즉 동맹은 성과와 강한 상관관계를 가지고 있다는 것을 알 수 있다. 이 현상은 다섯 개의 중유목 모두에 해당된다. 즉 치료적 연합과 동맹의 다양한 측면들이 골고루 심리치료상담 성과와 연결되어 있음을 시사한다. 게다가 과정과 성과에 대한 측정의 다양한 관점에 걸쳐서 가설을 지지하는 방향으로 결과가 나오고 있다. 그 중 특히 두드러지는 것은 상담과정에 대한 내담자의 관점이 성과를 가장 강력하게 예언해주는 것으로 보여진다. 이것은 18개의 소유목(변인)들 중 16개에서 50%를 훨씬 상회하는 지지율을 나타내고 있다. 이 분석은 350개 이상의 연구결과를 토대로 한 것이다.

과정에 대한 내담자의 측정이 워낙 강력한 예언을 하기 때문에 다른 관점의 측정(치료자, 평정자, Index)이 상대적으로 과소평가될 우려가 있다. 그러나 이 나머지 변인들도 심리치료상담의 성과를 상당한 정도로 예언하기 때문에 독자들은 〈표 8-10〉과 〈표 8-11〉을 잘 읽어보기 바란다.

4) 치료자, 내담자의 자아관련 영역

이 영역은 하위유목의 이름을 보아야 그 의미가 이해될 것이다. 그 중유목과 소유목의 명칭은 다음과 같다.

내담자의 자아관련 — 내담자의 개방성 대 방어 경향
내담자의 체험 경향(experiencing)
치료자의 자아관련 — 치료자의 자기일치성(self-congruence = genuineness)
치료자의 자기수용

이 변인들 중 내담자의 개방성 대 방어 경향의 변인이 심리치료상담의 성과와 매우 강하게 연결되어 있음을 〈표 8-12〉와 〈표 8-13〉에서 볼 수 있다(80%의 일관성 있는 결과). 게다가 이 결과는 측정의 다양한 관점에 걸쳐서 골고루 나타난다.

이 결과를 지금까지 살펴본 내담자 변인들과 종합적으로 다시 생각해 보자.

〈표 8-12〉 치료자 내담자의 자아에 관한 과정-성과 연구 결과 요약 1 (과정측정 관점별 비교)

	PROCESS PERSPECTIVE									
	TOTAL†		Patient		Therapist		Rater		Index	
Process Variable	%	n	%	n	%	n	%	n	%	n
Ⅳ. SELF-RELATEDNESS										
A. Patient Self-Relatedness										
Patient openness vs. defensiveness	80%	45	70%	10	90%	10	82%	22	—	3
Patient experiencing	51%	39	—	2	75%	4	—	33	—	—
B. Therapist Self-Relatedness										
Therapist self-congruence	38%	60	—	25	—	11	—	23	—	1
Therapist self-acceptance	42%	12	—	—	—	9	—	—	—	3

〈표 8-13〉 치료자, 내담자의 자아에 관한 과정-성과연구 결과 요약 2 (성과측정 관점별 비교)

	OUTCOME PERSPECTIVE											
	TOTAL†		Patient		Therapist		Rater		Score		Combined	
Process Variable	%	n	%	n	%	n	%	n	%	n	%	n
Ⅳ. SELF-RELATEDNESS												
A. Patient Self-Relatedness												
Patient openness vs. defensiveness	80%	45	80%	5	100%	9	67%	6	79%	14	73%	11
Patient experiencing	51%	39	–	6	73%	11	–	2	–	18	–	2
B. Therapist Self-Relatedness												
Therapist self-congruence	38%	60	–	13	60%	10	–	3	–	32	–	2
Therapist self-acceptance	42%	12	–	3	–	3	–	–	–	3	–	3

우리는 앞에서 치료개입에 대한 내담자의 적합성(표 8-6, 표 8-7), 치료자의 개입에 대한 내담자의 협조(표 8-8, 표 8-9), 치료적 연합에 대한 내담자의 공헌(즉, 역할 투자, 상호작용적 협조 등: 표 8-10, 표 8-11) 등이 심리치료상담 성과에 대한 강한 예언변인임을 분석한 바 있다. 이런 결과를 종합하면, "치료자가 내담자를 효과적으로 도우려면, 내담자측의 협조가 절대적으로 중요하다. 내담자는 비록 생활에서 고통을 당하고 비기능적인 삶을 살고 있지만 내담자는 자기 자신의 효과적 처치를 위해 건설적 협조를 해야만 하는 입장에 처해있다" (Orlinsky 등, 1994, p. 360).

5) 회기 내 영향

회기 내 영향(in-session impact)이라는 유목은 단 두 가지의 중유목으로 분류되었다. 하나는 내담자 영향이고, 다른 하나는 치료자 영향인데, 내담자 영향은 '치료적 실현'(therapeutic realization)이라는 변인명을 가졌고, 치료자 영향은 더 이상의 소유목이 없다(연구도 4개에 지나지 않음). 79개의 연구결과를 가진 내담자의 치료적 실현은 내담자가 상담회기 중에 경험한(측정시기는 회기 직후임) 혹은 회기 중에 발생한 긍정적 체험에 관한 연구를 말한다. 예를 들면 우리 나라의 상담연구에서도 자주 활용되는 Stiles와 Snow의 SEQ, 즉 회기평가질문지의 arousal이나 positivity 등이 회기 내 영향에 대한 측정의 실례이다.

이 치료적 실현 변인은 치료자의 관점을 제외하곤 모든 과정측정에서 성과와 긍정적 관련성을 보였다. 치료자의 과정측정만 예외적으로 성과를 예언하지 못하는 이유는 아마도 치료자 자신이 심리치료상담 과정을 발생시키는 당사자(책임자)이기 때문이 아닌가 사료된다. 즉 치료자 입장에선 자신의 공감,

〈표 8-14〉 회기 내 영향에 대한 과정-성과 연구 결과의 요약 1 (과정측정 관점별 비교)

	PROCESS PERSPECTIVE									
	TOTAL†		Patient		Therapist		Rater		Index	
Process Variable	%	n	%	n	%	n	%	n	%	n
V. IN-SESSION IMPACT										
A. Patient Impacts										
Therapeutic realizations	67%	79	64%	33	—	14	79%	24	88%	8
B. Therapist Impacts										
*Therapist accruals	100%	4	—	2	—	2	—	—	—	—

〈표 8-15〉 회기 내 영향에 대한 과정-성과 연구 결과 요약 2 (성과측정 관점별 비교)

	OUTCOME PERSPECTIVE											
	TOTAL†		Patient		Therapist		Rater		Score		Combined	
Process Variable	%	n	%	n	%	n	%	n	%	n	%	n
V. IN-SESSION IMPACT												
A. Patient Impacts												
Therapeutic realizations	67%	79	63%	19	88%	9	—	15	53%	19	94%	17
B. Therapist Impacts												
*Therapist accruals	100%	4	—	2	—	2	—	—	—	—	—	—

해석, 협조관계 체험 등 과정변인과 상담성과 간의 관련성을 구분하기가 어렵다는 것이다.

6) 연계적 흐름과 치료의 진행

이 대유목에는 두 가지의 중유목이 있는데 첫째는 회기발전(session development)이고 둘째는 치료적 코스(therapeutic course)라고 명명되었다. 사실 이 중유목 이름으로는 그것이 구체적으로 어떤 변인인지 분명치 않다. 소유목을 보자(표 8-16, 표 8-17). 회기발전의 소유목은 하나뿐인데 그것은 연계적 패턴으로서 치료자와 내담자 간의 상호작용 유형(패턴)과 성과와의 관계에 대한 것이다. 18개의 발견 중에서 56%가 연계패턴과 성과와의 긍적적 관계를 보여 주었다. (이 상호작용 연계패턴에 대해서는 필자 자신의 연구가 포함되어 있기 때문에 더욱 관심이 가는 주제이다.)

둘째, 치료적 코스에는 두 개의 소유목이 있는데 하나는 처치의 단계(stage)이고 다른 하나는 처치의 길이(duration)이다. 두 변인 모두 성과와 긍정적 관계를 보인 경우가 많았다. 특히 여기서 주목되는 것은 처치의 길이에 대한 연구들인데, 이런 결과는 단기심리치료상담이 장기적인 상담과 비교해서 효과 면에서 차이가 없다는 주장과 상반된다. Orlinsky 등은 단기치료가 현대에 크게 인정받고 유행하고 있지만 연구결과는 그와 정반대로 나타났다고 지적하고 있다. 그러나, 치료의 길이는 내담자의 문제가 무엇인가, 문제의 심각도가 어느 정도인가, 내담자의 성격 특징이 어떠한가, 그리고 치료자의 이론적 접근이 무엇인가에 따라서 크게 영향을 받기 때문에 시간 길이 자체만으로 연구하는 것보다는 이들 세 가지 변인들과의 상호작용을 분석할 수 있는 설계(예: 요인설계)를 취하는 것이 바람직하다. 장기치료를 옹호하는 연구자들은 장기치료를 요하는 내담자들 위주로 피험자를 표집하여 치료의 길이가 성과의 주요 예언변인이다라는 식으로 주장할 가능성이 많고, 마찬가지로 단기치료 옹호자들은 단기치료에 적합한 내담자들을 위주로 피험자 표집을 하고서 치료의 길이가 성과와 관계가 없다라는 주장을 할 가능성이 많기 때문이다. 따라서 치료의 길이에 대한 연구를 해석하는 데에는 많은 주의를 요한다.

〈표 8-16〉 연계적 흐름과 치료진행에 관한 과정-성과 연구 결과의 요약 1 (과정측정 관점별 비교)

	PROCESS PERSPECTIVE									
	TOTAL†		Patient		Therapist		Rater		Index	
Process Variable	%	n	%	n	%	n	%	n	%	n
Ⅵ. SEQUENTIAL FLOW										
A. Session Development										
Sequential patterns	56%	18	–	–	–	–	–	2	56%	16
B. Therapeutic Course										
Stage of treatment	74%	54	–	–	–	–	–	–	74%	54
Treatment duration	64%	156	–	–	–	–	–	–	64%	156

〈표 8-17〉 연계적 흐름과 치료진행에 관한 과정-성과연구 결과 요약 2 (성과측정 관점별 비교)

	OUTCOME PERSPECTIVE											
	TOTAL†		Patient		Therapist		Rater		Score		Combined	
Process Variable	%	n	%	n	%	n	%	n	%	n	%	n
Ⅵ. SEQUENTIAL FLOW												
A. Session Development												
Sequential patterns	56%	18	–	3	100%	3	–	4	–	1	86%	7
B. Therapeutic Course												
Stage of treatment	74%	54	71%	7	–	7	57%	7	82%	11	91%	22
Treatment duration	64%	156	52%	31	69%	48	71%	28	64%	47	–	2

7) 내담자 관점과 치료자 관점의 비교

경험 있는 상담가들은 종종 상담성과를 예언하는 데에는 전문가인 치료자보다 내담자가 더 예언력이 높다라는 말을 한다. 이는 임상적 경험을 바탕으로 하는 말이다. 그리고 상담의 과정에 대한 많은 측정치들에서 내담자의 점

〈표 8-18〉 내담자와 상담자가 일치해서 성과와 관계가 있다고 본 과정변인들과 내담자 상담자 중 어느 한쪽만 성과와 관계가 있다고 본 과정변인

일치하는 변인	치료자 기술수준, 내담자의 협조 대 저항, 내담자의 긍정적 정서반응, * 치료적 연합/동맹, * 치료동맹에 대한 치료자의 공헌, * 내담자의 공헌, * 내담자의 역할 투자, * 치료자의 관심 * 치료자의 협조적 vs. 지시적/허용적 상호작용 * 내담자의 협조적 vs. 의존적/통제하려는 상호작용 * 내담자의 표현 경향성 * 주고받는 상호작용의 동주파(recirpocal attunement) * Therapist affirmation of patient * Patient affirmation of therapist * Reciprocal affirmation 내담자의 개방성 대 방어성 Therapeutic realizations, 처치의 길이
일치하지 않는 변인 ( ) 안은 관계 있는 성과측정의 관점	목표 합의/명료성(치료자) 내담자 역할 준비(치료자) 내담자 적합성(치료자) 변화전략(치료자) 내담자의 자기탐색(치료자) 내담자 동기(치료자) 치료자 공감(치료자) 내담자 체험 정도(치료자) 치료자 자기일치(진실성) (치료자) 연계적 상호작용 패턴(치료자) 역설의도(내담자) 체험유발 직면(내담자) 해석(내담자) 내담자의 정서반응(내담자) 치료자 신뢰 대 불신(내담자) 처치단계(내담자)

수와 치료자의 점수 간에는 상관관계가 높지 않다라는 경험적 연구자료들도 그런 가능성(내담자의 높은 예언력)을 시사해 준다. 그러나 내담자와 치료자 간의 관점 차이에 대해서 이보다 더 흥미로운 질문이 있다.

내담자의 성과측정(내담자가 본 성과)과 치료자의 성과측정(치료자가 본 성과)이 있는데 이들 두 가지 성과측정치를 예언하는 과정변인들이 어느 정도나 일치하는가? 앞에서 살펴본 Orlinsky 등의 분석은 이 질문에 대한 대답을 가능하게 해 준다(표 8-18).

내담자가 본 성과와 50% 이상의 지지율로 긍정적 관계를 보여 준 과정변인은 24개였다. 그리고 치료자가 본 성과와 50% 이상의 지지율로 긍정적 관계를 보여 준 과정변인은 28개였다. 그중 18개가 일치한다. 일치하지 않는 변인은 16개가 된다. 이 결과를 어떻게 해석하겠는가?

먼저 가장 두드러진 현상은 내담자와 상담자 둘 다의 성과측정과 관계를 보여준 과정변인들이 치료적 연합(bond), 즉 동맹의 유목에 집중되어 있다는 것이다(18개 중 12개, *표). 이 유목에는 연구된 변인의 종류도 많지만 그 점을 감안하더라도 이 치료적 연합과 동맹은 내담자나 치료자나 모두 성과와 강한 관련성을 인식하고 있다고 우리 연구자들과 상담전문가들은 확신할 수 있을 것 같다. 다시 말해서 심리치료상담에서 치료자가 내담자와 치료적 동맹관계와 강한 긍정적 유대를 형성하는 것이 얼마나 중요한지를 경험적으로 밝혀준 탄탄한 근거가 발견된 셈이다. 다음은 Orlinsky 등의 해석이다—"내담자가 치료에 어떻게 참여하는가, 즉 참여의 질(quality)이 성과의 가장 중요한 결정인자로 보인다. 그리고 양자간에 형성된 치료적 유대와 동맹(특히 환자가 지각한)이 과정-성과 간의 주요 연결고리 역할을 해 준다. 그리고, 환자가 원하는 결과를 성취하게 해 주는 치료자 측의 공헌은 주로 내담자에 대한 공감과 진실성에 기초한 협조적이고 affirmative한 관계, 그리고 내담자의 체험을 일으키는 직면, 해석, 역설의도 등의 기법을 기술적으로 적용하는 것이다."

그 다음으로 지적할 수 있는 현상은 내담자와 상담자 간의 견해와 관점의 차이이다. 이것은 내담자와 상담자가 일치하지 않았던 변인들에서 발견할 수 있다. 치료자들은 자신에 관한 변인보다는 내담자에 관한 변인에서 성과와의 관계를 더 발견한 것으로 보여지며, 내담자들도 자신에 관한 변인보다는 치료자

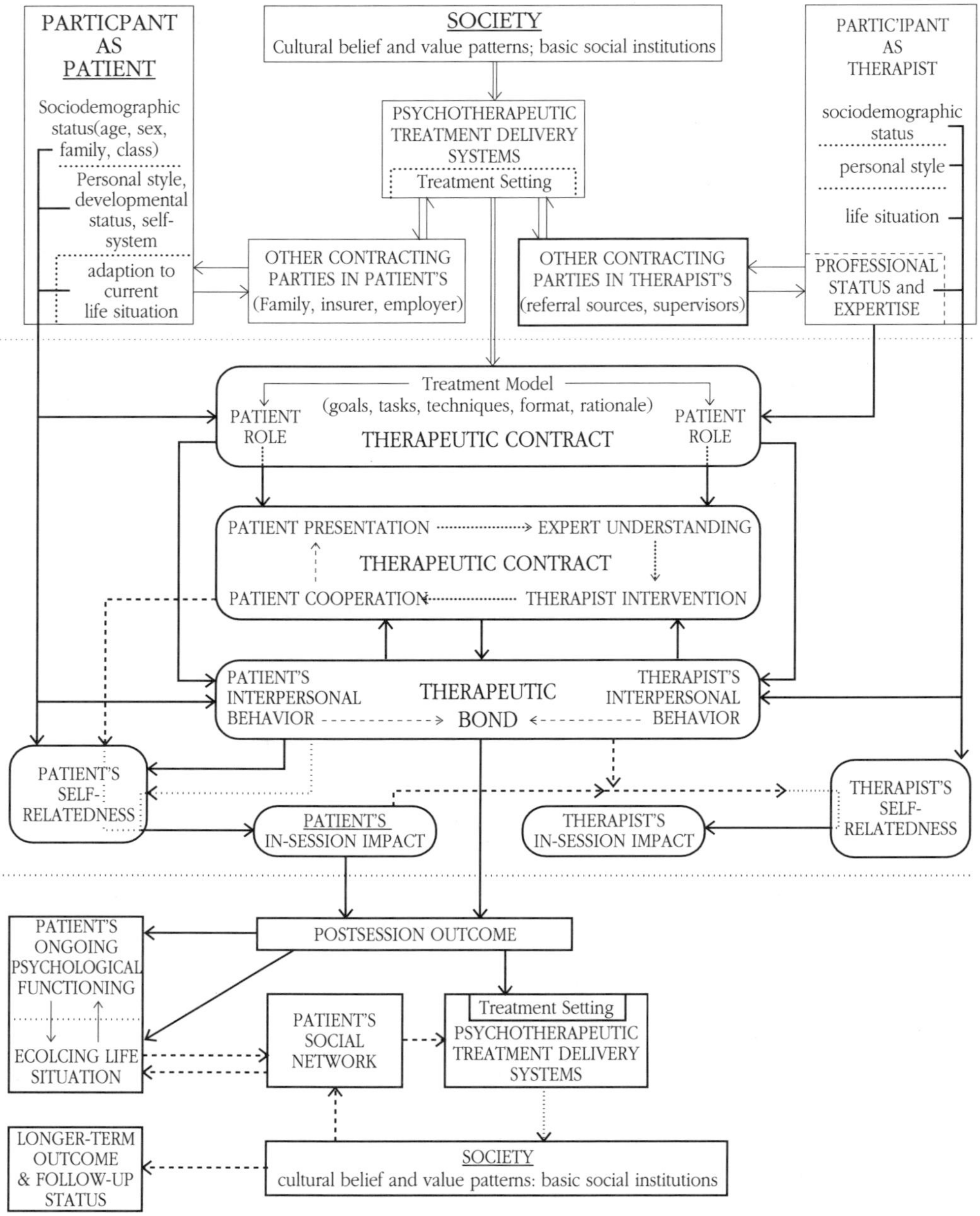

〈그림 8-3〉 심리치료상담의 일반모형: input, process, output 간의 상호관련성

(출처: Orilinsky 등, 1994)

에 관한 변인과 처치 변인에서 성과와의 관계를 더 발견한 것으로 보여진다. 이 결과는 그 동안 사회심리학자들이 밝혀온 '행위자–관찰자 편향'(bias) 즉 행위의 원인을 자신보다는 타인에게서 찾는 경향성과 관련시켜 볼 수 있을 것이다.

여기서 소개한 방대한 자료를 분석한 결과로서 Orlinsky는 심리치료상담의 과정과 성과를 연결하는 종합적인 모델을 제시하였다. 이 모델은 크게 세 개의 차원으로 구성되는데, 그것은 (1) 상담자와 내담자가 이미 가지고 들어오는 input, (2) 회기 중에 상담자와 내담자가 상호작용하여 나타나는 process, 그리고 (3) 상담의 결과로서 발생하는 output이 그것이다. 〈그림 8-3〉은 Orlinsky가 제시한 모델을 번역 없이 그대로 옮긴 것이다. 이 모델을 심리치료상담의 과정-성과 연구를 할 때 이론적 근거를 제시할 뿐만 아니라 연구자들이 연구문제를 발견할 때에도 유용하게 활용될 수 있을 것이다.

제9장 상담의 성과와 기타 요인

이 책에서 앞에서 다룬 연구의 주제들은 (1) 상담이 효과가 있는지, 즉 성과연구 혹은 효과(성)연구라고 불리는 것과 (2) 상담 시간에 상담자와 내담자가 하는 말과 행동, 그것들의 상호작용 등에 대한 분석, 즉 과정연구와 (3) 그런 상담의 과정이 상담성과와 어떤 관련(상관관계나 인과관계)이 있는지 발견하는 과정-성과 연구, (4) 상담성과를 일으키거나 관련이 있다고 보이는 내담자나 상담자의 요인은 무엇인지를 규명하는 내담자-상담자 연구 등이다.

그런데 상담에 관한 연구주제들 중에는 사실 이 네 가지 범주에 들어가기 어려운 그러나 상담에서 중요한 연구주제들이 더 있다. 최근 상담현장에서 쟁점이 되고 있는 단기상담이나 단회상담에 관한 연구, 조기종결에 관한 연구, 아동·청소년상담, 진로-직업상담, 집단상담과 부부-가족치료의 과정과 효과, 그리고 상담교육과 슈퍼비전에 관한 연구 등이 그것이다. 그런데 이 책에서는 아직은 필자의 자료수집이 부족해서 이들 많은 주제에 대해서 일일이 별도의 장이나 절을 설정해서 상세히 다루지 못했다. 그렇다고 해서 그런 연구주제들이 앞에서 자세히 다룬 주제들에 비해서 덜 중요하다는 뜻은 결코 아니다. 앞으로 이 책을 개정할 때 필자는 이들 주제들을 더 상세히 다루고자 한다.

1. 아동 · 청소년상담 분야에서의 상담성과연구

미국의 경우 아동심리치료나 청소년상담은 성인상담과 심리치료에 비해서 덜 연구되어진 분야라고 한다(Kazdin, 1994). 왜 그런 현상이 일어났는지는 밝혀지지 않았다. 우리 나라의 경우에는 아직 상담의 분야나 영역별로 연구 활성화의 정도를 비교할 만큼 연구물이 많지 않다. 어쨌든, 아동과 청소년 다수가 심리적 고통, 정서문제, 행동문제 등 상담과 치료를 요하는 문제를 가지고 있음에도 불구하고 이에 대한 과학적, 경험적 연구가 상대적으로 적다는 것은 바람직한 현상이 아니다. 미국의 통계에 의하면 18세 미만의 아동과 청소년 중 17~22퍼센트가 발달, 정서, 행동상의 문제를 보인다고 한다. 우리 나라의 경우도 이와 크게 다르지 않을 것으로 추측되지만 아직 믿을 만한 자료를 발견하기 어렵다.

1) 아동 · 청소년상담의 전반적인 효과검증연구

(1) Levitt의 초기 연구

영국의 Eysenck(1952)가 당시의 심리치료연구들을 종합하여 심리치료의 효과가 비처치 집단과 다를 바 없다는 충격적인 보고서를 낸 것은 상담심리학도라면 모르는 사람이 없을 것이다. 그런데 이보다 다소 늦게 Levitt라는 학자에 의해서 아동심리치료의 효과가 검토를 받았는데 결과는 Eysenck의 결론과 진배 없는 충격적인 것이었다.

Levitt는 두 차례(1957, 1963) 비슷한 연구를 하였다. 1957년도의 연구에서 그는 18개의 심리치료연구들을 검토하였다. 그의 결론은 심리치료를 받은 아동은 67~78퍼센트가 치료효과를 보았던 반면에, 처치를 받지 않은 아동도 거의 같은 비율, 즉 73퍼센트가 증상 호전을 보였다는 것이다. 1963년도 연구에서는 22개의 연구를 검토하였는데 그 결론은 마찬가지였다. 처치를 받은 아동의 호전율은 65퍼센트인 반면에 처치를 받지 않은 아동은 오히려 그보다 더 높은 73퍼센트였다.

물론 Levitt의 연구는 1980년대 이후에 성행한 메타분석과 같이 방법론적으로 철저한 것은 아니었다. 즉, 방법론적인 문제점을 많이 안고 있는 연구였다는 것이 그 연구에 대한 평이다. 몇 가지 두드러진 문제점들을 열거하면 다음과 같다. 첫째, 분석에 사용된 연구는 18개밖에 안 되는데 그 18개의 연구로서 유아기부터 21세에 이르는 광범위한 연령범위를 포함했다는 점이 문제로 지적된다. 둘째 비처치 집단, 즉 비교집단이 제대로 설정되지 않은 연구들을 그대로 분석에 사용했다는 점이다. 치료를 시작했다가 조기에 치료를 그만둔 집단을 비처치 집단으로 간주하고 있다(치료를 조기에 종결한 내담자 중에는 증상 호전으로 인해서 그만두었다는 사람이 많음). 셋째, 성과측정에 있어서는 주로 치료자의 평가에 의존하였는데, 성과에 대한 치료자의 평가, 내담자의 평가, 그리고 제3자의 평가는 상당히 다르다.

(2) 메타분석

메타분석의 절차와 기본 용어에 대한 설명은 제6장을 참고하기 바란다. 상담성과에 대한 메타분석은 Smith와 Glass(1977) 그리고 Smith 등(1980)에 의해서 개척된 방법이다. 그러나 이들은 아동심리치료나 청소년상담에 대해서는 깊이 있게 다루지 않았다.

아동 및 청소년 심리치료에 대한 본격적인 최초의 메타분석은 Casey와 Berman(1985)의 것이다. 이들은 1952년부터 1983 사이에 출판된 75개의 연구를 검토하였다. 분석에 동원된 연구물의 양으로 보나 연구의 질로 보나 이들의 메타분석은 Levitt의 연구에 비해 월등하게 낫다고 보여진다. 메타분석의 속성상 반드시 무처치 통제집단과 처치집단을 비교한 연구들을 종합분석해야 하므로 통제집단이 비교집단으로 설정되지 않은 수준 낮은 연구는 자연히 분석대상에서 제외된다. 이점에서 메타분석은 Levitt의 초기 연구보다 우월한 것이다. Casey와 Berman의 메타분석 결과, 처치집단은 무처치 집단에 비해 효과의 크기(effect size)가 .71만큼 더 큰 것으로 나타났다. 즉 상담, 심리치료, 혹은 행동치료를 받은 아동들은 평균적으로 볼 때 처치를 받지 않은 아동의 평균보다 표준편차 .71만큼 효과를 본 것이다. 효과의 크기 .71이라는 것은 다른 말로 하면 처치를 받은 아동의 76퍼센트는 처치를 받지 않은 아동의 평균보다 처치의 결과 더 향상된 수준을 보인다는 것이다(제6장 메타분석 참조). 즉 문제아동에 대한 상담, 심리치료, 혹은 행동치료 등의 처치는 처치를 받지 않는 것보다 분명히 효과가 있는 것으로 나타난 것이다. 그리고 그 효과의 크기는 성인에 대한 처치의 경우와 거의 비슷하다.

(3) 행동치료(수정)은 다른 치료법보다 우월한가?

한 치료법이 다른 치료법보다 우월한지를 알아보고자 하는 것은 연구자라면 누구나 제기하는 주제일 것이다. 아동치료에 대한 연구에서는 주로 행동치료(수정)가 다른 치료법, 즉 내담자중심상담이나 놀이치료 혹은 정신역동적 치료에 비해서 더 큰 효과의 크기를 내는지를 검토해 본 것 같다.

앞서 소개한 Casey와 Berman의 분석에 의하면 행동치료는 다른 치료법("비행동치료")에 비해서 일부의 성과측정치에서 효과의 크기가 더 컸다고 한다. 그러나 측정상의 편견을 제거한 후에 보면 행동치료의 우월성은 더 이상 존재하지 않는다는 결론을 내린 바 있다. 그 외에도 놀이치료 대 비놀이치료 간의 비교, 개인처치와 집단처치 간의 비교, 아동중심처치 대 부모중심처치 간의 비교에서도 의미 있는 차이가 없다는 결론이다.

그런데 더 최근에 수행된 메타분석에서는 다소 다른 결론을 내린다. Weisz 등(1987)과 B. Weiss와 Weisz(1990)의 연구에서는 4세에서 18세 아동청소년을 처치한 연구 100개를 분석한 바 있는데 이들은 모두 통제비교 집단이 있는 연구들이었다. 앞선 연구 Casey와 Berman의 메타분석에서는 사용된 연구물들과는 약 30퍼센트의 중복률을 보일 뿐이다. 이 Weisz 등에 의한 메타분석에서는 효과의 크기의 평균이 .79로 나와서 Casey와 Berman(1985)의 선행연구와 거의 비슷하다. 그런데 치료법간의 비교를 해 보았을 때 행동치료(예: 모델링, 둔감법 등)의 효과가 기타의 방법, 즉 비행동치료법(예: 내담자중심, 정신역동적 치료)에 비해서 더 크게 나왔다고 한다.

그런데 치료방법간의 효과비교를 할 때 한 가지 주의할 점이 있다. 지금까지는 행동치료와 비행동치료를 비교한다든가, 가족치료와 비가족치료를 비교하는 등의 방법을 사용해 왔는데 여기에 문제점이 있다는 것이다(Kazdin,

1994). 행동치료라고 할 때 모델링, 둔감법(desensitization), 토큰 사용법(token reinforcemnet) 등이 있는데 이들은 큰 테두리상으로는 모두 행동치료법에 해당되지만 자세히 들여다 보면 그 치료의 심리적 기제가 상당히 다르게 설명된다는 것이다. 즉 상당히 다른 이론적 배경을 가진 여러 치료법들을 다 같이 "행동치료법"이라고 묶는 것에는 문제가 있다는 말이며, 가족치료도 구조적 가족치료, 정신역동적 가족치료, 그리고 행동심리학적 가족치료를 하나로 "가족치료"라고 묶는 것에도 문제가 있다는 것이다. 그래서 앞으로의 메타분석에서는 치료법들을 군집화할 때 좀더 세분된 군집화가 요구된다는 것이다.

2) 치료방법별 고찰

바로 앞에서 다룬 문제, 즉 '행동치료(수정)는 다른 치료법보다 우월한가' 라는 문제는 메타분석의 상당히 고전적인 주제이다. 이와 같이 치료법간의 우월비교를 하는 것은 그 자체로서 중요하다. 그런데 치료법간의 우월비교 이전에 각 치료법의 효과를 검증한 단일연구(메타분석이 아닌)들이 많이 있어야만 한다. 메타분석은 바로 이들 '단일연구' 들을 모아서 종합적으로 분석하는 방법일 뿐이다. 따라서 이 절에서는 대표적인 아동치료법들의 효과검증연구들을 고찰해 볼 것이다.

(1) 정신분석 혹은 정신역동적 처치

정신분석이나 정신역동적 심리치료는 매우 자주 많이 사용되는 치료법이다. 아동에게 이 치료법이 적용되기 시작한 역사도 비교적 길다. 그러나 과학적인 경험적 연구는 상대적으로 적은 편이다.

흥미로운 연구를 예로 들겠다. Fonagy와 Morran(1990)은 당뇨병을 앓는 아동 · 청소년에 대한 정신분석요법이 효과가 있었는지를 검토한 바 있다. 환자들은 런던에 소재한 안나 프로이드 센터에서 치료를 받는 사람들(6~18세)이었다. 당뇨병을 앓는 환아들은 혈당(blood glucose)을 정상인과 같은 수준으로 유지시키지를 못한다. 당뇨병 환자들은 적절한 식이요법을 반드시 수행해야 하는데, 어떤 환아들은 그것을 제대로 지키지를 못한다. 정신분석학자들은 환아들이 식이요법 처방을 제대로 지키지 못하는 원인을 신경증적 불안, 미해결된 무의식적 갈등 및 죄의식으로 보고 이들에 대한 정신분석적 처치가 도움이 될 것이라는 가정을 한다. 연구자들은 환아들을 두 가지 다른 처치집단으로 나누었다. 한 집단은 평소의(routine) 의학적 처치에 정신분석을 첨가한 것이다. 정신분석 처치기간은 개인마다 차이가 있는데 주 3~5회기씩, 5~28주일간 실시되었다. 또 다른 집단에게는 정신분석 없이 평소의 의학적 처치만 가해졌다. 당뇨병 처치에 대한 효과측정은 혈당치로서 하는데, 처치 직후의 결과는 '의학적 처치 + 정신분석' 집단의 혈당이 의학적 처치만을 받은 집단의 것보다 의미 있게 낮게 나왔다. 처치 후 일 년 뒤의 추수평가에서도 같은 결과가 나왔다. 또한 환아의 몇 퍼센트가 처치 후 "정상수준"의 혈당을 보였는지 검토해 본 결과, 정신분석을 겸한 집단은 약 반이 정상수준의 혈당을 보인 반면, 정신분석을 겸하지 않은 집단은 정상 혈당수준으로 돌아온 환아가 한 명도 없었다고 한다.

읽기능력 등 학습장애를 가진 아동(7~10세)에게 정신분석적 처치가 도움이 되는지를 검토한 연구가 있다(Heinike & Ramsey-Klee, 1986). 연구자들의 주요 관심은 상담의 빈도를 달리 했을 때 효과가 달라지는가를 보는 것이었다. 그래서 첫째 조건의 아동 내담자들에게는 주 1회의 개인심리치료를 2년간 제공하는 것이었고, 둘째 조건은 주 4회의 개인치료를 2년간 제공하는 것이었으며, 세번째 조건은 첫 1년간은 주 1회의 치료를 제공한 후에 나머지 1년은 주 4회의 치료를 제공하는 것이었다. 집단간 치료성과를 비교해 보면 읽기능력검사에서 세 집단 모두 비슷한 수준으로 향상을 보였다는 것이다. 즉, 치료의 빈도가 성과의 차이를 초래하지 않았다. 다시 말해서 치료의 빈도를 늘인다고 해서 성과가 향상되지는 않는다. 그러나 1년 후의 추수연구에 의하면, 세번째 조건의 아동들, 즉 첫 1년간은 주 1회의 치료를 받다가 둘째 해에 주 4회의 치료를 받은 집단이 다른 두 집단에 비해서 우수한 읽기 실력을 유지하였다는 것이다. 더구나 이들은 읽기능력뿐만 아니라 인간관계를 맺는 능력, 좌절에 대한 인내력, 융통성 등의 속성에서도 차이를 보였다고 한다. 이런 결과는 치료의 후반기(둘째 해)에 치료의 빈도를 늘였을 때 좋은 성과를 기대할 수 있다는 점을 암시해 준다. 이 연구와 같이 치료의 빈도 그 자체, 혹은 치료의 빈도를 변화가 치료성과에 어떻게 영향을 주는지를 탐구하는 것은 앞으로도 상담심리학 연구에서 좋은 주제가 되리라 여겨진다.

(2) 관계중심의 비지시적 상담치료

관계중심의 비지시적 상담치료라 함은 '내담자중심' 이론에 입각한 상담치료를 의미한다. 최근에는 이 치료법의 효과검증연구가 별로 눈에 띄지 않으나 1960~1970년대에는 빈번히 연구되던 치료법이다. 내담자중심 접근은 치료의 방식이 다양해서 개인치료뿐만 아니라 집단치료가 자주 시도되곤 한다. 그리고 주로 면담에 의한 내담자중심치료가 있는가 하면 어린 아동들에게는 놀이치료가 자주 시도된다. 그런데 놀이치료는 내담자중심의 비지시적 방법 이외에도 다른 접근법들이 있으므로 이 책에서는 놀이치료에 대해서는 별도로 취급한다.

Truax, Wargo와 Silber(1966)는 소년원에 수감된 비행청소년(14~18세: 여자)에 대한 집단상담의 효과를 연구하였다. 처치집단은 주 2회씩 3개월간 집단상담을 받는 소녀들로 구성되었는데, 상담방법은 주로 내담자중심이론의 핵심기법인 정확한 공감(accurate empathy)과 온정 전달하기(warmth) 등이었다. 통제집단은 평상적인 소년원 수감 이외의 다른 특별한 처치를 받지 않는 무처치 집단이었다. 결과는, 집단상담을 받은 처치집단이 여러 종류의 측정치에서 진전을 보이는 것으로 나타났는데, 측정된 변인들로는 자신감, 범죄성향, 책임감, 권위대상에 대한 태도, 자아개념, 일반적응 정도, 현실자아와 이상적 자아상 사이의 일치도 등이 있었다. 약 일 년이 경과한 후에 실시한 추수연구에 의하면 처치집단의 소녀들이 무처치 집단의 소녀들보다 수감시설에 수용된 날짜가 적다고 나타났다. 즉, 처치의 효과가 소년원 밖에서의 더 나은 사회적응으로 나타난 것이다.

또 다른 연구의 예를 들어보겠다. Persons와 Pepinsky(1966)는 절도, 파괴, 무단침입 등으로 수감된 비행청소년(15~19세: 남자)에 대한 비지시적 상담의 효과를 연구하였다. 피험자들은 몇 가지 인구학적 변인을 기준으로 매칭된 후 처치집단과 통제집단으로 무선할당되었다. 처치를 받는 피험자는 주 1회의 개인상담치료와 주 2회의 집단상담을 20주간 받는 것이었다. 통제집단의 피험자는 평상적인 방법으로 수감을 받는 무처치 집단이었다. 처치기간이 끝난 후 실시한 측정에 의하면 처치집단의 소년들이 통제집단 소년들에 비해서 불안도, 범죄성향, 정신병리, 소년원 내 학급성적, 반성문의 숫자 등의 측정치에서 향상을 보였다. 그리고 이들이 퇴소한 후 1년후의 추수연구에서는 처치집단 소년들이 무처치 집단 소년들에 비해 재수감률, 가석방 규칙의 위반율에서 더 낮았고, 취업 등의 면에서 더 우수한 것으로 나타났다고 한다. 그리고 처치 직후의 측정에서 우수하지 못한 소년들은 추수연구에서 통제집단과 거의 유사한 결과를 보였다. 이 연구는 처치집단과 통제집단에 피험자들을 무선할당했다는 점에서 큰 의미를 발견할 수 있다.

(3) 놀이치료

놀이치료는 여러 이론에 근거를 두고 있으나 주로 정신역동이론이나 내담자중심이론에 이론적 근거를 두고 있는 치료자들이 지배적이다. 놀이치료의 효과에 대해서는 수많은 사례 발표를 통해서 효과 입증이 시도되었으나, 방법론적으로 철저한 체계적 연구, 즉 처치집단과 통제집단을 설정한 연구는 드문 편이다.

Milos와 Reiss(1982)는 분리불안을 겪는 2~6세의 유아들에 대한 놀이치료의 효과를 검토한 바 있다. 피험자들은 다음의 네 종류 집단에 무선할당되었다. 그 네 집단이란 하나의 통제집단과 세 개의 실험집단인데, 세 실험집단은 다음과 같이 구분된다. 첫째는 '비지시적 놀이치료 조건'으로서 피험자에게 자유롭게 놀이를 하도록 허용하되 아동이 원하면 분리와 관련한 주제를 놀이할 수 있다. 둘째는 '구조화된 놀이치료 조건'으로서 피험자로 하여금 분리와 관련한 주제를 놀이할 수 있도록 유도하는 것이다. 셋째는 '모델링 조건'으로서 실험자가 분리와 관련한 놀이를 하는 것을 관찰할 기회를 주는 것이다. 나머지, 통제집단에게는 분리와 관련이 없는 놀이를 하게 한다. 각각의 피험자는 한 회기 10분씩 3회기의 치료를 받으며 각 회기는 2~3일 간격으로 이루어진다. 치료효과의 측정은 두 가지 방법으로 하였는데, 하나는 피험자에게 분리와 관련한 주제와 관련 없는 주제들에 대해서 말을 하도록 하는 언어검사이고 다른 하나는 피험자의 유치원 교사들에게 분리불안을 평가하도록 한 것이다. 처치 직후의 평가에 의하면 언어검사에서는 세 실험집단이 통제집단에 비해 불안점수가 감소한 반면에, 교사의 평가점수에서는 별다른 성과를 보이지 않았다. 그리고 세 실험집단간의 차이는 나타나지 않았다. 이 연구는 집단배정을 무선적으로 한 점에서 높이 평가할 만하지만, 처치가 평상적인 처치에 비해서 너무 짧았다는 점이 이 연구의 타당도에 다소의 문제점을 제기할 수 있다.

또 하나의 예를 들면, Bleck과 Bleck(1982)의 연구를 들 수 있다. 이들은 교실에서 떠들고 산만한 행동이 심한 초등학교 3학년 아동 78명에 대해서 놀이치료의 효과를 검토하였다. 실험집단은 주 2회씩, 5주 동안 '집단놀이치료'를 받았는데, 치료자는 피험자들의 상호작용을 권장했고 자기 및 타인에 대한 이해 증진을 장려하고 감정 탐색은 물론 행동의 결과에 대해서도 논의하도록 했다. 이런 활동들을 점토놀이, 그림그리기, 퍼즐하기, 역할놀이 등을 통해서 한 것이다. 처치를 받은 집단은 통제집단에 비해서 자존감이 향상되었고, 산만하고 떠드는 행동에 대한 교사의 평가면에서 향상을 보였다. 그러나 추수평가의 자료는 보고된 바 없다.

이 두 연구를 토대로 하면, 놀이치료는 여러 종류의 아동 문제에 대해서 치료효과를 보일 수 있는 요법이 될 수 있다는 가능성을 엿보인다. 그러나 워낙 제대로된 성과연구가 드물기 때문에 앞으로 여러 종류의 문제에 대해서, 잘 정의된 놀이치료를 실시하는 방법론적으로 철저한 성과연구들이 시도되어야 한다(Kazdin, 1994).

(4) 행동치료(수정)

앞에서 논의한 정신분석적 심리치료, 내담자중심상담, 놀이치료 등은 실제 임상장면에서는 빈번히 사용되는 방법이지만, 경험적이고 체계적인 연구는 많지 않다고 지적한 바 있다. 반면에 여기에서 논의할 행동치료(수정)은 실제 임상장면에서 빈번히 사용될 뿐만 아니라 경험적 연구도 매우 많이 시도되었다.

Kazdin(1994)은 아동행동치료(수정)의 연구를 크게 두 가지로 대별할 수 있다고 하였다. 그 하나는 부모를 통한 아동의 행동수정에 대한 연구이며, 다른 하나는 사회적 기술훈련에 관한 연구이다.

① 부모훈련을 통한 아동의 행동수정

부모를 통해서 아동의 문제행동을 수정하려는 시도는 아주 자주 시도되는 방법이다. 또한 방법론적으로 잘 설계된 경험연구는 가장 많이 시도된 주제이다. 탐구된 행동문제 영역도 다양해서 행동장애, 집중력 부족 장애, 발달장애, 정신지체, 학습지연, 섭식장애, 야뇨증, 유분증 등 다양한 문제영역에 걸쳐서 행동치료(수정)가 시도되었고 연구되었다(Kazdin, 1994).

부모훈련을 통해 아동의 행동수정을 한다는 것은 다음과 같은 것이다. 첫째, 아동을 치료자가 직접 처치하는 것이 아니라 부모가 가정에서 아동을 지도하도록 시키는 방법이다. 둘째, 부모는 아동의 문제를 다른 방식으로 보고, 관찰하고, 정의할 수 있도록 교육을 받는다. 고치려는 행동을 구체적으로 규정하는 것이 그 행동을 강화하거나 소멸하는 데 필수적으로 필요한 요소이다. 셋째, 부모는 각종 효율적인 강화의 방법(칭찬, 물질적 보상, 토큰이나 점수의 사용 등)과 벌의 방법(타임아웃, 특권 박탈)을 배울 뿐만 아니라 아동과 타협하고 행동계약을 하는 절차와 방법도 배운다. 넷째, 부모는 그런 기술들을 실제 현장, 즉 가정에서 적용하는 구체적인 철차와 요령을 배우고 습득한다.

부모훈련을 통한 아동의 행동수정에 대한 한 연구의 예를 들어보자. Webster-Stratton, Kolpacoff와 Hollinsworth(1988)는 불복종, 반항, 공격행동 등 행동문제를 가진 3~8세의 아동들을 행동수정하는 연구를 하였다. 피험가족들은 무선적으로 다음 네 개의 집단 중 하나에 배정되었다. 그 중 세 개는 실험집단인데, 첫째는 '부모교육 교재 제공 + 집단토의 + 부모교육 비디오 테이프 시청' 이며, 둘째는 '부모교육 교재 제공 + 부모교육 비디오 테이프 시청(집단토의 없음)' 이며 셋째는 '집단토의(비디오 테이프 시청 없음)' 이다. 나머지 하나는 통제집단으로서 처치를 받지 않는 대기자 통제집단을 사용했다. 처치는 주1회 두 시간씩, 10~12주일간 받았다.

처치 후의 성과측정에 의하면, 가정에서 관찰에 근거한 평정점수에서 세 개의 실험집단은 모두 통제집단에 비해서 향상을 보였다. 특히 비디오 테이프 시청도 하고 집단토의도 하는 첫번째 집단의 피험자들은 성과측정에서 더 우수한 결과를 보였으며, 교육 출석률이 가장 높으면서 중도탈락률은 가장 낮고, 처치에 대한 만족도도 가장 높았다. 1년 후의 추수연구에 의하면 세 처치 모두 효과가 지속된다고 나타났다. 이 연구에서는 통계적 의의도 뿐만 아니라 임상적 의의를 평가하였는데, 실험집단의 피험자들 중 67~78퍼센트는 가정에서의 행동관찰 평가가 정상아의 수준에 있었다는 것이다.

부모교육을 통한 아동의 행동수정연구는 단순히 처치효과 검증만이 아니라 다른 요인이 처치효과에 관여하는지를 검토한 연구들이 있다. 즉, 부모나 가족의 문제, 예컨대 부모간의 부부갈등, 부모의 심리적 장애, 사회적 고립정도, 그리고 부모의 사회경제적 어려움 등이 아동에 대한 행동수정 처치효과를 낮춘다고 한다. 혹은 그런 요인들이 처치효과가 장기간 지속되지 못하도록 방해한다고도 한다(Kazdin, 1994). 그러나 이 주제의 연구가 다수 수행되었다 하지만 아직 중요한 변인이 검토되지 않은 것들이 있다. 예를 들면, 문제영역에 따라서 이 처치방법이 효과가 더 있다거나 혹은 효과가 없는 경우는 없는지, 아동의 연령이 관계가 있지는 않은지(아동의 나이가 청소년에 가까운 경우 상벌에 주로 의존하는 이 방법이 얼마나 효과가 있을지는 의문이다) 등은 중요한 연구문제로 다루어질 필요가 있다고 본다. 그리고 처치의 효과가 1~2년 이상 장기적으로 지속되는가에 대한 검토도 필요하리라 본다.

② 사회적 기술훈련

아동이 겪는 많은 문제는 대인기술이 부족한 데서 연유하기도 하며, 효과적인 대인기술을 습득하는 경우에 많은 문제가 경감된다는 가설이 지배적이다. 그래서 이 사회기술훈련은 문제아동들에게 자주 시도되는 치료법이다. 이 치료법에서 주로 훈련시키는 것은 남에게 요구하기, 남이 말하는 것에 반응하기, 남과 칭찬을 주고받기, 남에게 접근하기 등이다. 교육하는 방식은 그렇게 하는 행동을 가르치는 것(행동교수), 모델링 제공, 역할연습, 피드백 주기, 강화주기, 반복연습 등이다.

연구의 예를 들어보겠다. Bierman, Miller와 Stabb(1987)는 초등학교에서 급우들로부터 심하게 따돌림을 받고 교우관계가 좋지 못한 아동들(1~3학년)에 대해서 사회기술훈련을 시킴으로써 그들의 문제를 고칠 수 있는지 연구하였다. 피험자 선정을 위해서는 사회측정법에 의한 평정(sociometric rating)과 직접관찰 등 매우 철저한 절차를 거쳤다. 선정된 피험자들은 다음의 네 가지 집단조건에 무선할당되었다. 세 집단은 실험집단인데, 첫째는 '가르침'(instructions)집단이며 둘째는 '금지'(prohibitions)집단이며 셋째는 '가르침+금지'(instructions + prohibitions)집단이었다. 네번째 집단, 즉 통제집단은 무처치 집단이었다. 여기서 '가르침'이라는 것은 주로 바람직한 행동이 무엇인지를 구체적으로 가르쳐 주고 그런 행동을 하도록 장려하고 강화하고 연습시키는 프로그램을 말한다. '금지'라는 것은 어떤 행동이 해서는 안 되는 나쁜 행동인지를 구체적으로 가르쳐 주고 그런 행동을 해서는 안 되는 상황이 무엇인지를 배우는 등 어겨서는 안 되는 규율위주의 교육 프로그램을 말한다. 피험자들은 학교 내에서 1회 30분씩 10회기간 처치를 받았다.

처치결과, 각 처치집단은 모두 무처치 집단에 비해서 사회행동에서 향상을 보였다. 예상대로 '금지' 집단 피험자들은 부정적인 사회 접촉이 의미 있게 감소하였다. '가르침' 집단 피험자들은 6개월 후의 추수연구에서도 처치효과를 유지시키고 있었다. 그리고 '가르침 + 금지' 집단 아동들은 사회측정법에 의한 평정에서도 의미 있는 변화를 나타내었다. 이 연구의 결과를 종합적으로 말하면 사회기술훈련은 따돌림을 받거나 대인관계가 안 좋은 아동에게 즉각적인 효과가 있을 뿐만 아니라 지속적인 효과도 있다는 것이다. 그리고 이 연구는 피험자의 선정과 집단할당 과정이 방법론적으로 철저했으며, 종속변인 측정에 있어서 교사의 의견, 급우들이 의견, 그리고 직접관찰 등 다양한 방법을 사용했다는 점에서 우수한 연구로 평가된다.

사회적 기술훈련은 주로 학교장면에서 시도된 반면에 임상장면에서는 비교적 드물게 시도되었다고 한다. 그러나 McKenna와 Gaffney(1982)의 연구는 수줍음, 불안, 공격성 등의 이유로 아동상담소에 의뢰된 아동들(12~16세)에 대한 사회기술훈련의 효과를 검토한 연구이다. 피험자들은 다음의 세 집단 중의 하나로 무선할당되었다. 첫째는 대인관계 기술을 배우고 연습하는 '사회기술훈련 집단'이고, 둘째는 첫째 집단과 같은 시간 동안 "치료자"와 함께 게임, 운동, 비디오 시청 등을 하면서 특별한 사회기술훈련은 없이 시간을 함께 보내는 '불특정 통제집단'(nonspecific control group)이며, 셋째는 대기자 명단에 있는 통제집단이다. 처치는 10주일간 주어졌다. 처치 후의 측정은 주로 대인 행동기술과 문제해결력에 관해 이루어졌는데, 사회기술훈련 집단의 피험자들은 다른 두 통제집단 아동들에 비해서 의미 있는 향상을 보였다. 두 통제집단 간에는 의미 있는 차이가 없었다.

(5) 인지-행동적 치료

인지이론에 근거를 둔 치료법들은 문제의 원인을 귀인(attribution), 인지틀(schema), 신념, 기대 등 인지적 과정에서 찾으려고 하며, 치료법 또한 인지적 변화를 통해서 얻으려고 하였다. (그런데 인지치료법들은 실제로는 역할학습, 행동강화를 통해서 얻으려고 하였다.) 그런데 인지치료법들은 실제로는 역할연습, 행동강화, 행동적 숙제 부여 등 행동치료적 방법들을 자주 활용하는데 그 목적은 이런 행동적 변화를 통해서 인지적 변화를 도모하기 위함이다. 결국, 인지치료는 많은 경우 행동치료와 중첩이 많이 된다고 보아야 하며 따라서 그 처치법에 대한 명칭도 단지 '인지치료'라고 하는 것보다는 '인지-행동적 치료'(cognitive-behavioral therapy)라고 부르는 것이 통례화되고 있다.

인지-행동치료는 다양한 방법으로 시도되어 왔지만, 여기서는 두 가지 치료법에 대한 연구에 대해서 개관하려고 한다. 그 두 치료법 중 하나는 '문제해결력 훈련 프로그램'이고, 다른 하나는 '분노조절훈련 프로그램'이다.

① 문제해결력 훈련 프로그램

문제해결력 훈련은 주로 공격성이 강하거나 반사회적(antisocial) 아동 · 청소년을 대상으로 인지적인 문제해결 기술들을 많이 학습시킨다. 행동장애의 기저에는 대인지각, 귀인, 혼잣말 등에서 오류나 왜곡이 발견된다고 보는데(예: 애매한 상황에 대해서 상대방의 악의로 귀인하는 것), 훈련을 통해서 이러한 사고 오류나 왜곡을 구체적으로 발견하고 수정하는 것을 목표로 하고 있다. 또한 자기 행동의 결과에 대해서 생각해 볼 기회를 갖게 한다거나, 상대방의 입장이나 관점을 알게 하는 것 등도 중요한 처치 내용이다. 프로그램은 구체적인 대인갈등 문제상황에 대해서 단계적으로 조금씩 효율적인 해결방안을 습득해 나가도록 돕는 것이다. 즉, 문제사태에 대한 지각 내용을 구체화시키고, 문제

사태에 대한 내담자의 귀인, 해석, 혼잣말 등을 발견해 내며 그런 것들이 어떻게 행동에 영향을 미치는지를 검토하며, 그런 것들을 좀더 효율적인 것으로 수정하는 과정을 밟는다.

문제해결력 훈련 프로그램에 대한 경험연구의 예를 보자. Kazdin 등(1987)은 반사회적 행동문제로 인해 입원한 11~13세의 아동들을 세 집단에 무선할당하였다. 첫째 집단은 여기서 언급한 '문제해결력 훈련집단'이며, 둘째 집단은 공감, 온정, 긍정적 존중(positive regard)을 주로 제공하는 '비지시적 관계치료법 집단'이며, 셋째 집단은 특별한 처치를 가하지 않은 '최소처치의 접촉집단'(minimal treatment contact)이다. 연구결과, 문제해결력 훈련집단의 아동들은 다른 두 집단에 비해서 반사회적 행동 및 다른 문제영역에서 의미 있는 개선을 보였다. 그리고 이런 변화는 퇴원 1년 후의 추수평가에서도 지속되는 것으로 나타났다. 단, 지속적인 효과는 부모의 정신건강 상태(예: 우울)가 중요한 변수로 작용하는 것으로 보였다. 종속변인의 측정은 가정에서의 행동에 대한 부모의 평가, 그리고 학교에서의 행동에 대한 교사의 평가 등이다.

② 분노조절훈련

분노조절훈련은 Novaco(1975)의 고전적 저술 이후에 아주 빈번히 시도되어 온 기법이다. 우리 나라에서는 비행청소년에 대한 상담이나 보호관찰의 한 방법으로 도입되기 시작하였다(김계현, 1993). 분노 조절은 공격성이 강하고 충동성이 높은 비행자나 폭력범에 대해서 주로 시도되고 있다.

분노 정서는 개인내에서 일어나는 내적 현상 혹은 외부에서 일어나는 자극에 대한 개인의 해석이나 귀인에 의해서 강해질 수도 있고 약해질 수도 있다는 것이 분노에 대한 심리학적 가설이다. 그리고 분노와 관련된 인지적 과정(귀인, 해석)이 그 분노를 충동적 공격행동으로 이어지게 하는 원인이 된다고 보고 있다. 따라서 분노조절훈련은 분노를 증가시키거나 분노가 공격행동으로 이어지게 하는 인지적 과정을 수정하는 것이 된다. 즉, 분노를 일으킬 가능성이 있는 상황을 달리 지각하고 달리 해석하도록 가르치며, 분노반응에 대해서 충동적 반응을 지연시킬 수 있는 혼잣말 등을 개발하는 것이다(예: "relax", "기다려라").

분노조절훈련의 효과를 검토한 경험적 연구의 예를 들어보겠다. Feindler 등(1986)은 공격적인 행동으로 입원한 남자 청소년들(13~18세)에게 분노조절 훈련 프로그램을 실시한 다음 그 효과 검증을 하였다. 통제집단으로는 대기자들을 사용하였다. 분노조절훈련은 8주일간 12회기에 걸쳐서 실시했다. 훈련 내용은 앞 문단에서 기술한 인지적 기법 외에 모델링, 연습, 자기지시(self-instruction)기법 등이 사용되었다. 효과측정 결과 훈련을 받은 집단의 피험자들은 덜 충동적인 즉, 더 사려깊은 행동을 하였으며(실험실 관찰), 자기통제면에서 향상을 보였고(병원 스탭들의 관찰), 갈등상황에서 적대적 행동이 감소했고, 병원 내에서 오히려 악화되는 경향을 보였다. 단, 이 연구는 효과의 지속성 검토, 즉 추수연구가 수행되지 못했다는 한계점을 지닌다.

문제해결력 훈련, 분노조절훈련 프로그램을 비롯하여 인지-행동적 치료법들은 최근에 아주 빈번히 사용될 뿐만 아니라 새로운 프로그램의 개발이 활발한 편이다. 따라서 이 인지-행동요법들에 대해서는 앞으로 연구도 더 활발히 이루어져야 한다고 사료된다.

(6) 가족치료

가족치료란 문제를 파악하고 처치를 할 가족을 하나의 체계(시스템)으로 여기는 치료법이다. 특히 아동이나 청소년의 문제를 다룰 때 가족치료가 시도되는 경우는 아주 흔하다. 가족치료가들은 IP(Identified Patient), 즉 환자 혹은 문제아로 지목된 사람이라는 용어를 쓰곤하는데, 이 말은 문제아가 자기 혼자만의 문제를 반영한 것이 아니라 그가 소속한 가정의 병리를 반영하는 것으로 본다는 것을 암시한다.

가족치료에 대해서는 이론도 여러 가지가 있고 치료법도 다양하게 개발되어왔다. 그런 반면에 치료효과에 대한 방법론적으로 잘 통제된 연구는 그리 많지 않다고 한다. 그런데 Hazelrigg 등(1987)이 최근에 가족치료 효과연구에 대한 개관논문을 발표한 이후에 이 주제에 대한 연구가 촉진되었다고 한다. 연구의 예를 들어보겠다.

Szapocznik 등(1989)은 행동문제나 정서문제를 보이는 히스패닉계 아동들(6~12세)에 대한 치료에 대해서 연구를 하였다. 피험자들은 세 집단에 할당되었는데 첫째집단은 '구조적 가족치료'를 받았고, 둘째 집단은 '정신역동적 개인치료'를 받았으며, 셋째집단은 별다른 치료적 처치 없이 소그룹으로 모여서 미술이나 공작 등을 하는 '리크리에이션 통제집단'이었다. 처치기간은 각 사례 당 6개월 이내로서 12~24시간의 처치시간이 소요되었다. 처치효과에 대한 측정은 부모들에게 아동의 행동을 평가하게 하는 행동체크리스트(behavior checklist) 방법이었는데, 두 처치집단은 모두 통제집단에 비해서 개인심리 내적인 면과 가족기능적인 면에서 긍정적인 변화를 보였다. 두 처치간의 즉각적인 효과 차이는 없었다. 그러나 일 년 후의 추수연구에 의하면 가족기능면에서는 가족치료를 받은 피험자들이 개인심리치료를 받은 피험자들에 비해 월등히 나았다. 즉, 가족, 즉 체제의 기능에 대해서는 개인치료보다 가족치료가 장기적인 면에서 우월하다는 가설을 지지해 주는 연구결과였다.

불복종이나 반항과 같은 부모-자녀 간의 관계문제는 문제의 성격 자체가 상호작용적이어서 가족치료적 처치가 요구되곤 한다. 최근의 한 연구(Barkley 등, 1992)에서는 세 가지 치료모델에 대한 효과 비교를 시도해 보았다. 이들은 불복종, 반항, 공격성 등의 문제를 보이면서 과잉행동장애를 가진 청소년들(12~17세)에 대한 처치를 시도했다. 피험자들은 세 집단 중의 하나에 할당되었는데, 그 세 집단이란 '부모관리훈련'(parent management training), '구조적 가족치료' 그리고 '문제해결 및 의사소통훈련'이었다. '부모관리훈련'이란 앞에서 행동치료 부문에서 기술한 것이며, '구조적 가족치료'는 Minuchin의 것이며, 여기서 말하는 '문제해결 및 의사소통훈련'은 부모관리훈련과 구조적 가족치료와 인지 재구조화를 모두 포함하는 복합적인 처치이다. 각 피험자 청소년과 어머니들은 세 집단 중의 하나에 할당되어 8~10주일 동안 주 1회씩 치료를 받았다. 처치효과 분석결과, 세 집단 모두 부모-자녀 간 의사소통, 갈등의 횟수, 갈등상황에서 분노의 강도, 반항증상, 학교생활 등에서 모두 개선을 보였다. 측정은 청소년과 어머니 각자에게서 따로 하였다. 3개월 후의 추수평가에서도 그런 효과는 지속되고 있었다. 통계적 의의 외에 임상적 의의를 검토하기 위하여 변화의 양을 검토해 본 결과, 피험자의 5~30퍼센트는 임상적으로 의미 있는 변화를 보였다고 한다.

(7) 학교 혹은 지역사회 프로그램

학교나 지역사회 프로그램이 상담실이나 병원과 다른 점은 한꺼번에 대규모의 아동 · 청소년에게 개입 프로그램을 실시할 수 있다는 것이다. 그리고 전문가뿐만 아니라 부모, 교사, 지역사회 인사들을 활용할 수도 있다는 이점이 있다. 먼저 학교에서 실시된 프로그램에 대한 연구의 예를 들고, 후에 지역사회에서 실시된 프로그램의 연구 예를 들겠다.

① 학교 프로그램

영국의 Kelvin 등(1981)은 1972~1979년까지 8년간에 걸쳐서 학교생활 부적응아에 대한 몇 가지 개입방법의 효과에 대해서 방대한 연구를 하였다. 이 연구에서는 처치(개입)방법, 피험자의 문제 유형, 피험자의 연령 등이 주요 변인이었다. 처치(개입)방법으로는 네 가지로서 첫째, '부모상담 및 교사 자문'(parent counseling and teacher consultation), 둘째 '보살핌 교육'(nurture work: 풍부한 교육자료 제공, 피험자와의 긴밀한 관계 형성 등), 셋째, '집단상담'(group therapy: 나이 어린 피험자에게는 집단놀이치료, 나이 많은 피험자에게는 토론식 집단치료), 넷째 교실에서의 '행동수정'(behavior modification)이었다. 물론, 처치를 받지않는 '무처치 통제집단'이 설정되었다. 연구에 참여한 피험자들의 문제는 크게 두 유형인데, 첫째는 '신경증적 장애'로서 불안증이나 우울증 등 과잉통제로 인한 문제(overcontrolled problems)와 둘째는 '행동장애'로서 산만, 약한 아동 괴롭히기, 비행 등 과소통제로 인한 문제들(undercontrolled problems)이다. 피험자의 연령은 7~8세 집단과 11~12세 집단 두 연령군이었다. 참여한 피험자 수는 당초에 4,300명의 아동으로부터 추려낸 약 600명의 아동이었다. 피험자 선정을 위한 측정과 종속변인 측정은 부모, 교사, 동료, 임상가의 평가 등 다양한 방법을 동원하였다.

연구결과를 축약하면, 어린 아동집단에서는 부모-교사 프로그램이나 무처치보다 집단놀이치료와 보살핌 교육이 더 효과적이었다. 이런 효과는 행동장애보다는 신경증적 문제(불안, 우울)에서 나타났다. 나이가 든 아동(11~12세)에게는 집단치료와 행동수정이 부모-교사 프로그램이나 무처치에 비해서 효과가 있었다. 역시 행동장애보다는 신경증적 장애에 대한 효과가 좋았다. 성별 비교에 의하면 남아보다 여아들에게서 프로그램 효과가 더 있었다.

이 연구는 여러 가지 점에서 칭찬받을 만하다. 피험자 선정과 종속변인 측정을 위해서 다양한 측정방법을 사용한 점, 피험자 집단할당에서 무선적 방법을 사용한 점, 한 집단당 비교적 많은 피험자가 할당된 점(60~90명), 종속변인 측정에서 다양한 측면을 측정한 점(부적응 행동, 인지기능, 또래와의 사회적 관계 등), 추수평가를 한 점 등이 우수한 점으로 떠오른다. 이와 같이 처치법, 피험자 문제 유형, 피험자 연령을 변인으로 동시에 연구한 연구는 드물다.

② 지역사회 프로그램

Feldman 등(1983)은 미국의 한 지역사회센터에서 비행청소년에 대한 선도 프로그램에 대해서 연구를 하였다. 피험자들은 반사회적 비행으로 의뢰된 아동 청소년(8~17세)들이었으며, 또한 비행을 저지르지 않은 보통 청소년들도 참여하였다. 프로그램에 참여한 피험자 수는 700명 정도로 시작하여 프로그램을 마칠 때에는 약 450명으로 줄었다. 그러나 여전히 대단위 연구임에는 변함이 없다. 처치방식에는 세 가지가 있었다. 첫째는 '전통적인 집단상담'이며 둘째는 '행동수정' 셋째는 '최소한의 처치'(minimal treatment)로서 집단원 간의 자연발생적인 상호작용 이외에는 달리 부여하는 프로그램은 없었다. 프로그램을 지도하는 리더에는 훈련받은 대학원생인 경우와 경험이 없는 학사과정 학생인 경우의 두 가지가 있었다. 그리고 집단구성 방법은 세 가지로서 첫째는 비행소년과 보통소년을 섞은 집단, 둘째는 전원 비행소년인 집단, 그리고 셋째는 전원 보통소년인 집단이었다.

연구의 주 목적은 이런 프로그램을 실시한 후에 비행소년들의 비행성이 감소할 것인지를 검토하는 것이었다. 성과측정, 즉 종속변인 측정은 부모, 의뢰단체, 집단원 상호 평가와 연구자에 의한 직접관찰법 등의 방법을 사용했다. 처치는 1년이 넘는 기간 동안 주어졌는데, 1회에 2~3시간씩 평균 22.2회기의 처치가 주어졌다.

연구결과를 요약하면, 유경험 집단 리더의 처치가 무경험 집단 리더의 처치보다 효과(비행성의 감소정도)가 높았으며, 전원이 비행소년인 집단보다는 비행소년과 보통소년이 섞인 집단에서 처치를 받은 비행소년들이 더 효과를 보았다. 그리고 처치방법 중에서 행동수정에 의한 처치가 전통적 집단상담에 비해서 더 효과가 있었다. 즉, 비행소년과 보통소년이 섞인 집단에서, 행동수정기법으로, 유경험 집단 리더에게서 처치를 받은 비행소년들이 비행성 감소가 가장 높았다는 점이다.

이런 비행이나 부적응 아동 · 청소년에 대한 지역사회 프로그램은 우리 나라에도 많이 시도되므로 그 프로그램의 효과검증을 위한 체계적이며 과학적인 연구가 자주 시도될 필요가 있어보인다. 특히 서울을 비롯한 각 시도에 생긴 청소년 상담기관들에서는 프로그램 실시와 함께 이런 연구를 반드시 시도해야할 것이다.

3) 문제별 고찰

앞 절에서는 치료방법, 치료이론별로 주로 치료효과에 대한 연구를 중심으로 개관해 보았다. 이 절에서는 방식을 달리하여 '문제별' 고찰을 하고자 한다. 즉, 심리학적 처치를 받는 아동 · 청소년의 문제들은 다양한데 그런 문제를 기준으로하여 효과연구들을 개관해 볼 것이다.

심리, 행동장애의 분류는 거의 범세계적으로 '국제질병분류체계' 즉 ICD-10 (International Classification of Diseases, 1992)나 미국정신의학회의 '정신장애 진단 및 통계요강' 즉 DSM(Diagnostic and Statistical Manual of Mental Disorders)를 주로 사용한다. DSM은 1994년을 기점으로 그전까지는 DSM-III-R(1987)을 주로 사용하다가 그 이후부터는 DSM-IV를 사용한다. DSM-IV는 DSM-III-R의 체제를 거의 그대로 따르고 있으나 몇 가지 변화가 있는데 특히 ICD-10과 맞추려는 노력이 엿보인다.

아동 · 청소년 문제에 대한 분류목의 변화(DSM-III-R → DSM-IV)

영아, 아동, 청소년기에 주로 나타나는 심리, 행동문제는 DSM-III-R과 DSM-IV 간에 근본적인 변화는 없다. 그러나 그 동안의 연구결과를 근거로 수정을 하였으며 또한 ICD-10과 맞추기 위한 수정도 엿보인다. 대분류 명칭은 DSM-III-R에서는 '영아, 아동, 청소년기에 주로 처음 두드러지는 장애' 라고 이름하였으나 DSM-Ⅳ에서는 '영아, 아동, 청소년기에 주로 처음 진단되는 장애' 라고 한 단어를 바꾸었다. 내용면에서 큰 변화를 보인 점들을 고찰하면 다음과 같다.

가장 큰 변화는 '발달장애', 즉 developmental disorders의 중분류 항목이 크게 달라졌다는 점이다. DSM-III-R에서는 '발달장애' 라는 분류항목을 독립시켜서 '정신지체', '전반적 발달장애', '특수발달장애', '기타 발달장애' 라는 중분류 항목을 놓고 각 중분류 항목 내에 소분류 진단명들이 있었다. 그리고 이들 모든 발달장애들을 제2축(axis II)에 기록하도록 했었다. 그런데 DSM-Ⅳ에서는 '발달장애' 라는 독립된 분류 항목을 없애고 '정신지체', '학습장애', '동작기술장애', '의사소통장애' 그리고 '전반적 발달장애' 라는 분화된 중항목을 두었다. 그리고 제2축에는 정신지체만 기록되며 다른 장애는 제1축에 기록하도록 바꾸었다. 전반적 발달장애에 소항목으로 자폐장애 이외에 Rett' s 장애, Asperger' s 장애, 아동기 비통합적 장애(childhood disintegrative disorder) 등 새 분류 항목이 등장한 것도 새로운 변화이다.

'아동 · 청소년기 불안장애' 항목은 없어지고 '분리불안장애' 가 '영아, 아동, 청소년기 기타 장애' 라는 항목으로 옮겨졌다. '아동 · 청소년기 회피장애' 는 성인분류의 '일반화된 불안장애' 에 합쳐졌다. '섭생장애', 즉 eating disorder라는 항목은 이름이 약간 바뀌어서 '영아 및 초기 아동기 수유 및 섭생장애' 라는 새 이름을 얻었으며 전에는 '섭생장애' 에 있던 '신경성 거식증' 과 '신경성 불리미아' 가 빠져나와 성인기 문제의 분류항목에 '섭생장애' 라는 대항목을 얻어 분리해 나갔다.

또 큰 변화는 '성 정체성 장애' 라는 항목이 아동 · 청소년 문제 분류에서 자리가 옮겨져서 성인기 분류의 '성장애 및 성 정체성 장애' 라는 대항목 안으로 이동했다. 성 정체성 장애는 '아동 성 정체성 장애' 와 '청소년 및 성인 성 정체성 장애' 로 새로 분류하게 되었다. 그리고 영아, 아동, 청소년기 기타 문제라는 대항목에 있던 '정체성 장애' 라는 항목은 DSM-Ⅳ에서는 장애분류에서는 빠지고 '임상적 주의를 요하는 기타 상태들' 이라는 분류로 옮겨졌다(313.82, identity problem). 마지막으로, '기타 말하기 장애' 라는 중항목은 없어져서 '의사소통장애' 로 들어갔는데 DSM-III-R에 있던 cluttering 항목은 없어지고 '말더듬' 으로 통합되었다.

〈표 9-1〉 DSM-Ⅳ, Disorders Usually First Diagnosed in Infancy, Childhood, or Adolescence

MENTAL RETARDATION(39)

Note : These are coded on Axis Ⅱ.

317 Mild Mental Retardation(41)
318.0 Moderate Mental Retardation(41)
318.1 Severe Mental Retardation(41)
318.2 Profound Mental Retardation(41)
319 Mental Retardation, Severity Unspecified(42)

LEARNING DISORDERS(46)

315.00 Reading Disorder(48)
315.1 Mathematics Disorder(50)
315.2 Disorder of Written Expression(51)
315.9 Learning Disorder NOS(53)

MOTOR SKILLS DISORDER

315.4 Developmental Coordination Disorder(53)

COMMUNICATION DISORDERS(55)

315.31 Expressive Language Disorder(55)
315.31 Mixed Receptive-Expressive Language Disorder(58)
307.0 Stuttering(63)
307.9 Communication Disorder Nos(65)

PERVASIVE DEVELOPMENTAL DISORDERS(65)

299.00 Autistic Disorder(66)
299.80 Rett' s Disorder(71)
299.10 Childhood Disintegrative Disorder(73)
299.80 Asperger' s Disorder(75)
299.80 Pervasive Developmental Disorder NOS(77)

ATTENTION-DEFICIT AND DISRUPTIVE BEHAVIOR DISORDERS(78)

314.xx Attention-Deficit/Hyperactivity Disorder(78)
.01 Combined Type
.00 Predominantly Inattentive Type
.01 Predominantly Hyperactive-Impulsive Type
314.9 Attention-Deficit/Hyperactivity Disorder NOS(85)
312.8 Conduct Disorder(85)
specify type:Childhood-Onset Type/Adolescent-Onset Type
313.81 Oppositional Defiant Disorder(91)
312.9 Disruptive Behavior Disorder NOS(94)

FEEDING AND EATING DISORDERS OF INFANCY OR EARLY CHILDHOOD(94)

307.52 Pica(95)
307.53 Rumination Disorder(96)
307.59 Feeding Disorder of Infancy or Early Childhood(98)

TIC DISORDERS(100)

307.23 Tourette's Disorder(101)
307.22 Chronic Motor or Vocal Tic Disorder(103)
307.21 Transient Tic Disorder(104)
specify if:Single Episode/Recurrent
307.20 Tic Disorder NOS(105)

ELLMINATION DISORDERS(106)

___._ Encopresis(106)
787.6 With Constipation and Overflow Incontinence
307.7 Without Constipation and Overflow Incontinence.
307.6 Enuresis(Not Due to a General Medical Condition)(108)
specify type: Nocturnal Only/Diumal Only/Nocturnal and Diurnal

OTHER DISOREDERS OF INFANCY, CHILDHOOD, OR ADOLESCENCE

309.21 Separation Anxiety Disorder(110)
specity if : Early Onset
313.23 Selective Mutism(114)
313.89 Reactive Attachment Disorder of Infancy or Early Childhood(116)
specify type : Inhibited Type/Disinhibited Type
307.3 Stereotypic Movement Disorder(118)
specify if : With Self-Injurious Behavior
313.9 Disorder of Infancy, Childhood, or Adokescebce NOS(121)

여기서 DSM-III-R과 DSM-IV의 차이점을 자세히 고찰한 이유는 아직은 많은 최근 연구물들이 DSM-III 혹은 DSM-III-R의 분류체계에 의존했기 때문이다. DSM-IV가 사용되기 시작한 것은 1994년도 중반기 이후이다. 이제부터는 아동 · 청소년기의 주요 문제별 연구에 대한 개관을 하겠다.

행위장애(품행장애) 및 범법행위 '행위장애'는 conduct disorder에 대한 번역어인데, 책에 따라서 품행장애라고 번역하기도 한다. 행위장애의 증상은 공격적 행동, 반항, 훔치기, 기물파손, 방화, 거짓말, 비행성 무단결석, 가출, 괴롭히기, 말싸움 등이다. 즉 사회적 규범, 규칙, 질서를 어기는 반사회적 행위를 일삼는 것을 말한다. 행위장애는 예후가 좋지 않으며, 대(代)를 이어서 행위장애나 반사회적 성격장애, 혹은 비행이 계속되는 경우도 자주 있다.

'범법행위'는 영어의 delinquency에 대한 번역인데 '비행'이라고도 번역할 수 있다. 그런데 비행(非行)이라 함은 범법행위도 있지만 오락실 출입, 청소년 흡연, 상습지각 등 범법행위까지는 아니고 교칙위반 정도의 행위들도 비행이라고 하므로 비행이라는 용어는 문제의 심각도를 충분히 나타내 주지 못하는 수가 있다.

정신과적인 진단유목인 행위장애와 범법행위 간에는 차이점이 있다. 절도, 마약 사용, 폭행상해, 강도, 강간, 살인 등은 한 번을 행한다 해도 그 자체로서 범법행위이며 큰 문제로 다룬다. 그러나 그런 행위를 한두 번 했다고 해서 정신과적인 행위장애라고 말하지는 않는다. 물론 행위장애나 반사회적 성격장애로 진단되는 사람이 범법행위를 할 확률은 아주 크다. 그러나 그 두 개가 같은 것은 아니다.

진단에 대한 고찰을 간단히 줄이고 치료효과연구에 대해서 고찰하겠다. Fixsen 등(1976)은 비행청소년들을 교정하는 프로그램을 실시하고 그 효과를 검토하였다. 프로그램은 일반가정과 비슷한 형태의 숙소("achievement place")에 비행청소년들을 수용하면서 남녀 두 명의 "부모" 밑에서 생활을 하도록 한다. 생활에는 규칙이 있는데, 규칙은 주로 행동심리학적 프로그램에 근거를 둔 '토큰 경제'(token economy)였다. 바람직한 행위에 대해서는 토큰(점수)를 얻을 수 있고, 바람직하지 못한 행위를 하거나 규칙을 어기면 토큰(점수)를 박탈당한다. 자기가 번 토큰으로는 외출, 오락, 자전거타기, 텔레비전 시청, 용돈타기 등 특혜와 바꿀 수 있게 하였다. 규칙 정하기나 규칙에 대한 감독규정, 처벌과 보상에 대해서는 자치적으로 정할 수도 있게 하였다. 효과측정을 위한 종속변인 측정은 대인행동, 숙제의 완성도, 임무수행 등이었는데, 프로그램 실시결과 피험자들은 이런 행동에 향상을 보였다. 그 외에 외출시에 범법행위 가담이 줄어들었고, 경찰에게 단속받는 사례도 줄었으며, 학교 출석은 증진되었다. 비교집단은 '보호관찰' 중이면서 다른 종류의 처치를 받는 다른 비행청소년들이었다. 그러나 1~2년 이후에 조사한 재수감률은 다른 처치방법과 비교해서 특별히 낮지는 않았다.

Bank 등(1991)은 16세 미만의 만성적 비행청소년들에게 '부모관리훈련 프로그램'(parent management training)과 '법원에서 제공한 가족치료'(court-provided family treatment)의 효과를 비교하였다. 성과, 즉 종속변인 측정은 범법행위의 공식보고서, 가정 내 행동에 대한 직접관찰, 문제행동에 대한 부모의 보고 등이었다. 결과는 두 집단 모두 처치 개시 직후 비행률이 감소했다는 것인데, 비행률 감소 속도는 부모관리훈련 집단이 더 빨랐다. 3년간의 추수연구에서도 두 프로그램 모두 비행률이나 수감률에서 감소를 보였는데, 첫 2년간 부모관리훈련 프로그램의 수감률이 더 낮았다. 이런 결과는 부모관리훈련 프로그램의 경비가 가족치료에 비해 적게 든다는 점을 고려할 때 매우 의미있는 연구결과라고 볼 수 있다. 특히 우리 나라의 소년범 관리의 측면에서 비행소년들만 수용 혹은 교육하려 하지 말고 그들의 부모들을 교육하는 방안을 마련해야함을 시사해 주고 있다.

Alexander와 Parsons(1973, 1982)는 비행소년의 가족에 대한 가족치료에 대해서 연구를 하였다. 그의 연구목표는 비행청소년 가족에 대한 '기능적 가족치료'(functional family therapy)의 효과를 다른 치료법(정신역동적 치료, 내담자중심치료)이나 다른 조건들(attention-placebo 통제집단, 무처치 통제집단)과 비교하는 것이었다. 여기서 말하는 '기능적 가족치료'란 특별한 것은 아니고 가족을 하나의 시스템으로 보며, 가족간의 의사소통 과정, 거리, 경계, 상호지지도 등 상호작용적 측면에 대해서 처치를 가하는 것을 말한다. 이런 전형적인 가족치료 기법 이외에 가족 내 강화체제 등을 수정하는 행동치료적 기법, 가족간 상호관계에 대한 귀인이나 기대 내용을 수정하는 인지치료적 기법까지도 동원한다. 연구결과 기능적 가족치료 집단의 청소년들을 1.5년 후의 재수감률에서 다른 처치법이나 무처치 집단에 비해서 의미 있게 낮았다고 한다. 그리고 2.5년 후의 추수평가에서는 기능적 가족치료를 받은 가족의 다른 형제들이 비행을 저지르는 정도가 다른 치료법이나 통제집단에 비해 의미 있게 낮았다고 한다.

주의력 결핍-과잉행동 장애 주의력 결핍-과잉행동 장애의 주 증상은 주의집중 곤란, 충동성, 그리고 과잉행동, 즉 동작과잉이다. 이 장애는 아동 · 청소년기에 매우 흔하게 나타나는데(prevalence, 학령기 아동의 3~5%, DSM-Ⅳ), 연구도 많이 되어있는 편이다. 주의력 결핍장애는 행위장애, 반항, 공격성, 반사회적 행동을 동반해서 일어나는 수가 많다. 다른 심리적 장애들과는 달리, 이 주의력 결핍-과잉활동 장애에 대해서는 표준적인 처치방법이 있다. 그것은 methylphenidate(Ritalin), d-amphetamine(Dexedrine)과 같은 자극제(흥분제)를 복용시키는 것이다. 이 자극제들은 주의력 및 충동 제어를 향상시키고, 산만성을 감소시켜 주는 효과가 있다. 그러나 이 약물처치가 즉각적인 효과를 내주는데 비해서 장기적인 효과는 약하다는 것이 일반적인 견해이다.

자극제의 투여가 표준적인 처치로 되어 있지만 약물과 동시에 심리학적, 교육적인 처치를 병행하는 것이 좋을 것이라는 주장이 유력하다. 연구들은 이런 점을 고려하여 설계하는 것이 많다. 연구의 예를 보자.

Carlson 등(1992)은 자극제(methylphenidate)의 투여와 행동수정요법을 별도로 혹은 같이 사용하는 것이 주의력 장애 아동의 처치에 어떤 효과가 있는지를 연구하였다. 약물처치는 플라시보, 소량(0.3mg/kg), 다량(0.6mg/kg) 세 집단이며, 이들의 일부는 행동수정 처치를 받고 나머지는 받지 않았다. 약물처치와 행동수정은 각각 교실에서의 바람직한 행동 향상에서 효과가 있는 것으로 나타났다. 그러나 아동의 학업성취가 향상된 것은 약물처치 집단에서만 나타났으며, 소량보다 다량집단이 더 많은 성취 향상을 보였다. 행동수정은 교실에서의 산만한 행동을 감소시키기는 했으나 학업성취를 높이지는 못했다. 행동수정과 약물투여를 복합한다고 해서 다량의 약물투여 효과를 높이지는 못했다. 행동수정과 약물투여를 복합한다고 해서 다량의 약물투여 효과를 초과하지는 못하였다. 단, 행동수정을 겸한 소량 약물투여 집단은 행동수정 없는 다량 약물투여 집단과 비슷한 효과를 보였다. 유감스럽게도 장기적인 효과에 대한 연구는 없었다.

이 분야의 모범적인 연구사례는 Satterfield 등(1980, 1981, 1987)의 일련의 업적에서 찾아볼 수 있다. 이들은 과잉행동성 남아들에 대한 처치효과를 단기 및 장기적으로(최장 9년) 살펴본 것이다. 6~12세의 과잉활동-반항 소년들이 연구를 위해서 표집되었다. 소년들은 약물투여만 받는 medication-only 집단과 약물치료와 교육, 심리학적 처치를 받는 복합처치 집단으로 나뉘었다. 교육, 심리학적 처치는 인지적, 행동적, 해석적 개인치료와 집단치료, 부모상담, 가족치료, 교육, 가정에서의 행동수정 등 다양하게 시도되었다. 어떤 피험자들에게 어떤 처치(교육, 심리적)를 한다는 것이 미리 정해져 있는 것이 아니라 각 사례마다 임상가가 가장 적합하고 필요하다고 판단되는 처치를 골라서 실시하였다. 처치는 길게는 2~3년까지도 지속되었다.

결과분석은 처치 종료 후 수년 간 지속되었다. 즉, 피험자들이 청소년 후기 혹은 성인 초기가 될 때까지 추수조사를 한 것이다. 연구결과는, 교육, 심리학적 처치와 약물치료를 겸한 피험자들이 약물처치만 받은 피험자들에 비해서 범법행위로 인한 구속 및 구금률에서 현저하게 낮았다는 것이다. 즉, 장기적인 효과에서는 복합처치의 우수성을 입증하는 자료이다.

이 연구는 몇 가지 점에서 모범적이다. 피험자 집단이 임상적으로 문제가 있는 소년들이었으며, 사용된 처치가 실제의 처치와 같은 것들이었으며, 보기 드물게 장기간의 추수평가를 하였으며, 사회적으로 의미 있는 것을 성과변인으로 측정했으며(범법행위, 구금률), 처치의 효과를 검증하는 데 충분한 크기의 표집(N>100)을 사용했다는 점에서 모범적인 요소로 들 수 있다. 그러나 어떤 내담자에게 어떤 기준으로 어떤 교육, 심리적 처치를 선택했는지 그리고 구체적으로 어떤 처치가 성과를 높여주었는지 그 상세한 내용이 이 연구에서는 밝혀지지는 않았다.

불안장애 불안 및 공포는 아동 · 청소년기에 자주 나타나는 문제이다. 불안 및 공포는 아동기 때 생겼다가 시일이 지나면 자연히 없어지는 수가 많은데, 경우에 따라서 아동의 생활에 지장을 주고 학업성취에 방해를 일으키면서 장기간 없어지지 않고 지속되기도 한다. 이런 경우에는 처치가 필요하다고 본다. 연구의 예를 보자.

L. Miller 등(1972)은 공포증을 보이는 아동을 대상으로 두 가지 종류의 처치법을 비교 검토하였다. 결국, 공포증 아동들은 세 집단으로 나뉘었는데 첫째 집단은 인터뷰를 주로 사용하는 '심리치료'를 받고, 둘째집단은 자기주장훈련을 포함한 '체계적 둔감법'을 받고, 셋째 집단은 '대기자 명단 통제집단'이었다. 피험자의 집단배정은 무선적으로 하였다. 치료는 주 3회씩 8주간 주어졌다.

처치가 끝난 후 부모들이 평가한 자료에 의하면 두 처치가 모두 무처치(대기자)보다 효과가 았었다. 그러나 임상가들의 평가에 의하면 처치의 효과는 없는 것으로 나타나 상반된 결과를 보였다. 아동의 연령이 중요한 변수로 나타났는데, 어린 아동(6~10세)들이 나이든 아동(11세 이상)에 비해서 처치의 효과가 더 좋았다. 1년 후, 2년 후 추수평가를 해 보았는데, 처치의 효과를 본 피험자들은 1, 2년 후에도 여전히 그 효과를 견지하고 있었다. 그런데 흥미로운 것은 2년 후의 추수평가에 의하면 겨우 7퍼센트의 아동만이 공포증을 가지고 있었다는 것이다(공포증은 나이를 먹음에 따라서 자연적으로 감소한다는 가설을 상기). 이 연구의 장점은 임상현장에 의뢰된 아동을 연구한 점, 무선할당, 2년간 두 번에 걸친 추수평가, 성과에 대한 다양한 측정, 연령별 분석 등을 들 수 있다.

Blagg와 Yule(1984)는 등교거부(학교공포증)를 하는 아동들(11~14세)에 대한 몇 가지 처치법들을 비교하였다. 처치법은 세 가지였는데, 첫째는 강화, 무시(등교 직전의 심리신체적 호소들에 대한), flooding, 교사교육 등을 포함하는 '행동처치법'이고, 둘째는 입원, 등교계획, 투약 등을 한 '입원처치'이며, 셋째는 가정학습(개인교습)과 심리치료를 포함하는 '개인교습 + 심리치료'이다. 피험자는 이 세 집단 중 하나에 배정되었는데 그 배정방식이 무선적이지는 않았다. 처치기간은 처치법에 따라 차이가 났으며, 효과측정은 처치 종료 후 1~2년간 진행되었다. 종속변인은 학교를 출석하는 행동 자체로 삼았다. 출석률은 행동치료 집단이 93%로 가장 높았고, 입원치료 집단이 38%, 개인교습 + 심리치료 집단은 겨우 10%로 가장 낮았다. 분리불안의 경도도 행동치료 집단 아동들에게서 최대의 감소를 나타냈다. 치료기간은 치료법간에 엄청나게 큰 차이를 보였는데, 행동처치는 평균 2.5주일, 입원처치는 평균 45.3주일, 개인교습 + 심리치료는 평균 72.1주일이 소요되었다. 즉, 등교거부의 처치에서 행동처치법은 다른 처치법에 비해 효과가 높을 뿐만 아니라 처치에 드는 시간이 적게 들어서 매우 경제적인 방법이라는 결론이다.

우울증 우울증은 슬픔의 감정이 지배적이고, 흥미와 동기의 저하, 활동성 감소, 무가치감, 식욕, 체중과 수면의 변화 등이 주 특징이다. 아동의 우울성이나 우울증 치료에 대해서는 연구의 역사가 짧은데 그 이유는 한동안 아동에게는 우울증이 없다는 의견이 지배적이었기 때문인 것 같다. 그러나 최근에 아동에게도 성인과 마찬가지로 우울증이 있다는 것이 밝혀지면서 그에 대한 연구도 활발해지기 시작했다. 미국 통계에 의하면 아동들이 (4~16세) 대우울(major depression)을 겪는 정도는 2퍼센트 정도가 된다고 한다(Kazdin, 1994).

아동 우울증에 대한 처치는 효과가 있다고 밝혀진 성인 우울증 처치법을 아동에 맞게 수정한 것이라고 보면 된다. 이런 발상은 성인 우울증과 아동 우울증의 심리적 기제가 서로 유사하기 때문에 나온 것이다. 한 예로 Lewinsohn 등(1990)의 연구를 보자. 이들은 우울장애로 진단되는 14~18세 청소년들을 상대로 '교육중심'의 처치를 하였다. '우울에 대한 대처'라는 제목을 가진 이 교육의 내용은 우울의 본성, 부정적 사고와 비합리적 사고의 발견, 즐거운 활동의 증진, 부모와의 갈등 발견 및 문제해결법 습득 등이다. 교육 내용은 기본적으로 성인 프로그램과 같은데, 부모와의 갈등을 다루는 기술을 배운다는 것은 이 프로그램이 청소년을 상대로 하기 때문에 첨가한 내용이다. 교육은 학교 정규학과가 끝난 저녁시간을 이용해서 7주간 14시간에 걸쳐서 실시되었다. 교육 내용은 같지만 피험자의 반은 부모가 참여하여 청소년이 배우는 내용을 똑같이 배우며, 나머지 반은 부모가 참여하지 않았다.

처치 후의 성과측정에 의하면 부모가 함께 참여한 집단과, 참여하지 않은 집단 간에는 차이가 없었지만 이들 처치집단은 다 같이 대기자 통제집단에 비해서 우울증이 의미 있게 감소하였다. 약 2년 후의 추수평가에 의하면 처치에 의해서 습득된 효과는 계속 견지되고 있었다. 단, 그 동안 대기자들이 처치를 받았기 때문에 추수평가에 대한 비교는 할 수 없었다. 이 연구는 피험자 선정 과정에서 세심한 평가에 의해 우울장애로 진단되는 피험자만을 사용했다는 점이 강점으로 여겨진다.

Stark, Reynolds, Kaslow(1987)은 9~12세 아동의 우울증을 치료하기 위한 두 가지 요법의 효과를 비교하였다. 그 두 가지 요법이란 첫째는 '자기통제요법' 으로서 자기관찰과 자기평가를 기초로한 자기강화 등을 골자로 하며, 둘째는 '행동적 문제해결요법' 으로서 아동들에게 문제해결법을 가르치고 즐거운 활동을 증진시키는 방법이다. 두 요법간에 중첩이 많다는 문제가 있는데, 자기통제요법은 좀더 구조화되었고, 문제해결요법은 사회관계를 좀더 강조한다는 점이 서로 다르다. 처치는 5주간 12회기씩 실시되었다. 연구결과, 두 처치요법 모두 대기자 명단 통제집단에 비해서 의미 있게 우울증을 감소시켜 주었다. 그리고 처치 후 8주 후의 추수평가에 의하면 그 때까지 처치의 효과는 지속되고 있었다.

자폐장애 자폐장애(autistic disorder)는 여러 영역에서 기능 손상을 보인다. 기능 손상이 생기는 대표적인 영역은 대인접촉, 언어 및 의사소통 기술, 인지기능, 이해력, 그리고 상상놀이 활동 등이다. 그리고 반복적이고 정형화된 움직임, 스스로 자극을 주거나 손상을 입히는 행동, 그리고 정신지체를 보인다. 이 장애는 드물어서 10,000명당 2~5사례에 불과하다고 한다(DSM-Ⅳ). 새로운 진단요강인 DSM-Ⅳ(1994)에서는 전반적 발달장애라는 중항목에 자폐장애와 기타 전반적 발달장애 이외에 Rett' s disorder, childhood disintegrative disorder, Asperger' s disorder를 새로 첨가했다.

Rett' s 장애는 여아에게만 보고된 장애로서 정상적인 태아발달, 정상적인 출생, 그리고 생후 5개월간 정상적인 발육을 보이다가 5개월에서 48개월 사이에 머리(頭)의 성장이 감퇴하고, Hand skill이 퇴보하면서 반복적이고 정형적인 손의 움직임을 보이며(hand-wringing, hand-washing), 대인접촉에 대한 관심이 떨어지고, 걸음걸이가 이상해지고 상체의 움직임도 이상해진다. 언어 및 의사소통 발달에서도 심한 손상을 보인다. 증상은 자폐장애와 아주 유사하지만 발병시기가 5개월~48개월이라는 점, 그리고 여자에게만 보고된다는 점이 특이하다.

Childhood disintegrative disorder는 생후 2년 이상 정상적 발달을 보이다가 여러 영역의 기능에서 심한 퇴보를 겪는 장애이다. 퇴보(혹은 기능 상실)을 보이는 영역은 표현 및 수용 언어, 대인기술, 적응행동, 소대변 통제, 놀이, 운동기술 등이다. 사회접촉, 의사소통 등의 곤란 그리고 제한되고 반복적인 행동 등 자폐아와 비슷한 증상을 보인다. 10세 이전에 발병하며 남아에게서 더 많이 나타난다고 한다.

Asperger' s disorder는 사회적 대인접촉이 발달하지 못하고, 관심이 매우 제한되고 반복적인 패턴의 움직임을 보인다. 사회적, 학업적, 직무수행상에서 전반적인 발달의 문제를 보인다. 그러나 특기할 사항은 언어발달상에서는 심각한 지체를 보이지 않는다는 것이다(생후 2년 이내에 단어 사용, 3년 이내에 의사소통을 하는 구절 사용). 그리고 인지적 발달에도 심각한 지체는 없어서 나이에 걸맞는 적응기능을 습득한다. 이 장애도 남아에게서 더 많이 보고된다고 한다.

자폐장애의 "치료"에 대한 연구로는 Lovaas(1987)의 연구를 주목할 필요가 있다. 그의 연구는 연구기간, 철저한 처치와 성과측정 등 모범적인 연구로 평가된다. 그는 4세 미만의 자폐장애아들을 실험집단과 통제집단(2개)에 할당하였다. 실험집단은 주 40시간씩 밀도 있는 교육 및 보살핌을 받는데 이런 처치가 매일 피험자 1인당 최소 2년 이상씩 주어졌다. 처치는 훈련된 대학생들이 하였고 처치장소는 가정, 학교, 지역사회 모두가 활용되었다. 처치의 목적은 비적응적 행동(예: 자기자극, 공격행동)의 소멸, 바람직한 행동(예: 놀이)의 형성 및 증가, 인지 및 학습기술(예: 언어, 읽기, 쓰기 등)의 훈련 등이다. 그래서 궁극적으로는 정상적인 아동들이 다니는 학교에 다닐 수 있도록 한다는 목적을 가지고 있었다. 피험자가 학교에 들어가서 다니기 시작하면 처치시간을 주 10시간 정도로 줄였으며, 학교에 입학하지 못한 피험자에게는 계속해서 주 40시간씩 처치가 주어졌다. 처치를 오래 받은 아동은 6년 이상의 계속적인 처치를 받았다. 통제집단은 두 개라고 했는데, 첫번째 통제집단은 주 10시간 정도의 처치이며, 처치의 강도나 밀도가 실험집단에 비해서 낮았다. 두번째 통제집단은 무처치 집단이다. 성과측정, 즉 종속변인의 측정은 다양하게 이루어졌는데, 무엇보다도 중요한 종속변인은 학교 입학과 학교생활이었다.

결과는 47%의 피험자가 정규학교에서 정상적인 인지, 학습, 교육 기능을 수행하는 것으로 나타났다. 이들은 정상 범위의 지능지수를 나타내었고, 초등학교 1학년의 교육과정을 성공적으로 이수했다. 두 통제집단의 집단간 차이는 없었고, 겨우 2%만이 정상적 교육기능을 수행하고 있을 뿐이었다. 실험집단과 통제집단(무처치) 간의 지능지수(IQ)의 차이는 30점이나 났다. 추수평가는 실험집단과 통제집단 모두에게 가해졌는데, 실험집단에게는 처치 종료 후 5년간, 통제집단에게는 3년간 주어졌다. 추수평가 결과, 처치의 효과는 지속되고 있어서 통제집단에 비해 실험집단의 아동들은 더 많이 정규학교에 다니고 있었으며, 더 높은 지능지수를 보였고, 적응행동에 대한 지수에서도 더 높은 점수를 보였다.

4) 몇 가지 연구방법론적 쟁점

(1) 측정의 문제

측정은 피험자를 선발하거나 실험처치 후 종속변인, 즉 성과를 평가할 때 적용된다. 아동 · 청소년상담 연구에서 측정의 주 "정보원"은 부모 및 아동 · 청소년 자신이다. 그런데 문제는 같은 측정도구에 대한 아동 · 청소년 자신의 평가와 부모의 평가 간에 차이가 많다는 사실이다(r=.25 미만). 물론 이런 사실은 아동 · 청소년상담에서만 생기는 특수한 문제는 아니다. 성인상담에서도 성인 내담자의 평가와 상담자의 평가 간에 많은 차이가 있고 상호 상관이 낮게 나오는 수가 얼마든지 발견되기 때문이다(예: 상담협조 관계(working alliance)에 대한 내담자의 평가와 상담자의 평가 간에는 거의 무상관을 보인다).

따라서 상담연구에서는 다양한 관점에서의 측정치를 사용하도록 권장하고 있다. 그 다양한 관점들이란 피험 아동 · 청소년 자신, 부모, 교사, 치료자, 혹은 객관적 관찰자 등의 관점을 말한다. 만약, 하나의 관점에만 의존하는 경우 연구자는 아주 편협된 측정치를 얻을 수가 있는 것이다. 예컨대, 아동의 적응이나 기능에 대한 어머니들의 평가치는 어머니의 심리상태(불안, 우울)나 부부관계, 스트레스 유무 등에 따라서 심하게 변화한다. 또한 아동 자신이 자신의 증상을 감추거나 왜곡해서 보고할 가능성이 높다.

어떤 측면의 측정을 하느냐에 따라서 누구의 관점이 더 정확한가 즉 누구의 평가를 더 믿을 만한가라는 쟁점이 있다. 연구들에 의하면, 사적이고 주관적인 체험이나 상태(예: 무력감, 자존감, 우울, 불안 등)에 대한 측정은 아동 · 청소년 자신의 보고가 더 정확한 반면에, 아동의 외적인 행동(예: 수면, 식사행동, 공격행동, 과잉활동성 등)에 관한 측정은 부모나 교사의 보고가 더 정확하다고 한다(Kazdin, 1994).

어떤 측정도구의 한 측정치는 절대적인 의미를 가진다기보다는 상대적인 의미를 가질 때가 많다는 점도 제기되어야 한다. 어떤 측정치의 점수는 피험자의 나이, 성, 발달단계에 따라서 달리 해석되어져야 할 때가 많은 것이다. 혹은 반대로 점수는 서로 달라도 같은 의미로 해석되어져야 할 때도 있다. 그리고 연구에 사용하는 많은 측정치들은 표준화되지 않은 것이 많다.

(2) 표집의 문제 : 복합진단

상담이나 심리치료의 기본적인 연구문제는 '어떤 타입의 치료법이 누구에게, 어떤 조건에서 얼마만큼 효과적인가?' 이다. 그렇기 때문에 특별한 예외적인 경우를 제외하고는 연구대상, 즉 표집이 한 종류의 문제를 가지고 있는 것이 바람직하다. 그래야 바로 그 '누구에게' 라는 질문이 규명될 것이기 때문이다. 그리고 표집이 단일문제를 가지고 있는 경우가 여러 다른 문제들을 가지고 있는 경우보다 통계적 검증력이 높기 때문에 집단간의 차이를 더 민감하게 검증할 수가 있다. 만약에 여러 문제를 가진 피험자들을 연구해야 할 상황이라면 연구문제 자체가 '한 치료법이 이 문제에도 효과가 있고 저 문제에도 효과가 있는지' 를 알아내는 경우에 한 한다. 그 외의 경우에는 항상 한 종류의 문제를 가진 피험자들을 표집하는 것이 좋다.

그런데 실제의 경우 내담자가 진단받은 것을 보면 '단일진단' 이 아니라 '복합진단' 을 받는 경우가 많다. 즉, 주의력 결핍과 과잉활동성을 겸한 행위장애로 진단된다든가, 우울증과 불안장애로 진단된다든가, 주의력 결핍과 뚜레

(Tourette's)장애로 진단되는 등 두 종류 이상의 장애를 동시에 진단받는 것이다. 아동정신과 외래 임상의 경우 이렇게 이중 진단을 받는 것이 전체 환아의 70퍼센트 가량된다는 보고도 있다.

따라서 연구의 피험자를 표집할 때, 예컨대 우울장애 아동을 표집했다고 하자. 그러면 표집된 아동 중에는 순수하게 우울장애 하나만으로 진단된 아동도 있지만, 우울증과 불안장애로 이중 진단된 아동, 그리고 우울증과 또 다른 장애로 진단된 아동 등 여러 종류의 복합진단을 받은 아동들이 있게 마련이다. 따라서 연구는 최소한 두 가지의 문제점이 발생한다. 첫째, 이때 이 연구가 순수하게 우울증의 치료에 대한 연구인가, 아닌가? 둘째, 복합문제를 다루게 되었기 때문에 단일문제를 연구할 때와 같은 통계검증력을 가지려면 더 많은 수의 피험자를 필요로 한다.

(3) 연구주제의 다변화

이 장에서 소개한 연구들은 대개가 상담과 심리치료 성과검증연구이다. 즉, 처치집단과 무처치 집단의 비교, 처치집단과 '최소처치 통제집단'과의 비교, 그리고 여러 처치법간의 비교 등의 전형적인 연구설계였다. 그런데 이 이런 성과연구만이 아동상담연구의 전부는 아니다. 그 외의 주제들은 어떤 것들이 있는지 고찰해 보자. 아래에 열거한 연구주제들은 전형적인 성과연구 이외의 주제들이다.

① 처치(상담, 심리치료)과정과 성과의 관계를 규명하는 연구: 과정-성과 연구
② 문제 아동이나 청소년의 특성을 밝히는 연구
③ 문제 아동 · 청소년의 부모나 가족특성을 밝히는 연구
④ 치료자(상담자)의 특성에 관한 연구
⑤ 역기능에 대한 기술적(descriptive)연구
⑥ 피험자(아동 · 청소년)와 처치법 간의 매칭에 관한 연구
⑦ 가족과 처치법 간의 매칭에 관한 연구

물론 이들 주제는 성과연구에 비해서는 지금까지 그다지 활발하게 탐구되

지 못한 것들이다. 따라서 그 연구문제가 아직 구체적으로 개념화되지 못했고 연구의 결과도 별로 누적되지 못했다. 앞으로 연구주제의 다변화가 요구된다.

2. 상담의 길이 및 조기종결에 관한 연구

심리치료는 치료상담을 시작하기 전에 먼저 '접수면접'(intake interview)을 하는 것이 보통이다. 이 접수면접을 통해서 그 내담자가 개인심리치료를 받을 것인지 혹은 다른 종류의 처치를 받을 것인지를 결정하게 된다(김계현, 1990). 그런데 내담자 중에는 접수면접에서 개인심리치료를 받으라고 권고받았음에도 불구하고(대개는 첫 상담시간을 약속함) 상담시간에 나타나지 않는 사람들이 있다. 연구자들은 이들을 심리치료의 시작 자체를 거부한(refusal of therapy) 사람들이라고 간주하고 있다. Garfield(1994)의 개관에 의하면 심리치료의 첫 상담에 나타나지 않는 비율이 40퍼센트 정도된다. 그러나 이 비율은 내담자에게 추천된 치료의 종류에 따라 달라지기도 하며 (예: 행동치료를 권고받고 첫 시간에 오지 않는 사람은 심리치료의 경우보다 적다), 접수면접 후 첫 상담까지의 시간의 길이, 즉 waiting list에 올려져 있는 기간이 길수록 첫 시간에의 출석률이 떨어진다.

1) 심리치료나 상담에 출석한 회기수

심리치료 특히 정신분석이나 역동적 심리치료는 치료기간을 미리 정해놓지 않을 뿐만 아니라 그 기간이 수십 회 혹은 백 회 이상 걸린다고 보는 것이 보통이다. 과연 심리치료를 수십 회 이상 받는 내담자는 얼마나 될까?

Garfield(1994)는 이 주제에 대한 연구결과를 다양하게 제시하고 있다. 그 중 가장 흔한 연구방법은 한 심리치료센터에서 심리치료를 받기 시작한 내담자들이 상담을 종결할 때까지 상담에 온 횟수를 기술하는 것이다. 한 예를 들면, 스탭들이 '철저한' 정신역동적 심리치료를 한다고 되어 있는 한 재향군인 병원 외래클리닉의 환자 560명에 대한 통계를 보면 〈표 9-2〉과 같다.

〈표 9-2〉 심리치료의 길이

Number of Interviews	Number of Cases	Percentage of Cases
Less than 5	239	42.7
5-9	134	23.9
10-14	73	13.0
15-19	41	7.3
20-24	24	4.3
25 and over	49	8.8
Total	560	100.0

출처 : Garfield(1994) p.193

이 자료에 의하면 면담 횟수의 중앙치(median)는 약 6회이다. 약 3분의 2에 해당하는 정신역동적 심리치료의 내담자가 10회 미만의 상담으로 그치고 있는 반면에 9퍼센트가 채 안 되는 내담자만이 25회기를 넘기고 있다. 그 중 50회기를 초과한 사례는 7개에 불과했다고 한다. 정신역동적 치료라는 점을 고려한다면 놀라운 결과이다.

이와 같은 방법으로 연구한 다른 자료들도 비슷한 결과를 내놓고 있다. 21개 연구물을 개관한 결과 상담 횟수의 중앙치가 3~13회기의 범위를 보이는데, 대부분은 6회기 정도에 분포하고 있다. 〈표 9-2〉에서 보인 자료와 일맥상통하는 것이다.

우리 나라에서 조사된 자료는 어떤 양상을 보일까? 최해림(1991)의 분석에 의하면 국내 몇 개 대학의 개인상담 회기 길이에 대한 정보를 얻을 수 있다. 단, 대학마다 통계를 내는 유목과 방법이 달라서 학교간 직접적인 비교는 어렵다. 다음은 최해림의 보고 내용 일부이다.

서울대학교는 1989년도에(학생생활연구소 보고서, 1990) 180명의 내담자를 대상으로 1930회 상담을 하여 내담자 한 명당 평균 상담 횟수는 10.7회이다. 이 중 50회 이상의 장기상담을 받고 있는 내담자는 4명(268회)으로 이들을 제외한다면 내담자 한 명당 평균 상담 횟수는 9.4회가 된다고 보고하고 있다. 단, 이 자료는 단회상담이 제외되어 사실보다 부풀려져 있는 것 같다. 이 통계에서는 검사해석, 유학상담, 생활지도, 접수면접 등 단회상담이 포함되지 않은 것으로 보이며 타 대학교의 성격, 적응의 범주에 속하는 심리상담만 고려한 것으로 보여진다.

이화여자대학교(1990)의 경우 전체 내담자 수 626명에 상담 횟수가 1,077회이다. 이 중 진로 및 해외 학생지도, 부직 및 취업지도는 모두 1회 상담인 것으로 보고하고 있고 성격과 적응문제 영역에서는 121명 내담자에 537회로 이 영역에서 한 내담자 당 4.4회가 된다. 조교들이 맡고 있는 검사해석은 이 통계에 포함되고 있지 않다. 전남대학교(1990)에서 개인상담은 86명 내담자에 177회이고 성격, 적응문제 영역에서는 45명에 124회로 내담자 당 2.8회인 것을 알 수 있다.

서강대학교의 개인상담 상황은 1990학년도에 내담자 641명에 총 상담횟수 2371회로 보고하고 있다. 개인상담의 진행 횟수별 분포를 보면 〈표 9-3〉과 같

〈표 9-3〉 개인상담의 진행 횟수별 분포(서강대학교, 1990)

학년도 / 문제 / 학기	내담자 인원 1학기	2학기	계(%)
1회 종결	184	243	427(60.7)
2회 종결	55	38	93(13.2)
3회 종결	23	21	44(6.3)
4회 종결	12	7	19(2.7)
5회 종결	9	11	20(2.8)
6회 종결	5	7	12(1.7)
7회 종결	3	8	11(1.6)
8회 종결	6	5	11(1.6)
9회 종결	3	2	5(0.7)
10회 종결	1	3	4(0.6)
11회~15회	16	14	30(4.3)
16회~20회	8	6	14(2.0)
21회~25회	1	2	3(0.4)
26회~30회	2	3	5(0.7)
31회 이상	3	3	6(0.9)
계	331	373	704

다. 1~2회 종결이 475명으로 전체 내담자 수의 74.1%이고 이들이 차지하는 전체 상담 횟수의 비중은 23.6%이다. 영역별 내담자 수의 통계로 근거를 제시할 수는 없지만 여러 상담자들과 확인한 바에 의하면 이 1~2회는 대부분 검사해석, 진로, 학업/학사, 유학의 영역이고 성격, 적응, 신경증 영역에서는 상담이 장기화되고 있다.

2) 중도탈락 및 조기종결

상담 회기수에 대한 통계가 중도탈락을 얼마나 정확하게 대변해 줄지는 미지수이다. 내담자 중에는 단회상담으로 소기의 목적을 달성한 사람이 다수 있으며(Talmon, 1990), 수회기의 상담으로 만족스럽게 합의 종결한 사례도 많다. 정신역동치료에서 보듯이 심리치료를 반드시 수십 회기 이상 지속해야 하는 것은 아니다.

상담자와 연구자들은 종종 '조기종결' 즉 prematured termination이라는 개념을 사용하기도 한다. 다른 말로 '중도탈락' 즉 dropout이라고 부른다. 이 조기종결은 '심리치료를 받기로 하고 1회 이상 상담을 받았으나 내담자 혼자만의 판단으로 다음 상담시간에 오지 않은 경우'라고 정의하고 있다. 즉, 상담자는 이 내담자에게 더많은 치료가 필요하다고 보지만 내담자가 일방적으로 오지 않는 경우를 말한다.

Garfield(1994)의 개관에 의하면 여러 연구들이 대개 30~40퍼센트의 조기종결률을 보고하였다고 한다. 단, 여기서 주의할 점은 그가 개관한 연구들이 조기종결에 대해서 제각각 다른 정의를 사용했다는 점이다. 어떤 연구는 임의로 횟수를 정해 놓고 이 이하의 사례는 무조건 조기종결로 간주했으며, 어떤 연구는 치료자의 관점에서 치료가 미흡했다고 사료되면 조기종결로 보았다. 이처럼 조기종결을 달리 정의한 자료를 직접 비교하는 것은 곤란하므로 이 문제에 대해서는 앞으로 통일된 정의를 가지고 재연구해야 할 것으로 보인다.

이런 문제점에도 불구하고 상담의 조기종결 및 지속에 대해서는 다른 몇 가지 내담자 변인들과 관련지워서 분석한 연구들이 많다. Garfield의 개관을 토대로 그 주요 내담자 변인들을 정리하면 다음과 같다.

(1) 조기종결과 관련 있는 내담자 변인

사회경제적 지위　내담자의 직업이나 사회경제적 지위는 그가 상담에 빠지지 않고 지속해서 오는 정도와 상관이 있다. 사회경제적 지위가 낮은 내담자들이 상담 약속시간에 더 잘 빠진다. 이런 현상을 어떻게 설명할 것인가? 내담자도 상담자의 사회경제적 배경과 비슷한 배경을 가진다는 것이 내담자를 편안하게 하고 상담에 더 적극적으로 만드는가? 내담자가 상담자와 달리 사회경제적 지위가 낮을때 상담 혹은 상담자에 대해서 불편함을 느끼는가? 그렇다면 저사회경제적 배경 출신의 상담자를 만난 내담자는 어떤 체험을 할 것인가? 내담자의 사회경제적 지위가 상담 '출석'과 관계가 있다고 하는데 왜 관련이 있는지를 설명하는 데에는 아직 연구가 부족하다. 단, 우리 나라에서는 우선 내담자의 사회경제적 지위가 조기종결, 상담 약속 후 출석 이행 정도 등과 상관이 있는지 여부에 대한 기초연구조차도 부족한 실정이므로 이것부터 연구해야 할 것이다.

교육 정도　내담자의 교육 정도 역시 상담 '출석'과 관련이 있다. 교육 정도가 낮을수록 상담 약속에 빠지는 정도가 높다. 마찬가지로, 교육 정도가 상담 '출석'과 어떻게 관계가 있는지 설명하는 가설은 아직 가설의 수준에 머물러 있다. 한 가지 유력한 가설은 상담자와 내담자가 사용하는 언어의 유사성에 관한 것이다. 상담자가 고학력자이기 때문에 상담자가 사용하는 언어에 대해서 고학력 내담자는 편안하게 느끼는 반면에 저학력 내담자는 불편하게 느낄 가능성이 있다는 것이다.

상담에 대한 내담자의 지식　상담이 무엇이며 어떻게 하는 것인지를 잘 알고 상담에 임하는 내담자가 있는 반면에 그렇지 못한 내담자도 있다. 이런 지식의 차이가 상담시간에의 출석과 관계있는지도 모른다. 한 연구에 의하면, 내담자들에게 'role induction interview' 라고 하여 상담 시작 전에 내담자 교육을 실시하였다. 그 내용으로는 (1) 상담이나 심리치료의 대체적인 개요, (2) 내담자와 치료자의 예상되는 행동, (3) 치료(상담)중 흔히 나타나는 현상에 대한 준비 (예컨대, 저항), (4) 몇 회기(몇 주일, 몇 달) 정도 치료(상담)를 받으면 차도(개선)가 있다는 것 등이다. 어떤 연구에서는 이런 교육을 받은 내담자들이 교육을 받지 않은 내담자보다 상담 출석이 양호하였으나, 또 다른 연구에서는 그런 차이가 나타나지 않았다고 한다. 즉, 아직 일관된 연구결과를 얻지 못한 상태이지만, 연구결과의 대체적인 방향은 상담에 관한 교육을 받은 내담자의 출석이 더 양호하다고 한다.

상담의 길이에 대한 내담자의 기대 상담을 시작할 때 상담이나 심리치료의 길이가 몇 회기나 지속될 것인지를 내담자와 치료자에게 각각 예상하게 하고 실제로 이루어진 상담 회기수와 비교를 해 본 연구들이 있다. 내담자의 예상과 상담자(치료자)의 예상 간에 어느 쪽이 더 정확했겠는가? 내담자가 더 정확하다는 것이 일반적인 연구결과이다. 내담자들은 상담이 그다지 장기적으로 지속되리라는 기대를 하지 않는 것이 보통이며 실제로 그들이 상담에 오는 회기수도 그들이 기대하는 것과 같이 짧은 편이다. 상대적으로 상담자(치료자)들은 상담의 길이를 길게 기대하는 경향이 있다. 단기상담의 필요성을 주장하는 논자들은 이와 같이 상담의 길이에 대한 내담자의 기대가 짧다는 사실을 중요시해야 한다고 보는 것이다(예: Talmon, 1990).

내담자에 대한 상담자의 평가 상담자, 즉 치료자가 내담자를 어떻게 보는가가 그의 상담 출석과 관계가 있다고한다. 상담자가 내담자에 대해 동기가 낮다, 지나치게 자기방어적이다, 적대적이다, 어렵다라고 평가하는 경우에 상담자의 그런 태도가 내담자의 출석에 영향을 미칠 가능성이 있다고 추론된다. 한 연구에 의하면(Rosenweig & Folman, 1974; Garfield, 1994 재인용) 내담자의 공감능력에 대한 상담자의 평가, 내담자에 대한 상담자의 느낌, 내담자의 관계형성 능력에 대한 상담자의 평가 등이 내담자의 출석과 유의한 상관이 있었다고한다. 또한 상담자가 내담자에 대해 긍정적으로 평가하고 내담자의 예후를 좋게 평가하는 정도도 내담자의 출석과 관계가 있다고 한다.

모든 조기종결 사례는 실패 사례인가?

조기종결이란 장기상담 혹은 장기심리치료에서 사용되던 개념이다. 통상적으로 수십 회기 이상의 면접을 '정상적'인 사례로 보는 관점에서는 수회기만에 끝나는 사례를 '조기종결'로 간주할 수밖에 없다.

그러나 단기상담 혹은 단기정신치료가 나오면서 조기종결에 대한 개념적 의문이 생기기 시작했다. 특히 조기종결이라는 말이 가지고 있는 부정적인 의미가 도전을 받기 시작한 것이다. 조기종결은 그 자체로서 '실패'인가? 수회기만에 성공적으로 끝나는 사례가 있지않은가?

이런 문제를 연구하는 방법은 follow-up study라고 불리는 '추수평가'이다. 예컨대, 내담자가 일방적으로 상담을 그만둔 사례들을 일정기간 후에 연락을 취하여 상담을 그만둔 이유라든가, 현재의 상태 등에 대해서 조사를 하는 것이다. Farley, Peterson과 Spanos(1975; Garfield, 1994 재인용)에 의하면 아동정신과에서 상담을 받다가 본인의 의사에 의해서 일방적으로 상담을 그만둔 52사례 중 46퍼센트는 '다소 혹은 충분히 좋아졌기 때문에'라고 답변하였으며, 37퍼센트는 '아동이 진전을 보이지 않아서'라고 답변했다는 것이다.

현재 우리 나라의 상담은 1회기, 즉 단회상담이 가장 흔한 형태이며, 10회기 미만의 단기상담이 그 다음으로 흔한 형태이다. 즉, 단기상담은 우리 나라에서 가장 기본적인 상담 형태인 것이다. 이런 조건에서 우리는 '조기종결'이라는 용어를 어떤 식으로 사용해야 할 것인가? 필자의 의견으로는 '조기종결'이라는 용어보다는 '내담자에 의한 일방적 종결'이라는 용어가 현실을 더 정확하고 객관적으로 반영한다고 사료된다. 반면에 '조기종결'이라는 용어에는 상담자(치료자)의 주관이 많이 개입되어 있다. 즉 조기종결이란 치료가 오래 지속되어야 한다는 치료자의 이론적 기대가 개입되어 있는 주관적인, 객관성이 결여된 개념인 것이다.

3. 단회상담연구

단회상담이 모든 상담 사례들 중 가장 많은 빈도를 차지한다는 사실은 우리 나라만의 특이한 현상이 아니다. 이는 외국의 경우에도 발견되는 보편적인 현상인 것이다. 많은 상담전문가들은 한 회기로 종결된 사례에 대해서 주목하지 않거나 혹은 "실패"된 사례라고 간주하는 경향이 있어 왔다. 최소한도 5회기는 "끌어야" 상담다운 상담이며, 한 회기만 한 단회상담은 "상담이 못되는"것이라는 그릇된 인식도 있었던 것이 사실이다. 이상하게도 상담전문가들은 상담의 회기수에 민감하다. 상담전문가들 중에는 빠른 시간 내에 많은 효과를 보여 준 사례에 대해서 의심의 눈초리를 보내며, 효과도 별로 없이 오랜 시간을 끄는 사례에 대해서 오히려 긍정적인 평가를 해 주는 전문가들도 상당히 많다. (필자의 개인적 체험을 하나 소개하겠다. 심리학자, 의사, 사회사업가 등이 골고루 섞인 한 모임에서 상담, 심리치료, 가족치료 등에 대한 사례보고가 있었다. 그 중 가족치료를 받은 한 사례는 13회기까지 진행되었는데 내담자의 증상에 진전이 없었다. 이때 한 의사가 의문을 제기했다. "13회기의 처치에도 불구하고 증상 호전이 전혀 관찰되지 않았다면 이 사례에서 가족치료를 계속 적용한다는 것이 잘못된 것이 아닌가? 가족치료를 지속하는 이유가 무엇인가?" 이 질문에는 가족치료나 심리치료의 효과를 축소시켜서 언급하려는 의료전문가들의 "저의"(底意)가 깔려 있을 수도 있다. 그러나 이런 저의의 가능성에도 불구하고 상담치료 전문가들은 "어떤 사례에서 상담치료가 효과가 없는지"를 판단하는 데에도 관심을 기울여야 한다는 새로운 관점을 배워야 할 것이라고 사료된다. 우리는 상담치료의 "효과 있음"에만 온 정신이 팔려서 그것의 "효과 없음"의 부분에는 전혀 눈길을 주지 않는 것 같다. 효과가 없는 사례에 대해서는 새로운, 다른 처치법을 대체해야 한다는 단순한 진리를 망각하고 있지는 않는지 반성해야 한다.)

단회상담은 이미 우리 나라 상담학계에서 중요한 주제가 되었다. 이미 논문도 몇 개 나왔고(예: 강진령, 1999; 김계현, 1992), 상담현장에서는 단회상담의 기법과 절차를 발전시키기 위한 노력을 많이 하는 것으로 보인다.

미국 샌프란시스코 근처에 소재한 Kaiser Permanente 병원의 정신의학센터에서 근무하던 Moshe Talmon은 Michael Hoyt, Robert Rosenbaum 등과 공동으로 단회상담에 대한 연구를 수행한 바 있다. 단회상담이 가장 흔한 상담형태라는 사실과 단회기의 상담으로 많은 내담자들이 효과를 보았다는 사실을 알게 된 그들은 수년에 걸쳐서 단회기로 끝난 사례들을 추적조사하기도 하고, 단회상담의 기술과 절차를 개발하기도 하였다. 다음에 소개되는 글(pp.

429-439)은 Talmon의 책(1990)에서 발췌, 번역한 것인데 단회상담에 대한 이 세 사람의 생각, 단회상담의 역사, 필자가 단회상담에 주목하게 된 계기, 효과적인 단회상담의 가능성, 단회상담 효과연구 등을 논의한 것이다.

(1) 단회상담과 정신분석의 파라독스

Freud는 최장기 상담 형태인 정신분석을 창시한 사람이다. 그런데 단회상담(Single Session Therapy : SST)의 창시자 또한 다름 아닌 Freud이다. 19세기 말, Freud는 오스트리아 산정에서 휴가를 보냈던 적이 있었는데, 그 때 카타리나라는 환자를 단회로 치료한 바 있다(Breuer & Freud, 1893, 1944). 이후에 그는 작곡가 구스타프 말러의 발기부전(impotence)을 치료했던 것으로 보고했는데, 그것 또한 숲 속을 산책하던 중에 이루어졌다(Freud, 1960). (만약 말러가 심리치료를 위한 정기적인 약속을 하고 Freud의 치료실에 왔다면, 아마도 말러는 꽤 오랜 시간을 Freud의 소파에 누워 상담을 받는데 보냈을 것이다. 그리고 그의 성기능 장애는 심층 논의의 소재로 재미있는 사례가 되었을 것이다. Freud는 치료비와 효과에는 정말 관심이 없었다.)

얼핏 생각하기에, 미국에서 지역정신건강 클리닉(community mental health clinic)과 사회기관을 찾아오는 사람은 초만원인데 비해 직원 수는 적기 때문에 이들 기관은 단회상담이 가장 활발히 이루어지고 있는 곳일 것 같다. 그런데 흥미로운 것은 정신분석적 접근을 한 단회상담 사례들 중에 성공적인 사례가 수없이 많이 보고된다는 사실이다. 일례로 Grotjahn(1946)이 기술한 성공적인 SST는 우울증을 보이는 45세의 내과의사를 치료한 사례이다. 2년 후에 다시 만났을 때, 환자는 상담을 통해 자신이 얻었던 통찰에 대하여 감사해 하였으며, 가정과 직장에서 안정된 생활을 만족스럽게 하고 있다고 하였다. Grotjahn은 정신분석가이기 때문에, 치료의 성공은 환자가 자신의 억압된 갈등적 감정을 의식할 수 있도록 이끌어 주었던 것에 기인한다고 보았다. 그는 또한 환자가 기꺼이 수용할 수 있는 몇 가지 지시와 조언도 주었었다.

정통파적 성격을 띠었던 1940년대의 미국 정신분석학계에서 그러한 사례를 보고하는 것은 매우 용기 있는 일이었다. Grotjahn의 보고는 『정신분석 치료: 이론과 실제』(Psychoanalytic therapy: principles and application)에 실려 있다

(Alexander & French, 1946). Seymour Sarason(1988)은 그의 자서전에서 이 사례보고에 대한 정신분석계의 반응을 다음과 같이 기술했다: "저자들의 주장에 의하면, 어떤 문제를 가지고 있는 어떤 사람들은, 어떤 조건하에서 비교적 빨리, 심지어 때로는 일회기 내에, 이론으로부터는 예측할 수 없는 주목할 만한 지속적인 변화를 경험할 수 있다는 것이다. 그 보고는, 마치 교황이 이슬람에 자신의 개종을 혹은 낙태에 대한 동의를 발표하는 것처럼, 정신분석계, 임상가들 그리고 이론가들에게 당황스러운 것이었다. 그것은 정신분석학계에서 즉시 가치 없는 책이 되었다"(p. 320). 그러나 산발적이기는 하나 계속해서 단회상담치료의 가치를 설명하는 주장들이 나왔다. 예를 들어, Saul(1951)은 정신분석 계간지(Psychoanalitic Quarterly)에 자신의 성공적인 단회기 치료 사례를 보고하였다. 그것은 건강염려증 여성의 사례였는데, 내담자의 증상은 한 번의 면담으로 현저히 줄어들었으며, 내담자는 그 회기에서 앞으로의 어려움을 다룰 수 있는 조언도 받았다고 하였다.

이 분야에 대한 특별한 관심은 1960년대 정신분석 중심지의 하나인 런던의 타비스톡 클리닉에서 정신분석가 Malan과 그의 동료들에 의한 작업에서 시작되었다(Malan 등, 1968, 1975). 1962년에서 1966년 사이에 그들은 단회 진찰을 받고 탈락되었거나 혹은 정신역동치료에는 부적합한 것으로 여겨졌던 45명의 "치료되지 않은 신경증 환자"에 대한 추수조사를 하였다. 이들은 다양한 증상을 보였는데, 가령 우울, 불안, 발기부전, 불감증, 자아 비동조 동성애(ego dystonic homosexuality)와 같은 것들이었다. 이 추수조사는 그들이 치료받은지 2년에서 9년이 지난 후에 이루어진 것들이다. 이들은 정신과 의사와 한 번 면담한 것이 전부인 사람들이 대부분이었다. 그런데 그들 중 51%는 증상에 있어 호전된 것으로 판단되었고, 24%는 정신역동적 측면에서 나아진 것으로 판단되었다. 연구자들은 단회 환자들이 "일상생활에서 치료적 기제를 지니고 있으며, 뿐만 아니라 단회면담을 통해 기대하지 못했던 치료적 효과도 보았다는 것을"을 발견했다(Malan 등, 1975, p.110). 그는 다음과 같은 결론을 내렸다. "진찰을 할 때 정신과 의사는 환자를 장기심리치료나 단기심리치료로 자동적으로 배정해서는 안 된다. 오히려 단회의 역동적 면담을 통하여 필요한 모든 것이 이루어질 수 있는 가능성을 인식하여야 한다. 결국 역동적 관점으로 치료를 하는 정신과 의사는 다음과 같은 것이 강력한 잠재적 치료효과를 가지고 있다는 것을 인식하여야 한다. 즉, 환자에게 그가 자기 삶에 책임을 져야 한다는 것을 알려주는 것, 또 환자에게 치료적 도움 없이도 자신이 스스로의 생활을 관리할 수 있다는 것을 재확인시켜 주는 것이 바로 그것이다(p. 126)."

나는 이스라엘의 심리학자로 미국을 두 번 장기 방문하였는데, 그 때의 경험은 나에게 단회치료에 대한 관심을 불러일으켰다. 심리학과 심리치료에 대한 나의 공부는 유럽 전통을 따라 시작되었다. 유럽 전통에서는 심리학이 정신역동적 이론에 의해 좌우되는 인생 철학의 일부분으로 간주된다. 후에 나는 정신역동, 가족체계, 인지, 행동, 교류분석(TA), 그리고 게슈탈트 방식에 대한 더 많은 훈련을 받았다. 나는 12년 동안 임상에서 활동을 하고 있었으며, 주 접근방식은 Jung의 분석심리학에 근거한 장기치료였다. 그 기간 동안 나의 스승, 슈퍼바이저, 혹은 동료들 중 어느 누구도, 그냥 지나가는 말로라도, 치료가 단회기 내에 끝날 수 있다는 것을 말한 적이 없었다.

나는 1970년대에 미국을 처음 방문하였는데, 이것은 필라델피아 아동 클리닉(Philadelphia Child Guidance Center)에서 가족치료를 공부하기 위해서였다. 나는 그곳에서 남편 없이 엄마가 혼자 아이들을 키우는 빈민가정의 현실을 보았다. 그런 가정의 소녀들은 일렉트라 콤플렉스를 상상할 필요가 없었다. 그들은 자신의 아버지나 다른 친척들에 의해 계속해서 괴롭힘을 당하고 있었다. 아이들은 부모로부터의 심리적 분리와 개별화 문제로 고민하지도 않았다. 그들은 단지 가난과 신체적 · 정신적 학대로 가득 찬 세상에서 살아남기 위해 투쟁하였다. 나에게 가장 놀라웠던 것은 문제가 매우 현실적이고 끔찍했던 반면, 대부분의 부모들은 아주 단순한 의미로 치료를 받았다는 것이다. 나는 그들을 상대로 단기치료, 어떤 한 문제에 중심을 맞춘 치료, 실제적인 문제에 초점을 맞춘 치료를 하지 않을 수 없었다. 그 상황에서 정신분석은 이들의 사례를 다루는 데는 거의 쓸모 없는 환상적인 지능적 게임에 불과하였다.

일단 이스라엘로 돌아가서, 나는 텔 아비브의 번화가에 키부츠 공동체의 구성원들을 고객으로 사설상담소를 개업하였다. 그들을 상담하면서 나는 다시 내가 정통해 있던 치료방법, 즉 장기적 접근으로 일생을 통해 일어나는 문제에 대하여 개인정신분석적 치료를 다시 시작하였다. 나는 삶에서 고통을 겪고 있는 내담자와 투쟁하면서 개인적 성장, 정신적인 성장에 대한 그들의 깊은 욕구를 강조하면서 치료를 하였다. 이런 상담에서 나는 그들이 부모의 흔적, 문화적 영향으로부터 분리 · 개별화되는 것을 지지하였다. 그러한 치료는 나에게 안정성과 친근감을 주었다. 그러나 나는 지금 그런 종류의 치료가 반드시 나의 내담자에게 가장 효과적이고 유용한 것은 아니었음을 솔직히 인정한다. 그것은 오히려 나의 성장과 금전적 수입에 더 도움이 되었던 것 같다.

나는 1985년에 다시 미국으로 건너갔다. 이번에 간 곳은 캘리포니아였다. 거기서 나는 미국의 새로운 건강관리(health care) 시스템을 접하게 되었다. 그것은 사설상담소를 개업하는 종래의 관례와는 다른 것이었다. HMO(Health Maintenance Organizations), PPO(Preferred Provider Organizations), EAP(Employee Assistance Programs)에서는 단기치료가 늘어났고, 치료자가 남아돌게 된 것이다. 국가 정부에서는 이혼, 아동학대, 약물남용과 같은 문제에 관심을 늘여갔다. 이런 새로운 시스템은 비(非)심리학적 문제를 지니고 있는 많은 환자들과 장기치료를 받기에는 시간과 돈이 부족한 환자들이 새로이 치료를 받을 수 있게 하였다. 이러한 새 환경에 있어 나는 외국인이었기 때문에 여러 가정을, 마치 그들이 다른 혹성에서 온 것처럼, 새롭게 관찰하고 이해하려고 노력하였다. 동양이나 멕시코 출신의 가정들은 나에게 완전히 새로운 세계였다. 일단 나의 자아와 편견을 한 편에 접어 두고 나는 여러 가정과 개인들이 어떻게 자신들의 문제를 해결하는지 새로운 방법을 배울 수 있었다.

그 때 나는 단회상담의 빈도에 대하여 볼 수 있었다. 내가 캘리포니아 헤이워드의 카이저 퍼머넌트 병원(Kaiser Permanente Medical Center) 정신과에서 일하기 시작한 후 약 일 년쯤 되었을 때이다. 나는 복잡한 사례를 논의하기 위해서 과장인 Norman Weistein의 방에 들어갔다. 그는 전화통화를 하고 있었다. 나는 통화가 끝나기를 기다리는 동안 그의 책상 위에서 "환자별 방문 횟수, 지난 12개월에 대한 보고"라는 제목이 붙은 컴퓨터 프린트 뭉치를 발견하였다. 나는 Weinstein 박사에게 그 프린트물을 보아도 될지 물어보았다. "물론 이지요." 라고 그는 대답하면서 "8년 전에 내가 여기 과장이 된 후 계속 이런 통계를 내고 있지요. 결과는 매년 거의 같아요. 여기, 이것 모두 가져가세요." 나는 약 30명의 정신과 의사, 심리학자, 그리고 사회복지사들의 임상기록에 대한 프린트물 뭉치를 가지고 그의 사무실을 나왔다.

그 자료를 들여다보면서 나는 다음과 같은 사실을 발견하고 놀랐다. (1) 모든 치료자들에게 있어 가장 보편적인 치료의 기간은 바로 단회였다. 그리고 (2) 모든 환자의 30%가 일 년 동안 단지 한 번만 오기로 하였다. 많은 사람들에게 다음 약속을 제시하였지만 말이다. 상담료가 무료이거나 아주 적을 때조차도 사람들은 두번째 약속을 하지 않으려고 하거나 계속적인 치료를 받지 않으려고 하였다. 나는 이후에 5년 동안(1983~1988) 계획적으로 이루어진 외래환자 100,000명을 연구하였다. 그리고 단회상담의 빈도에 있어 아주 일치함을 발견하였다.

컴퓨터 프린트물의 자료를 분석한 결과 치료자의 접근 방향(orientation)은 임상 실제에서 단회상담이 차지하는 비율에 영향을 주지 않는 것으로 드러났다. 예를 들어 전통적인 정신분석훈련을 받고 아직도 자신의 상담실에서 분석가들의 카우치소파를 사용하고 있는 한 선배 심리학자는 자신의 내담자 중 48%를 단회로 치료하였다. 대상관계이론을 근거로 상담을 하는 한 사회사업가는 자기 내담자의 55%를 단지 한 번씩만 만났다. 정신병에 대하여 생물학적 입장을 따르는 한 정신과 의사는 일 년 동안 자기 환자의 50%를 단지 한 번씩만 만났다. 나는 이런 전문가들과 아주 가깝게 일해 왔기 때문에 그들이 자신의 환자에게 헌신을 다하는 유능한 치료자들이라는 것을 안다. 치료자가 환자와 한 번 만나는 실제 비율은 이 통계조사의 비율보다 다소 더 높다. 왜냐하면 환자들이 위기상황에 있거나 진단만을 필요로 하는 사례와 보다 심도 있는 치료를 위해 환자를 다른 치료자에게 보내는 사례는 이 조사에서 제외시켰기 때문이다.

(2) 여러 기관에서 단회상담이 수행되는 정도

문헌조사를 해보면 단회치료가 다양한 환경에서 30년 이상 동안 높은 빈도로 이루어져 왔다는 것을 알게 된다. Kogan(1957a, 1957b, 1957c)은 1953년 한 달 동안 뉴욕의 가족서비스국에서 모든 새로운 내담자의 기록을 조사하였다. 250개의 새로운 사례 중 141(56%)개는 한 번의 면담이 있은 후에 종결되었다. Spoerl(1975)은, HMO를 제공하는 정신건강 클리닉의 기록을 조사하면서, 처음 10회기의 방문은 상담비 지원을 충분히 받을 수 있음에도 불구하고, 1972년에 온 총 6,708 내담자 중에서 39%가 클리닉에 단지 한 번만 왔다는 것을 발견하였다. Bloom(1975)은 퓨에블로, 콜로라도에 있는 공공 · 사설 정신건강 서비스 시설을 2년 동안(1969~1971) 연구하였고, 외래환자(1,572명)의 32%가 단회상담으로 치료를 받았다는 결과를 받았다. 공공상담소와 사설상담소 간에 단회상담 빈도에 있어 차이가 없었다. Baekeland와 Lundwall(1975)은 치료에서 탈락한 환자에 대한 광범위한 개관을 하였는데, 일반정신 클리닉에서 환자의 20~57%가 첫 방문 후에 다시 오지 않는 것으로 결론지었다. 또 다른 지역의 정신건강 서비스센터에서는 80%의 환자가 단회로 치료를 받았다.

(3) 단회상담은 조기탈락인가 기적인가? (Dropouts or Miracles?)

단기상담에 대한 통계를 개관한 후, 나는 다소 보다 주관적인 변인을 관찰하기로 결정하였다. 그리고 나는 내가 근무하는 카이저 병원에 있는 치료자들에게 단회상담 사례에 대한 논평을 해달고 요구하였다. 그들은 두번째 약속에 나타나지 않은 환자들을 조기탈락으로 보았다. 그리고 그들을 "저항", "경계선적 성격", "심리치료에 대한 준비가 되어있지 않는", 혹은 "변화에 대한 동기 부족"과 같은 말로 기술하였다. 치료자들에게 그 회기에서 자신들의 성공에 대하여 논평하라고 요구하였을 때, 치료자들은 자신들이 환자와 라포를 형성하는 데 실패했거나 혹은 환자들이 치료자의 상담을 좋아하지 않았다고 가정했다. 치료자들이 사례 종결 때 평가한 141개의 단회상담 자료를 분석한 결과, Kogan(1957a, 1957b, 1957c)은 사례의 대부분에서, 치료자들은 계획되지 않은 종결을 내담자의 저항이나 관심 부족으로 돌리는 것을 발견하였다.

심리학적 문헌을 보면 치료 중도탈락에 대한 많은 참고문헌이 있으나 계획에 의한 단회상담에 대한 연구는 매우 드물다. 대부분의 연구자들은 중도탈락의 부정적인 측면에만 초점을 둔다. 예를 들면 Baekeland와 Lundwall(1975)은 치료 중도탈락에 대한 330개의 참고문헌을 개관하였다. "중도탈락한" 환자는 "자신의 병을 거부하고, 화를 잘 내고, 솔직하지 않으며, 사회병리적인 모습을 갖기 쉬운 것"으로 기술하였다(p. 748). 중도탈락한 환자들의 치료자는 "경험이 적고, 인종에 편견이 있고, 자신의 환자를 싫어하고, 환자에 대해 쉽게 지루해 하고, 환자의 사적 정보에 관심이 적고, 따뜻함이 부족하고, 환자들을 허술한 프로그램에 더 참여하게 할 것 같은"것으로 기술하였다(p.761).

나는 내가 발견한 것에 호기심이 더 생겼다. 그래서 내가 단회로 보았던 모든 환자에게 전화를 걸기로 하였다. 결과는 믿기지 않을 정도였다. 전화했던 200명의 환자 중 78%는 단회상담에서 자신들이 원하는 것을 얻었으며, 치료받았던 문제에 있어서 더 나아졌다고 했다. 2차 면담에 오지 않았던 환자들은 자신이 왜 치료를 받으러 다시 오지 않았는지에 대한 이유로서 "약속을 받을 수 있는 시간은 오전시간뿐이었는데, 나는 직장의 자리를 떠날 수가 없었다"와 같이 대부분 현실적인 이유들이었다. 단지 10%만이 단회상담의 결과나 혹은 치료자가 좋지 않았다고 하였다. 이는 앞에서 본 Kogan의 연구(1957a, 1957b, 1957c)를 지지해 주는 결과였다.

콜로라도 대학 심리학과의 Brunard Bloom(1981)은 단회치료에 대한 계획된 연구를 자세하게 수행하였다. 그는 지역정신건강센터에 있는 10명의 단회상담치료 환자들을 2시간 동안 면담하였다. 모든 사례는 필요하면 다시 오겠다는 내담자의 말과 함께 만족스럽게 종결되었다. Bloom은 두 달 후에 내담자에게 전화를 걸었다. 거의 모든 환자들이 모든 것이 다 잘 되어가고 있으며, 단회상담을 통해 도움을 받았다고 보고하였다. 단지 한 명만 다른 곳에서 상담을 더 받았다고 하였다. 그는 이 연구를 통하여 발견한 것을 다음과 같이 요약하였다. "정신건강 전문가가 내담자를 단회상담으로 치료하는 것은 주목할 만할 정도로 일반적이다. 그러나 그 빈도가 과소평가되고 있다. 또한 이보다 더 중요한 것은 그 치료효과가 과소평가되고 있다는 것이다"(p.180). Bloom의 연구는 피험자 수가 적고, 평가도 매우 원시적이라는 점에서 과학적인 연구로서 한계를 지니고 있다. 그럼에도 불구하고 그의 연구물은 광범위한 개관을 수행하였으며, 개인을 치료하는 임상가들에게 유용한 임상적 가이드를 제안하고 있다는 점에서 가치가 있다.

Silverman과 Beech(1979)는 지역정신건강센터에서 발생하는 중도탈락에 대하여 연구한 후 "중도탈락이 개입의 실패를 의미한다는 의견에 우리는 동조할 수 없다"고 결론을 내렸다. Littlepage 등(1976)은 정신건강센터를 이용하는 환자의 수와 서비스에 대하여 환자들이 내리는 평가 사이의 관계를 연구하였다. 그들은 소위 중도탈락자들도 "정상적인" 상담 종결을 한 환자들과 같이 서비스에 대하여 높게 평가한다는 것을 발견하였다. 그럼에도 불구하고 대부분의 치료자들은 내담자를 단회로 본 것은 미리 계획하지 않았던 것으로 보며, 그런 내담자들을 중도탈락자로 간주한다. 많은 경우, 이런 상담은 기록조차 되지 않는다.

(4) 단회상담의 세 가지 유형

① 상호 동의한 단회상담 - 치료자와 환자 모두가 시작부터 단회상담의 가능성을 인식하고, 단회상담으로 충분하므로 첫 회기에 종결하기로 서로 동의할 때. 이런 형태의 단회상담이 가장 바람직하다. 그러나 연구와 임상 실제에서 이런 형태는 거의 찾기 어렵다.

② 환자가 제안한 단회상담 - 치료자는 치료가 좀더 필요하다는 인식에 다음 약속을 잡으려 하는데, 환자는 치료를 종결하고자 할 때. 이런 경우는 약속을 다시 잡지 않고 환자가 필요하다고 판단되면 다시 오라는 정도의 말로써 끝을 맺는다. 이것은 단회상담의 가장 일반적인 형태이며 치료자들이 별로 좋아하지 않는 경우이다.

③ 치료자가 제안한 단회상담 - 비록 환자는 치료를 좀더 하기를 원하지만, 치료자가 다른 약속을 잡지 않을 때. 예를 들면, 치료자는 주어진 문제를 "삶의 정상적인 문제"나 본질적으로 상담치료를 요하는 문제가 아닌 것으로 본다. 그리고 다음 약속을 잡지 않는다. 반면에 환자는 치료자의 진단에 의문을 품으며, 아직 치료되지 않았다는 기분으로 상담실을 나간다. 또 다른 경우를 보면, 환자는 여전히 해결을 희망하거나 치료자가 마술적 힘을 갖고 있기를 바라지만, 치료자는 문제가 진정으로 해결될 수는 없으며 더 회기를 진행해도 소용없다고 생각한다. 환자는 자신이 거부당했다는 느낌을 가지고 자리를 뜬다. 치료자는 환자에게 다시 전화를 해도 된다는 여지를 남겨둔다. 이런 형태의 단회상담에 대해서는 거의 연구된 바가 없다.

(5) 단회상담의 효과에 대한 현장연구

내가 동료들에게 단회로 상담했던 내 환자의 78%가 "향상됨" 혹은 "많이 향상됨"을 보고했다고 처음 말했을 때, 그들 중 몇몇은 아마도 이러한 긍정적 결과가 환자(IP) 대부분이 어린이였고, 그들의 치료가 가족과 함께 이루어졌다는 것에 기인한다고 주장하였다—"아이들은 대부분 문제에서 저절로 나아지지요. 그리고 가족과 함께 아이들을 치료하면 당신은 가족 내에서 당신의 역할을 대신할 협동치료자를 얻을 수 있지요. 혹은, 그것은 단지 위기에 대한 개입일 뿐 실제 치료는 아니지요"라는 식으로 단회상담의 효과를 받아들이는 데 어려워하는 것으로 보였다. 나는 나의 가설이 옳은지 그들의 주장이 옳은지 검증하기 위한 좀더 공식적 연구가 필요하다고 느끼게 되었다. 결국 나는 성인을 대상으로 치료하는 다른 두 치료자—Michael Hoyt과 Robert Rosenbaum—와 함께 이 연구에 착수하게 되었다.

이 프로젝트에 참여한 우리 치료자들 각각은 임상에서 10년 이상의 광범위한 경험을 가지고 있었다. 우리 모두는 임상심리학자였지만 아주 다른 스타일과 배경을 가지고 있었다. 캘리포니아 헤이워드 카이저에서 심리학과 과장이었던 Robert Rosenbaum은 심리치료 통합을 위한 운동에 매우 적극적이었다. 그는 원래 정신역동적 접근의 훈련을 받고, 지금 다양한 모델을 사용하고 있다. 그러나 특히 체계-전략적 Erickson적인 접근을 사용하고 있다. 그는 뇌손상 사례 등 다루기 힘든 사례들을 자주 접하는 신경심리학자이기도 하기 때문에, 프로젝트의 시작단계에서 우리 셋 중에서 단회상담의 효과에 대해 가장 회의적인 입장을 취하고 있었다. 하루는 Rosenbaum이 그 주제에 대한 의심에 잠긴 채 산 속을 걷고 있었다: "아마도 어떤 변화는 단회에 일어날 수도 있을 것이다. 그러나 그것은 확실히 의미 있는 변화는 아닐 것이다. 변화가 지속되려면 산이 형성되는 것처럼 점진적인 과정이(시간, 느린 부식, 돌에 반복적으로 부딪히는 바람과 비) 필요하다." 그 때 길의 모퉁이를 돌고 있었는데 시야에 거대한 산사태의 흔적이 들어왔다. 산사태는 지난 겨울에 산과 골짜기의 모양을 모두 바꾸어 놓으면서 산의 절반이 골짜기 속으로 빠져버린 것이다. 프로젝트가 진행되어 감에 따라, Rosenbaum의 이 회의(懷疑)는 아주 창조적인 힘이 되었으며, 그는 우리 프로젝트에서 가장 효과적인 단회치료자임이 드러났다.

Michael Hoyt는 박사과정 인턴십을 Carl Whitaker 밑에서 하였고 Gustafson의 단기 역동적 심리치료 임상과 연구에 대한 포스트닥 프로그램에서 2년간 훈련받았다. Hoyt는 가족치료, 실존치료 그리고 가장 최근에는 TA-게슈탈트 치료의 한 형태인 재결정치료에 관심을 갖고 있다. 그는 카이저 병원에서 10년 동안 근무했는데, 거기서 그는 정신과 성인 담당 디렉터였다. 우리의 프로젝트에서 그는 이론적 연구의 역할까지 담당하기로 하였다.

성인환자에 대한 단회상담의 효과를 알아내기 위하여 Hoyt, Rosenbaum과 나는 60명의 성인환자를 대상으로 단회상담의 효과를 연구하기로 결정했다. 그들의 문제는 위기상황적인 것이 아닌 심리학적 문제였다. 우리는 Sidney Garfield Memorial Fund에 정식 연구계획서를 제출했고 그 곳에서는 1년 동안 우리의 연구를 지원하기로 동의하였다.

치료 스타일에 있어서, Hoyt는 매우 지시적 타입이었고, 반면에 Rosenbaum은 상당히 비지시적이었다. 나는 회기를 시작하기 전에 전화로 통화하고 첫 회기 동안 중간에 휴식시간을 갖기를 선호하였으나, 반면에 Hoyt는 거의 그렇게 하지 않았다. 우리는 획일화된, 즉 매뉴얼화된 치료절차를 발전시키려고 노력하기보다는 각자의 다른 스타일을 유지하기로 동의하였다.

우리는 평가에 있어 우리 클리닉에서 사용되는 표준화된 접수 형태를 사용했다. 첫째는 각 회기를 마친 후 치료자가 작성하는 평가양식을 사용한다. 둘째, 추수평가는 치료 후 3개월에서 12개월 사이에 했는데, 치료자 이외의 다른 평정자가 미리 준비된 구조화된 프로토콜에 의거해서 전화로 추수면담을 했다.

연구의 표본, 즉 내담자는 아주 제한되어 잘 통제되었기보다는 이질적인 집단으로 구성되어 있다. 표본은 우리에게 무선적으로 배당된 보통의 접수 환자로 구성되어 있으며, 백인, 흑인, 히스패닉계, 아시아계 여러 인종을 포함하고 있었다. 또한 이들의 문제에는 우울, 불면증, 공황 발작, 부부 적응문제, 이혼, 가정폭력 등이었다. 환자들의 나이는 4살에서 43살 사이였으며, 교육수준도 박사부터 고등학교 중퇴까지 다양했다. 심각한 정신병, 자살, 혹은 응급실에 가야할 심각한 위기상황에 있는 내담자는 제외했다. 그리고 약물과 알코올 문제로 인해 정기적으로 전화상담을 하는 환자들도 제외했다.

우리의 표본 60명 중 58명이 추수면담을 할 수 있었다. 연락이 닿은 58명 중 34명(58%)이 추가적 상담을 더 요구하지 않았다. 즉, 환자와 치료자 모두가 서로 다음 상담을 약속할 필요가 없음에 동의하였으며, 필요할 땐 언제든지 환자가 전화를 할 수 있다는 여지를 남겨두었다. 그러한 환자들은 추수 전화를 받은 3개월에서 12개월 사이에 우리나 다른 치료자에게 연락을 하지 않았다. 연락된 모든 단회상담 환자 중 88%가 회기 이래로 "많이 나아지거나" 혹은 "나아졌음"을 보고하였다(5점 척도에서, 1-많이 나아짐, 2-나아짐, 3-변화 없음, 4-나빠짐, 5-훨씬 나빠짐, 진전 정도 평균 1.7). 그리고 65%가 상담회기에 내놓았던 문제와는 관련이 없는 다른 긍정적인 변화를 경험했다고 보고하였다.

단회상담 환자의 효과와 다른 표본과의 비교를 시도하는 것은 의미 있는 일이다. 먼저 단회보다 더 장기적인 상담을 받은 치료집단과의 비교를 해 보았더니 이들보다 단회상담 환자들이 더 많은 진전을 보이고 더 만족스러워했으나 그 차이가 유의미하지는 않았다. 또 하나의 비교는 이스라엘에 있는 키부츠 어린이 가족 클리닉의 사례들과의 비교이다. 나는 그 곳 의학 디렉터인 Mordecai Kaffman(1990)에게 그의 키부츠에서 자신이 치료한 사례의 결과와 진행 회기수에 대한 회고적인 연구를 해달라고 부탁하였다. Kaffman은 30여 년의 임상경험을 가지고 있는 아주 철저한 정신과 의사였다. 그는 자신의 모든 사례에 대한 자세한 기록을 가지고 있었다. 그는 이동이 적은 매우 안정적인 작은 공동체 사회에서 살고 있었기 때문에 오랜 시간이 흐른 뒤에도 자신이 치료한 환자들에 대하여 피드백을 쉽게 얻을 수 있었다. Kaffman은 211사례를 분석하였는데 그 중 64사례(30%)가 단회로 이루어졌고 나머지는 단기치료(8회기까지 41.5%)나 혹은 장기치료(8회 이상 28.5%)의 분포를 보였다. Kaffman은 환자는 물론 관련된 다른 사람들(간호사, 주치의, 교사 혹은 부모)로부터 추수자료를 얻었다. 단회상담 환자가 보고한 진전 정도는 평균 1.4였다(앞에서 사용한 5점 척도와 같다).

(이상 Moshe Talmon(1990)의 Single-Session Therapy에서 발췌 번역한 것임. 비록 실험적 통제가 약한 연구이지만 단회상담의 효과를 상당한 정도로 입증한 연구로서 앞으로 좀더 잘 통제된 연구가 요망된다. 단, 이 책은 Talmon의 개인 저술이지만 Hoyt

와 Rosenbaum과의 공저라고 보아야 할 정도로 3인의 공동작업의 결과이다.)

4. 기타 주목받는 연구주제

이 책의 제4장 부터 8장까지는 주로 상담의 효과(성과) 여부, 상담성과와 관련한다고 보이는 내담자와 상담자 변인, 상담과정, 상담과정과 성과 간의 관계, 상담기법이나 접근법과 성과 간의 관계 등에 관한 연구주제들이었다. 물론 이런 것들이 상담심리학의 가장 본질적인 연구주제임에는 틀림없지만, 이들만이 전부는 아니다. 자료조사의 부족으로 인해 이 책에서는 충분히 다루지 못하는 연구주제들이 많음을 필자 자신은 인정한다. 다음과 같은 주제들이 바로 그것이며, 다음 판에서 보충할 계획이다.

1) 상담자 발달, 상담교육, 슈퍼비전 연구

제5장에서는 상담성과에 영향을 준다고 보이는 상담자 변인에 대해서 연구결과들을 리뷰한 바 있다. 그러나 상담자 연구 중에는 상담자 변인을 상담성과와 관련시키지 않고 단지 상담자만을 연구한 주제들이 있다. 그것이 바로 상담자의 소양, 상담자의 (전문가로서의) 발달, 상담자 양성과 교육, 그리고 상담교육 방법으로서의 슈퍼비전 등에 관한 연구들이다. 우리 나라에서도 이런 주제의 연구들이 1990년대에 비교적 활발히 이루어진 바 있으며, 앞으로도 상담교육의 활성화와 함께 이 분야의 연구가 활발해지리라 기대된다.

상담자의 발달에 관해서는 이미 외국에서 여러 가지 이론들이 도입되어 있다(Hogan, 1964; Loganbill, Hardy & Delworth, 1982; Stoltenberg & Delworth, 1987). 많은 발달이론들이 그러하듯이 상담자 발달이론들도 대체로 발달단계를 가정하고 있다. 경험연구들은 상담자들이 과연 이런 단계를 거쳐서 전문가로서 발달을 하는지, 즉 그 발달단계설을 검증하는 형태를 띤다. 우리 나라에서도 상담자의 발달에 따른 상담기관에 대한 연구들을 발견할 수 있다(김계현, 1992; 문수정, 1998; 심흥섭, 1998; 이재창, 1996; 최해림, 1995).

상담자 양성과 상담교육에 관한 연구는 좀더 다양할 수 있다. 상담자 양성제도, 상담교육의 내용과 방법, 상담자 발달수준에 따른 교육의 내용의 변화, 개인 슈퍼비전의 과정과 성과에 관한 연구 등의 연구주제들이 있다. 개인 슈퍼비전, 즉 1 대 1 슈퍼비전에 대해서는 이론적 모델과 실천적 모델들이 나와 있으며(Holloway, 1995) 그런 모델들의 적합성을 검토하는 연구가 주목을 받을 수 있다. 뿐만 아니라 수련생과 슈퍼바이저 간에 성격이나 인지양식의 매칭-비매칭 정도와 교육성과 간의 관계를 분석하는 연구도 중요한 주제이다.

2) 진로발달 및 진로상담연구

진로발달과 진로 · 직업 상담은 미국의 상담심리학 역사로 보면 상담심리학의 거의 반을 차지하는 방대한 분야이다. 우리 나라에서는 1997년 이른바 IMF, 즉 국제통화기금의 금융지원을 받은 것을 계기로 이 분야의 관심이 고조되었다. 사람들의 직업관, 직업관련 인식 및 행동 등이 급격하게 달라지면서 정부, 노동계, 기업, 관련 학계 등에서 이 문제에 관심을 집중하기 시작한 것이다.

진로발달은 이미 미국에서 여러 가지의 이론이 수입되었다. 진로발달이론에는 발달단계설(Ginzberg, 1951; Super, 1972), 사회학습이론(Mitchell & Krumbolz, 1990), 성격유형설(Holland, 1985; Williamson, 1949), 인지과정설(Peterson, Sampson & Reardon, 1991) 등 여러 가지 접근방법들이 동원되었다. 그런데 이 진로 · 직업 심리 분야는 문화, 사회제도, 교육제도, 기업 및 노동관련 구조 등의 영향을 많이 받기 때문에 과연 미국의 이론이 우리 나라에 얼마나 적용될 수 있을는지는 미지수이다.

본격적으로 진로 · 직업 상담 자체를 연구한 연구물들은 자주 발견되지 않는다. 즉, 진로 · 직업상담의 과정, 기법, 성과 등에 관한 연구가 별로 수행되지 않는다는 뜻이다. 이 점은 우리 나라만의 사정이 아니라 미국의 경우도 비슷하다.

이 분야에서 활발한 연구주제는 진로와 관련된 개인의 의식(예: 진로 성숙(career maturity), 진로나 직업관련 자기효능감)에 대한 측정도구 개발과 구념(구인) 타당화 연구 등이 있다. 그리고 직업에의 적응과 만족, 직업 선택과 흥미나 성격, 직업 선택상의 의사결정 과정 및 의사결정 곤란 등에 관한 연구도 비교적 활발한 주제이다. 그리고 진로 및 직업 선택과 관련한 남녀의 쟁점 등도 중요한 변인이다.

3) 집단상담 및 프로그램 연구

집단상담이 개인상담에 비해서 가지는 장점은 많다. 특히 우리 나라에서는 문화적으로 볼 때 집단상담이 활발하게 운영될 가능성이 많다. 우리 나라에서는 이른바 T-집단, 만남의 집단, 자기성장 집단 프로그램, "동사섭" 집단, 게슈탈트 집단, 가치명료화 프로그램, 대인관계 능력개발 프로그램, 자기주장훈련 프로그램, 분노조절 집단 프로그램, 사회적 기술훈련 프로그램 등 다양한 이름의 집단들이 운영 중에 있다. 이들 중에는 10년 이상 수십 집단 이상을 실시해 온 전통 있는 집단도 있다.

집단상담연구는 개인상담연구에 비해서 연구방법에 장애가 많다. 내담자들로부터 연구 동의를 얻기도 불편할 뿐만 아니라, 상담과정을 관찰, 기록하는 것도 어렵고 그 자료를 분석하는 것은 더욱 어렵다. 그리고 집단의 역동, 분위기, 집단의 규범(norm) 등을 구체적으로 조작한다는 것도 쉬운 일이 아니다.

그래서 우리 나라의 많은 집단연구들은 집단 프로그램을 실시하되 프로그램의 전후에 모종의 측정을 하여 사전-사후를 비교하는 설계를 취하거나(내적 타당도에 문제가 많다), 혹은 집단 프로그램을 실시한 집단과 실시하지 않은 집단 간의 차이를 비교하는 집단간 비교설계를 취하곤 한다(내적 타당도가 다소 향상된다). 그러나 집단연구에서는 자료분석시 개인상담연구의 경우와는 다른 통계적 절차를 필요로 하기 때문에 어려운 점이 여전히 존재한다.

우리 나라가 문화적으로 볼 때 집단상담이 활성화될 것이라는 전망을 해 본다면, 우리 나라의 상담심리학자들은 집단상담에 관한 연구를 더 많이 해야만 한다. 그 연구방법은 우리 나라 자체에서 새롭게 개발해야 할 부분이 많다. 특히 이 부분이 미국이나 서구에서 덜 발달한 부분이라고 본다면, 이점이야 말로 우리 나라의 상담전문가들이 국제적 공헌을 할 수 있는 절호의 기회라고 말할 수 있을 것이다. 특히, 집단상담의 과정과 역동에 관한 질적(質的) 연구, 집단상담의 성과에 표준적인 측정방법 개발, 집단의 응집성이나 규범에 대한 창의적인 관찰방법 개발 등이 우선적으로 필요한 과업이라 하겠다.

4) 부부 및 가족상담연구

부부상담과 가족상담(가족치료)은 집단상담과 공통점이 있다. 모두 '집단적 개입' 이라는 점에서 공통적이다. 개인상담과 심리치료는 내담자와 상담자가 1 대 1로 상호작용하지만, 부부상담, 가족치료, 집단상담은 2인 이상의 다수의 내담자와 1인(혹은 2인)의 상담자가 상호작용한다.

바로 이 점에서 부부상담과 가족치료연구는 집단상담연구가 가지는 난관을 그대로 가진다. 첫째, 상담과정연구를 할 때 개인상담의 과정은 비교적 관찰, 기록, 분석이 용이한 편이다. 집단과정은 관찰, 기록, 분석이 훨씬 어렵고 복잡하다. 그래서 집단상담 과정연구(process study)가 드물듯이 부부상담과 가족치료의 과정연구도 드물다. 둘째, 성과연구에서 통제집단, 즉 처치를 받는 실험집단과 비교하는 집단(무처치, 플라시보 등)을 설정하기가 개인상담에서보다 더 어렵다. 부부 두 사람 혹은 가족 전체를 통제하는 것은 한 개인을 통제하는 것보다 어렵기 때문이다. 셋째, 성과를 측정하는 도구가 개인상담 성과 측정 도구보다 덜 개발된 상태이다. 그래서 성과측정의 다양성, 타당도 확보가 그만큼 어렵다.

부부상담과 가족치료 분야의 연구는 상담과정이나 상담성과보다는 부부나 가족의 병리적 특성, 병리적 상호작용 패턴의 발견 등에서 업적을 남기고 있다. 첫째, 부부나 가족의 상호작용을 녹화하고, 그것을 코딩(부호화)하여 병리적 부부/가족 대 건강한 부부/가족간 차이를 분석하는 연구들이 있으며(예: Margolin & Wampold, 1981), 둘째 가족의 병리적 특성, 예컨대 가족간 지나치게 경계선이 불분명한 정도, 즉 "enmeshed"의 정도를 측정하는 도구를 이용하여 가족진단 도구를 개발하는 연구 등이 있다(예:Minuchin, 1974). 그리고 Gerald Patterson으로 대표되는 학자들에 의해 비행청소년을 가진 가족 내의 상호작용 특성연구 등이 있다.

부부상담과 가족치료의 과정연구는 질적 연구의 방법에 기대를 거는 학자들이 있다(Pinsof, 1981). 그 이유는 앞에서 말한 바와 같이 3인 이상이 참여하는 상호작용을 의미 있게 분석하는 방법이 아직은 개발이 덜 되어 있기 때문이다. 앞으로 새로운 분석방법의 출현을 기다려야 할 것이다.

5) 측정도구의 개발과 타당화 연구

측정도구의 개발과 타당화 연구는 그 자체로서 중요한 연구주제이다. 측정은 대체로 연구의 수단으로 제작되지만, 측정도구의 개발과 타당화에는 그 자체만으로도 복잡한 절차와 연구방법론이 개입된다.

우리 나라 상담심리학 분야에서는 대개 외국 연구에서 개발된 측정도구를 번안하여 사용하는 방법을 사용하곤 했다. 그런데 이런 수입-번안의 전략에는 주의해야 할 중요한 점이 있다. 그것은 바로 번안과정에서 문화적 요소를 얼마나 충실하게 반영하는가이다. 번안의 정확성은 번안(외국어→ 우리말)과 역번안(다시 우리말→ 외국어)의 절차를 밟아서 향상시킬 수가 있다. 그러나 번안의 정확성에도 불구하고 문화적 차이로 인해서 그 측정도구가 측정해야 하는 구인(구념)을 제대로 반영하지 못하는 수가 많을 것으로 짐작된다. 예를 들어, 심리치료상담에 대한 내담자-상담자 동맹관계의 측정을 생각해 보자(예: WAI, CALPAS). 우리 나라의 내담자도 미국적 개념의 동맹관계라는 것을 경험하리라고 가정할 수 있다. 그런데 문제는 동맹관계를 재는 바로 그 문항들(미국의 측정문항)이 우리 나라의 상담동맹 관계를 얼마나 제대로 반영해 줄지는 아직 미지수이다.

번안된 측정도구의 요인구조가 외국의 원래 도구와 같게 나왔다고 해서 그것의 문화적 타당성이 확보되는 것은 아니다. 예를 들어서, 우리가 자주 사용하는 상담회기평가(Session Evaluation Questionaire : SEQ)의 번안판은 Stiles와 Snow(1984)가 보고한 요인구조나 변량원 분석결과와 거의 유사하다(이상희, 김계현, 1993). 물론 이 정보는 한국판 SEQ의 타당도 정보임에는 틀림없으나, 문화적 의미의 타당도에 대한 정보는 아직 주지 못하고 있다. 우선, 우리 나라 내담자나 상담자들이 회기를 평가할 때 원래의 SEQ와 같이 회기의 순조로움, 깊이, 회기 직후의 감정상태 등의 개념이 중요하게 작용할지 아니면 좀 다른 중요한 개념이 있을지부터 생각해 보아야 한다. 우리 나라의 내담자들은 외국의 내담자와는 다른 개념으로 회기를 평가할지 모른다는 문제의식을 가져보아야 하는 것이다. 이런 문제가 검토되어야 비로소 문화적으로 타당한 측정도구가 나올 수 있다.

하나의 측정도구가 탄생하는 것이 결코 쉬운 일이 아니다. 그러나 측정도구의 개발은 연구 활성화를 위해 필수적인 일인 것이다. 우리 나라 상담심리학계는 외국의 측정도구를 번안하는 전략에만 의존하지 말고 우리 나라에서 자체적으로 문항들을 개발하는 창의성을 발휘해야 할 것이다.

〈에필로그〉

우리 나라 상담연구의 과제

이 책에서 다룬 내용들은 반드시 우리 나라만의 것이 아니다. 많은 내용들이 외국, 특히 미국의 연구를 바탕으로 다루어졌다. 우리 나라의 자료만으로 하나의 체계적인 상담 연구주제론과 방법론 책을 엮기에는 우리 나라 자신의 자료가 부족하다는 것을 통감한다. 그러나 이 책에서 국내 자료 제시가 부족한 이유 중에는 필자의 자료수집이 불충분했다는 점도 있다

우리 나라의 상담심리학계와 상담실무 분야가 외국에 비해 후진을 면치 못하는 형편없는 수준은 결코 아니다. 이는 외국의 상담관련 학자들이나 실무자들을 만나보면 금방 검증되는 일이다. 상담분야에서 우리 나라보다 앞선 나라는 몇 안 된다. 다시 말해서 우리 나라는 상담분야에서 상대적으로 선진국에 속한다고 할 수 있다. 그렇다면 우리는 언제까지 미국과 같은 초(超)선진국의 것을 수입하는 입장에서 벗어나지 못하고 있을 것인가? 우리가 상담분야 선진국으로서의 역할을 다하려면 어떻게 해야 하는가? 그런 역할을 하기 위해서 우선적으로 다루어야 할 선결과제는 무엇인가?

연구의 양적 확대

필자가 보기에 우리 나라의 상담연구는 일단 양적으로 부족하다. 상담분야에서 연구의 양을 증가시키기 위한 방안들을 생각해 보아야 한다. 첫째, 상담분야 내부에 연구를 활성화시킬 수 있는 풍토를 만들어야 한다. 제1장에서 언급했듯이 우리 나라의 상담전문가들은 연구결과를 발표하는 모임보다는 사례를 발표하거나 기법을 배우는 모임에 더 많이 참석한다. 그렇게 된 이유는 몇 가지가 있으며 이미 제1장에서 논의하였다. 중요한 것은 연구관련 모임에 대한 전문가들의 관심을 높여야 한다. 그렇게 하기 위해서는 연구의 문제가 상담 실제와 관련이 있어야 하며, 연구의 결과가 상담 실제에 도움을 줄 수 있어

야 한다.

둘째, 연구가 활성화될 수 있을 만큼 현장에서 상담이 양적으로, 질적으로 확보되어야 한다. 최근 들어서 상담이 양적, 질적으로 성장한 것은 사실이지만 아직 부족한 점이 한두 가지가 아니다. 특히 연구의 대상이으로서 가장 이상적인 사례가 되려면 몇 가지 조건을 충족시켜야 하는데 그런 사례가 많지 못한 것이 우리의 실정이다. 그 몇 가지 조건이란, (1) 상담자의 전문적 수준을 인정할 만한 사례를 대상으로 연구해야 한다. 아직 수련중인 상담자의 사례보다는 전문가로서 인정받는 상담자의 사례를 선택하는 것이 바람직하다. 초보자의 사례는 연구문제 자체가 초보자의 상담을 다룰 때에만 바람직하다. (2) 상담의 성격, 즉 상담자의 배경이론과 접근방법에 대한 정확한 규정이 필요하다. 임상실험연구라면 그 규정을 완전한 매뉴얼로 만들어야 하며, 현장연구인 경우라도 접근법의 성격을 분명히 밝혀야 한다. 절충방법의 경우에도 어떤 접근법들을 절충해서 사용했는지를 분명히 해야 한다. 독립변인을 분명히 밝히지 않은 연구는(상담의 성격을 밝히지 않은 연구) 그 연구의 결과를 해석하는 데 장애가 너무 많다. (3) 내담자의 특성에 대한 정확한 기술이나 통제가 필요하다. 내담자의 연령, 성별, 교육 배경, 호소문제나 진단명, 증상의 정도 등 그 특성이 제대로 기술되지 않으면 그 연구의 결과를 일반화하는 데 장애가 많다. 일반화는 무조건 넓힐 수만은 없는 것이기 때문에 연구대상자의 특성을 정확히 밝히는 것이 가장 좋은 일반화 방법이다.

상담연구가 양적으로 확대되면 그 질이 향상될 확률이 높아진다. 궁극적으로는 양질의 연구를 많이 생산하는 것이 목표이겠지만, 질을 먼저 생각하다 보면 연구수행 자체에 대해서 불안을 느껴서 연구를 아예 포기하는 경향이 생긴다. 그러면 연구에 대한 교육이 되지 않아서 연구자를 배출하지 못하게 된다. 연구의 질은 일단 어느 정도의 양이 확보될 때 강조해야 한다.

내담자 분류연구가 시급하다.

상담전문가들은 내담자의 정신건강 문제를 진단할 때는 주로 『Diagnostic and statistical manual of mental disorders』(제4판) 즉, 미국정신의학회의 진단분류체계를 활용한다. 정신건강의 문제를 진단하고 분류할 때 이 DSM을 활용하는 것에는 필자도 이견이 없다. 그러나 문제는 다른 곳에 있다.

앞에서도 한두 번 언급한 바 있지만, 우리 나라의 각종 상담소에서 공통적으로 사용하는 진단분류 매뉴얼을 상담전문가들은 보유하고 있지 못하다. 예컨대, 청소년상담소과 대학상담소가 우리 나라의 대표적인 상담기관인데 두 분야 모두 실질적인 진단분류 매뉴얼을 확보하지 못하고 있다. 청소년상담소의 경우 한국청소년상담원(구 청소년대화의 광장)에서 청소년문제 분류에 관한 연구를 실시하여 4개의 보고서를 낸 바 있지만 그 연구의 결과를 상담 실제에 적용하고 있는 기관은 아직 없다(그 분류체계를 청소년상담 실제에 활용하기에는 너무 복잡하고 세분되어 있다). 그리고 대학상담소는 전국에 수십 개가 있지만 제각각 다른 분류를 사용하고 있으며 그 분류에 대한 매뉴얼을 가지고 있는 경우는 없는 것 같다.

필자의 의견으로는 우리 나라에서는 청소년상담용 진단분류 매뉴얼과 대학생상담용 진단분류 매뉴얼을 각각 별도로 연구, 개발하는 것이 우선 효율적일 것 같다. 우선 청소년상담소들은 중앙행정부(문화관광부)와 지방자치정부가 연계되어 별도의 조직이 되어 있기 때문에 연구를 활성화시키는 데 더 용이할 것으로 보인다. 이런 일은 한국청소년상담원에서 주도하여 각 시도, 시군구 청소년상담실의 협조를 얻어야 한다. 그리고 대학상담소의 진단분류 매뉴얼은 전국 대학 학생생활연구소 소장협의회, 대학상담학회, 상담 및 심리치료학회가 협조해서 개발해야 할 것이다. 우선은 상담소 활동의 양이 많은 몇 개 대학들을 중심으로 개발위원회(committe)를 구성하고 지정된 몇 개의 대학상담소에서 실험적으로 개발된 매뉴얼을 사용하면서 개정해 나가는 전략을 사용해야 할 것이다.

내담자 분류연구가 시급한 이유는 무엇인가? 현재와 같이 각 상담소마다 자기 나름의 진단분류체계를 사용하면 상담의 전문적 발전에 장애가 되기 때문이다. 비유컨대, 각 병원마다 다른 진단분류 방법을 사용하여 같은 병에 대해서 다른 이름의 진단명을 사용하는 경우를 상상해 보면, 왜 우리 상담분야에도 진단분류체계가 필요한지 금방 이해가 될 것이다. 그리고 전국에 통일된 진단분류체계가 있어야 전국의 통계를 산출할 수가 있다.

측정도구의 "국산화 비율"을 높여야 한다.

앞 절에서도 간략히 언급한 바 있듯이 측정도구가 우리 나라의 문화, 사고방식, 정서, 행동방식, 사회제도나 관행 등과 어긋나는 점이 많으면 그 도구는 우선 타당도의 차원에서 문제가 발생하여 연구의 질에 장애가 생긴다. 어떻게 하면 외국의 측정도구를 우리 나라에 맞도록 고칠 수가 있으며, 어떻게 하면 우리 나라 자체에서 필요한 측정도구를 개발하도록 도구개발을 활성화시킬 수 있겠는가?

첫째, 상담연구자들은 외국의 이론과 연구에서 수입된 어떤 개념이든지 그것이 우리 나라의 내담자나 상담자에게 어느 정도나 적합하고 중요한 개념인지를 검토해 보는 습관을 가져야 한다. 예컨대, 상담에서 상담자-내담자 관계만큼 중요한 개념은 드물 것이다. 그래서 이 상담관계는 여러 가지 각도에서 이론이 나왔고 실증적 연구도 시도되어 왔다. 상담관계에 대한 측정도구 역시 다양하게 개발되었다. 이 상담관계의 개념 안에는 내담자가 상담자에게 느끼는 신뢰감이 상당히 중요한 하위개념으로 자리잡고 있다는 데에는 우리 나라 상담심리학자들도 이견이 없을 것이다. 그런데 문제는 이 신뢰감을 측정하는 하위 문항들에서 발생할 수 있는 것이다. 혹시 우리 나라 내담자들이 상담자에게서 신뢰감을 경험하기 위해 필요로하는 정보(예: 출신학교, 학위), 자료, 사건, 경험(예: 1회기 직후 즉각적인 상담효과) 등이 외국의 경우와 크게 다른 점은 없는가? 이 점을 심각하게 검토하지 않은 채 외국의 측정도구를 단지 정확하게 번안하는 데에만 힘을 쏟는다면 번안은 정확하게 잘 되었지만 우리 나라 문화에 맞지 않는, 즉 타당도가 낮은 측정도구로 전락할 가능성을 배제할 수가 없다.

둘째, 우리 나라에서 발생하는 현상 자체가 외국과는 다른 측면이 있어서 별도의 측정도구를 개발해야 할 필요가 있는 경우를 발견해야 한다. 예를 들어서, 필자는 몇 명의 대학원생들과 공동으로 우리 나라 대학생들의 진로발달에는 직업 선택 및 취업 준비를 위한 독특한 측면에 주목을 하고 연구를 수행한 경험이 있다. 처음에는 우리 나라 대학생들은 학과전공 코스웍과는 별도로 취업 "준비"를 하지 않으면 안 된다는 점에 착안했다. 대부분의 직장과 직업이 별도로 필기시험, 면접, 적성검사를 실시하며(예: 사법고시와 행정고시가 대표적이며 대부분의 대기업과 금융기관이 그러하다), 고도의 외국어 구사능력과 컴퓨터 사용능력을 가질수록 조건이 좋은 직장에 취업할 기회가 높아지기 때문이다. 이런 현상은 미국의 대학생들에게서는 흔히 볼 수 있는 현상이 아니다. 미국 대학생들에게는 오히려 어떤 전공을 선택하느냐, 어떤 직업을 선택하느냐, 즉 의사결정이 훨씬 더 중요한 것으로 되어 있고 진로상담 분야에서도 바로 이 의사결정의 측면을 주요하게 다루어 왔으며 의사결정에 관한 측정도구가 다양하게 개발되어 왔다. 그러나 우리 나라 대학생들은 전공의 결정, 직업에 대한 의사결정이 주는 의미는 상대적으로 약하고 그 대신 "취업을 위한 행동적인 실질적인 준비"가 더 중요하다. 이런 점을 착안해서 나온 연구물들이 김봉환과 김계현(1997), 이제경과 김계현(1997), 서진숙(1998) 등이다. 여기서 예로 든 것은 어느 한 현상에 불과할 뿐이며, 우리는 우리 나라의 상담에서 독특하게 나타나는 다른 현상에 주목해서 그런 독특한 현상들을 정확하게 측정해 내는 도구를 자체적으로 개발해야만 한다.

셋째, 측정도구 개발 및 타당성 자료분석 자체를 하나의 독립된 연구로 인정해 주는 풍토가 생겨야 한다. 과학적 연구는 본질상 여러 학자들이 나누어서 수행하는 분업이다. 측정도구를 개발하는 일을 주로 하는 연구자, 그 도구의 타당성 검토를 주로 하는 연구자, 그 측정도구를 활용해서 다른 연구문제를 분석하는 연구자가 따로따로 존재하게 되어 있다. 어느 한 연구자가 측정도구의 개발부터 시작해서 타당성 검토 및 상담에 관한 다른 현상분석에 이르기까지 종합적인 연구를 수행하는 것은 오히려 연구의 능률과 질을 떨어뜨릴 것이다. 혹시라도 "이 연구는 측정도구 개발에 그쳤으므로 인정할 수가 없다"라는 평가를 내린다면 그 평가는 그른 평가이다. 만약 그 평가자가 "측정도구 개발 자체는 중요한 연구주제이지만, 그 개발절차에 심각한 하자가 있다"라는 평가를 내린다면 이는 옳은 평가일 수 있다.

이런 풍토가 정립되어야 우리 나라의 상담심리학 분야에서는 새로운 측정도구의 개발이 활성화될 것이다. 만약에 측정도구 개발만으로는 연구로서 인정을 못받는다면 연구자들은 측정도구의 개발에 힘을 쏟기가 어렵다. 측정도구는 적당히 만들거나, 외국의 것을 단지 번안하거나, 아니면 유사한 기존의 도구를 사용하려 할 것이다. 이런 이유에서, 우리 나라 상담심리학계에서는 측정도구 개발을 장려해야 한다.

성과연구의 필요성

이 책에서 가장 많은 지면을 차지한 연구주제는 성과연구이다. 그 이유는 성과연구가 상담연구에서 가장 중심이 되는 주제이기 때문이다. 모든 처치에 관한 연구는 일단 그 처치가 효과가 있는지, 없는지를 구명해야 한다. 효과에 대한 구명이 없으면 그 처치에 대한 어떤 연구도 무의미해진다.

우리 나라의 상담연구에서 제대로 수행된 성과연구를 발견하기가 쉽지 않다. 성과연구를 제대로 수행하려면, (1) 처치절차에 대한 분명한 정의가 있어야 하고, (2) 그 처치가 의도대로 실시되었는지 확인해야 하며, (3) 내담자가 진정한 의미의 내담자어야 하며(정말로 문제를 가지고 있는), (4) 연구대상 내담자의 문제, 연령 등에 대한 정확한 규정이 되어 있어야 한다. 만약 이 네 가지 조건이 만족되지 못했다면, 그것이 설사 통제집단을 설정한 설계를 취했다 하더라도 일단 독립변인(실험조건)과 피험자가 분명하지 못한 상황에서는 연구결과의 해석에 큰 장애가 생기는 것이다.

성과연구를 대규모로 실시하려면 막대한 예산이 든다(예: 제5장에서 소개한 TDCRP와 같은 대규모 성과연구에는 수백 만 달러, 즉 수십억원의 예산이 들게 된다). 따라서 이런 성과연구를 학위논문이나 개인연구로서 시도한다는 것은 일단 불가능에 가깝다고 할 수 있다. 국가적, 정책적 지원이 없이는 할 수 없는 것이 대규모 성과연구이다. 그러면 학위논문연구나 개인연구로서 가능한 성과연구는 어떤 것이 있는가?

첫째, 단일사례설계를 이용한 성과연구가 자주 수행되어야 한다. 단일사례설계에 대해서는 이미 제5장에서 자세히 다루었다. 단일사례설계에 의한 성과연구가 의미를 가지려면 (1) 내담자 선정과정이 계획적으로, 체계적으로 이루어져야 하고, (2) 반복측정과 복수측정이 이루어져야 한다. 그래야 단일사례연구의 결과가 우연에 의해(by chance) 발생한 것이 아니라는 근거가 생기고 단일사례설계의 최대 약점인 일반화의 문제를 극복할 수 있게 된다.

둘째, 준실험 설계를 잘 활용해야 한다. 내적 타당도 확보를 위해서는 진실험 설계만한 방법이 없다. 그러나 진실험으로서 집단간 설계를 제대로 수행하려면 막대한 예산, 시간, 인력이 든다. 그렇다고 연구를 미루어서는 안 된다. 내적 타당도가 떨어지더라도 준실험 설계나 비실험 설계법(예: ex post facto design)에 의한 성과연구를 수행해야 한다. 여기서 준실험 설계는 이미 제5장에서 설명했는데, 피험자들을 실험집단과 통제집단에 무선적으로 배정하는 것이 아니라 임의로(예: 내담자가 방문한 순서 등) 배정할 수 있는 조건이 바로 준실험연구이다. 따라서 준실험연구는 진실험연구에 비해서 수행하기가 훨씬 쉽다.

셋째, 반복측정을 활용한 시간계열(time-series) 설계를 활용해야 한다. 이 설계법에는 이른바 처치집단과 비교하기 위한 통제집단이 없다. 단지 처치를 받는 집단밖에 없다. 그러나 시간의 흐름에 따라서 체계적으로 반복측정을 함으로써 처치의 효과 여부 및 효과요인들을 분석할 수 있는 효과적인 방법이다. 예를 들면, 매 회기 2일 후 내담자와 상담자에게 각각 전화를 걸어서 상담의 효과를 측정하는 인터뷰를 하여 자료를 수집한다고 하자. 이런 반복측정된 자료는 그것이 우연에 의한 결과인지, 처치의 효과로 인한 결과인지를 판단할 수 있는 근거를 제공해 주기 때문에 좋은 연구방법이며, 진실험 설계에 비해서 예산과 인력을 절약할 수 있는 방법이다.

넷째, 우리 나라는 집단상담 성과연구 및 집단 프로그램 성과의 평가를 많이 해야한다. 집단상담이나 집단 프로그램의 성과연구야말로 진실험 설계를 취하기가 어렵다. 이런 경우는 대개가 준실험 설계나 시간계열 설계를 취하는 것이 바람직하다. 한 개의 진실험 설계연구보다는 열 개의 준실험 설계 혹은 시간계열 설계의 연구가 더 많은 정보, 더 안정된 지식을 우리에게 줄 수 있다는 것이 필자의 견해이다.

연구전문가의 양성

우리 나라 상담심리학계에는 이른바 전문가의 자격을 규정하고 전문가 자격관리 시스템이 있다. 그런데 이 전문가 자격 규정은 주로 상담 실제와 실무에 관한 것이다. 그리고 전문가의 자격을 분야별로 부여해야 한다는 주장도 있다(예: 아동상담, 청소년상담, 대학상담, 학교상담, 성폭력 상담 등). 그런데 전문가 자격분야에 '연구분야'를 포함시키는 것이 어떨까?

사실, 상담실무자가 연구 업무까지 훌륭하게 수행한다는 것은 지극히 어렵다. 반대로 연구전문가에게 동시에 유능한 상담자이기를 요구하는 것도 지나친 요구이다. 두 가지 능력을 모두 훌륭하게 겸비하면 좋겠지만 그것이 결코 흔한 일은 아닐 것이다. 대개는 상담실무와 연구 둘 중에 하나를 선택해야 하는 입장에 있다.

상담연구 전문가라는 전문분야의 자격을 설정하면 연구에 관심이 높고 재능이 있는 학도들에게 동기를 부여할 수가 있다. 그리고 연구전문가제도는 '연구는 대학에서만 하는 것' 이라는 고정관념도 불식시킬 수가 있다. 연구는 사실 사례를 직접 다루는 현장에서 이루어지는 것이 바람직하다. 의과대학이 활발한 연구를 할 수 있는 것은 대학이 부속병원을 가지고 있고 거의 모든 임상실험 및 현장연구를 부속병원에서 실시할 수가 있기 때문이다. 그러나 대학의 상담관련 학과가 부속 상담소를 직접 소유하거나 관리하는 경우는 아직 없다. 대학의 학생생활연구소가 있지만 그것은 학과의 기관이 아니라 대학, 즉 학교의 기관이다. 따라서 상담연구가 활성화되려면 각 상담기관 현장에서 연구전문가를 고용해서 연구를 실시해야 한다.

참고문헌

강진령(1997). APA 논문작성법. 서울: 양서원.

강혜영(1995). 상담자 경력에 따른 상담협력관계의 차이 분석. 석사학위논문, 서울대학교.

권정혜(1990). 임상에서의 단일사례 실험연구법. 한국심리학회(편). 현장연구방법론 각론. 서울: 성원사.

금명자 · 이장호(1994). 상담단계와 내담자의 체험수준에 따른 상담자 개입패턴의 즉시적 성과. 한국심리학회지: 상담과 심리치료, 제6권 제1호. 48-98.

김계현(1995). 카운슬링의 실제. 서울: 학지사.

김계현(1991). 상담과정 연구에서 연계분석의 이용. 한국심리학회지(편). 현장연구방법론 각론. 서울: 성원사.

김계현(1992). 상담교육방법으로서의 개인 슈퍼비전 모형에 관한 복수사례연구. 한국심리학회지: 상담과 심리치료, 제4권, 제1호, 19-53.

김계현(1993). 너의 사랑 나의 결혼. 서울: 미학사.

김계현(1994). 상담심리학의 최근경향. 한국심리학회지: 상담과 심리치료 제6권 제1호, 142-165.

김계현(1995). 상담심리학. (초판). 서울: 학지사.

김계현(1995). 상담자-내담자 상호작용과 상담협력관계(working alliance). 한국심리학회지: 상담과 심리치료, 제7권, 제1호, 95-116.

김계현(1997). 상담심리학 (개정판). 서울: 학지사.

김봉환 · 김계현(1997). 대학생의 진로결정수준과 진로준비행동의 발달 및 이차원적 유형화. 한국심리학회지: 상담과 심리치료, 제9권, 제1호, 311-334.

김동민(1993). 상담초기 작업동맹 형성에 관한 상담자와 내담자의 언어상호작용 연구 - 힘과 관여를 중심으로. 석사학위논문, 서울대학교.

김선경(1992). 상담자-내담자 초기 협조관계의 지각과 언어 상호작용과의 관계분석. 석사학위논문,서울대학교.

김수미 (1999). 학습내용의 난이도 조절이 주의산만 중학생의 수업집중행동에 미치는 영향. 석사학위논문, 서울대학교.

김원중 · 김계현(1993). 상담자의 성과 자기개방이 상담평가에 미치는 상호작용 효과. **한국심리학회지: 상담과 심리치료, 제5권**, 제1호, 48-65.

김지은 · 이장호(1994). 초기상담에서 상담자와 내담자의 언어적 상보성과 작업동맹과의 관계. **한국심리학회지: 상담과 심리치료, 제7권**, 제1호, 99-118.

문수정(1999). 상담슈퍼비전 교육내용 요구분석: 상담자의 경력을 중심으로. 석사학위논문, 서울대학교.

문형춘(1993). 초기상담에서 내담자-상담자 반응유형 연계에 따른 즉시적 성과. 석사학위논문, 서울대학교.

박성희(1997). **상담학 연구방법론**. 서울: 양서원.

박애선, 이영희(1994). 여성주의 집단상담이 여대생의 여성주의 정체성 발달수준과 적응변인에 미치는 영향. **한국심리학회지: 상담과 심리치료, 제7권**, 제1호, 119-141.

서진숙(1998). 대학생의 진로탐색행동 측정도구 개발에 관한 연구. 석사학위논문, 서울대학교.

심홍섭(1998). 상담자 발달수준 평가에 관한 연구. 박사학위 논문, 숙명여자대학교.

오경희(1986). 초기상담에서 상담자의 반응의도 전달이 내담자의 의도지각 및 상담의 효율성 평가에 미치는 영향. 석사학위논문, 서울대학교.

윤경자(1993). 상담자의 경험과 상담초기 작업동맹 및 상담회기의 효율성간의 관계. 석사학위논문, 이화여자대학교.

윤경희(1998). 상담자의 이론적 배경에 따른 상담자 개입의도 비교 연구. 석사학위논문, 서울대학교.

이기학 · 한종철(1997). 고등학생의 성별 및 계열별에 따른 진로태도 성숙 정도의 비교 연구. **한국심리학회지: 상담과 심리치료, 제9권**, 제1호, 335-350.

이미형(1993). 상담대화의 화제지속 길이에 관한 분석방법 연구. 석사학위논문, 서울대학교.

이상희 · 김계현(1993). 상담회기평가질문지(Session Evaluation Questionnaire)의 타당화 연구. **한국심리학회지: 상담과 심리치료, 제5권**, 제1호, 30-47.

이용숙(1999). 청소년상담학의 질적 연구방법. 한국청소년상담원 세미나 발표원고.

이장호(1982). **상담심리학 입문**. 서울: 박영사.

이장호 · 김순진 · 정남운 · 조성호(1997). **상담의 연구방법**. 서울: 박영사

이재창(1988). **생활지도: 성장과 적응을 위한 접근**. 서울: 문음사.

이재창(1996). 전문상담자 교육과 훈련에 관한 연구. 한국심리학회지: 상담과 심리치료, 8(1), 1-25.

이제경(1997). 진로결정수준과 진로준비행동 발달의 대학전공분야별 비교. 석사학위논문, 서울대학교.

인간발달 · 복지연구소(1994). 내 마음을 일거주세요: 적응이 어려운 어린이 심리치료 사례. 서울: 중앙적성.

장상호(1976). 행동과학의 연구논리. 서울: 교육출판사.

장상호(1977). 행동과학의 문제와 방법론. 서울: 교육출판사.

전용오(1999). 상담동맹관계 연구의 종합적 분석과 전망. 행동과학연구, 제29권, 제1호. 서울: 한국행동과학연구소.

정문경(1993). 통제차원을 중심으로 한 상담자와 내담자의 상호작용 유형과 상담성과와의 관계. 석사학위논문, 서울대학교.

정원식 · 박성수(1978). 카운슬링의 원리. 서울: 교육과학사.

조성진(1993). 상담자-내담자의 언어상호작용과 상담성과의 관계 – 힘의 상보성과 관여의 상응성을 중심으로. 석사학위논문, 서울대학교.

조성호 · 이장호(1997). 내담자 저항과 내담자 반발성, 상담자 개입 특성 및 작업동맹과의 관계. 한국심리학회지: 상담과 심리치료, 제9권, 제1호, 101-128.

조용환(1999). 질적 연구 방법과 사례. 서울: 교육과학사.

청소년대화의 광장(1994). 청소년 문제유형분류체계: 기초연구. 서울: 청소년대화의 광장.

청소년대화의 광장(1995). 청소년 문제유형분류체계 Ⅱ: 호소문제 및 문제환경의 분류. 서울: 청소년대화의 광장.

청소년대화의 광장(1996). 청소년 문제유형분류체계 Ⅲ: 관계유형의 분류. 서울: 청소년대화의 광장.

청소년대화의 광장(1997). 청소년 문제유형분류체계 Ⅳ: 발달과업. 서울: 청소년대화의 광장.

최윤미(1987). 상담자의 반응의도와 상담회기의 효율성에 관한 분석적 연구. 박사학위논문, 이화여자대학교.

최해림(1995). 상담에서 개인 Supervision의 모델과 진행과정. 인간이해, 16, 21-41. 서울: 서강대학교 학생생활연구소.

홍강의(1993). 청소년 상담의 이론적 경향 고찰 : 치료적 관점, 청소년 상담연구, 제1권, 제1호, 청소년 대화의 광장.

Alexander, F., & French, T. M. (1946). *Psychoanalytic therapy: Principles and application*. New York: Ronald Press.

Alexander, J. F., & Parsons, B. V. (1973). Short-term behavioral intervention with deliquent families: Impact on family process and recidivism. *Journal of Abnormal Psychology, 81,* 219-225.

Alexander, J. F., & Parsons, B. V. (1982). *Functional family therapy*. Monterey, CA: Brooks/Cole.

American Psychological Association (1994). *Publication manual of the American Psychological Association*(4th ed.). Washington DC: American Psychological Association.

Baekeland, F., & Lundwall, M. A. (1975). Dropping out of treatment: A critical review. *Psychological Bulletin, 82,* 738-783.

Bandura. A. (1977). *Social Learning Theory*. Englewood Cliffs, NJ: Prentice-Hall.

Bank, L., Marlowe, J. H., Reid, J. B., Patterson, G. R., & Weinrott, M. R. (1991). A comparative evaluation of part-training interventions for family of chronic delinquents. *Journal of Abnormal Child Psychology,* 19, 15-33.

Barak, A., & LaCrosse, M. B. (1975). Multidimensional perception of counselor behavior. *Journal of Counseling Psychology, 22,* 471-476.

Barber, J. P., & Crits-Christoph, P. (1996). Development of a therapist adherence competence rating scale for supportive-expressive dynamic psychotherapy: A preliminary report. *Psychotherapy Research, 6,* 79-92.

Barkley, R. A., Guevremont, D. C., Anastopoulos, A. D., & Fletcher, K. E. (1992). A comparison of three family therapy programs for family conflicts in adolescents with attention-deficit hyperactivity disorder. *Journal of Consulting and Clinical Psychology, 60,* 450-462.

Barlow, D. H., & Hersen, M. (1984). *Single case experimental designs: Strategies for studying behavior change* (2nd ed.). New York: Pergamon Press.

Barlow, D. H., Hayes, S. C. & Nelson, R. O. (1984). *The scientist practitioner: Research and accountability in clinical and educational settings*. New York: Pergamon Press.

Barrett-Lennard, G. T. (1962). Dimensions of therapist response as causal factors in therapeutic change. *Psychological Monographs: General and Applied. 76,* Whole No. 562.

Beck, D. F. (1988). *Counselor characteristics: How they affect outcomes*. Milwaukee,

WI: Family Service America.

Benjamin, L. S. (1974). Structural analysis of social behavior. *Psychological Review, 81,* 392-425.

Bergin, A. E., & Garfield, S. L. (1971). *Handbook of psychotherapy and behavior change* (1st ed.). New York : Wiley.

Bergin, A. E., & Garfield, S. L. (1978). *Handbook of psychotherapy and behavior change* (2nd ed.). New York : Wiley.

Bergin, A. E., & Garfield, S. L. (1986). *Handbook of psychotherapy and behavior change* (3rd ed.). New York : Wiley.

Bergin, A. E., & Garfield, S. L. (1994). *Handbook of psychotherapy and behavior change* (4th ed.). New York: John Wiley & Sons, Inc.

Berman, J. S., & Norton, N. C. (1985). Does professional training make a therapist more effective? *Psychological Bulletin, 98,* 401-407.

Berman, J. S., Miller, C., & Massman,' P. J. (1985). Cognitive therapy versus systematic desensitization: Is one treatment superior? *Psychological Bulletin, 97,* 451-461.

Berry, G. W., & Sipps, G. J. (1991). Interactive effects of counselor-client similarity and client self-esteem on termination type and number of sessions. *Journal of Counseling Psychology, 38,* 120-125.

Beutler, L. E. (1981). Convergence in counseling and psychotherapy: A current look. Clinical Psychology Review, 1, 79-101.

Beulter, L. E., Crago, M., & Arizmendi T. G. (1986). Therapist variables in psychotherapy process and outcome. In S. L. Garfied & A. E. Bergin, *Handbook of psychotherapy and behavior change* (3rd ed.), 257-310, New York: John Wiley.

Beutler, L. E., Engle, D., Daldrup, R., J., Bergan, J., Meredith, K., & Merry, W. (1991). Predictors of differential and self-directed psychotherapeutic procedures. *Journal of Consulting and Clinical Psychology, 59,* 333-340.

Beutler, L. E., Machado, P. P., & Neufeldt, S. A. (1994). Therapist variables. In A. E. Bergin, & S. L. Garfield, *Handbook of psychotherpy and behavior change* (4th ed.), 190-228, New York: John Wiley.

Bierman, K. L., Miller, C. L., Stabb, S. D. (1987). Improving the social behavior and peer acceptance of rejected boys: Effects of social skill training with instructions and prohibitions. *Journal of Consulting and Clinical Psychology,*

55, 194-200.

Bleck, R. T., Bleck, B. L. (1982). *The disruptive child's play group. Elementary School Guidance and Counseling, 16,* 137-140.

Bloom, B. L. (1975). *Changing patterns of psychiatric care.* New York: Human Sciences Press.

Bordin, E. S. (1979). The generalizability of the psychoanalytic concept of working alliance. *Psychotherapy: Theory, Research and Practice, 16,*

Breuer, J., & Freud, S. (1944). Studies in hysteria. In J. Strachey (Eds.), *The Complete psychological works of Sigmund Freud, Vol. 2.* London: Hogarth Press.

Brown, S. D., & Lent, R. W. (1984). *Handbook of counseling psychology* (1st ed.). New York : Wiley

Brown, S. D., & Lent, R. W. (1992). *Handbook of counseling psychology* (2nd ed.). New York : Wiley

Brown, S. D., & Lent, R. W. (2000). *Handbook of counseling psychology* (3rd ed.). New York: Wiley.

Burgoon, J. K., Kelly, D. L., Newton, D. A., & Keeley-Dyreson, M. P. (1989). The nature of arousal and nonverbal indices. *Human Communication Research, 16,* 217-255.

Campbell, D. T., & Stanley J. C. (1963). *Experimental and quasi-experimental designs for research,* Chicago : Rand McNally

Cantor, D. W. (1991). Women as therapists: What we already know. In D. W. Cantor (Eds.), *Women as therapists: A multitheoretical casebook* (pp. 3-19). New York: Springer.

Carkhuff, R. R. (1968). A "non-traditional" assessment of graduate education in the helping professions. *Counselor Education and Supervision, 8,* 252-261.

Casey, R. J., & Berman, J. S. (1985). The outcome of psychotherapy with children. *Psychological Bulletin, 98,* 388-400.

Cohen, J. (1988). *Statistical power analysis for the behavioral sciences* (2nd ed.). Hillsdale, NJ: Erlbaum.

Cook T. D., & Campbell, D. T. (1979). *Quasi-experimentation: Design and analysis issue for field settings,* Boston: Honghton Mifflin.

Crites, J. O. (1973). *Career Maturity Inventory: Administration and user's manual* (2nd ed.), Monterey, California: McGaw-Hill.

Crits-Christoph, P., Baranackie, K., Kurcias, J. S., Beck, A. T., Carroll, K., Perry, K., Luborsky, L., McLellan, A. T., Woody, G. E., Thompson, L., Gallagher, D., & Zitrin, C. (1991). Meta-analysis of therapist effects in *psychotherapy outcome studies. Psychotherapy Research,* 1, 81-92.

Cummings, A. L. (1989). Relationship of client problem type to novice counselor response modes. *Journal of Counseling Psychology, 36,* 331-335.

Deffenbacher, J. L., Lynch, R. S., Oetting, E. R., & Kemper, C. C. (1996). Anger reduction in early adolescents. *Journal of Counseling Psychology, 43,* 149-157.

Dipboye, W. J. (1954). Analysis of counselor style by discussion units. *Journal of Counseling Psychology, 1,* 21-26.

Drew, C. F. (1980). *Introduction to desinging and conducting research* (2nd ed.). St. Louis: C. V. Mosby.

Edgington, E. S. (1987). Randomized single-subject multiple schedule experiments. *Behavioral Assessment, 4,* 83-91.

Elkin, I. (1994). The NIMH treatment of depression collaborative research program: Where we began and Where we are. In A. E. Bergin, & S. L. Garfield, *Handbook of psychotherapy and behavior change* (4th ed.), 114-139. New York: John Wiley.

Elkin, I., Shea, M. T., Imber, S. D., Sotsky, S. M., Collins, J. F., Glass, D. R., Polkonis, P. A., Leber, W. R., Docherty, J. P., Fiester, S. J., & Parloff, M. B. (1989). National Institute of Mental Health Treatment of Depression Collaborative Research Program: General Effectiveness of Treatments. *Archives of General Psychiatry, 46,* 971-982

Elliott, R. (1985). Helpful and nonhelpful events in brief counseling interviews: An empirical taxinomy. *Journal of Counseling Psychology, 32,* 307-322

Elliott, R. & Shapiro, D. A. (1988). Brief structured recall: A more efficient method for studying significant therapy events. *British Journal of Medical Psychology, 61,* 141-153.

Elliott, R., & James, E. (1989). Varieties of client experience in psychotherapy: An analysis of the literature. *Clinical Psychology Review, 9,* 443-467.

Elliott, R., Hill, C. E., Stiles, W. B., Friedlander, M. L., Mahrer, A. R., & Margison, F. R. (1987). Primary therapist response modes: Comparison of rating systems. Journal of *Consulting and Clinical Psychology, 55,* 218-223.

Eugster, S. L., & Wampold, B. E. (1996). Systematic effects of participant role on evaluation of the psychotherapy session. *Journal of Consulting and Clinical Psychology, 64,* 1020-1028.

Eysenck, H. J. (1952). The effects of psychotherapy: An evaluation. *Journal of Consulting and Clinical Psychology, 16,* 319-324.

Eysenck, H. J. (1965). The effects of psychotherapy. *International Journal of Psychology,* 1, 97-178.

Feindler, E. L., Ecton, R. B., Kingsley, D., & Dubey, D. R. (1986). Group anger-control training for institutionalized psychiatric male adolescents. *Behavior Therapy, 17,* 109-123.

Feldman, R. A., Caplinger, T. E., & Woodarski, J. S. (1983). *The effective treatment of antisocial youths.* Englewood Cliffs, NJ: Prentice-Hall.

Fixson, D. L., Phillps, E. L., Phillips, E. A., & Wolf, M. M. (1976). The teaching-family model of group home treatment. In W. E. Craighead, A. E. Kazdin, & M. J Mahoney (Eds.), *Behavior modification: Principles, issues, and applications.* Boston: Houghton Mifflin.

Fonagy, P., & Moran, G. S. (1990). Studies on the efficacy of child psychoanalysis. *Journal of Consulting and Clinical Psychology, 58,* 684-695.

Frank, J. D. (1974). Therapeutic components of psychotherapy. *Journal of Nervous and Mental Disease, 159,* 325-342.

Freud, A. (1960). *Letters of Sigmund Freud.* New York: Basic Books.

Friedlander, M. L., Thibodeau, J. R., Nichols, M. P., Tucker, C., & Snyder, J. (1985). Introducing semantic cohesion analysis: A study of group talk. *Small Group Behavior, 16,* 285-302.

Friesen, W. V., & Ekman, P. (1984). *EMFACS-7: Emotional facial action coding system.* Unpublished manual.

Garfield (1994). Research on client variables in psychotherapy. In A. E. Bergin, & S. L. Garfield, *Handbook of psychotherapy and behavior change* (4th ed.), 190-228, New York: John Wiley.

Gelso C. J. (1979). Research in counseling : Methodological and professional issue. *The Counseling Psychologist, 8(3),* 7-35

Ginzberg, E., Ginsburg, S. W., Axelrad, S. M., & Herma, J. L. (1951). *Occupational choice: An approach to general theory.* New York: Columbia University Press.

Goldenson, R. M., & Glanze, W. D. (1986). *Longman Dictionary of Psychology and*

Psychiatry. New York: Longman.

Gottman, J. M., Bakeman, R. (1986). Observing interaction: An introduction to sequential analysis. New York: Cambridge.

Gottman, J. M. (1979). *Marital interaction: Experimental investigations*. New York: Academic Press.

Greenberg, L. S., & Foerster, F. S. (1996). Task analysis exemplified: The process of resolving unfinished business. *Journal of Consulting and Clinical Psychology, 64,* 439-446.

Grotjahn, M. (1946). "Case C." In F. Alexander and T. M. French(Eds.), *Psychoanalystic Therapy: Principles and Application*. New York: Ronald Press.

Haley, J. M. (1963). *Strategies of psychotherapy*. New York: Grune and Stratton.

Horan, J. J. (1996). Effects of computer-based cognitive restructuring on rationally mediated self-esteem, Journal of Counseling Psychology, 43, 371-375.

Hartley, D. E., & Strupp, H. H. (1983). The therapeutic alliance: Its relationship to outcome in brief psychotherapy. In J. Masling (Eds.), *Empirical studies of psycho-analytic theories* (Vol. 1, pp.1-37). Hillsdale, NJ: The Analytic Press.

Hattie, J. A., Sharpley, C. F., & Rogers, H. J. (1984). Comparative effectiveness of professional and paraprofessional helpers. *Psychological Bulletin, 95,* 534-541.

Hazelrigg, M. D., Cooper, H. M., & Borduin, C. M. (1987). Evaluating the effectiveness of family therapies: An integrative review and analysis. *Psychological Bulletin, 101,* 428-442.

Heinike, C. M., & Ramsey-Klee, D. M. (1986). Outcome of child psychotherapy as a function of frequency of session. *Journal of the American Academy of Child Psychiatry, 25,* 247-253.

Heppner, P. P., Kivlighan, D. M., Jr. & Wampold, B. E. (1992). *Research design in counseling*. Pacific Grove, CA: Brook/Cole.

Heppner, P. P., Kivlighan, D. M., Jr. & Wampold, B. E. (1999). *Research design in counseling* (2nd ed). Pacific Grove, CA: Brook/Cole.

Heppner, P. P., Rosenberg, J. I., & Hedgespeth, J. (1992). Three methods in measuring the therapeutic process: Clints' and counselors' constructions of the therapeutic process versus actual therapeutic events. *Journal of Counseling Psychology, 39,* 20-31.

Highlen, P. S., & Hill, C. E. (1984). Factors affecting client change in counseling: Current status and theoretical speculations. In S. D. Brown & R. W. Lent (Eds.), *Handbook of counseling psychology* (pp.334-396). New York: Wiley.

Hill, W. F. (1965). *HIM: Hill Interaction Matrix.* Los Angeles: University of Southern California, Youth Study Center.

Hill, C. E. (1985). *Manual for the Hill Counselor Verbal Response Modes Category System*(rev. ed.). Unpublished manuscript, University of Maryland.

Hill, C. E. (1991). Almost everything you ever wanted to know about how to do process research on counseling and psychotherapy but didn' t know how to ask. In C. E. Watkins, Jr. L. J. Scheider (Eds.), *Research in counseling.* Hillsdale, NJ: Lawrence Erlbaum.

Hill, C. E., Carter, J. A., & O' Farrell, M. K. (1983). A case study of the process and outcome of time-limited counseling. *Journal of Counseling Psychology, 30,* 3-18.

Hill, C. E., Helms, J. E., Spiegel, S. B., & Tichenor, V. (1988). Development of a system for categorizing client reactions to therapist interventions. *Journal of Counseling Psychology, 35,* 27-36.

Hill, C. E. & O' Grady, K. E. (1985). List of therapist intentions illustrated in a case study and with therapists of varying theoretical orientations. *Journal of Counseling Psychology, 32,* 3-22.

Hines, P. L., Stockton, R., & Morran, D. K. (1995). Self-talk of group therapists. *Journal of Counseling Psychology, 42,* 242-248.

Hinzman (1978). *The psychology of learning and memory.* San Francisco: Freeman

Hogg, J. A., & Deffenbacher, J. L. (1988). A comparison of cognitive and interpersonal-process group therapies in the treatment of depression among college students. *Journal of Counseling Psychology, 35,* 304-310.

Holland, J. L. (1985). *Making vocational choices: A theory of vocational personalities and work environments.* Englewood Cliffs, NJ: Prentice-Hall

Holloway, E. L., Freynd, R. D., Gardner, S. L., Nelson, M. L., & Walker, B. R. (1989). Relation of power and involvement to theoretical orientation in supervision: An analysis of discourse. *Journal of Counseling Psychology, 36,* 88-102.

Holloway, E. L., & Wampold, B. E. (1986). Relation between conceptual level and counseling-related tasks: A meta-analysis. *Journal of Counseling Psychology,*

33, 310-319.

Horowitz, L. M., Rosenberg, S. E., Baer, B. A., Ureno, G., & Villasenor, V. S. (1988). Inventory of Interpersonal Problems: Psychometric properties and clinical applications. *Journal of Consulting and Clinical Psychology, 56,* 885-892.

Horvath, A. O., & Greenberg, L. S. (1989). Development and validation of the Working Alliance Inventory. *Journal of Counseling Psychology, 36,* 223-233.

Hunt, D. D., Carr, J. E., Dagodakis, C. S., & Walker, E. A. (1985). Cognitive match as a predictor of psychotherapy outcome. *Psychotherapy, 22,* 718-721.

Imber, S. D., Polkonis, P. A., Sotsky, S. M., Elkin, I., Watkins, J. T., Collins, J. F., Shea, M. T., Leber, W. R., & Glass, D. R. (1990). Model-specific effects among three treatments for depression. *Journal of Consulting and Clinical Psychology, 58,* 352-359.

Jones, E. E., Krupnich, J. L., & Kerig, P. K. (1987). Some gender effects in brief psychotherapy. *Psychotherapy, 24,* 336-352.

Jourad, S. M. (1971). *The transparent self.* Princeton, NJ: Van Nostrand Rheinhold.

Kaffman, M. (1990). Single-Session Interventions in the Kibbutz Setting. Unpublished paper.

Kagg, N. R., & Yule, W. (1984). The behavioral treatment of school refusal: A comparative study. *Behavior Research and Therapy, 22,* 119-127.

Kazdin, A. E. (1977). Assessing the clinical or applied importance of behavior change through social validation. *Behavior Modification, 1,* 427-452.

Kazdin, A. E. (1995). Methods of psychotherapy research. In B. M. Bongar & L. E. Beutler (Eds.), *Comprehensive textbook of psychotherapy: Theory and practice.* New York: Oxford Universities Press.

Kazdin, A. E., Esveldt-Dawson, K., French, N. H., & Unis, A. S. (1987). Problem-solving skills training and relationship therapy in the treatment of antisocial child behavior. *Journal of Consulting and Clinical Psychology, 55,* 76-85.

Kiesler, D. J. (1984). *Check List of Psychotherapy Transactions(CLOPT) and Check List of Interpersonal Transactions(CLOIT).* Richmond: Virginia Commonwealth University.

Kim, K. H. (1988). *A Sequential Analysis of Counseling Interviews.* Doctoral Dissertation: University of Oregon.

Kim, K. H., & Kim, B. W. (1996). Cognitive and behavioral aspects in the career development of Korean college students. *The SNU Journal of Education*

Research, 6, 1-9.

Kivlighan, D. M., Jr., Jauquet, C. A., Hardie, A. W., & Hershberger, B. (1993). Training group members to set session agendas: The effects on in-session behavior and member outcome. *Journal of Counseling Psychology, 40,* 182-187.

Klein, M. H., Mathieu-Coughlan, P., & Kiesler, D. J. (1986). The experiencing scales. In L. Greenberg & W. Pinsof (Eds.), *The psychotherapeutic process* (pp. 21-77). New York: Guilford Press.

Kleinke, C. L. (1986). Gaze and eye contact: A research review. P*sychological Bulletin, 100,* 78-100.

Kogan, L. S. (1957a). The short-term case in a family agency. Part Ⅰ. The Study Plan. *Social Casework, 38,* 231-238.

Kogan, L. S. (1957b). The short-term case in a family agency. Part Ⅱ. Results of Study Plan. *Social Casework, 38,* 296-302.

Kogan, L. S. (1957c). The short-term case in a family agency. Part Ⅲ. Further Results and Conclusions. *Social Casework, 38,* 366-374.

Krause, A. A., & Allen, G, J. (1988). Perceptions of counselor supervision: An examination of Stoltenberg' s model from the perspectives of supervisor and supervisee. *Journal of Counseling Psychology, 35,* 77-80.

Lambert, M. J., & Bergin, A. E. (1983). Therapist characteristics and their contribution to psychotherapy outcome. In C. E. Walker (ed.), *The handbook of clinical psychology* (Vol. 1, pp. 205-241). Homewood, IL: Dow Jones-Irwin.

Lambert, M. J. & Bergin, A. E. (1994). The effectiveness of psychotherapy. In A. E. Bergin, & S. L. Garfield, *Handbook of Psychotherapy and Behavior Change,* (4th ed.), 143-189, New York: Wiley.

Lambert, M. L., & Hill, C. E. (1994). Assessing psychotherapy outcomes and processes. In A. E. Bergin & S. L. Garfield (Eds.), *Handbook of psychotherapy and behavior change* (4th ed.). New York: Wiley. 72-113.

Landis, C. (1938). Statistical evaluation of psychotherapeutic methods. In S. E. Himie (ed.), *Concepts and problems of psychotherapy.* London: Heinemann.

Leary, T. (1957). *Interpersonal diagnosis of personality.* New York: Ronald Press.

Levitt, E. E. (1957). The results of psychotherapy with children: An evaluation. *Journal of Consulting Psychology, 21,* 189-196.

Levitt, E. E. (1963). Psychotherapy with children: A further evaluation. *Behaviour*

Research and Therapy, 60, 326-329.

Lewinsohn, P. M., Clarke, G. N., Hops, H., & Andrews, J. (1990). Cognitive-behavioral treatment for depressed adolescents. *Behavior Therapy, 21,* 385-401.

Lewinsohn, P. M., Weinstein, M. S., & Alper, T. (1970). A behavior approach to the group treatment of depressed persons: Methodological contribution, *Journal of Clinical Psychology, 26,* 525-532.

Littlepage, G. E., and others. (1976). The problem of early outpatient terminations from community mental health center: A problem for whom?. *Journal of Community Psychology, 4,* 164-167.

Loganbill, C., Hardy, E., & Delworth, U. (1982). Supervision: A conceptual model. *The Counseling Psychologist, 10,* 3-42.

Lovaas, O. I. (1987). Behavioral treatment and normal educational/intellectual functioning in young autistic children. *Journal of Consulting and Clinical Psychology Review, 4,* 5-14.

Mahalik, J. R., & Kivlighan, D. M., Jr. (1988). Self-help treatment for depression: Who succeed?. *Journal of Counseling Psychology, 35,* 237-242.

Malan, D., and others. (1968). Psychodynamic Changes in Untreated Neurotic Patients, *I. British Journal of Psychiatry, 114,* 525-551.

Malan, D., and others. (1975). Psychodynamic Changes in Untreated Neurotic Patients, Ⅱ : Apparently Genuine Improvements. *Archives of General Psychiatry, 32,* 110-126.

Mallinckrodt, B., & Nelson, M. L. (1991). Counselor training level and the formation of the psychotherapeutic working alliance. *Journal of Counseling Psychology, 38,* 135-138.

Margolin, G. & Wampold B. E. (1981). A sequential analysis of conflict and accord in distressed and nondistressed marital partners, *Journal of Consulting and Clinical Psychology, 49,* 554-567

Marmar, C. R., Marziali, E., Horowits, M. J., & Weiss, D. S. (1986). The development of the therapeutic alliance rating system. In L. S. Greenberg & W. M. Pinsof (Eds.), *The psychotherapeutic process: A research handbook* (pp.367-390). New York: Guilford Press.

McKenna, J. G., & Gaffney, L. R. (1982). An evaluation of group therapy for adolescents using social skills training. *Current Psychological Research, 2,*

151-160.

Merten, J., Anstadt, Th., Ullrich, B., Krause, R., & Buchheim, P. (1996). Emotional experience and facial behavior during the psychotherapeutic process and its relation to treatment outcome: A pilot study. *Psychotherapy Research, 6,* 198-212.

Mitchell, L. K., & Krumboltz, J. D. (1990). Social learning approach to career decision making: Krumboltz' s theory. In D. Brown & L. Brooks (Eds.), *Career choice and development. Applying contemporary theories to practice* (2nd Ed.), pp145-196. San Fransisco: Jossey-Bass.

Mill, J. S. (1953). A System of Logic, Book VI, On The Logic of The Moral Science. In P. P. Weiner (ed.), *Reading In Philosophy Of Science* (pp. 255-281). New York: Scribner' s (Original Work Published, 1843)

Miller, L. C., Barrett, C. L. Hampe, E., & Noble, H. (1972). Comparison of reciprocal inhibition, psychotherapy, and waiting list control for phobic children. *Journal of Abnormal Psychology, 79,* 269-279.

Milos, M. E., & Reiss, S. (1982). Effects of three play conditions on separation anxiety in young children. *Journal of Consulting and Clinical Psychology, 50,* 389-395.

Morran, D. K., Kurpius, D. J., & Brack, G. (1989). Empirical investigation of counselor self-talk categories. *Journal of Counseling Psychology, 36,* 505-510.

Novaco, R. W. (1975). *Anger control: The development and evaluation of an experimental treatment.* Lexington, MA: D. C. Heath.

O' Malley, S. S., Foley, S. H., Rounsaville, B. J., Watkins, J. T., Sotsky, S. M., Imber, S. D., & Elkin, I. (1988). Therapist competence and patient outcome in interpersonal psychotherapy of depression. *Journal of Consulting and Clinical Psychology, 56,* 496-501.

Orlinsky, Grawe, K., & Parks, B. K. (1994). Process and outcome in psychotherapy: Noch einmal. In A. E. Bergin, & S. L. Garfield (Eds.), *Handbook of psychotherapy and behavior change* (4th ed.). (pp.270-378). New York: Wiley.

Orlinsky, D. E., & Howard, K. I. (1978). The relation of process to outcome in psychotherapy. In S. L. Garfield, & A. E. Bergin (Eds.), *Handbook of psychotherapy and behavior Change,* (2nd ed.) (pp.283-330). New York: Wiley.

Orlinsky, & Howard, K. I. (1986). Process and outcome in psychotherapy. In A. E. Bergin, & S. L. Garfield (Eds.), *Handbook of psychotherapy and behavior change* (3rd ed.). 311-381. New York: Wiley.

Osipow, S. H., Carney, C. G., Winer, J., Yanico, B., & Koschier, M. (1980) *The Career Decision Scale* (3rd. rev.). Columbus, OH: Marsthon Consulting and Press.

Paul, G. L. (1967). Strategy of outcome research in psychotherapy. *Journal of Consulting Psychology, 31,* 109-118.

Penman, R. (1980). *Communication processes and relationships.* London: Academic Press.

Persons, R. W., Pepinsky, H. B. (1966). Convergence in psychotherapy with delinquent boys. *Journal of Counseling Psychology, 13,* 329-334.

Propst, L. R. (1980). The comparative efficacy of religious and nonreligious imagery for the treatment of mild depression in religious individuals. *Cognitive Therapy and Research, 4,* 167-178.

Rice, L., & Kerr, G. (1986). Measures of client and therapist vocal quality. In L. Greenberg and W. Pinsof (Eds.), *The psychotherapy process: A research handbook,* (pp.73-106). New York: Guilford Press.

Robinson, L. A., Berman, J. S., & Neimeyer, R. A. (1990). Psychotherapy for the treatment of depression: A comprehensive review of controlled outcome research. *Psychological Bulletin, 108,* 30-49.

Rogers, C. R. (1951). *Client-centered therapy* . Boston : Houghton Mifflin.

Rogers, L. B. (1954). A comparison of two kinds of test interpretation interview. *Journal of Counseling Psychology,* 1, 224-231.

Rosenbaum, R. Hoyt, M., & Talmon, M. (1990). The challenge of single-session therapies: Creating pivotal moments. In R. Wells and V. Giantetti (Eds.), *The handbook of brief therapies.* New York: Plenum.

Rosenthal, D., & Frank, J. D. (1956). Psychotherapy and the placebo effect. *Psychological Bulletin, 53,* 294-302.

Sarason, S. B. (1988). *The making of an american psychologist: An autobiography.* San Francisco: Jossey-Bass.

Satterfield, J. H., Satterfield, B. T., & Cantwell, D. P. (1980). A two-year evaluation of 61 hyperative boys. *Archives of General Psychiatry, 37,* 915.

Satterfield, J. H., Satterfield, B. T., & Cantwell, D. P. (1981). Three-year multimodality treatment study of 100 hyperactive boys. *Journal of Pediatry, 37,* 915.

Satterfield, J. H., Satterfield, B. T., & Schell, A. M. (1987). Therapeutic interventions to prevent delinquency in hyperactive boys. *Journal of the American Academy of Child and Adolescent Psychiatry, 26,* 56-64.

Saul, L. J. (1951). On the value of one or two interviews. *Psychoanalytic Quarterly, 20,* 613.

Seligman, M E. P. (1995). The effectiveness of psychotherapy: The consumer reports study. *American Psychologist, 50,* 965-974.

Shadish, W. R., Matt, G. E., Navarro, A. M., Siegle, G., Crits-Christoph, P., Hazelrigg, M. D., Jorm, A. F., Lyons, L. C., Nietzel, M. T., Prout, H. T., Robinson, L., Smith, M. L., Svartberg, M., & Weiss, B. (1997). Evidence that therapy works in clinically representative conditions. *Journal of Consulting and Clinical Psychology, 65,* 355-365.

Shapiro, D. A., & Shapiro, D. (1982). Meta-analysis of comparative therapy outcome studies: A replication and refinement. *Psychological Bulletin, 92,* 581-604.

Shaw, B. F., & Dobson, K. S. (1988). Competency judgments in the training and evaluation of psychotherapists. *Journal of Consulting and Clinical Psychology, 56,* 666-672.

Shepherd, M., & Greenberg, E. M. (1957). The age for neuroses. Millbank Mem. F. *Quart. Bull., 35,* 258-265.

Shertzer, B., & Stone, S. C. (1980). *Fundamentals of counseling*. Boston: Houghton Mifflin Company.

Silverman, W. H., & Beech, R. P. (1979). Are dropouts, dropouts? " *Journal of Community Psychology, 7,* 236-242.

Smith, M. J., & Glass, G. V. (1977). Meta-analysis of psychotherapy outcome studies. *American Psychologist, 32,* 752-760.

Smith, M. J., Glass, G. V., & Miller, T. I. (1980). *The benefits of psychotherapy*. Baltimore: The Johns Hopkins University Press.

Sotsky, S. M., Glass, D. R., Shea, M. T., Pilkonis, P. A., Collins, J. F., Elkin, I., Watkins, J. T., Imber, S. D., Leber, W. R., Moyer, J., & Oliveri, M. E. (1991). Patient predictor

Spielberger, C. D. (1972). Anxiety as an emotional state. In C. D. Spielberger (Ed.),

Anxiety: Current trends in theory and research. New York: Academic Press.

Spoerl, O. H. (1975). Single session psychotherapy. *Diseases of the Nervous System, 36,* 283-285.

Stark, K. D., Reynolds, W. M., & Kaslow, N. (1987). A comparison of the relative efficacy of self-control therapy and a behavioral problem-solving therapy for depression in children. *Journal of Abnormal Child Psychology. 15,* 91-113.

Stein, D. M., & Lambert, M. J. (1984). On the relationship between therapist experience and psychotherapy outcome. *Clinical Psychology Review, 4,* 127-142.

Stiles, W. B. (1988). Psychotherapy process-outcome correlations may be misleading. *Psychotherapy, 25,* 27-35.

Stiles, & Snow (1984). Counseling session impact as viewed by novice counselors and their clients. *Journal of Counseling Psychology, 31,* 3-12.

Stiles, W. B., Stattup, M., Hardy, G. E., Barkham, M., Rees, A., Shapiro, D. A., & Reynolds, S. (1996). Therapist session intentions in cognitive-behavioral and psychodynamic-interpersonal psychotherapy. *Journal of Counseling Psychology, 43,* 402-414.

Stoltenberg, C. D., & Delworth, U. (1987). *Supervising counselors and therapists: A develmental approach*. Jossey-Bass Publishers.

Strong, S. R. (1968). Counseling: An interpersonal influence process. *Journal of Counseling Psychology, 15,* 215-224.

Strong, S. R., Hills, H. I., Kilmartin, C. T., De Vries, H., Lanier, K., Nelson, B., Strickland, D., & Meyer, C. W. (1988). The dynamic relations among interpersonal behaviors: A test of complementarity and autocomplementarity. *Journal of Personality and Social Psychology, 54,* 798-810.

Super, D. E. (1972). Vocational development theory: Persons, positions and processes. In J. M. Whiteley & A. Resnikoff (Eds.), *Perspectives on vocational development*. Washington, DC: American Personnel and Guidance Association.

Szapocznik, J., Rio, A., Murray, E., Cohen, R., Scopetta, M., Rivas-Vasquez, A., Hervis, O., Posada, V. (1989). Structural family versus psychodynamic child therapy for problematic Hispanic boys. *Journal of Consulting and Clinical Psychology, 57,* 571-578

Talmon M. (1990). *Single session therapy : Maximizing the effect of the first (and often only) therapeutic encounter*. San Francisco: Jossey-Bass.

Tichenor, V., & Hill, C. E. (1989). A comparison of six measures of working alliance. *Psychotherapy, 26,* 195-199.

Tracey, T. J. (1985). Dominance and outcome: A sequential exam. Journal of Counseling *Psychology, 32,* 113-122.

Tracy, T. J., & Ray, P. B. (1984). Stages of successful time-limited counseling: An interactional examination. *Journal of Counseling Psychology, 31,* 13-27.

Truax, C. B., & Carkhuff, R. R. (1965). Experimental manipulation of theapeutic conditions. *Journal of Consulting Psychology, 29,* 119-124.

Truax, C. B., Wargo, D. G., & Silber, L. D. (1966). Effects of group psychotherapy with high accurate empathy and nonpossessive warmth upon female institutionalized delinquents. *Journal of Abnormal Psychology, 71,* 267-274.

Turnbull, H. R., III (ed.). (1977). *Consent Handbook*. Washington, DC:American Association on Mental Deficiency.

Turner, P. R., Valtierra, M., Talken, T. R., Miller, V. I., & DeAnda J. R. (1996). Effect of treatment on treatment outcome for college students in brief therapy. *Journal of Counseling Psychology, 43,* 228-232.

Wamplod, B. E. (1984). Tests of dominance in sequential categorical data. *Psychological Bulletin, 96,* 424-429.

Wampold, B. E. (1986). State of the art in sequential analysis: Comments on Lichtenberg and Heck. *Journal of Counseling Psychology, 33,* 182-185.

Wampold, B. E. (1988). Kappa as a measure of pattern in sequential data. Manuscript submitted for publication.

Wampold, B. E. (2000). Outcomes in individual counseling and psychotherapy: Empirical evidence addressing two fundamental questions. In S. D. Brown & R. W. Lent. *Handbook of counseling psychology* (3rd ed.). New York: Wiley.

Wampold B. E., & Kim, K-H. (1989). Sequential analysis applied to counseling process and outcome: A case study revisited. *Journal of Counseling Psychology, 36,* 357-364.

Wampold, B. E., & Poulin, K. L. (1992). Counseling research methods: Arts and artifact. In S. D. Brown & R. W. Lent. *Handbook of counseling psychology* (2nd ed.) pp.71-109, New York: Wiley.

Wampold, B. E., Mondin, G. W., Moody, M., Stich, F., Benson, K., & Ahn, H. (1997). A meta-analysis of outcome studies comparing bonafide psychotherapies: Empirically, "All Must Have Prizes." *Psychological Bulletin, 122,* 203-215.

Watkin, C. E., Jr. (1990). The effects of counselor self-disclosure: A research review. *Counseling Psychologist, 18,* 477-500.

Webster-Stratton, C., Kolpacoff, M., & Hollinsworth, T. (1988). Self-administered videotape therapy for families with conduct problem children: Comparison with two cost-effective treatments and a control group. *Journal of Consulting and Clinical Psychology, 56,* 558-566.

Weiss, B., & Weisz, J. R. (1990). The impact of methodological factors on child psychotherapy outcome research: A meta-analysis for researchers. *Journal of Abnormal Child Psychology, 18,* 639-670.

Weiss, J., & Sampson, H. (1986). *The psychoanalytic process: theory, clinical observation and empirical research*. New York: The Guilford Press.

Weisz, J. R., Weiss, B., Alicke, M. D., & Kloz, M. L. (1987). Effectiveness of psychotherapy with children and adolescents: Meta-analytic findings for clinicians. *Journal of Consulting and Clinical Psychology, 55,* 542-549.

Williamson, E. G. (1939). *How to counsel students*. New york: McGraw-Hill.

Wolpe, J. (1973). *The practice of behavior therapy* (2nd ed.). Elmsford, NY: Pergamon.

Worthington, E. L., McCullough, M. E., Shortz, J. L., Mindes, E. J., Sandage, S. J., & Chartrand, J. M. (1995). Can couples assessment and feedback improve relationships? Assessment as a brief relationship enhancement procedure. *Journal of Counseling Psychology, 42,* 466-475.

Worthington, F. L., Jr., & Roehlke, H. J. (1979). Effective supervision as perceived by beginning counselors-in-training. *Journal of Counseling Psychology, 26,* 64-73.

Yin, R. K. (1984). *Case study research design and methods*. London: SAGE.

찾아보기

인 명

내 용

저자약력

김계현(金桂玄)
E-mail: kayhkim@snu.ac.kr

〈학력〉
서울대학교 사범대학 교육학과 졸업(학사)
서울대학교 대학원 교육학과 졸업(교육심리학 전공, 석사)
미국 오리건 대학교(U. of Oregon) 상담심리학과 졸업(ph.D)

〈경력〉
한국행동과학연구소 연구원
오리건 대학교 대학상담소 카운슬러
웨스콘신 대학교 상담심리학과 교수
서울대학교 대학생활문화원 원장

〈현재〉
서울대학교 교육학과 교수
한국상담학회 회장

〈대표 저서〉
카운슬링의 실제(1990, 1995, 2002, 학지사)
상담심리학 : 적용영역별 접근(1995, 학지사)
상담심리학연구 : 주제론과 방법론(1997, 학지사)
학교상담과 생활지도(2000, 학지사)

상담심리학 연구 : 주제론과 방법론

2000년 1월 5일 1판 1쇄 발행
2019년 6월 20일 1판 14쇄 발행

지은이 • 김 계 현
펴낸이 • 김 진 환
펴낸곳 • (주) 학지사
04031 서울특별시 마포구 양화로 15길 20 마인드월드빌딩 5층
대표전화 • 02) 330-5114 팩스 • 02) 324-2345
등록번호 • 제313-2006-000265호

홈페이지 • http://www.hakjisa.co.kr
페이스북 • https://www.facebook.com/hakjisabook

ISBN 978-89-7548-386-8 93180

정가 16,000원

저자와의 협약으로 인지는 생략합니다.
파본은 구입처에서 교환하여 드립니다.